심리평가의 이해와 활용

| 박 경 · 김혜은 공저 |

Psychological Assessment and Application

학지사

이 저서는 2016학년도 서울여자대학교
교내학술연구비의 지원을 받았음

머리말

최근 임상 분야는 물론이고 상담 영역에서 심리검사가 차지하는 비중이 점차 커지고 있다. 이 시점에서 이 책을 출간하게 되어 한편으로는 기쁘지만, 다른 한편으로는 책임감도 크다. 심리평가는 개인의 문제나 성격 특징을 인지, 정서, 행동의 세 측면에서 통합적으로 이해하도록 도울 뿐만 아니라 영역들 사이의 관련성을 보다 객관적으로 규명하도록 이끌어 준다는 점에서 임상가와 상담가에게 큰 힘이 된다. 따라서 평가자는 무엇보다도 심리평가가 내담자와 환자를 위한 심리치료의 시작이라는 자세로 임해야 하며, 수검자를 위해 검증된 적합한 검사를 선택하고 실시하여 채점 · 분석하는 일 하나하나가 모두 중요한 과정이라 하겠다.

이 책은 학부생과 대학원생을 대상으로 집필하였으며, 독자가 주요 심리검사의 이론 배경에 대한 이해와 실시, 해석 및 심리평가 보고서의 작성에 대한 지식을 어떻게 배워 가야 할 것인지 알 수 있도록 관련 내용을 체계적으로 담고자 하였다. 각 장은 심리학 전공의 심리평가 수업에서 한 학기 동안 학부생에게 강의할 수 있는 내용을 토대로 구성하였으며, 가능한 한 주요 심리검사를 수록하고 이를 평가하는 방법들을 소개하였다. 특히 검사자가 단순히 기술적인 수준에서 검사를 하는 것은 위험할 수 있으므로 각 심리검사의 시행과 해석에 있어 이론 배경을 토대로 실제 적용의 타당성을 확보하는 데 노력을 기울였으며, 이론과 실제를 균형 있게 배분하여 독자가 심리검사 자체를 제대로 이해할 수 있는 기반을 제공하고자 하였다.

각 장은 임상 및 상담 현장에서 심리평가에 주로 사용하는 심리검사인 Wechsler 지능검사, 다면적 인성검사(MMPI-2), Rorschach 검사, Bender-Gestalt 검사(BGT), 주제통각검사(TAT), 집-나무-사람(HTP) 검사 및 신경심리학적 손상에 대한 진단에 사용하는 신경심리평가, 그리고 아동 · 청소년을 대상으로 하는 아동 · 청소년 심리평가로서 한국판 아동용 Wechsler 지능검사(K-WISC-IV), 한국판 Kaufman 아동용 지능검사(K-ABC), 아동용 주제통각검사(CAT), 동작성 가족화(KFD) 검사, 한국판 아동 인성검사(K-PIC), 청소년용 다면적 인성검사(MMPI-A)를 포함한다. 또한 참고문헌들은 임상에서 주로 사용하는 심리검사의 필독서 및 대학원 수업에서 많이 소개하는 교재들로, 그 밖에도 최신 문헌을 가능한 한 많이 담고자 하였다.

집필 과정에서 학문의 깊이는 한이 없음을, 그리고 저자들의 노력에도 불구하고 책의 내용과 구성의 체계, 이론과 실제의 균형을 유지하는 것이 쉽지 않음을 다시금 절감하였다. 그래도 용기를 내어 출간하는 것은 심리평가를 공부하고자 하는 사람들에게 이 책이 길잡이로서 도움을 줄 수 있을 것이라는 희망과 기대에서다. 저자들은 이 책이 앞으로도 임상 및 상담 현장에서 전문가로 일하게 될 학부생과 대학원생에게 친절한 안내서가 되도록 지속해서 노력할 것이다. 마지막으로 자료 조사 등의 업무에 정성을 다해 도움을 준 임지수 선생에게 고마움을 전하며, 출간을 위해 따뜻하게 지지하고 격려해 주신 학지사 김진환 사장님과 박용호 전무님 그리고 편집 과정에서 친절하고 세심하게 도와주신 이지예 선생님께 진심으로 감사드린다.

저자 대표
박 경

차 례

7장 주제통각검사: TAT 305

8장 집-나무-사람 검사: H-T-P 검사 349

9장 신경심리평가 387

10장 아동 · 청소년 심리평가 413

11장 심리평가 보고서 443

12장 심리평가와 치료 계획 481

부록: Rorschach 검사 카드 및 반응 영역 513

1장

심리검사의 기초적 이해

1. 심리검사의 역사와 전문가의 역할

1879년 Wundt가 독일 라이프치히에 실험실을 개설하면서 현대 심리학은 철학과 생리학에서 독립하여 독자적인 학문으로 출발하게 되었으며, 심리검사의 역사 역시 이와 함께 시작되었다고 볼 수 있다. 이런 측면에서 보면 심리검사의 역사는 그리 길지 않지만, 그동안 다양한 검사가 개발되고 발전을 거듭하면서 현재에 이르게 되었고 심리검사는 심리학의 중요한 일부가 되었다. 이러한 역사에서 현대적인 심리검사의 시조로 불리는 세 명의 학자 중 Galton은 진화론에 근거하여 개인차 연구에 전념하였는데, 그는 유전에 의해 결정되는 지적 능력의 차이에서 개인차가 발생한다고 주장하였다. Cattell 역시 개인차에 연구의 초점을 두고 주로 감각 및 운동반응 능력에 관한 10개 항목으로 구성된 지능검사를 제안하였으며, 최초로 정신검사(mental test)라는 용어를 사용하였다. 또한 Binet는 정상 아동과 지적장애 아동의 감별을 목적으로 한 Binet-Simon 검사를 개발하였는데, 여기에서 처음으로 정신연령(mental age)이라는 용어를 도입하였다.

심리학에서 심리검사의 비중이 커진 계기는 제1차 세계대전 중 집단용 지능검사인 Army Alpha와 Beta 검사가 개발 및 시행되면서부터다. 1917년 미국 육군부에서는 전쟁에 동원된 병사들을 적절한 보직에 배치하고자 수백 명의 심리학자와 심리학과 졸업생들을 투입하여 대대적인 지능검사를 실시하였다. 이들은 '심리검사단(Psychological Testing Corps)'으로 활동하면서 검사의 개발과 실시에 참여하였으며, 집단용 지능검사는 병사들의 선별 및 분류 작업에 활용되었다. 이러한 집단용 검사는 개별 면담을 통한 평가에 비해 경제적인 효용성이 높을 뿐만 아니라 실시가 간편하고 객관적이라는 장점이 있으며, 무엇보다도 대단위 분류에 있어서 매우 효과적이었다. 이에 심리학자들은 군대와 산업 장면에서 집단을 대상으로 지능을 측정하는 데 큰 성공을 거두었고, 이후 미네소타 다면적 인성검사(Minnesota Multiphasic Personality Inventory: MMPI), Rorschach 검사, 주제통각검사(Thematic Apperception Test: TAT) 등 성격 및 정신병적 진단에 해당하는 변인을 측정하기 위한 검사의 개발로 이어지게 되었다.

여러 검사가 개발되어 사용되던 가운데 Rapapport, Gill 및 Schafer와 같은 심리학자는 각각의 검사가 서로 다른 심리적 수준과 기능을 측정하고 있기 때문에 개인을 더욱 포괄적으로 이해하기 위해서는 여러 검사의 결과를 통합해야 한다고 주장했다. 이러한 주장에 힘이 실리면서 이후 단일한 검사가 아닌 각각의 검사를 모아 배터리의 형태로 구성하고 실시하는 것이 보편화되었다.

그러나 기존의 심리측정적 접근에 대한 회의적인 입장이 대두되었고, 특히 복잡하고 다양한 개인의 성격적 특성과 같은 요인을 깊이 있게 살펴보고 이해하기에는 충분하지 않다는 의견이 제기되었다. 이에 단순히 심리검사를 실시하고 결과를 해석하는 것에 그치지 않고 면담, 행동 관찰, 행동평가 등으로 영역이 확장되어 현재에 이르게 되었다.

이러한 심리검사의 역사를 살펴보는 것은 심리측정적 검사와 심리평가를 구분함으로써 전문가와 이들의 역할에 대한 이해를 증진하는 데 도움이 된다. 심리평가를 수행하는 임상가의 주요 역할은 내담자의 특정한 문제를 밝히고 이와 관련된 의사결정, 예를 들어 어떠한 치료가 내담자에게 적합한지 등에 대해 알아내고 결정에 도움을 주는 것이다. 이 같은 역할을 충실하게 수행하기 위해서는 다양한 영역에서 축적된 지식과 함께 광범위한 자료를 통합할 수 있는 역량이 필요하며, 따라서 임상가의 역할은 단순히 검사를 실시하고 채점하는 것에 그치지 않는다. 이 같은 관점에서 일찍이 Matarazzo(1990)는 심리측정가와 심리평가를 수행하는 전문가 간의 차이에 대해 언급하였는데, 심리측정가가 수행하는 과제는 검사의 사무적이고 기술적인 측면이 강조되어 있다. 이들은 일차적으로 자료의 수집에 중점을 두기 때문에 검사는 자료를 얻기 위한 목적에서 주로 사용되며, 최종적으로 산출되는 결과 역시 특성이나 능력에 대한 표면적인 기술이 대부분이다. 따라서 이러한 기술에는 내담자가 속해 있는 전체적인 맥락이 고려되어 있지 않을 뿐만 아니라 내담자가 당면해 있는 고유한 문제 또한 다루지 않는다. 반면에 전문가는 얻어진 정보를 통해 문제 상황에 처해 있는 내담자에게 도움을 주는 데 초점을 두며, 이를 위해 심리평가를 실시한다. 심리평가는 자료의 수집뿐만 아니라 문제 해결 및 의사결정에 초점을 두어 모아진 자료를 다양하고 폭넓은 관점에서 살펴보아야 한다. 이를 통해 내담자에 대해 보다 깊이 있고 포괄적으로 이해함으로써 가장 적합한 도움이 무엇인지를 결정하고 방향을 제시할 수 있다. 심리평가의 과정에서 검사가 차지하는 비중과 중요성에 대한 부분은 부인할 수 없으나 이는 자료를 모으는 하나의 방법이며, 따라서 검사 점수가 내담자에 대한 최종 산물도, 검증이 완료된 가설의 의미도 아니라는 점을 상기해야 한다.

2. 심리평가란 무엇인가

심리평가(psychological assessment)는 성격, 지능 및 적성을 비롯한 인간의 다양한 심리적 특성을 이해하고자 하는 목적을 갖고 있으며, 이를 위해 다양한 도구를 사용하여 양적 · 질적으로 측정 및 평가하는 일련의 절차다. 이러한 과정에는 이해하고자 하는 개인의 특성을 정확하게 측정할 수 있는 있도록 개발된 검사도구를 사용하여 실시하는 심리검사, 내담자의 주 호소 문제와 증상, 개인 및 사회적 영역 내에서의 발달사, 정신 상태에 대한 평가 등이 포함된 면담, 내담자의 다양한 행동적 특성에 대해 면밀하게 관찰하여 특성을 기술하는 행동 관찰이 포함된다. 뿐만 아니라 이를 통해 수집된 내담자의 정보를 통합하기 위해서는 성격이론, 정신병리, 이상심리학 등과 같은 전문적인 심리학적 지식이 필요하다. 심리평가의 역사에서 살펴본 바와 같이, 현재 임상가의 역할은 단순히 검사를 실시하고 해석하는 데 한정되어 있는 것이 아니라 내담자의 삶이라는 맥락을 반영하고 고유한 문제를 깊이 있고 넓은 조망으로 이해함으로써 궁극적으로 내담자에게 필요한 최적의 도움을 제공하는 것이다. 따라서 심리검사에 대해 정확하게 숙지하고 실시해야 하는 것은 물론이고 도출된 결과를 해석함에 있어서 전문적인 심리학적 지식을 토대로 면담과 행동 관찰에서 수집된 정보를 통합할 수 있는 능력을 갖추어야 한다.

1) 전문가가 갖춰야 할 기본 태도

심리평가는 주로 정신건강 관련 영역에서 어떠한 개인이 갖고 있는 다양한 요인에 대해 평가하는 과정이므로 전문가가 지녀야 할 기본적인 태도와 철학은 매우 중요하다.

첫째, 심리평가는 보통 한 번의 시행을 통해 이루어지지만 객관적인 측면에서 내담자에 대한 다양하고 깊이 있는 정보를 제공할 수 있다. 그러나 이를 위해서는 검사의 실시, 채점 및 해석 과정을 비롯한 심리평가의 전 과정이 전문가에 의해 전문적으로 이루어져야 한다. 만약 전문적인 절차에 의해 진행되지 않는다면 심리검사가 오남용되면서 오히려 내담자에 대한 잘못된 정보를 제공하게 될 가능성이 크며, 심리평가의 본래 목적을 훼손하게 된다.

둘째, 심리평가를 시행하는 전문가는 평가의 대상인 내담자 혹은 환자 역시 인간으로서의 존엄성을 지니고 있으며, 심리평가의 궁극적인 목적이 개인의 복잡한 심리적 특성을 포괄적으로 이해하고, 보다 적응적이고 행복한 삶을 살아갈 수 있도록 돕는 것에 있다는 점을 상기해야 한다. 지나치게 검사 점수나 결과에만 집중하여 내담자의 문제나 약점 혹은 병리적 측면에 주의를 기울이게 되면 한 인간으로서의 내담자에 대한 전체적인 조망과 이해는 제한될 수밖에 없다.

셋째, 심리평가의 결과는 다양한 근거를 통해 충분하게 검토되어야 한다. 이러한 과정에서 전문가는 어떠한 검사 결과를 하나의 가설로 간주하고 다른 검사의 결과, 면담, 행동 관찰에서 얻어진 정보와의 일치성을 확인하고 검증하여 타당성이 입증될 경우에 이를 채택할 수 있다. 만약 그렇지 않다면 검사 결과에 대해 의문이 제기될 수 있다는 점을 인정해야 한다.

넷째, 심리평가는 내담자의 현실을 잘 드러내고 보여 준다는 점에서 매우 유용하다. 그러나 내담자의 현실을 보다 예리하게 보여 주고, 다각적인 측면에서 객관적이고 심층적으로 내담자를 이해하기 위해서는 무엇보다 임상가의 전문성이 필수다. 특히 인간의 심리적·정신적 영역의 추상적인 개념을 정확하게 평가한다는 것은 매우 어렵고 복잡한 과정이다. 검사 상황에서 내담자의 무의식적 동기, 방어적 태도 등이 작용할 수 있을 뿐만 아니라 검사의 해석에 있어서 임상가의 편견이나 주관적인 견해가 편파로 작용할 수도 있다. 이에 자칫 내담자의 현실 세계를 심리평가에서 명확하게 구현하지 못하거나 때로는 왜곡하여 잘못 그릴 수도 있다. 그렇기 때문에 전문가는 여러 선행 연구와 문헌에 대한 고찰, 임상 장면에서의 경험과 축적된 다양한 지식을 통해 검사 결과에서 자신이 세운 가설을 검증하고 객관성을 유지하면서 전문적인 소견을 제시할 수 있도록 노력해야 한다. 심리평가에 보다 과학적이고 객관적으로 접근하기 위해서는 전문적인 수련 과정이 필수적이며, 숙련되고 노련한 임상가라고 하더라도 임상 현장에서 심리평가에 대한 최신의 지견이나 연구 동향에 관심을 기울여야 하고, 지속적인 자기계발 역시 게을리해서는 안 된다.

2) 심리평가의 목적

여러 장면에서 다양한 목적으로 심리평가가 시행되고 있다. 그러나 일반적인 목적은 성격을 비롯한 개인의 다양한 측면에 대해 살펴보고 문제 해결을 위한 도움을 제공하는 데 있다. 또한 심리평가는 정신장애나 심리적 적응상의 문제에 대한 치료적 개입 혹은 치료 전략의 계획과 수립에 있어서 기초적인 과정으로 사용되기도 한다. 대부분 임상 및 상담 장면에서 심리평가의 시행이 이루어지기 때문에 이러한 영역 내에서의 목적을 살펴보면 다음과 같다.

- 명확하고 세분화된 임상적 진단을 목적으로 한다.
- 수검자(내담자 혹은 환자)가 나타내는 증상과 문제에 대한 심각성을 구체화하여 제시한다.
- 수검자가 지니고 있는 자아 강도를 평가한다.

- 수검자의 주의력, 기억력, 실행 기능을 비롯한 인지 능력 및 기능 수준, 지적 능력을 평가한다.
- 수검자의 성격 구조 및 패턴, 대인관계 양상에 대해 평가한다.
- 수검자가 보이는 심리적 증상과 문제에 대한 적절한 치료적 개입의 유형과 기법을 제시한다.
- 수검자에 대한 치료적 개입에 있어서 치료 전략을 제시한다.
- 수검자를 치료적 관계로 유도하며, 수검자 스스로 자신의 자아 강도와 문제 영역을 자각하고 인식할 수 있도록 돕는다.
- 치료적 개입 시 일어날 수 있는 치료적 반응을 예측하고 치료 효과에 대해서도 평가한다.

3) 심리검사의 정의

심리검사는 심리평가의 기본 기법으로서 측정하고자 하는 특정한 행동이나 심리적 문제, 현상을 표준화된 방식에 따라 체계적으로 측정하여 개인차를 비교할 있도록 하는 심리학적 측정 과정을 말한다. 이를 통해 내담자의 현상을 이해하고 예측하는 데 있어서 중요한 지표를 얻을 수 있다. 심리검사에서는 내담자가 보이는 대표적인 행동양식을 측정하게 된다. 내담자의 모든 행동에 대한 평가는 실제적으로 불가능하지만, 검사 상황에서 보이는 특정하고 독특한 행동과 징후들은 이미 내담자의 삶에서 양식으로 굳어져 검사 상황이 아닌 실제 상황에서도 빈번하게 드러날 수 있다. 또한 심리검사는 표준화된 방식에 따라 이루어지고 있으며, 동일한 기능이나 영역을 측정하는 데 있어서도 다양한 심리검사가 개발되어 사용되고 있다.

따라서 전문가는 심리평가를 위해 심리검사를 선택할 때 신뢰도와 타당도의 검증을 통해 표준화 과정이 적절하게 이루어진 검사를 사용해야 한다. 검사에서 얻은 자료를 통합하여 내담자를 이해하기 위해서는 심리검사 역시 체계적이고 전문적인 과정을 통해 이루어져야 한다. 원자료일 뿐인 검사 자료를 통합하여 의미 있는 전체로 재구성하기 위해서는 전문가의 다양한 능력과 태도가 필요하다. 우선 인간을 이해하는 데 있어서의 심리학적 지식, 정신병리 및 진단에 대한 지식, 면담 · 관찰 · 검사에 대한 지식과 기술, 임상적 경험, 논리적인 추론 능력, 객관적이고 균형 있는 시각, 타당성에 의문을 갖는 태도 등이 요구되며, 이 같은 요소들은 수집된 자료의 통합과 체계적인 요약을 통해 검사 자료가 내담자를 이해하는 데 있어서 유용하게 활용될 수 있도록 한다.

(1) 심리검사의 기능

심리검사는 병원을 비롯한 임상 장면, 상담센터, 학교, 군대, 산업체 등 매우 다양한 장면에서 여러 목적을 위해 시행되고 있다. 또한 심리검사에 대한 관심이 증대됨에 따라 심리학뿐만 아니라 인접 분야에서도 심리검사의 사용이 늘어 가고 있는 현재의 상황에서는 심리검사에 대한 올바른 이해와 사용을 통해 검사의 오남용을 방지하는 것이 새로운 과제로 대두된다. 이를 위해 심리검사의 기능과 용도를 정확하게 알고 시행하는 것은 매우 중요하다.

심리검사의 기능은 전통적으로 개인 간 혹은 개인 내에서 시차를 두고 이루어진 반응 간의 차이를 측정하는 것이다. 심리검사를 가장 많이 시행하는 임상심리전문가들은 주로 병원 장면에서 환자의 정신장애에 대한 진단을 위해 심리검사를 실시한다. 초창기에는 지적장애아동의 감별을 목적으로 하여 심리검사가 개발되고 사용되었으나, 이후 정서 및 행동 문제를 비롯한 다양한 적응상의 문제와 정신장애의 평가로 심리검사의 기능이 확장되었다. 또한 심리검사는 장애에 대한 확인과 진단뿐만 아니라 적절한 치료적 개입과 치료 전략을 세우기 위한 기초적인 과정인 심리평가의 일환으로도 시행된다. 진단이라는 개념과 관련해서는 보통 병원 장면을 떠올리게 되지만, 상담 장면에서 일상생활의 반복되는 심리적 부적응 행동이나 문제에 대한 확인 및 이해를 위해 심리검사가 사용되었다면 이 역시 심리검사의 진단적 기능을 내포하고 있다고 볼 수 있다.

학교 장면을 비롯한 교육 분야에서도 심리검사가 활발하게 사용되고 있는데, 이러한 영역에서는 학습과 관련된 수행 능력을 평가하여 분류하는 경우, 적성이나 과제 수행 능력을 평가하여 교육 및 진로 상담 시 활용하는 경우, 특정한 학교에서 교육에 적합한 응시자를 선발하는 경우가 대표적이다.

한편, 산업체에서의 인사 선발과 분류에서도 심리검사가 광범위하게 사용되고 있다. 기업 내의 다양한 직무에 적합한 인력의 채용과 업무의 배정뿐만 아니라 승진, 부서 이동, 퇴직과 같은 다양한 문제에 대한 의사결정에 심리검사가 활용되고 있다.

심리검사가 심리학의 중요한 일부로 자리매김하게 된 계기가 바로 군대 내에서의 시행에 있었음을 앞서 언급하였다. 제1차 · 제2차 세계대전을 겪으면서 군대에서 심리검사는 더욱 다각적인 측면에서 활용되었는데, 군대 내에서의 적합한 보직 배치와 더불어 여러 임무와 작전의 수행, 단체 생활이면서 특수한 구조의 군 생활에서 적응할 수 있는 능력들을 평가한다. 우리나라에서도 몇 년 전부터 입대를 위한 신체검사와 함께 정신장애나 심리적 부적응 선별을 위한 심리검사를 도입하여 시행하고 있다.

상담 분야에서는 교육 및 진로, 직업의 선택과 관련하여 심리검사를 주로 활용하였으나, 점차 일상생활의 부적응에서 오는 정서 문제, 대인관계 문제 등에 대한 이해를 목적으로 사용 범위가 넓어지고 있다. 또한 일상생활에서 적절하게 기능하고 있는 내담자라 할지라도 자기에 대한 깊은 이해와 탐색을 위해 심리검사를 원하는 경우도 있는데, 이러한 경우 내담자의 자기 성장을 향상시키는 데 심리검사가 중요한 역할을 할 수 있다.

마지막으로, 심리학과 교육학을 비롯한 사회과학 분야나 정신의학 분야의 연구, 특히 개인차와 관련된 모든 문제에 대한 연구에서 심리검사는 자료 수집을 위해 자주 사용되며 가설 검증의 기능을 수행한다. 연구를 통해 어떠한 가설을 검증하는 과정은 과학으로서의 학문이 추구하는 기본이라 할 수 있으며, 이를 위해서는 측정하고자 하는 영역을 정확하게 측정할 수 있는 검사의 제작이 중요하다.

(2) 심리검사의 분류

심리평가의 역사가 깊어지고 발전되는 동안 다양한 영역을 측정하기 위해 많은 심리검사가 개발되었으며, 이에 여러 가지 방식에 따라 심리검사를 분류한다.

① 수행 양식

심리검사를 유형별로 분류하는 데 있어서 매우 중요한 방식으로는 일정한 시간 내에 수검자가 자신의 능력을 최대한 발휘하여 반응하도록 제작된 극대수행검사(maximum performance test)와 일상생활에서 평소 습관적으로 드러나는 어떠한 행동을 측정하기 위해 만들어진 습관적 수행검사(typical performance test)가 있다.

첫째, 극대수행검사는 문항마다 정답이 있으며, 정해진 시간 내에 맞춘 문항 수에 따라 점수가 결정된다. 대표적인 예로 지능검사, 적성검사, 성취도검사를 들 수 있다.

지능에 대한 정의는 학자마다 다르지만 일반적으로 언어적·비언어적인 새로운 자극 정보를 학습하며, 추상적인 자료들을 적절하게 다루고 통합하는 능력을 말한다. 여기에는 언어적 이해 및 개념 형성 능력, 지각추론 능력, 기억력, 주의집중 및 지속력, 정보처리 능력 등 다양한 능력이 포함되며, 지능검사를 통해 이 같은 개인의 능력을 측정한다. 지적 능력의 개인차가 유전에 의해 일어날 수 있다는 Galton의 주장을 시초로 하여 이후 오랜 시간 개인의 지능을 객관적으로 평가하기 위한 준거들이 마련되어 왔으며, 지능의 개념이 구체화되면서 보다 정확하고 세밀하게 측정할 수 있는 지능검사가 개발되어 현재에 이르렀다. 또한 지능검사는 초기에는 주로 지적장애아동을 감별하기 위한 목적으로 사용되었으나 현재는 일반인에게 다양한 목적으로 사용되고 있다. 집단으로 시행하는 경우도 있으나 대부분 개인을 대상으로 실시하며, 우리나라에서는 한국판 성인용 Wechsler 지능검사(K-WAIS-IV)와 한국판 아동용 Wechsler 지능검사(K-WISC-IV)가 널리 사용되고 있다.

적성검사는 대부분의 지능검사가 일차적으로 언어적 능력을 측정하기 때문에 이에 따른 제한점을 보완하기 위해 개발되었다. 주로 학교 장면의 직업 및 진로 상담에서 많이 활용되고 있으며, 산업체에서는 직종에 적합한 인력을 선발하기 위해 사용되고 있다. 적성검사에는 다양한 영역의 직무를 수행하는 데 있어서 필요한 기본적인 능력을 측정하는 일반적성검사와 특수한 영역이나 직종에서 요구되는 적성(예: 사무, 기계 및 운동, 음악, 미술 등)의 측정을 위해 개발된 특수적성검사가 있다.

성취도검사는 주로 학교 장면에서 실시하는 검사로, 교육이나 훈련의 성과를 측정하기 위한 목적으로 실시한다. 대입수학능력시험이 대표적인 예가 될 수 있으며, 이 밖에도 학교에서 다양한 형태로 시행하고 있는 시험이 성취도검사에 포함된다. 성취도검사의 표준화가 이루어지면서 지능검사나 적성검사와 유사해지는 양상을 보이고 있지만 성취도검사의 경우 지정된 교육성과를 전제로 하는 내용과 범위가 지능검사나 적성검사에 비해 명확하다.

둘째, 습관적 검사는 개인이 평소에 어떠한 행동을 얼마나 보이는지 측정하게 되는

데, 성격검사와 흥미검사가 대표적이다.

심리검사에서 성격검사의 의미는 주로 정서, 대인관계, 동기, 흥미와 태도 등의 특성을 측정하는 데 있다. 크게 두 가지 방법으로 측정하는데, 하나는 여러 문항으로 구성된 질문지를 읽고 각각의 문항에 대해 수검자 스스로가 반응한 결과를 통해 측정하는 방법이다. 전 세계적으로 널리 사용되고 있는 미네소타 다면적 인성검사(Minnesota Multiphasic Personality Inventory: MMPI)가 가장 대표적인 예라 할 수 있으며, Millon 임상다축성격검사(Millon's Clinical Muliaxial Inventory: MCMI), 성격평가 질문지(Personality Assessment Inventory: PAI)가 여기에 해당한다. 또한 개인의 성향이나 기질을 측정하는 16성격요인검사(16 Personality Factors Questionnaire: 16PFI), 기질 및 성격검사(The Temperament and Character Inventory: TCI)도 자기 보고를 통한 성격검사라 할 수 있다. 또 다른 방법은 비구조화되어 있는 과제에 수검자가 투사한 독특한 반응 양상을 통해 성격 특성을 측정하는 투사적 기법이다. 대표적인 예로 Rorschach 검사, 주제통각검사(TAT)가 있는데, 제시된 자극(그림, 잉크반점)에 대한 수검자의 반응 내용을 분석하여 측정한다.

흥미검사는 어떤 분야에 흥미를 갖고 있는지 살펴보는 검사로서 수검자는 다양한 활동이나 직업과 관련된 문항으로 구성된 질문지를 읽고 각 문항에 반응하도록 되어 있다. 보통 진로나 직업 선택 시 적성검사와 함께 활용된다. Strong-Cambell 흥미검사(Strong-Campell Interest Inventory)가 가장 널리 사용되고 있으며, 직업선호검사(Vocational Preference Inventory)도 대표적인 흥미검사다.

② 인원

검사를 실시할 때 대상의 수에 따라서 심리검사를 분류할 수 있다. 즉, 한 사람을 대상으로 하여 심리검사를 실시하였는지, 다수의 사람을 대상으로 하였는지에 따라 개인검사와 집단검사로 구분된다. 병원이나 상담 장면에서 실시하는 검사는 개인이 겪고 있는 심리적인 고통이나 다양한 문제에 대한 심층적인 이해를 목적으로 하는 경우가 많기 때문에 한 사람을 대상으로 하는 개인검사가 주를 이룬다. 이러한 경우 어떠한 심리검사를 사용하는지에 따라 차이가 있기는 하지만, 배터리의 형태로 구성된 심리검사를 실시할 경우 많은 시간이 소요되며 그에 따른 비용 부담도 커지게 된다.

역사적으로 볼 때, 집단검사의 시초는 제1차 세계대전 당시 병사 선발 및 보직 배치를 위해 실시하였던 집단용 지능검사(Army Alpha와 Beta 검사)라 할 수 있다. 현재는 학교 장면에서 지능 및 적성 검사를 실시할 때, 정서 및 행동 문제에 대한 전수 조사와 같은 실태 파악이나 연구를 위한 자료 수집을 목적으로 할 때, 산업체의 인사 선발이나 채용 시 주로 사용된다. 다수를 대상으로 하여 실시하기 때문에 개인검사에 비해 경제적인 효용성 측면에서 장점이 있기는 하지만, 개인의 독특한 특성이나 문제를 깊이 있게 이해하는 데에는 한계가 있다.

③ 검사도구

심리검사는 도구 사용 여부에 따라 지필검사와 도구검사로 분류할 수 있다. 지필검사는 질문지를 주고 수검자가 질문지에 반응하는 형식의 검사를 말한다. 이와 달리 도구검사는 지필 이외에 다른 도구나 특정 장비를 사용하여 실시하는 검사를 말하는데, 지능검사 중 시각적 조직화와 공간 구성 능력을 측정하는 토막 짜기, 주의력을 측정하는 주의력장애 진단 시스템(ADHD Diagnosis System: ADS), 연속수행검사(Continuous Performance Test: CPT) 같은 신경심리검사를 예로 들 수 있다.

④ 측정 내용과 검사 제작 방법

측정되는 내용과 검사의 제작 방법에 따라서 객관적 검사와 투사적 검사로 구분하기도 한다. 객관적 검사와 투사적 검사는 제시되는 검사 과제의 특성, 반응 양식, 채점과 해석에 있어서 큰 차이를 보이며, 각각 장점과 단점을 지니고 있다.

객관적 검사는 수검자가 수행해야 할 과제가 비교적 명확하고 구조화되어 있다. 또한 측정하고자 하는 특성에 적합한 문항을 선정하고 표준화하는 과정을 통해 제작된 검사로서 검사 시행 절차와 채점 방식이 정해져 있고, 수검자 역시 일정한 형식에 따라 반응하도록 되어 있다. 객관적인 검사의 대표적 예라 할 수 있는 MMPI의 경우 성격 특성과 관련된 각각의 문항에 대해 '그렇다' 혹은 '아니다'로 답하게 되어 있으며, 수검자가 작성한 답안은 표준화된 채점 절차를 통해 척도별로 점수화되어 결과가 산출된다. 또한 척도 점수의 상승에 대한 해석 지침에 근거하여 검사 결과를 해석한다.

이러한 객관적 검사의 장점은, 첫째, 표준화 과정을 통해 검사의 신뢰도와 타당도가 검증되어 있으므로 측정하는 내용을 보다 정확하게 알아낼 수 있으며, 결과에 대한 신뢰성도 높일 수 있다. 둘째, 정해진 절차에 의해 검사의 시행과 채점이 이루어지기 때문에 검사의 실시가 간편하다. 셋째, 객관적 검사는 표준화된 시행 절차를 따르기 때문에 검사자 변인이나 상황 변인의 영향이 적고, 특히 검사 결과에 대한 해석에 있어서 검사자의 주관성을 배제하여 결과에 대한 객관성을 증가시킬 수 있다는 장점이 있다.

그러나 동전의 양면과 같이 단점도 존재하기 마련인데, 우선 문항이 측정하고자 하는 행동 특성을 중심으로 기술되어 있는 만큼 내용이 제한적일 수밖에 없으며, 수검자의 감정이나 신념, 내적인 욕구나 동기와 같은 다양하고 독특한 반응을 탐색하기 어렵다. 따라서 수검자의 깊은 내적 경험 세계를 이해하는 데 있어서 한계가 있으며, 풍부한 해석이 이루어지지 못하면서 검사 결과가 단순화되는 경향이 있다. 검사 결과는 수검자의 방어적인 반응 태도에 의해 큰 영향을 받을 수 있다. 예를 들어, 어떠한 수검자는 문항의 내용에 대해 실제 자신의 행동과는 달리 사회적으로 바람직한 방향으로 선택하여 반응하는 경우가 있는데, 이러한 경향을 사회적 바람직성이라고 한다. 또한 반응에 있어서 일정한 흐름을 보이는 반응 경향성도 결과에 영향을 미칠 수 있는데, 긍정 혹은 부정, 중간 값으로 일관되게 반응하는 경우다.

한편, 투사적 검사는 과제에서 제시되는 자극 정보가 모호하고 비구조화되어 있는 경우가 대부분이다. 이 같은 자극에 대한 인지적 해석 과정에 수검자의 내적 욕구와 관심, 동기가 강하게 반영되어 개인의 독특하고 고유한 심리적 특성이 드러나게 된다. 투사적 검사는 구조화되어 있지 않기 때문에 수검자가 반응할 수 있는 내용이 무궁무진하고, 수검자는 정해진 형식에 구애받지 않으면서 자유롭게 표현할 수 있다.

투사적 검사의 장점을 살펴보면, 첫째, 반응에 있어서의 독특성과 풍부함이다. 비구조화되어 있는 자극의 제공과 더불어 검사 지시 방법이 제한되어 있지 않고 반응의 형식도 정해져 있지 않기 때문에 개인의 고유하고 독특한 특성이 반영되어 있는 풍부한 반응을 이끌어 낼 수 있다. 둘째, 제시되는 자극의 속성이 모호하고 낯선 상황이기 때문에 수검자가 바람직하거나 보편적이라고 예측되는 반응을 통해 자신을 방어하기란 상당히 어렵다. 셋째, 자극의 속성이 모호할 뿐만 아니라 매우 강렬하여 평소 의식하지 못하던 내면의 깊은 사고나 감정, 욕구, 즉 무의식적 세계의 경험이 검사 내용에 반영될 수 있다. 이러한 장점으로 인해 투사적 검사는 객관적인 검사를 통해 읽어 내기 어려운 내면의 심층부에 자리한 심리적 특성을 탐색하고 수검자를 보다 깊이 이해하는 데 있어서 매우 유용하다.

투사적 검사는 여러 가지 장점에도 불구하고 낮은 검사 신뢰도와 타당도라는 단점을 갖고 있다. 낮은 신뢰도는 투사적 검사의 특징과 깊은 관련이 있는데, 투사적 검사에서의 반응은 주로 정서 상태나 심리 상태가 반영되어 있기 때문에 일관된 반응이 지속되기 어렵다. 또한 투사적 검사의 타당도에 대한 문제 제기는 검사 반응에 대한 해석의 적절성과도 직결되는 중요한 사안이다. 객관적 검사의 경우 표준화된 제작 과정을 통해 해석적 근거를 마련하였으나, 투사적 검사는 과학적인 검증 과정이 적절하게 이루어지지 못하면서 해석에 있어서 검사자의 직관이나 주관이 작용하여 객관성이 낮아지는 문제가 있다. 또한 검사자의 인종, 성별, 태도, 수검자에 대한 견해 등과 같은 검사에서의 상황적 요인이 반응에 영향을 미친다는 단점이 있다. 그러나 일부 학자는 이 같은 문제 제기에 대해 투사적 검사의 특수성을 간과한 지적이며, 이는 실제적인 문제가 아니라고 주장하였다(Holzberg, 1977; Weiner, 1977). 또한 투사적 검사의 타당도를 확보하기 위한 시도도 이루어지고 있는데, Exner(1974)는 종합체계(comprehensive system)를 개발하여 Rorschach 검사의 시행 및 절차를 표준화하고 해석에 있어서도 객관성을 증대시켰으며, 이에 따라 많은 검사자가 종합체계를 사용하여 검사를 실시하고 있다.

3. 심리검사의 제작 과정

심리학의 영역에서 다루는 인간의 심리는 실제 우리의 눈으로 관찰하기 어려운 추상적인 구성개념이다. 이러한 구성개념을 구현하기 위해서는 실제적으로 관찰 가능한 대상이 필요한데, 인간의 행동은 우리가 관찰할 수 있는 심리적 특성의 표상이라 할 수 있다. 따라서 심리검사는 관찰 가능한 행동을 통해 인간의 심리적 특성이라는 추상적 구성개념을 측정하기 위한 도구다. 그러나 인간의 행동은 양적 · 질적으로 매우 다양하게 나타나기 때문에 어떠한 심리적 특성을 측정하기 위해 이와 관련된 모든 행동을 관찰한다는 것은 사실상 불가능하다. 이에 심리검사에서는 측정하고자 하는 심리적 특성을 대표하여 개인차를 가장 잘 설명해 줄 수 있는 행동표본을 통해 간접적으로 추론하게 된다. 이러한 관점에서 볼 때 심리검사를 통해 추상성이 강한 인간의 심리적 특성을 완전하게 측정하기란 매우 어렵다.

이는 심리적 구성개념에 대한 측정 시 발생하는 여러 문제를 살펴봄으로써 더욱 명확해진다(Crockner & Algina, 1986).

첫째, 심리적 구성개념의 측정은 간접적으로 이루어지기 때문에 구성개념에 대한 정의가 다양하게 이루어질 수 있다. 따라서 동일한 심리적 특성을 측정하다고 하더라도 이를 어떻게 정의하느냐에 따라 초점이 되는 행동과 측정하는 방법이 다를 수 있다.

둘째, 어떠한 구성개념을 측정할 때 모든 행동을 관찰하기란 불가능하다. 설령 관찰이 가능하다고 하더라도 한정된 물리적 조건 속에서 모든 행동을 측정에 반영하기도 어렵기 때문에 대표성을 띠는 일부의 행동을 바탕으로 하여 심리측정이 이루어진다. 예를 들어, 지능을 측정할 때 지능과 관련된 모든 행동을 검사에 반영하여 무한정으로 과제나 문제를 제시할 수는 없다. 따라서 어떠한 구성개념의 측정을 위해 필요한 적정 수의 문항과 내용의 범위를 결정하는 일은 심리검사의 개발에서 매우 중요하게 고려되어야 할 사안이다.

셋째, 심리측정은 대부분 한 시점에 이루어지는 제한된 행동표본에 대한 관찰을 토대로 하기 때문에 항상 측정 오차의 가능성이 존재한다. 가령, 연산 능력이라는 구성개념을 측정한다고 해 보자. 이는 다양한 방법을 통해 측정될 수 있는데, 제시된 문제에 대한 정답의 수로 측정할 수도 있고, 제시한 답안의 풀이 과정을 기술하게 할 수도 있다. 정답의 수로 측정한다고 할 때 만약 1차 실시 후 동일한 수검자에게 다른 시점에서 재실시한다면 모든 수검자가 이전의 점수와 동일한 점수를 얻을 것이라고 보장할 수 없다. 여기에는 과제 수행 당시의 피로와 같은 신체적 조건, 실수, 망각, 채점상의 오류 등과 같은 다양한 요인이 작용할 수 있기 때문이다. 또한 다른 시점에서 동일한 수검자를 대상으로 후자의 방법을 통해 측정하였을 때에도 내용과 시간의 차이에 의해 일관되지 않은 결과가 발생할 수 있으며, 이 역시 오차로 간주해야 한다. 따라서 이러한 관찰에서 필연적으로 존재할 수밖에 없는 오차의 정도를 어떻게 추정할 것인가의 문제는 심리측정에서 풀어야 할 오랜 숙제라 할 수 있다.

넷째, 측정척도상에 명확하게 정의되어 있지 않은 단위가 대부분이라는 점이다. 연산 능력을 측정하는 과제에서 어떤 수검자가 한 문제도 정답을 제시하지 못했다고 해서 그 사람은 연산 능력이 전혀 없다고 명확하게 단정할 수 있을까? 또한 여러 수검자 중 A는 5개를 맞히고 B는 10개를 맞히고 C는 15개의 정답을 맞혔다고 가정할 때, A와 B의 능력 차이가 B와 C의 능력 차이와 동일하다고 결론 내릴 수 있을까? 심리측정에서는 이처럼 결정을 내리기 모호한 문제가 제기되므로 척도의 명확한 단위를 제시하고 결과로 도출된 값을 해석하는 데 있어서 많은 어려움이 뒤따른다.

다섯째, 단지 조작적 정의만을 통해 심리적 구성개념을 완벽하게 정의내릴 수 없기 때문에 또 다른 구성개념이나 관찰 가능한 현상과의 논리적 · 수학적 관계를 입증해야 한다(Lord & Novick, 1968). 이러한 관계가 경험적으로 확인되었을 때 새롭게 얻어진 구성개념의 진정한 가치가 인정될 수 있다. 따라서 새로운 측정치와 다른 구성개념 간의 관계성을 입증하기 위해 경험적 증거를 수집하는 과정은 심리검사의 개발 시 매우 중요한 과제다.

살펴본 바와 같이, 어떠한 심리적 구성개념을 정확하게 측정하여 구현하는 일은 상당히 복잡하고 어려운 과정이다. 하지만 검사도구의 개발 과정에서 발생할 수 있는 다양한 문제를 수정 · 보완하기 위한 다각적인 노력을 통해 보다 명확하게 구성개념을 측정할 수 있다면, 심리검사는 인간의 심리를 이해하는 데 있어서 더 많은 기여를 할 수 있을 것이다.

초기 단계부터 검사가 출판되기까지 검사 제작 과정을 간략하게 정리하면 다음과 같다(박동건, 1992).

① 검사의 주요 용도의 결정
② 측정할 구성개념을 대표하거나 검사 영역을 정의하는 행동 파악
③ 문항의 구성 비율을 구체적으로 정하는 검사의 규격 마련
④ 문항 작성
⑤ 작성된 문항의 검토 및 수정
⑥ 예비 문항 분석 및 수정
⑦ 표집과 검사 문항 실시
⑧ 문항 점수들의 통계적 특성 결정, 미리 결정한 기준에 부합하지 않는 문항 제거

⑨ 최종적으로 결정된 검사의 신뢰도와 타당도 검증

⑩ 검사 시행과 채점 · 해석을 위한 지침서 제작 및 검사 출판

4. 신뢰도란 무엇인가

우리가 일상생활에서 어떤 대상의 일관되고 안정적인 모습을 통해 '신뢰'라는 말을 사용하는 것처럼, 검사에 있어서 신뢰도(reliability)란 검사가 측정하고자하는 내용을 얼마나 일관성 있고 안정적으로 측정하는지를 나타내는 개념이다. Kerlinger(1973)은 신뢰 가능성, 안정성, 일관성, 예언 가능성 등과 같은 용어를 신뢰도와 동의어로 사용하였으며, 신뢰도를 특정한 도구의 정확성에 대한 평정이라고 정의하였다. 어떤 특성에 대한 진점수는 측정할 수 없는 이론적인 개념이기 때문에 우리는 관찰된 검사 점수를 통해 진점수를 추정하게 된다. 이론적으로 검사의 신뢰도 추정치는 측정하려는 개념의 특성에 대한 진점수와 검사 점수 간의 관계를 추정하는 방식으로 이루어지며, 개발된 검사가 측정하고자 하는 특성의 진점수와 얼마나 일치하는지를 보여 준다. 신뢰도는 검사가 측정하고자 하는 특성, 문항의 유형, 검사 사용자의 필요에 의해 여러 가지 방식으로 추정되지만, 여기서는 대표적인 몇 가지 방법을 소개하고자 한다.

1) 검사-재검사 신뢰도

검사-재검사 신뢰도(test-retest reliability)는 가장 전형적인 방법으로서 일정한 시간 경과 후에 동일한 검사를 동일한 대상에게 재실시하여 각 시행에서의 점수가 일치하는 정도를 통해 검사의 신뢰도를 추정한다. 즉, 시간 변화에 따른 검사의 안정성을 나타낸다.

검사-재검사 신뢰도는 여러 용도로 활용될 수 있는데, 검사-재검사 신뢰도를 통해 시간이 경과한 후에도 수검자에 대한 일반화가 가능한지 살펴볼 수 있다. 가령, 1년 간격으로 실시된 검사-재검사 신뢰도가 높은 지능검사가 있다고 한다면, 1년 전에 얻은 지능검사의 결과는 수검자의 현재 지능지수를 설명해 줄 수 있다. 수검자에게 현재의

시점에서 지능검사를 다시 시행한다면 1년 전에 비해 더 많은 문제를 맞힐 수도 있겠지만, 지능지수는 규준 참조 점수이기 때문에 수검자가 맞힌 정답 수를 다른 사람들의 정답 수와 비교하여 상대적인 위치에 의해 결정한다. 따라서 검사-재검사 신뢰도가 높은 지능검사라면 수검자의 상대적 위치도 1년 전과 큰 차이가 없을 것이다. 한편, 검사-재검사 신뢰도는 연구 가설을 지지할 때에도 사용될 수 있다. 만약 연구자가 측정하고자 하는 특성이 안정적이라는 가설을 세우고 이를 검증하고자 할 때 검사-재검사 신뢰도가 높게 나타났다면, 이는 연구 가설을 지지하는 하나의 증거가 될 수 있다. 이와 반대로 어떤 특성이 안정적이지 않다는 가설을 세웠다면 낮은 검사-재검사 신뢰도가 가설을 지지해 줄 수 있다.

검사-재검사 신뢰도를 산출할 때 보통 첫 번째 실시한 검사 점수와 재실시한 점수 간의 상관 계수를 구하게 되는데, 만약 그 값이 1일 경우 완벽한 신뢰도라 추정할 수 있다. 그러나 측정하고자 하는 특성이 아무리 안정적이라 하더라도 이처럼 완벽한 검사-재검사 신뢰도가 구해지기는 거의 불가능한데, 이는 검사와 재검사 간의 시차 동안 검사 점수에 오차를 일으킬 수 있는 여러 변인이 작용하기 때문이다.

첫째, 우연성 변인이 한 검사에서는 수행에 영향을 미치고 다른 검사에는 영향을 미치지 않았을 경우다. 예를 들어, 수검자의 기분 상태나 신체 상태가 한 검사에 영향을 미쳤다거나 두 검사 간에 시행 절차상 차이가 있었던 경우 등 다양한 변인의 영향이 존재할 수 있다.

둘째, 두 검사의 시차 동안 학습이나 발달에 있어서의 성숙으로 진점수의 변화가 일어날 수 있는데 모든 수검자의 진점수 변화가 동일하게 일어나지 않는 한 이 역시 오차를 발생시키는 변인이 된다.

셋째, 연습이나 이월 효과가 작용할 수 있는데, 두 차례에 걸쳐 검사를 실시하기 때문에 첫 시행의 문항을 수검자가 기억하고 있거나 첫 번째 검사가 두 번째 검사에 대한 연습으로 작용하여 두 번째 검사에서 더 좋은 결과를 낼 수 있다. 이러한 연습 효과와 기억에 의한 이월 효과도 수검자마다 그 정도가 다르게 나타나기 때문에 결국 일관성을 방해하는 오차 요인으로 작용하게 된다.

따라서 검사에서 측정하고자 하는 특성과 관련하여 검사-재검사 신뢰도 분석을 하는 것이 적합한지에 대해 신중하게 생각해 봐야 하며, 측정 오차와 관련된 여러 변인에 대해서도 살펴보아야 한다. 뿐만 아니라 검사-재검사 신뢰도 계수를 해석할 때에는 두 검사 간 시간 간격과 같은 실시 상황도 필히 고려해야 한다.

2) 동형 신뢰도

동형 신뢰도(parallel-form reliability)는 개발된 검사와 문항의 내용, 반응 과정, 형태, 난이도 수준, 통계적 특성 등이 유사한 다른 검사를 개발하고 두 검사 점수 간의 상관계수를 구해 신뢰도를 추정하는 방법이다. 동형 신뢰도는 동일한 특성을 측정하는 두 개 유형의 검사가 실제로 동등한지 살펴보는 데 유용하다. 이 경우 재검사를 받게 될 때 이전에 실시하였던 문항이 아닌 다른 문항을 통해 검사를 실시하게 되므로 이월 효과를 크게 줄일 수 있다. 또한 검사를 실시할 때 하나의 유형을 실시하고 곧바로 다른 유형을 동일한 사람에게 실시하거나, 검사-재검사 신뢰도를 위해 처음 실시할 때보다 일반적으로 짧은 간격으로 실시하기 때문에 시차에 의한 변화 가능성이 낮다. 특히 동형 신뢰도는 이론적인 측면에서 중요한 의미를 가진다. 모든 검사의 문항은 표집에 의한 표본이지만, 검사 점수는 수검자의 특성을 추론하는 데 사용된다. 동형 신뢰도는 특정 문항으로 구성된 검사에서의 수행이 그 문항 표본에서만 그치는 것이 아니라 측정하고자 하는 특성의 광범위한 영역으로 일반화할 수 있는지를 보여 준다는 측면에서 중요하다.

그러나 두 개의 동형 검사를 개발하는 데 있어서 시간과 비용 부담이 크고 실제적으로 검사를 개발하기가 쉽지 않으며, 두 검사의 동질성을 보장하기 어려운 단점도 있다.

3) 반분 신뢰도

반분 신뢰도(split-half reliability)는 하나의 검사를 한 집단에 실시한 후 전체 검사 문항을 반으로 나누어 두 개의 하위 검사를 만든 다음, 이 두 개의 하위 검사를 동형검사로 간주하여 수검자들이 두 하위 검사에서 얻은 점수 간의 상관계수를 구하는 신뢰도 추정 방법이다. 반분 신뢰도는 한 번의 검사 실시만으로 신뢰도를 구할 수 있기 때문에 시간과 비용 면에서 장점을 갖고 있으며, 시차와 관련된 측정 속성의 변화, 이월 효과 및 연습 효과 등에 의한 측정 오차를 극복할 수 있다.

그러나 전체 문항을 반으로 나누는 방법에 따라 신뢰도의 추정치가 달라진다는 문제점이 있다. 가장 이상적인 방법은 문항을 나누는 모든 방법을 통해 산출된 상관관계의 평균을 구하여 신뢰도 추정치로 사용하는 것이지만, 이 경우 문항 수가 많을수록 반분하는 방법도 너무 많아지기 때문에 현실적으로 매우 어렵다. 또한 전반부 문항과 후반부 문항으로 나눌 경우 신뢰도를 추정하는 데 있어서 문제가 잘 생길 수 있는데, 예를 들어 피로감이나 집중력 저하로 인해 후반부 문항에서 낮은 수행을 보일 수 있다. 또한 학교에서 시행되는 시험의 경우에는 주로 후반부로 갈수록 난이도가 높아지는 경향이 있으며, 검사의 수행 시간이 정해져 있는 경우에는 후반부 문항에 답할 시간이 충분하지 않아 낮은 점수를 받게 될 수 있다. 한편, 무선적으로 문항을 추출하는 방식이 있지만, 이는 매우 복잡한 절차를 거쳐야 한다. 이러한 신뢰도 추정에 있어서의 문제점을 극복하기 위한 대안으로서 홀수와 짝수로 나누어 하위 검사를 만드는 방법이 주로 사용되고 있다.

한편, 검사의 문항이 많을수록 신뢰도가 높아지기 때문에 전체 문항을 반으로 나누어 신뢰도를 추정하는 반분법의 경우 검사의 신뢰도가 과소 추정되기 쉽다. 이에 Spearman과 Brown의 교정 공식을 통해 전체 검사의 신뢰도를 추정할 수 있다.

$$rt = \frac{2r_s}{1+r_s}$$

r_s: 반분법에서 구한 신뢰도 계수

rt: 원검사의 신뢰도 계수

4) 내적 일관성 신뢰도

앞서 살펴본 반분 신뢰도는 두 개의 하위 검사가 동형이라는 가정을 토대로 하여 신뢰도를 추정하였다. 그러나 여기에는 반분하는 방식에 따라 신뢰도 추정치가 달라진다는 단점이 있다. 이 같은 문제점을 극복하고 단일 추정치를 계산할 수 있는 방법이 내적 일관성 신뢰도(internal consistency)다. 이는 각각의 문항을 동형의 검사로 간주하여 문항들의 동질성을 측정하는 방법으로서 수검자가 반응한 각 문항의 점수가 일관될수록 검사의 신뢰도는 증가한다고 볼 수 있다.

내적 일관성 신뢰도 계수를 추정하는 방법 중 가장 대표적으로 사용되는 방법이 Cronbach α이며, 계산 공식은 다음과 같다.

$$\alpha = \frac{k}{k-1}\left(1 - \frac{\Sigma\sigma^2_i}{\sigma^2_x}\right)$$

k: 검사 문항 수

σ^2_i: 각 문항의 변량

σ^2_x: 검사 전체 점수의 변량

Cronbach α 계수는 Likert식 척도로 이루어진 검사뿐만 아니라 검사 문항이 이분적으로 채점(예: 정답과 오답)되는 검사 등 다양한 검사에서 활용될 수 있다.

한편, 문항이 0 또는 1점처럼 모두 이분적으로 채점되는 검사에서는 각 문항의 변량이 1보다 작으며, 이러한 경우 Kuder-Richardson formula 20(KR 20)을 사용하여 신뢰도 계수를 구할 수도 있다. KR 20의 계산 공식은 다음과 같다.

$$KR\ 20 = \frac{k}{k-1}\left(1 - \frac{\Sigma p_i q_i}{\sigma^2_x}\right)$$

k: 검사 문항 수

p_i: 각 문항별 정답률

q_i: 각 분항별 오답률

σ^2_x: 검사 전체 점수의 변량

5) 평정자 간 신뢰도

검사 문항을 채점하는 데 있어서 보통은 지침서에 근거하여 채점을 하게 되지만, 때로는 수검자의 반응에 대해 채점자의 주관이 개입될 수 있으며 이는 동일한 반응에 대한 다른 결과로 이어질 수 있다. 특히 투사 검사에 대한 채점, 서술형 문항에 대한 채점, 관찰 및 면접을 통해 평정하는 경우에는 객관적 검사와 달리 채점자 혹은 평정자에 의한 오차가 발생할 수 있다. 따라서 채점 결과의 객관성과 신뢰성을 검증하기 위해 평정자 간 신뢰도(inter-scorer reliability)를 구할 수 있다. 이는 동일한 수검자에게서 얻어진 반응을 둘 혹은 다수의 평정자에게 채점하게 한 후 각각의 채점 결과에 의한 점수 간의 상관관계를 구하는 방법이다.

5. 타당도란 무엇인가

완전한 심리검사의 역할을 하기 위해서는 신뢰도뿐만 아니라 타당도에 대한 분석도 이루어져야 한다. 타당도(validity)는 검사에서 측정하고자 하는 것을 얼마나 실제적으로 잘 측정하는지를 의미하며, 검사 점수를 통해 얻은 추론의 적절성을 근거로 하여 판단한다. 검사의 타당도는 특정한 목적을 가지고 어떤 집단에 적용하려는 검사도구가 얼마나 유용한지를 판단하는 것과 관련되어 있다. 예를 들어, 새로운 성인용 지능검사를 개발하였다고 할 때 이 검사는 본래의 개발 목적에 맞게 성인의 지능이라는 특성을 제대로 측정해야만 검사의 타당도를 입증할 수 있을 것이다.

검사의 타당화는 타당도에 대한 증거를 모으고 평가하는 과정으로서 검사 개발자와 검사자가 모두 이에 관여한다. 검사 개발자는 검사 지침서에 타당도에 대한 증거를 제시해야 할 책임을 갖고 있으며, 간혹 검사자는 개발된 검사가 자신의 집단에 적용하는 데 있어서 적합한지를 살펴보기 위해 타당화 연구를 실시하기도 한다.

검사의 타당도 분석을 위한 방법에는 여러 가지가 있는데, 크게 내용타당도, 구성타당도 및 준거관련타당도로 나뉜다.

1) 내용타당도

내용타당도(content validity)는 검사 문항이 측정하고자 하는 내용영역을 얼마나 잘 대표하는지 그 정도를 평가하는 방법이다. 여기에서 내용영역이란 특정한 속성이나 특성을 측정하기 위해 사용 가능한 모든 행동을 의미하는데, 이러한 내용영역이 명확하게 기술되어 있을 때 내용타당도를 올바르게 분석할 수 있다. 모든 내용영역은 경계가 있으며, 이를 측정하기 위해 개발된 검사의 문항은 내용영역의 경계 안에 포함되어 있어야 한다. 예를 들어, 단어 지식이나 어휘력을 측정하는 검사에서 암산 문제는 검사가 측정하고자 하는 내용영역의 경계에 속하지 않는다. 성취도검사나 인지 능력을 측정하는 검사의 경우 측정하고자 하는 내용영역을 구조화하여 전반적으로 기술하는 것이 수월하지만, 성격검사나 적성검사를 비롯한 그 밖의 검사들은 내용영역을 상세하게 기술하는 데 있어서 많은 어려움이 뒤따른다.

내용타당도는 수량적인 계산을 통해 구해진 추정치를 분석하기보다 측정하고자 하는 내용영역에 대한 전문가들의 판단에 의해 결정된다. 그러나 Lawshe(1975)는 내용타당도의 수치를 계산할 수 있는 방법으로 다음과 같은 내용타당도비율(content validity ratio) 공식을 제안하였다.

$$\text{내용타당도비율} = \frac{Ne - N/2}{N/2}$$

Ne: 특정 문항이 내용영역을 잘 측정한다고 평가한 사람 수

N: 전체 평가자 수

내용타당도의 신뢰도를 확보하기 위해 계량화할 수 있는 공식이 제안되기도 하였으나, 사실상 계량화보다도 검사가 측정하고자 하는 내용영역을 정확하게 기술하는 것이 더욱 중요하다. 검사의 타당도가 높다는 것은 검사 문항이 내용영역을 잘 대표하고 있다는 것을 의미한다. 따라서 내용영역에 대한 기술이 상세하게 이루어져 있다면 검사 문항을 보고 내용영역과 비교 · 분석하여 타당도를 검증하는 일이 보다 수월해질 수 있을 것이다.

한편, 내용타당도와 유사하게 사용되는 개념으로 안면타당도(face validity)가 있다. 내용타당도와 안면타당도의 차이는 내용타당도가 전문가들의 주관적 견해에 의해 평가되는 반면, 안면타당도는 전문가가 아닌 일반인의 판단에 의해 결정된다는 점이다. 즉, 안면타당도는 검사 문항을 일반인에게 읽게 하고 그 검사가 측정하려는 내용영역을 얼마나 잘 대표하고 있는지 평가하도록 하는 방법이다.

어떠한 검사의 내용타당도가 높다고 해서 타당도 분석이 종료되는 것은 아니다. 가령, 작성된 문항 중 이중부정 문항이나 수검자로 하여금 반응에 있어서 혼란을 야기할 수 있는 문항이 있을 수도 있다. 따라서 검사에 대한 타당도를 분석할 경우, 다양한 방법을 통해 분석한 후 그 결과를 종합하여 검사의 타당도를 판단하는 것이 필요하다.

2) 준거관련타당도

준거관련타당도(criterion-related validity)는 검사 점수가 개인의 준거 행동을 얼마나 정확하게 추론할 수 있는지를 의미한다. 여기서 준거란 검사나 산출된 검사 점수를 평가하기 위한 기준을 말한다. 가령 운동 능력을 측정하는 검사가 있다고 한다면, 실제 그 검사가 운동 능력을 제대로 측정하고 있는지를 평가하기 위한 준거로서 신체건강에 대한 측정치가 사용될 수 있다. 또한 적성검사를 통해 신입사원을 선발할 경우, 적성검사 점수가 이후의 직무수행 능력을 얼마나 잘 예측해 주는지가 관심사이므로 직무수행 능력은 적성검사의 타당도를 평가할 수 있는 준거가 된다.

준거관련타당도는 검사와 준거 간의 관계를 분석하여 평가하는 방법이며, 주로 이들 간의 상관관계를 통해 타당도 계수를 구한다. 타당도 계수가 높을수록 해당 검사의 준거관련타당도가 높다고 판단할 수 있으며, 타당도 계수를 구하는 방법으로는 예언타당도, 공존타당도가 있다.

(1) 예언타당도

앞서 예로 든 적성검사의 타당도를 평가하기 위한 준거가 직무수행 능력이라고 할 때, 적성검사는 현재의 시점에서 측정되고 직무수행 능력은 입사 후 일정 시간이 경과하여 측정될 것이다. 예언타당도(predictive validity)는 검사 점수를 통해 일정한 시간이 경과한 후 개인의 행동 및 수행 수준을 어느 정도 예측할 수 있는지와 관련되는 개념이다. 따라서 입사할 때 실시한 적성검사 점수와 입사 후의 직무수행 능력 점수 간의 상관관계를 분석하여 타당도 계수를 구할 수 있다. 타당도 계수가 높게 나오면 적성검사의 예언타당도가 높다고 판단할 수 있다. 즉, 적성검사 점수를 통해 개인의 직무수행 능력을 예측할 수 있음을 의미한다.

(2) 공존타당도

공존타당도(concurrent validity)는 검사 점수와 준거 측정치 간의 상관관계 분석을 통해 타당도 계수를 산출한다는 점에서는 예언타당도와 유사하지만, 예언타당도가 검사를 통해 추후의 준거 행동 수준을 예측하는 데 초점을 맞추는 반면, 공존 타당도는 검사 점수와 준거 측정치를 동일한 시점에 측정하여 둘 간의 관계를 통해 타당도를 검증한다. 예언타당도의 경우 준거의 측정을 위해 일정 시간이 경과해야 하기 때문에 타당도 계수를 구하는 데 있어서 소요되는 시간도 길어진다. 이때 공존타당도는 예언타당도의 대안으로 선택될 수 있다. 예를 들어, 정신과적 진단 검사의 점수는 이미 진단된 정신과 환자들의 준거와 비교하여 공존타당도를 검증할 수 있다. 또한 어떠한 검사의 단축판이나 개정판에 대한 타당도를 검증할 때에도 원판 척도 점수를 준거변수로 삼아 동일한 시점에 함께 측정한 후 두 검사 점수 간의 상관관계를 통해 타당도 계수를 구할 수 있다.

3) 구성타당도

구성타당도(construct validity)는 검사가 측정하고자 하는 이론변수, 즉 구성개념(construct)을 얼마나 제대로 측정하는지를 평가하기 위한 방법이다. 앞서 살펴본 내용타당도의 경우 주관적인 판단에 의존하는 문제점이 있으며, 준거관련타당도는 적절한 준거가 무엇인지에 대한 합의를 도출하는 데 있어서의 어려움이 존재한다는 단점이 있다. 구성타당도는 이 같은 내용타당도와 준거관련타당도의 문제점을 보완해 줄 수 있다.

(1) 수렴타당도

수렴타당도(convergent validity)는 새롭게 개발한 검사를 동일하거나 유사한 특성을 측정하는 기존의 검사와 비교하여 이들 간의 상관관계를 살펴보는 방법이다. 이때 기존의 검사는 이미 신뢰도와 타당도가 입증된 검사여야 하며, 만약 이러한 조건이 충족되는 가운데 두 검사 간 상관관계가 높게 나왔다면 새롭게 제작한 검사의 수렴타당도가 높다고 볼 수 있다.

(2) 변별타당도

변별타당도(discriminant validity)는 수렴타당도와 대조적으로 새로운 검사가 측정하는 구성개념과 다른 영역을 측정하는 기존의 검사를 비교하여 이들 간의 상관관계를 구하는 방법이다. 수렴타당도 분석과 마찬가지로 비교 대상인 기존의 검사는 신뢰도와 타당도가 검증된 검사여야 하는데, 새로운 검사와 기존의 검사 간 상관관계가 낮게 나타나면 변별타당도가 높다고 볼 수 있다. 즉, 이 두 검사는 서로 다른 구성개념을 측정하고 있기 때문에 상호 관련성이 낮아야 한다는 가정을 충족시킨다.

6. 심리평가의 단계

심리평가를 시행하는 전문가는 단순히 검사 점수를 해석하는 역할만 하는 것이 아니라 인간 행동에 대한 전문가로서 자료를 통합하고 체계화하여 판단한 후 내담자에게 적절한 도움을 제공해야 한다. 이를 위해 심리평가의 단계를 설정하고 개관하는 것은 내담자에 대한 평가와 요약에 있어서 개념적인 체계를 확립할 수 있도록 해 주기 때문에 매우 유용하다. 여기서 소개하는 심리평가의 단계는 개념적인 편이성을 위해 각 단계로 구분되어 있기는 하지만 평가 과정에서 사실상 동시에 작업될 수도 있으며, 각 단계는 서로 상호작용하는 경우가 많다.

1) 의뢰 사항의 평가

심리평가에서 내담자의 문제를 명확하게 이해하는 것이 무엇보다 중요한데, 심리평가의 실제적인 제한점 중 많은 경우가 문제에 대한 이해 부족에서 비롯되기 때문이다. 즉, 내담자의 요구가 명확하게 무엇인지 살피고 그들의 요구가 적절한지에 대해 검토하는 작업이 필요한데 때때로 의뢰 사항이 불분명한 경우도 발생하기 때문이다. 그러므로 내담자의 이면에 숨겨진 의제, 기대, 복잡한 대인관계 등에 대해 탐색하고 명료화해야 한다. 심리평가에서 전문가에게 요구되는 중요 사항 중 하나는 의뢰 상황에서 내담자와 상호작용할 때 언어적 표현이 내포하고 있는 의미, 개념적 모델, 역동,

기대에 대해 이해하는 것이다. 또한 심리검사의 특정한 제한점에 대해서도 설명해야 하므로 여러 심리검사의 강점뿐만 아니라 제한점에 대해서 잘 알고 있어야 하며, 책임감을 가지고 내담자에게 유용한 정보를 제공해야 한다.

전문가에게 의뢰되는 사항은 일반적인 평가보다 내담자의 특정한 문제에 대한 답을 요구하는 경우가 대부분이다. 이러한 특정 문제를 평가하기 위해 때로는 평가 과정 중 다양한 장면에서 의뢰 사항에 참조가 될 수 있는 정보를 얻는 것이 유용하다. 예를 들어, 교육평가의 경우 학교 장면에서의 수행이나 적응 수준의 관찰을 통해 매우 중요한 정보를 얻을 수 있을 것이다.

2) 문제의 내용 파악

전문가는 실제적인 검사의 시행에 앞서 내담자의 문제를 주의 깊게 탐색하고, 자신이 사용하고자 하는 검사가 내담자의 독특한 상황과 문제를 이해하는 데 있어서 적절한지에 대해서도 신중하게 검토해야 한다. 이를 위해 검사 지침서를 숙지하고 추가적인 여타의 자료를 참조하는 준비 과정이 필요하다. 또한 불안장애, 정신병, 성격장애, 기질적 손상과 같은 문제에 대한 조작적 정의에 정통해야 하는데, 이러한 문제들이 평가 과정에서 어떠한 표현으로 드러날 때 보다 민감하게 알아차릴 수 있기 때문이다. 단지 검사의 실시와 채점을 유능하게 하는 것만으로 효과적인 평가를 수행하기는 어렵다. 따라서 전문가는 자신이 측정하려는 변인에 대해 깊이 있는 지식을 갖고 있어야 할 뿐만 아니라 이러한 측정의 한계에 대해서도 잘 알고 있어야 한다.

실시하고자 하는 검사의 적합성에 대한 평가를 위해서는 실제적으로 고려해야 할 사항과 더불어 표본이 표준화되어 있는지, 신뢰도와 타당도가 확보되어 있는지에 대한 검토가 필요하다. 전문가는 사용하고자 하는 검사가 내담자의 문제를 이해하는 데 있어서 적합한지 고려해야 하며, 특정한 검사나 여러 검사가 개인이나 집단에 적절하게 사용될 수 있는지에 따라 결정을 내려야 한다. 또한 내담자의 연령, 성별, 민족, 인종, 교육 배경, 검사에 대한 동기, 예측되는 저항의 수준, 사회적 환경, 대인관계와 같은 다양한 영역에 대해 파악하고 있어야 하며, 치료 과정에서 검사가 유용하게 사용되어 도움을 줄 수 있는지에 대해서도 평가해야 한다.

3) 자료 수집

의뢰 사항에 대한 명료화가 이루어지고 문제의 내용이 파악되었다면, 그다음으로 실제적인 정보를 수집하게 된다. 이는 검사 점수, 발달사를 비롯한 개인력, 행동 관찰, 면담 자료와 같은 광범위하고 다양한 자료를 통해 얻을 수 있다. 전문가는 학생기록부, 과거의 심리학적 관찰 자료, 의무 기록, 범죄 이력, 부모나 교사와의 면담을 통해 내담자에 대한 유용한 자료를 수집할 수 있다. 검사는 내담자의 자료 수집에 있어서 중요한 역할을 하지만, 내담자의 현재 문제에 대한 맥락적 이해를 제공하지 못하는 한계를 지니고 있다. 따라서 검사 자체는 그저 단일한 도구이거나 자료의 일부일 뿐이며, 검사 점수만으로 내담자의 의뢰 사항에 대한 충분한 답을 제공하기는 어렵다. 내담자의 개인력에 대한 탐색은 검사가 지니고 있는 이러한 한계를 보완하여 검사 점수가 의미 있게 활용될 수 있도록 만들어 주는데, 검사 점수를 통해 평가된 내담자 상태의 심각성을 한층 더 유의하게 예측할 수 있도록 해 준다. 예를 들어, 평가 결과에서 자살사고가 높게 나타났다면, 과거 자살 시도 경험에 대한 탐색을 통해 앞으로의 시도 가능성이나 위험성을 보다 명확하게 예측할 수 있을 것이다. 특정한 문제를 해결하고 의사결정을 내리기 위해 전문가는 다각적으로 자료를 수집해야 하며, 자신이 관찰한 바와 일치하는지 평가하여 이러한 자료를 사용해야 한다.

4) 자료 해석

심리평가에서는 최종적으로 내담자의 현재 기능 수준, 원인 및 예후와 관련된 고려 사항, 치료적 제언이 기술되어야 한다. 원인에 대해 기술할 때는 단순하게 공식화하여 기술하는 것을 피해야 하며, 대신에 상호작용하는 몇몇 요인이 미치는 영향에 초점을 맞추어 기술하는 것이 바람직하다. 이러한 요인들은 일차적 원인, 소질적 원인, 촉발적 원인 및 강화적 원인으로 구분될 수 있으며, 원인에 대해 완전하게 기술하려면 이러한 요인들이 모두 설명되어야 한다. 또한 전문가는 이러한 요인들의 상호작용 패턴, 상호 간의 양방향적인 영향을 평가하여 체계적인 조망을 통해 내담자의 평가 결과를 정교하게 기술할 수 있다. 한편, 치료적 개입에서 효과적인 계획을 수립할 수 있도록 평가 결과를 활용하여 제언하는 것 역시 매우 중요한 역할이다. 뿐만 아니라 전문가는 증가 타당도(incremental validity)에 대한 연구와 함의에 관심을 두어야 하며, 임상적 판단 시 관여될 수 있는 제한점과 부정확성에 대해서도 지속적으로 인식하고 있어야 한다. 이는 내담자에 대한 기술이 단지 명칭을 부여하거나 분류하는 것이 아니라 한 사람에 대해 보다 깊이 있고 정확하게 이해하기 위한 것임을 의미한다. 이 같은 측면에서 전문가는 내담자의 내적 경험 및 타자와의 관계 모두에서 일어나는 새롭고 다양한 측면을 이해해야 한다.

이와 같이 기술하기 위해 전문가는 검사 자료를 통해 추론을 해야 한다. 내담자에 대한 검사 자료가 객관적이고 경험적인 것이라 할지라도 가설을 세우고 이에 대한 지지를 획득하여 결론을 통합하는 과정은 전문가의 경험과 훈련에 의해 좌우된다. 이러한 통합은 일반적으로 연속적인 전개 과정을 통해 이루어지는데, 먼저 내담자에 대한 인상을 정리하고, 관련된 사실을 확인한 후 검사 자료를 추론하고, 이러한 추론과 일치하는 자료를 통해 가설에 대한 지지를 얻는다. Maloney와 Ward(1976)는 자료의 평

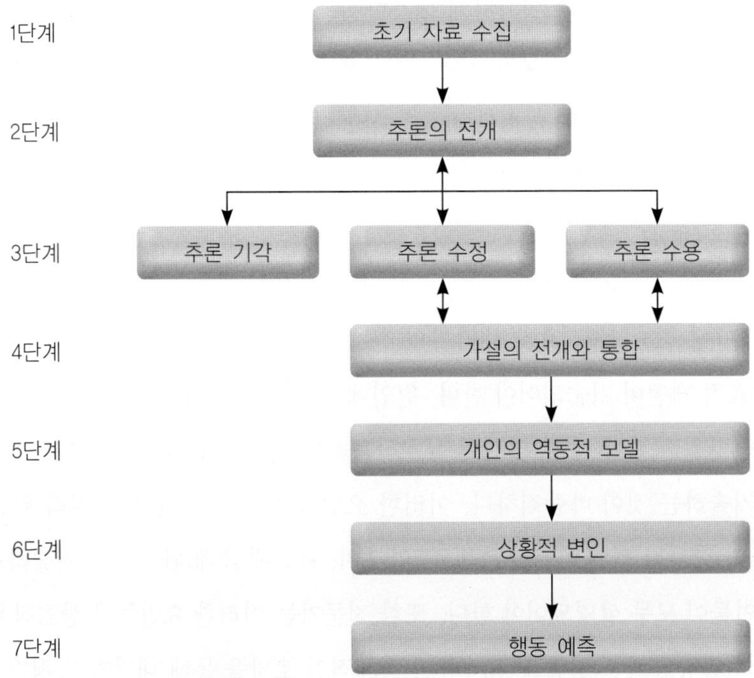

그림 1-1 평가 자료 해석의 개념적 모델

가를 위한 7단계를 개념화하여 제시하였다([그림 1-1] 참조). 그러나 실제적인 과정에서는 종종 이러한 단계의 경계가 명확하지 않고 동시에 이루어지는 경우도 있다.

(1) 1단계

내담자에 대한 자료를 수집하는 단계로서 의뢰 사항이 무엇인지로부터 시작하여 내담자의 과거력과 여러 기록에 대한 검토가 진행된다. 이를 토대로 하여 이미 전문가는 잠정적인 가설을 세우기 시작하고 보다 자세하게 평가하기 위해 필요한 질문을 명료화한다. 그다음으로 내담자와 만나 면담을 시행하며 다양한 심리검사를 실시하게 된다. 이때 면담의 내용 및 검사 자료와 마찬가지로 내담자가 보이는 행동 역시 중요하기 때문에 주의 깊게 관찰하고 기록하는 것이 필요하다. 또한 전문가는 수집된 자료를 바탕으로 추론을 시작한다.

(2) 2단계

본격적으로 내담자에 대한 광범위하고 다양한 추론이 이루어진다. 이러한 추론은 요약과 설명의 기능을 모두 제공하는데, 가령 수행 속도가 느리고, 주의 집중을 잘 하지 못하며, 가라앉아 있는 정서 상태와 위축된 행동을 보이는 내담자의 경우 우울하다고 추론할 수 있다. 이러한 추론 후 전문가는 검사 점수와 면담자료, 그 밖에 타당한 정보를 토대로 하여 내담자의 우울이 생득적인 특성에 의한 내인성 우울인지, 현재 겪고 있는 상황적인 고통에 의해 일어난 반응성 우울인지 평가하게 된다. 그러나 전개되고 있는 다각적인 추론도 처음에는 잠정적인 것이었으며, 추론은 이후 가설에 대한 확인, 수정, 기각을 통해 얻어지는 추가적인 정보를 살피는 데 있어서 안내자의 역할을 할 뿐이라는 점을 유념해야 한다.

(3) 3단계

2단계에서 생성된 추론을 수용할지 혹은 기각할지 결정하는 단계이므로 이들 간에는 지속적이고 능동적인 상호 관계가 이루어진다. 추론의 타당성을 검증하는 과정에서 전문가는 추론의 의미 및 강조점을 변경하거나 어떠한 경우에는 전면적으로 수정하여 새로운 추론을 전개하기도 한다. 심리평가에서 추론이 완전하게 입증되는 경우는 희박하지만, 특정한 추론을 지지할 수 있는 자료와의 일치성, 그 자료가 갖고 있는 강점이 어느 정도인지에 대한 전문가의 평가를 통해 추론의 타당성이 높아진다. 가령 어떤 내담자의 경우, 지능검사에서 드러난 낮은 과제 처리 속도와 주의집중력, MMPI-2 임상 척도 중 2번 척도의 상승, 내용 및 보충 척도에서 나타난 우울 관련 척도의 상승, 행동 관찰이나 검사 수행에서 보이는 위축된 행동과 침울해 보이는 정서 상태 등에 의해 내담자의 우울에 대한 가설이 지지될 수 있다. 또한 우울을 대표할 수 있는 이와 같은 자료 중 한 가지 자료보다는 여러 자료가 있을 때 그 추론의 타당성은 더욱 높아질 수 있다.

(4) 4단계

이전 단계들을 통해 추론의 타당성이 검증되었기 때문에 이제 전문가는 내담자에 대한 특정한 추론을 정교하고 자세하게 설명하면서 내담자의 경향성이나 양식과 같은 일반적인 측면에 대한 기술로 확장시킨다. 가령 불안한 내담자의 경우, 지지될 수 있는 근거 자료를 통해 특정한 추론의 타당성이 확인되었다면 이는 평소 내담자가 불안을 느끼는 상황에서 쉽게 드러낼 수 있는 행동이나 여러 정보를 설명해 줄 수 있다. 따라서 4단계에서는 보다 정교하고 구체화된 추론을 통해 일반적인 진술을 이끌어 내는 것이 주요 과제라 할 수 있다.

(5) 5, 6, 7단계

5단계에서는 내담자의 다양한 성격적 특성을 정교하게 다듬고 구체화하여 이를 통합한다. 여기에는 인지적 기능, 정동과 기분, 대인 간 또는 개인 내의 기능 수준처럼 일반적인 요인에 대한 기술과 논의가 포함된다. 4단계와 유사한 측면이 있지만, 5단계에서는 내담자에 대해 보다 종합적이고 통합된 기술이 이루어진다. 6단계에서는 5단계에서 이루어진 내담자에 대한 기술을 상황적 맥락으로 확장하며, 마지막으로 7단계에서는 내담자의 행동을 구체적으로 예측해 본다. 7단계의 가장 핵심적인 요소는 의사결정과 권고인데, 이를 위해 전문가는 내담자와 상황적 변인 간의 상호작용을 고려해야 한다.

다수의 의학적 진단과 달리 심리학적 추론은 대개 신체적으로 설명되지 않기 때문에 이러한 추론의 타당성을 확립하는 과정은 전문가에게 어려운 도전이라 할 수 있다. 그렇지만 전문가는 심리학적 기술의 신뢰성을 추구하고 적당한 범위에서 기술해야 한다. 뿐만 아니라 기술과 예측에 있어서의 타당성을 확보하려는 노력도 지속해 나가야 한다. 내담자에 대한 기술의 신뢰성은 다른 전문가도 그 기술이나 분류에 대해 일치하는 견해를 보이는지를 통해 살펴볼 수 있다. 한편, 기술적 타당성은 해석에 기술된 내담자의 특성이 외적 요인과 얼마나 일치하는지를 통해 검증할 수 있다. 즉, 검사에서 드러난 특성이 가족력, 인구통계학적 요인, 법적 문제 등과 같은 다른 관련 요인들과 일치할수록 해석의 기술적 타당성은 증가한다. 예측에 대한 타당성은 검사를 통한 추론이 이후의 결과(예: 학업 성취, 직무 수행, 치료적 성과 등)를 얼마나 잘 평가해 줄 수 있는지와 관련되어 있다. 따라서 정확한 예측은 검사의 가장 중요한 요소 중 하나라고 할 수 있다.

7. 심리평가 윤리

심리평가가 대중화되고 여러 장면에서 다양한 목적으로 실시되면서 윤리적 측면에서의 문제들이 대두되고 있다. 특히 그동안 심리평가 과정에 대한 여러 비판과 지적이 제기되었고 이를 개선하기 위한 노력이 지속되면서 심리평가 관련 윤리 규정에도 많은 변화가 있었다. 심리학 분야에서의 윤리 규정은 내담자의 안전, 비밀보장, 고통의 완화, 과학적 발전과 같이 심리학에서 추구하는 가치를 반영한다. 심리평가 역시 이러한 가치를 지향하고 있으며, 특히 적절한 맥락에서의 검사 사용, 비밀보장의 문제, 문화적 편향, 사생활 침해, 검사 자료의 양도, 타당성이 입증되지 않은 검사 사용의 지속과 같이 평가 절차와 관련되어 있는 주요 문제들이 윤리 규정에 포함되어 있다. 이러한 윤리 규정은 심리평가의 실시 및 해석을 포함한 일련의 모든 과정에서 전문가의 의사결정 및 행동상의 지침이 되므로 이를 숙지하고 실제 평가 상황에서 준수하기 위해 노력해야 한다.

우리나라의 경우 한국심리학회에서 심리학자 윤리 규정 중 심리평가 관련 윤리를 다음과 같이 명시하고 있다.

제5장 평가 관련 윤리

제47조 평가의 기초

1. 법정 증언을 포함한 추천서, 보고서, 진단서, 평가서에 의견을 기술할 때, 심리학자는 자신의 의견을 입증할 만한 객관적 정보 또는 기법에 근거하여야 한다.
2. 개인의 심리 특성에 대한 의견을 진술할 때, 심리학자는 자신의 진술을 지지하기 위한 면밀한 검사 과정을 거쳐야 한다. 그러한 노력에도 불구하고 검사가 실제적이지 못할 경우, 심리학자는 자신이 기울인 노력의 과정과 결과를 문서화하고, 불충분한 정보가 자신의 견해의 신뢰도와 타당도에 영향을 미칠 수 있음을 밝히고, 결론이나 권고 사항의 본질과 범위를 제한한다.
3. 개인에 대한 개별검사가 보장되지 않는 상황에서 자료를 검토, 자문, 지도 감독해야 할 경우에, 심리학자는 자신의 견해가 개별검사에 기초하지 않았다는 사실을 밝히고 자신의 견해를 뒷받침하는 근거 정보를 제시한다.

제48조 평가의 사용

1. 심리학자는 검사도구, 면접, 평가기법을 목적에 맞게 실시하고, 번안하고, 채점하고, 해석하고, 사용하여야 한다.
2. 심리학자는 타당도와 신뢰도가 검증된 평가도구를 사용하여야 한다. 그렇지 못한 경우에는 검사 결과 및 해석의 장점과 제한점을 기술한다.
3. 심리학자는 평가서 작성 및 이용에 있어서, 객관적이고 학문적으로 근거가 있어야 하고 세심하고 양심적이어야 한다.

제49조 검사 및 평가기법 개발

검사 및 기타 평가기법을 개발하는 심리학자는 표준화, 타당화, 편파의 축소와 제거를 위해 적합한 심리측정 절차와 전문적 지식을 사용해야 한다.

제50조 평가에 대한 동의

1. 평가 및 진단을 하기 위해서는 내담자로부터 평가 동의를 받아야 한다. 평가 동의를 구할 때에는 평가의 본질과 목적, 비용, 비밀유지의 한계에 대해 알려야 한다. 그러나 다음의 경우는 평가 동의를 받지 않아도 된다.
   (1) 법률에 의해 검사가 위임된 경우
   (2) 검사가 일상적인 교육적 · 제도적 활동 또는 기관의 활동(예: 취업 시 검사)으로 실시되는 경우
2. 동의할 능력이 없는 개인과, 법률에 의해 검사가 위임된 사람에게도 평가의 본질과 목적에 대해 알려 주어야 한다.

3. 검사 결과를 해석해 주는 자동화된 해석 서비스를 사용하는 심리학자는 이에 대해 내담자/환자로부터 동의를 얻어야 하며, 검사 결과의 기밀성과 검사 안정성이 유지되도록 해야 하며, 법정증언을 포함하여 추천서, 보고서, 진단적, 평가적 진술서에서 수집된 자료의 제한성에 대해 기술해야 한다.

제51조 평가 결과의 해석

1. 평가 결과를 해석할 때, 심리학자는 해석의 정확성을 감소시킬 수 있는 다양한 검사 요인, 예를 들어 수검자의 검사받는 능력과 검사에 영향을 미칠 수 있는 상황이나 개인적 · 언어적 · 문화적 차이 등을 고려해야 한다.
2. 평가 결과의 해석은 내담자/환자에게 내용적으로 이해 가능해야 한다.

제52조 무자격자에 의한 평가

심리학자는 무자격자가 심리평가 기법을 사용하도록 허용해서는 안 된다. 단, 적절한 감독하에 수련 목적으로 사용하는 경우는 예외로 하며 다음과 같은 사항에 주의한다. 수련생의 교육, 수련 및 경험에 비추어 수행할 수 있는 평가 기법들에 한정해 주어야 하며 수련생이 그 일을 유능하게 수행할 수 있는지 지속적으로 감독해야 한다.

제53조 사용되지 않는 검사와 오래된 검사 결과

1. 심리학자는 실시한 지 시간이 많이 경과된 검사 결과에 기초하여 평가, 중재 결정, 중재 권고를 하지 않아야 한다.
2. 심리학자는 현재 사용되고 있지 않거나 현재의 목적에 유용하지 않은, 제작된 지 오래된 검사나 척도에 기초하여 평가, 중재 결정, 중재 권고를 하지 않아야 한다.

제54조 검사채점 및 해석 서비스

1. 다른 심리학자에게 검사 또는 채점 서비스를 제공하는 심리학자는 절차의 목적, 규준, 타당도, 신뢰도 및 절차의 적용, 그리고 사용할 수 있는 자격에 대해 정확하게 기술해야 한다.
2. 심리학자는 프로그램과 절차의 타당도에 대한 증거에 기초하여 채점 및 해석 서비스를 선택해야 한다.
3. 심리학자가 직접 검사를 실시 · 채점 · 해석하거나, 자동화된 서비스 또는 기타 서비스를 사용하더라도, 평가도구의 적절한 적용, 해석 및 사용에 대해 책임을 져야 한다.

제55조 평가 결과 설명

검사의 채점 및 해석과 관련하여, 심리학자는 검사를 받은 개인이나 검사 집단의 대표자에게 결과를 설명해 주어야 한다. 그러나 관계의 특성에 따라서는 결과를 설명해 주지 않아도 되는 경우도 있다(예: 조직에 대한 자문, 사전고용, 보안심사, 법정에서의 평가 등). 이러한 사실은 평가받을 개인에게 사전에 분명하게 알려 주어야 한다.

제56조 평가서, 검사 보고서 열람

1. 평가서의 의뢰인과 수검자가 동일하지 않을 경우에, 평가서와 검사보고서는 의뢰인이 동의할 때 수검자에게 열람될 수 있다.
2. 건강에 피해를 줄 수 있다고 판단되지 않는 한, 수검자가 원할 때는 평가서와 검사보고서를 볼 수 있도록 도와야 한다.
3. 평가서를 보여 주어서는 안 되는 경우, 사전에 수검자에게 이 사실을 인지시켜 주어야 한다.

제57조 검사자료 양도

내담자/환자를 다른 서비스 기관으로 의뢰할 경우, 심리학자는 내담자/환자 또는 의뢰기관에 명시된 다른 전문가에게 검사자료를 제공할 수 있다. 그러나 검사자료가 오용되거나 잘못 이해되는 것으로부터 내담자/환자를 보호하기 위해 검사자료를 양도하지 않을 수도 있다. 여기에서 검사자료란 원점수와 환산점수, 검사 질문이나 자극에 대한 내담자/환자의 반응, 그리고 검사하는 동안의 내담자/환자의 진술과 행동을 지칭한다.

참고문헌

박동건(1992). **심리검사 제작의 이론과 실제**. 서울: 한국심리학회.

박영숙(1994). **심리평가의 실제**. 서울: 하나의학사.

탁진국(1996). **심리검사 개발과 평가방법의 이해**. 서울: 학지사.

Cohen, R. J., Swerdlik, M. E., & Sturman, E. D. (2013). *Psychological testing and assessment: An introduction to tests and Measurement* (8th ed.). New York: The McGraw-Hill.

Crockner, L., & Algina, J. (1986). *Introduction to classical and modern test theory*. New York: Holt, Renehart, & Winston.

Exner, J. E. (1974). *The Rorschach: A comprehensive system. vol. 1: Basic foundation*. New York: John Wiley & Sons.

Friedenberg, L. (2004). **심리검사 설계, 분석 및 활용**[*Psychological testing*]. 김명소, 오동근 역. 서울: 시그마프레스. (원저는 1995년에 출판).

Groth-Marnet, G. (2009). *Handbook of psychological Assessment* (5th ed.). Hoboken, NJ: John Wiley & Sons.

Holzberg, J. D. (1977). Reliability re-examined. In M. A. Rickers-Ovsiankina (1977).

Rorschach Psychology (2nd ed.). Huntington, NY: Kieger.

Kerlinger, F. N. (1973). *Foundations of behavioral research* (2nd ed.). New York: Holt, Rinehart, & Winston.

Lawshe, C. H. (1975). A quantitative approach to content validity. *Personal Psychology, 28*, 563-575.

Lord, F. M., & Novick, M. R. (1968). *Statistical theories of mental test scores*. Reading, MA: Addison-Wesley.

Maloney, M. P., & Ward, M. P. (1976). *Psychological assessment: A conceptual approach*. New York: Oxford University Press.

Matarazzo, J. D. (1990). Psychological assessment versus psychological testing: Validation from Binet to the school, clinic, and courtroom. *American Psychologist, 45*, 999-1017.

Weiner, I. B. (1977). Approaches to Rorschach validation. In M. A. Rickers-Ovsiankina (1977). *Rorschach Psychology* (2nd ed.). Huntington, NY: Kieger.

2장

면담과 행동평가

면담(interview)은 개인의 심리사회적 문제나 정신장애를 진단하는 데 있어서 가장 기본이 되는 방법으로서 심리평가 과정에서 내담자에 대한 자료를 모으는 매우 중요한 수단이며, 심리평가를 구성하는 하나의 요인이기도 하다. 면담을 통해 얻은 자료는 심리검사 결과의 타당성을 뒷받침하고, 내담자의 행동 특성을 비롯한 다양한 특성, 현재 상황에 대한 반응의 수준이나 내용을 살펴볼 수 있도록 해 준다. 뿐만 아니라 심리평가 과정에서는 일반적으로 본격적인 심리검사를 시행하기 전에 면담 과정을 진행하기 때문에 내담자의 심리검사에 대한 부담이나 긴장감을 줄일 수 있는 역할을 하기도 하며, 동시에 평가자나 치료자와의 라포를 형성하는 데 있어서도 많은 역할을 한다.

면담이란 서로 마주 본다는 의미의 단어에서 유래되었으나, 일반적인 대화와 달리 명확한 목표를 갖고 진행되기 때문에 이러한 목표와 관련되어 있는 구체적인 주제를 중심으로 협의하거나 상담하는 과정이라 할 수 있다. 면담의 목적은 내담자의 심리사회적 문제를 평가하고 개선하기 위한 치료적 목표, 전략 및 개입 방법을 제시하고자 하는 것이다.

면담과 대화의 차이점을 정리하자면 다음과 같다.

- 면담은 내담자를 돕기 위한 목적으로 시행된다.
- 면담의 과정은 체계적이고 계획적이다.
- 면담자는 면담을 이끌어 가면서 합의된 목적이 이루질 수 있도록 내담자의 자기 탐색을 격려하고, 내담자는 이러한 과정에 동의하고 참여하는 역할을 한다.

1. 면담의 역사와 발달

내담자로부터 정보를 얻기 위한 면담의 초기 방식은 묻고 답하는 식의 의학적 형식으로서 임상적 방식이었다. 이후 정신분석의 영향으로 면담의 형식이 보다 개방적이고 자유로운 방식으로 변화하였다. 정신분석적 면담과 더불어 더욱 구조화되고 목표 지향적인 정신상태 평가가 Meyer(1902)에 의해 만들어졌다. 정신상태 평가는 주로 일반적인 행동, 사고 과정 및 사고 내용, 기억 및 주의, 언어, 통찰, 판단과 같은 현재의 기능을 평가한다. 또한 평가자들은 내담자의 전기적 자료나 직업적 성공에 대한 예측, 정신병리의 예후에 대해서도 주목하였다. 이러한 면담 기법들은 시행 방식에는 서로 차이가 있지만 내담자의 심리적 특성과 문제를 파악하고 그 문제의 원인을 밝히고 진단하며, 치료 계획을 수립하기 위한 목적으로 면담 과정을 진행하였다는 점은 동일하다.

1940년대에서 1950년대에 이르는 동안 면담의 중요한 차원들(내용 대 과정, 목표 지향 대 표현적 요인, 구조화 수준, 지시의 정도, 내담자가 표현한 활동의 정도)이 개념화되고 평가되기 시작하였다. 면담의 중요한 차원들에 대한 연구가 이루어진 가운데 비지시적 접근이 내담자의 변화와 자기 탐색을 촉진하는 데 비해, 설득이나 해석, 판단의 특성을 띠고 있는 지시적 면담은 오히려 내담자의 방어를 증가시킨다는 결과가 보고되었다.

1960년대는 면담에 있어서 많은 변화가 일어난 시기로 이 같은 변화에는 Rogers (1961)의 영향이 컸다. 그의 인본주의 이론에 기초하여 면담에서도 내담자에 대한 긍정적 존중과 진실성이 중요한 요소로 강조되기 시작하였다. 이에 발맞추어 Carkhuff(1969)는 면담자의 이해를 측정하는 5점 척도의 면담 질문지를 개발하였는데, 이 질문지는 면담, 치료자 훈련, 내담자 중심의 이론을 지향하는 척도로 평가받았다. 또한 이즈음 행동주의 면담이 발달하여 공식적으로 사용되기 시작하였는데, 이는 내담자의 문제 행동에 대한 선행 요인과 결과에 주목하였다.

1970년대에는 정신과적 진단의 신뢰도를 보완하기 위한 목적으로 구조화된 면담이 개발되었다. 정신과적 진단의 신뢰도에 대한 비판은 구조화된 면담에 더욱 주목하게 하였으며, 성인을 대상으로 한 현재 상태 검사(Present Sate Examination)와 Renard 진단적 면담(Renard Diagnostic Interview) 등이 성공을 거두면서 아동을 위한 구조화된 면담의 개발을 독려하는 계기가 되었다. 이에 부모 면담과 함께 아동에 대한 구조화된 면담도 함께 시행하게 되었다.

한편, 아동과 성인을 대상으로 한 행동적 면담은 개인의 독특한 상황을 강조할 뿐만 아니라 이와 관련하여 고려해야 할 사항도 제시한다. Kanfer와 Grimm(1972)이 제시한 면담에서의 고려사항에는 과소행동, 과다행동, 부적절한 환경적 자극 통제, 부적절한 자생적(self generated) 자극, 문제적 강화 수반성(contingencies)이 포함된다. 또한 Lazarus(1973, 2005)는 행동(Behaviors), 정동(Affect), 감각(Sensation), 심상(Imagery), 인지(Cognition), 대인관계(Interpersonal relations), 약물에 대한 욕구(Drug)와 관련된 영역을 측정하는 BASIC-ID 모델을 개발하였다.

1980년대의 특징적인 변화는 DSM-Ⅲ(1980)와 DSM-Ⅲ-R(1987)과 관련되어 있는 다양한 면담 도구의 개발에 많은 노력을 기울였다는 점이다. 면담이 더욱 구조화되면서 검사와 면담의 구분이 모호하게 되었으며, DIANO-Ⅲ(Spitzer, Endicott, & Cohen, 1974)와 CATEGO(Wing, Cooper, & Sartorius, 1974) 같은 컴퓨터 프로그램이 진단에 도움을 주기 위해 개발되었다. 1980년대 중반부터 후반에 이르기까지 대부분의 전문가가 대규모의 기관에서 일하게 되면서 구조화된 면담과 개방형의 비구조화된 면담을 혼합하여 사용하게 되었으며, 임상적 결정과 치료적 예후를 위해 초기 면담의 중요성을 강조하기도 하였다. 또한 서로 다른 학파와 이론 간의 인정(appreciation)과 통합이 이루어졌으며, 면담 과정에서 문화와 성(gender)이 미치는 영향 및 이들의 함의가 중요한 위치를 차지하게 되었다.

1990년대에는 관리 의료체계와 억압된 기억의 타당도에 대한 논쟁이 일어나면서 변화를 겪기 시작하였다. 관리 의료체계에서는 의료적 서비스 제공에 있어서 경제적 효용성이 강조되고, 잠재적으로 경제적 효용성을 극대화하면서 환자에게 최적화된 맞춤 치료를 제공하는 것에 대한 인식이 일어나면서 시간 소요를 최소화할 수 있는 면담이 주목을 받게 되었다. 한편, 과도하게 억압된 기억에 대한 논쟁은 환자로부터 얻은 정보가 사실인지를 정확하게 확인해야 하는 문제를 대두시켰으며, 특히 아동기 성폭력을 탐색할 때 주요한 이슈가 되었다.

1990년대의 이 같은 변화의 이슈는 2000년대까지 이어졌으며, 특정한 집단에 적용할 수 있는 면담 전략과 새로운 기법 개발의 중요성이 강조되었다. 따라서 소수 집단에 대한 편파로 이들에 대한 진단적 오류를 범하는 것에 대해 전문가들이 인식할 필요가 있어, 이들에게 맞도록 면담을 수정하게 되었다. 또한 새롭게 개발된 기술로서 전산화된 면담(Grarb, 2007), 전자일지(Piasecki et al., 2007), 보행 감지기(Haynes & Yoshioka, 2007) 등이 개발되었다.

2. 평가 면담의 방식

면담 방식은 이론적 방향이나 실제적인 고려 사항에 따라 선택된다. 따라서 어떠한 면담 방법이 우월하다고 하기 어렵다. 인간중심 이론을 지향하는 면담자의 경우, 인간은 누구나 자신의 행동을 건설적인 방향으로 변화시키고 이를 조직화할 수 있는 잠재적인 능력이 있다고 믿기 때문에 면담의 목적을 자기 변화와 대인관계 형성에 둘 것이다. 따라서 구조화된 방식의 질문을 삼가고 비지시적인 방식으로 면담을 이끌어 나갈 것이다. 또한 정신역동적 면담에서는 현재 내담자가 보이는 문제가 성격 형성의 결정적인 시기인 아동기 동안에 일어난 중요 인물들과의 관계, 정서적 상호작용과 깊이 연결되어 있다고 보기 때문에 면담에서도 과거 경험에 대한 정보를 모으고 이를 통해 내담자의 핵심 역동을 비롯한 심리적 · 정신적 역동을 밝히는 것에 집중할 것이다. 한편, 행동주의적 면담에서는 외부의 상황이나 결과에 의해 변화가 발생한다고 가정하기 때문에 외적 조건을 변화시키기 위한 전략을 세우고 구조화된 면담을 선호할 것이다.

임상 장면에서 다수의 전문가가 진단적 면담을 위해 DSM 진단체계를 기반으로 한 면담을 진행하고 구체적인 진단을 내린다. 그러나 범주화된 진단체계에 의미를 두지 않는 전문가들은 내담자가 보이는 문제의 특성, 대처 양식, 사회적 지지체계, 가족 내

역동 등과 같은 영역에 관심을 두고 이와 관련된 부분을 면담에서 집중적으로 다룬다.

앞서 언급하였듯이, 어떤 면담이 좋은 면담인지 정답은 없으며, 이를 판단할 수 있는 기준 역시 마련되어 있지 않다. 따라서 면담자의 이론적 지향과 내담자의 특성을 고려하여 면담을 선택하고 진행할 수 있는 유연한 태도가 필요하다.

3. 비구조화된 면담 vs. 구조화된 면담

1) 비구조화된 면담

비구조화된 면담은 미리 정해진 질문이나 순서를 따르지 않고 평가 도중에 나타나는 중요한 문제나 수검자에게 있어서 가장 주목할 만한 사안에 초점을 맞추어 진행된다. 따라서 질문의 내용이나 순서를 유연하게 적용할 수 있다. 그러나 체계적인 방식을 통해 다양한 정보를 얻고 평가할 수 있는 구조화된 면담에 비해 다루지 못하는 중요한 영역이 있을 수 있다. 뿐만 아니라 관찰과 진단에 있어서 주관적인 추론이 개입될 여지가 있다.

2) 구조화된 면담

구조화된 면담은 일관되고 체계적인 정보의 수집에 유리하고 임상적 평가와 진단을 내리는 데 있어서 상당히 신뢰성이 높은 방법이다. 대부분의 구조화된 면담에서 면담자는 표준화되어 있는 질문을 사용하고 미리 정해져 있는 평가 형식에 따라 면담을 진행한다. 따라서 구조화된 면담에서 면담자의 개입은 최소화된다. 또한 구조화된 면담은 비구조화된 면담의 문제점을 보완하기 위해 개발된 방법으로 동일한 영역에 대한 객관적인 평가를 가능하게 한다. 비구조화된 면담에서는 면담자가 지향하는 이론적 입장에 따라 다른 내용이나 용어를 사용하기 때문에 얻어진 정보의 양이나 유형의 차이가 있을 수 있다. 그러나 구조화된 면담에서는 동일한 방식을 통해 질문하기 때문에 비구화된 면담에서 발생할 수 있는 문제를 보완할 수 있다.

그러나 일부 제한점도 지니고 있는데, 구성된 질문이 대체로 딱딱하고 형식적인 경우가 많아 내담자로 하여금 면담자가 자신을 이해하고 있다고 느끼게 하지 못하고 그저 검사의 완수를 우선으로 하는 것처럼 느낄 수 있으며, 때로는 조사를 받는 것 같은 느낌으로 불쾌해할 수도 있다.

(1) 구조화된 면담의 개발

1970년대 이후 정신과 장면에서 진단의 신뢰도를 높이기 위한 진단체계의 필요성이 대두되었으며, 이러한 관심이 지속되면서 DSM 체계를 기반으로 한 구조화 혹은 반구조화된 진단적 면담 도구가 개발되었다.

이러한 진단적 면담 도구의 대표적인 예로서 Structured Clinical Interview for DSM-IV(SCID; First et al., 1996)를 들 수 있다. 이는 DSM-IV의 진단체계에 근거한 진단을 위해 개발된 반구조화된 면담이다(한오수, 홍진표, 2000). 축 I장애의 진단을 위한 SCID-I과 축 II장애의 진단을 위한 SCID-II가 개발되어 있으며, SCID-I은 연구용과 임상용으로 나뉘어 개발되었다.

연구용 SCID의 경우 더 많은 질환과 아형, 심각도와 세부 진단, 과거 기분삽화에 대해 자세하게 기록하도록 되어 있어서 임상용에 비해 방대하다. 임상용 SCID는 실제 임상 장면에서 표준화된 평가가 이루어질 수 있도록 개발되었으며, 임상에서 자주 나타나는 질환에 대해서만 전체 진단적 평가를 시행한다. 임상용 SCID는 다음과 같은 방법으로 활용될 수 있는데, 우선 일반적인 면담을 하고 난 후 확증할 DSM-IV 진단을 확인하기 위해 사용될 수 있다. 또한 입원 절차에서 체계적으로 평가하고 진단할 목적으로 사용될 수 있는데, 이는 환자의 진단적 기준의 판단에 있어서 근거가 되는 정보를 얻는 데도 매우 유용하다.

Schedule of Affective Disorders and Schizophrenia(SADS; Endicott & Spitzer, 1978)도 임상 장면에서 널리 활용되고 있는 반구조화된 진단적 면담도구로서, 성인용과 아동용(for School-Age Children: SADS)이 개발되어 있다. SADS는 원래 정동장애와 조현병의 진단을 목적으로 개발되었으나, 현재는 광범위한 정신장애로 확대하여 실시되고 있다. 최근 일주일을 기준으로 하여 증상 경험을 평가하기 때문에 현재 증상을 보이는 환자에게 유용하다. 전문가가 최종적으로 판단하기 때문에 이를 사용하기 위해서는 충분하게 훈련된 전문가(예: 정신과 의사, 심리학자, 정신 보건 사회사업가)만이 실시할 수 있다. SADS에서는 기분과 사고, 내인적 특성, 우울 관련 특성, 자살 사고와 행동, 불안, 조증적 증후군, 망상과 환각, 사고장애 등의 8개 영역을 평가한다.

Diagnostic Interview schedule(DIS; Robins et al., 1981)은 미국국립정신보건원(National Institute of Mental Health: NIMH)에서 유병률 연구를 위해 개발한 진단적 면담 도구로서 전문가만이 실시할 수 있는 SADS와 달리 구체적이고 구조화되어 있는 면담 도구다. 지침이 명료하면서도 구체적이고 한 질문에서 다음 질문으로 유연하게 넘어갈 수 있기 때문에 SADS보다 훨씬 쉽고 간편하게 사용할 수 있다. 원판 DIS는 Renard 진단적 면담에 기초해 만들어졌고, 현재는 DSM-IV에 기반한 DIS-IV까지 개정 출간되어 있으며, 아동용(Diagnostic Interview for Children: DISC)도 별도로 출판되어 있다.

한편, 임상 장면에서의 심리평가 시 면담은 주로 검사 결과의 타당성을 검증하고 통합하기 위한 내담자의 정보를 수집하고 이를 통해 내담자를 충분하게 이해하며, 의뢰 사유에 부합하는 적절한 결과의 제시, 전문가의 소견 및 제언을 위해 진행된다. 주로 반구조화된 면담을 많이 사용하는데, 여기에서 다루는 주요 영역을 살펴보면 다음과 같다.

- 개인 인적 사항: 성명, 연령, 성별, 교육 수준 등
- 주 호소 문제와 증상: 주 호소 문제(chief complain), 현병력(present illness), 기분 상태, 사고 관련 부분
- 아동기 및 청소년기 성장 배경: 초 · 중 · 고등학교 재학 시절의 일반적인 적응 수준, 성격 발달 과정, 친구 관계, 학업 성취 및 학업 문제, 건강 상태, 훈육 과정
- 가족력: 가정환경(동거 형태, 경제적 수준 등), 부모-자녀 관계(부모의 연령, 직업, 내담자와의 관계, 성격 등), 형제 및 자매 관계(형제나 자매의 연령, 직업, 내담자와의 관계, 성격 등), 정신과적 장애에 대한 가족력
- 결혼 관계: 결혼 연수, 결혼의 상태(별거, 이혼, 재혼), 배우자(연령, 직업, 교육 수준, 성격, 내담자와의 관계), 자녀(자녀의 수, 연령, 성별, 자녀와의 관계)
- 직업 관련 경험: 현 직업(근무 연수, 직업 장면에서의 업무 성취 및 만족도, 직장 동료/상사/부하 직원과의 관계를 비롯한 직업 장면에서의 적응 수준), 과거 직업 관련 경험

- 대인관계: 친구 관계, 친목 모임이나 소속 단체 활동
- 남성의 경우 군복무 관련 경험: 군복무 형태, 군복무 중 적응 수준
- 성격 특성: 스스로 지각하는 성격 특성, 성격의 장단점, 자신의 성격에 대한 타인의 평가
- 현재 및 과거의 일반적인 의학적 상태: 정신의학적 상태를 제외한 현재 및 과거의 질병, 수술 및 치료 경험 등
- 음주 및 흡연, 기타 물질 사용 경험: 빈도, 양, 기간, 결과(의학적, 직업적, 재정적, 법적)
- 문제 해결 및 대처 방식
- 자살 사고 및 계획, 시도 경험
- 정신상태 검사: 외모(체격, 키를 비롯한 신체적 특징, 외양으로 추정되는 연령, 위생 상태, 옷차림, 자세 등), 외현적 행동(눈 맞춤, 활동 수준/말투, 태도 등), 언어(말의 속도, 억양, 언어적 표현과 유창성, 이해 정도), 사고 과정(논리성, 적절성), 통찰과 판단(병식, 현실 검증)

지금까지 임상 장면에서의 심리평가 시 면담에서 다뤄지는 주요 영역들에 대해 살펴보았다. 최근에는 심리평가가 임상 장면에 국한되지 않고 다양한 장면에서 실시되고 있으므로, 임상적인 면담에서 다뤄지는 영역을 반드시 모두 다룰 필요가 있을지에 대해서는 의문이 든다. 예를 들어, 상담 장면이나 학교 장면 혹은 직업 장면에서 심리평가가 시행될 경우, 사고 장애의 가능성이 의심되지 않는 경우에는 내담자의 문제와 관련성이 깊어 보이는 영역에 더 많은 비중을 두고, 망상이나 환각 경험은 선택적으로 다루거나 면담의 후반부로 배치하여 간략하게 다룰 수도 있을 것이다. 또한 반구조화된 면담이기 때문에 임상 장면에서도 환자의 증상이나 특성을 고려하여 면담에서 좀 더 비중 있게 다루어야 할 영역을 결정하고 시간을 할애할 수 있을 것이다. 그러나 이렇게 유연하게 면담을 진행하기 위해서는 정신병리에 대한 정확한 지식 및 이해와 함께 숙련된 면담 기술도 필요하다. 따라서 초심자일 경우에는 안내되어 있는 영역들을 꼼꼼하게 모두 다뤄서 실제 환자를 이해하는 데 있어서 중요한 영역임에도 불구하고 간과하는 일이 없도록 하는 것이 바람직하다. 뿐만 아니라 숙련된 전문가라고 하더라

도 면담에서 간과된 부분은 없는지 확인하고, 심리검사 결과에서 면담을 통해 다루지 않은 영역의 문제가 의심될 경우 심리평가가 종료되기 전에 해당 영역과 관련된 면담을 진행하여 정보를 수집해야 할 것이다.

4. 정신상태 평가

정신상태 평가(mental status examination)는 평가자가 내담자의 중요한 정신 기능을 진단하는 것이다. 1902년 Meyer에 의해 도입된 이래로 대부분의 임상 장면에서 내담자나 환자를 평가하는 기초적인 방법으로 자리매김하였다. 정신상태 평가를 통해 얻은 자료는 내담자 배경 정보와 통합하여 진단을 내리는 데 활용된다.

1) 외모와 행동

- 행동 관찰 자료와 유사한데, 옷차림, 자세, 몸짓, 언어, 자기 관리 및 위생 상태, 신체적 결함, 특이한 신체적 특징을 평가한다.
- 내담자가 보이는 행동이 소속된 문화나 사회적 기대에 부합하는지에 주목하여 평가한다.
- 표정, 눈 맞춤, 활동 수준, 협응도, 주의집중 수준을 고려한다.
- 내담자의 태도(우호적, 적대적, 매력적, 무관심 등), 특이한 행동, 말의 속도, 목소리 톤 등을 평가한다.

2) 정동 상태

- 내담자의 언어, 표정, 몸짓 등을 통해 추론할 수 있다.
- 정동의 심각도, 강도, 지속 기간, 적절성 등의 측면에서 감정의 유형을 판단한다.
- 내담자의 태도(냉담/온화, 거리를 둠/가까이 대함, 불안정/안정)를 살펴본다.

3) 지각

- 환각의 유무를 판단하는 것이 중요하다. 환청은 조현병 환자에게서 주로 나타나며, 환시는 기질적 뇌증후군 환자에게서 주로 나타난다.

4) 사고

(1) 지적 기능

- 교육 수준, 사회경제적 수준, 소속된 문화를 고려한다. 만약 교육 수준이 높고 직업적 성취가 높은 사람이 지적 기능에서 낮은 점수를 받았다면 기질적 손상의 가능성을 의심해 봐야 한다.
- 독해력, 작문력, 전반적인 지식의 양과 질, 산수 능력, 속담의 의미 해석 등이 포함되어 있다.
- 평가 동안에 내담자의 생각과 표현이 논리적으로 전개되고 있는지 살펴봐야 한다.
- 지적 기능 평가를 위한 간략한 검사를 실시하기도 하고, 지능검사의 일부 소검사를 선별해서 평가하기도 한다.

(2) 지남력

- 자신이 누구이고, 어디에 있고, 현재 무슨 일이 일어나고 있으며, 과거에는 무슨 일이 일어났는지 평가한다.
- 시간에 대한 지남력 장애보다 장소에 대한 지남력 장애가 드물게 나타나기 때문에 장소에 대한 지남력 장애가 있을 경우 해당 증상의 심각도가 높다고 볼 수 있다.
- 외부의 자극 정보에 대한 집중 정도, 환후, 환청, 환촉 등을 비롯한 기태적 감각 경험은 기질적 증후군이나 정신병과 관련 가능성이 높다.

(3) 기억, 주의, 집중력

- 장기기억의 평가 시 내담자가 알고 있는 일반적인 지식에 대해 질문한다. 단기기

억 평가의 경우 문장이나 단락을 회상하게 하며 최근의 일에 대한 질문을 하기도 한다.

(4) 통찰과 판단

- 자신의 행동이 타인에게 미치는 영향을 인식하고 위험 요소를 가려내며, 미래에 대한 계획을 세우는 능력을 평가한다.
- 내담자가 생각하는 자기 문제의 원인을 질문하여 평가한다. 과거를 현재의 문제와 어떻게 연결시키는지, 자신의 문제에 대해 어떻게 설명하는지, 문제의 책임 소재를 어디에 두는지, 자기에 대한 통찰을 통해 문제를 해결하는지, 스스로 결정을 내리는지 평가한다.

5. 행동평가

행동평가는 행동주의의 원리에 근거하여 개발된 방법이다. 즉, 문제 행동에 선행하는 요인과 이후의 결과에 집중해야 그 문제 행동에 대해 보다 잘 이해할 수 있다는 기본 가정에 따라 면담 도구를 개발하고 시행한다. 전통적인 평가와 비교하여 행동평가에서 가장 두드러지게 드러나는 특징은 발생한 행동의 선행 사건과 이후에 벌어질 결과 모두에 관심을 두고 있기 때문에 행동에 대한 상황적 요인과 맥락을 특히 강조한다는 것이다. 반면, 전통적인 평가에서는 개인의 내적이고 지속적인 어떤 특성이 행동을 일으키는 원인이라고 본다. 특히 행동평가는 상황적 특성에 대한 이해뿐만 아니라 행동의 변화를 이끌어 내는 방식에도 주목하며, 평가와 치료를 보다 긴밀하게 연결해 주는 실질적이고 기능적인 특성을 갖고 있다.

행동평가의 발달에는 전통적 평가의 한계가 중요한 영향을 미쳤다고 볼 수 있다. 전통적 평가에서는 지나치게 추상적이고 관찰하기 어려운 개인의 내적 특성에 집중해 왔으며, 이는 행동주의자들의 비판의 주된 대상이 되었다. 행동주의 원칙에 입각한 치료에서의 주된 목표는 문제 행동을 적응적인 행동으로 변화시키는 것이다. 이를 위해서 직접적으로 관찰할 수 있는 행동의 변화나 실제적인 치료와 관련이 있는 정보가 제공되어야 한다.

1950년대 후반에 들어 행동치료가 퍼져 나가기 시작하면서 1960년대에 행동평가가 임상에서 활용되기 시작하였다. 초반부에는 행동 패턴에 대한 관찰이 주를 이루다가 1970년대에 접어들면서 다양한 맥락(예: 가정, 학교 장면, 직업 장면 등)으로 행동평가의 사용이 확장되었다. 이는 개인의 행동 변화를 위해서는 광범위한 외부 환경이 개인에게 미치는 영향에 대해 이해해야 하며, 환경의 변화가 뒤따라야 한다는 사실을 관찰을 통해 파악하게 되었기 때문이다. 또한 행동평가는 객관적으로 관찰할 수 있는 행동뿐만 아니라 감각, 상상, 인지, 대인관계, 심리생리적 기능과 같은 다양한 측면으로 확대되었으며(Lazarus, 1973), 이러한 변화와 맥을 같이 하여 내담자의 자기 보고, 주요 타자에 대한 지각 및 평가, 인지 등을 비롯한 간접적 측정 정보에 대해서도 수용하게 되었다. 1980년대와 1990년대에는 행동평가의 기존 가정과 다른 분야의 통합에 대한 논의 및 재검토가 이루어지게 되었다.

행동평가는 치료 시작 전에 치료 목표를 설정하기 위해 실시할 수 있고, 치료가 시작되고 난 후에는 치료의 진전을 측정할 수 있으며, 치료의 결과에 대한 평가를 위해서도 실시할 수 있다. 또한 다양한 도구의 사용과 평가 전략(예: 자기 보고, 자기 감찰, 생리적 측정 등), 직접적 행동 기록 등을 통해 행동평가가 이루어지며, 현재의 문제가 무엇인지 확인하는 것이 평가의 우선적인 관심사가 된다. 이를 위해 때에 따라서는 직접적인 관찰이 필요할 수 있으며, 생리적인 반응에 대한 측정이 이루어질 수도 있다.

주요 행동평가 기법인 행동 면담, 행동 관찰, 인지행동평가, 자기 보고식 검사, 인지 기록, 정신생리적 평가에 대해 살펴보면 다음과 같다.

1) 행동 면담

- 일반적으로 선행 사건–행동–결과(Antecedent-Behaviors-Consequences: ABC) 간의 관계를 기술하고 이해하는 데 초점을 둔다.
- 치료 전에 행동의 빈도, 강도, 지속 시간을 체계적으로 관찰하여 기저선을 측정할 수 있다.
- 행동 면담의 기초적 기술은 단순해 보이지만 치료 효과를 높이기 위해서는 내담

자와 관련된 보다 광범위한 환경적 맥락을 고려해야 한다.

- 목표 행동의 확인이나 부가적인 행동평가 과정을 선택하는 데 도움이 된다. 내담자의 동의하에 과거력, 인과적 요인을 확인하고 문제 행동을 기능적으로 분석하고, 내담자의 동기를 증가시키고, 치료를 계획하고, 과거에 시도한 치료적 개입의 효과를 평가할 수 있도록 정보를 제공한다.
- 가능한 한 문제 행동을 완전하게 기술해야 하기 때문에 내담자와 치료자는 문제를 한정하여 그 문제가 어디서, 언제 일어나며, 관계에 영향을 미치는지 파악한다.
- 내적 특성이 문제 행동을 일으키거나 문제 행동이 질병이라는 내담자의 신념을 변화시키고자 할 때 구체적인 행동으로 다시 조성시켜 주는 것이 필요하다.
- 면담 종료 시 내담자에게 일어난 결과에 대해 요약하여 설명하고 치료의 예후에 대해 평가해 주어야 한다.

2) 행동 관찰

- 면담이 진행되는 동안 내담자의 문제 행동을 측정하기 위해 어떤 기법을 선택할지 결정하고 그 행동을 관찰한다.
- 행동의 특정 영역을 측정하는 구체적 전략으로서 이야기식 기록(narrative recording), 시간 간격별 기록(interval recording), 사건 기록(event recording), 평정 기록(rating recording)의 방법이 있다.
  - 이야기식 기록은 관찰하고자 하는 행동을 써 두는 방식으로서 이후에 더 구체적인 영역에서 양적 방법을 통해 측정될 수 있다. 관찰한 내용을 수량화하기 어렵고 타당도가 낮다는 단점이 있다.
  - 시간 간격별 기록은 정해진 시간 간격 내에 무선적으로 일어나는 행동을 기록하는 것으로서 발생 빈도가 중간 정도인 행동을 측정할 때, 또는 행동의 시작과 끝이 모호할 때 유용하다.
  - 사건 기록은 일어난 행동 자체 및 행동에 대한 세부 사항에 대해 기록하는 것으로서 발생 빈도가 낮고 지속 시간이 긴 행동의 기록에 유용하다.
- 평정 기록은 관찰한 행동을 1~5점 혹은 1~7점 척도상에 평정하는 것이다. 적용

할 수 있는 경우가 많으며, 자료를 통계적으로 분석할 수 있다. 시간과 비용 대비 경제적이다.

- 목표 행동의 설정이 첫 번째 과제다.
  - 목표 행동 자체가 문제 행동이거나 문제 행동과 유의한 관계가 있어야 한다.
- 행동은 명확하게 관찰 가능하도록 객관적이고 분명하게 정의되어야 한다.
- 주로 내담자의 가족이나 익숙한 사람을 훈련시켜 내담자를 관찰하기도 한다.
- 행동을 부호화하는 체계는 간단하고 명확해야 한다.
  - 너무 많은 코드를 사용할 경우 연속적으로 일어나는 행동은 기록자가 회상하기 어려울 수 있다.

3) 인지행동평가

- 내담자의 인지 과정이 문제 행동의 지속 및 악화의 원인이며, 인지를 변화시키면 행동도 변화한다는 주장에 근거를 두고 인지 과정을 평가하는 구체적 기법들(예: 생각 중얼거리기, 다양한 사고 목록 작성하기, 다양한 시간 간격을 두고 생각 표집하기, 다양한 자기 보고식 검사 등)이 개발되었다.
- 전통적인 행동주의 이론가 중 일부는 다음과 같은 이유로 인지행동평가의 적절성에 대해 의문을 제기한다.
  - 내담자가 인지 과정의 결과는 쉽게 회상하지만 그 과정을 기술하는 것은 어려워하기 때문에 실제적인 인지 과정은 내담자의 기술에 대한 임상가의 다각적 분석과 추론을 통해 파악한다.
  - 내담자의 회상 내용은 그들의 욕구나 편견, 기대에 영향을 받는다.

(1) 인지적 자기 보고식 검사

인지행동평가를 위한 대표적인 자기 보고식 검사 목록은 〈표 2-1〉과 같다.

〈표 2-1〉 인지행동평가를 위한 자기 보고식 검사

평가 영역	검사
우울	역기능적 태도척도(Dysfunction Attitude Scale; Weissman & Beck, 1978)
	인지 편향 질문지(Cognitive Bias Questionnaire; Hammen, 1978)
	자동적 사고 질문지(Automatic Thoughts Questionnaire; Hollon & Kendall, 1980)
	Beck 우울척도 II(Beck Depression Inventory II; Beck et al., 1996)
	귀인 양식 질문지(Attributional Styles Questionnaire; Seligman et al., 1979)
공포와 불안	사회적 회피 및 고통 척도(Social Avoidance and Distress Scale; Watson & Friend, 1969)
	부정적 평가 공포 척도(Fear of Negative Evaluation Scale; Watson & Friend, 1969).
	사회적 상호작용 자기 진술 검사(Social Interaction Self-statement Test; Glass et al., 1982).
	비합리적 신념 검사(Irrational Beliefs Test; Jones, 1969)
	합리적 행동 척도(Rational Behavior Inventory; Shorkey, Reyes, & Whiteman, 1977)
섭식장애	섭식태도 검사(Eating Attitude Test; Garner & Garfinkel, 1979)
	신경성 폭식증 검사 개정판(Bulimia Test-Revised; Thelan et al., 1991)
사회적 기술	Rathus 주장성 척도(Rathus Assertiveness Inventory; Rathus, 1973)
	Wolpe-Lazarus 주장 척도(Wolpe-Lazarus Assertion Inventory; Wolpe & Lazarus, 1966)
	갈등 해결 척도(Conflict Resolution Inventory; McFall & Lillesand, 1971)
	Stanford 수줍음 척도(Stanford Shyness Scale; Zimbardo, 1977)
결혼 관계	관계 귀인 척도(Relationship Attribution Measure; Fincham & Bradbury, 1992)
	관계 신념 척도(Relationship Belief Inventory; Eidelson & Epstein, 1982)
	결혼 태도 조사 질문지(Marital Attribution Survey; Pretzer, Epstein, & Fleming, 1992)

출처: Groth-Marnet(2009).

(2) 인지 기록

자기 보고식 검사 이외에 비교적 덜 구조화된 방식으로 인지를 기록하기 위한 다양한 방법이 개발되었다.

- 생각 중얼거리기(Think Aloud)
  - 현재 일어나고 있는 생각의 내용을 5~10분 동안 언어로 표현하는 것이다.
  - 떠오르는 생각을 미처 다 말로 표현하지 못하거나 정직하게 표현하지 않을 수 있다는 단점이 있다.

- 사적 언어(Private Speech)
  - 아동의 경우 이들이 놀이나 여러 활동을 하면서 무심코 하는 말을 통해 인지를 평가할 수도 있는데, 이는 실제 아동의 생각과 흡사하다고 알려져 있다.
- 명확한 사고(Articulated Thoughts)
  - 내담자의 문제를 야기할 법한 구조화된 상황이나 모의 상황을 조성하고 그 상황에서 떠오르는 사고를 말하도록 하여 전형적인 사고를 기록하는 방법이다.
- 산출법(Production Methods)
  - 내담자의 문제를 유발하는 실제 상황이 발생했을 때 떠오르는 사고를 기록하는 방법이다.
- 사고 목록 작성하기(Thought Listing)
  - 구체적인 자극이나 문제 영역을 예상했을 때 떠오르는 생각을 목록으로 작성함으로써 내담자가 자신의 인지를 요약하도록 하는 방법이다.
- 사고 표집(Thoughts Sampling)
  - 생각의 표본을 수집한 후 특정 자극(예: 시계의 알람)이 제시되었을 때 일어나는 생각을 기록한다.
- 사건 기록(Event Recording)
  - 새롭고 적응적인 행동과 관련된 사고의 기록을 통해 적응적인 행동의 지속적 발생 가능성을 높이기 위한 방법이다.

4) 정신생리적 평가

- 행동, 감정, 인지가 생리적 기능과 어떻게 상호작용하는지를 평가하는 방법으로서 심장박동, 맥박, 혈압, 체온, 피부의 전기 반사, 뇌파 반응(예: EEG)을 측정하여 이들의 결과를 통해 심리적 문제를 평가한다.
- 정신생리적 평가를 위해서는 심리적 평가뿐만 아니라 해부학, 생리학, 전자공학에 대한 지식이 필요하며, 해당 장비를 능숙하게 조작하고 다룰 수 있는 능력도 필요하다.

참고문헌

박경, 최순영(2012). 심리검사의 이론과 활용(2판). 서울: 학지사.

조수철, 신민섭, 김붕년, 김재원(2010). 아동 · 청소년 임상면담. 서울: 학지사.

한오수, 홍진표(2000). SCID- I 연구용판. 서울: 하나의학사.

Beck, A. T., Steer, R. A., & Brown, G. K. (1996). *BDI-II Manual*. San Antonio, TX: Psychological Corporation.

Carkhuff, R. R. (1969). *Helping and human relations*. New York: Holt, Rinehart, & Winston.

Eidelson, R. L., & Epstein, N. (1982). Cognitive and relationship adjustment: Development of a measure of dysfunctional relationship beliefs. *Journal of Consulting and Clinical Psychology*, *50*, 715-720.

Endicott, J., & Spitzer, R. L. (1978). A Diagnostic Interview: The schedule for affective disorders and schizophrenia. *Archives of General Psychiatry*, *35*, 837-844.

Fincham, F. D., & Bradbury, T. N. (1992). Assessing attributions in marriage: The Relationship Attribution Measure. *Journal of Personality and Social Psychology*, *62*, 457-468.

First, M. B., Spitzer, R. L. Gibbon, M., & Williams, J. B. (1996). *Structured clinical interview for Axis I DSM-IV: Disorders research version-patient edition (SCID- I/P, version 2.0)*. New York: New York State Psychiatric Institute, Biometics Research Department.

Garner, D. M., & Garfinkel, P. E. (1979). The Eating Attitude Test: An index of the symptoms of anorexia nervosa. *Psychological Medicine*, *9*, 273-279.

Glass, C. R., Merluzzi, T. V., Biever, J. L., & Larsen, K. H. (1982). Cognitive assessment of social anxiety: Development and validation of a self-statement questionnaire. *Cognitive Therapy and Research*, *6*, 37-55.

Grarb, H. N. (2007). Computer administered interviews and rating scales. *Psychological Assessment*, *19*, 4-13.

Groth-Marnet, G. (2009). *Handbook of psychological Assessment* (5th ed.). Hoboken, NJ: John Wiley & Sons.

Hammen, C. L. (1978). Depression, distortion, and life stress in college students. *Cognitive Therapy and Research*, *2*, 189-192.

Haynes, S. N., & Yoshioka, D. T. (2007). Clinical assessment applications of ambulatory sensors. *Psychological Assessment*, *19*, 44-57.

Hollon, S. D., & Kendall, P. C. (1980). Cognitive self-statements in depression: Development of an automatic thoughts questionnaire. *Cognitive Therapy and Research*, *4*, 383-395.

Jones, R. G. (1969). A factored measure of Ellis's Irrational Belief System. *Dissertation Abstracts International*, *29*(43), 4379B-4380B. (UMI No. 69-64)

Kanfer, F. H., & Grimm, L. G. (1972). Behavioral analysis: Selecting target behaviors in the interview. *Behavior Modification*, *4*, 419-444.

Lazarus, A. A. (1973). Multimodel behavioral therapy: treating the Basic ID. *The Journal of Nervous and Mental Disease*, *156*, 404-411.

McFall, R. M., & Lillesand, D. V. (1971). Behavioral rehearsal with modeling and coaching in assertive training. *Journal of Abnormal Psychology*, *77*, 313-323.

Piasecki, T. M., Hufford, M. R., Solhan, M., & Trull T. J. (2007). Assessment clients in their natural environments with electronic diaries: Rationale, benefits, limitations, and barriers. *Psychological Assessment*, *19*, 25-43.

Pretzer, J. L., Epstein., N., & Fleming, B. (1992). The Marital Attitude Survey: A measure of dysfunctional attitudes and expectancies. *Journal of Cognitive Psychotherapy*, *5*, 131-148.

Rathus, S. A. (1973). A 30-item schedule for assessing assertive behavior. *Behavior Therapy*, *4*, 398-406.

Robins, L. N., Helzer, J. E., Crougham, J. L., & Ratcliff, J. S. (1981). National Institute of Mental Health Dignostic Interview Schedule. *Archives of General Psychiatry*, *38*, 381-389.

Rogers, G. (1961). On becoming a person. Boston, MA: Houghton Mifflin.

Seligman, M. E. P., Abramson, L. Y., Semel, A., & vonBaeyer, C. (1979). Depressive attributional style. *Journal of Abnormal Psychology*, *88*, 242-247.

Shorkey,C. L., Reyes, E., & Whiteman, V. L. (1977). Development of the rational behavior inventory: Initial validity and reliability. *Educational Psychological Measurement*, *37*, 527-534.

Spitzer, R. L., Endicott, J., & Cohen, J. (1974). Constrains on the validity of computer diagnosis. *Archives of General Psychiatry*, *31*, 197-203.

Thelan, M. H., Farmer, J., Wonderlich, S., & Smith, M. (1991). A revision of the Bulimia Test: The BULIT-R. *Psychological Assessment*, *3*, 119-124.

Watson,, D., & Friend, R. (1969). Measurement of social-evaluative anxiety. *Journal of*

Consulting and Clinical Psychology, *33*, 448-457.

Weissman, A., & Beck, A. T. (1978). Development and validation of the Dysfunctional Attitude Scale(DAS). Paper presented at the 12th annual meeting of the Association for the Advancement of Behavior Therapy, Chicago, IL.

Wing, J. K., Cooper, J. E., & Sartorius, N. (1974). *Description and classification of Psychiatric symptoms*. Cambridge, UK: Cambridge University Press.

Wolpe, J., & Lazarus, A. (1966). *Behavior therapy techniques*. New York: Pergamon Press.

Zimbardo, P. G. (1977). *Shyness: What it is ad what to do about it*. Reading, MA: Addison-Wesley.

3장

Wechsler 지능검사

심리학에서 다루는 영역의 대부분은 추상적인 개념이다. 즉, 관찰 불가능하며, 구체적이지 않고 객관적인 원리에 의한 것이 아니기 때문에 주로 외부로 드러나는 행동과 반응을 통해 측정하고자 하는 구성개념을 추론하게 된다. 이러한 특성은 지능에 대한 조작적 정의와 측정에 있어서도 마찬가지로 적용되고 있다. 역사적으로 볼 때 '지능이란 무엇인가?'에 대한 논쟁이 오랜 세월 지속되고 있는 만큼, 지능의 조작적 정의를 명쾌하게 내리는 일은 상당히 복잡한 것으로 보인다. 그럼에도 불구하고 지능이라는 구성개념을 보다 명확하게 정의내리는 일은 지능을 정확하게 측정하고 해석하는 데 있어서 필수적으로 선행되어야 하는 작업으로서 매우 중요한 의미를 가진다. 특히 지능검사는 심리검사 중 가장 널리 사용되고 있는 검사로서 지능을 평가하고자 하는 목적뿐만 아니라 지적장애에 대한 진단, 학습 및 진로 지도, 인지기능평가 등 다양한 목적으로 임상 장면에서 사용되고 있다.

따라서 이 장에서는 지능이라는 구성개념의 정의 및 특성, 지능검사 발달에 있어서의 역사적 배경을 개관하고자 한다. 또한 지능을 측정하기 위한 검사 중 현재 해외 및 우리나라에서 가장 많이 사용되고 있는 Wechsler 지능검사에 대해 자세히 살펴볼 것이다.

1. 지능의 특성

지능(intelligence)은 '내부에서(inter)'와 '모으고, 선택하고, 분별한다(leger)'라는 뜻의 라틴어 'intelligentia'에 어원을 두고 있다. 이미 고대 철학자인 키케로(Cicero)가 이 같은 용어를 사용해 온 이래로 현대 심리학에서 지난 수십 년간 여러 학자에 의해 지능에 대한 조작적 정의가 시도되어 왔다.

이후 지능에 대한 접근 방법 중 지능의 측정에 있어서 임상적 입장과 이론적 입장을 통해 지능이라는 구성개념을 규명하고자 하는 시도가 이루어졌다. 임상적 입장의 대표적인 학자인 Binet, Terman, Wechsler 등은 지능에 대한 이론적 배경이나 경험적 증거가 충분치 않다고 하더라도 지능이라는 구성개념에 대한 가설을 토대로 하여 지능검사를 제작하고 검사를 통해 개인의 전체적인 능력을 측정하고자 하였다.

Binet와 Simon(1916)은 지능이란 분별력과 독창성을 의미하며 환경과의 상호작용에서 적응하는 능력, 즉 개인이 접하게 되는 자극 환경에 대한 판단력, 이해력, 추론 능력이라고 제안하였다. 한편, Wechsler(1958)는 "결단력 있게 행동하고 합리적으로 생각하며, 환경에 대해 효율적으로 대처하는 전체적인 능력"이라고 지능의 개념을 정의하였으며, 이러한 지능의 개념에 개인의 전체 성격 특성이 함께 포함되어 있음을 강조하였다. 뿐만 아니라 지능검사는 단순히 개인의 인지적인 요소의 측정에서 그치지 않고 비인지적인 요소(예: 흥미, 동기 등)도 동시에 측정한다고 주장하였다.

반면, Cattell, Guilford, Spearman과 Thurstone 같은 이론적 입장의 학자들은 지능의 개념을 보다 과학적으로 규명하고자 하였다. 이들은 집단을 통해 얻은 지능검사 결과와 개인의 다양한 변인(예: 성별, 연령, 학력 수준 등) 간의 상관관계를 분석하였으며, 지능검사의 소검사에 대한 요인분석을 통해 지능의 개념을 밝혀내고자 하였다. Spearman(1927)은 상관관계 연구를 통해 지능검사가 측정하고자 하는 것이 무엇인지 밝히고자 하였다. 그는 각 검사와 다른 검사 간의 상관관계를 통해 지능에 대한 2요인설을 주장하였으며, 특히 보편적인 지적활동을 말하는 일반요인 g(general factor)의 중요성을 강조하였다. 또 다른 요인인 특수요인(special factor)은 예술적 재능과 같이 특정한 지적 영역과 관련되어 있는 요인이다.

Thurstone(1938)은 지능이 분리된 특정한 능력으로 구성되어 있다는 다요인론을 주장하였다. 그는 과제 수행 시 필요한 각각의 다른 능력을 개념화하기 위해 요인분석을 실시하여 지능에 대한 7개의 요인 구조를 추출하였으며, 이를 기초적 정신 능력(primary mental ability)이라고 하였다. 여기에는 언어 이해력(verbal comprehension), 언어적 유창성(verbal fluency), 수학적 능력(numerical ability), 공간 능력(spatial ability), 지각적 능력(perceptual ability), 귀납적 추론 능력(inductive ability), 기억력(memory)이 포함된다.

Guilford(1967)는 Thurstone의 이론을 확장하여 정교한 요인분석을 통해 3차원의 지능구조모형(structure of intellect model)을 제안하였다. Guilford에 따르면 지능은 내용·조작·결과 차원으로 구성되어 있는데, 내용은 다시 네 가지 요소(시청각적, 상징적, 의미적, 행동적)로 구성되며, 조작은 다섯 가지 요소(인지, 기억, 확산적, 수렴적, 평가)로, 결과는 여섯 가지 요소(단위, 분류, 관계, 체계, 전환, 함축)로 구성된다.

Cattell(1963)은 지능에 대한 생물학적 접근에 크게 기여한 학자로서 지능의 어떤 영역은 뇌기능과 직접적인 관련이 있다고 보았으며, 지능을 유동적 지능(fluid intelligence)과 결정적 지능(crystallized intelligence)으로 구분하였다. 유동적 지능은 유전적으로 타고 태어나는 능력으로서 뇌와 중추신경계의 성숙에 따라 발달되었다가 뇌손상이나 정상적인 노화 과정에 의해 퇴보하는 특성이 있다. 반면, 결정적 지능은 선천적인 유동적 지능을 바탕으로 하여 이후의 교육적 배경이나 문화적 기회를 통해 습득되고 계발되는 후천적인 능력을 말한다.

2. 지능검사의 목적

지능검사는 임상 장면뿐만 아니라 상담 및 학교 장면에서도 다양하고 유용한 정보를 제공하는 검사로 널리 사용되고 있다. 모든 검사가 그러하듯, 수검자에게 진정한 도움이 될 수 있도록 의미 있고 유용한 정보를 제공하기 위해서는 목적에 맞는 검사를 선정하고 시행하여 보다 전문적이고 다각적인 측면의 정보를 제시하는 것이 중요하다. 일반적인 지능검사의 실시 목적을 간략하게 제시하면 다음과 같다.

- 개인의 전반적인 지적 능력의 수준을 평가하고자 한다.
- 개인의 적응과 관련된 인지적 특성(강점과 약점)을 파악하고자 한다.
- 지능검사 결과를 토대로 하여 임상적 진단을 명료화하고자 한다.
- 지능검사 결과를 토대로 하여 뇌의 신경학적 손상과 관련한 인지 기능 손상을 평가하고자 한다.
- 지능검사를 통해 치료 계획 수립 시 내담자에게 적절한 현실적이고 합리적인 치료 목표를 설정하고자 한다.

3. 지능검사의 역사와 발달

현대적인 개념의 지능검사의 출발은 1905년에 개발된 Binet-Simon 검사라 할 수 있다. Binet-Simon 검사가 개발되기 전에 지능의 개념을 수량화하여 측정하려는 Galton의 시도가 있기는 하였으나, 주로 단순한 감각운동 능력을 측정하는 데 그쳤기 때문에 복합적인 정신 기능이 반영되어 있는 지능의 특성을 측정하는 데는 적합하지 않았다. Binet-Simon 검사는 정상 아동과 지적장애아동을 감별하기 위한 목적으로 개발되었으며, 최초로 지능검사에 정신연령(mental age)이라는 개념을 도입하였다. 이후 스탠포드 대학교에 재직 중이던 Terman은 Binet-Simon 검사를 개정하여 Stanford-Binet 검사를 출판하였다. 이 검사에서는 비율 개념에 근거하여 산출하는 지능지수(IQ)의 개념을 최초로 소개하였다. 그러나 어떠한 영역의 인지 기능은 연령의 증가에 따라 기능 수준이 하락하기 때문에 Terman의 공식(IQ=정신연령/생활연령×100)은 성인의 IQ 산출에 적합하지 않다는 문제점이 있다.

제1차 세계대전이 일어나면서 미국에서는 정부의 주도하에 임상심리학자들이 대거 투입되어 집단용 지능검사의 개발이 이루어졌다. 이 검사는 징병 선발 및 보직 배치의 효율성을 높이기 위해 개발되었으며, 지필 검사인 Army Alpha 검사와 문맹자를 위한 비언어성 검사인 Army Beta 검사가 있다.

1930년대 Wechsler는 검사 배터리를 구성하기 위해 기존의 표준화된 검사들을 연구하였다. 이를 통해 Stanford-Binet 검사에서 이해, 산수, 숫자, 공통성, 어휘 소검사를 추출하였으며, 그 밖에 군대용 집단검사(차례 맞추기), Koh's Block Design(토막 짜기), Army Alpha(상식, 이해), Army Beta(기호 쓰기), Healy의 Picture Completion(빠진 곳 찾기), Pinther-Paterson 검사(모양 맞추기)에서 추출한 소검사들을 모두 조합하여 1939년 Wechsler-Bellevue 지능검사(Wechsler-Bellevue Intelligence Scale)를 출판하였다. 그러나 검사의 신뢰도 및 표집된 규준의 대표성과 관련된 많은 기술적인 문제가 제기되었고, 이는 1955년 Wechsler 성인용 지능검사(Wechsler Adult Intelligence Scale: WAIS)의 제작을 거쳐 1981년에 개정된 WAIS-R의 출판으로 이어졌다. 이후 재개정 작업을 통해 WAIS-Ⅲ가 출판되었고, 2008년 WAIS-Ⅳ로 개정 출판되어 현재까지 사용되고 있다. 최신 개정판인 WAIS-Ⅳ에서의 주요 변화는 다음 절에서 다루고 있다.

원래 Wechsler 지능검사는 성인용으로 제작되었으나 1949년에 아동을 위한 Wechsler 아동용 지능검사(Wechsler Intelligence Scale for Children: WISC)가 개발된 이래로 개정을 통해 2003년에 WISC-Ⅳ가 출판되었으며, 현재까지 사용되고 있다.

한편, 국내에서는 한국판 Wechsler 지능검사(전용신, 서봉연, 이창우, 1963)가 표준화되어 출판된 이후 K-WAIS(한국임상심리학회, 1992)로 개정되었으며, 현재는 최신 개정판인 K-WAIS-Ⅳ(황순택 외, 2012)가 사용되고 있다. 아동용 지능검사의 경우 K-WISC(이창우, 서봉연, 1974)가 처음으로 표준화된 이후 KEDI-WISC(한국교육개발원, 1987), K-WISC-Ⅲ(곽금주, 박혜원, 김청택, 2001), K-WISC-Ⅳ(곽금주, 오상우, 김청택, 2011)로 개정 출판되었다.

4. WAIS-Ⅳ

WAIS-Ⅳ는 Wechsler 지능검사의 최신 개정판으로서 지능에 대한 이론적 기초에 보다 중점을 두고, 발달적 관점에서 검사의 적절성을 증대시키며, 임상적인 효용성을 높이기 위한 목적으로 개정되었다. 이 같은 목적을 반영하여 개정된 WAIS-Ⅳ에서는 주목할 만한 몇 가지 변화가 있다. 우선 가장 큰 변화는 기존에 사용되던 언어성 지능과 동작성 지능 지수가 폐기되었다는 점이다. 인지 능력은 다양한 능력이 복합되어 있음에도 불구하고 언어성과 동작성을 기준으로 구분하게 되면 인지 능력을 제대로 측정할 수 없다는 문제 제기가 지속되어 왔다. 이에 WAIS-IV에서는 언어성 지능과 동작성 지능을 폐기하고 인지 능력에 대한 보다 명확한 해석을 위해 4개의 요인 구조(언어이해, 지각추론, 작업기억, 처리속도)를 채택하였다.

WAIS-IV는 핵심 소검사 10개, 보충 소검사 5개 등 총 15개의 소검사로 구성되어 있다. 전체 IQ와 4개의 지표 지수는 핵심 소검사 점수를 통해 산출된다. 그러나 핵심 소검사 점수의 타당성에 대한 의문이 제기된다면 이를 대신하여 해당 소검사와 동일한 지표 영역에 속한 보충 소검사 점수를 사용할 수도 있다. 한편, 4개의 지표에 해당하는 능력을 보다 정확하게 측정하기 위해 요인분석에서 부하량이 낮아 요인 구조가 명확하지 않은 모양 맞추기와 차례 맞추기가 제외되었으며, 빠진 곳 찾기와 이해는 보충 소검사로 재분류되었다. 대신에 퍼즐, 무게 비교, 지우기가 새롭게 추가되었는데, 퍼즐과 무게 비교를 통해 유동적 추론 능력의 측정을 강화하였으며, 지우기는 처리 속도의 측정을 강화하기 위해 추가되었다. 또한 숫자의 경우 순서대로 따라 하기 과제를 추가하여 작업기억 능력의 측정을 강화하였다. WAIS-IV의 4개 지표 및 소검사 구성은 [그림 3-1]과 같다.

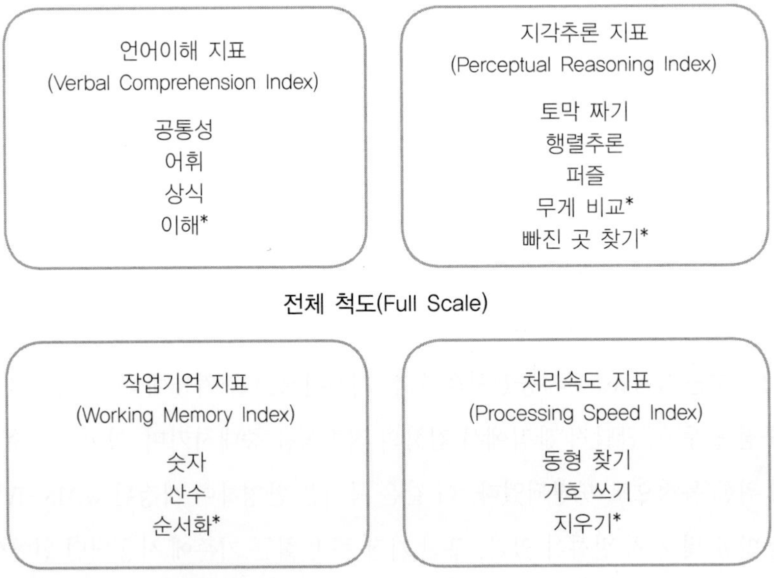

*보충 소검사

그림 3-1 WAIS-IV의 4요인 구조와 소검사

4개의 지표 지수 이외에 부가적인 지표로서 일반적 능력 지수(General Ability Index: GAI)가 추가되었는데, 이는 신경심리학적 문제가 전체 IQ 산출에 영향을 미칠 때 이를 감안하여 전체적인 인지 능력을 측정하기 위한 목적을 갖고 있다. GAI는 언어 이해 지표와 지각추론 지표 점수를 합산하여 산출된다. 또한 토막 짜기, 숫자, 순서화는 과정 점수를 적용하였다. 이를 통해 양적인 점수뿐만 아니라 수행 패턴과 수행 과정에서의 오류 양상과 같은 질적인 측면에 대한 분석을 실시함으로써 수검자의 인지 능력에 대한 보다 자세한 정보를 제공할 수 있게 되었다.

그 밖의 여러 변화를 포함한 WAIS-IV의 주요 변화를 정리하면 다음과 같다(Groth-Marnet, 2009; Lichtenberger & Kaufman, 2013).

- 언어성 지능지수(Verbal IQ)와 동작성 지능지수(Performance IQ)의 폐기
- 규준의 개정: 전체 IQ 범위 확대, 검사 적용 연령 범위 확장
- 15개의 소검사 구성(핵심 소검사 10개, 보충 소검사 5개)
- 10개의 핵심 소검사에 기초한 전체 IQ 및 지표 지수 산출
- GAI 추가: 언어 이해와 지각추론이 합산된 부가적 지표
- 2개 소검사(모양 맞추기, 차례 맞추기) 제외
- 3개 소검사(퍼즐, 무게 비교, 지우기) 추가
- 지각적 조작화 지표를 지각추론 지표로 변경
- 토막 짜기, 숫자, 순서화 소검사의 과정 점수 추가
- 숫자에서 순서대로 따라 하기를 추가하여 작업기억 능력의 측정 향상
- 10개의 핵심 소검사만을 사용하여 검사 소요 시간 단축
- 천장 효과(ceilings effect)와 바닥 효과(floors effect) 개선
- 최신의 확인적 요인분석이 포함된 요인분석을 통해 검사 체계 강화
- Wechsler 기억검사(Wechsler Memory Scale-IV)와 공통 규준 적용
- 신뢰도와 타당도에 대한 대규모의 검증
- 경도 인지장애, 경계선 지능, 외상성 뇌손상, 알츠하이머 병 등과 같은 특정 집단에 대한 연구 보완

1) WAIS-IV의 지표 및 소검사 구성

WAIS-Ⅳ에서의 주요 변화에서 살펴본 바와 같이 WAIS-Ⅳ는 4요인 구조(언어이해, 지각추론, 작업기억, 처리속도)를 채택한 가운데 각 지표에 해당하는 15개 소검사(10개의 핵심 소검사, 5개의 보충 소검사)로 구성되어 있다. 여기서는 Groth-Marnet(2009), Lichtenberger와 Kaufman(2013)이 제시한 WAIS-Ⅳ의 지표 지수 및 소검사의 특징을 종합하여 살펴보고자 한다.

(1) 언어이해 지표

언어이해 지표(Verbal Comprehension Index: VCI)는 단어의 의미에 대한 이해, 언어적 정보를 개념화하는 능력, 언어적 표현 능력을 포함한 전반적인 언어적 이해 능력을 반영한다. 따라서 언어적 유창성, 언어적인 추상적 의미를 개념화하는 능력, 언어적 기억 능력, 수검자의 교육적 배경 및 학습을 통해 축적된 지식 수준을 측정한다.

언어라는 속성은 문화적인 요소와 밀접한 관련을 갖고 있기 때문에 언어이해 지표에 속해 있는 소검사들은 비언어적인 속성이 강한 여타의 소검사들에 비해 문화적 영향을 많이 받는 것으로 알려져 있다. 또한 학력 수준이 높으면서 전문직에 종사하는 사람들의 경우 일반적으로 매우 높은 수준의 IQ와 언어이해 지표 지수를 획득하는 경향이 있다.

한편, 지각추론 지표 지수와의 유의한 차이(언어이해가 9점 이상 높을 때)는 다양한 해석적 가능성을 보여 준다. 우선 풍부한 교육적 배경과 고학력, 높은 성취 욕구와 관련되어 있을 수 있다. 그 밖에도 우울증으로 인한 정신운동 속도의 지연, 비언어적 능력과 관련되어 있는 과제 수행의 어려움, 빈약한 시각운동 통합 능력, 지각추론 지표의 소검사 수행 시 성급하고 충동적인 접근 방식에 의한 오류와의 관련성에 대한 해석적 근거가 될 수 있다(Kaufman & Lichhtenberger, 2006; Lezak, Howieson, & Loring, 2004; Sattler, 2008).

① 공통성(Similarity)

- 측정하는 특성

–논리적이고 추상적인 추론
–언어적 개념 형성 혹은 개념적 사고
–본질인 측면과 비본질적인 측면의 구분
–언어적 유창성과 관련된 연합 능력

- 영향을 미치는 요인
  –인지적 유연성
  –흥미
  –거부적인 태도(예: "둘은 같은 점이 없어요.")
  –지나치게 경직된 사고
  –독서

공통성 소검사에서는 언어적 개념 형성 및 개념적 사고 능력, 논리적이고 추상적인 추론 능력, 본질적인 측면과 비본질적인 측면의 구별 능력, 연합적 능력을 필요로 한다. 환경과의 상호작용에서 적응의 본질적인 측면은 반응을 이끌어 내는 양식을 명료화 · 간소화하고 분류하는 능력을 활용하는 것이다. 귀납적인 추론을 위해 수검자는 특정한 사실에서 일반적인 규칙이나 원리를 도출해야만 한다. 또한 공통성 소검사에는 장기기억 능력, 반응에 대한 표현 능력이 요구되는데, 보다 정확하고 추상적인 표현은 높은 점수의 획득으로 이어지며, 따라서 언어적 유창성이 중요한 결정 요인이 될 수 있음을 보여 준다. 특히 후반부에 배치되어 있는 일부 문항에서의 정답 반응은 수검자의 높은 추상화 능력을 보여 준다. 통찰과 내성이 높은 사람의 경우 공통성 소검사에서 높은 수행 수준을 보이는 경향이 있기 때문에 이는 심리치료의 예후에 있어서 좋은 지표가 될 수 있다.

해석 시의 임상적인 고려 사항이 몇 가지 있는데, 지나친 정교화는 강박적인 성향을 보여 주며, 과도하게 포괄적인 반응은 사고장애의 가능성과 관련될 수 있다. 자기-참조적(self-reference) 반응은 자기에 대한 집착을 반영한다. 한편, 수검자의 반응 패턴에도 주목할 필요가 있다. 대부분의 반응이 1점으로 채점된 수검자와 0점과 2점을 함께 획득한 수검자 간에는 차이가 있는데, 후자에 해당하는 수검자의 능력이 보다 우수한 경향이 있다. 주로 쉬운 문항에서만 정답을 제시한 경우는 순수한 추상적 사고 능력보다 오히려 과잉 학습이나 일상적인 연상 능력이 반영된 결과로 볼 수 있다. 일반적으로 공통성 소검사 문항에서는 유동적 · 추상적 추론 능력과 더불어 구체적 지식이 요구된다. 또한 공식적인 학습에 의한 능력보다 새로운 문제 해결 능력이 강조되는 소검사다.

높은 점수의 획득은 풍부한 언어적 개념 형성을 보여 주지만, 지나치게 높은 점수는 주지화 경향성을 반영하기도 한다. 저조한 수행 수준은 추상화 능력의 부족, 문자적 능력의 부족을 보여 준다. 또한 인지적 유연성의 부족과도 관련되어 있는데, 경직되고 유연하지 못한 사고를 보이는 조현병 환자의 경우 공통성 소검사에서 유의하게 낮은 수행을 보인다. Dobbins와 Russell(1990)에 따르면, 성인의 프로토콜에서 공통성은 좌반구 손상에 민감한 소검사로서 특히 좌측 측두엽과 전두엽 부위 손상에 가장 민감하다.

② 어휘(Vocabulary)

- 측정하는 특성
  - 언어 발달
  - 일반적인 언어 지능
  - 언어 사용 및 축적된 언어 학습 능력
  - 수검자의 최상의 지적 능력 추론
  - 교육적 배경
  - 수검자의 사고, 경험, 관심의 범위
- 영향을 미치는 요인
  - 가정에서의 문화적 기회
  - 외국 생활
  - 지적 호기심과 지식 추구
  - 흥미
  - 독서
  - 초기 환경의 풍부함
  - 학교 장면에서의 학습

어휘 소검사는 가장 신뢰도가 높은 언어이해 지표의 핵심 소검사로서 언어적 학습 능력, 보유하고 있는 지식의 범위와 풍부함 같은 요소를 반영한다. 여기에는 언어 발달, 단어 지식, 일반적인 언어 지능, 언어 사용 및 축적된 언어적 학습 능력, 교육적 배경, 지식, 경험, 흥미의 범위가 포함된다.

또 다른 언어이해 지표의 소검사인 상식과 더불어 신경학적 손상과 심리적 장해의 영향을 적게 받는다(Lezak et al., 2004; Reitan & Wolfson, 1993). 뿐만 아니라 전체 IQ와의 상관계수(r=.72)가 높기 때문에 수검자의 지적 잠재력과 병전 지능(premorbid intelligence)을 추정하는 지표로 자주 사용된다. 일반적으로 학교 장면에서의 학습과 문화적 요인이 반영된다. 발달 초기의 풍부한 교육적 환경의 영향을 받기는 하지만, 이후의 경험이나 학교 교육에 의해 어휘 소검사의 수행 수준이 향상되기도 한다.

어휘 소검사는 공통성과 유사하게 수검자의 사고 과정과 관련된 유용한 정보를 제공한다. 어휘에서의 부적절한 반응이 추측에 의한 것인지, 음향 연상(clang association), 경직된 사고, 기괴한 연상, 지나치게 포괄적인 추론에 의한 것인지를 살펴봐야 한다. 때때로 각 문항에 대한 반응 시 서두의 내용이 동일할 경우에는 보속성(perseveration)의 근거가 될 수도 있다. 어휘 소검사 중 어떤 단어는 한 마디의 유사어로 쉽게 정의될 수 있음에도 불구하고 지나치게 장황하거나 우회적인 방식으로 반응하는 수검자들이 있다. 따라서 점수를 획득한 반응이라고 할지라도 단어나 특정한 내용에 대해 반응하는 양식을 살펴보는 것도 중요하다.

어휘에서의 높은 점수는 일반 지능이 높다는 것을 시사하며, 장기기억에 저장되어 있는 정보에 대한 회상 능력, 이러한 정보와 관련되어 있는 개념을 형성하는 능력이 적절하게 유지되고 있음을 의미한다. 또한 관심과 흥미의 범위가 넓고 일반적인 지식 수준이 풍부하며 성취 욕구와 동기가 높은 사람이 높은 점수를 획득하는 경향이 있다.

임상적으로 볼 때 강박적이거나 주지화 방어기제를 사용하는 사람이 어휘 소검사에서 높은 점수를 얻을 수 있다. 반면에 낮은 점수의 획득은 빈약한 교육적 배경, 낮은 일반 지능 수준, 미성숙한 언어 발달, 외국 생활로 인해 해당 언어에 익숙하지 않은 경우, 동기 수준의 저하를 시사한다. 한편, 억압 방어기제는 수검자의 갈등이 적재되어 있는 어떤 단어의 의미를 의식에서 밀어내려 하기 때문에 회상을 방해한다. 어휘 소검사에서 억압은 특정한 단어의 회상뿐만 아니라 새로운 단어의 의미를 습득하는 것도 어렵게 만들 수 있으며, 이는 저조한 수행으로 이어지게 된다.

③ 상식(Information)

- 측정하는 특성
  - 일반적 · 실제적 지식의 범위
  - 학습 혹은 학교 교육 기간
  - 지적 호기심 혹은 지식 추구 욕구
  - 일상생활에서의 기민성
  - 장기기억
- 영향을 미치는 요인
  - 환경에 대한 기민성
  - 가정에서의 문화적 기회
  - 외국 생활
  - 지적 호기심과 지식 추구
  - 흥미
  - 독서
  - 초기 환경의 풍부함
  - 학교 장면에서의 학습

보통 사람이 평소 획득할 수 있는 지식을 표집한 것이 상식 소검사이며(Matarazzo, 1972), 표집된 지식은 주로 습관적이고 계속적으로 학습된 내용에 기초하고 있다. 앞서 어휘 소검사에서 언급하였듯이, 상식 소검사 역시 신경학적 손상과 심리적 장해의 영향을 적게 받으며, 어휘와 더불어 가장 안정적인 소검사로 알려져 있다. 따라서 상식 소검사도 일반 지능을 추정하는 좋은 지표이며, 교육 수준과 높은 상관관계가 있다(Kaufman & Lichtenberger, 2006). Feingold(1983)의 연구에서 WAIS-R의 상식과 어휘 소검사가 대학생의 학점 평균을 예측했는데, 이는 상식 소검사가 어휘 및 산수와 더불어 Bannatyne의 획득된 지식에 해당하며, 언어이해에 대한 요인 부하량(.84)이 매우 높기 때문이다.

과거에 다양한 환경에 노출되어 축적된 지식과 경험이 풍부하고, 장기기억의 기능이 잘 유지되고 있으며 관심과 흥미의 폭이 넓은 경우 상식 소검사에서 높은 점수를 얻을 수 있다. 즉, 높은 점수는 좋은 장기기억 능력, 문화적 흥미, 풍부한 교육적 배경, 학업 장면에서의 성취 동기와 긍정적 태도, 높은 언어적 능력을 시사한다. 한편, 임상적으로 볼 때 지나치게 주지화하려는 경향성과도 관련이 있다. 반면에 관심과 흥미의 정도가 피상적이거나 지적 호기심이 낮은 경우, 문화적 경험이 박탈되었거나 주류 문화에 익숙하지 않을 경우에는 수행 수준이 낮아진다. 긴장감을 줄이고 지나치게 잘하려고 애쓰지 않는 것이 좋은 수행 결과에 도움이 된다. 만성적인 불안을 경험하고 있는 수검자는 초기 문항에서 실패하는 경우가 많고 일반적으로 저조한 점수를 얻게 된다. 또한 불필요하게 자세히 반응하거나 사소한 것까지 반응하는 경우에는 강박적인 성향을 시사할 수 있으며, 자신의 답안이 완벽한 정답이 아니라는 생각에 집중되어 아예 반응을 하지 않는 경우라면 이는 완벽주의적인 성향을 보여 주는 근거가 된다. 기괴하거나 이상한 반응(예: "간디는 내가 슈퍼마켓에서 본 사람이에요.")은 수검자의 정신 상태를 반영하기 때문에 정신기능에 대한 추가적인 탐색이 필요하다.

④ 이해(Comprehension)

- 측정하는 특성
  - 실제적인 지식의 표현
  - 행동의 보편적 기준에 대한 지식
  - 과거 경험을 평가하는 능력(적절한 선택, 조직화, 사실과 관계의 강조)
  - 추상적 사고와 일반화(후반부 문항)
  - 사회적 성숙, 사회적 판단, 상식 혹은 실제적인 사회적 상황에서의 판단
  - 사회적 환경에 대한 파악(예: 도덕적 규범, 사회적 규칙과 통제에 대한 정보와 지식)
  - 현실 자각, 이해 및 일상생활에서의 기민성
- 영향을 미치는 요인
  - 가정에서의 문화적 기회
  - 양심과 도덕성의 발달

–유연성(예: 사회적 추론에서 속담 관련 문항으로 전환하여 반응하는 능력, 하나의 반응만이 아니라 또 다른 이유를 제시할 수 있는 능력)
–거부적인 태도(예: "세금은 내지 말아야 해요!")
–지나치게 구체적인 사고

이해 소검사는 언어이해 지표의 보충 소검사로서 보편성의 원리에 대한 이해와 관습적인 규범의 준수, 과거 문화적 기회, 잘 발달된 양심과 같은 요소들을 반영한다. 개인은 어떠한 상황에서 특정한 문제에 직면했을 때 이를 다루기 위해 가장 효율적인 방식이 무엇인지 선택해야 한다. 이 같은 상황에서의 적응적인 반응이 이해 소검사에 반영된다. 따라서 관련 지식의 보유뿐만 아니라 의사결정을 위해 이러한 지식을 적절히 사용해야 한다. 이러한 측면에서 볼 때 이해 소검사에서는 상식 소검사에서 필요로 하는 복합적이고 종합적인 능력 이상의 정도를 요구한다. 수검자는 필수적인 지식의 보유는 물론이고 일관적이면서 문제 해결 지향적인 방식을 적용할 수 있어야 한다. 그러므로 상식 소검사보다 유의하게 낮은 이해 소검사의 수행 수준은 수검자가 자신이 보유하고 있는 지식을 문제 상황에서 효과적으로 적용하지 못하고 있음을 시사한다.

의사결정 및 판단과 관련되어 있는 성격적 변인은 이해 소검사에서 고려되어야 할 중요한 요소다. 특히 낮은 적응 수준은 이해 소검사에서의 빈약한 수행으로 이어질 수 있기 때문에 수검자의 반응 양상, 상투적이거나 문자 그대로의 의미에 국한된 제한적인 반응에 주목해야 한다. 후반부 문항에서 성공하였다고 하더라도 쉬운 문항에서 실패한 경우에는 판단 능력의 손상과 관련될 수 있다. 또한 정서적 반응은 환경에서 경험하는 사건에 대한 수검자의 평가 방식에 영향을 미치기 때문에 이해 소검사에서 드러나는 정서적 함의에도 주목해야 한다. 가령 매우 분석적이면서 자신이 경험하는 정서를 회피하기 위해 이러한 분석적 능력을 사용하는 수검자의 경우, 이해 소검사에서 제시된 상황의 사회적 요소를 이해하는 데 있어서 어려움을 보일 것이다.

이해 소검사에서의 높은 점수는 현실 자각 및 판단 능력, 사회적 규범의 준수, 높은 적응 수준, 문제 상황에서의 지식 활용 능력을 보여 준다. 다만, 단일하게 이해 소검사의 높은 점수만으로 사회적 적응 수준이 높다고 해석하기에는 근거가 불충분하다. Beebe, Pfiffner 및 Mcburnett(2000)에 따르면, 공식적인 여러 연구에서 이해 소검사와 사회적 지능을 측정하는 다양한 측정 도구 간의 관계가 입증되지 못하였다. 따라서 해석 시 이러한 점을 고려하여 사회적 적응 수준에 대한 다른 검사 결과와 통합하여 판단하는 것이 필요하다. 반면, 점수가 낮은 가운데 어휘에 비해 4점 혹은 그 이상 점수가 하락하였다면 판단 능력의 부족, 충동성, 자신이 속한 환경에 대한 적대감과 관련이 있을 수 있다. 지각 능력의 손상, 기이한 사고, 충동성, 반사회적 성향을 지닌 사람의 경우 종종 이해 소검사에서 저조한 수행 수준을 보인다.

(2) 지각추론 지표

지각추론 지표(Perceptual Reasoning Index: PRI)는 지각적 능력을 측정하며, 해당 소검사로는 핵심 소검사인 토막 짜기, 행렬추론, 퍼즐, 보충 소검사인 무게 비교와 빠진 곳 찾기가 있다. 주로 수검자의 비언어적이고 유동적인 추론, 비언적인 자극 정보에 대한 통합, 세부적인 요소에 주의를 기울이는 능력, 시공간 구성 능력을 측정한다. 여기에는 환경과의 비언어적인 접촉 능력, 운동 반응과 함께 지각적 자극을 통합하는 능력, 구체적인 상황에서 작업하는 능력, 시공간 정보를 평가하는 능력의 숙달 정도가 반영된다.

지각추론 지표에 속하는 소검사들은 언어이해 지표에 비해 교육적 배경의 영향을 적게 받는다. 언어이해 지표와 비교하여 유의한 차이(9점 이상 높을 때)가 있을 경우 우수한 지각적 조직화 능력, 축적된 지식을 적용하여 문제를 해결하는 능력에 비해 더 잘 발달되어 있는 즉각적인 문제 해결 능력이 시사되는 한편, 낮은 학업 성취도, 행동화 가능성(청소년기 비행), 상대적으로 낮은 사회경제적 배경, 언어적 능력의 부족, 청각적 개념화/처리 능력 발달의 미성숙도 고려된다.

① 토막 짜기(Block Design)

• 측정하는 특성

－전체를 세부적인 요소로 분석

－공간의 시각화

－비언어적인 개념 형성

－시각운동 협응과 지각적 조직화

－노력을 유지하는 능력(주의집중)

–시각 · 운동 · 공간 협응(조작적 · 지각적 속도)

- 영향을 미치는 요인

–인지적 양식(장 의존 vs. 장 독립)

–시각운동 협응

–시지각적 문제

–시간 압력하에서의 작업

토막 짜기는 문제의 세부적인 요소를 분석한 다음 전체를 재통합하는 능력이 강조되기 때문에 비언적인 문제 해결 기술이 필요한 소검사다. 또한 비언어적인 개념 형성 능력을 측정하는 소검사로서 지각적 조직화, 공간의 시각화, 추상적 개념화 능력이 요구되며, 수검자는 공간적 관계 문제를 해결하기 위해 논리적인 추론을 해야 한다. 토막 짜기는 일반 지능과 높은 상관관계가 있는 것으로 알려져 있으며, 우울증과 기질적 손상의 영향을 받지만 그 이외에 점수가 낮아지는 경향을 보이지는 않는다. 토막 짜기에서 좋은 수행 결과를 얻기 위해서는 추상화 능력이 필요하며, 분석적 능력과 종합적 능력 모두를 통해 부분과 전체를 구분할 수 있어야 한다. 또한 유연성을 유지하면서 참조체계를 전환하는 능력을 발휘해야 할 뿐만 아니라 충동성을 억제하면서 주어진 과제의 수행을 지속할 수 있어야 한다.

토막 짜기의 중요한 특징은 검사자가 수검자의 반응을 실제적으로 관찰 가능하다는 점이다. 검사 상황에서 만나게 되는 여러 수검자 중 어떤 수검자는 과제 수행에 어려움이 있을 때 쉽게 좌절하여 포기한다. 어떤 경우에는 과제 시도에 대한 동기의 부족으로 쉽게 포기하기도 한다. 대조적으로, 또 다른 수검자는 제한 시간이 초과되었음에도 불구하고 과제를 완성하려 하기도 한다. 충동적이고 시행착오적인 접근 방식을 통해 토막을 배치하는 수검자가 있는 반면에 꼼꼼하고 순차적인 방식으로 접근하는 사람도 있다. 이는 전체적이고 동시적인 문제 해결 방식을 선호하는지 혹은 보다 순차적인 접근 방식을 선호하는지를 보여 준다. 또한 손을 움직이는 방식, 운동 협응, 정보처리 속도, 좌절 인내력, 피드백을 통해 도움을 얻는 능력과 같은 요인들이 관찰을 통해 드러나기도 한다. 지나치게 숙고하거나 강박적인 성향, 충동적인 양식을 보이는 수검자의 경우 과제를 완성하는 데 많은 시간이 소요되기 때문에 낮은 점수를 얻을 수 있다. 따라서 토막 짜기 소검사 과제를 해결하는 데 있어서의 차이를 관찰하고 기록함으로써 잠재적으로 가치 있는 정보를 얻을 수 있다.

토막 짜기는 일반 지능과 높은 상관관계(r=.66)가 있으나 상대적으로 교육적 배경과의 관계는 낮은 것으로 알려져 있다. 따라서 수검자의 문화적 혹은 교육적 배경에 의한 편파를 최소화할 수 있는 소검사이며, 수검자의 지적 잠재력을 추정할 수 있는 중요한 지표로 사용될 수 있다.

한편, 토막 짜기는 우반구 손상을 보여 주는 뛰어난 지표이며, 특히 우측 두정엽의 손상에 민감한 것으로 보고되었다(Lezak et al., 2004; Reitan & Wolfson, 1993). 우측 두정엽 손상 환자는 토막을 완성할 때 과제의 형태를 왜곡하고, 면을 잘못 지각하거나 방향을 잡지 못하기 때문에 오류를 범하는 경향이 있다. 이와는 대조적으로, 좌측이 손상된 환자의 경우, 특히 두정엽이 손상되었다면 토막 짜기에서 낮은 점수를 획득하는 경우는 거의 드물다. 그러나 이러한 환자는 과제의 형태를 간소화시키거나 혼동하고, 다시 만드는 과정에서 고정된 접근 방식을 사용하는 경향이 있다(Lezak et al., 2004). 과제를 수행하는 과정에서 형태의 좌측 혹은 우측 부분을 완성하는 데 실패한 경우에는 수검자의 부주의한 특성이 반영되었을 수 있다. 예를 들어, 9개의 토막 짜기를 완성하는 과제에서 6~7개의 토막만을 사용하는 경우다(Lezak et al., 2004). 알츠하이머병 환자는 토막 짜기 소검사에서 전형적으로 가장 낮은 수행 수준을 보이는 사람들 중 하나인데, 토막 짜기는 이러한 질환의 초기 단계를 판별하는 데 민감하므로 알츠하이머 병과 우울증에 의한 가성 치매 상태를 감별하는 데 유용하게 활용될 수 있다(Fuld, 1984; La Rue & Jarvik, 1987).

우수한 시공간 지각 능력, 시각운동 속도, 주의 집중 능력, 비언어적인 개념 형성 능력은 토막 짜기에서의 높은 수행 수준으로 이어진다. 반면, 낮은 점수는 지각적 능력의 부족, 시각적 통합의 곤란, 지속적으로 노력을 기울이고 유지하는 능력의 부족을 시사한다.

② 행렬추론(Matrix Reasoning)

• 측정하는 특성

–시공간적 추론

–추상적 추론
–시각적 조직화
–시공간 정보에 대한 동시적 처리
–전체를 세부적인 요소로 분석

- 영향을 미치는 요인

–불확실성에 대한 반응 능력
–인지적 양식(장 의존 vs. 장 독립)
–색맹(일부 문항에서 사용된 색상이 색맹인 수검자를 혼란스럽게 할 수 있음)
–유연성
–동기 수준
–거부적인 태도(예: "맞는 것이 아무것도 없어요.")
–지나치게 경직된 사고
–고집스러운 성향
–시지각적 문제

WAIS–IV에서 새롭게 추가된 행렬추론은 지각추론 지표의 핵심 소검사로서 시각적 정보 처리와 비언적인 추상적 추론 능력을 측정한다. 행렬추론은 시간제한이 없는 소검사이기 때문에 시간제한이 있는 다른 소검사에 취약한 노인 집단에게 유용하게 활용될 수 있다. 또한 심사숙고하고 신중하게 문제를 해결하는 수검자에게 불리하지 않으며, 수검자가 정답 반응을 그저 고르는 것이기 때문에 상대적으로 문화적 요인의 영향에서 자유롭고 최소한의 시각운동 협응만을 요한다.

행렬추론은 시공간 능력을 측정하는 데 있어서 좋은 소검사 중 하나로서 심리측정적인 기능이 빈약하였던 모양 맞추기를 대체할 수 있다. 뿐만 아니라 검사–재검사의 신뢰도가 안정적이고, 전체 IQ와의 높은 상관관계(r=.64)를 나타내고 있으며, 일반 지능을 추정하는 데 있어서 훌륭한 지표로 알려져 있다.

행렬추론에서의 높은 점수 획득은 우수한 비언어적인 추상적 추론 능력, 정보에 대한 동시적 처리 능력, 뛰어난 시각적 정보 처리 능력을 보여 준다. 반면, 낮은 점수는 빈약한 시각적 형성 능력, 부족하거나 경직된 시각적 추론 능력, 주의 집중의 곤란을 시사한다.

③ 퍼즐(Visual Puzzles)

• 측정하는 특성
  - 시각적 재인 및 식별
  - 전체와 관련하여 세부적인 요소를 지각하는 능력
  - 시공간 추론
  - 세부적인 요소로 전체를 분석
  - 시각적인 지속적 주의집중
  - 유동적 추론
• 영향을 미치는 요인
  - 불확실성에 반응하는 능력
  - 유연성
  - 동기 수준
  - 거부적 태도(예: "불가능해요. 이 형태는 만들 수 없어요.")
  - 과도하게 경직된 사고
  - 고집스러운 성향
  - 시지각적 문제
  - 시간제한에 대한 걱정
  - 충동적 반응

퍼즐은 행렬추론과 마찬가지로 WAIS-IV에서 새롭게 추가된 소검사로서 지각추론 지표의 핵심 소검사다. 기본적으로 시각적 추론을 통해 과제를 수행하게 되는데, 수검자는 원래의 형태를 분석한 후 보기에 제시되어 있는 대안적인 형태들을 통합하여 정답을 제시해야 한다. 따라서 시각적인 유추적 추론을 측정하며, 시각적 지각, 광범위한 시각적 지능, 유동적 지능, 동시적 처리, 공간의 시각화 및 조작 능력, 세부적인 요소들 간의 관계에 대한 예측 능력이 관여된다.

비언어적인 추론 능력, 주의 집중력, 시공간 통합 능력이 우수할 경우 퍼즐 소검사에서 높은 점수를 획득할 수 있다. 반면, 비언어적 자극 정보를 통합하는 데 있어서 문제가 있는 경우 혹은 주의 집중력의 부족, 시각적 부주의는 낮은 수행 수준으로 이어진다.

④ 무게 비교(Figure Weights)

- 측정하는 특성
  - –비언어적인 수학적 추론
  - –수량에 대한 추론 및 유추적인 추론
  - –시각적 조직화 능력과 관련된 시각적 주의 집중
  - –노력의 지속 능력
- 영향을 미치는 요인
  - –불확실성에 반응하는 능력
  - –유연성
  - –동기 수준
  - –지나치게 경직된 사고
  - –고집스러운 성향
  - –실행 기능의 문제
  - –충동적 반응
  - –스스로 정정하는(self-correct) 능력
  - –산수 불안

무게 비교는 지각추론 지표의 보충 소검사이며, WAIS-IV에서 새롭게 추가되었다. 수검자는 양쪽의 무게가 달라서 균형이 맞지 않는 저울 그림을 보고 균형을 잡기 위해 필요한 반응을 선택지에서 찾아내야 한다. 이 검사는 수학적 추론을 측정할 수 있는 비언어적 소검사이며, 귀납적 · 연역적 추론 능력도 측정한다. 산수 소검사에서는 제시된 정보를 기억하여 수학적 작업을 통해 문제를 해결하는 반면에 무게 비교에서는 시각적으로 묘사된 과제가 제공되며, 이를 보면서 반응하기 때문에 과제에 대한 기억의 중요성이 크지 않다.

무게 비교에서의 높은 점수는 비언어적 추론 능력이 좋고, 주의 집중력과 비언어적 정보에 대한 조직화 능력이 뛰어남을 시사한다. 반면, 낮은 점수는 비언어적인 양적 추론 능력이 부족하며, 주의 집중에 어려움이 있음을 보여 준다.

⑤ 빠진 곳 찾기(Picture Completion)

- 측정하는 특성
  - 시각적 기민성
  - 시각적 재인 및 식별(시각적 장기기억)
  - 환경의 세부적인 사항 인식(현실 접촉)
  - 자극의 세부적인 요소로 전체를 지각(시각적 개념화 능력)
  - 본질적인 부분과 비본질적인 부분을 구별하는 능력
  - 시각적 조직화 능력과 관련된 시각적 주의집중
- 영향을 미치는 요인
  - 불확실성에 반응하는 능력
  - 환경에 대한 기민성
  - 인지적 양식(장 의존 vs. 장 독립)
  - 주의집중
  - 거부적 태도(예: "빠진 곳이 없어요.")
  - 시간 압력하에서의 작업

빠진 곳 찾기는 지각추론 지표의 보충 소검사로서 시각적 주의집중 능력과 비언어적인 일반 지식을 측정한다. 여기에는 환경에 대한 주의력과 함께 장기기억 평가에 있어서의 일관성과 비일관성을 발견하는 능력이 반영된다. 또한 수검자는 과제 수행 시 문화적 경험에 의존하기 때문에 그 사회의 일반적인 측면에 익숙하지 않은 수검자일 경우 지능의 부족보다 오히려 경험의 부족에 의해 오류를 범할 수 있다. 자극 정보를 정서적으로 분리하여 살피지 못하는 수검자 역시 정확하게 판별하지 못하면서 오류로 이어질 수 있다.

빠진 곳 찾기에서 높은 점수는 본질적인 시각적 정보의 재인 능력이 높고, 우수한 시각적 기민성과 예민성을 보유하고 있음을 시사한다. 반면, 낮은 점수는 빈약한 주의집중력, 시각적 조직화 능력의 부족을 보여 주며, 충동성은 전체 그림을 주의 깊게 분석하지 않고 성급하게 반응하도록 만들기 때문에 좋지 못한 수행 결과를 초래할 수 있다.

(3) 작업기억 지표

작업기억 지표(Working Memory Index: WMI)는 일차적으로 주의력, 주의집중 및 지속력, 단기기억을 측정하는데, 다른 지표에 비해 복잡하고 논쟁의 여지가 있는 구조다. 기억이라는 말이 명시되어 있기 때문에 가끔 기억의 측정도구라는 생각에 사로잡히는 경우가 있는데, 짧은 시간에 정보를 보유하고 조작하는 능력을 측정하기에는 제한점이 있다. 정보를 얻고 조작하는 능력은 명백하게 기억의 다양한 측면과 관련되어 있으며, 필수 조건이기는 하지만 기억과 동일한 개념은 아니다. 작업기억 지표의 소검사들은 적절한 순서에 따라 숫자와 상징을 평가하여 반응하는 능력이 필요하기 때문에 연속적 능력이 매우 중요하다.

작업기억 지표에서의 낮은 수행 수준은 주의집중력, 기억력 및 연속적 능력의 부족을 반영할 뿐만 아니라 실행 기능의 문제를 보여 주기도 한다(Wielkiewicz, 1990). 특히 이러한 수검자들은 자극에 대한 주의력과 동시적 처리 능력이 필요한 과제에서 곤란을 겪게 된다(예: 숫자 소검사의 거꾸로 따라 하기 과제에서 수검자는 검사자가 들려주는 숫자를 듣고 동시에 순서를 거꾸로 바꾸어 저장한 다음에 거꾸로 말함). 또한 학습 시 주의가 분산되고, 숫자에 대한 회상 능력이 저조하며, 지시에 잘 따르지 못하고, 동시에 두 가지 과제를 수행하는 능력이 빈약하거나 높은 불안 수준을 나타낸다. 낮은 점수의 획득은 다양한 기능의 결과로 다른 영역에서의 빈약한 수행 수준을 보여 줄 수 있으므로 수검자의 잠재력을 측정할 때 고려되어야 한다. 이와 대조적으로 높은 점수는 전화번호 같은 숫자에 대한 회상 능력, 언어적 지시에 따르는 능력, 주의를 집중하고 지속하여 과제를 수행하는 능력, 두 가지 과제를 동시에 처리하는 능력이 우수함을 보여 준다.

작업기억 지표의 해석 시 다양한 가능성이 고려되어야 하며, 종종 행동 관찰에 의해 파악된 요인이 결정적인 역할을 하기도 한다. 예를 들어, 어떤 수검자는 주의가 쉽게 분산되어 지시를 적절하게 이해하지 못하고 재차 요구하기도 한다. 불안 수준이 높은 수검자의 경우에는 안절부절못하거나 과도하게 말이 많아지는 양상을 보일 수도 있다. 숫자에 대한 개념과 수리력이 발달되지 못한 수검자라면 산수 문제에서 숫자를 쓰거나 손가락으로 세는 행동을 보일 수 있다.

한편, 작업기억 지표와 ADHD의 관련성은 명확하지 않으며 연구마다 상이한 결과를 보고하고 있다. Mayes와 Calhoun(2007)은 작업기억 지표에서 가장 낮은 점수를 보였다고 주장한 반면, 이러한 결과를 지지할 만한 근거를 찾지 못한 경우도 있다(Reinecke, Beebe, & Stein, 1999; Wechsler, 2008b). 이러한 결과는 구조화되어 있는 검사 상황에서 주의 분산을 측정하는 데 한계가 있다는 점이 부분적으로 작용했을 수 있다. 따라서 작업기억 지표와 ADHD의 관계를 보다 명확하게 살펴보기 위해서는 보강 자료 및 평정 척도 결과를 비롯한 부가적인 정보를 함께 고려해야 한다.

① 숫자(Digit Span)

- 측정하는 특성
  - 즉각적이고 기계적인 회상 능력
  - 가역성(사고 패턴을 전환하는 능력)
  - 주의력 및 주의집중력
  - 청각적 연속성
  - 기계적 학습
- 영향을 미치는 요인
  - 주의력 범위
  - 불안
  - 주의 산만
  - 유연성
  - 학습장애
  - ADHD
  - 지시에 따르는 능력
  - 청력 문제

숫자는 작업기억 지표에 속하는 핵심 소검사로서 적절한 순서로 청각적 정보를 회상하고 반복하는 과제를 통해 단기기억과 주의력을 측정한다. Bannatyne(1974)은 『청각 음성의 연속적 기억』에서 숫자 소검사에 대해 기술하였다. 숫자 소검사에서 정답을 제시하기 위해서는 두 단계의 과정이 요구되는데, 첫째, 주의력과 부호화를 통해 청각적 정보를 적절하게 받아들여야 한다. 주의가 쉽게 분산되는 수검자는 이 단계에서 어려움을 겪게 된다. 둘째, 받아들인 정보를 정확하게 회상하고 연속적으로 처리하며 음성화해야 한다. 청각적 정보를 정확하게 습득했다고 하더라도 단기기억의 문제가 있는 수검자라면 이 단계에서 곤란을 겪게 되는데, 회상하는 데 있어서 충분한 기억의 흔적을 유지할 수 없기 때문이다. 숫자 소검사 중 바로 따라 하기는 기계적인 암기 능력이 요구되며, 거꾸로 따라 하기보다 비교적 단순한 과제다. 반면, 거꾸로 따라 하기에서는 기억을 길게 유지해야 할 뿐만 아니라 반응하기 전에 변환을 시켜야 한다. 따라서 거꾸로 따라 하기에서 높은 수행을 만들어 내기 위해서는 유연성이 필요하고, 주의 지속 및 집중력이 풍부해야 하며, 좌절 상황을 견디는 인내력이 강해야 한다. 또한 거꾸로 따라 하기의 높은 점수는 청각적 자극정보로부터 얻은 시각적 이미지를 형성하고 유지하며 이를 살펴보는 능력을 반영한다(Lezak et al., 2004; Sattler, 2008). 순서대로 따라 하기 역시 숫자를 회상할 뿐만 아니라 내적으로 조작하고 순서를 배열하여 반응해야 하기 때문에 바로 따라 하기에 비해 어려운 과제다. 특히 순서대로 따라 하기는 알츠하이머 병과 외상성 뇌손상의 영향에 민감한 것으로 알려져 있다(Wechsler, 2008). 바로 따라 하기 점수가 순서대로 따라 하기 점수보다 4점 혹은 그 이상으로 높다면 이는 의미 있는 결과이므로 추가적인 탐색이 필요하다.

지시에 잘 따르면서 불안 수준이 높지 않은 수검자는 숫자 소검사에서 강점을 보인다. 반대로 불안 수준이 높고 긴장이 많은 수검자는 과제 수행에 있어서 어려움을 드러내는데, 숫자는 불안에 의해 가장 영향을 많이 받는 소검사이며 만성적인 특성 불안보다 상태 불안에 민감하다. 숫자 이외에도 산수와 바꿔 쓰기가 불안에 취약한 소검사로 알려져 있다. 작업기억 지표의 핵심 소검사인 숫자와 산수는 일반적으로 뇌손상, 지적장애, 학습장애의 영향에 민감하다(Lezak et al., 2004)

숫자에서 높은 점수를 획득한 수검자는 청각적 단기기억력이 좋고, 뛰어난 주의력을 갖고 있으며, 상대적으로 스트레스나 불안의 영향을 덜 받는 경향이 있다. 그러나 숫자에 대한 청각적 단기기억력이 우수하다고 해서 음악이나 언어적 정보처럼 복잡한 자극 정보에 대한 기억력이 반드시 좋다는 의미는 아니다. 이 같이 복잡한 기억의 특성은 다른 측정 도구에 의해 평가된다. 숫자 소검사의 낮은 수행 수준은 주의집중의 어려움을 시사하는데, 이는 우울이나 비일상적인 사고 과정의 결과일 수 있다. 또한 바로 따라 하기가 거꾸로 따라 하기 점수보다 유의하게 높을 경우(5점), 특히 이러한 가운데 거꾸로 따라 하기 점수가 상식과 어휘 점수보다 낮다면 기질적 뇌손상의 가능성을 보여 준다. 거꾸로 따라 하기와 순서대로 따라 하기는 바로 따라 하기에 비해 인지기능 저하에 매우 민감한 과제다. 바로 따라 하기는 좌반구 손상에 취약한 반면, 거꾸로 따라 하기는 광범위한 뇌손상이나 우측 전두엽 손상에 의해 수행 수준이 일관되게 하락하는 것으로 보고되었다(Lezak et al., 2004; Rapport, Webster, & Dutra, 1994).

한편, WAIS-IV에서는 숫자 소검사의 과정 점수를 통해 실패 양상을 구체적으로 살펴볼 수 있는데, 그것이 연속적 능력의 부족에 의한 것인지, 기계적 학습 및 암산 능력이 빈약해서인지를 파악하는 데 도움이 된다.

② 산수(Arithmetic)

- 측정하는 특성
  - 계산 능력
  - 청각적 단기기억력
  - 연속적 능력
  - 수리적 분석 및 추론
  - 주의력 및 주의 지속력
  - 현실 접촉과 정신적 기민성
  - 학교 장면에서의 학습(초반부 문항)된 / 획득된 지식
  - 논리적인 추론, 추상화, 수학적 문제의 분석(후반부 문항)
- 영향을 미치는 요인
  - 주의력 범위
  - 불안
  - 주의집중 및 지속력

–주의 산만
–학습장애/ADHD
–학교 장면에서의 학습
–시간 압력하에서의 작업

산수는 작업기억 지표의 핵심 소검사이며, 기본적인 수학적 기술과 함께 주의집중 및 지속력을 발휘하여 과제를 해결하는 능력이 반영된다. 보통 중학교까지 습득한 기술을 통해 산수 소검사를 완수할 수 있도록 만들어졌기 때문에 낮은 점수는 집중력 부족의 결과인 경우가 많다. 산수 소검사의 경우 상식이나 어휘에 비해 도전적이고 스트레스를 많이 받게 되는데, 이는 과제 자체가 어려울 뿐만 아니라 시간제한이 있기 때문이다. 따라서 불안은 수검자의 수행에 부정적인 영향을 미칠 수 있다. 낮은 수행 수준이 단순히 수학적 기술의 부족에 의한 것인지 아니면 주의집중의 곤란에 의한 것인지 판단하기 위해 한계 음미(testing the limits) 단계의 시도가 도움이 될 수 있다. 예를 들어, 실패한 문항을 시간제한 없이 다시 풀어 보도록 하였을 때 수검자가 정답을 제시하였다면 이는 수리력의 문제이기보다 주의집중의 어려움과 관련이 크다고 판단할 수 있다.

산수는 상식과 더불어 학업 성취 정도를 보여 주는 소검사다. 주로 사회경제적 수준이 높은 수검자 및 교사에게 순응적인 학생이 높은 점수를 획득하는 경향이 있다. 또한 주지화 경향성이 높은 수검자도 일반적으로 산수 소검사의 수행 수준이 높은 편이다. 수라는 개념은 외부 환경에서 출처한 것으로서 산수 소검사에는 과제 수행을 위해 만들어진 규칙과 방향이 존재하기 때문에 어떤 수검자는 이에 대한 저항을 보이기도 하는데, 반사회적 성격 특성을 지닌 사람을 예로 들 수 있다. 또한 외부 지시에 순응적이지 않고 자신의 행동을 책임지는 데 있어서 거부적인 연극성(histrionic) 성격 특성의 수검자 역시 산수 소검사에서 그리 좋은 수행을 보이지 못한다. 그러나 이는 산수 소검사의 저조한 수행 수준이 이러한 임상적 집단에 대한 진단을 시사한다는 의미가 아니며, 이 같은 사람들의 환경과 상호작용하는 일관된 방식이 산수 소검사의 수행에 부정적인 영향을 미치고 있음을 제안한 것이다.

높은 수행 수준은 수검자가 우수한 기민성, 주의집중 및 지속력, 청각적 단기기억력을 보유하고 있음을 보여 준다. 또한 주지화 방어기제를 사용하고 있을 가능성도 고려할 수 있다. 반면, 낮은 점수는 수학적 분석 및 추론 능력의 부족, 주의 산만, 주의집중의 곤란, 빈약한 청각적 단기기억력을 시사한다. 또한 교육적 배경이 풍부하지 못하여 수학적 기술의 습득과 발달이 적절하게 이루어지지 못한 경우에도 일반적으로 낮은 수행을 보인다.

③ 순서화(Letter-Number Sequencing)

- 측정하는 특성
  - 청각적 단기기억력
  - 연속적 능력
  - 주의력, 주의집중 및 지속력
- 영향을 미치는 요인
  - 주의력 범위
  - 불안
  - 주의집중 및 지속력
  - 주의 산만
  - 유연성
  - 문맹 혹은 난독증
  - 학습장애
  - ADHD
  - 고집스러운 성향
  - 지시에 따르는 능력

순서화는 작업기억 지표의 보충 소검사로서 WAIS-IV에서 새롭게 추가되었다. 순서화에서의 높은 수행 수준은 수검자가 뛰어난 연속적 처리 능력, 주의력, 주의집중 및 지속력을 보유하고 있음을 시사한다. 순서화 소검사에서는 검사자가 읽어 준 글자와 숫자의 시리즈에 주의를 기울이고, 기억을 유지하고, 새로운 순서로 조작하여 반응하는 과정을 반복한다. 작업기억 지표에 대한 요인 부하량이 높고(.69), 모든 연령 규준에서 검사-재검사 신뢰도가 안정적인 것으로 알려져 있다(r=.80).

순서화에서 높은 점수를 획득하였다면 청각적 단기기억력이 우수하고, 청각적 정보에 대한 연속적 처리가 효과적으로 이루어지고 있으며, 좋은 작업기억 기능을 유지하고 있는 것이라고 볼 수 있다. 이와 대조적으로 낮은 점수는 청각적 자극 정보에 대한 연속적 능력, 청각적 단기기억력의 부족을 시사하며, 부주의하고, 충동적이고, 불안하거나 동기 수준이 저하되어 있을 가능성을 보여 준다.

(4) 처리속도 지표

처리속도 지표(Processing Speed Index: PSI)는 비언어적인 과제를 해결하는 데 있어서의 정신운동 속도를 주로 측정한다. 또한 정신운동 속도와 더불어 문제해결을 위한 계획을 세우고 조직화하며 전략을 개발하는 능력도 평가한다. 빠른 속도를 내고 주의를 집중하기 위해서는 과제 수행에 대한 좋은 태도를 유지하는 것이 필요하기 때문에 검사 수행에 대한 동기가 부족할 경우 작업기억과 마찬가지로 처리속도 점수가 낮아진다. 낮은 수행 수준이 수검자의 빈약한 동기에 의한 것인지를 확인하기 위해서는 행동 관찰이 무엇보다 중요하므로 이를 통합하여 판단하는 것이 필요하다. 한편, 과도하게 숙고적인 문제해결 방식은 반응에 있어서 지나치게 많은 시간이 소요되기 때문에 시간제한이 있는 처리속도 지표의 소검사 수행에는 부정적인 영향을 미친다.

처리속도는 광범위하고 다양한 장애(예: 치매, 외상성 뇌손상, ADHD, 학습장애 등)에 의한 인지 기능상의 문제에 매우 민감한 지표이며, 20대 초기부터 감소하기 시작하여 30대 중반에 급격하게 떨어진다(Kaufman & Lichtenberger, 2006). 처리속도의 저조한 수행은 운동 통제 능력의 부족을 시사하며, 감각적 예민성의 문제와 관련되어 나타날 수도 있다

① 기호 쓰기(Coding)

- 측정하는 특성
  - 정신운동 속도
  - 지시에 따르는 능력
  - 사무적 속도와 정확성

–지필(paper-pencil) 기술
–익숙하지 않은 과제를 학습하는 능력(새로운 시각적 자극 정보를 학습하고 반응하는 능력)
–인지적 유연성
–주의력, 주의집중 및 지속력, 정신 능률을 유지하는 능력
–연합 학습과 새롭게 학습된 시각적 자극 정보를 모방하는 능력
–연속적 능력

- 영향을 미치는 요인

–불안
–주의 산만
–학습장애/ADHD
–동기 수준
–정확성과 세밀함에 대한 강박적 염려
–고집스러운 성향
–시각운동 협응
–시지각적 문제
–시간 압력하에서의 작업

기호 쓰기에서 좋은 수행을 이끌어 내기 위해서는 시각운동 통합 능력이 요구되지만, 짝지어진 기호와 숫자를 회상하는 능력이 가장 중요한 역할을 한다. 기호 쓰기 소검사에서는 기호와 함께 새롭게 학습된 숫자를 기억하여 적절하게 조합해야 한다. 또한 익숙하지 않은 과제를 학습하는 능력, 시각운동 협응 능력, 집중력, 단기기억, 시간 압력하에서 작업하는 능력이 요구된다. 이는 정교하고 복잡한 상호작용으로서 수검자가 앞서 언급한 기술 중에 어떤 문제를 갖고 있다면 저조한 수행으로 이어질 수 있다. 매우 안정적인 소검사인 어휘와 달리 기호 쓰기는 기질적 혹은 기능적 손상의 영향에 극히 민감하다. 특히 우울한 수검자는 정신운동 속도가 지연되어 있어 기호 쓰기 수행에 많은 어려움이 있다. 기호 쓰기는 뇌손상의 영향에도 매우 민감한 소검사로서 미세한 뇌손상조차도 기호 쓰기에 많은 영향을 미쳐 소검사들 중 가장 낮은 수행 수

준을 보인다(Lezak et al., 2004; Reitan & Wolfson, 1993). 학습장애가 있는 수검자 역시 기호 쓰기에서 낮은 수행을 보이는 경향이 있다(Bannatyne, 1974; Groth-Marnet, 2001; Kaufman & Lichtenberger, 2006).

한편, 시각운동 협응 능력이 요구되기 때문에 읽기와 쓰기 경험이 많은 사람은 높은 점수를 얻는다. 기호를 옮겨 쓰는 실행 행동과 함께 신속한 시공간 협응 능력이 과제 수행에 관여된다. 뿐만 아니라 주의력의 지속과 신속한 의사결정 능력도 필요하기 때문에 불안하고 망설이고 강박적이고 심사숙고적이고 완벽주의적인 성향은 기호 쓰기 수행을 방해하는 요인이 된다. 완벽한 반응이 아니라 검사자가 확인할 수 있을 정도의 반응이 필요하다는 점에 대해 수검자에게 알려 주는 것이 이러한 문제의 영향을 줄이는 데 도움이 될 수 있다.

기호 쓰기에서의 높은 점수는 뛰어난 시각운동 능력, 정신 능률, 새로운 자극 정보에 대한 기계적인 학습 능력, 기민한 정신운동 반응 능력을 시사한다. 반면, 낮은 점수의 획득은 시각적 연합 학습 능력의 저하, 손상된 시각운동 기능과 정신적 기민성의 저하를 나타낸다. 기호 쓰기 소검사는 다양한 능력을 필요로 하기 때문에 수행 결과를 통해 해석 시 잠재적인 여러 가능성을 예측해 볼 수 있다. 여타의 측정치, 행동 관찰, 의학적·개인적 발달력과 같은 여러 자료와 통합함으로써 수검자가 획득한 기호 쓰기 점수의 의미를 더욱 명확하게 기술할 수 있을 것이다.

② 동형 찾기(Symbol Search)

- 측정하는 특성
  - 시각적 탐지 속도
  - 정보처리 속도
  - 이후의 정보처리 과정을 준비하기 위한 정보 부호화
  - 계획 능력
  - 시각운동 협응
  - 학습 능력
- 영향을 미치는 요인
  - 불안

–주의 산만

–학습장애/ADHD

–동기 수준

–정확성과 세부적 측면에 대한 강박적 염려

–시각운동 협응

–시지각적 문제

–시간 압력하에서의 작업 능력

동형 찾기는 지각추론 지표의 핵심 소검사이며, 주로 수검자의 정보처리 속도를 측정한다. 이 소검사는 심리측정적인 측면에서 볼 때 다른 소검사와 비교하여 상대적으로 안정적인 소검사다(검사–재검사 신뢰도 .81, 전체 IQ와의 상관계수 .64, 처리속도 지표와의 상관계수 .91). 보통 기호 쓰기와 짝을 지어 언급하는데, 상대적으로 이 둘 간의 상관관계가 높고(*r*=.65), 기호 쓰기와 개념적으로 유사한 영역을 측정하기 때문이다.

동형 찾기에서의 높은 수행 수준은 수검자의 정보 통합 및 반응 능력과 더불어 신속하고 기민한 정보처리 능력을 보여 준다. 또한 시각운동 협응, 시각적 단기기억력, 계획 능력, 일반적인 학습 능력이 우수하며, 주의력, 주의집중 및 지속력이 뛰어남을 시사한다. 반면, 낮은 점수는 정보처리 속도의 저하, 시지각적 문제를 시사하며, 동기 수준의 저하나 불안의 영향, 시각적 단기기억의 문제, 심사숙고적이고 완벽주의적이거나 강박적인 문제해결 방식이 반영된 결과일 수 있다

③ 지우기(Cancellation)

• 측정하는 특성

–지각적 재인

–지각적 변별

–지각적 주사(scanning)

–속도와 정확성

–주의력과 주의집중 및 지속력

–시각운동 협응

- 영향을 미치는 요인
  - 주의력 범위
  - 주의집중 및 지속력
  - 시각적 기민성
  - 시각운동 협응
  - 충동성
  - 계획성
  - 시간 압력하에서의 수행 능력

지우기는 지각추론 지표의 보충 소검사이며, WAIS-IV에 새롭게 추가되었다. 수검자는 조직적으로 배열되어 있는 도형들 속에서 제시된 표적 자극과 형태 및 색상이 동일한 도형을 찾은 다음 사선을 그어 표시하는 과제를 수행하게 된다. 따라서 형태와 색상을 주사(scan)하고 선택한 반응을 재인한 후 선을 긋는 운동 과제를 수행하는 가운데 표적 자극이 무엇인지를 기억하면서 일관되게 주의를 집중하고 지속하는 능력이 요구된다. 또한 가능한 한 신속하게 자극을 변별하는 능력도 중요하게 작용한다. 지우기 소검사는 정보처리 속도, 시각적인 선택적 주의력, 경계력(vigilance), 지각적 속도, 시각운동 능력을 측정하는 여타의 소검사와 유사한 소검사로 알려져 있다(Wechsler, 2008a).

특히 지우기 소검사는 주의력결핍장애(ADD)나 외상성 뇌손상에서 전형적으로 나타나는 주의 산만을 확인하는 데 있어서 유용한 소검사다. 한편, 신경심리학적인 측면에서 볼 때 시각적 부주의, 운동 보속성, 반응 억제의 곤란이 지우기 소검사에 반영된다(Lezak et al., 2004).

지우기 소검사에서의 높은 수행 수준은 정보처리 속도, 주의력과 주의집중 및 지속력, 지각적 재인 능력, 주사 능력이 우수함을 보여 주며, 높은 동기 수준을 반영한다. 반면, 낮은 점수는 이와 같은 능력이 저하되어 있거나 부족함을 시사한다.

2) K-WAIS-Ⅳ 소개

K-WAIS-Ⅳ는 미국 원판인 WAIS-Ⅳ를 한국판으로 표준화한 개인용 지능검사다. 첫 번째 Wechsler 지능검사 한국판인 K-WIS(Korean-Wechsler Intelligence Scale; 전용신, 서봉연, 이창우, 1963)가 출판된 이래로 K-WAIS(염태호 외, 1992)가 표준화되었고, 20년 만에 세 번째로 K-WAIS-Ⅳ(황순택 외, 2012a, b)가 출판되었다. 앞서 WAIS-Ⅳ의 개정 목적과 이를 반영한 주요 변화들이 K-WAIS-Ⅳ의 제작 과정에도 적용되었다. 우리나라에서는 WAIS-Ⅲ의 표준화가 이루어지지 못하였으므로 K-WAIS와 비교하여 K-WAIS-Ⅳ에서의 변화를 살펴보면, 우선 언어성 지능과 동작성 지능 지수가 폐기되고 전체 지능지수만 제공되며, 언어이해, 지각추론, 작업기억, 처리속도 등의 4요인 구조가 채택되었다. 또한 차례 맞추기와 모양 맞추기가 제외되었고, 행렬추론, 퍼즐, 순서화, 무게 비교, 지우기와 같은 새로운 소검사가 추가되었다. 더불어 IQ의 범위가 40~160으로 확장되었으며, 연령 규준은 16~69세로 이루어져 있다(황순택 외, 2012a).

(1) 검사 실시에서의 주의 사항

모든 검사가 그러하듯 K-WAIS-Ⅳ 역시 결과에 대한 타당성을 보장하기 위해서는 지침서에 안내되어 있는 표준적인 실시 절차를 충실하게 따르는 것이 중요하다. 이를 위해 검사자는 검사를 실시하기 전에 지침서를 충분하게 살펴보고 숙지할 필요가 있다. 또한 검사 수행 시 수검자가 자신의 능력을 충분하게 발휘할 수 있도록 물리적 환경을 조성하는 것도 중요하다. 수검자가 외부적인 요인에 의한 방해 없이 주의가 분산되지 않고 조용한 가운데 집중력을 가지고 차분하게 검사를 수행할 수 있는 환경이 필요하다.

검사 상황은 수검자에게 익숙하지 않은 상황이므로 당황스럽거나 긴장감을 유발할 수 있다. 때로는 수검자가 검사에 대해 비협조적인 태도를 취하는 경우도 발생한다. 라포의 형성과 유지는 검사가 실시되는 동안 수검자로 하여금 협조적인 태도를 지속하고 충분한 노력을 기울여 자신의 능력을 발휘할 수 있도록 하는 데 매우 중요한 역할을 한다. 특히 수검자에 대한 검사자의 태도가 중요한데, 검사에 대한 전문가로서 자신감 있는 태도와 함께 수검자의 수준에 맞추어 완급을 조절하고, 검사 상황에서 느낄 수 있는 불확실감이나 불안감, 긴장 등과 같은 정서를 민감하게 살펴 이를 적절하게 다루어야 한다. 또한 수검자의 노력에 대해 격려함으로써 더욱 적극적인 과제 수행을 이끌어 낼 수 있다. 다만, 수검자가 자신의 답안이 정답이라고 생각하게 할 수 있는 검사자의 직접적인 반응(예: "맞습니다.")으로 수행을 강화하는 것은 피해야 한다.

한편, 소검사의 실시, 기록 및 채점 절차에 익숙해지기 위해서는 지침서를 숙지하는 것은 물론이고 연습이 필요하다. 특히 K-WAIS-IV는 여러 부분에서 이전에 출판되었던 K-WAIS와 다른 절차로 실시되기 때문에 소검사 실시 절차에 대해 충분하게 살펴보는 것이 필요하다.

Wechsler 지능검사의 경우 일반적으로 실시에 대한 안내가 지침서에 상세하게 기술되어 있다. 그럼에도 불구하고 많은 검사자가 검사의 실시와 채점에서 오류를 범하게 되는데, 이는 수련생과 전문가 모두에게 해당된다(Linger et al., 2007; Loe, Kadlubek, & Marks, 2007; Slate & Hunnicutt, 1988; Slate, Jones, & Murray, 1991). 이 같은 실수를 줄일 수 있는 방안 중 하나는 자주 일어나는 오류에 대해 미리 알아두는 것이다. Wechsler 지능검사 실시에 있어서 빈번하게 일어나는 오류를 정리하면 다음과 같다(Loe et al., 2007; Slate & Hunnicutt, 1988).

- 언어적 반응에 대해 질의하지 않는 것
- 반응에 대해 너무 많은 점수를 주는 것(검사자의 관대함)
- 수검자의 반응 내용, 점수, 반응 시간을 기록하지 않는 것(검사자 오류)
- 검사 지침서에 명시된 질문을 하지 않는 것(지침서를 자세하게 읽지 않았거나 지시문을 부적절하게 회상)
- 수검자에게 부적절하게 질문하는 것(지침서를 자세하게 읽지 않았거나 부적절하게 이해)
- 검사 지침서에 명시된 대로만 너무 적은 점수를 주는 것(검사자의 지나친 엄격함)
- 원점수의 잘못된 표준점수 환산(사무적 오류)
- 비언어성 문항에 대한 잘못된 채점(사무적 오류, 시간 측정 오류)
- 소검사 총점 산출을 위한 원점수의 잘못된 계산(사무적 오류)
- 생활연령의 잘못된 계산(사무적 오류)

(2) K-WAIS-Ⅳ 지표 및 소검사 구성

K-WAIS-Ⅳ는 원판인 WAIS-Ⅳ에서와 동일하게 4요인 구조(언어이해, 지각추론, 작업기억, 처리속도)를 채택하고 있으며, 각각의 지표에 해당하는 핵심 소검사 10개와 보충 소검사 5개인 총 15개의 소검사로 구성되어 있다. K-WAIS-Ⅳ의 소검사 구성 및 간략한 설명은 〈표 3-1〉과 같다.

〈표 3-1〉 K-WAIS-Ⅳ의 소검사 구성

소검사	약어	설명
토막 짜기 (Block Design)	BD	정해진 제한 시간 내에 작업해야 하며, 제시된 모형(model)과 그림(picture) 또는 그림만 보고 빨간색과 흰색으로 이루어진 토막을 사용하여 똑같은 모양(design)을 만들어야 한다.
공통성 (Similarities)	SI	공통적인 사물이나 개념을 나타내는 두 개의 단어가 제시되면 그 둘이 어떠한 유사점이 있는지를 기술해야 한다.
숫자 (Digit Span)	DS	숫자 바로 따라 하기에서, 검사자가 읽어 준 일련의 숫자를 동일한 순서로 기억해 내야 한다. 숫자 거꾸로 따라 하기에서는 검사자가 읽어 준 일련의 숫자를 역순으로 기억해 내야 한다. 숫자 차례로 배열하기에서는 검사자가 읽어 준 일련의 숫자를 작은 숫자부터 차례로 기억해 내야 한다.
행렬추론 (Matrix Reasoning)	MR	일부가 빠져 있는 행렬 매트릭스를 보고, 행렬 매트릭스를 완성할 수 있는 반응 선택지를 골라야 한다.
어휘 (Vocabulary)	VC	그림 문항의 경우 시각적으로 제시되는 물체의 이름을 말해야 한다. 언어적 문항의 경우 인쇄된 글자와 동시에 구두로 제시되는 단어의 뜻을 말해야 한다.
산수 (Arithmetic)	AR	정해진 제한 시간 내에, 일련의 산수 문제를 암산으로 풀어야 한다.
동형 찾기 (Symbol Search)	SS	정해진 제한 시간 내에, 탐색 집단에서 표적 기호와 동일한 것을 찾아야 한다.
퍼즐 (Visual Puzzles)	VP	정해진 제한 시간 내에, 완성된 퍼즐을 보고, 그 퍼즐을 만들 수 있는 세 개의 반응을 찾는 것이다.
상식 (Information)	IN	폭넓은 영역의 일반 지식에 관한 질문에 대답해야 한다.
기호 쓰기 (Coding)	CD	정해진 제한 시간 내에, 숫자와 짝지어진 기호를 옮겨 써야 한다.

순서화 (Letter-Number Sequencing)	LN	검사자가 일련의 숫자와 글자를 읽어 주면, 숫자와 글자를 순서대로 회상해야 한다.
무게 비교 (Figure Weights)	FW	정해진 제한 시간 내에, 양쪽 무게가 달라 균형이 맞지 않는 저울 그림을 보고 균형을 만드는 데 필요한 반응을 찾아야 한다.
이해 (Comprehension)	CO	일반적인 원리와 사회적 상황에 대한 이해에 근거해서 질문에 답해야 한다.
지우기 (Cancellation)	CA	정해진 제한 시간 내에, 조직적으로 배열되어 있는 도형들 속에서 표적 모양을 찾아 표시해야 한다.
빠진 곳 찾기 (Picture Completion)	PC	정해진 제한 시간 내에, 수검자는 중요한 부분이 빠져 있는 그림을 보고 빠진 부분을 찾아야 한다.

출처: 황순택 외(2012b).

(3) 해석 절차

지능검사 결과에 대한 해석은 검사 실시 및 채점 요강에 명시되어 있는 표준 절차에 따라 이루어진 지능검사 원자료를 토대로 하였을 때 그 타당성이 인정될 수 있다. WAIS-IV의 경우 개정 과정에서 지능의 요인 구조에 대한 최신의 이론을 반영하여 새로운 조합 점수 체계가 채택되었으며, 소검사 간·소검사 내 분산분석, 소검사 과정 점수의 산출을 통한 질적 분석 등 검사 결과를 보다 구체적으로 살펴보고 해석할 수 있도록 하였다.

Groth-Marnat(2009)은 지능검사 프로토콜에 대한 다섯 가지 수준의 순차적 해석 절차를 제안하였으며, K-WAIS-IV 기술 및 해석 요강(황순택 외, 2012b)에는 해석 시 고려 사항을 비롯하여 지능검사 프로파일의 기본적 분석을 위해 10단계의 분석 절차를 제시하고 있다. WAIS-IV와 K-WAIS-IV의 해석 절차의 비교는 〈표 3-2〉와 같다.

지능검사의 해석 과정은 표준 절차를 통해 채점된 점수를 토대로 한 양적 분석과 함께 수검자의 반응 패턴, 독특한 반응, 언어적 표현과 같은 질적 변인에 대한 분석이 통합되어야 한다. 이와 더불어 수검자의 인구통계학적 변인, 개인력, 현재 나타나고 있는 증상이나 문제, 의뢰 사유 등을 고려하여 종합적인 해석이 이루어질 때 보다 정확하고 유용한 정보를 제공할 수 있다.

〈표 3-2〉 WAIS-Ⅳ와 K-WAIS-Ⅳ의 해석 절차 비교

순차적 해석 단계 (Groth-Marnet, 2009)	프로파일의 기본적 분석 (황순택 외, 2012b)
수준 1. 전체 IQ의 해석	단계 1. 전체 IQ의 보고 및 기술
• 전체 IQ와 GAI에 근거한 지능 수준 분류 및 해석	단계 2. 언어이해 지표의 보고 및 기술
수준 2. 지표점수, 요인 구조 분석 및 해석	단계 3. 지각추론 지표의 보고 및 기술
• 지수점수 간 차이가 유의한 경우	단계 4. 작업기억 지표의 보고 및 기술
수검자의 개인적 강점 및 약점 해석	단계 5. 처리속도 지표의 보고 및 기술
• 규준적 해석	단계 6. 지수 수준에서의 차이값 비교 평가
a. 지수점수	단계 7. 강점과 약점 평가
b. CHC 군집	단계 8. 소검사 수준에서의 차이값 비교 평가
수준 3. 소검사 분산분석	단계 9. (선택적) 소검사 내의 점수 패턴 평가
수준 4. 질적/과정 분석	단계 10. (선택적) 과정분석의 수행
수준 5. 소검사 내 분산분석	

* CHC: Cattell-Horn-Carroll
출처: 박영숙 외(2013).

K-WAIS-Ⅳ에서는 전체 IQ, 일반적인 능력지수(General Ability Index: GAI), 네 가지 지표의 점수, 소검사별 환산 점수가 산출된다. 앞서 〈표 3-2〉에서 제시한 바와 같이 지능검사의 프로파일을 분석할 때 일반적으로 전체 IQ가 가장 먼저 검토되며, 단계가 진행될수록 보다 세부적인 요소에 대한 분석과 기술로 이어진다. 또한 새롭게 추가된 과정 점수를 통해 수검자의 반응에 대한 질적 분석이 가능해졌다.

(1) 전체 IQ와 GAI 해석

전체 IQ는 수검자의 전반적인 인지적 능력을 보여 주는 가장 신뢰할 만한 측정치이므로 해석 시 가정 먼저 고려된다. 이는 4개의 지표(언어이해, 지각추론, 작업기억, 처리속도)의 점수 산출에 사용된 조합 점수의 합산을 통해 얻어지며, 수검자가 동일한 연령 규준에서 차지하는 상대적인 위치를 보여 준다. 따라서 전체 IQ를 기술할 때에는 점수와 함께 해당하는 백분율을 함께 기술하도록 한다. 또한 신뢰 구간도 함께 기술하도록 되어 있는데, 모든 검사가 그러하듯 지능검사에도 측정 오차가 존재하기 때문이

다. 이러한 기술을 통해 단순히 측정된 수치에 머무르는 것이 아니라 전체 IQ가 의미하는 바를 더욱 명확하게 전달할 수 있다.

한편, 전체 IQ가 일반 지능을 보여 주는 신뢰적이고 안정적인 측정치이기는 하지만 학습장애, ADHD, 기억장애 혹은 수검자의 불안 및 완벽주의적인 성향, 동기 수준의 저하와 거부적인 수검 태도에 의해 영향을 받기도 한다. 이 같은 경우 산출된 전체 IQ의 신뢰성이 낮아지기 때문에 대안적 측정치로 GAI를 활용할 수 있다. GAI는 언어이해와 지각추론 지표의 점수를 합산하여 산출되는데, 다른 지표인 작업기억이나 처리속도 지표의 경우 앞서 언급한 바와 같이 전체 IQ에 영향을 미치는 요소들에 매우 민감한 지표이기 때문이다. 따라서 보다 안정적인 요인으로 구성되어 있는 GAI 점수와 전체 IQ 간의 차이를 통해 수검자의 실제적인 지적 능력이 낮게 평가되었는지 파악할 수 있다.

Lichtenberger와 Kaufman(2013)은 전체 IQ를 일반 지능의 추정치로 해석할 것인지, 아니면 GAI를 사용할 것인지 결정하기 위한 지침을 제공하고 있다. 이는 4개의 지표 중 가장 점수가 높은 지표와 낮은 지표 간의 차이를 통해 고려될 수 있는데, 만약 이들 간의 차이가 1.5표준편차 미만(23점 미만)이라면 일반 지능의 전체 IQ의 신뢰성과 타당성이 적절하다고 판단할 수 있다. 그러나 지표 점수의 최고치와 최저치 간 차이가 1.5표준편차 이상(23점 이상)이라면 이들 간의 분산이 너무 크기 때문에 전체 IQ의 안정성이 낮아진다. 따라서 이러한 경우에는 GAI의 활용을 고려할 수 있다. 다만, GAI

〈표 3-3〉 지능의 분류

조합 점수 범위	기술적 분류	백분율	
		이론적 정규분포	실제 표본
130 이상	최우수	2.5	2.3
120~129	우수	7.2	6.8
110~119	평균상	16.6	17.1
90~109	평균	49.5	50.2
80~89	평균하	15.6	15.0
70~79	경계선	6.5	6.1
69 이하	매우 낮은	2.1	2.5

출처: 황순택 외(2012b).

를 구성하는 언어이해와 지각추론 지표 간의 점수 차이가 1.5표준편차 이상(23점 이상)으로 나타났다면, 이 역시 두 지표 간 분산의 문제가 발생하며 전체 IQ뿐만 아니라 GAI도 수검자의 전반적인 지적 능력을 적절하게 설명할 수 없게 된다.

(2) 지수점수와 군집분석

전체 IQ에 대한 해석 이후에는 4개의 지표에서 산출된 지수점수에 대한 해석과 기술이 이루어진다. 전체 IQ가 전반적인 인지 기능을 보여 준다면 지수점수는 인지 기능의 보다 구체적이고 세부적인 특성과 일상생활에서의 실제적인 기능 간의 관계를 보여 주기 때문에 해석에서 핵심적인 부분이라 할 수 있다.

특히 지수점수 간의 비교를 통해 수검자의 인지적 강점과 약점을 파악할 수 있다. 예를 들어, 어떤 수검자의 언어이해 점수가 100점이고 지각추론 점수가 125점이라면, 지각추론은 인지적 강점으로, 그리고 언어이해는 약점으로 평가될 수 있다. 그러나 연령 규준을 고려했을 때 수검자의 언어이해 능력은 평균 수준에 해당하기 때문에 일상생활에서의 기능에 문제가 되지는 않는다. 예를 들어, 또 다른 수검자의 언어이해 점수가 70점이고 지각추론 점수가 95점이라면, 전자와 마찬가지로 지각추론은 인지적 강점으로, 언어이해는 약점으로 평가된다. 그러나 두 수검자 모두 지수점수 간 차이가 25점으로 동일하다고 하더라도 후자의 언어이해 지수점수는 규준을 통해 비교하였을 때 경계선 수준에 해당하기 때문에 일상생활에서 적절하게 기능하는 데 어려움을 겪을 수 있다. 따라서 지수점수의 비교뿐만 아니라 규준집단과의 비교를 통해 일반적인 적응에서 지수점수가 시사하는 바를 고려하여야 한다.

지수점수에 대한 해석 시 해당 점수가 단일한 인지 능력을 반영한다는 가정을 지지하기 위해서는 지표에 속하는 소검사 중 환산점수의 최고치와 최저치 차이가 1.5표준편차 미만(5점 미만)이어야 한다. 그러나 이러한 조건에 충족되지 않는다면 지수점수를 해석하기보다는 다른 요인 구조를 통한 군집분석을 고려해야 한다. Lichtenberger와 Kaufman(2009, 2013)은 Keith의 5요인 모델, 핵심 5요인 모델, WAIS-Ⅳ의 이론적 모델과 Cattell-Horn-Carroll(CHC)의 모델에 기초한 군집분석을 제안하였다(〈표 3-4〉 참조).

〈표 3-4〉 WAIS-Ⅳ의 군집분석

Keith의 5요인 모델과 핵심 5요인 모델	결정적 지능(Crystallized Intelligence): 어휘, 지식
	단기기억(Short-Term Memory): 숫자 & 순서화(Keith 5요인) / 숫자 바꿔 따라하기 & 숫자 순서대로 따라하기(핵심 5요인)
	유동적 추론(Fluid Reasoning): 행렬추론 & 무게 비교(Keith 5요인) / 행렬추론 & 산수(핵심 5요인)
	시각적 처리(Visual Processing): 토막 짜기, 퍼즐
	처리 속도(Processing Speed): 동형 찾기, 기호 쓰기
WAIS-Ⅳ 이론적 모델	시각운동 속도(Visual Motor Speed): 토막 짜기, 기호 쓰기, 동형 찾기
	시각운동 속도와 상관없는 문제 해결(Problem Solving without Visual Motor Speed): 행렬추론, 퍼즐, 빠진 곳 찾기, 무게 비교
	정신적 조작(Mental Processing): 순서화 숫자
CHC 모델	유동적 추론(Fluid Reasoning): 행렬추론, 무게 비교
	언어적 유동적 추론(Verbal Fluid Reasoning): 공통성, 이해
	어휘 지식(Lexical Knowledge): 어휘, 공통성
	일반 상식(General Information): 이해, 상식
	시각적 처리(Visual Processing): 토막 짜기, 퍼즐
	장기기억(Long Term Memory): 어휘, 상식
	단기기억(Short Term Memory): 순서화, 숫자

〈표 3-4〉에 제시한 군집분석 시에도 군집 내의 소검사 간 편차가 5점 이상일 경우 단일한 요인으로 설명될 수 없기 때문에 해석적 의미가 퇴색된다. 또한 CHC 군집분석은 15개 소검사가 모두 실시되어야만 적용될 수 있다.

(3) 소검사 점수 분산분석

지수점수와 군집분석이 진행된 이후 소검사 점수의 차이를 비교 평가한다. 이 단계에서는 소검사 점수 간의 편차를 바탕으로 하여 이를 비교하고 상대적인 인지적 강점과 약점을 해석한다. 10개의 핵심 소검사의 환산 점수에 대한 평균값을 기준으로 하여 3점 이상 높으면 강점으로 평가하며, 반대로 3점 이하로 하락하였다면 약점으로 해석한다. 이러한 분석은 소검사 분산이 유의할 때 가능하므로 만약 모든 소검사에서 고른 수행 수준을 보였다면 이 같은 해석은 필요치 않게 된다. 다만, 가설을 검증해 나아가는 과정에서 지나치게 통계적인 기준만을 엄격하게 적용하여 접근할 경우 자칫 수검자의 의미 있는 정보를 간과할 수 있다. 따라서 소검사의 낮은 점수와 높은 점수에 대한 기계적인 해석을 삼가고, 상대적으로 낮은 점수와 높은 점수가 수검자에게 어떤 의미가 있는지 살펴봐야 한다. 또한 이와 관련된 수검자의 추가적인 정보들을 함께 고려할 필요가 있다.

(4) 과정 점수

검사에서 드러나는 평범하지 않은 반응이나 반응 패턴은 종종 매우 유용한 정보를 제공한다. 검사 수행 중 정답에 도달하게 되는 과정이나 오답을 하게 된 원인을 검토해 봄으로써 수검자의 문제해결 방식이나 검사 점수에 영향을 미친 특성을 파악할 수 있다. 예를 들어, 숫자 소검사 중 바로 따라 하기 점수에 비해 거꾸로 따라 하기나 순서대로 따라 하기 점수가 유의하게 저하되어 있다면, 이는 즉각적이고 기계적인 회상에 비해 보다 복잡한 정신적 조작 능력을 요구하는 연속적 처리 능력, 작업기억 능력, 주의집중 및 지속력이 낮을 가능성을 시사한다.

K-WAIS-IV에서는 몇 개의 소검사에서 과정 점수를 산출할 수 있으며, 이를 통해 수검자의 인지 능력에 대한 보다 자세한 정보를 얻을 수 있다. 과정분석은 과정 점수를 동일한 연령대와 비교하는 개인 간 분석 방식, 소검사 점수나 과정 점수와 비교하는 개인 내 분석 방식을 통해 이루어질 수 있다. 이는 수검자의 구체적인 정보처리 유형을 평가하는 데 도움이 될 뿐만 아니라 인지적 강점과 약점에 대한 기술, 진단명의 결정, 치료 계획의 수립에도 유용하다. K-WAIS-IV에서의 과정 점수는 다음과 같다.

- 시간 보너스 없는 토막 짜기(Blok Design No Time: BDN): 수검자의 신체적 제한점, 문제해결 접근 방식과 전략, 성격적 특성 등이 시간 관련 과제에 미치는 영향을 파악할 때 유용함
- 숫자 바로 따라 하기(Digit Span Forward: DSF), 거꾸로 따라 하기(Digit Span Backward: DSB), 순서대로 따라 하기(Digit Span Sequencing: DSB), 최장 바로 따라 하기(Longest Digit Span Forward: LDSF), 최장 거꾸로 따라 하기(Longest Digit Span Backward: LDSB), 최장 순서대로 따라 하기(Longest Digit Span Sequencing: LDSB):

반응 패턴을 통해 즉각적인 청각적 회상 능력, 작업기억력, 주의력에 대한 구체적인 정보를 제공함

- 최장 순서화(Longest Letter-Number Sequence: LLNS): 순서화 소검사의 문항에서 다양한 수행을 보인 수검자에 대한 추가적 정보를 제공함

(5) 소검사 내에서의 분산분석

소검사 내 분산분석은 전체 IQ나 지표점수, 소검사 환산 점수에서는 드러나지 않는 수검자의 특성을 보여 주기도 한다. K-WAIS-IV의 소검사에서는 쉬운 문항으로 시작하여 후반으로 갈수록 점차 난이도가 높은 문항이 배치되어 있다. 따라서 전반부 문항에서는 성공 비율이 높고 후반부로 갈수록 실패가 증가하는 패턴을 보일 것으로 예상한다. 그러나 어떤 수검자의 경우 쉬운 문항에서 실패하고 난이도가 높은 문항에서 성공하는 등 전형적이지 않은 반응 패턴을 보일 수 있다. 이러한 경우 주의집중력의 문제를 비롯한 수검자의 여러 가지 특성이 영향을 미쳤을 수 있다. 따라서 소검사 내에서 나타나고 있는 반응 패턴의 분석은 수검자의 프로파일을 더욱 자세하게 해석하는 데 유용한 과정이라 할 수 있다.

참고문헌

곽금주, 박혜원, 김청택(2001). **K-WISC-Ⅲ 지침서**. 서울: 도서출판 특수교육.

곽금주, 오상우 김청택(2011). **K-WISC-Ⅳ 전문가 지침서**. 서울: 학지사.

박경, 최순영(2012). **심리검사의 이론과 활용**(2판). 서울: 학지사.

박영숙(1998). **심리평가의 실제**. 서울: 하나의학사.

박영숙, 박기환, 오현숙, 하은혜, 최윤경, 이순묵, 김은주(2013). **최신심리평가**(수정판). 서울: 하나의학사.

전용신, 서봉연, 이창우(1963). **K-WIS 실시 요강**. 서울: 중앙교육연구소.

한국교육개발원(1987). **KEDI-WISC 검사요강**. 서울: 한국가이던스.

한국임상심리학회(1992). **L-WAIS 실시요강**. 서울: 한국가이던스.

황순택, 김지혜, 박광배, 최진영, 홍상황(2012a). **K-WAIS-Ⅳ 실시 및 채점 요강**. 대구: 한국심리주식회사.

황순택, 김지혜, 박광배, 최진영, 홍상황(2012b). K-WAIS-Ⅳ 기술 및 해석 요강. 대구: 한국심리주식회사.

Bannatyne, A. (1974). Diagnosis: A note on recategorization of the WISC scaled scores. *Journal of Learning Disabilities*, *7*, 272-273.

Beebe, D. W., Pfiffner, L. J., & McBurnett, K. (2000). Evaluation of validity of Wechsler Intelligence Scale for Children-3rd ed. Comprehension and Picture Arrangement subtests as measures of social intelligence. *Psychological Assessment*, *12*, 97-101.

Binet, A., & Simon, T. (1916). *The development of intelligence in children* (E. S. Kit Trans.). Baltimore, MD: William & Wilkins.

Cattell, R. B. (1963). Theory of fluid and crystallized Intelligence: A critical experiment. *Journal of Educational Psychology*, *54*, 1-22.

Dobbins, C., & Russell, E. W. (1990). Left temporal lobe brain damage pattern on the Wechsler Adult Intelligence Scale. *Journal of Clinical Psychology*, *46*, 863-868.

Feingold, A. (1983). The validity of the information and vocabulary subtests of WAIS for predicting college achievement. *Education and Psychological Measurement*, *43*, 1127-1131.

Fuld, P. A. (1984). Test profile of cholinergic dysfunction and Alzheimer's-type dementia. *Journal of Clinical Neuropsychology*, *6*, 380-392.

Groth-Marnet, G. (2001). Learning disabilities assessment with the Wechsler Intelligence Scales(WAIS-Ⅲ/WISC-Ⅲ). In A. Kaufman & N. Kaufman (eds.), *Learning disabilities assessment: Psychological assessment and evaluation* (pp. 29-52). Cambridge, UK: Cambridge University Press.

Groth-Marnet, G. (2009). *Handbook of psychological Assessment* (5th ed.). Hoboken, NJ: John Wiley & Sons.

Guilford, J. P. (1967). *The nature of human intelligence*. New York: McGraw-Hill.

Kaufman, A. S., & Lichhtenberger, E. O. (2006). *Assessing adolescent and adult intelligene* (3rd ed.). Hoboken, NJ: John Wiley & Sons.

La Rue, A., & Jarvik, L. R. (1987). Cognitive function and prediction of dementia in old age. *International Journal of Aging and Human Development*, *25*, 78-89.

Lezak, M. D., Howieson, D. B., & Loring, D. W. (2004). *Neuropsychological assessment* (4th ed.). New York: Oxford University Press.

Lichtenberger, E. O., & Kaufman, A. S. (2009). *Essential of WAIS-IV Assessment*. Hoboken, NJ: John Wiley & Sons.

Lichtenberger, E. O., & Kaufman, A. S. (2013). *Essential of WAIS-IV Assessment* (2nd ed.). Hoboken, NJ: John Wiley & Sons.

Linger, M. L., Ray, G. E., Zachar, P., Underhill, A. T., & LoBello, S. G. (2007). Decreasing scoring errors in Wechsler scale Vocabulary, Comprehension, and Similarity, subtests: A preliminary study. *Psychological Reports*, *101*, 661-669.

Loe, S. A., Kadlubek, R. M., & Marks, W. (2007). Administration and scoring errors for the WISC-IV among graduate student examiners. *Journal of Psychoeducational Assessment*, *25*, 237-247.

Matarazzo, J. D. (1972). *Wechsler measurement and appraisal of adult intelligence* (5th ed.). Baltimore, MD: Williams & Wilkins.

Mayes, S. D., & Calhoun, S. L. (2007). Wechsler Intelligence Scale for Children-Third and -Fourth Edition predictors of academic achievement in children with Attention-Deficit/Hyperactivity Disorder. *School Psychology Quarterly*, *22*, 234-249.

Rapport, L. J., Webster, J. S., & Dutra, R. L. (1994). Digit Span performance and unilateral neglect. *Neuropsychologia*, *32*, 517-525.

Reinecke, M. A., Beebe, D. W., & Stein, M. A. (1999). The third factor of the WISC-Ⅲ: Its (probably) not freedom from distractibility. *Journal of American Academy of Child and Adolescent Psychiatry*, *38*, 322-328.

Reitan, R. M., & Wolfson, D. (1993). *The Halstead-Reitan Neuropsyhological Test Battery: Theory and clinical interpretation* (2nd ed.). Tucson, AZ: Neuropsychology Press.

Sattler, J. M. (2008). *Assessment of children: Cognitive functions* (5th ed.). San Diego, CA: Author.

Slate, R. J., & Hunnicutt, L. C. (1988). Examiner errors in the Wechsler scale. *Journal of Psychoeducational Assessment*, *6*, 280-288.

Slate, R. J., Jones, C. H., & Murray, R. A. (1991). Teaching administration and scoring of the Wechsler Adult Intelligence Scale Revised: An empirical evaluation of practice administrations. *Professional Psychology*, *22*, 375-379.

Spearman, C. (1927). *The abilities of man: Their nature and measurement*. New York: Macmillan.

Thurstone, L. L. (1938). *Primary mental abilities*. Chicago, IL: University of Chicago Press.

Wechsler, D. (1958). *The measurement and appraisal of adult intelligence* (4th ed.). Baltimore, MD: Williams & Wilkins.

Wechsler, D. (2008a). *Wechsler Adult Intelligence Scale* (4th ed.). San Antonio, TX: NCS Pearson.

Wechsler, D. (2008b) *Wechsler Intelligence Scale for Children: Administration and scoring manual* (4th ed.). San Antonio, TX: NCS Pearson, Inc.

Wielkiewicz, R. M. (1990). Interpreting low scores on the WISC-R Third Factor: It's more than distractibility. *Psychological Assessment*, *2*, 91-97.

4장

다면적 인성검사: MMPI-2

미네소타 다면적 인성검사(Minesota Multiphasic Personality Inventory: MMPI)는 1943년에 미네소타 대학교에 재직 중이던 Starke Hathaway와 Jovian Mckinley가 개발한 자기보고식 질문지다. MMPI가 개발될 무렵과 그 이전에는 심리학자 및 정신과 의사의 주된 업무가 내원한 환자에 대한 진단이었는데, 이를 위해 주로 개인 면담이나 정신 상태 검사, 개인용 심리검사가 사용되었다. 이에 Hathaway와 Mickinley는 집단으로 실시할 수 있는 지필 검사의 개발을 통해 진단에 대한 시간 및 비용 부담을 줄일 수 있다고 생각하였으며, 이는 MMPI의 개발로 이어지게 되었다. 이처럼 MMPI 개발의 원래 목적은 정신과 환자의 장애에 대한 정확한 평가와 진단에 있다. 그러나 현재는 임상 장면에서의 진단평가의 목적에서 더욱 확장되어 개인의 성격 특성 및 일상생활에서의 적응 수준을 평가하는 객관적 검사로 가장 널리 사용되고 있다. 또한 상담 장면에서 내담자의 문제를 파악하고 상담 계획을 수립하기 위해 활용되기도 하며, 그 밖에 인사 선발, 군입대 시 정신건강 문제의 선별, 연구 등 다양한 목적으로 사용되고 있다.

특히 신뢰도와 타당도가 확보되어 있는 자기보고식 질문지로서 실시가 간편한 데 비해 결과를 통해 얻을 수 있는 정보의 활용 폭이 넓기 때문에 숙련된 전문가뿐만 아니라 초심자도 많이 사용하고 있다. 그러나 모든 검사와 마찬가지로 수치만을 근거로 한 기계적인 해석은 오히려 수검자를 제대로 이해하지 못하는 실수를 초래할 수 있다. 뿐만 아니라 실시 과정에서 조성되고 확인되어야 할 조건들이 고려되지 않고 무분별하게 시행될 경우 그 결과의 신뢰성과 타당성을 보장할 수 없기 때문에 MMPI를 간단히 실시할 수 있는 쉬운 검사로 여겨서는 안 된다.

따라서 MMPI를 통해 얻은 결과를 보다 유용한 정보로 통합하기 위해서는 검사의 개발 배경, 검사 실시 과정, 각 척도의 의미, 해석 과정 등 MMPI의 전반에 대한 충분한 이해가 선행되어야 할 것이다.

1. MMPI의 역사와 발달

MMPI는 1942년에 출판된 이래로 다양한 장면에서 실시되어 방대한 경험적 해석 자료가 축적되어 있으며, 특히 해석 시 중요한 검사 자료의 타당성을 판단할 수 있도록 검사 구성에 타당도 척도를 포함한 최초의 성격검사다. 또한 미국에서 가장 빈번하게 사용되는 성격검사로 알려져 있다(Harrison et al., 1988; Lubin, Larsen, & Matarazzo, 1984).

앞서 언급하였듯이, MMPI는 원래 정신과의 성인 환자를 정확하게 평가하고 진단할 목적으로 개발된 검사이며, 가장 큰 특징은 경험적인 방법을 통해 척도들을 개발하였다는 점이다. MMPI는 논리적인 방법으로 개발되었던 기존의 성격검사와 달리 개인이 속한 집단을 어떤 문항이 잘 변별해 주는지에 대해 경험적으로 검토한 후 문항을 선택하여 제작되었다. 예를 들어, 이론적으로 우울증과 관련이 있을 것으로 예상되었던 어떤 문항(예: '때때로 나는 아침에 일어나기가 매우 어렵다.')은 검사 결과에서 예상과 달리 우울증 환자 집단과 규준 집단 간 반응의 차이를 보여 주지 못했다. 즉, 이 문항은 우울증에 대한 변별력이 없는 문항이기 때문에 최종적인 검사 문항에서 제외되었다.

검사 개발 초기에 개발자들은 기존의 검사들, 정신의학 교과서, 정신 상태 검사에 대한 지침, 임상 경험을 기초로 하여 만들어진 1,000개 이상의 문항 중 504개 문항을 추출하였다. 이는 개발자들이 관심을 가졌던 정신과적 · 의학적 · 신경학적 장애의 영역과 관련되어 있는 내용의 문항들이며, 이후 성역할 특성(여성성-남성성)과 관련된 문항이 추가되어 550개의 문항이 확정되었다. MMPI의 문항은 일인칭의 평서문으로 기술되어 있는데, 속어나 관용구, 난해하거나 전문적인 용어의 사용을 피하여 수검자가 쉽게 독해할 수 있도록 하였으며, 긍정문과 부정문의 비율도 고려하여 구성하였다.

정신과 환자 집단에 대한 문항의 변별력을 살펴보기 위해 정상집단과의 비교가 이루어졌는데, 미네소타 병원 입원환자 및 외래 방문자 724명(연령 범위 16~65세, 여성 315명, 남성 226명)이 정상군에 배정되었다. 이들은 내원한 환자의 친구나 친척으로서, 방문 당시 의사의 진료를 받고 있지 않다고 확언한 사람들이었으며, 연령, 교육 수준, 결혼 여부, 직업, 거주지 등의 인구통계학적인 정보에서 다양한 양상을 보였다. Colligan 등(1983)에 따르면, 연령, 성별, 결혼 상태와 같은 정보는 1930년대 미네소타 지역의 인구조사 통계와 거의 일치하였다. 환자 집단의 경우 진단 범주마다 약 50명이 배정되었으며, 진단이 명확하지 않거나 공병률이 높은 환자는 제외되었다.

두 집단을 명확하게 변별해 주는 문항을 선정하여 임상 척도를 구성하였고, 1942년에 처음으로 MMPI가 출판되었다. 초기에 구성된 임상 척도는 8개로서 건강염려증(Hs), 우울증(D), 히스테리(Hy), 반사회성(Pd), 여성성-남성성(Mf), 편집증(Pa), 강박증(Pt), 정신분열증(Sc) 등의 척도가 포함되었다. 출판 이후 MMPI는 즉각적으로 각광을 받으면서 성공한 가운데 1943년에 경조증(Ma) 척도가 추가되었고, 마침내 1951년 사회적 내향성(Si)이 임상척도에 포함되어 최종적인 형태의 MMPI가 완성되었다.

한편, 임상척도의 개발과 더불어 수검자의 수검 태도가 검사 결과에 영향을 미칠 수 있다는 점을 고려하여 무응답(Cannot say: ?), 부인(Lie: L), 비전형(Infrequency: F), K 교정(Correction: K) 척도로 구성된 타당도 척도가 개발되었다. 검사에서 무응답 반응은 해석을 위한 자료의 타당성을 감소시키며, 지나친 긍정왜곡(L척도)이나 부정왜곡(F척도) 역시 마찬가지다. K 교정 척도의 경우 심리적인 방어 수준을 측정하기 위한 척도이므로 이 척도의 지나친 상승 역시 수검자가 타당한 방식으로 검사에 반응하지 않았음을 보여 준다.

원판 MMPI가 출판된 이후 특수 척도와 다양한 보조적 해석 방식이 개발되었는데, 대표적으로 Harris와 Lingoes의 임상 소척도(Harris & Lingoes, 1955, 1968), Wiggins(1966)의 내용 척도를 들 수 있다.

2. MMPI-2의 개발

원판 MMPI는 출판과 동시에 큰 성공을 거두며 널리 사용되었다. 그러나 시간이 경과함에 따라 사회문화의 변화가 일어나고, MMPI가 임상 장면에서 확장되어 다양한 분야(예: 인사 선발, 군 입대, 학생 선발)에서 활용되면서 여러 문제점이 제기되었다.

우선, 1940년에 개발된 MMPI의 문항이 변화된 현재의 문화를 반영하는 데 있어서 적절하지 못하다는 지적이 많았다(예: 성차별적인 문구, 구시대적인 관용적 어구 사용 등). 1970년대에 미국의 평균 교육 수준은 12년으로서 MMPI가 개발될 당시보다 4년이나 증가하였으며, 대학 진학률도 증가하였다. 또한 이전보다 더욱 다문화사회가 되었으며, 여성의 사회 활동 참여가 증가하면서 양성평등에 대한 인식도 증가하게 되었다. 이에 검사 규준의 대표성에 대한 문제가 제기되었는데, 그동안 인구통계학적인 변인이나 문화적 요인의 변화가 크게 일어났으며, 기존의 표집에는 다인종·다문화 국가로서의 미국 사회가 제대로 반영되지 못하였기 때문에 현재의 시점에서 검사를 적용하기 위해서는 시대에 맞는 새로운 규준이 필요하다는 견해가 지배적이었다(Colligan et al., 1983; Dahlstrom, Lachar, & Dahlstrom, 1986).

한편, 오염된 표집에 의해 만들어진 규준의 부적합성에 대한 비판도 있었다. 원판 MMPI의 개발 당시에는 연구비 부족으로 대규모의 정상표집이 이루어지지 못하면서 초기 8개의 임상척도 개발 시 비교집단에 배정되었던 728명의 표본이 규준을 만들 때에도 반복적으로 사용되었다. 이에 T점수 변환 시 원점수의 너무 낮은 평균과 표준편차가 사용되었을 가능성이 제기되었다. 실제로 미국 전역에서 이루어진 연구 결과를 보면 정상표집의 T점수가 55점 정도로서 기존의 정상집단보다 더 높은 것으로 나타났다(Colligan et al., 1983; Pancoast & Archer, 1989). 또한 기존의 정상표집에서는 검사 당시 의사의 치료를 받고 있다는 것이 표집에서의 제외 이유가 되었으나, 새로운 표집에서는 이 같은 이유로 제외되지 않았다. 새로운 정상표집에서의 T점수 상승에는 또 다른 요인이 영향을 미치고 있는데, 이는 무응답 반응과 관련되어 있다. 기존의 표집에서 정상집단에게는 무응답 반응에 대한 제지를 하지 않았으나 새로운 표집에서는 무응답 반응을 하지 않도록 요구하는 경향이 있었다. 이에 척도 상승에 기여할 수 있는 반응의 수가 증가하면서 T점수 역시 상승하였을 것이다.

MMPI의 원래 개발 목적인 정신과 장면에서의 임상적 진단 및 평가를 넘어서 임상 장면이 아닌 다양한 장면에서 선발을 위한 목적으로 활용하는 가운데 일부 문항(예: 성적 · 신체적 기능, 종교적 문제 등)이 과연 적절한지에 대한 의문이 제기되었다. 일부 학자(Butcher & Tellegen, 1966; Walker, 1967)는 MMPI가 다른 장면에서 사용될 때 앞서 예로 든 주제와 관련된 문항들이 수검자로 하여금 필요 이상의 사생활 침범으로 여겨지거나 심리적 불편감을 유발할 수 있다고 지적하기도 하였다. 뿐만 아니라 일각에서는 물질남용이나 자살 위험성, 치료 계획 등의 평가에 자주 사용하고 있음에도 불구하고 문항 내용 중 일부가 이들을 측정하는 데 적절하지 않다는 견해도 있었다.

이 같은 문제점은 MMPI의 재표준화에 대한 필요성을 더욱 부각시켰으며, 1980년대 초 재표준화 작업이 시작되어 1989년 MMPI-2의 개발로 이어지게 되었다. 재표준화 과정은 원판과 개정판 사이의 연속성을 유지하는 방향으로 이루어져야 한다는 방침하에 시작되었다. 따라서 원판 MMPI에 큰 변화를 주기보다 현재의 모집단을 더욱 적절하게 대표할 수 있는 규준을 제작하고, 문제의 소지가 있는 일부의 문항을 수정하거나 제외하고, 내용 차원을 확충할 수 있는 새로운 문항을 추가하여 원판을 개선하는 것을 주요 목적으로 하였다. 실제로 개정된 MMPI-2는 거의 대부분의 영역에서 원판 MMPI와의 유사성을 유지하고 있다. 그러나 원판 MMPI의 개선을 목적으로 하고 있는 만큼 원판에 비해 여러 측면이 개선되고 보완되었다. MMPI-2의 주요 변화를 요약하면 다음과 같다.

첫째, 검사 문항이 개선되었다. 원판 MMPI에서 시대착오적인 내용이나 성차별적인 내용, 구어적인 표현의 문항을 개선하고 새로운 문항을 추가하였다. 또한 수검자로 하여금 심리적 불편감을 유발하는 일부 문항(F 척도 3문항, Hs 척도 1문항, D 척도 3문항, Mf 척도 4문항, Si 척도 1문항)이 삭제되었으며, 약물남용, 자살 위험, 부부문제, A형 행동패턴, 직업 태도, 치료에 대한 순응 등과 관련된 문항이 보강되었다. 하지만 MMPI-2에서의 이 같은 변화가 척도의 원래 기능에 미치는 영향은 유의하지 않은 것으로 보고되어 있다(Ben-Porath & Butcher, 1989).

둘째, 동형(uniform) T점수를 사용한다. 원판 MMPI에서 사용한 선형 T점수는 정규분포를 가정하고 있는데, 정신병리적 지표들은 특징적인 왜도(skewness)와 첨도

(kurtosis)를 보이는 것이 일반적이기 때문에 선형 T점수를 통해 백분위 점수를 직접 적으로 비교할 수 없다. 이 점을 보완하기 위해 MMPI-2에서는 T점수가 동등한 백분위를 반영할 수 있도록 동형 T점수를 사용하였으며, 이는 Mf 척도와 Si 척도를 제외한 8개의 임상 척도에 적용되고, 내용 소척도(Ben-Porath & Sherwood, 1993; Green, Handel, & Archer, 2006), 성격병리 5요인 척도(PSY-5; Harkness, McNulty, & Ben-Porath, 1995; Bagby et al., 2002)에도 확장하여 적용되고 있다.

셋째, 타당도 척도가 새롭게 추가되었다. MMPI-2에서는 L, F, K와 같은 기존의 타당도 척도에 더해 무선반응 비일관성(variable response inconsistency: VRIN) 척도, 고정반응 비일관성(ture response inconsistency: TRIN) 척도, 비전형-후반부(back infrequency: FB)척도, 비전형-정신병리(infrequency psychopathology: Fp)척도, 과장된 자기제시(superlative self-presentation: S) 척도가 추가되었다. 이를 통해 수검자의 수검 태도가 검사 결과에 미치는 영향을 보다 정확하게 평가할 수 있게 되었다. 즉, 검사 결과의 해석을 위한 자료의 타당성을 보다 명확하게 판단할 수 있다.

넷째, 재구성 임상(Restructured Clinical: RC) 척도가 개발되었다. MMPI의 임상 척도는 개발 과정에서 경험적 문항 선정 방법을 사용하였기 때문에 척도 간의 상관관계가 높다는 맹점을 갖고 있다. 이는 척도에 대한 차별적인 해석과 예측에 있어서 제한점으로 작용한다. 이에 MMPI-2에서는 각각의 임상 척도가 다른 척도와 변별되는 핵심적인 임상 양상을 보여 주는 RC 척도를 개발하였다. 여기에는 Mf 척도와 Si 척도를 제외한 8개의 재구성 임상척도와 모든 임상척도에 공통적으로 반영되는 '환자적 특성'을 측정하기 위한 1개 척도(Demoralization: RCd)가 포함된다.

다섯째, 새로운 내용 척도가 개발되었다. MMPI-2에서는 표준 척도 채점에 반영되지 않는 문항을 제외하였으며, 대신에 자살 위험성, 알코올을 비롯한 약물남용, A 유형의 행동, 대인관계 등과 관련된 문항을 새롭게 추가하여 내용 영역을 확장하였다. 이를 통해 원판 MMPI에서 제대로 반영하지 못하였으나 임상적으로 중요한 내용 영역을 추가적으로 평가할 수 있게 되었다.

여섯째, 보충 척도가 추가적으로 개발되었다. PSY-5와 함께, 중독 인정(AAS), 중독 가능성(APS), 남성적 성역할(GM), 여성적 성역할(GF), 결혼 생활 부적응(MDS) 척도 등이 MMPI-2에 새롭게 추가되었으며, 이는 수검자에 대해 더욱 자세한 정보를 제공한다.

한편, 우리나라에서도 MMPI는 가장 많이 사용되는 성격검사로서 해외에서와 마찬가지로 임상 장면뿐만 아니라 다양한 분야에서 사용되고 있다. 미국에서 개정된 MMPI-2를 바탕으로 하여 2001년에 표준화위원회가 출범하였으며, 3차례의 번역 과정과 표준화 작업을 통해 2005년 한국판 MMPI-2(김중술 외, 2005)가 출간되었다.

3. MMPI-2의 실시 과정

앞서 언급하였듯이, MMPI는 구조화되어 있는 자기보고식 척도로서 상대적으로 실시와 채점이 쉽고 간단하면서도 유용한 정보를 제공하기 때문에 가장 많이 선호되는 심리검사 중 하나다. 그러나 MMPI의 이러한 장점은 자칫 훈련되지 않은 사람에 의한 검사의 오남용 및 잘못된 해석과 같은 폐해를 초래할 수도 있다. 따라서 여기서는 『다면적 인성검사 II 매뉴얼』(김중술 외, 2005)에 제시되어 있는 검사 실시 및 채점에 대한 지침을 바탕으로 검사 실시에서 필요한 조건과 주의 사항에 대해 살펴본다.

1) 검사자의 조건

MMPI-2는 실시가 비교적 간단하고, 채점 역시 컴퓨터를 이용한 채점 프로그램에 의해 이루어지기 때문에 쉽게 할 수 있다. 그러나 정확한 해석을 위해서는 다음과 같은 조건이 필요하다.

첫째, MMPI-2의 적절한 사용을 위해서는 심리측정적 지식이 필요하다. 이러한 지식에는 검사 규준의 역할, 규준에 대한 평가, 목적에 맞는 검사의 선택과 적용에 대한 이해, 표준점수의 변환 및 교정에 대한 이해, 이러한 점수의 한계와 측정치의 표준오차에 대한 이해가 포함된다. 또한 검사자는 검사 결과를 해석하는 데 있어서 기저율이 결정과 분류의 정확성에 어떠한 효과를 미치는지에 대해서도 알고 있어야 하며, 프로파일의 부호화, 해석 시 구분 점수의 사용 역시 심리측정적인 개념에 대한 이해를 필요로 한다.

둘째, 성격이론과 정신병리에 대한 지식이 필요하다. MMPI-2의 올바른 해석을 위해 성격 구조 및 역동, 정신병리에 대한 이해가 반드시 선행되어야 한다. 단순히 양적 점수를 기계적으로 해석하는 것이 아니라 검사 결과를 통해 얻은 정보를 수검자에 대한 배경 및 특성에 대한 여타의 정보와 통합하여 해석적 가설을 검증해야 한다. 이에 보다 정확하고 균형 잡힌 해석을 위해서는 진단적 개념과 진단체계에 대한 충분한 지식과 더불어 인간의 복잡한 성격 구조에 대한 폭넓고 깊은 이해가 필요하다.

MMPI-2의 사용자가 검사를 직접 실시하거나 채점하지 않는 경우도 있을 수 있다. 이러한 경우라고 할지라도 사용자는 검사를 실제 실시하는 사람을 충분히 훈련시켜 표준화된 실시와 채점, 검사의 윤리적인 사용이 이루어질 수 있도록 해야 하며, 지도감독을 지속해야 한다.

2) 수검자의 조건

MMPI-2를 통해 얻은 정보의 유용성은 검사자 요인뿐만 아니라 수검자의 몇몇 요인에 의해서도 영향을 받는다. 수검자의 수검 태도, 검사 문항의 이해 정도, 자신의 경험이나 상태를 반영하여 타당한 방식으로 반응하였는지, 답안지에 적절하게 기록하였는지 등 다양한 요인이 이에 해당한다. 검사 자료의 타당성을 위해 고려해야 할 수검자 관련 요인 중 몇 가지를 정리하면 다음과 같다.

- 최소한 초등학교 6학년 수준의 독해력 보유
- 검사 수행을 방해하는 신체적·정서적 문제의 확인(예: 시력 저하, 난독증, 수용적 실어증, 학습장애, 기질성 섬망, 뇌손상과 관련된 혼미, 약물이나 알코올 중독 상태, 주요 우울 장애로 인한 극도의 정신운동 지체, 조증과 관련된 극단적인 주의 산만, 현실 검증력 저하 등)

앞서와 같은 수검자 관련 요인을 사전에 확인하여 필요한 조치를 취한 이후에 검사를 실시하거나 어떤 경우에는 검사 실시를 중단하는 것이 바람직하다.

3) 검사 실시와 환경의 조성

다른 검사와 마찬가지로 검사를 실시할 때 적절한 환경의 조성은 수검자로 하여금 보다 안정적인 반응을 이끌어 내는 데 도움이 된다. 주변이 잘 정리되고 조용한 장소, 질문지를 읽는 데 적절한 조명의 밝기, 편안한 의자와 함께 답안을 작성하는 데 있어서 불편하지 않은 정도로 충분한 공간이 확보되어 있는 책상이 마련되어야 한다.

또한 수검자의 수검 태도는 해석을 위한 검사 자료의 타당성에 큰 영향을 미치기 때문에 검사 실시 전 라포 형성을 통해 수검자의 검사에 대한 협조적인 태도를 이끌어 내는 것이 중요하다. 한편, 검사 실시 중 수검자의 질문에 답을 해 주어야 하고, 결과에 영향을 미칠 수 있는 수검 태도를 관찰하며, 수행에 있어서 어려움을 호소하는 수검자에 대한 격려를 위해 검사자가 동석하여 실시해야 한다. 일부 검사의 경우 수검자가 가정에서 혼자 수행하게도 하는데, 이는 여러 이유에서 검사 결과에 좋지 않은 영향을 미친다. 우선, 검사 실시 조건이 규준과 다르고, 특히 검사 과정에서 일어날 수 있는 수검자의 변화를 감지할 수 없으며, 수검자가 자신의 상태를 반영하지 않고 다른 사람과 논의하여 반응할 수 있다. 다음으로, 수검자 자신이 실제로 검사를 수행하는지에 대해서도 확신할 수 없기 때문에 검사자는 이를 지양해야 한다.

때로는 수검자의 신체적 상태의 영향으로 한 번에 검사를 완수하지 못할 수도 있는데, 이러한 경우에는 너무 긴 시간 간격을 두지 않는 선에서 여러 차례로 나누어 실시할 수도 있다.

4) 채점 과정

MMPI-2는 척도의 채점 방식이 복잡하여 수기로 채점할 경우 오류가 발생할 가능성이 높기 때문에 일반적으로 전산화된 채점 프로그램을 사용한다.

4. MMPI-2의 해석

1) 해석 절차 및 고려사항

해석 절차를 기술하기에 앞서 MMPI-2에 대한 해석 역시 다른 검사 결과에 대한 해석과 마찬가지로 해석적 가설을 검증해 나가는 과정이므로 검사에서 얻은 양적 점수와 더불어 수검자와 관련되어 있는 다양한 정보를 수집하고 이를 결과에 통합해야 한다. 따라서 척도 점수만을 기반으로 한 기계적이고 무정보적인 해석은 수검자에 대한 정확한 이해와 해석에 바람직하지 않다.

김중술 등(2005)은 해석 시 다음과 같은 세 가지 고려사항을 제안하고 있다.

첫째, 타당도 척도를 통해 전체 검사 결과의 타당성을 판단한다.

둘째, 개별 임상 척도의 T점수 상승 수준이 어떤지, 전체 프로파일의 맥락에서 임상 척도들이 어떤 형태로 배열되어 있는지 살펴본다.

셋째, 추가적인 정보를 얻기 위해 재구성 임상 척도, 임상 소척도, 내용 척도 및 내용 소척도, 보충 척도 점수를 살펴본다.

이러한 고려사항을 반영하여 일반적으로 다음과 같은 절차에 의해 단계적으로 해석이 진행된다.

(1) 1단계: 수검 태도 및 검사 결과의 타당성에 대한 확인

검사 결과의 타당성은 해석 가능성을 좌우할 수 있는 매우 중요한 요인으로서 MMPI-2의 타당도 척도를 통해 확인될 수 있다. 이와 더불어 수검자의 수검 태도 역시 검사 결과에 많은 영향을 미치는데, 검사 소요 시간에서 수검자의 수검 태도가 드러날 수 있다. 만약 지나치게 빠르게 검사를 완수하였다면 충동적이거나 부주의하고 성의 없이 반응하였을 가능성이 있다. 또한 지나치게 긴 시간이 소요되었다면 문항의 내용을 이해하는 데 있어서 문제가 있거나, 극도의 우울증 혹은 정신병적 상태에 있거나, 강박적인 수검자일 수 있다. 따라서 검사 수행 시 드러나는 행동 특성을 면밀히 관찰하고 기록하여 해석 시 함께 고려해야 한다. 한편, 답안지를 작성한 양상도 수검자의 독특한 성향이나 심리적 특성을 보여 줄 수 있는데, 예를 들어 모든 답안 기록 시 매우 꼼꼼하게 빗살 무늬를 표시한 경우에는 수검자의 완벽주의적이거나 강박적인 성향을 시사할 수 있으며, 이와 반대로 답안지의 전반적 혹은 일부분에서 어떤 문항에 대한 답안인지 분간할 수 없도록 혼란스럽게 작성된 경우는 혼돈스러운 정신 상태에 있거나 매우 충동적인 수검자일 가능성을 고려할 수 있다. 또한 어떤 수검자는 자신이 질문을 만들고 답안지에 추가적으로 기록하는 경우도 있다.

따라서 타당도 척도의 점수와 함께 수검 태도에 대한 질적 정보는 검사 결과의 타당성을 확인하는 두 가지 지표가 된다.

(2) 2단계: 임상 척도별 점수의 확인

MMPI-2에서는 척도의 원점수를 변환한 T점수를 통해 해석이 이루어진다. 먼저 임상 척도의 점수가 얼마나 상승하였는지 살펴보고 상승된 점수가 수검자에게 어떤 의미를 보여 주는지 신중하게 검토한다. 이와 더불어 상승된 임상 척도의 소척도나 재구성 임상 척도를 통해 어떤 요인에 의해 임상 척도가 상승하였고, 수검자에게 중요한 문제가 무엇인지 보다 자세하게 살펴볼 수 있다. 또한 척도 점수가 어떤 범위에 포함되는지뿐만 아니라 수검자의 다양한 정보(예: 성별, 연령, 증상, 교육적 배경 등)와 관련하여 고려할 수 있는 해석적 가능성은 어떤 것인지 살펴본다. 즉, 임상 척도의 해석은 높은 점수에 대한 여러 해석적 가능성을 기반으로 하여 이루어지지만, 수검자에게 있어서 높은 점수의 해석적 의미가 어떤 것인지 정확하게 기술하기 위해서는 다양한 정보를 통합하여 해석적 가설을 다듬고 검증하는 과정이 필요하다.

한편, 임상 척도는 각 척도마다 부여된 척도명이 있는데, 이러한 명칭이 수검자의 진단명을 의미하는 것은 아니라는 점을 명심해야 한다. 예를 들어, 정신분열증(Sc) 척도의 점수가 규준 점수 이상으로 상승하였다고 해서 절대로 수검자가 정신분열증이라고 판단해서는 안 된다.

(3) 3단계: 임상 척도 프로파일의 코드 유형과 척도 간 연관성 확인

임상 척도 프로파일에는 다양한 형태가 존재하는데, 어떤 척도 점수가 단일하게 상승하는 경우도 있으나 대부분 2개 혹은 그 이상의 척도가 동반하여 상승되는 경향이 있다. 이를 코드 유형이라고 하며, 가장 보편화된 해석 방식이 바로 코드 유형을 바탕으로 한 해석이다. 또한 척도 간 연관성에 대한 검토 역시 해석적 가설을 세우고 검증하는 데 있어서 필요하다.

(4) 4단계: 기타 척도 및 결정적 문항에 대한 검토

MMPI-2에는 임상 소척도와 임상 재구성 척도 이외에 내용 척도, 내용 소척도, 보충 척도가 포함되어 있으며, 이는 수검자에 대한 추가적인 정보를 제공한다. 또한 결정적 문항은 양적인 점수에서 드러나지 않아서 간과될 수 있는 증상이나 문제들을 확인할 수 있도록 해 준다.

(5) 5단계: 결과 해석에 대한 기술

앞선 단계를 통해 검토된 해석 결과는 다음과 같은 사항을 포함하여 최종적으로 기술되어야 한다.

- 수검 태도가 결과 해석에 미치는 영향
- 전반적 적응 수준
- 현재의 증상, 행동 및 정서 상태
- 행동 및 성격 특성
- 진단적 시사점과 치료적 함의

2) 척도의 해석

(1) 타당도 척도

① 무응답(?) 점수

수검자가 응답하지 않은 문항 혹은 '그렇다'와 '아니다' 모두에 반응한 문항의 개수를 의미한다. 수검자의 무응답은 여러 이유로 나타나는데, 부주의하거나 정신적으로 혼란되어 있는 상태, 자신의 바람직하지 않다고 생각하는 부분에 대해 반응을 회피하는 경우, 우유부단함, 방어적이거나 반항적인 태도가 반영될 수 있다.

응답하지 않은 문항이 많아지면 다른 척도들의 점수가 낮아질 수 있기 때문에 검사의 타당성을 의심해야 한다. 30개 혹은 그 이상의 무응답 반응이 있을 경우에는 해석을 위한 자료로 채택할 수 있을지에 대한 심각한 고려가 필요하다. 그러나 좀 더 엄격한 기준이 권고되기도 하는데, 무응답 반응이 10개 이상인 경우 자료로는 활용할 수 있지만 신중한 해석이 필요하며, 30개 이상인 경우에는 해석을 하지 않는다.

한편, 몇 개의 문항에서 반응하지 않은 경우에는 그 문항의 내용을 살펴봄으로써 수검자를 이해하는 데 도움이 될 수 있다. 예를 들어, 어떤 수검자의 경우 유독 성(性)과 관련된 문항에서 응답하지 않는 경우가 있는데, 이를 통해 수검자의 성과 관련된 이슈에 대한 방어적인 측면과 심리적 불편감을 예측해 볼 수 있다. 또한 무응답 문항이 어느 척도에 속하는지 살펴보는 것이 필요하다. 만약 무응답 문항이 특정 척도에만 국한되어 있다면 다른 척도의 해석에는 크게 문제가 되지 않는다. 수검자가 검사를 완수하지 못해서 무응답이 많아지는 경우도 있는데, 만약 370번 문항 이후에 무응답이 집중되어 있다면 타당도 척도와 임상 척도에는 영향을 미치지 않기 때문에 이에 대한 해석은 가능하다.

② 무선반응 비일관성(variable response inconsistency: VRIN) 척도

수검자의 비일관적인 반응 경향성을 탐지하기 위해 개발된 타당도 척도로서, MMPI-2에 새롭게 추가되었다. VRIN 척도는 내용 면에서 유사하거나 정반대인 문항들이 짝지어진 문항 반응 쌍으로 구성되어 있다. 따라서 서로 짝지어진 문항에 대해 비일관적으로 반응할 때(문항에 따라 '그렇다'-'그렇다' '아니다'-'아니다' '그렇다'-'아니다' '아니다'-'그렇다'로 반응)마다 VRIN 척도의 원점수가 1점씩 상승하게 된다.

VRIN의 원점수가 13점 이상(T점수 80점 이상)일 경우 검사 자료에 대한 타당성을 의심해야 한다. 특히 F 척도와 동반 상승하였을 때 무선적으로 반응했을 가능성이 크다. VRIN 점수의 상승은 여러 원인에 의해 일어날 수 있는데, 부주의한 반응, 성격 기능의 장해, 비협조적이거나 거부적인 수검 태도, 동기 저하, 답안지에 잘못 표시한 경우, 증상의 과장 혹은 꾀병 등이 영향을 미칠 수 있다.

③ 고정반응 비일관성(true response inconsistency: TRIN) 척도

문항의 내용과 상관없이 하나의 답으로 일관하는 반응 경향성을 살펴보기 위해 개발되었으며, 이 척도 역시 MMPI-2에서 새롭게 등장하였다. TRIN은 내용적으로 정반대인 문항의 쌍으로 구성되어 있으며, 이러한 문항에 대해 '그렇다'-'그렇다' 혹은 '아니다'-'아니다'로 반응하였을 때 채점된다. '그렇다' 방향으로 일관되게 반응할 경우 원점수가 상승하게 되며, 반대로 '아니다' 방향으로 일관되게 반응할 경우에는 원점수가 하락하게 된다. 해석 시 원점수가 13점 이상 혹은 5점 이하(T점수 80점 이상)일 경우 수검자가 한 방향으로 일관하여 무분별하게 반응하였을 가능성을 시사하기 때문에 자료의 타당성에 의문을 제기해야 한다.

④ 비전형(infrequency: F) 척도

정상집단에서 오직 10% 정도만 반응할 정도로 비전형적인 내용을 담고 있는 문항으로 구성되어 있으며, 이상반응이나 비전형적인 반응 경향성을 탐지하기 위한 목적으로 개발되었다. 일반적으로 F 척도의 점수가 상승하게 되면 다른 임상 척도 점수도 함께 상승하는 양상을 보이며, 특히 편집증(Pa, 6번)과 정신분열증(Sc, 8번) 척도가 상승하게 된다.

원판에서 F 척도는 원래 무선반응의 탐지를 목적으로 개발되었으나 무선반응 이외에도 다른 원인에 의해 F 척도가 상승한다는 점이 확인되었다. 심각한 심리적 적응 문제를 겪고 있는 사람들의 경우, 심리적 문제의 심각성이 높지 않음에도 불구하고 자신의 문제를 과장하려는 사람들의 경우 F 척도가 상승하는 양상을 보인다. 따라서 MMPI-2에서는 앞서 언급한 VRIN과 TRIN 척도를 추가하여 F 척도의 상승이 수검자의 무선적인 반응에 의한 것인지를 보다 명확하게 판단할 수 있게 되었다.

F 척도는 문항의 내용상 정신병리와 관련되어 있기 때문에 F 척도의 정확한 해석을 위해서는 다음과 같이 입원환자, 외래환자, 비임상집단별로 각기 다른 기준점을 적용하여 해석할 것을 권고하고 있다(Butcher et al., 2001).

- T점수 100점 이상(입원환자), T점수 90점 이상(외래환자), T점수 80점 이상(비임상집단)

–수검자의 무선반응 가능성: VRIN과 TRIN 척도 80점 이상일 경우 무선반응 가능성 시사
–모든 문항에서 '그렇다'로 일관하여 편향된 반응(TRIN 80점 이상 상승)
–부정적인 방향으로 자신의 심리적 문제 과장, 꾀병
–정신병리의 심각성이 매우 높은 정신과 입원환자

• T점수 80~99점(입원환자), T점수 70~89점(외래환자), T점수 65~79점(비임상집단)
–모든 문항 혹은 거의 모든 문항에서 '아니다'로 응답한 경우(TRIN 80점 이상 상승)
–자신의 증상이나 문제 과장
–간절한 도움 요청
–심각한 심리적 문제 호소

• T점수 55~79점(입원환자), T점수 55~69점(외래환자), T점수 40~64점(비임상집단)
–타당한 방식으로 검사 수행
–심리적 문제에 대한 정확한 보고(해당 범위의 상단에 속할 경우)

• T점수 54점 이상(입원환자, 외래환자), T점수 39점 이하(비임상집단)
–심리적 문제의 부인이나 축소 보고

⑤ 비전형-후반부(back infrequency: FB) 척도

F 척도와 마찬가지로 정상집단 중 10% 미만의 사람들이 반응하는 문항으로 구성되어 있으며, 검사지 후반부에 배치되어 있다. 따라서 F 척도의 타당성이 확인된 검사 자료에서 FB 척도 점수가 상승하였다면 수검자가 후반부의 문항에서 타당하지 않은 방식으로 반응하였을 가능성을 시사한다. L, F, K 척도와 임상 척도는 검사 전반부에 배치되어 있기 때문에 FB 척도가 상승하여도 해석이 가능하다. 그러나 후반부에 배치되어 있는 문항의 채점을 통해 산출되는 내용 척도, 보충 척도를 비롯한 기타 척도들은 해석하지 않아야 한다. 일반적으로 FB 척도 점수가 임상 장면에서 110점 이상 혹은 비임상 장면에서 90점 이상으로 상승하였고 F척도의 T점수와 비교하여 최소 30점 이

상 높을 때 후반부에 반응한 자료를 신뢰할 수 없기 때문에 후반부의 문항을 통해 산출되는 척도는 해석하지 않도록 권고하고 있다(Butcher et al., 2001). 한편, F 척도에서도 자료의 타당성이 의심된다면 그 자료 자체를 해석하지 말아야 한다.

⑥ 비전형-정신병리(infrequency psychopathology: Fp) 척도

F 척도에서 반영되는 실제적인 심각한 정신병리의 가능성을 보다 명확하게 확인하기 위해 보완된 척도다. Fp 척도는 정상집단뿐만 아니라 정신과 환자들조차 거의 반응하지 않는 비전형적인 내용의 문항으로 구성되어 있다. 따라서 F 척도와 함께 Fp 척도가 상승하였다면 수검자의 부정왜곡이나 꾀병을 반영한 결과일 가능성이 높다.

VRIN과 TRIN 척도의 점수가 안정적인 가운데 Fp 척도의 T점수가 100점 이상으로 상승하였다면, 이는 수검자의 의도적인 꾀병이나 증상을 과장하려는 부정왜곡에 의한 결과임을 시사한다. 또한 Fp 척도의 T점수가 70~99점이라면 도움을 요청할 의도로 자신의 증상이나 문제를 과장하여 보고하였을 가능성이 있다. 한편, VRIN과 TRIN 척도의 T점수가 80점 이상일 경우 수검자가 무선적으로 반응하여 Fp 척도 역시 상승했을 수 있기 때문에 이때는 검사 자료를 해석하지 않는다.

⑦ 부인(Lie: L) 척도

수검자가 자신을 얼마나 미화하는지 살펴보기 위해 개발된 척도로서 사회적으로 바람직하지만 극히 일부에서만 발견되는 태도나 행동이 반영된 문항으로 구성되어 있다. 점수가 높은 수검자는 지나치게 완벽주의적인 성향으로 인해 자신의 결점이나 성격적 결함을 인정하지 못하여 솔직하게 반응하지 않는 경향이 있다. 즉, 자신의 심리적 문제에 대해 매우 방어적이거나 부인하고 있을 가능성이 높다. 지나치게 높은 L 척도 점수(T점수 80점 이상)는 검사 자료의 타당성을 훼손하기 때문에 해석하지 않는 것이 바람직하다.

한편, 원판 MMPI에서의 L 척도는 교육 수준 및 사회경제적 수준과 관련하여 이러한 수준이 낮은 사람들의 경우 높은 사람들에 비해 점수가 하락하는 경향이 있는 것으로 알려졌다(Graham, 1987). 그러나 MMPI-2에서는 인구통계학적 특성과 L 척도 점수 간의 관계가 크지 않은 것으로 나타났으며, 교육 수준이나 사회경제적 수준의 차이

가 L 척도의 해석에 그리 중요하지 않은 것으로 보고되었다(Butcher, 1990; Dahlstrom & Tellegen, 1993; Long, Graham, & Timbrook, 1994).

L 척도 점수의 해석 시 임상 장면과 비임상 장면을 구분하여 해석적 의미를 제공하고 있는데, 이는 다음과 같다.

- T점수 80점 이상(임상 장면과 비임상 장면)
  - 정직하지 못한 반응
  - 자신의 결점이나 부정적 특성을 부인하면서 긍정적 특성을 강조
  - 지나친 긍정왜곡
  - 전반적인 부정응답 성향(TRIN 척도 점수 함께 고려)

- T점수 65~79점(임상 장면), T점수 70~79점(비임상 장면)
  - 상당히 긍정적이고 잘 적응하고 있는 사람처럼 보이려는 시도
  - 전반적인 부정응답 성향(TRIN 척도 점수 함께 고려)

- T점수 65~69점(비임상 장면)
  - 지나치게 긍정적으로 자신을 드러내려는 경향성
  - 심리적 혹은 행동적 문제를 축소 보고하는 방어적 성향

- T점수 60~64점(임상 장면과 비임상 장면)
  - 세련되지 못한 방어
  - 비임상 장면에서 특수한 목적(인사 선발, 자녀 양육권 지정 등)으로 MMPI-2 검사를 받은 경우(단, 이러한 경우 수검자가 심각한 심리적 증상이나 문제를 지니고 있으면서도 정확하게 보고하지 않았다고 단정할 수는 없음).

- T점수 50~59점
  - 평균 범위로서 타당한 자료

- T점수 50점 미만
  - 다른 타당도 척도 점수에 따라 정신병리를 과장하였다는 의미일 수 있음
  - 전반적인 긍정응답 성향(TRIN 척도 점수 함께 고려)

⑧ K 교정(K correction: K) 척도

정신병리를 부인하고 자신을 매우 좋게 보이려는 경우 혹은 반대로 정신병리를 과장하거나 부정왜곡하려는 시도를 좀 더 섬세하고 효과적으로 가려내기 위해 개발된 척도다. 따라서 높은 점수는 방어적인 태도와 관련이 있다. K 척도는 L 척도보다 문항의 내용이 미묘하기 때문에 L 척도만으로 민감하게 탐지할 수 없는 왜곡된 반응을 K 척도를 통해 알아낼 수 있다.

매우 높은 K 척도 점수는 전형적인 방어적 성향을 시사한다. 그러나 약간의 상승은 수검자의 강한 자아 강도와 풍부한 심리적 자원을 반영하기도 한다(McGrath et al., 1998).

- 높은 점수(T점수 65점 이상)
  - 방어적인 태도(점수가 더 높아질수록 임상적 수준의 방어 성향 가능성 시사)
  - 임상 장면에서 65점 이상일 경우 프로파일의 무효 가능성 고려
  - 전반적인 부정응답 성향(TRIN 척도 점수 함께 고려)
  - 비임상 장면에서 특수한 목적(예: 인사 선발, 자녀 양육권 지정 등)으로 검사를 받았을 경우 이 정도의 점수 상승이 흔하게 일어남

- 보통 점수(T점수 40~64점)
  - 평균 범위이며, 균형 잡힌 자기관리 시사
  - 긍정적 행동 및 성격 특성뿐만 아니라 부정적인 측면도 인정

- 낮은 점수(T점수 40점 미만)
  - 전반적인 긍정응답 성향(TRIN 척도 점수 함께 고려)
  - 의도적인 부정왜곡

-도움을 간청하기 위한 심리적 문제의 과장

⑨ 과장된 자기-제시(Superlative self-presentation: S) 척도

자신을 매우 정직하고 책임감 강하고 도덕적이며 심리적 문제가 없고 관계에서 유능한 사람인 것처럼 보이려는 경향을 측정하기 위해 개발된 척도다. 흔히 인사 선발이나 자녀 양육권 지정 관련 평가에서 높은 점수를 보인다.

• 높은 점수(T점수 70점 이상)
 -매우 방어적인 태도로 응답(검사 자료의 무효 가능성 시사)
 -임상 장면이라면 검사 자료의 해석 불가능
 -비임상 장면에서는 T점수 75점 이상일 때 자료 해석 불가능(T점수 70~74점 범위일 때는 다른 척도의 점수가 과소 추정되었을 가능성을 염두에 두고 해석)
 -전반적인 부정응답 성향(TRIN 척도 점수 함께 고려)

(2) 임상 척도

타당도 척도를 통해 검사 자료의 타당성이 확인되면 임상 척도의 점수를 확인한다. MMPI-2에서는 일반적으로 T점수가 65점 이상으로 상승하였을 경우 의미 있는 점수로 판단하여 해석하도록 권고하고 있다(김중술 외, 2005). 한편, 낮은 점수에 대한 해석에는 이견이 많으며, 아직 낮은 점수의 해석에 대한 연구 자료들이 충분하게 축적되지 않았으므로 Mf 척도와 Si 척도를 제외한 다른 척도의 경우 낮은 점수에 대한 해석을 하지 않기를 권고하고 있다(Graham, 2006).

여기서는 각 임상 척도에 대한 간략한 설명, 높은 점수가 시사하는 해석적 가능성과 더불어 임상 척도의 보다 명확한 해석에 유용한 Harris-Lingoes 임상 소척도에 대해서도 함께 살펴보고자 한다(일부 임상 척도는 Harris-Lingoes 임상 소척도가 개발되지 않았기 때문에 기술에서 제외한다).

① 척도 1-건강 염려증(Hypochondriasis: Ha) 척도

척도 1은 원래 건강 염려증 환자를 가려내기 위한 목적으로 개발되었다. 이 척도는

건강 염려증의 진단뿐만 아니라 건강 염려증과 유사하기는 하나 건강 염려증으로 진단할 수 없는 다양한 성격 특성의 파악에도 매우 유용한 척도다.

척도 1의 점수가 높은 사람의 경우 망상 정도의 수준은 아니지만 질병이나 자신의 신체적 건강 상태에 대해 과도하게 집착하고 염려한다. 이들이 주로 호소하는 신체적 증상은 복통, 두통, 피로감, 다양한 동통이 대표적이다. 성격적으로 자기중심적인 성향이 강하고 미성숙한 경향이 있다. 수동-공격적인 성향이 강해 외부에 대한 공격성이나 적개심을 직접적으로 표현하기보다 교묘하고 간접적인 방식으로 표출하며, 비판적이고 불평이 많은데 이는 주로 여러 신체적 문제와 관련되어 있다.

또한 인지적으로 경직되어 있고 편협한 사고를 보이는 경우가 많으며, 특히 자신의 건강 상태에 대한 의학적 특이 소견이 없다는 것을 확인하였음에도 불구하고 이를 받아들이지 못한다. 따라서 이 같은 염려가 계속되면서 의사를 신뢰하지 못하고, 때로는 의사가 무능하고 자신에게 관심을 두지 않는다고 불평을 장황하게 늘어놓기도 하며('organ recital'이라고 함), 다른 여러 병원을 방문하여 자신의 질병을 확인하려 한다. 여러 병원과 진료과를 방문하다가 결국에는 정신과 진료를 권유받아 내원하게 되는 경우가 많은데, 이때에도 자신의 문제에 어느 정도 심리적인 원인이 있다는 치료자의 소견을 수용하지 못하고 화를 내거나 논쟁하려는 모습을 자주 보인다. 이에 정신과적 치료나 심리치료에 거부적인 태도를 보이는 경우가 많고, 자신의 문제에 대한 깊은 이해와 통찰이 부족하기 때문에 심리치료의 예후가 밝지는 않다. 따라서 치료자는 본격적인 치료에 앞서 이들을 잘 이해하고 있으며, 호소하는 신체적 증상에 대해서도 관심을 갖고 있다는 확신을 심어 주어야 한다. 또한 생물학적 관점에서 치료 방안이나 계획에 대해 논의한다면 이러한 내담자를 치료에 깊이 관여시키는 데 도움이 될 수 있다.

한편, 실제 질병이 있는 환자의 경우 60점에 가까운 T점수를 보이는데, 질병이 위협적이고 불안이나 공포를 야기할 때 매우 높은 점수를 보일 수도 있다. 단, 척도 1의 점수가 의학적인 질병 상태를 절대로 변별해 주지는 못한다는 점을 명심해야 한다.

척도 1과 척도 2, 3, 7이 함께 상승할 경우 우울증, 거부적 태도, 전환 증상, 불안 상태의 가능성을 반영한다. 특히 전환 V(conversion)는 척도 1과 척도 3이 동반 상승한 가운데 이들보다 척도 2가 현저하게 하락한 경우(T점수 10점 이상)에 나타난다. 이러한 코드 유형을 보이는 사람들은 심리적인 갈등이나 불만족을 신체적 증상으로 전환하여 표출한다. 전환 V는 임상 장면에서 자주 볼 수 있는 주요 코드 유형이기 때문에 이후의 코드별 해석에서 자세하게 언급하겠다.

② 척도 2-우울증(Depression: D) 척도

척도 2는 원래 우울 증상을 평가하기 위한 목적으로 개발되었다. 이에 대한 주된 특징은 사기 저하, 무망감, 자신의 전반적인 일상생활에 대한 불만족이다. 척도 2는 수검자의 심리적 불편감과 처해 있는 환경이나 상황에 대한 불만족감을 보다 잘 반영해 주는 척도이며, 매우 높은 점수는 임상적 우울증의 가능성을 시사하지만 다소 상승한 점수는 사기나 의욕 저하, 동기 부족을 보이는 생활 태도를 반영하는 경향이 있다.

척도 2의 점수가 높은 사람, 특히 T점수가 70점 이상으로 상승되어 있을 때에는 종종 우울 증상을 보이는 경우가 많다. 이들은 우울하고 슬프고 가라앉은 기분 상태에 있으며, 불행감과 함께 미래에 대한 무망감을 호소한다. 또한 자신을 무가치하다고 여기며 자기비난적인 태도를 보이기도 하고, 심리적으로 위축되는 경향이 많다. 자살과 관련된 사고를 보고할 수도 있는데, 임상 장면에서 척도 2가 높은 사람들의 경우 다른 환자에 비해 자살 시도의 위험성이 더 높다.

또한 에너지 수준이 낮고, 말수가 적어지거나, 자주 울고, 정신운동 속도가 지연되는 모습을 보이기도 한다. 그 밖에 신체적 증상, 수면 장해, 전신 피로감, 초조함, 주의집중의 어려움을 호소할 수도 있다.

대인관계에 있어서도 회피적이고 사회적으로 소외되는 경우가 많다. 척도 2 점수가 높은 사람은 소극적이고 내향적이며 유약하고, 외부에 자신을 드러내는 것을 싫어할 뿐만 아니라 다른 사람들이 자신을 돌봐 주지 않는다고 느낄 때 쉽게 상처받기 때문에 대인관계에서 심리적 거리를 두려는 경향이 강하다. 또한 흥미 영역이 협소하고 동기 수준이 낮아 다양한 활동에 활발하게 참여하지 못하는 경향이 있고, 직업 장면에서도 성취동기가 저하되면서 무기력한 모습을 보이며, 직업적 성취나 적응상의 곤란을 겪게 된다.

그러나 척도 2의 점수가 중간 정도로 상승한 경우에는 자신의 심리적 고통에 대해 인정하고 이를 해결하고자 하는 동기가 높은데다가 내향적인 성향과 관련하여 자기에 대한 통찰이 어느 정도 있기 때문에 심리치료에 적합하고 예후도 좋은 편이다.

한편, 척도 2의 해석에는 수검자의 연령과 더불어 다른 척도의 상승 정도가 고려되어야 한다. 보통 노인의 경우 전체 MMPI-2 규준집단보다 평균적으로 5~10점 정도 더 높은 T점수를 보인다. 반면에 청소년은 5~10점 정도 낮게 나타나는 경향이 있다. 척도 2와 더불어 척도 1과 척도 3이 동반 상승하는 것을 '신경증의 세 척도(neurotic triad)' 패턴이라 부르는데, 이러한 경우 우울 증상뿐만 아니라 신체적 증상, 대인관계의 어려움, 직업 장면에서의 적응 문제, 심리적 불만족을 드러낸다. 또한 척도 7의 점수가 함께 상승했다면 우울증에 따른 자기비난, 죄책감에 더해 긴장이나 신경과민도 경험하고 있음을 보여 준다. 척도 2와 척도 8이 동시에 상승한 경우에는 기괴한 사고, 사회적 고립, 소외감을 특징으로 하는 우울증을 시사한다.

척도 2에 대한 Harris-Lingoes 임상 소척도는 다음과 같다.

- D1(주관적 우울감): 즐거움의 부정, 비관주의, 사기 저하, 낮은 자존감, 심리적 무력감에 대한 불평, 대처를 위한 에너지 부족
- D2(정신운동 지체): 사회적 철수, 무기력, 공격성과 분노에 대한 부인
- D3(신체적 기능장애): 신체적 기능장애(예: 식욕 저하, 체중 변화, 허약, 변비 등) 호소, 쇠약감
- D4(둔감성): 주의집중 곤란, 판단의 오류, 기억력 저하, 낮은 에너지 수준, 자신감과 주도성 저하, 무의미감
- D5(깊은 근심): 반추, 불행감, 초조함, 쉽게 화를 내는 경향성

③ 척도 3-히스테리(Hysteria: Hy) 척도

척도 3은 스트레스 상황에서 히스테리 반응을 보이는 사람들을 가려내기 위해 개발된 척도다. 이러한 반응은 심인성에 의한 감각 및 운동 장애를 특징으로 하는데, 불수의적인 심인성 기억상실이나 기능장애가 대표적이다. 원판 MMPI의 척도 3을 구성하였던 60문항이 MMPI-2에서도 그대로 유지되는데, 여기에는 주로 자신의 신체에 대한 불평(예: 수면 문제, 메스꺼움과 구토, 가슴 통증, 두통 등)과 더불어 정서적 문제나 대인관계 문제에 대한 부인과 방어, 다른 사람에 대한 순진할 정도로 낙관적인 태도의 내용이 반영되어 있다. 임상 장면과 비임상 장면 모두에서 남성보다 여성이 더 높은 점

수를 보이는 경우가 많다.

척도 3의 점수가 높은 사람은 내적 불안이나 갈등을 다루는 데 있어서 신체적 증상으로의 전환이 흔하게 나타난다. 즉, 보다 사회적으로 용인될 수 있는 신체적 증상을 통해 드러내기 어려운 내적 갈등을 간접적으로 표현한다.

또한 자신에 대한 타인의 애정과 관심, 사회적 지지를 갈망하면서도 이를 직접적으로 표현하기보다 그저 주변 사람이 알아서 이러한 욕구를 충족시켜 주기를 바란다. 주목받기를 원하기 때문에 남의 눈에 띄도록 주도적이고 적극적으로 행동한다. 이러한 특성으로 인해 다수의 사람과 대인관계를 쉽게 맺고, 초기에는 다른 사람들로 하여금 호감을 얻고 매력적인 사람으로 인식되기도 한다. 그러나 자기중심적이고 자아도취적인 성향과 함께 다른 사람과의 관계에서 갈등이 생길 때 쉽게 화를 내고 분개하는 경향이 있다. 따라서 깊이 있는 관계의 유지가 어렵고 피상적인 수준에 머무르는 경우가 다반사다. 뿐만 아니라 심리적 문제의 기저에 있는 원인에 대한 통찰이 매우 빈약하고 자신이 경험하는 정서에 대한 정확한 인식을 비롯하여 전반적인 자기에 대한 이해와 통찰이 부족하다.

이들은 인정받고 사랑받고자 하는 욕구가 강하기 때문에 치료의 초반부에는 열정적으로 참여하는 경우가 많다. 그러나 앞서 언급하였듯이, 전반적으로 자신의 문제에 대한 통찰이 부족하고, 특히 자신의 증상을 의학적인 문제로 귀결하려는 경향이 강해 심리적 문제에 섣불리 직면시킬 경우 조기에 종결될 수 있다.

척도 3은 다섯 가지 차원을 평가하는 문항들로 구성되어 있으며, 이에 따른 Harris-Lingoes 임상 소척도는 다음과 같다.

- Hy1(사회적 불안의 부인): 사회적 외향성, 사회적 상황에서 불편감을 느끼지 않음
- Hy2(애정 욕구): 다른 사람에 대한 냉소적 태도, 불신, 적개심, 충동성 등의 부정적인 특성을 부인, 타인의 인정에 대한 강한 욕구, 대인관계에서의 지나친 순진성, 타인에 대한 과도하게 긍정적이고 낙관적인 기대
- Hy3(권태-무기력): 피로감, 신경쇠약, 그 밖의 저조한 신체적 · 정신적 기능 저하의 호소
- Hy4(신체 증상 호소): 다양한 신체 증상의 호소(예: 가슴 통증, 메스꺼움과 구토, 작열

감, 현기증, 손 떨림, 두통, 근육 경련), 증상의 심각성에 대한 정서적 무관심(la belle indifference)

- Hy5(공격성 억제): 공격성, 분노, 적대감의 억제, 폭력성의 부인, 타인의 반응에 대한 예민성

④ 척도 4-반사회성(Psychopathic deviate: Pd) 척도

이 척도는 전반적인 사회적 적응을 평가하는 것으로서, 특히 반사회적 성격 특성을 탐지하기 위해 개발되었다. 원판 MMPI의 50개 문항이 MMPI-2에서도 유지되며, 여기에는 가족 문제, 학교나 권위적인 인물과의 갈등, 일탈 행동, 삶에 대한 불만족, 사회적 무감각, 자기와 사회로부터의 소외와 관련된 내용의 문항이 포함되어 있다.

척도 4의 점수가 높은 사람은 보통 자신의 행동이 자기와 사회에 미치는 영향에 대해 무관심하고 냉소적인 태도를 보이지만 신경증이나 정신병적인 문제를 보이지는 않는다. 또한 외향적이고 사교적인 성향을 보이기 때문에 타인에게 호감을 주거나 자신감 있는 사람으로 평가받기도 한다. 그러나 좌절 상황을 견디는 인내력이 부족하여 스트레스 상황이나 자신의 책임을 요구하는 상황에서는 반사회적인 행동을 드러내는데, 화를 잘 내고 반항적인 태도를 보이거나 논쟁적이고, 냉소적인 태도와 함께 책임감이 결여된 행동을 보인다. 평소 권위적인 인물에 대해 반항적인 태도를 취하며, 이는 해당 인물과의 갈등으로 이어지는 경우가 많다. 또한 충동적이고 즉각적인 만족을 추구하려는 경향이 있어 결과에 대한 고려 없이 충동적으로 행동한다. 극단적으로 높은 점수(T점수 75점 이상)를 보이는 경우 보편적인 사회적 가치와 규범에 대한 이해가 매우 부족하고, 반사회적인 다양한 행동화가 일어나며, 때로는 위법 행위에 연루되거나 약물이나 알코올 사용의 문제를 드러낼 수도 있다.

일반적으로 책임감이 부족하고 자신의 문제에 대한 통찰 역시 빈약하여 심리치료에서 조기 종결되는 경우가 많다. 또한 자신의 문제를 외부로 귀인하거나 주지화하면서 방어하기 때문에 깊이 있는 심리치료가 이루어지기 어렵고 예후도 밝지 않다.

척도 4는 다섯 가지 차원으로 이루어져 있으며, Harris-Lingoes 임상 소척도는 다음과 같다.

- Pd1(가정 불화): 가족의 통제에 대한 저항, 보살핌받지 못하고 있음에 대한 분개, 책임의 일부를 외부로 귀인
- Pd2(권위 불화): 부모 및 사회의 요구에 대한 반항, 사회적 규범과 가치에 대한 분개, 행동 통제 문제, 타인의 요구에 대한 저항
- Pd3(사회적 침착성): 사회적 불안 부인, 의존 욕구 부인, 지나친 담담함
- Pd4(사회적 소외): 사회적 고립감, 소속감 결여, 사회적 관계에서의 만족감 결여, 문제의 원인을 외부로 귀인하여 비난
- Pd5(내적 소외): 자기 통합 결여, 불행감 및 불편감 호소, 죄책감 표현, 일상생활에서의 만족감 저하

⑤ 척도 5-남성성-여성성(Masculinity-femininity: Mf) 척도

척도 5는 원래 동성애와 성정체성의 혼란을 겪고 있는 남성을 확인할 목적으로 개발되었다. 그러나 이 척도에서 동성애 남성을 가려낼 수 있는 문항은 소수였으며, 따라서 이 척도의 점수가 높다고 해서 개인의 성정체성과 동성애를 판단하기는 어렵다는 결론을 내렸다. 따라서 규준 집단의 남성과 여성이 서로 다르게 응답한 문항을 추출하여 이 척도에 추가시켰다. 원판 MMPI의 척도 5에 포함되었던 60개 문항 중 MMPI-2에서는 56개 문항이 사용되었는데, 대부분의 문항은 직업 및 여가, 지나친 민감성, 걱정과 두려움, 가족관계 등을 내용으로 하고 있으며, 성적인 내용의 문항은 소수에 불과하다.

남성의 경우 척도 5의 높은 점수는 전형적인 남성적 흥미에 대한 관심이 낮고, 오히려 심미적이고 예술적인 흥미가 강함을 시사한다. 언어적으로 유창하고 상상력이 풍부하며, 관계에서 오가는 섬세한 느낌이나 뉘앙스를 잘 포착하고 애정과 관심을 잘 표현한다. 그러나 갈등에 직면하는 것을 불편해하기 때문에 이 같은 상황을 회피하려는 경향이 있다. 특히 척도 4와 척도 9가 낮을 경우 갈등 상황에서 위축되면서 자신의 의견을 보류하거나 쉽게 양보함으로써 타협하는 경우가 많다. 척도 5에서 높은 점수를 보이는 남성은 때때로 지나치게 섬세하고 조심성이 있으며, 까다로운 성향을 드러내기도 한다. 한편, 다른 남성에 비해 가사나 자녀를 돌보는 일에 더 많이 관여하는 경향이 있다.

척도 5의 점수가 높은 여성은 전통적인 여성적 성역할에 거부적인 태도를 드러낼 수 있으며, 활동적인 스포츠나 취미 활동을 선호하는 경향이 있다. 또한 자기주장이 강하고 경쟁적인 모습을 보이기도 한다. 도전과 모험을 즐기고, 논리적이며, 강건한 모습을 보이기 때문에 다른 여성에 비해 경쟁과 리더십이 요구되는 상황에서 자신감의 상승을 보인다. 때로는 결혼, 가사, 자녀 양육과 같은 전통적인 여성적 역할의 요구에 답답함을 느끼는 경우가 있는데, 이러한 역할의 가치에 대해 인정하지만 사회적 활동을 통해 자신의 활동 영역을 확장하고 영향력을 키우며, 직업적 성취를 통해 경쟁력 있는 경력을 쌓아 가려는 욕구가 강하다.

척도 5의 점수가 낮은 남성은 전통적인 남성의 모습을 드러내는 경향이 있는데, 전형적으로 남성적 특성이 강하게 드러나는 직업, 흥미나 취미 활동, 여가 활동을 선호하는 경향이 있다. 관심과 흥미의 폭이 그리 넓지 않고 창의적이지 못한 면모를 보이며, 점수가 높은 남성에 비해 대체로 덜 지적이고 인지적 유연성이 부족한 경향이 있다. 특히 대인관계에서 마초적인(지나치게 남성성을 과시하려는) 모습을 보이며 타인에 대한 민감성이 낮고 세련되지 못한 모습을 보일 수도 있다.

척도 5의 점수가 낮은 여성은 전형적인 여성적 특성이 반영된 활동을 선호하고 이에 흥미를 보이는 경향이 강하며, 가사 활동과 자녀 양육을 통해 만족감을 느끼고 있을 수 있다. 또한 대인관계에서 헌신적이고 인내심이 많은 편으로 때로는 결혼관계에서 배우자의 이기심이나 신뢰를 잃게 만드는 행동, 부당한 대우에 대해서도 용서와 관대함을 보이며 가정을 유지하려고 애쓰기도 한다.

그러나 여성의 경우 척도 5에서의 낮은 점수가 반드시 전통적인 여성적 역할에 순응적인 경향성을 단정할 수는 없는데, 때로는 교육 수준이 높은 여성의 양성적인(androgynous) 생활양식이 반영될 수도 있기 때문이다.

⑥ 척도 6-편집증(Paranoia: Pa) 척도

이 척도는 관계사고, 피해의식, 의심, 과대망상적인 자기개념, 지나친 경계심, 대인관계에서의 융통성 부족과 같은 내용의 문항으로 구성되어 있다. 원판 MMPI에 포함되었던 40문항 모두 MMPI-2에 사용되는데, 일부 문항은 명백한 정신병적 행동(예: 관계사고, 피해망상, 웅대한 자기개념)을 평가하지만, 다수의 문항은 예민성, 비사교성, 지나치게 엄격한 도덕성, 냉소적 태도, 타인에 대한 불평 등의 주제를 담고 있다.

척도 6에서 T점수가 70일 경우, 특히 임상 척도 중 척도 6이 가장 높이 상승했을 때에는 정신병적 행동을 명백하게 보인다. 이들은 흔히 관계사고를 보이고, 타인으로부터 부당한 대우를 받았다고 보고하며, 외부 세상을 자신에게 위협이 되는 존재로 지각한다. 이에 외부에 대한 적개심과 분노가 강하며, 자신의 문제에 대한 원인을 타인에게 전가하는 투사 방어기제를 주로 사용한다.

T점수가 60~70점 범위에 속할 때에는 명백한 정신병적 증상을 보이는 경우는 드물지만 편집증적인 경향성을 크게 보인다. 이들은 타인의 사소한 반응에도 지나치게 민감하게 반응하고 경계적인 양상을 보인다. 또한 세상은 불공평하고 이로 인해 자신이 어려움을 겪고 있다고 느끼면서 자신의 문제를 외부로 귀인하거나 합리화하려는 경향이 강하다. 대인관계에서도 타인을 신뢰하지 못하고 지속적으로 의심하는 경향이 있으며, 변덕스럽고 불안정한 정서를 보인다. 타인과의 사소한 의견 충돌에도 적개심과 분노를 드러내며 논쟁으로 번지는 경우가 많고, 지나치게 고지식하고 융통성이 결여되어 있는 경우가 많다.

이러한 특성은 심리치료의 예후에도 좋지 않은 영향을 미친다. 우선 자신의 문제에 대한 통찰이 결여되어 있고 무엇보다 타인에 대한 의심이 강하고 좀처럼 신뢰하지 않기 때문에 치료 관계에서도 라포를 형성하기 어렵다.

척도 6은 세 가지 차원으로 구성되어 있으며, 이에 따른 Harris-Lingoes 임상 소척도는 다음과 같다.

- Pa1(피해의식): 자신의 문제, 실패의 원인과 책임을 외부 귀인, 투사, 적개심, 관계사고, 조종망상, 피해사고
- Pa2(예민성): 지나친 민감성과 예민성(온순하고 악의가 없고 정서적으로 취약하기 때문에 특별한 관심과 배려를 받을 자격이 있다고 생각함), 긴장
- Pa3(도덕적 미덕): 윤리적 문제에 대한 엄격함, 불신과 적대감의 부인(사회에서 경험하는 이기주의, 편의주의, 부정직에 대한 부인), 순진성

⑦ 척도 7-강박증(Psychasthenia: Pt) 척도

이 척도는 강박증 혹은 신경쇠약에서 드러나는 전반적인 증상 패턴을 평가하기 위해 개발되었다. 척도 7은 진단범주 중 강박장애(obsessive-compulsive disorder)와 유사해 보일 수 있다. 그러나 이 척도는 외현적인 불안, 염려, 공포, 두려움, 긴장 및 초조함, 과잉반응, 자기 책망, 자기 평가 절하, 열등감, 강박 및 반추 등과 같은 부정적인 정서에 대한 경향성을 평가하기 때문에 강박장애를 포함한 특정 정신장애와 강한 관련성이 있다고 말하기 어렵다. 척도 7의 높은 점수가 강박장애와 관련이 있는지는 내용척도 중 강박성 척도(Obsessiveness: OBS)의 확인을 통해 알 수 있다. 척도 7은 불안과 자기불신을 잘 측정할 수 있는 척도이며, 척도 2와 함께 상승할 경우 상당한 심리적 고통을 경험하고 있음을 보여 주는 지표가 된다.

척도 7에서 높은 점수를 보이는 사람의 경우 긴장 수준이 높고, 우유부단한 성향을 지니고 있으며, 걱정이 많고, 주의집중의 어려움이 있다. 또한 융통성이 부족하고 정서적으로 쉽게 동요하면서 두려움과 불안을 느끼기도 한다. 이와 함께 흔히 슬픔과 불행감을 호소하며, 미래에 대해 비관적인 태도를 보인다. 피로감, 소진, 수면 문제, 악몽을 흔하게 호소하는 가운데 일부에서는 소화기 계통이나 심혈관 계통, 비뇨기 계통과 관련된 신체적 불편감 혹은 증상을 호소하는 경우도 있다. 내성적인 성향이 강해 자기에 대한 통제력을 상실하는 것에 대한 두려움을 강하게 경험하기도 한다. 불안정감이나 열등감과 관련된 강박적 · 반추적 사고가 빈번하게 관찰되며, 자의식이 강해 외부의 시선이나 평가에 민감하고, 완벽주의적인 성향이 강하다. 이에 지나치게 높은 자기 기준을 세우고 이에 도달하지 못할 경우 강한 죄책감과 자기책망에 시달리며, 목표가 달성되지 못할 때 우울감에 빠지기도 한다.

과제 수행 시 조직화를 잘하고 꼼꼼하고 세심한 일처리와 깔끔한 마무리가 장점이 될 수 있다. 또한 인내심이 강하고 자신이 맡은 바에 대해 성실하고 책임감 있게 완수하는 모습을 보이지만 문제해결 방식이 독창적이거나 창의적이지 못하다. 이에 타인으로부터 진부하고 고지식한 사람으로 평가될 수 있다.

대인관계에서는 수줍음이 많고 소극적이며, 사교적인 태도로 여러 사람과 어울리지 않는 경향이 있다. 또한 자기노출과 주장을 잘 하지 않는 편이며, 타인에게 의존적인 성향을 드러내기도 한다.

척도 7의 점수가 높은 사람의 경우 자신의 심리적 문제를 인정하고 불편감과 괴로움을 호소하기 때문에 심리치료에 대한 동기가 높은 편이다. 그러나 흔히 해석에 대해 거부적이고 합리화하거나 주지화하려는 경향이 강하기 때문에 치료가 장기화되는 경향이 있다.

⑧ 척도 8-정신분열증(Schizophrenia: Sc) 척도

이 척도는 원래 정신분열증(조현병)이나 이와 유사한 증상을 보이는 환자를 가려내기 위한 목적으로 개발되었다. 극단적으로 상승된 점수(T점수 75 이상)는 지남력의 상실, 망상 수준의 기이한 사고, 환각, 현실 검증의 문제를 나타낼 수 있으며, 따라서 정신분열증의 진단 가능성이 높아질 수 있다. 그러나 척도 8의 상승이 정신분열증의 진단을 완전하게 예측해 주지 않을 뿐만 아니라 급성적인 심리적 혼란 상태에 있거나, 덜 심각하지만 간절한 도움을 요청하기 위해 이상반응을 보인 사람에게서도 나타날 수 있다. 따라서 이에 대한 해석은 수검자의 배경 정보나 과거의 병력, 면담 및 행동 관찰 자료, 다른 검사 결과를 함께 고려하여 신중하게 접근해야 한다.

척도 8에서 높은 점수를 얻은 사람은 사회적으로 소외되고 고립되고, 자신이 수용되지 못하고 있다고 느낀다. 이에 기존의 관계에서 철수하거나 새로운 상황도 회피하려 하며, 은둔적인 생활을 지속하면서 사회적 상호작용에 좀처럼 관여하지 않는다. 또한 타인은 이들에 대해 괴팍하고 속내를 알 수 없으며, 가까이 하기 어려운 사람으로 평가하곤 한다. 의사소통 시 기술이 부족하며, 특히 이들의 말에는 무언가 핵심적인 것이 빠져 있는 것처럼 느껴지기도 한다.

예기불안과 광범위한 불안을 경험하는 경우도 많은데, 악몽을 꾸거나 주의집중의 곤란을 보이기도 하며, 슬픔, 울적함, 우울감과 더불어 무기력, 무망감, 자살사고를 보고하는 경우도 있다. 내면에 분노감, 적대감, 공격성이 있으나 이러한 감정을 직접적으로 표현하는 데 어려움이 많으며, 스트레스 상황에 처할 경우 공상 세계에 몰두하는 경향이 있다. 일부에서는 현실 세계와 공상 세계를 구분하지 못하는 경우도 있다.

척도 8의 점수가 높은 사람의 경우 일반적으로 이들의 문제는 만성화되어 있으며, 특히 치료자와 의미 있는 관계를 형성하고 소통할 수 있는 능력이 빈약하기 때문에 심리치료의 예후가 좋지 못하다. 따라서 이들에 대한 치료적 계획을 세울 때 통찰지향적

인 치료보다 현실적이고 실제적인 문제에 중점을 두고 치료를 진행하는 것이 효과적이다.

척도 8에 대한 Harris-Lingoes 임상 소척도는 다음과 같다.

- Sc1(사회적 소외): 다른 사람과의 연결감 부족, 의미 있는 관계로부터의 철수, 냉담함, 투사되거나 내재화된 미움과 증오, 자신의 사회적 장해에 대한 무관심
- Sc2(정서적 소외): 자기 자신과의 연결감 부족(스스로를 낯설게 느낌), 둔마된 정서, 무감동, 주변에 대한 흥미와 긍정적 기대감의 결여, 정서적 철수, 삶에 대한 애착 손상, 미래에 대한 비관적 태도나 무관심, 자살사고
- Sc3(자아통합 결여, 인지적): 스스로도 낯설고 당혹스러운 사고, 자동적 사고, 기억과 집중력의 문제, 자기통제 상실에 대한 두려움, 비현실감
- Sc4(자아통합 결여, 동기적): 심리적 쇠약감, 의욕 상실, 무력감, 과도한 억제, 퇴행, 소진된 느낌, 흥미 상실, 무쾌감
- Sc5(자아통합 결여, 억제부전): 충동의 통제 약화, 자신의 감정에 대해 낯설고 소원한 느낌, 충동 및 감정에 휘둘리거나 감정의 해리 상태 경험, 안절부절못하거나 과잉행동, 짜증스럽거나 과민한 행동
- Sc6(기태적 감각 경험): 자신과 자신의 신체에 대한 지각적 변화, 이인증, 환각 경험

⑨ 척도 9-경조증(Hypomania: Ma) 척도

척도 9는 경조증 증상을 보이는 정신과 환자를 변별하기 위해 개발된 척도다. 경조증 환자는 주로 고양된 기분 상태를 보이고, 과민하고 쉽게 화를 내고, 말과 행동의 속도가 빠르며, 사고의 비약, 단기 우울 증상과 같은 양상을 보인다. MMPI-2에서는 원판 MMPI에 포함되었던 46문항 모두를 사용하는데, 일부 문항은 에너지 수준, 과민성, 과대망상, 흥분과 같은 구체적인 경조증 증상을 반영하고 있으며, 다른 문항들은 가족관계, 도덕적 가치 및 태도, 신체적 염려와 같은 주제를 담고 있다.

척도 9에서 극단적으로 높은 점수(T점수 80 이상)는 과도한 비생산적 활동, 빠른 말과 행동의 속도, 과대망상, 정서적 불안정성, 사고의 비약과 같은 조증 삽화를 시사한다. 약간 상승되어 있는 경우에는 뚜렷한 정신병적 증상을 보일 가능성은 낮지만 과잉

행동 경향성이나 자기에 대한 비현실적이고 과장된 평가가 확연하게 드러난다.

척도 9가 상승되어 있는 사람은 대개 에너지 수준이 활성화되어 있고, 수다스럽고, 생각보다 행동이 앞서는 편이다. 또한 다양한 방면에 흥미를 갖고 있으며, 여러 일을 동시에 추진하고 관여한다. 그러나 일을 제대로 마무리하지 못하여 부정적인 결과를 초래하는 경우가 많다. 일상적으로 반복되는 일이나 세부적인 측면에 관심을 두지 않으며, 쉽게 지루함과 싫증을 느끼고 좌절 상황을 견디는 인내력이 부족하다. 특히 충동 통제가 어렵고, 감정을 적절하게 조절하지 못하면서 분노, 적대감, 공격성을 행동화하는 경향이 있다. 자기에 대해서도 지나치게 과장하여 표현하고, 자신의 능력을 과대평가하고 맹신하면서 자신이 하는 일에 불가능은 없다고 생각하는 등 자신의 한계를 인식하지 못한다. 알코올이나 약물 남용의 문제가 동반될 가능성이 많고, 통제되지 않는 무분별한 행동으로 인해 법적 문제에 연루되는 경우도 다른 사람보다 많다.

척도 9의 점수가 상승되어 있는 사람은 외향적이고 사교적이며, 다른 사람들과 어울리기를 좋아한다. 또한 우호적이고 열정적이고 자신감 있는 사람으로 비치면서 호감을 주기도 한다. 그러나 관계에서 지나치게 주도적이고 지배적인 특성이 강하며, 관계가 깊어질수록 상대방에게 타인을 조종하려 하거나 기만하는 사람으로 인식되면서 깊은 관계를 유지하기 어려운 경우가 많다. 겉으로는 자신만만하고 즐거운 삶을 살고 있는 듯 보이지만 삶에 대한 불만족, 긴장, 불안, 초조한 기분 상태를 경험하고 있으며, 주기적인 우울 증상을 나타낼 수도 있다.

한편, 젊은 사람의 경우에는 척도 9의 점수가 일반적으로 T점수 50~60점 범위에 해당하는 반면, 노인의 경우에는 보통 50점 미만의 수준을 보인다. 이는 척도 9의 점수가 연령과 상관관계가 있음을 보여 주며, 척도 9의 점수에 대한 해석 시 고려해야 할 사항이다.

척도 9의 점수가 높은 사람은 심리치료에서 자신의 문제에 대한 직면이나 해석에 거부적인 태도를 보일 가능성이 많다. 이와 더불어 치료 시간을 잘 지키지 않는 경우가 많아 조기 종결되는 경향이 있다. 치료가 진행되는 과정에서도 치료자에 대한 적대적이거나 공격적인 태도를 보일 수 있다.

척도 9의 Harrsi-Lingoes 임상 소척도는 다음과 같다.

- Ma1(비도덕성): 공감 능력의 부족, 죄책감의 부인, 이기주의와 기회주의
- Ma2(심신운동 항진): 과잉행동, 불안정성(긴장, 고양된 기분 상태, 흥분), 충동적인 행동화
- Ma3(냉정함): 사회적 불안의 부인, 타인의 의견 · 가치 · 태도에 대한 무관심
- Ma4(자아 팽창): 비현실적인 웅대성, 거만함, 자신의 능력과 가치에 대한 과대평가, 대인관계에서의 지배성

⑩ 척도 0-내향성(Social Introversion: Si) 척도

척도 0은 사회적 접촉이나 책임에서 물러서려는 경향을 평가하기 위한 척도로서 T-S-E 검사의 사회적 내향성과 외향성 척도에서 극단적인 점수를 얻은 대학생들의 반응을 토대로 개발되었다. MMPI-2에서는 원판 MMPI의 문항 중 1개를 제외한 69문항이 유지된다. 이 척도의 문항에는 사회적 참여 정보와 전반적인 신경증적 부적응, 자기비하와 같은 주제가 반영되어 있다.

사회적 내향성은 척도 0에서 높은 점수를 얻은 사람의 주된 특성이다. 이들은 수줍음이 많고 소심한 편이며, 사람들 앞에 나서기를 싫어한다. 또한 혼자 있을 때나 깊은 관계를 유지해 온 소수의 사람과의 관계에서 좀 더 편안함을 느끼며, 특히 이성과 함께하는 상황을 비롯하여 낯설고 익숙하지 않은 환경 및 상황에서 느끼는 불안정감이나 불편감이 매우 크기 때문에 이 같은 상황을 회피하려 한다. 이들은 자신감이 부족하고 타인의 시선이나 평가에 과도하게 예민하며, 감정을 지나치게 통제하려 하고, 수동적인 성향이 강하다.

척도 0의 점수가 높은 사람은 진지하고 신뢰할 만한 사람으로 평가되지만, 문제해결을 위한 접근 방식이 지나치게 신중하고 관습적이며, 창의적이지 못한 경향이 있다. 또한 고지식하고 융통성이 부족하며, 우유부단한 면도 지니고 있어 사소한 의사결정도 쉽게 내리지 못하는 경향이 있다. 또한 예민하고 걱정이 많고 쉽게 불안을 느끼며, 에너지 수준도 높지 않고 관심과 흥미의 범위가 제한되어 있는 편이다.

척도 0은 세 가지 차원으로 이루어져 있으며, 이에 따른 Harris-Lingoes 임상 소척도는 다음과 같다.

- Si1(수줍음/자의식): 사회적 상황에서 느끼는 수줍음, 서툴고 어색한 느낌, 부적절감, 당황스러움
- Si2(사회적 회피): 사회적 모임이나 집단 활동 회피, 새롭고 낯선 환경에 대한 불편감
- Si3(내적/외적 소외): 자기 부적절감, 낮은 자신감, 자기비판적이고 냉소적인 태도, 과민성, 두려움, 우유부단함, 타인에 대한 의심

3) 주요 코드 해석

코드 유형 해석은 개별 척도별로 해석할 때보다 더욱 정확하고 유용한 정보를 제공할 수 있는 해석 방법으로서 척도 5와 척도 0을 제외한 8개의 임상 척도 중에서 가장 높이 상승한 척도를 조합하여 해석한다. 일반적으로 상승된 두 개 혹은 세 개 척도 쌍의 조합을 통해 해석이 이루어지는데, 예를 들어 13/31 코드 유형은 프로파일에서 척도 1과 척도 3이 가장 높이 상승한 척도 쌍이라는 의미다.

코드 유형 해석은 T점수가 65점 이상 상승하였을 때 적절하게 적용할 수 있으며, 주로 높은 점수에 대한 기술이기 때문에 병리적 측면의 내용을 담고 있다. 따라서 다소 상승된 점수(T점수 60~65점)에 대한 해석 시 이 점을 고려하여 신중하게 접근해야 한다. 또한 상승한 척도 쌍 중 어느 한 척도가 다른 척도에 비해 10점 이상 상승한 경우에는 단독 상승으로 간주하고 해석 시 이 척도에 더 많은 비중을 둔다. 상승 척도의 쌍이 3개일 경우에는 세 척도의 조합으로 가능한 2 코드들의 해석을 살펴봐야 한다(예: 2-4-7 코드 유형이라면 24/42, 27/72, 47/74 코드 유형 해석)

MMPI-2에서는 8개 임상 척도에 대한 많은 코드 유형이 조합될 수 있다. 여기서는 임상 장면에서 자주 볼 수 있으며, 해석적 의미가 큰 주요 코드 유형을 중심으로 살펴보고자 한다.

(1) 13/31

이 유형은 주로 남성보다는 여성에게서 흔하게 나타나며, 젊은 사람보다 노인에게서 자주 관찰된다. 척도 1과 척도 3이 상승한 가운데 척도 2가 유의하게(10점 이상) 하

락한 경우 흔히 전환 V라고 하는데, 이러한 경우 고전적인 전환 증상이 나타날 수 있다. 이 유형에 해당하는 사람은 어느 정도의 우울감이나 불안을 보고할 수 있으나 심각한 정서적 동요를 보이는 경우는 흔치 않다. 다만, 척도 2와 척도 7이 상대적으로 상승되어 있다면 현재의 전환 증상을 통해 심리적 갈등이 방어되거나 통제되지 못하면서 이에 따른 불안과 우울이 상승한 것으로 볼 수 있다.

13/31 유형에 속하는 사람은 두통, 흉통, 요통, 사지마비나 경련과 같은 신체적 불편감을 주로 호소하며, 섭식 문제가 동반되는 경우가 많다. 이 밖에도 전신 쇠약, 피로감, 현기증, 수면 문제를 호소하기도 한다. 이러한 증상은 주로 스트레스 상황에서 증가되는 경향이 있으며, 증상을 통해 얻고자 하는 이차적 이득(secondary gain)이 있는 경우가 많다. 그러나 자신의 신체적 증상의 심리적 원인에 대해 인정하지 않고 통찰이 결여되어 있으며, 의학적 원인으로 설명하려 한다. 신체적 불편감을 호소하면서도 자신의 증상에 대해 크게 걱정하지 않는 모습을 보이며, 자신이 처한 상황이나 세상사에 대해 지나치게 긍정적이고 낙관적인 태도를 보이기도 한다.

이들은 타인의 관심과 애정, 동정심을 얻고자 하는 욕구가 크며, 사회적으로 인정받는 것을 매우 중요하게 여긴다. 성격적으로 미성숙하고 자기중심적이며, 연극적인 성향도 갖고 있다. 특히 타인에게 잘 보이기 위해 자신의 부정적인 측면을 지나치게 방어하고, 자신의 욕구 충족을 위해 사회적 관계를 이용하려는 경향이 있다. 이에 대인관계에서 사교적이고 외향적인 특성을 보이면서 사람을 쉽게 사귀지만 깊이가 없는 피상적인 관계에 머무는 경우가 대부분이다. 특히 자신의 애정 욕구를 충족시켜 주지 않는다고 생각되면 상대방에 대한 분노와 적대감을 갖게 된다. 때때로 상대방에게 화를 내기도 하지만 이들은 억압 방어기제를 많이 사용하기 때문에 이러한 정서를 직접적으로 표현하지 않는 경우가 많다. 오히려 수동적이고 간접적으로 표현하는데, 이들이 호소하는 신체적 증상도 내재된 불안정한 정서에 대한 하나의 표현 방식이라고 볼 수 있다.

13/31 유형을 보이는 사람의 경우 자신의 문제에 대한 통찰이 결여되어 있으며, 특히 신체적 증상과 관련이 있는 심리적 요인을 다룰 때 저항이 강하기 때문에 심리치료의 예후가 좋지 않다. 또한 치료자가 자신의 문제에 대한 구체적인 해결책을 제시해 줄 것이라 기대하며, 이러한 기대가 충족되지 못할 경우 치료를 종결하기도 한다.

(2) 18/81

18/81 유형에 해당하는 사람은 적대감과 공격성이 상승되어 있는 가운데 이러한 감정을 적절하게 조절하고 적응적인 방식을 통해 표현하여 해소할 수 있는 능력이 매우 빈약하다. 이들은 주로 자신의 감정을 거의 표현하지 않고 지나치게 억누르며 지내는 경우가 많다. 그러나 간헐적으로 매우 부적절하고 신경질적이고, 지나치게 도전적인 방식으로 표출하면서 타인과 마찰을 일으키기도 한다.

보통 이들은 사회적인 부적절감을 강하게 느끼는데, 타인을 신뢰하지 못하고 관계에서 거리를 두려 하며, 고립감과 소외감을 경험한다.

정신과 환자들 중 이 유형에 해당하는 환자는 정신분열증(조현병) 진단을 받는 경우가 많으며, 분열성 성격장애 환자 역시 이러한 유형에 해당하는 경우가 있다. 이들의 경우 우울감, 둔마된 정서 상태를 나타낼 수 있으며, 사고의 혼란, 주의집중의 문제를 보인다. 이와 함께 신체적 증상과 이에 대한 불편감을 호소하기도 하는데, 때로는 이러한 증상이 망상 수준에 이를 정도로 심각해지기도 한다.

이러한 유형에 속하는 사람은 자신의 문제에 대한 통찰이 부족하고 혼란되어 있는 양상을 보이기 때문에 심리치료에 참여하기 어렵다. 또한 치료 장면에서도 부적절감을 느끼며, 치료자를 믿지 못하고 적대적인 태도를 보이는 경우가 많기 때문에 치료적인 예후 역시 좋지 않다.

(3) 23/32

23/32 유형의 사람은 신경이 예민하고 초조해하며, 긴장과 걱정이 많다. 이와 함께 슬픔, 불행감, 우울감을 자주 호소하며, 피로감, 전신 쇠약감, 소진된 느낌, 수면 문제 등의 신체적 불편감도 동반된다. 이들은 일상생활에서 흥미가 부족하여 다양한 활동에 참여하지 않는 경향이 있으며, 에너지 수준도 낮은 편으로 어떤 일이든 시작하기를 어려워한다.

이들은 성취나 지위 혹은 권력에 대한 욕구를 갖고 있으나 실패 가능성이 높은 상황에서는 경쟁에 참여하지 않는다. 또한 더 많은 책임과 권한을 갖고 싶어 하면서도 이와 관련된 스트레스나 압력에 부담을 느끼기도 한다. 특히 자신이 이룬 성취에 대해 충분한 인정과 보상을 받지 못했다고 느끼는 경우가 많으며, 타인의 사소한 비난이나 부정적 평가조차도 민감하게 받아들여 쉽게 상처받는 경향이 있다.

23/32 유형에 해당하는 사람은 억압이나 부인과 같은 방어기제를 통해 자신의 정서를 지나치게 통제하려 애쓰는 경향이 강하다. 따라서 평소 감정을 적절하게 표현하지 못하고 억눌린 듯한 느낌을 갖게 되는데, 스트레스 상황이나 문제 상황에서 자신이 수용할 수 없는 불안정한 정서가 방어기제에 의해 더 이상 통제되지 못할 때 불안이나 죄책감을 경험하기도 한다.

한편, 남성보다 여성에게 이러한 유형이 빈번하게 나타난다. 이 유형에 해당하는 여성의 경우 냉담하고 유약하며, 우울감을 보인다. 문제의 양상이 만성화되어 있는 가운데 일상생활에서 느끼는 불행감이 높지만 이를 감내하면서 지낸다.

이 유형에 속하는 사람의 경우 심리치료의 예후가 그리 좋지 않다. 자신의 내면을 성찰하지 않으려 하며, 자기에 대한 전반적인 이해와 통찰이 부족하다. 또한 자발적인 치료 동기가 낮고 치료 과정에서도 방어적인 태도를 보이면서 깊이 관여하지 못하는 경우가 많다.

(4) 24/42

24/42 유형에 속하는 사람은 보통 가족 문제나 법적 문제로 인한 어려움을 겪고 난 후 내방하는 경우가 많다. 이들은 분노와 적대감이 많고, 매사에 비판적인 태도를 보이며, 논쟁적으로 대화한다. 또한 충동성이 강하고, 욕구 지연을 잘 참아내지 못하며, 사회적인 가치나 규범을 경시하는 경향이 있다. 흔히 가정 불화를 겪게 되며, 알코올이나 약물 남용과 같은 일탈 행동을 보이거나 충동적이고 무모한 행동과 관련한 법적 문제에 연루되는 경우도 있다. 자신의 행동에 대한 후회나 죄책감을 느끼지만 이는 때늦게 일어나기 때문에 자신의 행동화를 적절하게 통제하지 못한다. 또한 우울감, 불안감, 무가치감을 보고할 때도 있지만 진정성을 의심받는 경우가 많은데, 앞으로 달라지겠다는 다짐에도 불구하고 문제행동이 반복되는 경향이 있기 때문이다. 이들의 우울감은 자신의 행동에 대한 깊은 반성보다 상황적인 요인(예: 문제행동으로 인한 구금 상태)과 관련이 있는 것으로 보인다. 즉, 자신의 욕구를 충족시킬 수 없는 상황에 좌절하면서 우울해지는 것으로 보인다.

외현적으로는 사교적이고 적극적이며, 에너지 수준이 높고 당당한 사람이라는 인상을 주기 때문에 타인으로부터 호감을 얻는 경우가 많지만 타인을 조종하려는 경향이 있기 때문에 시간이 지나면서 타인의 분노를 유발한다. 또한 이면에는 강한 자의식, 자기 부적절감이 자리 잡고 있으며, 수동-의존적인 성향도 지니고 있다.

24/42 유형에 해당하는 사람은 주로 성격장애 진단을 받는 경우가 많은데, 수동-공격성 성격장애 혹은 반사회성 성격장애와 관련이 있다. 이들은 종종 변화에 대한 동기를 갖고 타인의 도움을 호소하기도 하지만 성격 문제가 만성화되어 있고, 반복적인 문제행동을 통해 치료에 대한 저항을 보이기도 한다. 따라서 치료의 구조화를 통해 명확한 한계를 설정하는 것이 필요하다. 이와 더불어 일탈 행동에 대한 접근성을 차단하기 위한 환경의 변화, 따뜻한 지지, 지속적인 만남이 효과적인 치료를 위해 필요하다. 그러나 상황적인 스트레스가 줄어들거나 현재 곤란을 겪고 있는 문제가 해결되면 치료를 종결하려 할 가능성이 높다. 따라서 심리치료의 성공 가능성은 그리 높지 않다.

(5) 27/72

27/72 유형은 임상 장면에서 매우 흔하게 볼 수 있는 유형으로서, 이 유형에 속하는 사람은 우울하고, 불안하고, 심란해하며 과민한 양상을 보인다. 이들은 아직 일어나지도 않은 일을 미리 걱정하고 염려하는 경향이 있으며, 사소한 스트레스에도 쉽게 영향을 받아 우울, 불안, 긴장 및 초조함과 같은 불안정한 정서를 드러낸다. 또한 우울 증상과 관련하여 슬픔, 에너지 수준의 저하, 자살사고, 저하된 정신운동 속도를 보이며, 이와 함께 양상이 다소 모호한 신체적 증상(예: 피로감, 소진감 등)을 흔하게 호소한다.

특히 주의의 초점이 자신에게 집중되면서 자신의 문제에 대해 지속적으로 반추하는 경향이 있으며, 이러한 자신의 문제를 극복하고 해결하는 데 있어서 비관적이고 부정적인 결말을 예상하기도 한다. 성취 욕구와 인정받고자 하는 욕구가 크며, 완벽주의적이고 자기에 대한 높은 기대 수준을 설정한다. 그러나 높은 기대 수준에 부응하지 못하는 자신의 모습에 좌절감과 죄책감을 경험하기도 하며, 열등감, 자신감의 저하를 보인다. 또한 일상생활에서 벌어지는 문제에 대해 내부 귀인하면서 자신을 책망하고 자기처벌적인 모습을 자주 보인다.

한편, 대인관계에서 타인에게 순응적이고 수동-의존적인 모습을 보이는 경우가 많은데, 적절한 자기주장과 표현을 매우 어려워한다. 특히 스트레스 상황에 처할 경우 대처 능력이 크게 저하되면서 타인에게 더욱 의존적인 모습을 보이며 도움이나 보살핌을 받으려 한다.

27/72 유형에 해당하는 사람은 현재 겪고 있는 심리적 고통에 대해 인정하고 있으며, 자발적인 치료 동기가 강한 편이다. 치료 과정에서 보이는 자기에 대한 책망이나 비난에 대해서는 충분한 지지가 필요하다. 변화하고자 하는 동기가 강하지만 이를 위한 행동을 시도하기까지는 주저하거나 망설이는 경향이 있다. 그러나 치료 관계가 잘 형성되며, 깊이 있고 지속적인 치료가 진행될 수 있기 때문에 더디기는 하지만 치료적 진전을 기대할 수 있다.

(6) 28/82

이 유형을 보이는 사람은 대체로 우울하고 불안하고 초조하고, 긴장되어 있는 가운데 정신적인 혼란과 주의집중의 곤란, 기억이나 판단 및 의사결정의 오류를 보인다. 일상생활에서 정신운동 속도를 비롯한 전반적인 기능상의 효율성이 저하되어 있다. 또한 심리적으로 위축되어 있고, 외부 세계에 냉담하고 무관심하며, 의심이 많고, 타인의 부정적 평가에 민감하다. 이에 정서적으로 거리를 두려 하며, 사회적으로 소외되어 있는 양상을 보인다. 신체적 증상과 불편감을 호소하기도 하는데, 현기증, 일시적 의식 상실, 구역질, 구토가 대표적이다.

이들은 사고가 경직되어 있고, 관습적인 문제해결 방식을 보이며, 자신의 일을 효율적으로 처리하고 완수하는 데 있어서 어려움이 많다. 오랫동안 품어 왔던 분노와 함께 이에 대한 통제 상실의 두려움이 강하며, 내재된 부정적인 감정이나 충동을 부인하려 한다. 그러나 행동화와 충동 통제에 있어서 어려움이 있고, 이러한 감정이 표출되었을 때는 이 기간을 기억하지 못하는 인지적 해리 증상을 보일 수도 있다. 이후 죄책감과 우울감에 시달리기도 한다. 또한 자살사고에 몰두하면서 구체적인 시도 계획을 세우기도 한다.

매우 높게 상승한 28/82 유형은 심각하고 만성적인 정신병리의 가능성을 시사하는데, 이러한 유형에 속하는 정신과 환자들은 주로 양극성장애, 분열정동장애로 진단된다. 치료 관계에서 양가적인 태도와 함께 저항을 보일 수 있으며, 치료에서 배운 새로운 방식을 일상생활에서 적용하는 데 주저하기 때문에 오랜 치료 기간이 필요하다. 특히 자살 위험성에 대한 지속적인 관심을 갖고 이에 대한 평가가 이루어져야 한다. 증상의 호전과 자살의 위험성을 낮추기 위해 약물 치료가 도움이 될 수 있다.

(7) 34/43

34/43 유형의 사람은 성격적으로 미성숙하고 자기중심적이며, 특히 만성적이고 강렬한 분노를 지니고 있다. 이들은 적대적이고 공격적인 충동을 갖고 있지만 이를 적절한 방식으로 표현하지 못하는 것으로 보이며, 주로 수동-공격적인 방식을 통해 표현하는 경우가 많다. 또한 겉으로 볼 때에는 타인과 잘 어울리고 상대방에게 맞춰 주려는 모습을 보이지만 내면에는 분노가 일어나고 있다. 이 같은 분노를 지나치게 통제하다가 어느 순간 공격적으로 표출하기도 하는데, 때로는 직접적으로 표출하며, 자신에게 위협이 되지 않는 대상에게 행동화하기도 한다.

이들은 보통 자신의 행동의 원인과 결과에 대한 통찰이 빈약하고, 곤란을 겪을 때 외부로 원인을 돌리면서 타인을 비난하고 원망하는 경향이 강하다. 또한 교묘하게 상대방의 화를 돋우는 경향이 있으며, 피상적인 대인관계 양상을 보인다. 대인관계 문제, 가정 불화, 행동화로 인한 문제, 알코올 및 약물 남용의 전력을 가지고 있을 수 있다. 이와 관련하여 보충 척도 중 결혼생활 부적응(MDS), 알코올중독(MAC-R), 중독 인정(AAS) 및 중독 가능성(APA) 척도를 함께 살펴보면 도움이 될 수 있다. 이 유형에 해당하는 여성의 경우 남성에 비해 신체적 증상(두통, 소화기 계통 문제)을 더 많이 호소하는 경향이 있으며, 일시적인 기억상실과 같은 해리 증상도 남성에 비해 잦은 편이다.

이들이 겪고 있는 문제들은 주로 가족에 대한 뿌리 깊고 만성적인 적대감에서 출발한 것으로 보이는데, 타인에게 인정받고자 하는 욕구가 강하면서도 냉소적이고 타인을 신뢰하지 못하는 경향이 있다. 또한 겉으로는 사회에 순응적인 사람으로 보일 수 있으나 이면에는 반항적인 특성이 자리 잡고 있으며, 특히 타인의 거절이나 비난에 매우 민감하여 이러한 경우 적대감과 분노가 커지게 된다. 결혼생활이 불안정하거나 성적인 문제를 보일 수도 있다.

34/43 유형에 속하는 사람은 주로 성격장애로 진단되는 경우가 많으며, 특히 수동-공격성 성격장애가 많다. 이와 더불어 물질 남용이나 의존으로 진단되는 경우도 있

다. 이들에 대한 치료에는 많은 우여곡절이 뒤따르는데, 자기 조절과 통제가 쉽지 않고 자기 문제에 대한 책임을 외부로 돌리려는 경향이 강하다. 또한 자신의 부적절한 대처 방식에 대한 통찰이 부족하며, 치료에 대한 자발적 동기가 부족하여 외부의 압력에 의해 내방하는 경우가 대부분이다. 따라서 치료 과정에 깊게 관여하지 못하고, 치료자에게 저항하면서 좌절과 분노를 느끼며 치료를 종결하기도 한다. 한편, 이들은 권위자보다는 동료의 압력에 민감하게 반응하기 때문에 집단치료가 오히려 더 효과적일 수 있다.

(8) 46/64

46/64 유형의 사람은 반항적이고 적대적이며, 타인에 대한 의심이 많고, 화나 분노가 많다. 또한 자기도취적이고 매사 남탓을 하는 경우가 많은데, 자신의 기분이나 행동의 원인에 대한 책임도 타인에게 전가한다. 이들은 다른 사람들에게 관심과 동정을 요구하지만, 정작 자신은 타인의 작은 요구에도 짜증스러워하고 싫어하는 기색이 역력하다. 뿐만 아니라 타인의 동기를 의심하고 자신만 힘들게 살아가고 있다는 피해 의식이 있다. 이러한 특성으로 인해 친밀하고 깊이 있는 대인관계를 형성하지 못하는 경우가 대부분이며, 직장생활에서의 부적응이나 결혼생활 문제를 보이는 경우도 적지 않다.

내면의 억압된 적대감과 분노도 이 유형에 속하는 사람에게서 특징적으로 나타나는데, 비아냥거리거나 논쟁적으로 말하는 경우가 다반사이며, 쉽게 화를 내고 불편한 심기를 드러낸다. 특히 권위자에 대한 반항과 적대감이 매우 크다.

이들은 자신의 문제를 객관적인 시각에서 조망하지 못하고 부인하거나 합리화하려는 경향이 강하다. 가족을 비롯한 타인에게 자신의 문제에 대한 책임을 전가하면서 자신은 책임지려 하지 않으려는 태도를 보인다. 자기평가에 있어서도 다소 비현실적이고 과장되어 있는 경향이 있으며, 자기에 대한 통찰이 부족하기 때문에 심리치료에 대한 자발성이 매우 낮다. 치료 과정에서 이들의 의심과 저항을 낮추기 위해서는 구체적이고 명료하며 실제적인 치료 계획의 수립이 필요하다.

(9) 48/84

이 유형에 속하는 사람들은 특이하고 기괴한 특성을 보이며, 대체로 환경에 잘 적응하지 못하는 모습을 보인다. 이들의 행동은 좀처럼 예측하기 어렵고, 충동 통제에 있어서도 심각한 곤란을 보인다. 또한 쉽게 화를 내거나 분노를 표출하며, 반사회적이거나 부적응적인 방식의 행동을 보인다.

이들은 관심과 애정에 대한 욕구가 크지만 뿌리 깊은 불신감, 불안정감, 자기 부적절감을 지니고 있으며, 자기개념 역시 부정적이고 취약한 양상을 보인다. 과거부터 심한 가족 내 갈등 속에서 소외감, 적대감, 거부당한 느낌을 지속적으로 경험하였을 가능성이 있다. 타인을 불신할 뿐만 아니라 공감 능력이 손상되어 있고 사회적 기술이 매우 부족하여 대인관계 형성 및 유지에서 많은 어려움이 있으며, 사회적으로 위축되어 있는 편이다. 또한 세상을 자신에게 위협이 되는 존재로 지각하면서 세상으로부터 상처받지 않기 위해 분노를 표출하여 먼저 공격하는 행동을 보이기도 한다. 대부분 자신의 행동에 대해 책임지려 하지 않고 합리화로 일관하거나 남탓으로 돌리는 경우가 많다.

이 유형에 속하는 사람은 충동적이고 반사회적인 행동으로 법적 문제에 연루되는 경우가 있다. 이는 남성에게서 더욱 빈번하게 일어나는데, 난폭하거나 잔인한 범죄 행동을 저지르거나 성적 문제(예: 매춘, 문란하거나 변태적인 성행동, 성추행이나 성폭력 등)를 일으키기도 한다. 여성의 경우에는 법적 문제보다 관계적인 문제가 심각하게 드러난다. 자신보다 훨씬 열등하다고 여겨지는 남성과 의미 없는 성관계를 맺기도 한다. 또한 이러한 유형의 사람들 중 일부는 사이비 종교 집단이나 급진적인 정치 조직에 빠져들기도 한다.

임상 장면에서 조현병(정신분열증), 반사회성 성격장애, 분열성 성격장애, 편집성 성격장애로 진단받는 경우가 많다. 척도 4와 척도 8이 매우 높이 상승한 가운데 특히 척도 8이 척도 4보다 큰 폭으로 상승하였다면 환각, 기괴한 사고, 편집증, 기태적 증상을 동반한 정신병적 장애일 가능성이 높다.

이들은 냉담하고 관습으로부터 벗어나 있기 때문에 치료 관계의 형성이 어렵다. 산적한 문제가 너무 많아서 어떤 문제에 초점을 맞추어 방향을 설정하고 치료를 이끌어 나가야 할지 난항을 겪는다. 약물 사용이나 알코올 문제가 장기간 지속된 경우 치료가 더욱 어려워지며, 행동 통제의 어려움 역시 치료를 방해하는 요인으로 작용한다. 뿐만 아니라 뿌리 깊은 불신은 치료자와의 관계 형성에도 문제가 되므로 치료가 조기 종결되는 경우가 많다.

(10) 49/94

49/94 유형에 속하는 사람의 두드러진 특징은 보편적인 사회적 규범과 가치를 무시하고 자신의 욕구 충족을 위해 충동적이고 무분별한 행동을 지속한다는 것이다. 이들의 무분별하고 반사회적인 행동은 권위자와의 매우 심각한 불화를 초래한다. 이들은 양심과 도덕성이 적절하게 발달하지 못하였고, 윤리 의식이 현저하게 부족하다. 또한 불안 수준이 낮고 에너지가 과도하게 활성화되어 있으며, 난폭한 경향이 있다. 특히 욕구 지연을 견디지 못하고 자신의 행동이 초래할 결과를 고려하지 않은 채 즉각적인 쾌락이나 감각 추구를 위한 행동화를 보인다. 이와 함께 분노나 화를 조절하지 못하고 쉽게 표출하기도 한다. 행동상의 문제로 가족이나 직장 내에서 문제를 일으키거나 법적 문제의 전력이 있을 수 있는데, 청소년기의 비행 문제, 가정 불화, 결혼생활 문제, 실직, 폭력을 비롯한 법적 문제를 예로 들 수 있다. 이와 관련해서 내용 척도 중 가정 문제(FAM), 반사회적 특성(ASP) 및 직업적 곤란(WRK) 척도를 확인한다면 도움이 될 수 있다.

대인관계에서 첫인상은 호전적이고 외향적인 사람으로 비치면서 호의적일 수 있지만, 관계가 지속될수록 지극히 자기중심적이고 타인을 불신하며, 공감 능력이 부족하고, 충동적이고 무분별한 행동 특성들이 드러나면서 상호 호혜적인 관계를 유지하지 못한다. 외견상 자신만만하고 안정감이 있어 보이지만, 이면에는 성숙하지 못하고 불안정하며 의존적인 측면을 애써 부인하려는 모습이 있다.

한편, 치료 과정은 매우 어렵고 난항을 겪을 수 있다. 이들은 집중력이 낮을 뿐만 아니라 치료에서 다루는 주제와 관련 없는 이야기를 두서없고 장황하게 늘어놓는다. 또한 치료 장면에서도 욕구 지연을 견디지 못하기 때문에 치료 과정에서 힘들지만 경험과 시행착오를 통해 배우고 일상생활에서 적용하려는 노력을 거의 하지 않는다. 또한 이들은 자신의 호전성을 감춘 채 매력적인 측면만을 부각시켜 타인을 조종하고 기만하려 드는데, 이러한 양상은 치료 과정에서도 일어날 수 있다. 따라서 치료 도중에 이러한 행동이 드러날 때는 가능한 한 빨리 직면시키는 것이 필요하다. 이러한 문제들 이외에도 치료에 대한 자발적인 동기가 부족하여 법정에서 명령하거나 주변 사람의 강요에 의해 내방하는 경우가 대부분이다. 따라서 치료의 지속을 위해서는 영향력 있는 주변 인물들의 지속적인 주의와 관심이 필요하다. 이들에게는 집단치료가 더욱 효과적일 수 있으며, 행동수정을 통해 새로운 대처 방법을 배울 수 있도록 하는 것도 도움이 될 수 있다.

(11) 68/86

이 유형의 사람은 타인을 신뢰하지 못하고 의심이 많은 것이 주된 특징이다. 또한 강한 열등감과 더불어 자존감이 부족하고 자기억제적인 경향이 강하다. 이는 우울, 정서적 무감동, 무망감, 비관적 태도, 자살사고로 이어지기도 한다. 특히 타인의 의도를 의심하거나 때로는 왜곡하여 받아들이면서 화를 내기도 하며, 사람들과 어울리지 않고 거리를 두면서 깊은 정서적 유대관계를 회피하려 한다. 여기에 더해 사회적 기술에 심각한 결함이 있으며, 혼자 있을 때 편안함을 느끼기 때문에 대인관계의 폭이 매우 협소하다.

평소 다른 사람들로 하여금 변덕스럽고 화를 잘 내고 우호적이지 않으며, 냉담한 사람으로 인식되는 경우가 많다. 또한 비일상적이고 추상적인 문제들에 매달리는 경향이 강하며, 사고와 행동 방식이 기이하고 특이하기 때문에 이상한 사람으로 여겨지기도 한다. 척도 6과 척도 8의 점수가 극단적으로 상승하지 않았을 경우에는 직업 활동상의 적응을 유지해 나가지만 스트레스 상황에 처할 경우 심리적인 퇴행과 함께 방어능력이 취약해지면서 사회적 · 직업적 기능상의 손상이 나타나기도 한다.

68/86 유형을 보이는 사람은 편집성 · 분열성 성격장애 진단을 받는 경우가 흔하며, 정신과 환자들 중 이 유형에 해당하는 사람들의 대다수는 편집형 조현병(정신분열증) 진단을 받는다. 특히 척도 6과 척도 8이 척도 7에 비해 상당히 높게 상승하였을 때 이 같은 진단을 받는 경우가 많다. 이들은 자아의 방어 능력이 약화되어 있고 스트레스나 외부의 압력에 취약하여 자신만의 공상세계로 도피하며, 현실과 공상을 구별하지 못한다. 더불어 둔마된 정서 상태, 자폐적이고 단편적인 사고, 우원증, 기태적인 사고 내용, 피해망상, 관계망상, 과대망상, 환각 증상을 보이기도 한다.

이들의 주된 특성인 타인에 대한 불신과 의심, 사회적 기술의 결함은 치료 관계 형성을 어렵게 만들며, 퇴행이나 혼란되어 있는 증상들 역시 치료에 상당한 걸림돌이 된다. 이들에 대한 치료는 정신병리 수준과 증상의 심각도에 따라 달라지기 때문에 다양한 측면을 고려하여 결정해야 한다. 약물치료가 적절한지 판단하기 위해 의학적 자문이 필요하며, 현재의 증상이 자신과 타인에게 얼마나 위험한지에 따라 입원치료나 외래 통원치료가 결정될 수 있다. 이 유형의 경우 통찰 지향적 치료는 치료 과정에서 일어나는 퇴행으로 증상을 악화시킬 수 있기 때문에 삼가며, 오히려 구체적이고 행동 지향적인 개입이 효과적이다.

(12) 69/96

69/96 유형을 보이는 사람은 기분이 고양되어 있고, 수다스러우며, 공격성과 함께 적개심을 드러낸다. 또한 화를 잘 내고 쉽게 흥분하며 충동적인 양상을 보이는데, 때로는 과도하게 흥분하면서 울거나 떠는 모습을 보이기도 한다. 이들은 감정을 적절하게 조절하지 못하고 과잉 통제했다가 폭발적으로 표출하는 모습을 번갈아 가며 드러내기도 한다. 실제적 혹은 상상적 위협에 취약하여 긴장과 불안이 상승하고, 사소한 스트레스에도 과도한 반응을 보이며, 공상세계로 도피하는 경향이 있다.

69/96 유형을 보이는 정신과 환자는 주로 편집형 조현병(정신분열증) 진단을 받으며, 두 척도의 점수가 극단적으로 상승하였을 때에는 사고장애를 보일 가능성이 높다. 이들은 주의집중 및 사고의 곤란, 지체된 사고의 흐름을 보이며, 판단력의 손상도 나타낼 수 있다. 뿐만 아니라 강박적이고 반추적인 사고와 함께 망상이나 환각 증상을 보이기도 하며, 두서없고 지리멸렬한 이야기의 전개 과정을 보인다.

이 유형은 입원환자에게서 흔하게 나타나는데, 현저한 정신병적 증상에 대한 약물치료가 효과적이다. 이들이 보이는 불신과 의심은 치료 관계 형성에 매우 부정적이다. 그러나 라포가 형성될 수 있다면 문제 중심적인 치료적 접근이 효과적일 수 있으며, 이들이 보이는 특성상 통찰 지향적 치료는 적합하지 않다.

(13) 78/87

이 유형에 해당하는 사람은 일상생활 유지가 곤란할 정도로 심각하고 혼란스러운 정서적 동요를 보인다. 자신의 심리적 문제에 대해 인정하고 있는 가운데 방어 능력이 크게 약화되어 있는 것으로 보인다. 이들은 우울하고 비관적이며, 자살사고를 보고하기도 한다. 뿐만 아니라 걱정이 많고 긴장과 불안에 휩싸여 있는 모습이며, 만성적인 자기 부적절감, 열등감에 시달린다.

사회적 상황에서 사람들과 잘 어울리지 못하고 자신감 없는 모습을 보이며, 수동-의존적인 양상을 보인다. 사회적 관계에서 느끼는 불편감이 크기 때문에 가능한 한 거리를 두고 고립된 생활을 한다. 이성 관계에서의 어려움이나 성기능상의 문제를 보이기도 하는데, 이러한 문제를 보상하기 위해 성적 공상에 몰두하기도 한다.

이들은 우유부단해서 의사결정을 쉽게 내리지 못하는 경향이 있으며, 스트레스 상황에서는 방어 능력의 약화로 혼란된 정신 상태, 판단력의 손상을 보일 수 있다. 이 유형에서 가장 흔한 진단은 분열성 성격장애다. 그러나 조현병(정신분열증), 우울장애, 강박장애, 외상 후 스트레스 장애, 성격장애 등 다양한 진단이 내려질 수 있기 때문에 정신병적 증상을 감별하기 위해서는 척도 7과 척도 8의 상승 정도를 고려해야 한다. 척도 7에 비해 척도 8이 현저하게 높을 경우 정신병적 장애의 가능성이 높아지며, 이와 더불어 내용 척도 중 기태적 정신 상태(BIZ)를 검토한다면 도움이 될 것이다. 또한 자살사고에 대한 보고가 많고 혼란되어 있는 상태에서 자살 시도가 이루어질 가능성도 매우 높기 때문에 이에 대한 확인을 위해 자살 관련 결정 문항을 살펴보고, 자살사고와 관련된 질문과 함께 과거 자살 시도 경험을 탐색해야 한다.

(14) 89/98

89/98 유형의 사람은 과도하게 에너지가 활성화되어 있으며, 정서적으로 불안정하고 주의가 산만하다. 자기평가에 있어서 비현실적이고 과대평가하며, 허세를 부리고 변덕스러운 모습을 보인다. 그러나 이면에는 열등감과 자기 부적절감이 자리 잡고 있으며, 관계에서 철수되어 있는 경우가 많다. 정서적으로 매우 불안정한 양상을 보이는데, 초조하고 긴장되어 있고, 두려움과 의심이 만연해 있으며, 쉽게 동요되고 흥분하는 경향이 있다. 특히 관심을 얻고 주목받고자 하는 욕구가 충족되지 않을 때 화를 내면서 적대적인 행동을 보이기도 하며, 때로는 와해되는 양상을 드러내기도 한다.

이들은 자신의 능력이나 상황을 고려하지 않고 현실적으로 도달하기 어려운 목표를 세워 놓고 이를 열망하면서 도전하지만, 이들의 실제 수행 수준은 평균 정도로서 높은 기대 수준이나 성취 욕구를 충족시키지 못한다.

척도 8과 척도 9의 점수가 극단적으로 상승하고 F 척도 점수가 높을 때에는 더욱 심각한 장애가 시사된다. 조현병(정신분열증)이 흔하게 진단되는 가운데 심각한 사고장애가 분명하게 드러나기도 한다. 이들은 혼란감이 크고 지남력이 손상되어 있으며, 주의가 산만하여 한 가지 주제에 집중하지 못한다. 척도 6이 함께 상승할 경우에는 종교적인 측면과 관련된 과대망상을 보이기도 한다. 또한 기이하고 자폐적인 사고나 우원증, 음향 연상(clang association), 신조어, 반향언어(echolalia), 환각을 나타내기도 한다. 이와 관련하여 내용 척도 중 기태적 정신 상태(BIZ)를 확인하는 것이 도움이 된다.

이들이 보이는 주된 특성은 심리치료의 진행을 매우 어렵게 만든다. 우선 매우 산만하여 하나의 주제에 초점을 맞추기 어렵다. 또한 치료에 대한 동기가 부족하고 자신의 문제에 대한 통찰도 매우 낮기 때문에 직면이나 해석에 대한 저항이 강하다. 이들은 주로 거부와 비현실적으로 과장된 자기평가를 통해 자신의 심리적 문제를 방어하는데, 치료 과정에서 이에 직면시키려 하면 짜증을 내거나 분노 및 적대적 태도를 보인다. 망상이나 환각 등의 정신병적 증상이나 기분장애가 현저하게 나타날 경우에는 이에 따른 약물치료 가능성에 대해 의학적 자문을 받는 것이 필요하다.

4) 기타 척도의 해석

(1) 내용 척도

원판 MMPI 문항의 내용 분석을 통해 Wiggins(1966)가 13개의 내용 척도를 개발하였으며, MMPI-2의 개발에 따라 Butcher 등(1990)이 15개의 내용 척도를 새롭게 개발하였다. 척도는 Wiggins(1966)가 개발할 당시 사용한 이론적 방법과 경험적 방법을 결합하여 구성되었으며, MMPI-2의 내용 척도는 개정 과정에서 문항이 추가되면서 원판 MMPI의 내용 척도보다 폭넓은 내용 영역을 평가할 수 있게 되었다.

MMPI-2의 내용 척도는 내적 일관성이 높고, 척도 간에 중복되는 문항을 최소화하여 상대적으로 독립적인 15개의 내용 척도가 개발되었다. 또한 각 척도는 해당 내용 차원의 특징을 임상적으로 잘 반영하고 있어 임상 척도의 의미를 해석하는 데 있어서 유용하다.

내용 척도에서는 높은 점수를 받은 사람들에 대한 해석적 추론이 가능한데, T점수 65점 이상을 해석의 기준으로 삼는다. 또한 척도들이 주로 명백한 문항을 포함하고 있기 때문에 수검 태도에 의해 쉽게 왜곡될 수 있다. 따라서 내용 척도 해석 시에는 수검자의 수검 태도가 필히 고려되어야 한다.

〈표 4-1〉 MMPI-2 내용 척도

불안(Anxiety: ANX) 척도 과도한 걱정, 긴장, 수면 문제, 주의집중 문제를 포함한 광범위한 불안
공포(Fears: FRS) 척도 일반화된 공포(FRS1), 특정 공포(FRS2) 다양한 두려움, 공포, 걱정, 소심함
강박성(Obsessiveness: OBS) 척도 강박 사고 및 행동, 분주하지만 비효율적인 인지적 활동, 우유부단, 의사결정의 곤란, 소심함, 자기 회의, 변화에 대한 저항성
우울(Depression: DEP) 척도 동기 결여(DEP1), 기분 부전(DEP2), 자기비하(DEP3), 자살사고(DEP4) 깊은 근심, 불쾌감, 무력감, 절망감, 무가치감, 흥미 상실, 자기비하, 자살사고, 염세적 사고, 피로감, 소진
건강염려(Health Concerns: HEA) 척도 소화기 증상(HEA1), 신경학적 증상(HEA2), 일반적인 건강염려(HEA3) 신체적 증상 호소와 건강염려, 피로, 불면, 신경과민, 신체 기능에 대한 몰두
기태적 정신 상태(Bizarre Mentation: BIZ) 척도 정신병적 증상, 분열형 성격 특성, 둔마된 정동, 사회적 철수
분노(Anger: ANG) 척도 폭발적 행동(ANG1), 성마름(ANG2) 분노, 짜증, 좌절 인내력 부족, 쉽게 화를 냄, 충동 및 감정 통제 곤란, 비판적, 논쟁적 태도
냉소적 태도(Cynicisim: CYN) 척도 염세적 신념(CYN1), 대인의심(CYN2) 불신, 경계심, 이기적, 불성실함
반사회적 특성(Antisocial Practices: ASP) 척도 반사회적 태도(ASP1), 반사회적 행동(ASP2) 법적 문제, 가정 및 학교 적응 문제, 적대감, 행동화 경향성, 좌절 인내력 부족, 약물남용, 권위 불화, 사회적 규범 경시

A형 행동(Type A: TPA) 척도 조급함(TPA1), 경쟁 욕구(TPA2) 업무 지향적, 성취 지향적, 경쟁적, 비판적, 적대적, 쉽게 짜증을 냄, 방해받는 상황을 견디기 어려워함
낮은 자존감(Low Self—Esteem: LSE) 척도 자기회의(LSE1), 순종성(LSE2) 자신감 저하, 자기비난, 열등감, 심각하지 않은 어려움에도 쉽게 포기, 비판과 거절에 민감함
사회적 불편감(Social Discomfort: SOD) 척도 내향성(SOD1), 수줍음(SOD2) 수줍음, 자의식, 사회적 상황 회피
가정문제(Family Problems: FAM) 척도 가정 불화(FAM1), 가족 내 소외(FAM2) 가족 내 갈등, 가족 관계나 부부관계에 대한 부정적 지각, 부조화, 불행감, 적대감, 무관심, 아동기 학대 가능성
직업적 곤란(Work Interference: WRK) 척도 긴장, 걱정, 패배주의, 주의집중의 어려움, 자신감 부족, 피로감, 무기력, 성마름, 적대감, 동료들에 대해 호의적이지 않은 태도, 가족의 지지 부족 등 직업 수행에 영향을 미치는 광범위한 문제
부정적 치료지표(Negative Treatment Indicators: TRT) 척도 낮은 동기(TRT1), 낮은 자기개방(TRT2) 심리치료, 정신건강 서비스, 치료자에 대한 부정적이고 비판적인 태도, 자신의 문제를 다른 사람과 공유하지 않음, 문제에 직면하지 않으려 하고 변화나 목표 달성에 대한 무망감과 불신, 저항적 태도

(2) 재구성 임상 척도

원판 MMPI의 임상 척도 제작 시 경험적 방식으로 문항을 구성하였기 때문에 같은 척도에 포함되어 있는 문항들의 내용이 이질적이고, 임상 척도 간에 높은 상관관계를 보이며 독립적이지 않은 문제가 있었다. 이는 각 임상 척도에 대한 진단적 변별력을 감소시키는 원인이 되었다. 이에 Tellgen 등(2003)은 다른 척도와 구별될 수 있는 각 임상 척도의 핵심적인 특징을 분리해 내고 척도 간의 상관을 배제하여 변별 타당도를 높임으로써 이러한 문제점을 개선하고, 궁극적으로 정제되고 변별력 있는 해석을 위해 재구성 임상(Restructured Clinical: RC) 척도를 개발하였다.

RC 척도는 MMPI-2의 임상 척도의 핵심적인 특징을 유지하면서 각 척도의 수렴 타당도와 변별 타당도를 향상하려는 목적으로 만들어졌다. 따라서 그동안의 임상 척도 해석에 있어서의 변별력 문제를 해결하는 데 도움이 될 수 있을 것이다. 그러나 이 척도는 비교적 최근에 개발된 척도이므로 실제적으로 활용하는 데 있어서 충분한 연구가 이루어지지 않았다. 개발자인 Tellegen 등(2003)도 이에 공감하면서 연구 자료의 축적과 함께 전문가가 RC 척도에 충분히 익숙해지기 전까지는 임상 척도에서의 해석적 가설을 명료화하여 해석하기를 권고하였다.

RC 척도의 해석은 Tellegen 등(2003)이 제시한 지침에 따르며, 다른 척도들과 마찬가지로 RC 척도 역시 T점수 65점 이상을 높은 점수로 간주하여 해석한다.

〈표 4-2〉 MMPI-2 재구성 임상 척도

RCd 의기소침(Demoralization: dem) 척도 전반적인 정서적 불편감 지표, 의기소침하고 비관적이며, 자존감이 낮음. 75점 이상일 경우 상당한 정서적 불편감 및 무기력과 함께 현재 상황을 극복할 능력이 없거나 압도되어 있는 상태임
RC1 신체증상 호소(Somatic Complaints: som) 척도 신체적 증상의 호소, 신체적 기능에 과도하게 신경을 쓰고 건강에 대한 염려가 많음. 피로, 허약함, 만성적 통증 호소, 신체화 경향성
RC2 낮은 긍정 정서(Low Postive Emotions: lpe) 척도 비관적이고 사회적으로 철수되어 있고 수동적, 삶에서 즐거움을 느끼지 못함, 에너지 부족, 고립감, 결정을 내리지 못하고 일을 마무리 짓지 못함
RC3 냉소적 태도(Cynicism: cyn) 척도 타인을 믿지 못하고 진실하지 않으며, 배려심 부족, 자기중심적, 낮은 점수(T점수 40점 미만)는 순진하고 남에게 속기 쉽고, 과도하게 타인을 믿는 경향성
RC4 반사회적 행동(Antisocial Behavior: asb) 척도 다양한 반사회적 행동 및 공격적 행동 경향성, 적대적이고 화를 잘 냄, 사회적 규범에 순응하지 않음. 법적 문제 가능성, 가족 갈등, 학교 부적응
RC6 피해의식(Ideas of Persecution: per) 척도 다른 사람들이 자신을 악의적으로 괴롭히고 학대하여 자신이 희생당하고 있다고 느낌
RC7 역기능적 부정 정서(Dysfunctional Negative Emotions: dne) 척도 불안 상승, 지나친 반추, 걱정이 많고 비판에 민감함. 과도한 죄책감, 깊은 근심, 실수나 실패에 대한 집착

RC8 기태적 경험(Aberrant Experiences: abx) 척도 환각, 사고 전파, 망상 등을 포함한 명백한 정신병적 증상, 현실 검증력의 손상
RC9 경조증적 상태(Hypomanic Activation: hpm) 척도 과장된 자기상, 흥분, 감각 추구 경향성, 위험 감수 행동, 빈약한 충동 통제, 수면 욕구 감소, 사고의 비약, 공격성 등을 포함한 다양한 경조증 증상

(3) 성격병리 5요인 척도

성격병리 5요인 척도(Personality Psychopathology Five Scale: PSY-5)는 MMPI-2에서 성격 특성을 평가할 목적으로 개발되었다. MMPI-2에서 개인의 성격 특성에 대한 이해는 전체적인 해석에도 매우 중요한 요소로서 강조되고 있다(Butcher & Williams, 2000; Finn, 1996; Graham, 2000). PSY-5 척도의 기본이 되는 개념은 광범위한 성격적 구성개념을 다루고 있다는 측면에서 성격 5요인 모델(five factor model)과 유사하다. 그러나 기존의 성격장애 척도들이 정상적 성격과 비정상적 성격 기능 모두를 평가하기는 부적절하다는 판단하에 임상적 문제와 관련되어 있는 성격 특성뿐만 아니라 정상적 기능도 함께 평가할 수 있도록 PSY-5 척도를 개발하였다.

PSY-5의 5개 척도 모두 점수가 높을 때(T점수 65점 이상) 해석된다. 그러나 통제 결여(DISC) 척도, 내향성/낮은 긍정적 정서성(INTR) 척도는 낮은 점수(T점수 40점 미만)일 경우에도 해석이 권고된다.

〈표 4-3〉 MMPI-2 성격병리 5요인 척도

공격성(Aggressiveness: AGGR) 척도 다른 사람들을 위협하고 목표 달성을 위해 언어적·신체적 공격성을 보임. 학교 적응 문제, 체포된 상태, 남성의 가정 폭력, 임상 장면이나 법정 장면에서 반사회성 성격장애로 진단받는 경향이 있음. 치료자를 통제하거나 지배하려 함
정신증(Psychoticism: PSY) 척도 현실과 단절된 경험, 기이한 감각 및 지각 경험, 관계망상, 기태적 혼란이나 우원적 사고, 비현실적 수준으로 위험을 예상, 지극히 협소한 대인관계, 직업적 부적응
통제 결여(Disconstraint: DISC) 척도 -높은 점수(T점수 65점 이상) 충동적이고 자기통제 능력 결여, 위험 추구 행동, 쉽게 지루함을 느끼며 흥분되는 경험을 찾아다님. 관습적인 규범이나 도덕적 제약에서 자유로움. 약물남용 전력, 학교 적응 문제나 법적 문제

-낮은 점수(T점수 40점 미만)
자제력 있고 충동적이지 않음. 신체적으로 위험한 일을 하지 않으려 함. 지루함을 잘 견딤. 규칙이나 법을 준수함

부정적 정서성/신경증(Negative Emotionality/Neuroticism: NEGE) 척도
부정적인 정동의 경험, 파국화, 협소한 대인관계, 자기비판적 태도, 과도한 걱정, 죄책감, 슬픔, 우울감, 불안, 비관주의적 태도, 임상 장면에서 자살 시도 전력, 신체적 증상 보고

내향성/낮은 긍정적 정서성(Introversion/Low Positive Emotionality: INTR) 척도
-높은 점수(T점수 65점 이상)
기쁨이나 즐거움을 경험할 능력 부재, 사회적 내향성, 낮은 성취 동기, 슬픔, 울적함, 우울감, 불안, 신체적 증상 보고, 미래에 대한 비관적 견해, 임상 장면에서 우울증 진단 가능성 높음. 자살 시도 전력
-낮은 점수(T점수 40점 미만)
기쁨과 즐거움을 느끼고, 사교적인 편임. 에너지 수준이 높음. 극도로 낮은 점수를 보일 경우 경조증적 증상을 보일 수 있음

(4) 보충 척도

원판 MMPI가 출판된 이래로 다양한 심리적 구성개념을 측정하는 보충 척도가 개발되어 왔으며, MMPI-2에서는 남성적 성역할(GM)과 여성적 성역할(FM), 중독 인정(AAS), 중독 가능성(APS), 결혼생활 부적응(MDS) 척도가 새롭게 추가되었다. 보충 척도는 타당도 척도와 임상 척도의 해석을 보강하기 위한 목적으로 사용된다.

일반적으로 해석 시 T점수 65점 이상을 높은 점수로 간주하여 해석한다. 다만, 몇몇 척도는 해석 시 예외가 적용되며, 고려해야 할 사항이 있는 경우도 있다. MacAndrew 알코올(MAC-R) 척도는 다른 척도와 달리 원점수에 기반하여 해석한다. 이 척도에서 원점수 28점 이상일 경우 물질남용 문제 가능성이 시사되므로 알코올 및 약물 사용에 대한 추가적인 정보 수집이 필요하다. 또한 현재의 알코올이나 물질 관련 문제보다 향후 이 같은 문제로 발전할 위험성을 반영한다. 중독 인정(AAS) 척도의 높은 점수는 물질남용 문제에 대해 명백하게 인정하고 있음을 시사한다. 따라서 물질남용에 대한 추가적인 평가가 이루어져야 한다. 중독 가능성(APS) 척도는 향후 물질남용 가능성을 평가하는 척도로서 T점수 60점 이상일 경우 물질남용 가능성에 대한 추가 정보의 수집이 필요하다. 그러나 이 척도의 경우 물질남용 가능성을 측정하는 데 있어서 불안정하

기 때문에 MAC-R과 AAS를 우선으로 하여 해석하는 것이 바람직하다. 남성적 성역할(GM) 척도와 여성적 성역할(GF) 척도의 경우, 성역할이라는 구성개념을 측정하는 데 있어서 이 척도의 안정성에 대한 경험적 연구가 충분하게 축적되지 못하였다. 이에 연구 목적을 제외하고는 해석하지 않는 것을 권장한다.

〈표 4-4〉 MMPI-2 보충 척도

불안(Anxiety: A) 척도 전반적인 부적응, 불안하고 편치 않은 마음 상태, 우울감, 신체 증상 호소, 비관적, 수줍어하고 내향적인 성향, 자신의 능력에 대한 확신 부족, 억제와 과잉통제, 방어적, 사회적 장면에 안정감 부족, 스트레스 상황에서 혼란스러워하고 적응 곤란
억압(Repression: R) 척도 신중하고 조심스러운 생활양식, 수동적, 관습적이고 의례적, 내향적, 신체 증상 호소
자아 강도(Ego Strength: Es) 척도 정서적으로 균형 잡힌 상태, 증상의 심각도와 정신병리의 만성화 정도가 덜함. 자신감, 인내력, 심리적 자원 보유, 에너지 수준이 높고 흥미가 많음. 심리치료를 통한 긍정적 변화 가능성과 좋은 예후
지배성(Dominance: Do) 척도 현실적이고 성취 지향적, 주도적, 자기확신, 자신감과 안정감, 유능성, 적극적인 대인관계 형성, 일상에서의 문제와 스트레스에 대처할 수 있는 내적 자원 및 확신
사회적 책임감(Social Responsibility: Re) 척도 사회적·문화적 가치에 순응적이고 이에 부합하는 행동을 보임. 정의감과 공정성 중시, 자신감, 높은 자기 기준, 자신의 책임과 의무에 대한 이행을 지나치게 강조, 세상에 대한 신뢰감
대학생활 부적응(College Maladjustment: Mt) 척도 무능함, 비관적 태도, 불안과 걱정, 스트레스 상황에서 신체 증상 호소, 삶이 힘들다고 호소, 느리고 효율성이 떨어지는 행동. 주로 현재 경험하고 있는 심리적 문제를 보여 줌
외상 후 스트레스 장애(Post-Traumatic Stress Disorder: PK) 척도 퇴역 군인의 외상 후 스트레스 장애 확인을 위해 개발됨. 강한 정서적 고통, 불안, 수면장애, 죄책감, 우울감, 원치 않는 침투적 사고, 감정 및 인지적 통제력의 상실에 대한 두려움, 타인에게 제대로 이해받지 못한다고 느낌
결혼생활 부적응(Martial Distress: MDS) 척도 결혼생활 부적응 및 전반적인 부적응, 우울감, 좌절감, 패배적, 삶에 대한 낮은 만족도, 화, 협소한 대인관계

적대감(Hostility: Ho) 척도 냉소적인 경향, 타인에 대한 불신, 화, 우호적이지 않은 태도, 자신의 적대감이나 문제를 남탓으로 돌림, 타인 비난, 불안, 우울 및 신체 증상의 호소
적대감 과잉통제(Overcontroled Hostility: O-H) 척도 화난 감정을 적절하게 표현하지 않음, 분노감이나 적대감 부인, 억제적, 부정적 정서가 자극되는 상황에서 지나치게 공격적인 반응을 보일 수도 있음
MacAndrew 알코올 중독(MacAndrew Alcoholism: MAC-R) 척도 외향적 · 과시적 · 공격적 성향, 자기주장적, 경쟁과 위험 추구, 주의집중의 어려움, 학교 부적응이나 법적 문제 전력
중독 인정(Addiction Acknowledge: AAS) 척도 임상 장면 및 법정 장면에서 물질남용이나 의존 진단 가능성, 행동화 문제 전력, 충동적이고 위험 추구적 행동, 화와 공격성, 비판적이고 논쟁적, 가족 불화 가능성, 잦은 기분 변화
중독 가능성(Addiction Potential: APS) 척도 물질남용 문제의 가능성, 반사회적 행동
남성적 성역할(Masculine Gender Role: GM) 척도/ 여성적 성역할(Feminine Gender Role: GF) 척도 – GM: 전형적인 남성적 흥미와 활동, 두려움과 걱정의 부인, 신체적 불편감 부인, 자신감 – GF: 전형적인 여성적 흥미와 활동, 반사회적 행동의 부인, 민감성

참고문헌

김영환, 김재환, 김중술, 노명래, 신동균, 염태호, 오상우(1989). **다면적 인성검사 실시 요강(개정판)**. 서울: 한국가이던스.

김중술, 임지영, 이정흠, 민병배, 문경주(2005). **다면적 인성검사 II 매뉴얼**. 서울: (주)마음사랑.

이우경, 이원혜(2012). **심리평가의 최신 흐름**. 서울: 학지사.

한경희, 김중술, 임지영, 이정흠, 민병배, 문경주(2011). **다면적 인성검사 II 매뉴얼 개정판**. 서울: (주)마음사랑.

Bagby, R. M., Ryder, A. G., Ben-Dat, D., Bacchiochi, J., & Parker, J. D. A. (2002). Validation of the dimensional factor structure of the Personality Psychopathology Five in clinical and nonclinical samples. *Journal of Personality Disorders*, *16*, 304-316.

Ben-Porath, Y. S., & Sherwood, N. E. (1993). *The MMPI-2 content component scales*.

Minneapolis, MN: University of Minnesota Press.

Butcher, J. N. (1990). *MMPI-2 in psychological treatment*. New York: Oxford University Press.

Butcher, J. N., Graham, J. R., Williams, C. L., & Ben-Porath, Y. S. (1990). *Development and use of the MMPI-2 content scale*. Minneapolis, MN: University of Minnesota Press.

Butcher, J. N., Graham, J. R., Ben-Porath, Y. S., Tellegen, A., Dahlstrom, W. G., & Kaemmer, B. (2001). *MMPI-2(Minnesota Multuphasic Personality Inventory-2): Manual for administration, scoring, and interpretation, revised edition*. Minneapolis, MN: University of Minnesota Press.

Butcher, J. N., & Perry, J. N. (2008). *Personality Assessment in treatment planning: Use of the MMPI-2 and BTPI*. New York: Oxford University Press.

Butcher, J. N., & Williams, C. L. (2000). *Essential of MMPI-2 and MMPI-A interpretation* (2nd ed.). Minneapolis, MN: University of Minnesota Press.

Colligan, R. C., Osborne, D., Swenson, W. M., & Offord, K. P. (1983). *The MMPI: A contemporary normative study*. New York: Preager.

Dahlstrom, W. G., Lachar, D., & Dahlstrom, L. E. (1986). *MMPI patterns of American minorities*. Minneapolis, MN: University of Minnesota Press.

Dahlstrom, W. G., & Tellegen, A. K. (1993). *Socioeconomic status and the MMPI-2: The relation of MMPI-2 pattern to levels of education and occupation*. Minneapolis, MN: University of Minnesota Press.

Finn, S. E. (1996). *Manual for using the MMPI-2 as a therapeutic intervention*. Minneapolis, MN: University of Minnesota Press.

Friedman, A. F., Lewak., Nichols., & Webb, J. T. (2001). *Psychological assessment with the MMPI-2*. Mahwah, NJ: Lawrence Erlbaum Associates.

Graham, J. R. (2000). *MMPI-2: Assessing personality and psychopathology* (3rd ed.). New York: Oxford University Press.

Graham, J. R. (2006). *Assessing personality and psychopathology* (4rd ed.). New York: Oxford University Press.

Graham, J. R. (2007). *MMPI-2: Assessing Personality and Psychopathology*[**MMPI-2: 성격 및 정신병리 평가(제4판)**]. 이훈진, 문혜신, 박현진, 유성진, 김지영 역. 서울: 시그마프레스. (원저는 2006년에 출판).

Green, R. L., Handel, R. W., & Archer, R. P. (2006). External correlate of the MMPI-2 content component scales mental health inpatients. *Assessment*, *13*, 80-97.

Harkness, A. R., McNulty, J. L., & Ben-Porath, Y. S. (1995). The Personality Psychopathology Five (PSY-5): Constructs and MMPI-2 scales. *Psychological Assessment*, *7*, 104-114.

Harris, R. E., & Lingoes, J. C. (1955). Subscales for the MMPI: An aid to profile interpretation. Unpublished manuscript. Department of Psychiatry, University of California at San Francisco.

Harris, R. E., & Lingoes, J. C. (1968). Subscales for the Minnesota Multiphasic Personality Inventory. Unpublished manuscript. Langley Porter Clinic, San Francisco.

Harrison, P. L., Kaufman, A. S., Hickman, J. A., & Kaufman, N. L. (1988). A survey of tests used for a adult assessment. *Journal of Psychoeducational Assessment*, *6*, 188-198.

Long, K. A., Graham, J. R., & Timbrook, R. E. (1994). Socioeconomic status and MMPI-2 interpretation. *Measurement and Evaluation in Counseling and Development*, *27*, 158-177.

Lubin, B., Larsen, R. M., & Matarazzo, J. D. (1984). Patterns of psychological test usage in the United States: 1935-1982. *American Psychologist*, *39*, 451-454.

McGrath, R. E., Sweeney, M., O'Malley, W. B., & Carlton, T. K. (1998). Identifying psychological contributions to chronic pain complaints with the MMPI-2: The role of the K scale. *Journal of Personality Assessment*, *70*, 448-459.

Nichols, D. S. (2011). *Essential of MMPI-2 assessment* (2nd ed.). Hoboken, NJ: John Wiley & Sons.

Pancoast, D. L., & Archer, R. P. (1989). Original adult MMPI norms in normal samples: A review with implication for future development. *Journal of Personality Assessment*, *53*, 376-395.

Tellegen, A. Ben-Porath, Y. S., McNulty, J. L., Arbisi, P. A., Graham, J. R., & Kaemmer, B. (2003). *The MMPI-2 restructured clinical(RC) scales: Development, validation and interpretation*. Minneapolis, MN: University of Minnesota Press.

Walker, C. E. (1967). The effect of eliminating offensive items on the reliability and validity of the MMPI. *Journal of Clinical Psychology*, *23*, 363-366.

Wiggins, J. S. (1966). Substantive dimensions of self-report in the MMPI items pool. *Psychological Monographs*, *80*, 22, Whole No. 630.

5장

Rorschach 검사

1. Rorschach 검사의 역사적 배경

Rorschach 검사는 1921년 9월 Herman Rorschach의 유명한 논문「Psychodiagnostik」에서 최초로 소개되었다. 그 이후에 Rorschach 검사는 많은 심리학자와 정신과 의사가 사용하여 왔고, 많은 연구가 Rorschach 검사의 유효성과 타당성을 지지해 주었다. 1940~1950년대는 임상가의 주요한 역할이 심리진단이던 시절이었는데, Rorschach 검사가 임상심리학과 거의 동의어로 간주될 정도였다. 1960~1970년대에 들어서 임상가의 역할이 확대되고 변화됨에 따라 Rorschach 검사는 임상에서 가장 일반적으로 사용되는 중요한 검사 가운데 하나가 되었고, 그 중요성은 지금까지 이어져 오고 있다.

Rorschach 검사가 만들어진 배경을 살펴보면, 처음부터 Rorschach가 투사적 성격검사를 만들 목적으로 Rorschach 검사를 개발한 것은 아니었다. 그는 우연히 잉크 반점에 대한 조현병 환자의 반응이 정상인의 반응과 차이가 있다는 것을 발견하였는데, 그에 따라 과연 잉크 반점 검사가 저인분열증 변별에 유효한지를 검증해 본 것에서 출발하였다. Rorschach는 당시 유럽에서 성행하던 Blotto 게임을 학생들에게 사용하여 학급 운영의 문제를 덜었던 교사 Gehring과 관계를 맺으면서 자신의 조현병 환자와 정상 학생들 간의 반응 차이를 연구하였는데, 이때 사용한 잉크 반점은 40개였다. 초기 연구에서 Rorschach 검사로 채점한 주요 항목은, 첫째로 어떤 위치를 보고 반응하였는지를 부호화하기, 그다음으로 잉크 반점의 어떤 형태를 보았는지를 부호화하기, 마지막으로 어떤 내용에 반응하였는지를 분류하는 채점 기준 사용하기였는데, 이는 지금 우리가 사용하고 있는 Rorschach 검사 채점의 주된 기준의 기초가 된다.

Rorschach 이후에 그의 체계를 발전시켜 온 다섯 명의 중요한 인물은 다음과 같다. 첫 번째 인물은 Rorschach와 대학 동료였던 Beck으로, 그는 Rorschach 검사의 표준화 연구에 관심을 갖고 150명의 아동을 대상으로 표준화한 자료를 1929년에 논문으로 발표하였다. 1937년에는 첫 번째 책인 『Introduction to the Rorschach Method』가 출간되었는데, 이는 후에 Beck의 매뉴얼로 알려졌으며, Klopfer는 이를 비판하였다.

두 번째로 Beck의 친구인 Hertz로, 그녀는 Beck을 통해 Rorschach 검사를 접하게 되었다. 그녀는 Beck과 함께 1932년에 논문을 쓰면서 Rorschach의 채점에 대한 입장의 기본 틀을 벗어나지는 않았으나, 경험적인 연구를 통해 Rorschach가 사용한 개념적인 틀에 대한 이해의 폭을 넓히는 데 기여하였다. 그리고 Beck과 Klopfer 간의 분열을 중재하려는 시도를 하였으나 결국 두 사람의 의견은 좁혀지지 않았다.

세 번째로 Klopfer는 아동 문제 전문가로서 아동의 정서적인 문제에 관심이 있었다. 그는 Jung의 도움을 받아 취리히의 정신연구소에서 일하면서 다양한 검사의 하나로 Rorschach 검사를 배우게 되었다. 그는 컬럼비아 대학교에서 Rorschach 세미나를 개최하면서 미완성 요소가 많은 Rorschach 검사의 미흡한 부분이 변화되어야 할 필요성을 느꼈고, 채점체계를 확장시키고자 노력하였다. 이러한 과정에서 Beck의 매뉴얼을 비판하기에 이르렀고, 두 사람의 분열은 계속되었다.

네 번째 인물인 Piatrowski는 컬럼비아 대학교에서 Klopfer의 세미나에 참석한 것을 계기로 Rorschach 검사에 관심을 갖게 되었다. 그는 특히 신경학적인 문제가 Rorschach 검사와 같은 애매한 자극에 어떻게 반영되는지에 관심을 두었다. 1950년에 출간한 저서에서 그는 Rorschach 검사의 지각적인 해석에 자신의 견해를 통합시켰다.

마지막으로 Rapapport는 원래 정신분석학에 관심이 많았던 인물로, 그는 뉴욕의 마운트시나이 병원(Mount Sinai Hospital)에서 근무하는 동안에 Rorschach 검사를 포함한 여러 검사를 사용하여 심리진단을 하였고, 심리검사의 효과에 대해 연구하면서 『Diagnostic Psychological Test』(1964)를 출간하였다. 이는 심리검사를 통합하여 개인의 심리적 특성을 이해하는 데 중요한 자료를 제공하였다. Rorschach 검사에 대한 접근 방법은 Klopfer와 유사한 점이 있기는 하지만 어떤 점에서는 다른데, 이는 정신분석학의 영향을 받았다는 점이다.

앞서 언급한 다섯 명의 Rorschach 체계자들 간의 체계에 대한 상호 비판을 분석하고 이를 통합하는 노력을 기울여 온 사람은 Exner였다. Exner(1969)는 다섯 가지 체계를 연구하는 과정에서 연구 자체가 제대로 이루어지기 어려운 이유로 연구 자료들이 어떤 한 체계에 충실하기보다는 나름대로의 채점 방식과 틀을 발달시킨 경우가 많았다는 점을 들었다. 또한 체계들 간의 불일치가 가장 높은 것은 음영 반응과 색채 반응에 관련된 것들이다. Exner의 연구(1969)에 따르면, 308명의 채점자 가운데 232명은 한 체계에 충실치 않고 여러 체계를 임의대로 사용하여 채점하였으며, 전체 채점자의 22%는 한 방법으로 채점하는 것을 포기하고 반응 내용의 주관적인 분석에 더 치중한 것으로 나타났다. 결국 Rorschach 검사가 제대로 연구되기 위해서, 그리고 Rorschach 검사의 분석에 타당성 있게 객관적으로 접근하기 위해서 모든 체계의 특징을 통합한 하나의 체계를 만드는 작업이 필요해졌고, Exner(1974)는 Rorschach 종합체계를 내놓게 되었다.

2. Rorschach 검사의 특징

Rorschach 검사의 자극은 애매성을 띠고 있으며, 수검자는 '무엇'처럼 보이는지를 반응하는 동안에 자기도 모르게 어떤 심리적 과정을 거치게 된다. 검사자가 검사의 실시 · 질문 · 채점을 하기 이전에 이 검사가 가지고 있는 특성이 무엇인지, 수검자의 검사 반응에 어떤 심리적 과정이 영향을 미치는지를 아는 것이 Rorschach 검사 결과를 해석하는 데 도움이 될 것이다.

1) 검사반응에 대한 Rorschach의 견해

Rorschach는 '무엇처럼 보이는지'에 대해 반응하는 것은 검사자극에 따라 유발된 감각과 기억 흔적의 통합과정을 거친다고 보았다. 이러한 통합의 과정은 감각적인 인상과 기억 내용을 의식적으로 끌어내는 조작과정이라 하였다. 즉, 수검자는 검사자극이 기억 속에 저장된 대상들과 반드시 일치하지 않는다는 것을 지각하고 비교적 비슷한 것이 무엇인지를 자발적으로 연결시키게 된다. 이 과정을 연상과정(associational process)이라 하였다. 사람들이 감각적인 인상과 기억들을 연합하는 과정에는 개인차가 있게 마련이며, 이러한 개인차로 말미암아 같은 자극에 대해서도 다양한 반응을 한다고 보았다. Rorschach는 검사반응 동안에 무의식적 요소가 영향을 미친다는 가설을 받아들이지 않았다. 그는 반응과정을 지각과정 및 통각(apperception)과정으로 보았다. 이와 같은 Rorschach의 검사반응 과정에 대한 기본적 가설은 반응과정에서 발생하는 다양한 원인을 지나치게 간소화하였다고 할 수 있다.

2) 검사반응에 대한 과정

수검자가 각 카드의 잉크 반점에 대해 보일 수 있는 잠재적인 대답들 가운데 특정한 것으로 반응하는 과정에 포함되는 요소는 무엇일까? Exner, Armbruster 그리고 Mittman(1975)의 연구는 수검자들이 잉크 반점에서 본 많은 잠재적 응답 가운데 25%에도 못 미치는 수의 반응을 한다는 점을 알아냈다. 왜 이러한 일이 발생하는지를 이해하기 위해서는 반응과정에 관여하는 요소들을 살펴볼 필요가 있다. 여기에는 다음의 여섯 가지 요소가 포함되어 있다.

① 검사자극을 입력 및 부호화
② 검사자극을 전체 혹은 부분으로 분류
③ 경제성이나 우선순위에 따라 잠재적인 대답 버리기
④ 검사의 선입견 등을 검열하는 과정에서 버리기
⑤ 개인의 특성과 반응 유형에 따라 남겨진 반응 중 선택하기

⑥ 개인의 심리 상태에 따라 반응 선택하기

첫째, 자극의 입력 및 부호화 과정은 잉크 반점에 대해 시각적으로 정보를 처리하는 과정으로 그 처리 시간이 매우 빠르게 진행된다. 그러나 잉크 반점이 단순한 형태인지 복잡한 형태인지에 따라 다를 수 있다. Exner(1980)의 정상인을 대상으로 한 연구에 따르면, 19세 여성 수검자의 카드 1에 대한 시각주사(visual scanning) 시간은 500ms였고 23세 남성 수검자의 시각주사 시간은 1,100ms로 나타났다. 수검자가 시각적 입력이 있은 후 처음으로 보인 반응시간의 평균을 살펴보면, 카드1은 평균 반응시간이 5.79초(SD=2.38)였고 카드 3은 7.74초(SD=3.1)였다. 카드에 따라 차이가 있기는 하지만, 자극을 입력한 후 수검자는 5~9초 이후에 반응을 하는 것으로 나타났다. 이와 같은 몇 초간의 간격은 수검자가 자극에 노출된 다음에 잠재적인 대답을 어떻게 분류할 것인지에 할애된다고 볼 수 있다.

둘째, 자극을 전체 혹은 부분으로 분류하기 과정은 수검자의 장기기억에서 끌어낸 상상된 대상과 잉크 반점의 특성에 따라 크게는 잉크 반점 전체로, 작게는 작은 부분들로 나누어 그것이 무엇인지 지각하는 과정이다. 어떤 잉크 반점은 실제나 상상된 대상과 상당히 유사해서 쉽게 분류할 수 있는가 하면, 어떤 영역은 분류하기가 상당히 어렵기도 하다. 예를 들어, 카드 8의 D1 영역은 네 다리를 가진 동물로 보기에 용이한 특성을 지니고 있다. 그러나 나머지 영역들은 그 분류에 D1보다는 시간이 더 많이 걸리는 것이 보편적이다.

셋째, 우선순위에 따라 잠재적인 대답 버리기 과정은 수검자에게 무엇으로 보이는지 모두 이야기해 달라는 검사자의 요청과 함께 수검자가 여러 잠재적인 반응 가운데 무엇을 먼저 답해야 할지 결정하는 과정이다. 대부분의 수검자는 대답에서 신중을 기하고, 이에 따라 가능한 잠재적인 대답 중 10장의 카드에 대해 22개 정도의 반응을 보인다. 이는 경제적 원리의 영향을 받아 가능한 한 빠르게 제대로 답해야 한다는 교육적 모델이 Rorschach 검사에도 적용된 것이라고 볼 수 있다. 경제적 원리에 기여하는 또 다른 요소는 우선순위 정하기다. 카드 1의 전체를 박쥐, 새, 나비로 본 사람이 이 모두를 순서대로 반응할 수도 있고, 우선순위에 따라 하나만 반응하고 나머지는 버리는 일이 생기기도 한다.

넷째, 검열을 통해 버리기 과정은 어떠한 선입견이나 검사에 대한 경험 등에 영향을 받는 단계다. 예를 들어, 잘 아는 검사자에게 검사를 받는지, 낯선 검사자에게 검사를 받는지가 검사반응의 수에 영향을 미칠 수 있다(Leura & Exner, 1978). 이는 정서적으로 가깝게 느끼는 검사자에게 덜 숨긴다는 점을 시사한다. 또한 검사반응이 정상인에게서 빈번하게 나오는 반응인지 비정상적인 집단에서 빈번한 반응인지에 따른 선입견이 Rorschach 반응에 영향을 미친다는 것이다.

다섯째, 개인의 특성과 반응 유형에 따라 남겨진 반응 중 선택하기 과정은 개인의 기본적 심리적 특성이 잠재적 대답 결정에 반영되는 단계다. 예를 들어, 조용하고 보수적인 사람이 있는가 하면, 자발적이고 정서적인 자극에 민감한 사람도 있다. 또 자기주장이 분명하고 스트레스에 효과적으로 대처하는 사람이 있는가 하면, 너무 수동적이고 위축되어 있어서 스트레스에 강하게 직면하면 쉽게 붕괴될 가능성을 보이는 사람도 있다. 이와 관련되는 Rorschach 변인들은 검사-재검사 신뢰도가 높게 나타나, 주요한 성격과 특성은 쉽게 변할 수 없음을 반증한다.

여섯째, 개인의 심리 상태에 따라 반응 선택하기 과정은 개인이 겪고 있는 심리적 상태의 변화가 반응에 나타나는 단계다. 개인의 스트레스에 따라 변하는 Rorschach 변인들 가운데 검사-재검사 신뢰도가 낮은 무생물 운동(m) 반응이나 확산음영(Y) 반응은 현재 겪고 있는 스트레스에 따라 증가되지만 스트레스가 감소하면 따라서 감소하는 변인이다. 개인이 정신병리를 지닌 상태라면 이러한 증상이 Rorschach 반응에 드러난다. 예를 들어, 우울증을 보이는 환자의 경우는 우울증의 지표가 되는 손상(Mor) 반응이나 통경(Vista) 반응, 무채색(Achromatic) 반응 등이 증가하는 경향이 있다.

3. Rorschach 검사의 신뢰도와 타당도

Rorschach 검사가 심리측정적으로 적절한가에 대한 문제는 심리학의 역사상 가장 커다란 논쟁거리였다. 미국에서 Rorschach 검사에 대한 회의론이 제기되기도 하였지만, 한편에서는 Rorschach 검사의 중요성을 역설하기도 하였다. 어떤 면에서 Rorschach 검사는 두 번째로 가장 많이 사용되는 검사로서, 앞서 언급하였듯이

1940~1950년대에는 Rorschach 검사라는 이름이 임상심리와 거의 동의어로 취급될 정도였다. 이런 초기의 인기에도 불구하고 Rorschach 검사에 대한 재검토 결과는 일반적으로 매우 비판적이었다. 대표적으로 Shaffer, Dana 그리고 Jensen 같은 연구자들은 Rorschach 검사에 대해 비판적인 태도를 보였지만, 이러한 공격에도 불구하고 1956년에 Rorschach 검사 관련 출판물은 거의 2,000부에 달하였다. 이후 더욱 늘어나 1969년에는 2,700부로 추정되었고, 1982년에는 6,000부로 증가하였다. 또한 1982~1996년에는 1,300부의 부가적인 출판물이 있었다.

Rorschach 검사의 심리측정적 특성을 검토한 서로 다른 연구들에서 의미 있는 비교 작업상의 어려움들이 많이 제기되어 왔다. Exner가 강조하였듯이, Rorschach 검사는 단일한 하나의 체계가 아닌, 기본적으로 다섯 개의 주요한 체계로 사용되어 왔다. 따라서 하나의 체계만을 가지고 연구한 신뢰도와 타당도 연구들의 결과가 다른 체계들을 일반화시킬 수 없음에도 불구하고, 이들은 단지 하나의 Rorschach 검사를 사용한 연구 결과에만 의지해 결론을 내리는 것처럼 보이는 경우가 있다. Rorschach 연구들은 채점해야 하는 변인이 상당히 많고, 연구에 개입되는 연구자의 선입견, 타당한 준거의 부족, 부적절한 통계 방식이 연구에 영향을 주었다. 이러한 어려움들은 Exner와 동료들이 1970년 이전에 나온 2,100개 연구들 전체에서 1,400개의 연구들은 버려야 한다고 설명하는 과정에서 상세하게 드러났다.

이와 같은 어려움에도 불구하고 Parker, Hanson 그리고 Hunsley(1988)는 Exner가 제시한 자료를 합하여 메타분석을 통해 신뢰도를 검증하였다. Parker 등(1988)은 1971~1980년에 『Journal of Personality Assessment』와 『Journal of Clinical Psychology』에서 발표한 530개의 연구 중 각기 다른 통계적 절차를 사용한 39가지의 논문을 분석하였다. Exner는 종합체계를 개발하는 동안 그의 다른 채점 범주를 만들어 가면서 채점자 간 신뢰도에 특별한 관심을 기울였다. 다른 채점들 사이에 최저 .85를 얻지 못한 채점 범주는 채점에 포함하지 않았다. 그는 총체적으로 Rorschach 검사가 .80보다 낮은 신뢰도를 가질 것으로 예상하였다.

비환자 집단을 대상으로 1년 간격으로 25개의 변인을 가지고 재검사를 했을 때 신뢰도는 .26~.91로 나타났다. 총 변인 20개의 상관지수는 .72 이상이고, 그중 13개의 변인은 .81~.89였으며 2개의 변인은 .90 이상을 보였다. Exner는 5개의 변인이 .72보다 낮은 것을 확인하였는데, 이는 이러한 변인들이 인간의 변하기 어려운 기질보다는 변화되는 특성들을 반영하여서 상대적으로 낮은 신뢰도를 나타내는 것이라고 보았다. 3년의 간격을 둔 검사-재검사 신뢰도는 1년의 간격과 비슷하지만 다소 신뢰도가 떨어지는 것으로 나타났다.

장기간의 검사-재검사 신뢰도에서 아동의 경우는 성인이 보이는 안정성을 보이지 않았다. Exner는 그 이유를 아동이 발달과정에 있기 때문인 것으로 보았다. 그러나 단기간의 경우 8세 정도는 7일 이상, 그리고 9세의 경우는 3주의 간격을 둔 검사에서는 어느 정도 일관성을 보였다. 예를 들어, 25개의 변인 중 오직 2개가 .70보다 낮았고 적어도 7개는 .90 이상이었으며 그 나머지는 .70~.90이었다. 성인은 아동보다는 일관성에서 상대적으로 높은 비율과 백분율을 보였다. 아동의 Rorschach 변인의 일관성은 짧은 기간은 물론이고 14세나 그 이상의 나이가 될 때까지는 불안정하게 나타났다.

타당도 연구는 다른 모집단 사이에서 각 Rorschach 변인이 모집단의 특징을 잘 구별해 주는지에 초점을 두고 있었다. 즉, 특정한 집단의 Rorschach 반응에 대한 과거의 자료를 바탕으로 해서 이러한 반응들로 규준을 만들고, 이러한 규준을 바탕으로 개인의 반응을 비교한 것이다. 예를 들어, 조현병 환자는 형태의 질이 좋지 못한 반응을 상대적으로 다른 집단보다 높게 보일 수 있고, 우울증 환자는 인간 운동(M) 반응을 매우 적게 보일 수 있을 것이다. 그래서 조현병 환자가 인식하고 사고하는 방식이 대부분의 사람과 다르기 때문에 질이 좋지 않은 반응들을 보이는 것이라고 가정했다.

앞서 언급한 매우 일반적인 접근들은 특정한 채점과 이에 따른 해석의 방법에 많은 도움을 주었다. 초기의 타당도 연구는 그 평가에서 매우 어려움이 많았는데, 그 이유는 다양한 채점체계와 빈약한 방법론 때문이었다. 게다가 초기의 연구들은 적절하지 못한 규준에 의존하고 있었는데, 특히 아동·청소년과 70세 이상의 노인 규준을 갖추지 못한 것도 문제였다. 또한 검사 결과는 앉는 방법, 지시 방법, 라포, 검사자와 수검자의 성별 및 검사자의 성격 등과 같은 상황적 변인 및 대인관계적 변인들의 영향을 받는다는 점도 간과해서는 안 된다.

초기의 타당도 연구는 전체적으로 많은 채점 변인과 구조 요약 방식 등 때문에 더 복잡해졌고, 타당도의 범주도 다양하게 연구되었다. 따라서 어떤 변인의 해석은 다양한 여러 가정을 하게 되었다. 예를 들어, 인간 운동(M) 반응의 수는 백일몽과 상관이 있을 뿐 아니라 창조성과도 관계있는 지표로서 사용되었다. 또한 타당도는 검사가 사용된 집단에 의존한다. Exner는 자신의 연구를 통해서 점수의 일곱 가지 변인의 Rorschach 검사 결과에 기초한 우울증 지표(DEPI)를 통해 통제집단과 우울한 환자를 구별할 수 있었다. 그러나 우울증 지표는 청소년 집단의 조현병 환자와 우울증인 사람을 구별해 내는 데서는 어려움을 보였다.

Rorschach 검사의 타당도를 낮추는 주요 요인들은 전체 반응과 유의한 관계를 가지며 전체 반응 수에 영향을 받는 것으로 보인다. 전체 반응이 낮다면 이는 방어적이고 우울한 특성을 말해 주며, 상당히 높은 반응 수는 높은 성취 욕구나 강박적인 성격을 말해 준다. 또 전체 반응 수는 나이, 지적 수준, 언어적 태도 그리고 교육의 정도와도 밀접한 관련이 있는 것으로 보인다. 따라서 이를 고려한 해석이 요망된다. 지적 수준, 언어적 태도, 교육의 정도는 잠재적으로 반응의 생산성에 영향을 줄 수 있기 때문이다.

많은 반응 수는 전통적인 성격 해석에서 핵심적인 것은 아니다. 반응 수가 많다면 이는 언어적 능력이나 태도를 나타내는 것이다. 더 중요한 것은 전체 반응의 수와 특정 반응의 수의 비율을 고려한 해석이다. 예를 들어, 총 반응의 수가 적으면 상대적으로 전체 반응과 특정 반응의 비율을 검토할 때 그 수가 커지는 반면, 총 반응의 수가 많다면 반대의 경우가 발생할 것이다. 해석은 다른 채점 범주에 대한 상대적인 비율에 기초하는 경우가 있기 때문에 총 반응 수가 중요하다. 그러나 Exner는 평균 반응 수를 보이는 동일한 사람의 기록과 대체로 긴 기록의 결과에 대한 해석이 다르지 않음을 발견했다. 이 발견을 기초로 그는 반응의 수가 첫 번째 카드에서 6개 이상 나오거나, 두 번째 카드에서 5개 이상 나올 때 그 반응의 수를 제한해 줄 것을 권하였다. 다시 말해서, 5~6개 이상의 반응이 나오면 거기서 검사를 그치고 다음 카드로 넘어가도록 권한다. 그러나 반응 수가 몹시 적은 프로토콜은 그 타당도에 의문의 여지가 많다. Exner는 심지어 버려진 프로토콜을 간단하게 정리하고 더 많은 반응을 얻으려 해야 한다고 권하고 있다. 높은 수의 반응 또한 주의해야 하겠지만 반응 수를 제한하는 것, 예컨대 "몇 가지 보이는 대로 말해 주세요."라고 함으로써 이런 문제를 줄일 수 있다. Rorschach 검사의 타당도 확증에서의 어려움은 Exner가 자신의 세 권의 책을 통해서도 많이 언급하고 있다. 종합체계가 나오게 된 것은 초기의 Rorschach 체계가 수검자의 반응을 충분히 반영하여 채점하지 못하는 것이 계기가 되었다. 더 최근에는 이 종합체계를 사용한 연구들이 나와서 이런 제한점 및 문제점들을 줄여 주고 있다.

4. 실시 방법과 절차

Rorschach 검사의 자료는 개인의 반응 양식, 정서 상태, 인지적 조작, 동기, 대인간-환경 간 지각 양식, 반응 경향 등의 복잡한 행동의 표본을 규준(norm)과 비교하는 절차를 거친다. Rorschach 검사에 대해 마음을 찍는 X-ray 같은 검사라는 생각을 하는 이들도 있으나, 인간의 내면을 투시하는 검사라는 견해는 지나친 생각이다. 그보다 Rorschach 검사는 수검자의 현재를 있는 그대로 반영해 주는 검사이며, 프로토콜에서 얻은 자료를 근거로 수검자의 개인 정보를 포함해 앞서 언급한 심리적인 측면들을 연역적 혹은 귀납적으로 예측하는 검사라고 할 수 있다. 말하자면, Rorschach 검사는 자료에만 의존하여 개인의 정신병리나 성격, 행동 등을 예측하지 않는다는 것이다. 예컨대, Rorschach 검사 시 수검자의 정보를 얻기 위하여 질문하는 내용은 부모-자녀 관계, 형제자매 관계, 교사의 평가, 종교, 성생활 등으로, 이러한 정보는 수검자의 과거와 미래를 추리하는 데 사용되며, 수검자를 돕기 위한 치료나 대안의 모색에 적용된다.

1) Rorschach 검사와 검사 배터리

Rorschach 검사를 사용하는 임상가가 Rorschach 검사 결과의 해석과 적용을 풍부하게 하기 위하여 수검자의 개인력을 듣고 검사행동을 관찰하는 것 이외의 방법으로는 검사 배터리를 사용하는 것이 있다. 검사 배터리는 대부분 2~3개의 검사로 이루어지지만 때로는 5개 이상이 되기도 한다. 검사 배터리를 사용하는 이유는 다음과 같다.

첫째, 어떤 검사든 한 가지만으로 인지, 정서 및 행동의 모든 영역에 걸쳐 광범위하게 측정할 수는 없다. 검사마다 어떤 검사는 인지나 신경학적인 손상에 초점을 맞추는 검사가 있는가 하면, 성격의 특성과 대인관계의 어려움에 역점을 두는 검사가 있는 등 각기 다른 측면을 더 잘 측정한다는 점에서 검사 배터리의 사용은 한 개인을 폭 넓게 검사할 수 있다는 이점이 있다.

둘째, 다양한 검사를 사용하다 보면 어느 정도는 서로 중복되므로 한 검사에서 얻은 정보를 서로 검증할 수 있는 가능성을 제공하게 된다. 따라서 검사 배터리의 사용은 검사 결과의 오류를 최소화하고 정확성을 극대화하는 장점을 가지고 있다.

그러나 검사 배터리를 항상 사용하여야 하는 것은 아니다. 평가 과정에서 가장 중요한 결정은 수검자의 어떤 기능과 문제들에 초점을 맞추는가다. 예컨대, 지적장애가 의심된다면 K-WAIS를 우선적으로 실시해야 할 것이다. 또 정신병리 상태로 보이는 환자에게는 Rorschach 검사, MMPI-2, K-WAIS를 함께 실시해 볼 필요가 있다. 이 검사들은 수검자의 사고장애와 정서장애 그리고 대인관계 장애를 파악하는 데 상호 보완적이기 때문이다.

어떤 임상가는 표준적인 검사 배터리의 사용을 고집하는 경향이 있으나, 현재는 필요한 자료를 얻는 데 치중하고 있으며 경우에 따라 검사를 선별하여 실시하는 것이 보편적이다. 이는 과거에 비해 개인의 성격과 정신병리 등이 잘 알려져 있고 검사의 기능에 대한 연구를 통해 검사 특징도 어느 정도 명확해졌기 때문이다.

평가자는 검사의 순서를 어떻게 배치하는가에 대한 것도 결정해야 한다. 검사의 순서는 Rorschach 검사에서 인간 반응의 빈도를 변화시킬 수 있다. K-WAIS를 Rorschach 검사 전에 하는지, 후에 하는지에 따라 K-WAIS 검사 결과에 차이를 가져오기도 한다. 그러므로 Rorschach 검사를 MMPI-2나 수검자에게 스트레스를 주는 검사의 직후에 실시하는 것은 바람직하지 않다. 어떠한 검사를 실시할 것인지가 결정되고 나면 시간 요인이 매우 중요하다. 일반적으로 정신과적인 문제가 없으면 전체 평가과정은 3시간 내에 끝난다. 최근의 평가과정에서는 한 개인을 합리적으로 이해하기 위해서 세 가지 검사를 모두 실시할 것을 권장하고 있다. 즉, K-WAIS, Rorschach 검사와 MMPI-2다.

2) 검사 절차와 실시 방법

Rorschach 검사를 실시하기로 결정했다면 검사 절차와 실시 방법을 잘 알고 사용하는 것이 중요하다. 자리 배치, 검사 지시 방법, 반응의 기록과 질문하기 등은 검사자료를 제대로 활용하는 데 필수적인 사항들이다.

(1) 자리의 배치

Rorschach 검사를 실시할 때 권할 만한 자리의 배치는 수검자가 검사자의 옆에 앉는 'side by side' 방법이다. 이러한 방법을 권하는 이유는 검사자가 무심코 수검자에게 영향을 줄 수 있는 단서를 줄일 수 있고, 질문할 때 수검자가 말하는 검사자극을 훨씬 더 정확히 볼 수 있기 때문이다.

(2) 검사의 소개

Rorschach 검사를 실시하기 위해 특별히 준비하여야 할 것은 없다. Rorschach 검사는 일반적으로 간단한 면접 후에 실시한다. 수검자가 스스로 검사받기를 원했다면, 검사자는 그 이유가 무엇인지를 명확히 해야 할 책임을 갖는다. 다른 사람이 수검자가 평가를 받도록 의뢰하였다면 의뢰한 사람에게 설명을 들어야 할 것이다. 평가과정에서 검사자는 모든 절차를 수검자에게 설명해야 하고 수검자의 질문에 적절히 답해야 한다.

검사의 초기 단계에서 검사자는 수검자가 검사 상황에서 가질 수 있는 불안이나 불신을 완화하기 위해 노력해야 한다. 수검자가 검사에 대해서 궁금해하는 점은 적절히 답해 주되 지나치게 상세히 말해 줄 필요는 없다. 검사자는 수검자가 검사를 받는 이유가 무엇인지, 그리고 검사 결과를 누가 받고 어떻게 사용되는지를 알고자 하면 알려 줄 의무가 있다. 예컨대, "이 검사는 개인의 특성이나 성격을 이해하는 데 도움을 줄 수 있으며, 당신의 치료와 상담을 도와줄 수 있을 것입니다."라고 말해 준다.

자리 배치가 결정되면 수검자에게 "지금부터 우리는 잉크 반점 검사를 할 것입니다."라고 말하고, 카드 I을 맨 위로 오도록 한다. 카드의 앞면이 보이도록 해서는 안 되며 검사자가 잡기 쉬운 위치에 카드를 놓아 둔다. 위치를 표시하는 기록 용지(Location sheet)는 수검자가 보지 않게 한다. 모든 반응은 말 그대로를 기록해야 하고, 기록 용지는 여러 장 준비해 두는 것이 좋다.

(3) 지시 내용

첫 카드를 수검자의 손에 쥐어 주면서 "이것은 무엇처럼 보이나요?"라고 묻는다. 또는 "이 카드를 보고 무엇처럼 보이는지 전부 이야기해 주세요."라고 말한다. 카드 I의 경우, 첫 카드의 수검자 반응이 하나로 그칠 때는 "좀 더 보고 그 외에 보이는 것이 있으면 모두 말씀해 주세요." 혹은 "좀 더 자세히 보면 다른 것도 찾을 수 있을 거예요." 라고 격려하는 보충 설명을 하여 카드를 충분히 본 다음 본 것에 대해서는 다 말하는 검사라는 점을 확인시켜 줄 필요가 있다.

(4) 반응 단계

검사자는 언어를 축어록(수검자가 한 말을 그대로 기록)으로 기록해야 한다.

검사가 시작되면 검사자는 가능한 한 침묵을 지키는 것이 원칙이며, 수검자에게 카드를 바꿔 주거나 어떤 설명이 필요할 때만 검사자가 개입할 수 있다. 간단한 "음."이나 "흠." 등의 대답조차도 수검자에게는 잘하고 있다는 신호로 인식되어 수검자가 자유롭게 반응하는 데 방해가 될 수 있으므로 주의하여야 한다.

첫 카드는 손으로 쥐고 보도록 하지만, 보다가 테이블 위에 올려놓은 카드는 그대로 놔 둔다.

(5) 질문과 격려

검사 초기에는 수검자가 여러 질문을 하는 경우가 많다. 이때 검사자의 반응은 비지시적이어야 한다. 예컨대, 수검자가 "카드를 돌려도 되나요?"라고 말하면 "마음대로 하세요."라고 하면 된다. 또한 "얼마나 많은 반응을 해야 하나요?"라고 질문하면 "당신이 잘 보면 하나 이상은 볼 수 있을 거라고 생각해요."라고 하는 것이 표준 반응이다.

3) 검사의 전체 반응 수와 카드당 반응 수

Rorschach 검사의 전체 반응 수가 14개 이하인 자료는 타당하지 않은 것으로 간주한다. 매우 간단한 반응은 해석에서 타당도의 문제를 제기할 수 있기 때문이다. 14개

이하의 반응은 신뢰할 만한 자료가 아니기 때문에 해석하지 않으나 몇 가지 예외가 있다. X+%가 매우 낮으며 정서적인 문제가 아주 심한 환자이거나 X−%가 매우 높으며 2~3개 이상에서 이상한 반응을 나타내면 다른 정신병적 장애를 분명히 의심할 만하다. 예컨대, 우울증 환자의 경우 반응 수가 적을 수 있으며, 전체 반응은 14개 이하지만 사고장애를 시사하는 반응이 2~3개 이상이라면 이는 반응 수가 적다 할지라도 정신병으로 보아도 무방할 때가 있다. 이런 자료들은 혹시 검사자가 카드 I에서 수검자에게 좀 더 보도록 격려하였는지 살펴보아야 한다. 어쨌든 14개 이하의 반응에 대해서는 검사자가 둘 중 한 가지 방법을 선택하여야 한다. 즉, 이 결과를 버리고 수검자를 평가하기 위해 다른 검사 자료를 활용하거나, 아니면 Rorschach 검사가 이 수검자에게 꼭 필요하다면 반응 단계 직후에 재검사하도록 한다.

수검자의 검사에 대한 거부는 라포가 잘 형성되지 않아서일 수도 있고, 수검자가 경계심이 많고 적대적이기 때문일 수도 있으며, 심리적으로 혼돈을 겪고 있기 때문일 수도 있다. 따라서 어떤 경우인지를 먼저 파악해야 할 것이다. 전자의 경우는 라포 형성을 위한 검사자의 노력이 요구되는 것이지만, 후자의 두 가지 경우는 수검자의 병리적 문제를 반영한 것으로 볼 수 있다.

수검자의 강박적인 성향 때문에 지나치게 검사자극에 몰입해서 끊임없이 반응한다면 카드 I에서 6개 반응부터는 카드를 회수한다. 카드 II 에서도 5개 이상 반응을 하면 마찬가지의 절차를 밟는다. 그러나 5개 이하의 반응을 보이면 더 이상 개입하지 않는다.

검사자가 반응하는 카드의 위치를 돌려 보다가 180도 회전하여 반응하면 'V', 90도 회전하여 반응하면 '혹은' 등으로 표시한다. 회전을 하되 정위치에서 반응한다면 표시하지 않는다.

4) 질문 단계

Rorschach 검사 실시의 절차는 질문 단계에서 더욱 복잡해진다. 검사자는 10개의 카드를 모두 보여 준 후 질문한다. Rorschach 검사에서 질문을 하는 목적은 수검자의 반응을 정확히 채점하기 위해서다. 즉, 질문은 새로운 정보를 얻어 내기 위한 것이 아니라 반응 단계에서 지각한 것을 분명히 하기 위한 것이다.

질문을 시작할 때는 검사자가 질문의 목표와 절차를 정확히 설명하여야 한다. "자, 이제 모두 끝났어요. 이제 봤던 카드를 하나씩 다시 보여 드리려고 해요. 카드마다 당신이 본 대로 나도 그렇게 볼 수 있도록 설명해 주시겠어요? 당신이 말한 것을 다시 읽어 줄 테니 반점을 어디에서 그렇게 보았는지, 어떤 점에서 그렇게 보았는지 말해 주세요."라고 요청한다.

다음은 적절한 질문과 부적절한 질문의 예다.

(1) 적절한 질문

질문 단계에서 검사자는 주요한 세 가지 요소에 초점을 둔다. 즉, 영역(어디에서 그렇게 보았는가), 반응결정인(어떤 점을 보고 왜 그렇게 보았는가) 그리고 내용(무엇을 보았는가)이다. 대부분의 초보 검사자는 두 번째인 반응결정인에서 어려움을 겪는다. 수검자는 보통 '어디에 있는가'와 '그것이 무엇인가'에 대해 설명하는 데 그친다. 그러나 '왜 그렇게 보았는가'는 좀 더 설명을 요구해야 비로소 나오는 것이 다반사다. 상세히 알기 위해서 "어떤 점이 ○○처럼 보인 건가요?" "모양 이외에 ○○처럼 보인 다른 이유는 없나요?" "○○에 대해 좀 더 설명해 보시겠어요?" 등의 보충 질문과 격려적인 개입을 해야 할 때가 적지 않다. 다시 질문할 때는 비지시적인 질문을 해야 하고, 반점에서 모양 이외에 색채, 음영, 동작 등은 보지 않았는지에 주의를 기울여야 한다.

이해되지 않을 때는 "당신이 어디를 그렇게 보았는지 잘 모르겠네요(영역)." "그것처럼 보이게 하는 게 무엇인지 모르겠네요(반응결정인)." 등의 질문을 해야 한다. 수검자가 "그냥 그렇게 보여요."라고 애매하게 대답하면서 회피하려는 것을 허용해서는 안 된다. 이때는 "'그냥'이라고 하셨는데 어떤 것을 말하는지 설명해 주시겠어요? 아까 보신 대로 말하면 됩니다."라고 할 수 있다.

반응 단계에서 수검자가 말한 핵심 단어, 예를 들어 "무서운 짐승이 서 있어요."에서 무서운 이유를 설명하지 않고 지나칠 때 어떤 점에서 무섭게 느꼈는지를 질문해야 한다. 때로는 형태 이외에 음영에서 무서움을 지각하는 수검자도 있기 때문이다.

(2) 부적절한 질문

질문 시 절대로 해서는 안 될 질문이 있는데, 예를 들어 채점을 하는 데는 직접적으로 관계가 없으나 검사자가 궁금한 사항을 질문하는 것이다.

- "그 사람이 뭔가를 하고 있나요?"(직접적인 질문)
- "어느 쪽이 위인가요?"(유도적인 질문)
- "그 동물은 왜 싸웠을까요?"(반응을 상세히 묘사하도록 유도하는 질문)

먼저, 질문 시 검사자와 수검자가 주고받은 말은 대화체로 기록하며, 위치를 표시하는 용지는 영역 확인 시 정확히 기록한다.

다음으로, 검사자는 모든 반응결정인을 염두에 두고 질문해야 하지만 강박적으로 생각할 필요는 없다. 간결함이 기본이며, 질문은 비지시적이어야 한다.

마지막으로, 주의할 사항 중 하나는 반응과 카드에 대한 평은 다르다는 점이다. 즉, 수검자가 반점을 보고 반응한 것인지, 그냥 카드에 대한 평을 한 것에 불과한지를 잘 구분해야 하는 경우가 있다. 예컨대, 카드 Ⅷ에서 수검자가 "아, 파랑과 분홍이네."라고 할 때 이것이 반응에 해당된다면 색채명명(Cn)이지만 반점에 대한 평이라면 더 이상 질문할 필요가 없다. 이런 경우 검사자는 수검자에게 말한 것을 읽어 주면서 "이것이 카드에 대한 대답인가요?"라고 물어본다. 대부분의 수검자는 카드의 색채에 대해 말했을 뿐인지, 아니면 대답인지를 명확하게 이야기해 준다.

5. Rorschach 검사의 채점

1) 영역 채점

반점의 전체를 보고 반응했다면 W로 부호화하고, 부분 반응인 경우는 둘로 나뉜다. 즉, 수검자들이 자주 사용하는 부분의 경우는 D로, 자주 사용하지 않는 부분 반응인 경우는 Dd로 채점한다. 만일 수검자가 공간을 함께 보고 반응했다면 S를 첨가하여

WS, DS, Dds로 채점한다.

수검자가 질문 단계에서 자신이 본 것에 대해 영역을 구체적으로 설명하지 않은 Rorschach 검사 영역을 채점할 때는 "손가락으로 짚어 보세요." 혹은 "제가 볼 수 있도록 그곳을 짚어 보세요."와 같이 요청하여 영역 사용을 확실히 하도록 한다.

네 가지 영역의 채점은 다음과 같다.

(1) W 반응

이 채점은 수검자가 잉크 반점의 전체를 사용하였을 때만 사용한다. 때때로 수검자가 전체 잉크 반점을 사용한 것 같지만 그렇지 않은 경우도 적지 않다. 예를 들어, 카드 I, V에서 박쥐나 나비의 응답 가운데 대략 97%의 수검자는 전체를 보고 반응하지만 소수의 수검자는 좀 더 정확한 반응을 위하여 극히 세부적인 부분을 제외시키기도 한다. 이 경우, 아주 작은 세부라 할지라도 W로 채점하지 않는다.

(2) D 반응

D의 채점은 Rorschach가 시작하였다. Exner의 종합체계에서는 Beck의 D채점을 위한 연구에 기초하여 전체 수검자의 5%가 부분으로 반응을 보이면 D로 채점하는 방식을 따르고 있다. 또한 같은 카드 내에서 빈번하게 반응하는 D는 D1, 그다음으로 빈번하게 사용되는 것은 D2 등으로 표시하였다.

현재의 종합체계에서는 10개의 카드에 79개의 D가 포함되어 있다. 대부분의 D 반응은 전체 잉크 반점의 큰 부분을 말하지만, 항상 그런 것은 아니다. 드물지만 작은 부분이 D로 채점되기도 한다.

(3) Dd 반응

Dd는 가끔 사용되는 부분 반응을 채점할 때 쓰인다. 즉, 수검자의 5% 미만만이 사용하는 부분에 해당된다. Dd의 대부분은 작은 세부에 해당하는 경우가 많기는 하지만 항상 그런 것만은 아니다. Dd는 수검자가 잉크 반점의 세부에 주의를 기울여 작은 영역이라도 좀 더 신중하게 살펴보고 정확히 하기 위한 노력을 기울일 때 종종 나타난다. 결국은 W와 D가 아닌 모든 반응은 Dd로 채점된다.

(4) S 반응

카드의 흰 공간을 포함시켜 반응하였을 때 S를 부여한다. 수검자의 S 반응은 흰 공간만을 보고 반응한 경우와 다른 반점과 함께 반응한 경우로 나뉜다. 전자나 후자 모두 S 반응을 단독 채점하지 않는다. 다른 영역을 어떻게 사용하였는지에 따라 WS, DS 또는 Dds로 채점한다.

2) 발달질 채점

반응 영역을 채점한 다음에 이에 대한 '질'을 채점함으로써 해석적인 가치를 높일 수 있다. 수검자의 전체 반응 모두가 똑같은 방식으로 선택되거나 조직되는 것은 아니다. 예컨대, 어떤 수검자는 영역 사용에서 예리한 상상력을 나타내는가 하면, 어떤 수검자는 단순하고 구체적인 방식으로 잉크 반점을 지각한다. 이러한 차이를 인지 과정에서의 차이로 보고 통합(+), 통합/모호(+/v), 평범(o), 모호(v) 등으로 구분하여 채점한다.

비조직적인 반응은 어떤 영역을 사용하였는지 윤곽을 명확히 하지 않는 경우다. 예를 들어, 구름, 피, 페인트, 먼지, 섬 등과 같은 반응은 검사자극을 대충 보고 잉크 반점의 특성을 명확히 고려하지 않는 것이 특징이다.

〈표 5-1〉은 발달질의 채점 기준을, 〈표 5-2〉는 위치 반응 발달질 채점의 예시를 보여 주고 있다.

〈표 5-1〉 발달질의 채점 기준

기호	정의	기준
+	통합 반응 (synthesized response)	반점의 전체 부분이나 분리된 부분들이 처음에는 분리되었다가 하나의 반응으로 다시 통합된다. 두 개 이상의 사물들이 분리되어 있지만 서로 의미 있는 관계 속에 있다. 관련된 사물들 중 최소한 하나의 사물은 원래 일정한 형태를 지니고 있거나 일정한 형태를 지니고 있는 상태로 묘사되어야 한다.
o	평범 반응 (ordinary response)	반점의 한 영역이 단일한 사물을 가리키는 데 사용된다. 이때 사물은 원래 일정한 형태를 지니고 있거나 형태를 지니고 있는 상태로 묘사되어야 한다.

v/+	통합-모호 반응 (synthesized/ vague response)	반점의 전체 부분이나 분리된 부분이 처음에는 분리되고 난 다음 하나의 반응으로 다시 통합된다. 두 개 이상의 사물들이 분리되어 있으나 의미 있는 관계 속에 있다. 관련된 사물들 가운데 어떤 것도 원래 일정한 형태가 있는 사물이 아니거나 특정한 형태를 지니고 있는 것으로 묘사되고 있지 않다.
v	모호 반응 (vague response)	반점의 한 영역에서 한 사물이 응답되는데, 응답된 사물이 특정한 형태를 지니고 있지 않으며, 사물 묘사가 특정한 형태를 드러내고 있지 않다.

〈표 5-2〉 위치 반응 발달질 채점 예시

카드	반응	부호화
I	가운데 사람이 몬스터를 소환하고 있는 모습(W)	W+
	산호 조각(D1)	Dv
	언덕(Dd24) 위를 올라가는 두 유령(DdS30)	DdS+
II	산타클로스와 난쟁이가 하이파이브하는 모습	W+
	우주선(DS5)이 날아가는 모습	DSo
III	푸들(D9)	Do
	거울을 통해 자기 모습을 보는 사람(D1)	D+
	메기 한 마리(D2)	Do
IV	그루터기에 앉아 있는 남자(W)	W+
	구름을 동반한 폭풍우(W)	Wv/+
	양쪽에 하나씩 있는 한 켤레 구두(D6)	Do
	발이 되게 큰 괴물(W)	Wo
V	전기 꼽는 집게(D10)	Ddo
	미국 지도(W)	Wo
	박쥐(W)	Wo
VI	예수상(D3)	Do
	프랑스 지도(D1)	Do
	언덕에 있는 수풀(D3)	Dv/+
VII	이빨(W)	Wo
	대양에 떠 있는 섬(WS)	WSv/+
	둥지(D6)에서 미끄러진 새(Dd25)	Dd+
	밝게 빛나는 샹들리에(W)	Wo
	하품하는 두 사람(D1)	D+

VIII	막대기에 걸려 있는 찢긴 천(D5) 폭발(W) 버섯 구름 모양의 원자 폭발(W)	Dv/+ Wv Wo
IX	말라 버린 혈액(Dd28) 해부한 파충류(W)	Ddv Wo
X	해상 생물들(W) 물고기나 게 등 물속의 여러 동물들(W) 중심(D3)에 보석이 있는 부처(DdS29)	W+ Wo DdS+

3) 반응결정인

Rorschach 검사 반응을 채점하는 과정에서 가장 중요하고 가장 복잡한 것은 반응결정인에 관한 것이다. 이는 지각을 형성하는 데 영향을 준 잉크 반점의 특성이 무엇인지를 말한다. 반응결정인을 채점하는 목적은 반응을 하도록 만드는 복잡한 지각 및 인지 과정에 관한 정보를 구하는 데 있다. 반점에는 여러 자극 특징이 있으며, 이는 세 가지 범주로 나눌 수 있다. 즉, 형태를 포함하는 것, 색채를 포함하는 것 그리고 음영을 포함하는 것 등이다. 만일에 모든 반응이 이 세 가지 범주 중 명백히 하나로 채점된다면 반응결정인의 채점은 단순하고 쉬울 것이다. 그러나 보통의 경우 그렇지 못하다. 예를 들어, '줄기가 긴 노란 장미'는 형태와 색채를 같이 본 것이고, '그늘에 있는 사람'과 같은 반응은 인간 운동과 음영 반응의 두 가지 이상의 반응결정인을 포함하고 있다. 단순히 날개 모양과 형태에서 '박쥐'를 보았다면 형태만을 반응결정인으로 사용한 경우다.

Rorschach는 원래 반응결정인을 채점하기 위하여 형태(F), 인간 운동(M), 세 가지 색채(FC, CF, C) 등의 다섯 가지 범주를 사용하였다. 여기에는 농담이 포함되지 않았으나, 이후 농담 채점을 포함하여 채점체계가 복잡해지기까지 Rorschach 프로토콜 분석 및 가설검증 연구가 뒷받침되었다. 이러한 과정을 거쳐 다음의 열 가지 반응결정인 범주가 결정되었다. 형태, 운동, 색채(유채색), 무채색, 음영-재질, 음영-통경, 음영-확산, 형태-차원, 쌍 그리고 반사 반응이다(〈표 5-3〉 참조).

〈표 5-3〉 반응결정인과 분류 기준

분류	기호	기준
형태	F	• 형태 반응. 반점의 형태를 단독적으로 보고 반응하는 경우 채점된다.
운동	M	• 인간의 운동 반응. 인간이 동작을 보이거나 동물이나 가공적 인물이 인간과 유사한 움직임을 보이는 경우에 채점된다.
	FM	• 동물의 운동 반응. 동물의 운동을 지각한 반응에 대해 채점된다. 운동은 동물의 자연적인 움직임이어야 한다. 만약 동물의 운동이 그 동물의 자연적인 동작인 아닌 경우는 M으로 채점된다.
	m	• 무생물의 운동 반응. 생명이 없는 사물의 운동에 대해 채점된다.
색채 (유채색)	C	• 순수 색채 반응. 반점의 색채만을 근거로 하여 반응했을 때 채점된다.
	CF	• 색채-형태 반응. 반점의 색채가 일차적으로 주요 결정요인이고 형태는 이차적인 결정요인으로 사용되었을 때 채점된다.
	FC	• 형태-색채 반응. 반점의 형태가 주요 결정요인이고 이차적으로 색채가 개입되었을 때 채점된다.
	Cn	• 형태-무채색 반응. 일차적으로 형태에 의존하고 이차적으로 무채색이 결정요인으로 사용되었을 때 채점된다.
무채색	C′	• 순수 무채색 반응. 반점의 무채색, 즉 회색, 검은색, 흰색의 무채색이 반응을 결정하는 요인으로 작용한다.
	C′F	• 무채색-형태 반응. 회색, 검은색, 흰색의 무채색이 반응을 결정하는 데 일차적으로 작용하고 이차적으로 형태가 결정요인으로 개입한 경우 채점된다.
	FC′	• 형태-무채색 반응. 일차적으로 형태에 의존하고 이차적으로 무채색이 결정요인으로 사용되었을 때 채점된다.
음영-재질	T	• 순수 재질 반응. 반점의 음영이 형태가 개입되지 않은 순수한 재질 현상을 나타낸다고 지각되는 경우 채점된다.
	TF	• 재질-형태 반응. 반점의 음영 특성이 재질을 나타낸 것으로 지각되고 형태는 이를 정교화하고 분명히 하는 데 사용된 경우 채점된다.
	FT	• 형태-재질 반응. 기본적으로 형태에 따라 반응을 지각하고 이차적으로 음영의 특징이 재질을 나타내는 것으로 해석되는 경우 채점된다.
음영-통경	V	• 순수 통경 반응. 음영의 특징이 형태를 개입시키지 않고 차원이나 깊이만을 나타내는 것으로 해석되는 경우 채점된다.
	VF	• 통경-형태 반응. 일차적으로 음영이 깊이나 차원을 나타내는 것으로 지각되고 이차적으로 형태가 지각되는 경우 채점된다.
	FV	• 형태-통경 반응. 반점의 형태에 근거하여 일차적으로 반응이 결정되고 음영이 깊이나 차원을 나타내는 데 이차적인 결정요인으로 개입되는 경우 채점된다.

음영-확산	Y	• 순수 음영 반응. 형태를 개입시키지 않고 반점의 밝고 어두운 특징에 따라서만 반응이 결정되는 경우 채점된다.
	YF	• 음영-형태 반응. 반점의 밝고 어두운 특징을 근거로 하여 일차적으로 반응이 결정되고 형태는 이차적으로만 개입되는 경우 채점된다.
	FY	• 형태-음영 반응. 주로 반점의 형태에 의존하여 반응이 결정되고 이차적으로 음영 특징이 반응을 결정하는 요인으로 작용하는 경우 채점된다.
형태-차원	FD	• 형태에 근거한 차원 반응. 깊이나 거리, 차원의 인상이 반점의 크기나 모양을 근거로 하여 결정되는 경우 채점된다. 이러한 과정에 음영은 개입되지 않는다.
쌍	(2)	• 쌍 반응. 반점의 대칭성에 근거하여 두 개의 동일한 사물을 지각하는 경우 채점된다. 사물들은 모든 점에서 동일해야 하며 반사나 거울에 비친 모습이라고 반응하는 경우 쌍 반응이 아닌 반사 반응으로 채점된다.
반사	rF	• 반사-형태 반응. 반점이 대칭적인 성질에 근거하여 반사되거나 거울에 비친 모습을 나타낸다고 반응될 때 채점된다. 구름이나 그림자와 같이 원래 일정한 형태를 갖추고 있지 않은 사물로 반응된다.
	Fr	• 형태-반사 반응. 반점의 대칭성에 근거하여 반사되거나 거울에 비친 모습으로 지각되는 경우 채점된다. 이때 반응된 사물은 일정한 형태를 지니고 있다.

(1) 형태(F) 반응

Rorschach는 F 반응을 형태에 근거한 응답을 채점하기 위하여 사용하였으며, 지금까지 이러한 채점 기준은 그대로 적용되고 있다. 일반적으로 반응결정인으로 형태를 사용하는 것은 쉽게 알 수 있다. 수검자들은 자주 "○○ 모양이다."라는 식으로 반응하며 형태적인 특징을 강조하기 위해 지각된 대상의 세부 사항을 서술한다. 예컨대, 카드 I 의 '박쥐' 반응을 상세하게 설명하는 과정에서 수검자들은 "이 바깥 부분은 날개 같이 보이고 가운데는 몸통처럼 보인다."라고 덧붙일 것이다. 더 이상 상세하게 설명하지 않는다고 하더라도 반점의 형태 특징들이 사용되었다는 점이 분명하다. 대다수의 반응에는 형태가 포함되고 있어 전체 피검사 중 95%를 차지하는 것으로 나타났다.

(2) 운동(M, FM, m) 반응

Rorschach 반응에서 운동 반응은 인간 운동(M) 반응, 동물 운동(FM) 반응, 무생물 운동(m) 반응으로 나뉜다. Rorschach나 Beck은 인간 운동 반응만을 채점하였고 동물 운동과 무생물 운동 반응은 따로 채점하지 않았다. 그러나 Klopfer, Hertz 그리고 Poatrowski는 채점의 기호가 다소 다르기는 해도 동물 운동 및 무생물 운동 반응을 채점하였다. 이들의 입장은 세 가지 운동 반응의 심리적인 과정이 각기 다른 수준을 나타낸다는 점이다.

① 인간 운동(M) 반응

M 반응은 인간 운동 반응과 다른 대상(동물)일지라도 인간의 행동을 나타낼 때 사용한다. M 반응은 뛰거나 싸우거나 논쟁하는 것처럼 능동적인 운동일 수도 있고, 자거나 기대 있거나 쳐다보는 것과 같은 수동적인 운동일 때도 있다. M이 채점될 때 F는 채점되지 않는다. 수검자가 반응 단계에서 운동에 대한 언급이 없다가 질문 시 자발적으로 운동을 언급하는 경우도 있는데, 이때는 M을 채점한다. 여기에서 유의해야 할 사항은 검사자가 운동 반응을 유도하는 질문을 하여서는 안 된다는 점이다. 예컨대, 카드 Ⅲ에서 "사람이 있어요."의 반응을 질문할 때, "사람이 어떻게 하고 있나요?"라는 질문은 운동 반응을 유도한다. 동물이 사람의 행위를 하고 있을 때, 예를 들어 "곰 두 마리가 논쟁을 하고 있어요."의 반응도 M에 해당된다. 그러나 "곰 두 마리가 놀고 있어요."는 FM으로 채점한다.

② 동물 운동(FM) 반응

종합체계의 FM 채점은 Klopfer의 체계를 따랐다. FM은 동물이 어떤 행동을 한다는 반응, 예를 들어 "개가 짖고 있어요." "먹이를 쫓고 있는 표범이에요." 이외에 공상적인 동물의 운동도 같은 기호를 사용한다. 그러나 "뱀이 날고 있어요."와 같이 인간의 상상이 동원된 반응은 일반적인 동물의 움직임으로 보지 않고 인간 운동으로 취급하여 M으로 채점한다.

대부분의 FM 반응은 동물의 전체를 말하지만, 경우에 따라서는 "뛰어노는 동물의 뒷다리만 보여요."처럼 동물의 부분적 움직임을 보는 수검자도 있다.

③ 무생물 운동(m) 반응

m은 무생물이나 무기체, 감각이 없는 대상의 움직임을 채점할 때 사용된다. m 채점

은 처음에 Piatrowski가 제안하였으며, 종합체계도 그의 입장에 따르고 있다. m은 인간이 아니며 동물도 아닌 대상에서 지각된 모든 운동을 채점한다. 가장 일반적인 무생물 운동 반응은 '불이 났다' '꽃이 피고 있다' '떨어지는 피' '떨어지는 물' '우주선이 날고 있다' 등이다. 그 외에 흔하지 않은 반응으로는 '왈츠를 추고 있는 나무' '떠다니는 잎사귀' 등이 있다.

〈표 5-4〉 능동 및 수동 반응 채점 예시

카드	위치	반응	부호화
I	W	가운데 사람이 몬스터를 소환하고 있는 모습	Ma.FMa
I	W	산타클로스와 난쟁이가 하이파이브하는 모습	Ma
I	W	미끄러지고 있는 나비	FMP
I	W	위로 날아오르고 있는 박쥐	FMa
I	Dd24	울리고 있는 종	ma
I	W	찢기고 있는 낙엽	mp
II	W	원을 그리며 춤추는 어릿광대	Ma
II	D3	월경	Mp
II	D6	싸우는 두 마리 개	FMa
II	D4	발기된 남성 성기	Ma
II	DS5	돌아가는 팽이	ma
III	D1	기대어 있는 두 사람	Mp
III	D1	무언가 들어 올리고 있는 두 사람	Ma
III	D3	계곡 사이를 나는 나비	FMa
III	D2	거꾸로 매달려 자는 박쥐	FMP
III	D2	흘러내리는 피	mp
IV	W	그루터기에 앉아 있는 남자	Mp
IV	W	다가서고 있는 거인	Ma
IV	D1	기어다니는 유충	FMa
V	W	공중에 떠 있는 나비	FMP
V	W	바니걸처럼 옷 입은 사람이 춤을 추고 있다.	Ma
V	W	서로 기대어 있는 두 사람	Mp
VI	D3	발기된 남성 성기	Ma
VI	〈D4	조용히 떠 있는 배	mp

VI	Dd19	강을 따라 질주하고 있는 보트	ma
VII	D2	거울을 보고 있는 소년	Mp
VII	D1	두 사람이 하품하는 모습	Mp
VIII	Dd	(D1 절반을 포함) 올라가고 있는 동물	FMa
VIII	D4	뛰고 있는 개구리	FMa
VIII	D5	바람에 펄럭이는 두 깃발	ma
IX	W	성교 장면(D9는 남자, 그 나머지는 여자)	Ma
IX	〉D1	어린이에게 뛰어가고 있는 여인	Ma
IX	∨W	원자폭탄이 터지고 있는 장면	mp
IX	DS8	폭포	mp
X	D1	무언가를 붙잡고 있는 개	FMP
X	D2	앉아 있는 개	FM^{p}
X	Dd	(D9 아래) 이야기하는 두 소년	M^{a}
X	∨D10	그네 타는 사람(D5 사람, D4 그네)	M^{a}
X	∨D10	서로 다가서려고 하는 두 사람	M^{a}
X	W	불꽃놀이	m^{a}
X	D7	뛰어오르는 사슴	FM^{a}
X	D3	땅에 뿌려진 씨	m^{p}
X	W	떠다니는 해초들	m^{p}
X	Dd	피어오르고 있는 꽃(D9, D3, D6, D10을 포함한 중심 부분)	m^{p}
X	D11	기둥을 올라가려는 두 동물	FM^{a}

(3) 색채(유채색) 반응

색채(유채색) 결정인의 채점은 Rorschach의 채점과 동일하다. 그는 5개의 카드(카드 II, III, VIII, IX, X)에서 색채 반응이 종종 나오는 것을 관찰하였다. 이 반응은 순수 색채 반응(C), 일차적으로 색 특징에 근거하지만 형태도 포함하는 반응(CF), 그리고 일차적으로 형태에 근거하나 색도 포함하는 반응(FC) 등의 세 가지 기본적인 범주로 구별하였다. 이 외에도 색의 이름을 반응으로 말하는 경우를 Cn(color naming)으로 채점하고 있다. Beck은 색채 반응 채점을 세분화하여 '색채 투사' '색채 거부' '색채의 상징성' 등을 포함시키기도 하였으나 종합체계에서는 제외하였다.

① 순수 색채(C) 반응

C 반응은 잉크 반점의 색채의 특징에만 근거한 것이다. 이 채점은 세 가지 유채색 채점 가운데 가장 적게 나타나며, 형태의 사용이 전혀 없어야 한다. C 반응의 일반적인 예는 피, 물감, 아이스크림 등이다. 이 반응 중에는 '피가 흘러내리고 있다.'와 같이 운동이 포함된 반응들도 더러 있는데, 이 경우는 색채만을 보았다기보다는 흘러내리는 형태도 함께 나타내고 있어서 CF로 채점하는 것이 옳다.

② 색채-형태(CF) 반응

CF 반응은 일차적으로 색의 특징에 근거하고 그다음으로 형태에 대한 언급도 포함된다. 이는 매우 흔한 반응이고 반응 내용은 특별한 형태를 요구하지 않는다. 예를 들어, 카드 IV에서 '오렌지색 불꽃', 카드 X에서 '많은 꽃' 등의 반응은 형태가 모호하기 때문에 FC 반응과 구분된다. CF와 FC를 구분하는 일은 수검자의 모호한 설명 때문에 종종 어려움을 겪기도 한다. 대부분의 호수, 지도, 고깃덩어리 등의 반응은 CF에 해당되나 수검자가 형태를 강조한다면 FC로 채점될 수 있다. 이는 질문 단계에서 수검자가 대상을 어떻게 설명하느냐에 달려 있기 때문에 검사자는 비지시적인 질문 후에 수검자의 설명을 신중하게 기록하여야 한다.

③ 형태-색채(FC) 반응

FC 반응은 반점의 형태 특징을 일차적으로 사용하고 색은 반응의 정교화를 목적으로 사용하는 경우다. FC 반응의 흔한 예는 '빨간색 나비' '노란색 수선화' '무궁화꽃' 등이다. 이와 같이 형태가 분명한 대상일 때 대부분 FC에 해당된다. 그러나 비교적 형태가 분명한 반응이라 할지라도 FC 채점은 수검자의 반응 단계에서 결정되어서는 안 되며, 질문 단계에서 무엇이 강조되었는지를 확인할 때까지 유보해야 한다. 예컨대, 해부 모형이나 혈액 세포 등의 반응은 형태가 애매한 경우이지만 수검자가 형태의 특징을 강조하면서 색에 대해 언급한다면 FC로 채점된다.

④ 색채 명명(Cn) 반응

Rorschach는 색채 명명 반응을 CC로 채점하였고 간질병 환자의 기록에서 이 반응을 발견하였다고 보고하였다. Piatrowski(1936)는 기질성 환자의 프로토콜 연구에서 색채 명명 반응 기호를 Cn으로 사용할 것을 소개하였다. 그는 이 반응을 순수 색채 반응으로 보지 않았으며 단지 색에 대한 인식 반응으로 생각하였다. Cn 반응은 중요한 진단적인 단서가 될 수 있으며, 이는 매우 혼란된 사람들 사이에서 종종 나타나는 것으로 확인되었다. Cn을 채점할 때의 주의사항은 색에 대한 언급은 반응으로 보지 않아야 한다는 점이다. 예컨대, "와, 색이 예쁘군요. 빨강, 분홍, 초록, 다 화려해요."라는 말은 반응이 아닌 카드에 대한 언급이라는 것이다.

〈표 5-5〉 색채 반응 채점 예시

카드	위치	연상	질문	부호화
II	D3	이 빨간색은 피처럼 보인다.	수: 이건 완전히 붉다.	C
II	D3	빨간색 나비		FC
II	D2	불, 횃불 같은 것	수: 위로 타오르는 횃불처럼 온통 빨갛다.	CF.ma
II	W	서커스의 두 어릿광대	수: 빨간 모자 때문에 서커스가 생각났다.	FC
III	D2	상한 고기	수: 색깔이 썩은 것 같이 보이게 한다.	C
III	∨D2	벽이나 그런 곳을 흐르는 피	수: 색깔이 붉고 밑으로 흐르는 것을 볼 수 있다.	CF.mp
III	D3	머리 리본	수: 귀여운 빨간색이다.	FC
VIII	W	죽은 동물	수: 부패된 내장같이 보인다. 검: 부패되었다고요? 수: 예, 모든 색깔들이 부패했고 조각의 뼈를 볼 수 있다.	CF
VIII	D5	두 개의 파란색 깃발		FC
VIII	W	분홍과 주황 그리고 파란색		Cn
VIII	D4	개구리 한 마리	수: 다리가 밖에 있고, 개구리 같은 몸집이고, 개구리 같은 색깔이다.	FC
VIII	D2	과일을 얹은 아이스크림	수: 오렌지와 딸기 아이스크림 두 숟가락	CF
IX	W	산불	수: (D3)여기 불이 나무와 수풀을 타고 올라오고 있다. 검: 나무와 수풀? 수: 여기 녹색은 나무이고 또 다른 건 수풀이다.	ma. CF

IX	D9	여기가 분홍색	수: 바로 이 아래	Cn
IX	D4	갓 태어난 아기	수: 이 머리를 보면, 분홍빛이 있기 때문에 갓난아이가 틀림없다.	FC
IX	∨W	원자 폭발	수: 꼭대기가 버섯 모양이고 아래의 주황색 부분은 불길이 폭발한 모양이고 녹색 부분은 연기다.	ma.FC
X	∨D4	해마	수: 형태와 녹색이 그러하다.	FC
X	D9	산호	수: 산호색 같다.	C
X	W	솜씨 좋은 추상예술 작품들	수: 예술가는 양쪽에 똑같은 모양을 만들려고 애를 썼고, 그는 마침내 여러 다른 색으로 그의 다른 생각을 나타냈다.	FC
X	W	일종의 추상화	수: 단지 여러 색깔이 추상적 생각을 나타내고 있고, 상당히 훌륭하다.	CF
X	D13	감자칩	수: 감자칩 같이 생겼고, 그런 색깔이다.	FC
X	D15	꽃 한 송이	수: 어떤 꽃인지 종류는 모르지만, 귀여운 노란 꽃이다. 줄기가 없고, 당신은 꽃의 일부인 꽃잎을 볼 수 있다.	FC
X	D12	잎사귀	수: 녹색이 잎사귀 같다.	CF

*피-수검자; 검-검사자.

(4) 무채색 반응

Rorschach는 무채색 사용에 대한 채점을 하지 않았다. 무채색의 채점은 Klopfer와 Miale(1938)가 시작하였으며, 이들은 잉크 반점의 농담 반응과는 해석상의 의미가 다르다고 보았다. 이는 수검자가 검은색, 흰색, 회색을 사용할 때 채점하며 'C′'으로 부호화하고 있다.

① 순수 무채색(C′) 반응

C′ 반응은 반점의 무채색 특징에만 근거한 것으로, 형태를 반응에 포함하고 있지 않을 때만 채점한다. 여기에 해당되는 반응의 예로는 '흰 눈'이라고 한 뒤에 질문 단계에서 '흰색이어서 눈'이라고 설명하는 경우다. 또 '진흙처럼 보인다.'라고 한 다음 질문 단계에서 '여기 모두가 진흙처럼 검은색이다.'라고 보거나 '석탄이다. 왜냐하면 검은색이기 때문에….' 등의 반응이 여기에 해당된다. 그러나 '석탄 조각'과 같은 반응은 조각 자체가 형태를 포함하고 있기 때문에 C′F로 채점되어야 한다.

② 무채색-형태 반응(C′F)

C′F 반응은 일차적으로 무채색의 특징에 근거하고 이차적으로 형태를 포함시킨 반응결정인을 말한다. 대부분의 이러한 반응은 반점의 무채색의 특성은 반드시 포함시키지만 형태의 특징은 모호하다. 예를 들면, 카드 I에서 '하얀 구름과 검은 구름으로 뒤덮인 하늘'이라고 하면서 질문 단계에서 '구름인데 모두 검은 부분도 있고 흰 부분도 있어서….'라고 반응한 경우다. 또 카드 Ⅶ에서 '연기가 올라가고 있다.'라고 하고 질문 단계에서 '회색에서 연기로 보았고 올라가는 모습이다.'라고 한다면 C′F로 채점된다.

③ 형태-무채색 반응(FC′)

FC′ 형태가 일차적인 반응결정인이고 무채색은 반응을 이차적으로 정교화하거나 명확하게 하기 위한 목적으로 사용할 때 채점한다. 이는 무채색 반응 중에서 가장 흔한 것이며 수검자가 특정한 형태 특징을 강조하기 때문에 다른 반응들과는 구별하기 쉽다. 흔한 FC′ 반응들로는 카드 I에서 '검은 박쥐', 카드 Ⅲ에서 '아프리카 토인' 등이 있다. 무채색 반응의 채점은 종종 확산음영(Y)이나 통경(V)과 구분이 잘 안 되거나 무채색과 음영 반응이 혼합된 경우도 더러 있어서 이에 대한 검사자의 주의가 요구된다. 예를 들어, 수검자가 카드 Ⅳ에서 '먹구름이 낀 것'이라고 할 때, 질문 단계에서 구체적인 반응결정인을 확인하여야 한다. 수검자가 '구름이라 본 것은 검은 점에서 그렇게 보았고, 밝은 부분이 구름의 윗부분이에요.'라고 했다면 밝다는 점을 무채색에서 느낀 것인지, 아니면 농담에서 느낀 것인지에 따라 C′F만 채점할 수도 있고, 혼합 반응으로 보아 C′F와 함께 YF도 채점해야 할지 결정된다.

(5) 음영 반응

반점의 진하고 흐린 부분(밝고 어두운)을 반응결정인으로 사용한 경우가 Rorschach 채점에서 가장 논란의 여지가 많은 부분 중 하나다. 그러나 이에 대한 연구는 별로 수행되지 않았다. 원래 Rorschach 카드의 원판은 음영이 들어가 있지 않았으며 인쇄 과정의 실수로 생긴 것이다. Rorschach는 실수로 생긴 음영 반응을 연구하였고 이를 C로 채점하였다. 음영 반응에는 재질(T), 통경(V), 확산음영(Y) 반응이 포함되어 있다.

① 재질(T) 반응

T 반응은 잉크 반점에서 촉각적인 자극을 느끼는 것이다. 이런 반응을 할 때 수검자는 대상의 재질을 언급한다. 예를 들면, '부드럽다, 딱딱하다, 매끄럽다, 거칠다, 비단 같다, 모피 같다, 차갑다, 끈끈하다, 따뜻하다'와 같은 촉감을 대상과 함께 말한다. 그러나 이 같은 형용사를 사용했다는 이유로 모든 반응을 재질이 포함된 반응으로 보아서는 안 된다. 때로는 자신이 본 형태를 정교화하기 위해 '털이 많은 곰' '거친 모피'라고 말하는 이들도 있기 때문이다.

ㄱ. 순수 재질(T) 반응

세 가지 재질 반응 가운데 가장 드문 반응이다. 이는 반점의 농담 구성요소가 형태를 포함하지 않은 채 '질감'만을 나타낸 것이 특징이다. 반응을 결정하는 과정에서 형태의 특징은 일차적이든 이차적이든 사용하지 않아야 한다. 예컨대, '살' '얼음' '폭신폭신한 양털' '머리털'과 같이 재질만을 느낄 뿐 형태를 전혀 포함시키지 않았을 때가 이에 해당된다.

ㄴ. 재질-형태(TF) 반응

TF 반응은 반점의 농담에서 재질적인 특성을 일차적으로 보고 형태는 반응을 정교화하거나 분명히 하기 위한 목적에서 사용하는 반응이다. 이 경우에 해당되는 반응의 예로는 '얼음 덩어리' '기름 걸레' '모피 조각' 등이다. 때로는 검사자가 FT로 생각한 반응 가운데 재질적 느낌의 우세성이 확인되어 TF로 채점할 때도 있다. 예컨대, '빵가루 묻힌 것 같은, 네, 맞네요. 튀긴 새우입니다.'와 같은 반응은 새우의 튀긴 모양보다는 빵가루를 묻힌 질감이 더 우선한 것으로 보아 TF로 채점해야 한다. 재질 반응이 많이 나타나는 카드 VI에서 '동물 가죽 같다.'라고 했을 때, 질문 단계에서 피검사가 "글쎄요, 여기에 동물 가죽 같은 보송보송한 털이 있고 여기는 다리 같네요."라고 했다면 털 느낌이 강조되고 형태는 이차적으로 사용된 것으로 보아 역시 TF로 채점한다. 그러나 동물의 가죽이라고 해서 항상 질감을 포함하고 있는 것은 아니다. 수검자가 질문 단계에서 동물의 가죽이라고 본 이유에 대해 동물 가죽의 모양이어서 그렇게 보았다고 한다면 F로 채점해야 할 것이다.

ㄷ. 형태-재질(FT) 반응

FT 형태가 일차적인 결정요인이고 반응의 정교화나 명료화를 위해 재질을 이차적인 반응결정인으로 사용할 경우 채점된다. FT로 채점되는 대부분의 반응은 특정한 형태를 가진 대상들이다. 카드 Ⅳ의 반응 가운데 '털 코트를 입고 있는 거인'이나 카드 Ⅵ의 반응 중 '호랑이 가죽'과 같은 것이 그 예다.

② 통경(V) 반응

이는 잉크 반점의 음영의 특징에서 깊이나 거리를 지각하는 반응을 말한다. 말하자면 수검자가 3차원적인 지각을 하는 경우이고, 가장 많이 나타나는 반응은 깊이 지각이다.

ㄱ. 순수 통경(V) 반응

순수 V 반응은 매우 드물다. V를 채점하는 것은 수검자가 형태는 보지 않고 반점에서 음영을 보고 깊이나 입체감을 지각하는 경우다. 예를 들면, '위쪽으로 솟아 있는 것 같다.' '깊다고 느껴진다.' 등이다.

ㄴ. 통경-형태(VF) 반응

VF 반응은 깊이나 입체적인 느낌을 반점의 음영에서 일차적으로 지각하고 이차적으로 형태 반응을 할 때 채점한다. 대부분의 VF 반응은 '산과 고원이 있는 지도 중의 하나' '강이 흐르는 깊은 협곡' 등과 같이 특정한 형태를 지니지 않은 반응들이다. '우리나라 지형'이나 '하늘에서 본 한강' 등과 같이 특정한 지형을 강조하는 반응은 VF보다는 FV에 해당된다.

ㄷ. 형태-통경(FV) 반응

FV 반응은 수검자가 형태를 일차적으로 지각한 다음, 반응의 정교화를 목적으로 카드의 음영에서 깊이나 거리 등 입체적인 반응을 이차적으로 첨가할 때 채점된다. 대부분의 FV 반응은 비교적 특정한 형태를 지닌 내용들이다. 그러나 특정한 형태를 지녔지만 FV가 아닌 VF로 채점되는 경우도 있다. 예컨대, '바위에 구멍이 뚫린 것'을 보았을 때, 일단은 형태가 일차적인 것으로 볼 수도 있으나, 수검자가 형태보다 깊이를 더 강조한다면 VF로 보아야 할 것이다. 그 밖의 FV 반응으로는 '길, 다리, 커튼 뒤의 사람'(카드 I), '잎사귀 밑에서 나오는 벌레'(카드 IV) 등이다.

〈표 5-6〉 재질과 통경 반응 채점 예시

카드	위치	연상	질문	부호화
I	W	마른 나무 잎사귀	수: 떨어져 나간 부분들이 있고 오글거린다. 검: 오글거린다니? 수: 거칠어 보인다.	FT
I	D4	커튼 뒤에 서 있는 한 여자	수: 당신은 그녀 모든 부분을 다 볼 수는 없고 단지 몸 아랫부분(D3)을 커튼을 통해서 볼 수 있다.	FV
I	W	낡고 찢어진 넝마에 번진 기름 방울들	수: 검은 게 온통 기름이 묻어 있는 것으로 보인다.	TF
II	D4	할례된 페니스	수: 중심부에 주름들을 볼 수 있다.	FV
II	D1	장난감 곰 한 마리	수: 그런 모양과 털을 가지고 있다.	FT
II	DS5	마치 구멍처럼 어떤 깊은 것	수: 둥근 가장자리를 볼 수 있다. 마치 밑바닥 없는 구덩이처럼 밑바닥이 안 보이는 것 같다.	VF
III	D1	벨벳 옷을 입고 있는 두 신사	검: 당신은 벨벳 양복을 얘기했는데…. 수: 어둡고 반짝거리는 벨벳으로 보인다.	FT
III	D3	나비넥타이	수: 중간에 크게 튀어나온 매듭을 갖고 있다.	FV
IV	W	말뚝에 걸쳐 놓은 사냥꾼의 장화들	수: 장화 뒤에 기둥이 있다고 얘기할 수 있는데 왜냐하면 그것은 멀리 떨어져 있는 것 같기 때문이다. 검: 멀리 떨어져 있다니? 수: 장화와 기둥이 함께 있는 부분을 보면 색깔 때문에 기둥이 좀 더 뒤에 있는 것처럼 보인다.	FV
IV	W	늙은 곰의 가죽	수: 털이 닳은 것처럼 보인다.	FT
IV	Dd30	빨갛게 달아오른 뜨거운 못	수: 아주 뜨거운 금속처럼 바깥쪽이 훨씬 더 밝아 보인다.	FT
V	W	털 있는 헐거운 외투를 입은 사람	수: 망토처럼 보이고 털처럼 보인다(카드를 손가락으로 비빈다).	FT
V	W	만약 당신이 이것을 만진다면 끈끈할 것 같다.	수: 아! 이것은 끈적끈적한 더러운 것으로 보인다.	T

V	W	오른편은 왼편보다 더 낮다.	수: 중앙 오른쪽 아래에 깊은 금이 가 있고 오른쪽이 더 낮게 보이는 것 같다.	V
V	W	큰바위 뒤의 토끼 머리	수: 여기(D6), 당신은 단지 형태만 볼 수 있는데 어두운 부분은 앞으로 나와 있는 바위다.	FV
VI	D1	관개 배수구	수: 그 중심에서 밑으로 내려온다. 그 그늘은 회색으로 표현한 것인가 보다.	FV
VI	D4	얼음 덩어리	수: 온통 얼음 왕국처럼 추운 느낌이 든다. 좀 다른 회색이라서인가(지적하며).	TF
VI	W	가죽 같은 피부	수: 가죽 같은 느낌이 난다. 이 다른 색 선들이 그런 느낌을 준다.	TF
VI	∨Dd	깊은 골짜기	수: 이 부분(D12)이다. 위로 튀어나온 것처럼 보인다. 아래는 깊고, 차이 나는 색이 그런 것 같다.	VF
VII	〉D2	개	수: 빰의 털과 다리의 털이다. 이 어두운 색 때문에 그런 것 같다.	FT
VII	W	바위	수: 4개 정도 되는 바위다. 둥글고 아래 2개는 아래에 있어 더 어두운 색인가 보다.	VF
VII	Dd25	뒤에 댐이 있는 것 같음	수: 여기가 댐이고, 여기(Dd25)와 여기는 물을 저장하는 곳이고, 아마 같이 만나는 곳인가 보다.	FV
VII	∨W	숱이 많은 머리	수: 숱이 많은 넘실거리는 머리 같다. 그냥.	T
VIII	D5	상상 속의 숲	수: 울창하게 큰 나무들이 가득한 숲이다.	VF
VIII	D2	아이스크림 셔벗	수: 거친 셔벗 느낌이다.	TF
IX	D6	보들보들한 솜사탕	수: 보들하고 부드러운 거. 둥글둥글하고 뭉친 것 같다.	VF
IX	DS8	유리관 속의 식물	수: 식물 줄기만 보이지만, 유리관 속이라 흐리게 보이는 것 같다.	FV
X	DS8	동굴 안을 들여다본 것 같음	수: 입구 같다. 들여다보면 어두워서.	VF
X	D9	이 분홍색 부분은 산맥을 그린 지도 같음	수: 학교에서 쓰는 지도다. 울퉁불퉁 튀어나온 입체 지도.	VF
X	D13	가죽 조각	수: 무두질하지 않은 거친 가죽같다.	TF
X	D3	단풍나무 종자(씨)	수: 가장자리가 거칠고 둥글다. 굵은 느낌이다.	FV

③ 확산음영(Y) 반응

반점의 음영 특징에서 통경이나 재질 반응에 비해 모호한 농담을 반응결정에 사용할 때 Y를 채점한다. 확산음영은 통경이나 재질 반응보다 빈번하게 나타나는 반응이며, 수검자가 음영을 언급하고 있으나 통경이나 재질 반응은 아니라고 할 때 사용된다.

ㄱ. 순수 음영 반응(Y)

Y 반응은 수검자가 반점의 음영 특징만을 지각하여 반응한 경우에 채점한다. 이 경우에는 형태가 전혀 포함되어 있지 않아야 하는데, 안개나 어두움, 연기와 같이 진하고 흐린 느낌에서만 반응할 경우다. 순수 Y반응은 매우 드물게 나타난다.

ㄴ. 음영-형태 반응(YF)

YF 반응은 반점의 진하고 흐린 명암 특징을 일차적으로 보고 형태는 반응을 명료화하거나 정교화하기 위한 목적으로 사용하는 경우다. YF 반응의 예로는 대개 구름, 그늘, 특정한 신체 부위를 지정하지 않은 'X-ray' '피어오르는 연기' 등과 같이 모호하고 특정한 형태를 띠고 있지 않다. YF를 순수 Y와 구분하는 방법은 둘 다 모호한 반응이라는 점에서 같을 수 있으나 수검자가 자신이 본 반응을 묘사하고 어떻게 설명하는지에 달렸다. 예컨대, '연기' 반응을 설명할 때 뿌연 색에서 연기처럼 보았다고 하면 Y로 채점되나, 색에서 연기처럼 보았고 모양도 연기가 피어오르는 모양이라고 하면 YF다.

ㄷ. 형태-음영 반응(FY)

FY는 반응을 결정하는 과정에서 형태 특징을 일차적으로 지각하고 이를 명료화하기 위해 음영을 사용하는 경우다. 예를 들어, 사람의 '그림자' '더러운 얼굴' 등과 같이 특정한 형태를 가진 대상에 음영을 포함시키는 반응이 FY다. 때로는 '구름' 반응처럼 음영이 일차적으로 사용되었을 것으로 생각되는 반응 중 특정한 형태의 구름임(어린 아이의 옆얼굴 모습을 한 구름 등)을 강조하는 수검자의 반응은 FY로 채점되어야 한다.

〈표 5-7〉 확산음영 반응 채점 예시

카드	위치	연상	질문	부호화
I	W	골반 X-ray	수: 골반처럼 생겼고, 검은 게 X-ray 같다.	FY
I	〈D8	밤에 보이는 크리스마스트리	수: 밤처럼 어둡다.	FY
I	W	잉크	수: 잉크가 까맣게 온통 검다.	Y
II	D3	아주 정교한 나비	검: 매우 정교하다고 말했는데…. 수: 날개 속의 다른 색깔들이 그림자처럼 보인다.	FY
II	D4	교회 뾰족탑	수: 꼭대기에 빛나고 있는 것 같고 마치 태양이 그 위에 비치는 것처럼 밝다.	FY
III	D7	어떤 종류의 X-ray	수: X-ray처럼 얼룩덜룩하다.	YF
IV	W	어두움	수: 어두움처럼 보인다. 왜 그런지는 얘기할 수 없다.	Y
IV	D3	여러 빛깔의 꽃 한 송이	수: 다양한 색깔들이 있다. 꽃잎 중심부에 다양한 색깔들이 있듯이	FY
V	W	못 쓰게 된 고기 한 조각	수: 나머지 부분보다 더 못 쓰게 된 조각 검: 더 못 쓰게 되었다고? 수: 색깔들이 다르다.	YF
VI	D2	아주 잘 닦인 침대 기둥	수: 매우 반짝거려 보인다.	FY
VI	D4	밤에 순항하는 항해선	수: 모든 게 검은 빛이라서 밤처럼 보인다.	ma.FY
VII	W	구름인 것 같다.	수: 구름처럼 모양이 울퉁불퉁하고 어둡고 밝은 부분이 있다. 아마 뭉게구름인 것 같다.	FY
VII	W	폭풍우 구름	수: 폭풍우 구름처럼 검다.	YF
VII	D1	화강암으로 만든 조각품	수: 화강암처럼 검다.	FY
VIII	D1	얼굴이 더러운 동물 한 마리	수: 이 부분은 오물처럼 눈 주위에 동그라미가 그려져 있고 그 부분에 가까울수록 더럽게 보인다.	FY
VIII	∨W	연기와 불	수: 오렌지 색깔 부분은 불이고 나머지는 연기다. 당신은 색깔들이 어떻게 섞여 있는지를 볼 수 있다.	CF.YF
X	D11	말라빠진 뼈들	수: 마른 뼈들처럼 보인다. 이 부분은 더 밝다. 그러니까 말라빠진 것처럼 보인다.	YF

④ 형태-차원(FD) 반응

FD 반응은 종합체계에서 연구를 통해 새롭게 추가한 채점 범주다. Beck과 Klopfer는 이 반응에 주목하기는 하였으나 채점 항목으로 포함시키지는 않았다.

이는 형태에 통경 반응을 포함시키기는 하였으나 음영은 보지 않고 형태에서 통경을 본 경우다. 예를 들어, 카드 V에서 '토끼가 바위 뒤에서 얼굴을 내밀고 있다.'라고 반응을 했다면 카드의 음영에서 거리 지각을 했다는 증거 없이 다만 모양에서 앞에는 바위, 뒤에는 토끼의 얼굴을 본 것이다. 또 카드 IV에서 '거인의 발을 보니 크고 머리는 작아 거인이 누워 있는 것을 발쪽에서 본 것'이라 했을 때의 반응도 반점의 음영을 거리 지각에 사용하지 않았다면 FD로 채점할 수 있다.

〈표 5-8〉 형태-차원 반응 채점 예시

카드	위치	연상	질문	부호화
I	〈D2	언덕에서 떨어져 있는 나무 한 그루	수: 나무가 매우 작다. 멀리 떨어져 있음이 틀림없다.	FD
II	D4 +DS5	호수 끝에 있는 성전	수: 이건(DS5) 호수이고 여기(D4)는 성전이다. 이것은 원근화법으로 생각해야 한다.	FD
III	∨Dd20	멀리 언덕 위에 있는 두 그루 나무와 거기에 이르는 길	수: 이것은(D4) 나무들이고, 이것은(D11) 길이다. 검: 당신은 언덕 위에 떨어져 있다고 얘기했는데…. 수: 반드시 언덕일 필요는 없다. 그것은 조그맣고 길은 꽤 넓어서 길에서 떨어져 있는 것처럼 보인다.	FD
IV	W	누워 있는 사람	수: 그의 발은 앞으로 뻗어 있고 그의 머리는 등을 대고 누워 있는 것처럼 뒤에 있다.	MP.FD
V	D4	수풀 뒤에서 뛰고 있어서 다리밖에 안 보이는 한 동물	수: 여기가 수풀의 끝이 있는 곳이고 여기에 다리가 있으므로 수풀 뒤에 있는 게 틀림없다.	FMa.FD
VI	W	언덕 위에 있는 하나의 종교적인 조각	수: 자! 조각이 훨씬 작기 때문에 멀리 떨어져 있는 것이고 상상력을 발휘한다면 이것은 언덕으로 보일 것이다.	FD
VII	Dd19	멀리 떨어져 있는 도시	수: 그곳의 빌딩들을 볼 수 있다. 검: 멀리 떨어져 있다고 얘기했는데…. 수: 매우 작기 때문에 멀리 떨어져 있는 게 틀림없다.	FD
VIII	D4	언덕 저편에 떨어져 있는 두 사람	수: 당신은 언덕인 것 같은 곳에 서 있는 사람(Dd14)을 볼 수 있다.	MP.FD

IX	〈Dd16	암초 바깥 부분에 서 있는 사람	수: 음…. 여기가 암초(D3의 대부분)이고, 그 바깥쪽에 있는 게 이 사람이다. 나무인지 뭔지를 향해 구부리고 있다. 꽤나 멀리 있다. 검: 아주 멀다고요? 수: 그 사람이 너무 작아서 그를 보기조차 어렵다.	MP.FD
X	∨D6	두 사람이 서로 마주 보고 서서 밀어내고 있다.	수: 그들의 몸은 앞으로 구부리고 있는 것 같은 모양을 하고 있다. 서로의 앞에서 서로 밀고 있는 것처럼 팔을 뻗고 있다.	MP.FD

(6) 쌍(2) 반응과 반사(Fr, rF) 반응

① 쌍 반응

쌍(2) 반응은 양쪽에 2개의 동일한 대상이 있다고 하면 채점한다. Rorschach 카드는 반점의 대칭성 때문에 (2) 반응을 하는 수검자들이 많다. 한 사람의 자료에서 1/3이 이에 해당된다. 쌍 반응의 빈도는 자기중심적인 수검자들에게서 의미 있게 증가하며, 자기 자신에게 거의 관심을 두지 않는 수검자의 프로토콜에서는 거의 찾아보기 어렵다. 남자와 여자 한 쌍은 동일한 대상이 아니므로 (2) 반응으로 채점할 수 없다.

② 반사-형태 반응(rF)

rF 반응은 반점의 대칭적인 특징을 어떤 대상이 반사된 것으로 보면서 반사된 대상의 형태는 비특정적이고 모호하게 지각할 때 채점한다. rF 반응은 매우 드문 편이다. 대부분은 구름, 바위, 그림자, 비 등과 같이 특정한 형태를 띠지 않는 반응이다. 그러나 이런 반응이라 할지라도 수검자가 자신이 본 것들을 자세하고 상세히 설명한다면 rF보다는 Fr로 채점할 수 있다. 가장 많이 나오는 rF 반응은 '풍경이 호수에 반사되었다.'와 같은 반응이다.

③ 형태-반사 반응(Fr)

이 반응은 반점의 대칭성을 특정한 대상이 비치거나 반사된 것으로 보는 경우다. 흔한 반응으로 '여자가 거울을 들여다보고 있다.'와 같이 움직임을 반응에 포함시키기도 한다. '거울에 비친 사람' '물에 비친 동물' 등과 반사되었음을 분명히 하면서 그 대상이 특정한 형태를 지닐 때 이 범주에 해당된다.

〈표 5-9〉 쌍 반응과 반사 반응 채점 예시

카드	위치	질문과 연상	부호화
I	〈D2	두 마리의 당나귀들이 양 옆에 한 마리씩 있다.	F(2)
I	D1	두 마리의 작은 새들이 둥지 밖으로 머리를 내밀고 있다.	FMa(2)
II	〈D6	토끼가 얼음 연못에 미끄러져서, 얼음에 비춰지고 있다. 수: 이 하얀 것은 얼음이고 얼음에 비춰진 모습을 볼 수 있다.	FMa.Fr
II	W	두 마리 곰들이 서커스를 하고 있다. 수: 그들은 서커스에서처럼 빨간 모자를 쓰고 있고 발을 서로 대고 있다.	FMa.FC(2)
III	D1	두 사람이 무엇인가를 들어 올리고 있다.	Ma(2)
III	D1	한 사람이 거울 속으로 자신을 들여다보고 있다. 수: 그는 자기 자신을 바라보면서 앞으로 숙이고 있다.	Mp.Fr
IV	〈W	만약 카드를 이런 식으로 돌려 보면 마치 무엇인가 비춰지는, 아마도 구름같이 보인다. 수: 자, 안쪽 편의 이것들이 여기에 비춰지고 있고 구름같이 보인다. 검: 어떻게 당신이 그것을 구름처럼 볼 수 있는지 알 수가 없다. 수: 그렇다. 밤의 구름처럼 모든 것이 검고 더 구체적으로 말하지 못하겠다.	YF.rF
IV	D6	한 쌍의 부츠	F(2)
V	W	두 사람이 서로 등과 등을 대고 누워 있다.	Mp(2) p(2)
VI	〉W	이 모든 것은 아래에 있는 것과 똑같다. 수: 그것이 무엇인지는 모르겠다. 바위 종류인 것 같기도 하고, 뭔가가 비춰진 것처럼 양쪽이 똑같다.	rF
VII	D2	이것은 물에 반사된 밤의 잠수함처럼 보인다. 수: 밤처럼 모든 것이 새까맣고, 당신은 원추형의 탑과 전체 모양이 보이고 이것이 모두 반사되고 있음을 볼 수 있다.	FC1.Fr
VII	D2	이것은 한 작은 소녀처럼 보인다. 양편에 한 사람씩 있다.	Mp.Fr
VII	D2	한 작은 소녀가 거울을 보고 있다.	Mp.Fr
VIII	D5	한 쌍의 깃발들	F(2)
VIII	〈W	한 동물이 작은 시냇물 같은 데서 바위를 건너고 있는데 거기에 반사된 모습을 볼 수 있다. 그 동물은 아래를 보고 있다.	FMa.Fr

IX	〈D5	마치 물 위에 있는 것 같고, 멀리 있는 해안선을 볼 수 있다. → 반응(자유연상) 수: 자, 이것이 물에 반사된 것이고, 여기에서 해안선을 볼 수 있고(중앙선을 가리키면서), 이것은 너무 작아서 멀리 떨어져 있음에 틀림없다. 쉽게 구별이 안 되겠지만, 나무라 그런 것 같다. → 질문단계에서의 설명	FD.rF
IX	D3	두 명의 할로윈 마녀들 수: 그들은 마녀들처럼 얼굴을 색칠했고 오렌지 같은 빛깔이고 서로 웃으면서 등을 기대고 있다.	Ma.FC(2)
X	D1	한 쌍의 게들 수: 양편에 있고 그들은 똑같다.	F(2)
X	D7	사슴들, 점프하고 있는 것 같다. 수: 한 마리는 여기 있고 한 마리는 여기, 그들은 똑같다. 뛰고 있는 것처럼 다리들을 쭉 뻗었다.	FMa(2)

4) 혼합 반응, z점수와 형태질

(1) 혼합 반응 (•)

혼합 반응(blend response)은 반응결정인이 하나 이상인 것을 말하며, 여러 개의 결정인 사이에 (•) 표시를 함으로써 각각의 반응결정인을 구분한다. 예를 들어, 인간 운동(M) 반응과 색채-형태(CF) 반응이 혼합된 경우는 M · CF로 채점한다. 혼합 반응의 빈도는 자료마다 상당히 다르다. 전체 반응의 20% 정도는 혼합 반응들을 보이나 어떤 기록에서는 50%의 혼합 반응을 보이기도 하고 혼합 반응이 전혀 없는 기록도 있다. 혼합 반응을 보이는 경우는 '두 사람이 심하게 싸워 피가 나고 있다.'와 같이 복잡한 반응에서 나타난다.

(2) 인지 조직활동 (z)

인지 조직활동(cognitive organization activity)은 Beck(1933)이 자극의 조직화와 복잡성에 대해 점수를 부여한 이후 지능과의 연관성이 검토되어 왔다. Kropp(1955)는 Z가 W나 M과 높은 상관은 있으나 지능과 직접적인 상관은 없다고 밝혔으며, Exner(1982)는 선행 연구들을 종합하면서 지능이 Z의 선행조건이기는 하지만, 지능 외의 다른 요인이 Z의 빈도와 특징에 영향을 미친다고 보았다.

Z는 형태를 포함하는 반응 가운데 다음의 조건이 충족되면 채점된다. 즉, 전체 위치 반응 W의 발달질 수준이 +, V/+, 0일 때(Wv는 Z점수가 부과되지 않는다), 2개 이상의 근접한 부분이 개별적인 대상으로 지각되면서 서로 의미 있는 관계 속에 있을 때, 서로 근접하지 않은 부분들이 개별적인 대상으로 지각되면서 의미 있는 관계를 이루고 있을 때, 그리고 공백 반응이 다른 부분 반응과 의미 있게 통합되고 있을 때다. Z점수는 형태가 사용되는 경우만 채점되므로 C, C′, T, Y, V와 같은 반응은 Z점수가 부여되지 않는다.

구체적으로 각 반응에 채점되는 Z점수는 앞의 조건 가운데 어떤 조건에 해당되는지, 그리고 어떤 카드에서 Z 반응이 나왔는지에 따라 결정된다. 〈표 5-10〉은 카드 번호와 반응 조건에 따른 Z점수를 제시하고 있다. 그리고 〈표 5-11〉은 Z점수를 매기는 예시를 보여 주고 있다.

〈표 5-10〉 카드별 Z점수

	조직 활동 유형			
카드	전체 반응 (DQ: +, v/+, 0)	인접 부분	비인접 부분	공간 통합
I	1.0	4.0	6.0	3.5
II	4.5	3.0	5.5	4.5
III	5.5	3.0	4.0	4.5
IV	2.0	4.0	3.5	5.0
V	1.0	2.5	5.0	4.0
VI	2.5	2.5	6.0	6.5
VII	2.5	1.0	3.0	4.0
VIII	4.5	3.0	3.0	4.0
IX	5.5	2.5	4.5	5.0
X	5.5	4.0	4.5	6.0

〈표 5-11〉 Z점수 채점 예시

카드	연상	질문	Z점수
I	박쥐	(W를 확인함)	1.0
I	할로윈의 가면	입과 눈의 흰 부분이 가면이다.	3.5
I	눈 위에 떨어진 낙엽	잎의 뚫린 구멍을 통해 눈이 보인다.	3.5
I	두 마리의 새이고, 그들은 산에서 멀리 떨어져 있는 새들이다.	–	6.0
II	서로 차고 있는 어릿광대 두 명	(아래 영역(D3)이 발로 차기를 나타낸다.)	4.5
II	코를 비비는 두 마리의 개		3.0
II	불을 내뿜으며 날아가는 우주선	(DS5 우주선, D3 불꽃)	4.5
II	싸우는 수탉처럼 공격하려고 하는 두 마리의 암탉	(D2)	5.5
III	두 마녀가 동굴에서 트로피를 걸어 놓고 무언가 술을 빚고 있다.	(W)	5.5
III	두 여인이 바구니를 들고 있다.	(D1)	3.0
III	두 여인이 서로 쳐다보고 있다.	(D9이고 D7은 제외)	4.0
IV	그루터기에 앉은 거인	(D1 그루터기)	4.0
IV	곰가죽	(W)	2.0
IV	서로 논쟁하는 두 마녀	(Dd26)	3.5
IV	헨젤과 그레텔처럼 사탕나무를 물어뜯고 있다.	(DdS24 헨젤과 그레텔, D1 사탕나무)	5.0
V	나비	(W)	1.0
V	악어 머리, 양옆에 하나씩 있다.	–	Z점수 없음
VI	산에 높이 있는 토템이다.	(D3 토템, 카드 나머지는 산이다.)	2.5
VI	반사되고 있는 잠수함	(D4 잠수함)	2.5
VI	둥지에 있는 두 마리의 어린 새	(Dd28)	2.5
VI	서로를 부르는 두 마리의 새	(Dd21)	6.0
VI	전체가 섬 같다.	(W)	Z점수 없음
VII	두 여자가 서로 웃고 있다.	(Dl)	3.0
VII	두 여자가 바위 뒤에 서서 이야기를 하고 있다.	(W, D2 여자, D4 바위)	1.0
VII	두 명의 캉캉 무희	수: 그들의 머리는 서로 닿아 있고 한쪽 다리는 올리고 있기 때문에 한쪽 다리만 보인다.	3.0

VII	산맥과 호수	수: 흰 부분(DS7)이 호수이고 나머지는 산이다. 당신은 호수를 내려다보고 있다.	4.0
VIII	쓰레기더미로 올라가고 있는 두 마리 쥐	(W)	4.5
VIII	두 마리 동물, 양쪽에 한 마리씩 있다.	–	Z점수 없음
VIII	나무에 올라가는 곰	(D1 곰, D4 나무)	3.0
VIII	통나무 위의 우유병	(중앙의 작은 흰 여백이 우유병, D5 통나무)	4.0
IX	누군가 여기에 페인트를 튀겼다.	(W)	Z점수 없음
IX	전체가 원자 폭발	(W, D6에 구름, 녹색 부분이 연기, 주황색 부분이 불)	5.5
IX	색소폰을 부는 사람	(D1 사람, 나머지는 색소폰)	2.5
IX	서로 담소하는 두 마녀	(D3)	4.5
IX	분출하고 있는 가스가 마치 태양의 폭발 같다.	(D8 윗부분이 태양, Dd25 가스 분출) 수: 태양과 가스 폭발 사이에 공간이 있다.(Dd S32)	5.0
X	화가의 추상화, 특정한 모양을 지닌 대칭적인 물체가 양쪽에 있다.	(W)	5.5

만약 한 반응이 2개 이상의 Z점수를 동시에 받을 수 있는 경우라면 그 가운데서 가장 높은 Z점수를 준다. 예를 들면, 카드 I에서 전체 반응 W는 1.0을 받는데 '한 여인이 서 있고 주위에 두 마리 괴물이 서 있다.'라고 응답한다면 근접한 부분들이 의미 있는 관계를 보이고 있으므로 4.0점을 받을 수 있다. 이 경우 높은 점수를 채택하므로 4.0점을 매긴다.

Z점수를 매길 때 반응의 부분들이 의미 있는 관계를 보인다는 점이 중요한 채점 기준이 된다. 예를 들어, 카드 VII에서 '두 사람이 서로 다른 방향을 가리키고 있다.'는 반응은 의미 있는 관계를 보이지 않으므로 Z점수를 부여하지 않는다. 이와 반대로 '두 사람이 어느 방향으로 갈 것인지를 의논하고 있다.'라고 응답한다면 의미 있는 관계를 보이고 있으므로 Z점수를 부여한다.

(3) 형태질

형태질의 평가를 기록하는 방식은, 결정요인 다음에 형태질을 기록하면 된다. 예를 들면, F+, Fo, Fu, F−, Mao, TFu, FC.FD−, FMp.FC′+ 식으로 한다.

여기서는 형태질을 결정하기 위해 〈부록〉에 있는 형태질 표를 사용하는 방법을 살펴본다. 형태질 표에는 카드별, 영역별 반응이 제시되어 있고 각 반응의 형태질이 표기되어 있다. 이 표는 7,500개 반응기록지(정상 성인의 2,500개 기록지, 조현병을 제외한 외래환자의 2,500개 기록지, 조현병과 정신증을 제외한 입원환자의 2,500개 기록지)에 제시되었던 162,427개 반응을 기초로 하여 작성되었다(Exner, 1987). 이 표에서 보면 형태질은 o, u, − 수준으로 구별되고 있으며, + 반응은 o 반응 가운데서 + 반응 조건을 갖추고 있는 반응이라고 판단되는 경우 채점되므로 따로 + 반응을 명시하지는 않았다. 이 표에 제시되지 않은 대부분의 반응은 − 반응이거나 u 반응으로 채점될 가능성이 높다.

〈표 5-12〉 형태질 평가의 기준

부호	정의	기준
+	우수하고 정교한 (superior-overelaborated)	매우 정확하게 형태가 상용됨으로써 형태가 적절하면서도 질적으로 상승된 수준에서 반응된다. + 반응이 반드시 독창적일 필요는 없으나 부분들이 구별되고, 형태가 사용되고 명료화되는 방식이 매우 독특하다.
o	보통의 (ordinary)	흔히 지각되는 사물을 묘사할 때 명백하고 쉽게 이해될 수 있는 방식으로 반점의 특징이 사용된다. 반응 내용은 평범하며 그 내용을 쉽게 알아볼 수 있다. 반점의 특징을 사용하는 수준은 평범하므로, 반점 특징의 사용이 매우 정교하여 반응 내용을 풍부하고 독특하게 해 주는 우수한 형태질 수준과는 구별된다.
u	드문 (unusual)	흔히 반응되지 않는 낮은 빈도의 반응으로서 반응 내용이 반점의 특징과 크게 부조화되지는 않는다. 이런 종류의 반응은 비교적 빠르고 쉽게 알아볼 수는 있지만 흔히 일어나는 반응은 아니다.
−	왜곡된 (minus)	반응 과정에서 반점의 특징이 왜곡되고 인위적이며 비현실적으로 사용된다. 반점의 특징을 완전히 혹은 거의 무시한 반응이 지각된다. 즉, 반응과 반점의 특징이 전혀 조화되지 않는다. 때로는 반응된 형태를 지각할 만한 반점의 특징이 없는 상태에서 독단적으로 형태가 지각된다.

5) 내용 분류와 평범 반응

Rorschach 반응 채점의 세 번째는 반응 내용을 채점하고 Rorschach 기록에서 자주 나타나는 평범 반응들을 〈평범 반응 목록〉에서 대조하여 채점하는 것이다. 이 두 가지 채점은 그리 복잡하지 않으나 해석과정에서는 상당히 중요하다.

(1) 내용

모든 반응은 내용별로 채점된다. 내용 채점에 사용되는 기호들은 그 대상을 지칭하도록 되어 있다. Rorschach는 6개의 기호만 사용한 반면에 Beck은 35개 범주로 채점했고, Klopfer는 23개로 분류했다. 종합체계에서 사용하고 있는 분류 목록은 26개이고, 이 목록에 대한 준거와 기호는 〈표 5-13〉과 같다.

수검자의 한 반응에 2개 이상의 내용이 포함될 때는 이 내용들을 모두 포함시켜야 한다. 그러나 다음의 두 가지 경우는 예외다. 즉, 자연 반응, 식물 반응, 풍경 반응이 동시에 나타났다면 자연 반응에 모두 포함시키고 식물이나 풍경 반응은 따로 채점하지 않는다. 예컨대, '이 동물은 물속에서 돌 위를 걷고 있는데 어떤 나무에 가까이 가고 있다.'라고 반응했다면 반응 내용은 동물(A), 돌(Ls), 물(Na), 나무(Bt) 네 가지를 포함하고 있지만 채점은 A, Na만 한다. 또 '어떤 동물이 나무 옆에 있는 돌 위를 올라가고 있다.'라고 했다면 A, Bt 또는 A, Ls로 채점하면 된다. 2개 이상의 반응을 채점할 때는 콤마(,)로 구분하며 처음 언급된 반응이 대부분 반응의 중심이 된다.

내용을 채점할 때는 모든 내용을 포함시켜야 하는데, 이는 내용 채점을 생략하게 되면 잘못된 자료가 나올 수도 있기 때문이다. 26개 반응 이외의 흔하지 않은 반응을 한다면 Id 칸에 이 내용을 기록한다. 예컨대, 시험관은 매우 특이한 반응이기는 하나 Id로 채점되기보다는 과학 자료로 보아 Sc로 채점하는 것이 타당하다. 그러나 압정과 같은 반응은 매우 드물기 때문에 Id 칸에 기록하는 것이 적당하다.

〈표 5-13〉 반응 내용의 채점 기준

분류	기호	기준
전체 인간	H	전체 인간 형태를 보았을 때. 나폴레옹과 같은 역사적인 인물로 보았다면 두 번째 채점으로 Ay를 채점해야 한다.
전체 인간	(H)	가상적이거나 신화에 나오는 전체 인간의 형태를 지각 거인, 마녀(가상적 인간), 유령, 일곱 난쟁이, 천사 등
인간의 부분	Hd	불완전한 인간의 형태. 사람의 팔, 다리, 손가락 그리고 머리가 없는 사람
인간의 부분	(Hd)	가상적이거나 신화에 나오는 인간의 형태. 악마의 머리, 마녀(가상적인 인간)의 팔, 천사의 눈 등
인간 경험	Hx	인간의 감정이나 감각 경험을 포함할 때. 사랑, 미움, 행복, 냄새, 두려움 등. 특수점수로 AB가 채점되기도 한다.
전체 동물	A	전체 동물의 형태를 지각 나비, 개, 호랑이 등
전체 동물	(A)	가상적이거나 신화에 나오는 전체 동물의 형태 지각 용, 나는 (가상적인) 동물
동물의 부분	(Ad)	가상적이거나 신화에 나오는 불완전한 동물의 형태 지각 곰 푸우(가상적인)의 다리, 토끼 피터의 머리 등
해부	An	두개골, 근육, 내부 장기 등
예술	Art	구상화나 추상화 같은 그림이나 그 밖의 예술 관련 대상을 지각 보석, 샹들리에, 장식품 등
인류학	Ay	특정한 문화적 · 역사적인 유물이나 대상을 지각 토템 기둥, 로마 투구, 나폴레옹 투구, 조선시대 도자기 등
피	Bl	인간이나 동물의 피로 지각
식물	Bt	식물로 지각. 꽃, 나무, 수풀, 해조류 등
의복	Cg	의복으로 지각 모자, 신발, 벨트, 재킷, 저고리, 바지 등
구름	Cl	구름으로 지각 안개는 Na로 채점됨
폭발	Ex	화산, 폭탄, 불꽃 등이 폭발하고 있다는 반응
불	Fi	불이나 연기로 지각
음식	Fd	음식 종류, 아이스크림, 프라이드 치킨, 구운 새우 등
지도	Ge	특정한 지역의 지도 혹은 특정하지 않은 지도로 지각 (우리나라) 지도 등

가구	Hh	실내 가구, 침대, 의자, 램프, 접시 등
풍경	Ls	풍경 반응. 산, 계곡, 언덕, 동굴, 바위, 사막 등
자연	Na	식물이나 풍경으로 분류되지 않는 자연환경 태양, 달, 하늘, 은하수, 얼음, 눈, 안개, 무지개 등
과학	Sc	과학과 연관되거나 과학의 산물, 과학적 상상물 등이 포함 현미경, 망원경, 우주선, 광선총, 배, 기차, 자동차 등
성반응	Sx	성기능과 관련된 성기관, 남근, 자궁, 가슴 등. 성행위의 경우는 이차 반응으로 Sx를 채점하고 일차 반응은 H, Hd, An으로 채점된다.
X-ray	Xy	X-ray 뼈, 내부 기관의 X-ray 반응. Xy가 채점되면 An은 채점되지 않는다.

(2) 평범(P) 반응

Rorschach는 평범 반응의 준거를 3개의 프로토콜 중 한 번은 나타나는 반응으로 보았다. 이는 관습적으로 반응하는 사람들의 특성을 반영하는 것이다. Rorschach 체계를 만든 사람들은 모두 P 채점을 하였으나 체계자들 간에는 차이가 있었다. 이는 Rapapport(1946)는 프로토콜 4~5개당 한 번 나타나는 반응을 P로, Piatrowski는 4개의 프로토콜에서 적어도 한 번은 나오는 반응을 P 반응으로, Hertz는 6개의 프로토콜에서 최소한 한 번은 나오는 응답을 P 반응으로 간주하는 방식에서 비롯된다.

Exner의 종합체계에서는 3개의 기록에서 적어도 한 번은 나오는 반응을 P 반응으로 정의하는 이유는 P 반응이 매우 관습적인 응답이기 때문이다. 〈표 5-14〉에서 보여 주는 P 반응은 7,500명(비환자 성인 2,500명, 비조현병 외래환자 2,500명, 비조현병과 비정신병 입원환자 2,500명)의 빈도를 분석한 결과다.

이 표집에서 적어도 2,500번 나타난 반응을 종합체계에서 P 반응으로 보았고, 그 결과 13개 반응이 P 반응으로 확정되었다. 10장의 카드 가운데 높은 빈도를 나타내는 P 반응은 잉크 반점의 특성상 윤곽이 뚜렷한 카드나 다른 유사한 대상을 쉽게 연상시키는 카드에서 발생한다. P 반응은 대부분 성차는 없는 편이나 남녀 간의 차이를 보이는 카드가 더러 있다. 카드 I과 카드 V에서 여성은 나비를 주로 보고 남성은 박쥐라고 반응하는 경향이 많다. 또 카드 X에서 남성은 게로 보는 경향이 있는 반면, 여성은 거미로 보는 사람이 많았다.

〈표 5-14〉 평범 반응 빈도 분석 결과

카드	영역	기준	정상인(%)	조현병(%)
I	W	박쥐. 전체 반응이어야 함	48	38
I	W	나비. 전체 반응이어야 함	40	6
I	D1	동물의 전체 형태 보통 개, 곰, 코끼리로 봄	34	35
III	D1, D9	인간의 모습이나 인형 혹은 만화와 같은 것으로 봄	89	70
IV	W, D7	거인, 유령, 공상적인 인간이나 인간과 유사한 존재	53	41
V	W	박쥐. 전체를 정 위치에서 위쪽을 박쥐의 윗부분으로 보아야 하고 박쥐 전체로 반응해야 함	46	43
V	W	나비. 전체를 정 위치에서 위쪽을 나비의 윗부분으로 보아야 하고 나비 전체로 반응해야 함	36	38
VI	W, D1	동물 가죽, 융단, 가죽 등. 수검자가 동물 가죽이라고 분명하게 말했을 때. 동물 가죽을 호랑이나 여우, 고양이 가죽이라 할 때도 포함	87	35
VII	D1, D9	D1 반응일 때는 D5는 머리카락이나 깃털로 봄 D2 반응에서는 머리나 얼굴을 D9에 한해서 보아야 함 만약에 D23을 인간의 부분으로 보았다면 P 반응이 아님	59	47
VIII	D1	전체 동물 모습. 흔히 개, 고양이, 다람쥐 등을 언급. 때로 전체 반응으로 문장을 말하면서 D1을 동물로 볼 때도 P 반응으로 채점	94	91
X	D1	게. D1 영역에 국한되어야 함	42	34
	D1	거미. D1 영역에 국한되어야 함	37	38

6) 특수점수

다른 Rorschach 검사의 채점과 마찬가지로 특수점수는 양적인 점수가 아니며 특이한 반응의 특징을 기호화한 점수다. 특수점수를 사용함으로써 종합체계 이전에는 질적으로 검토할 수밖에 없었던 여러 반응을 수량화할 수 있기 때문에 객관적인 해석에 많은 도움을 받을 수 있다.

특수점수는 Rapapport(1946)가 처음으로 주장하였고 25개 특수점수를 만들기도 하였다. 종합체계에서는 15개(세분화한 점수까지 18개) 범주로 나누고 있다. 15개 특수점수는 드문 언어(unusual verbalization) 표현 6개, 보속성과 통합실패 2개, 특수 내용 4개, 인간표상반응 1개, 개인적 반응 1개, 특수색채 1개로 분류하고 있다.

(1) 드문 언어 표현

Rorschach 검사에서 나타나는 언어 반응은 인지활동, 특히 인지적 오류 연구에 아주 중요하다. 일시적이든 지속적이든 모든 인지장애는 언어적으로 표현될 것이며, 다음 중 세 종류의 Rorschach 반응을 통해 나타난다. 즉, 6개의 드문언어 표현점수는 이탈된 언어 표현, 부적절한 조합, 부적절한 논리로 구분할 수 있다.

이탈된 언어 표현은 두 가지 점수(DV, DR)와 부적절한 조합을 나타내는 세 가지 점수(INCOM, FABCOM, CONTAM)로 측정하는데 이는 반응의 기괴한 정도에 따라 수준 1과 수준 2로 나뉜다. 이렇게 구분하는 이유는 각각의 수준에 따라 인지장애의 정도가 상당히 다르다고 보기 때문이다. 따라서 경도장애나, 중도장애를 보이는 반응과 심각한 장애를 구별할 필요가 있다.

수준 1의 반응 대부분은 비논리적이거나, 특이하거나, 우회적인 사고 등이 경하거나, 중간 정도일 때 채점한다. 그리고 수준 1의 반응 대부분은 특수점수의 채점 기준에 해당되는 반응들이지만, 간혹 수검자가 대충 부주의하게 표현함으로써 인지적인 장애와 명확히 구분하기 어려운 경우가 생기기도 한다. 수준 1의 반응은 부적절한 단어를 사용하고 자극에 대해 일탈된 판단을 하나 비교적 반응 자체는 기이하지 않다. 수준 1의 반응은 오히려 미성숙하거나, 교육의 기회가 제한되어 있거나, 심사숙고하지 않고 판단한 결과 때문일 가능성이 높다.

수준 2의 반응은 비논리적이거나 심하게 우회적일 경우 채점한다. 수준 2의 반응은 판단 능력의 결함이 현저하고 매우 특이하게 일탈되어 있으며 표현 방식이 매우 특이하다. 그리고 괴이하고 부적절하여 아무런 주저 없이 채점할 수 있을 정도로 쉽게 알아볼 수 있는 반응이다. 이 경우에 수준 1로 보아야 할 것인지, 좀 더 문제시해서 수준 2로 보는 것이 더 타당한 것인지를 결정할 때는 여러 면에서 질문을 던져 보고 수검자의 연령, 교육 정도, 문화적인 배경을 반드시 고려해야 한다.

① 이탈된 언어 표현

단순한 인지적 오류를 나타내는 두 가지의 이탈된 언어 표현이 있다. 이 두 종류의 언어 반응은 수검자의 의사소통을 뚜렷이 방해하여 타인은 잘 이해하기 어려운 표현 방식이다. 이탈된 언어 표현에는 DV(Deviant Verbalization)와 DR(Deviant Response)이 있다. 이 반응은 수검자가 매우 부적절한 단어를 사용하는 반응이기 때문에 쉽게 찾을 수 있다.

ㄱ. DV

DV에는 신조어와 과잉표현이 있다.

• 신조어

수검자의 언어 능력으로 볼 때 정확하게 표현할 수 있음에도 불구하고 부적절한 단어를 사용하거나 새로운 단어를 만들어 사용하는 경우다.

예 이것은 연필인데, 여기가 포인트가 되는 부분이다.-DV1
사람의 음부 아치-DV2

• 과잉표현

은어나 언어적 표현 부족이라고는 설명되지 않는 부적절한 방식으로 어휘를 사용하는 경우다.

예 죽은 시체-DV1
세 사람의 트리오-DV2

ㄴ. DR

DR에는 수검자가 일탈되거나 왜곡된 어휘를 사용함으로써 반응의 질이 기이하고 특이할 때 채점한다. DR에는 부적절한 구와 우회적 반응이 있다.

• 부적절한 구

매우 부적절하거나 아무런 관련이 없는 구를 사용하여 반응하는 경우다.

예 이것은 분명 고양이입니다. 나의 아버지는 항상 고양이를 미워했지요. -DR1

• 우회적 반응

수검자가 부적절하게 반응을 우회적으로 정교화하여 표현함으로써 산만하게 반응하는 경우다.

예 이게 무엇인지 확실하지 않아요. 어떤 동물의 코 같기도 하고 아마 말이나 소과 동물 같은데…. 정열과 심리적 드라마를 연출하는 거 같은데요. 제가 그걸 두 번 봤거든요. 아, 그래요, 말의 코네요. -DR2

② 부적절한 조합(Inappropriate Combination)

부적절한 반응의 조합은 반점에 대한 지각과 생각이 지나치게 압축된 것을 말한다. INCOM, FABCOM 그리고 CONTAM이 있다.

ㄱ. 모순된 조합(Incongruous Combination: INCOM)

반점의 부분이나 이미지를 부적절하게 하나의 대상으로 합쳐서 압축하여 반응한 것을 말한다.

예 머리가 닭 머리인 여자-INCOM2
눈이 노란 남자-INCOM1

ㄴ. 우화적인 표현(Fabulized Combination: FABCOM)

잉크 반점을 보고 두 가지의 대상이 불가능한 방식으로 관계를 맺고 있을 때 채점한다. 이 반응은 항상 분명하게 분리되어 있는 두 가지 이상의 반점 부분을 포함하고 있다.

예 닭 두 마리가 농구를 하고 있다. -FABCOM 1
여자 둘이서 잠수함을 공격하고 있다. -FABCOM2

ㄷ. 오염 반응(Contamination: CONTAM)

부적절한 반응 결합 중에서도 가장 괴이한 반응이다. 두 가지 이상의 인상이 비현실적으로 하나의 반응으로 중첩된 것을 말한다. 이는 필름이 이중으로 노출되어 상이 겹치듯이 심리적으로 반응이 중첩된 것이다.

예 곤충의 얼굴과 황소의 얼굴이 겹쳐져서 '곤충황소'라고 반응함-CONTAM

③ 부적절한 논리(ALOG)

수검자가 자신의 반응을 정당화하기 위해서 비합리적인 논리를 말할 때 채점한다. 이 경우의 비합리적인 논리는 확실히 타당하지 않고 연상이 지연되거나 사고가 지나치게 단순할 때 채점한다. 자신이 말한 대상들에 대해 어떤 이유로 그렇게 보았는지를 설명하기 위해 자기식의 논리를 피력한다.

ALOG 반응은 검사자가 묻지도 않았는데 자발적으로 다음과 같이 언급한 경우에만 채점한다는 점을 유의한다.

예 이 사람은 광부다, 온통 검으니까.-ALOG1

이건 당근이다, 토끼 옆에 있으니까.-ALOG2

(2) 보속성과 통합실패

같은 반점을 보고 두 가지 혹은 그 이상의 동일한 반응을 나타내거나, 각기 다른 반점을 보고 이전에 한 것과 똑같은 반응을 반복하거나, 반점의 일부에 대한 느낌을 반점의 전체에 과잉 일반화하여 반응할 수도 있다. 이 같은 반응 유형은 인지장애 또는 뚜렷한 심리적인 집착을 드러낸다고 볼 수 있다. Rorschach 종합체계에서는 이러한 반응을 채점하기 위해 보속성과 통합실패를 사용하고 있다.

① 보속성(Perseveration: PSV)

세 가지 종류의 반응 반복, 즉 보속성(PSV)이 있다. 다음 세 종류의 PSV는 내용은 다르더라도 채점은 PSV로 한다.

ㄱ. 카드 내 반응 반복

동일한 카드에서 내용이 동일한 것으로서 영역, 발달질, 형태질, Z점수가 동일한 반응이 연속적으로 나타날 때를 말한다. 이 경우는 구체적인 유목은 약간 다를 수도 있지만 채점이 되는 내용은 같다. 빈번한 카드 내 반응 반복은 카드 I와 카드 V에서 나타난다. 예를 들어, 카드 I에서 첫 번째로 '이것은 박쥐다.'(전체 형태를 보고서 반응했다면 채점은 Wo Fo A P 1.0)라는 반응 이외에 '나비로도 보인다.'(전체 모양을 보고서 반응했다면 채점은 Wo Fo A P 1.0 PSV) 등이다.

카드 내 PSV일 때 평범 반응이 반복될 필요는 없다. 그러나 특수점수를 제외한 다른 기호는 동일해야 하고 반응이 연속적이어야 한다.

ㄴ. 내용 보속성

카드 내 반응 반복은 동일한 카드에 대해 반응이 연속해서 나타나는 것이지만, 내용 보속성(content perseveration)은 동일한 카드에서 나타나는 것이 아니다. 앞 카드에서 말한 대상이 뒷 카드에서도 동일하게 반복될 때 내용 보속성으로 채점한다. 두 번째 반응과 첫 번째 반응의 채점이 같지 않을 수 있고 때로는 다를 수도 있다.

예를 들어, 어떤 한 카드에 대해 '두 사람이 싸우고 있다.'고 하고 그다음 카드에 대해 '또 그 사람들인데, 이제는 싸우지 않는다.'고 말할 수 있다. 내용 보속성을 채점할 때 주의할 점은 검사자가 다른 카드의 새로운 대상을 이전에 보고한 대상과 동일하게 보고한 것인지를 확인하는 것이다.

ㄷ. 기계적 반응 반복

이 유형의 반응 반복은 지적 또는 신경학적 손상이 있는 수검자들에게서 가장 흔히 나타난다. 일반적으로 기계적 반응 반복(mechanical perseveration)은 짧고 간단한 것이 특징이다. 수검자는 동일한 대상을 기계적으로 반복해서 보고한다. 예를 들어, 어떤 수검자는 카드 I에서 박쥐, 카드 II에서 박쥐, 카드 III에 대해서도 계속해서 박쥐라고 보고한다.

기계적으로 반복하는 수검자의 반응기록은 반응 수가 14개 미만이기 때문에 타당하지 못할 수 있다. 이럴 때 검사자는 다시 검사를 실시해서 유용한 정보를 얻을 수 있을지를 신중하게 고려해야 한다.

② 통합실패(Confabulation: CONFAB)

반점의 한 부분에 주의를 기울여 반응한 뒤 이를 보다 큰 영역이나 전체 반점에 대해 일반화하는 경우다. 이 경우는 부분에 대한 지각이 나머지 영역에 대한 지각과 적절히 통합되지 못한 것으로 볼 수 있다. CONFAB로 채점할 때는 반드시 수검자가 반응 통합에 실패했는지를 확인해야 한다. 검사에 저항하거나 표현이 서툰 경우 CONFAB처럼 보이는 반응을 보일 수 있기 때문이다.

CONFAB 반응은 ALOG 반응과 유사해 보일 수 있는데 통합실패로 확인되면 CONFAB만 채점하고 ALOG는 채점하지 않는다.

예 카드 I에서 D1 영역에 초점을 두고 '이게 집게발이니까 게다.'라고 반응하는 경우

(3) 특수 내용

특수 내용들은 특수한 인지적 특징이나 자아의 특징을 투사적으로 나타내는 반응들이다. 이러한 반응들은 단순한 내용 분류에 포함되지 않으므로 별도의 채점 기호가 필요하다. 사고나 자기상, 대인관계의 특성과 관련이 있는 네 가지 특수점수는 다음과 같다.

① 공격적인 내용(AG)

AG는 운동(M, FM, m) 반응에 '싸우는, 파괴적인, 논쟁하는, 매우 화난' 등과 같이 뚜렷하게 공격적인 반응 내용을 포함하고 있을 때 채점한다. 반드시 주된 대상이 공격적인 운동을 보일 때만 채점한다. 예컨대, '총을 맞은 개' '폭파된 배'와 같이 공격을 받은 경우는 AG로 채점하지 않는다. 마찬가지로 폭발 자체는 AG로 채점하지 않지만 폭발로 무엇이 파괴되었다면 AG로 채점할 수 있다.

② 협조적인 운동(COP) 반응

COP는 두 가지 이상의 대상이 적극적으로 혹은 협조적으로 상호작용하는 운동 반응(M, FM, m)을 했을 때 채점한다. COP는 '무엇을 하고 있는 두 사람'이나 '서로 쳐다보고 있는 두 사람'처럼 상호작용이 적극적이지 않거나 협동적인 운동이 분명하지 않을 때는 채점하지 않는다. 예를 들면, '두 사람이 무엇을 들어올리고 있다.' '두 마리 곤

충이 먹이를 같이 끌고 가고 있다.' '세 사람이 함께 춤을 추고 있다.' '두 아이가 시소를 타고 있다.' 등이다.

③ 병리적인 내용(MOR)

MOR은 반응 대상이 다음의 두 가지 특징 가운데 한 가지를 보일 때 채점한다.

- '죽은, 파괴된, 폐허가 된, 오염된, 손상된, 상처 입은, 깨진' 대상으로 지각할 때 채점한다. 예를 들어, '깨진 그릇, 죽은 곰, 해진 신발, 상처, 불탄 양탄자, 부패한 송장' 등이다.
- 반응한 대상이 우울한 감정이나 특징들을 나타낼 때다. 예를 들어, '침울한 집, 슬픈 여자, 울고 있는 사람' 등이다.

④ 추상적인 내용(AB)

AB는 두 가지 구체적인 반응일 때 채점한다. 첫 번째는 사람의 정서나 감각적 경험을 포함하는 반응 내용을 채점하는 기호인 Hx와 관련되어 있다. 두 번째는 수검자가 구체적으로 추상적이고 상징적인 표현을 할 때다. 구체적인 표현이 포함되지 않는 추상 반응은 AB로 채점하지 않는다. AB 반응의 예로는 '자유를 상징하는 조각' '이 그림은 전체가 우울을 상징한다.' '악마를 상징하는 마스크다.' 등이 있다.

(4) 인간표상 반응

어떤 방식이든 사람의 모습이나 상호작용하는 모습을 나타낸 경우 채점된다. 2개의 특수점수가 부여되는데, '좋은' 반응(GHR)과 '나쁜' 반응(PHR)이다.

인간표상 반응에는 인간 내용 반응인 H, (H), Hd, (Hd), Hx뿐 아니라 다른 방식으로 인간의 특징을 표현한 경우도 포함된다. 예를 들어, '절구를 찧고 있는 토끼'처럼 인간과 유사한 행동을 하고 있기 때문에 M으로 채점되는 반응으로, 인간표상 반응에 해당된다. 또한 '장난을 치고 있는 강아지들'은 서로 긍정적인 상호작용을 하고 있으므로 COP로 채점되고, 인간표상 반응에 해당된다.

인간표상 반응으로 분류되는 반응들은 다음의 세 종류다.

- 내용에 H, (H), Hd, (Hd), Hx가 채점되는 경우
- 결정인에 M이 채점되는 경우
- 특수점수 COP나 AG가 채점된 FM반응

인간표상 반응에 GHR, PHR을 채점하는 절차는 다음과 같다.

① H 반응이면서 다음 모두에 해당되는 경우 GHR로 채점
  - FQ+, FQo, FQu
  - DR, INCOM, FABCOM, CONTAM, ALOG가 아니고
  - AG나 MOR로 채점되지 않음

② 다음 중 하나에 해당하면 PHR로 채점
  - FQ−, FQnone 또는
  - 형태질이 +, o, u이지만
  - ALOG 혹은 CONTAM이 채점되거나 수준 2의 DV, DR, INCOM, FABCOM이 채점

③ 남은 인간표상 반응 중 COP가 채점되면서 AG가 채점되지 않은 반응에 GHR로 채점

④ 남은 인간표상 반응이 다음 중 하나인 경우 PHR로 채점
  - FABCOM이나 MOR
  - 내용에 An

⑤ 카드 Ⅲ, Ⅳ, Ⅶ, Ⅸ에서 P가 채점되는 인간표상 반응은 GHR로 채점

⑥ 다음 중 하나에 해당하면 PHR로 채점
  - AG, INCOM. DR 중 하나가 채점되거나
  - Hd가 채점될 때 [(Hd)는 아님]

⑦ 나머지 인간표상 반응은 GHR로 채점

(5) 개인적 반응(PER)

이 기호에 해당되는 반응의 대부분은 '나는 이것을 본 적이 있는데….' '내가 전에 본

바로는 이것이 ○○이다.'와 같이 개인의 지식이나 경험을 언급하는 경우에 채점한다. 때로는 다른 방식으로 자신의 경험을 표현하는 경우도 있다. 예컨대, '당신이 생물에 관해 배웠다면 내가 뭘 말하는지 알 거라고 봅니다.'다.

(6) 색채투사(CP)

대부분의 경우 수검자는 유채색 카드에서 색깔을 보았을 때, 붉은색은 빨간색으로, 푸른색은 녹색으로 정확히 본다. 때때로 수검자가 색채를 잘못 말했다면 언어적으로 실수한 것인지, 색채지각의 문제를 반영한 것인지를 확인하여야 한다. 수검자가 색채지각상의 문제와는 무관하게 잉크 반점의 색채를 언어적으로 말했다면 DV로 채점할 수 있다. 그러나 언어적 실수가 아니라면 원래의 자극과는 무관하게 색채를 지각하고 있으므로 이는 특수채점을 해야 하는 경우에 해당된다.

무채색 카드의 반점을 보고 '너무 아름다운 자주색 꽃입니다.' 또는 '색깔이 매우 화려한 새군요.'라고 반응했다면, 전자는 색에 대해 구체적으로 언급한 반응이고 후자는 어떤 점을 보고 색이 화려하다고 말했는지를 확인한다. 분명 무채색에서 유채색의 지각을 하고 아름답다고 했다면 두 반응 모두 CP로 채점할 수 있다.

(7) 다중적 특수점수

하나의 반응이 여러 개의 특수점수의 채점 기준을 만족시킬 때는 모두 채점하는 것이 원칙이다. 그러나 6개의 결정적 특수점수(six critical special scores)가 중복될 경우에는 주의가 필요하다.

- CONTAM으로 채점된 반응은 나머지 5개 특수점수(DV, DR, INCOM, FABCOM, ALOG)를 중복해서 채점하지 않는다.
- 5개의 결정적 특수점수 간의 중복은 한 가지 특수점수를 만족시키는 언어 반응이 나쁜 결정적 점수를 만족시키는 언어 반응과 독립적이라면 함께 채점한다. 독립적이지 않다면 가중치가 높은 점수만 채점한다.

예 두 마리의 곰이 손바닥을 마주치고 있다.

두 마리의 분홍색 곰이 아이스크림 위를 기어 올라가고 있다.

7) 구조요약

지금까지 해 온 각 반응의 정확한 채점은 구조요약(structural summary)을 하기 위해서다. 구조요약에서 우선해야 할 일은 각 채점 기호의 빈도를 적고 때로는 비율, 백분율을 기록하는 것이며, 이는 수검자의 심리적 특성과 상태에 대한 가정을 설정하는 기초 자료가 된다. 구조요약의 절차는 각 반응의 기호나 점수의 계열을 기록하고, 각 변인의 빈도를 기록하며, 여러 가지의 비율, 백분율, 산출 점수를 기록하는 방식으로 진행된다.

(1) 점수 계열

첫 번째 단계는 각 카드별로 반응 순서를 적으면서 채점된 기호를 기록하는 것이다. 이 작업은 빈도를 계산하기 쉽게 하며, 점수 계열 자체가 중요한 부가적 해석 자료의 기초로 활용되기도 한다. 점수 계열 기록지에는 각 카드의 번호 및 반응 번호, 반응마다 채점 기호 등을 적는 칸이 지정되어 있다. 뿐만 아니라 영역 번호(예: D3)를 기재하는 항목도 있다. 이처럼 점수 계열 기록지에 영역 번호를 기록해 두면 수검자의 반응을 해석하고 연구하는 데 매우 유용하다.

(2) 빈도 산출

① 영역

세 가지의 기본적인 영역 기호(W, D, Dd)의 빈도가 각각 계산된다. 공간 반응 역시 세 가지 영역 채점과는 상관없이 독자적으로 빈도를 계산한다. 각 반응 영역에 대한 발달질 채점의 빈도도 계산한다.

② 결정인

결정인이 혼합된 경우를 제외하고 각 결정인의 빈도를 따로 기록한다. 혼합 반응은 혼합 반응 칸에 기록하고 혼합 반응에 포함시킨 결정인은 단일 결정인의 빈도 계산에 포함시키지 않는다.

③ 형태질

형태질을 기록하는 세 가지 배열 방식은 다음과 같다.

- 기록된 프로토콜의 모든 반응의 FQx(형태질)를 맨 앞에 두고 네 가지 유형의 형태질에 따라 각각의 빈도를 기록한다. 그리고 형태를 사용하지 않은 반응의 빈도도 기입한다.
- MQual(인간 운동 반응 형태질) 칸에 모든 인간 운동 반응의 형태질을 기록한다.
- W+D는 W와 D영역을 사용한 반응 모두의 형태질 빈도를 기입하기 위한 칸이다.

④ 내용

내용의 범주는 27가지 유목을 포함하고 있다. 기록지에 일차 및 이차 반응 내용을 쉼표로 구분하여 앞뒤로 기록한다. 예컨대, '한 남자가 나무 위에 앉아 있다.'는 반응은 사람이 일차 반응이고, 나무가 이차 반응에 해당된다. 따라서 일차 반응의 Bt는 모두 합해 2개가 나오고, 이차 반응의 Bt는 한 개라면 Bt = 2, 1로 기록한다.

⑤ 조직활동

여기에는 세 가지 항목이 계산된다.

- Zf: Z 반응이 나타난 빈도
- ZSum: Z점수 가중치의 총합
- Zest: Zf에 따라 기대되는 값을 〈표 5-15〉를 참고하여 기록한다.

⑥ 평범 반응, 쌍 반응, 반사 반응

각 반응 P, (2), Fr+rF의 총합을 기록한다.

⑦ 특수점수

14개의 특수점수가 있으며, 그중 6개(DV, DR, INCOM, FABCOM, ALOG, CONTAM)의 특수점수는 가중치가 주어져 있으므로 그 가중치의 총합을 계산한다.

가중치는 DV=1, DR=3, INCOM=4, ALOG=5, CONTAM=7이다.

〈표 5-15〉 Zf에 따른 Zest

Zf	Zest	Zf	Zest
1	*	26	88.0
2	2.5	27	91.5
3	6.0	28	95.0
4	10.0	29	98.5
5	13.5	30	102.5
6	17.0	31	105.5
7	20.5	32	109.0
8	24.0	33	112.5
9	27.5	34	116.5
10	31.0	35	120.0
11	34.5	36	123.5
12	38.0	37	127.0
13	41.5	38	130.5
14	45.5	39	134.0
15	49.0	40	137.5
16	52.5	41	141.0
17	56.0	42	144.5
18	56.0	42	144.5
18	59.5	43	148.0
19	63.0	44	152.0
20	66.5	45	155.5
21	70.0	46	159.0
22	73.5	47	162.5
23	77.0	48	166.0
24	81.5	49	169.5
25	84.5	50	173.0

(3) 비율, 백분율, 기타 산출 점수

요약의 밑부분에 7개의 커다란 주요 영역이 있고, 제일 하단에는 6개의 특별 지표(PTI: 사고장애, DEPI: 우울, CDI: 대응 손상, S-CON: 자살, HVI: 과민성, OBS: 강박성)가 있으며, 이 지표들은 〈표 5-16〉을 사용하여 계산하면 된다.

〈표 5-16〉 카드별 Z점수

카드 번호	반응 번호	영역과 발달질	영역 번호	결정인과 형태질	(2)	내용	평범 반응	Z점수	특수점수
I	①	W+		M^a.FM^a.FDu		H.(A)		1.0	GHR
	②	DdSo		M^p.YF−		H		3.5	PHR
II	③	W+		M^a.CFu		(H)		4.5	GHR COP
	④	DdSo		m^a.CFo		Sc.Ex		4.5	
III	⑤	Do		FTo		A			
	⑥	WSo		M^au		(Hd)		4.5	GHR
IV	⑦	Wo		m^a.FYo		(A).Fi	P		
V	⑧	Ddu		Fu		Sc			PER
VI	⑨	Do		Fu		Ay			PER
	⑩	Do		F−		Ge			
	⑪	Do		FM^p.FT.YF−		Ad		2.5	
VII	⑫	W+		M^ao		(H)	P	1.0	GHR
	⑬	D+		M^po		Hd	P	3.0	GHR
	⑭	Wo		FYu		Xy			
VIII	⑮	W+		F.CFu		A.Ls		4.5	
	⑯	W+		CFu		Bt.Ls		4.5	PER
IX	⑰	Wo		Fo		An		5.5	PER
	⑱	WSo		m^a.CF−		(Hd). A.Fi		5.0	PHR
X	⑲	W+		FC.CF'o	(2)	A	P	5.5	

〈표 5-17〉 구조요약

반응위치특성		결정인				내용변인		카드: 영역				
		혼합결정인		단일결정인				인지적 접근 방식				
Zf	= 13	Ma FMa FD		M	= 3	H	= 2		I	= W DdS		
Zsum	= 49.5	Mp YF		FM	= 0	(H)	= 2		II	= W DdS		
Zest	= 41.5	Ma CF		m	= 0	Hd	= 1		III	= D WS		
W	= 11	m’a CF		FC	= 0	(Hd)	= 2		IV	= W		
D	= 5	m’a FY		CF	= 1	Hx	= 0		V	= Dd		
W+D	= 16	FMp FT YF		C	= 0	A	= 4		VI	= D D D		
Dd	= 3	F CF		Cn	= 0	(A)	= 2		VII	= W D W		
S	= 4	m’a CF		FC’	= 0	Ad	= 1		VIII	= W W		
		FC FC’		C’F	= 0	(Ad)	= 0		IX	= W WS		
				C’	= 0	An	= 1		X	= W		
				FT	= 1	Art	= 0					
				TF	= 0	Ay	= 1	특수점수				
				T	= 0	Bl	= 0		Lv1		Lv2	
발달질				FV	= 0	Bt	= 1	DV	= 0	x1	= 0	x2
+	= 7			VF	= 0	Cg	= 0	INC	= 0	x2	= 0	x4
o	= 12			V	= 0	Cl	= 0	DR	= 0	x3	= 0	x6
v/+	= 0			FY	= 1	Ex	= 1	FAB	= 0	x4	= 0	x7
v	= 0			YF	= 0	Fd	= 0	ALOG	= 0	x5		
				Y	= 0	Fi	= 2	CON	= 0	x7		
				Fr	= 0	Ge	= 1	Sum6	= 0			
형태질				rF	= 0	Hh	= 0	WSum6	= 0			
	FQx	Mqual	W+D	FD	= 0	Ls	= 2					
+	= 0	= 0	= 0	F	= 4	Na	= 0	AB	= 0	GHR	= 5	
o	= 8	= 3	= 7			Sc	= 2	AG	= 0	PHR	= 2	
u	= 7	= 2	= 6			Sx	= 0	COP	= 1	MOR	= 0	
−	= 4	= 1	= 2			Xy	= 1	CP	= 0	PER	= 4	
none	= 0	= 0	= 0	(2)	= 0	Id	= 0			PSV	= 0	

비율, 백분율과 특수지표들									
프로토콜						정서		대인지각	
R	= 19	L	= 0.36			FC : CF+C	= 1 : 5	COP	= 1
EB	= 6 : 5.5	EA	= 11.5	EBPer	= 1.09	Pure C	= 0	GHR : PHR	= 5 : 2
eb	= 5 : 7	es	= 12	D	= 0	SumC' : WSumC	= 1 : 5.5	a : p	= 8 : 3
		Adj es	= 7	Adj D	= +1	Afr	= 0.36	Food	= 0
						S	= 4	SumT	= 2
FM	= 2	SumC'	= 1	SumT	= 2	Blends : R	= 9 : 19	Human Cont	= 7
m	= 3	SumV	= 0	SumY	= 4	CP	= 0	Pure H	= 2
								PER	= 4
								Iso Indx	= 0.21
								AG	= 0

사고				조정		과정		자기지각	
a : p	= 8 : 3	Sum6	= 0	XA%	= 0.79	Zf	= 13	3r+(2)/R	= 0.05
Ma : Mp	= 4 : 2	Lv2	= 0	WDA%	= 0.81	W : D : Dd	= 11 : 5 : 3	Fr+rF	= 0
2AB+Art+y	= 1	WSum6	= 0	X−%	= 0.21	W : M	= 11 : 6	SumV	= 0
Mor	= 0	M−	= 1	S−	= 2	Zd	= 8	FD	= 1
		Mnone	= 0	P	= 4	PSV	= 0	An+Xy	= 2
				X+%	= 0.37	DQ+	= 7	MOR	= 0
				Xu%	= 0.42	DQv	= 0	H : (H)+Hd+(Hd)	=2 : 5

PTI	= 0	DEPI	= 5*	CDI	= 3	S−CON	= 7	HVI	= YES	OBS	=NO

① 중점 영역(core section)

중점 영역은 구조요약의 하단 맨 왼쪽에 있다. 여기에는 16가지 기재 사항이 포함되어 있다. 일곱 가지 기재 사항은 빈도 자료다. 즉, R(전체 반응 수)과 결정인 FM, m, C′, T, V 그리고 Y 각각의 총수다(C′, T, V, Y 등은 모두 변인을 말한다. 예를 들면, C′은 FC′, C′F 그리고 C′ 각각의 수를 모두 합한 것이다). 나머지 아홉 가지 기재 사항은 비율과 계산에 따라 나온 값이다.

ㄱ. 람다(Lambda: L)

이 채점은 수검자가 반응한 순수 F 반응의 빈도와 그 외의 모든 반응의 빈도를 비교한 비율이다. 이는 수검자가 자원을 얼마나 경제적으로 사용하고 있는지를 나타내 준다. 이는 다음과 같이 계산된다.

예를 들어, 25개 반응을 한 사람이 9개의 순수 F 반응을 했다면, 순수 F 반응 이외의 반응은 16개가 된다. 따라서 L=(9/16)=0.56이다.

ㄴ. 경험형(Erlebnistypus: EB)

이 채점은 인간 운동(M) 반응의 합과 가중 점수를 준 색채 반응의 합(Weighted Sum Color)으로, 두 변인의 관계를 말한다. 색채 반응의 가중치를 계산하는 방식은 다음과 같다.

WSumC=(0.5)×FC 반응의 총합+(1.0)×CF 반응의 총합+(1.5)×C 반응의 총합

따라서 M반응이 4개이고, FC반응이 1개, CF 반응이 3개일 때 EB=4 : (0.5)×1 +(1)3 = 4 : 3.5다.

ㄷ. 경험실제(Experience Actual: EA)

이 변인은 가능한 자원을 알아보기 위한 지표다. 이는 EB의 양쪽 점수를 더해서 산출한다. 즉, Sum M + WSum C로 얻어진다. 따라서 앞서 제시한 EB의 비율이 나타내는 수검자의 EA는 4+3.5=7.5다.

ㄹ. EB 지배성(EB Pervasive)

이 변인은 의사결정에서 EB 양식의 지배성과 관련이 있는 비율이다. 이때의 계산은 EB의 두 변인 중 높은 점수를 낮은 점수로 나누어 계산한다. 그러나 EB Per는 EA값이 4.0 이상이고 Lambda값이 1.0보다 작을 때, 그리고 EB에서 뚜렷한 차이가 있을 때만 계산한다. 예를 들어, EA값이 4.0~10.0에 해당되면 EA 변인의 한 값이 다른 값보다 최소한 2.0점 이상 큰 경우, 혹은 EA값이 10.0 또는 그보다 크면 EB의 한 값이 다른 값보다 최소한 2.5 이상 큰 경우에 계산한다.

ㅁ. 경험 기초(Experience Base: eb)

eb는 인간 운동 반응을 제외한 무생물 및 동물 운동 반응과, 음영 및 무채색 결정인의 관계이며, 이는 수검자가 경험하는 자극(stimulus demand)에 관한 정보를 제공해 준다.

SumFM + m : Sum all C′+ all T + all Y + all V

비율의 오른쪽 값은 네 가지 결정인에 해당하는 모든 점수를 포함하고 있다. 즉, 모든 T에는 FT, TF, T가 모두 포함된다. L의 경우 FM=5, m=2, C′=1이므로 eb는 7 : 1이 된다.

ㅂ. 경험 자극(Experienced Stimulation: es)

이는 eb 자료를 근거로 계산한다. 현재 수검자가 경험하는 자극과 관련이 있다. eb를 계산하는 데 포함된 모든 점수인 SumFM + m + allC′ + allT + allY + allV를 합한 것이다. 따라서 L의 프로토콜에서의 es는 7+1=8이다.

es = Sum FM + m + all C′+ all T + all Y + all V

ㅅ. D점수

D점수는 EA와 es 간의 관계에 대한 중요한 정보를 제공해 준다. 이 점수는 스트레스에 대한 내성과 통제요소와 관련이 있다. 먼저 두 변인 EA와 es의 원점수 차이(Ea-es)를 계산하고 해당하는 기호를 표시한다. 그리고 이 원점수 차이를 표준편차 2.5를 기준으로 한 표준점수(scared difference score)로 변환시킨다.

따라서 EA−es의 원점수 차이가 +2.5~−2.5 범위라면 두 점수 간의 차이는 유의미하지 않고 이때의 D점수는 0이다. EA−es의 원점수 차이가 +2.5보다 크고 2.5점씩 커질 때 D점수는 +1만큼 증가한다. 또한 EA−es의 원점수가 −2.5만큼 작아질 때 −1만큼 감소한다.

〈표 5-18〉 D점수 환산표

EA−es(경험실제−경험자극)	D점수
+13.0∼+15.0	+5
+10.5∼+12.5	+4
+8.0∼+10.0	+3
+5.5∼+7.5	+2
+3.0∼+5.0	+1
−2.5∼+2.5	0
−3.0∼−5.0	−1
−5.5∼−7.5	−2
−8.0∼−10.0	−3
−10.5∼−12.5	−4
−13.0∼−15.0	−5

ㅇ. 조정 es(Adjusted es)

D점수가 스트레스에 대한 내성과 가용 자원에 대한 정보를 제공하지만 이 점수가 상황적 요소의 영향을 받는지 알아보아야 한다. 이것을 알아보는 한 가지 방법은 es에서 상황적 현상과 관련 있는 모든 요소를 제외하는 것이다. m과 Y(FY, YF를 포함)에서 각각 1을 뺀 모든 m과 Y값을 더해서 es에서 빼면 된다.

$$조정\ es = es - (m-l) + (Y-1)$$

ㅈ. 조정 D점수(Adjusted D score: Adj D)

조정 D점수는 EA− 조정 es를 구하여 D점수 환산표를 사용하여 구한다.

② 사고 영역(ideation section)

이 영역은 아홉 가지 항목, 즉 5개의 빈도 자료(M−, 형태질이 없는 M, Raw Sum6 및 수준 2의 반응 수, MOR), WSum 6 및 2개의 비율과 1개의 지표로 구성되어 있다.

ㄱ. 능동 : 수동 비율(Active : Passive: a : p)

관념과 태도의 융통성과 관련이 있다. 왼쪽에는 능동 운동 반응(Ma+FMa+ma)의 총 반응 수를, 오른쪽에는 수동 운동 반응(Mp+FMp+mp)의 총 반응 수를 적는다. a-p의 첨자로 기호화한 운동결정인은 양쪽 모두에 포함한다.

ㄴ. 인간 운동 능동 : 수동 비율(M Active : Passive Ratio: Ma : Mp)

인간 운동 반응의 능동 운동과 수동 운동의 비율로 이 비율은 사고 특징과 관련이 있다. Ma-p는 양쪽 모두에 포함한다.

ㄷ. 주지화 지표[Intellectualization Index: 2AB+(Art+Ay)]

이 지표는 특수점수인 AB(Abstract)와 Art 및 Ay(Anthropology) 반응 내용을 포함한다. 이 지표는 AB의 반응 수에 2를 곱하고 Art와 Ay 내용의 반응 수를 더해서 구한다.

2(추상 반응 수) + 예술 반응 수 + 인류학적 반응 수

③ 정서 영역(affect section)

정서 영역은 7개의 항목으로 3개의 빈도 자료(Pure C, S, CP)와 4개의 비율로 구성되어 있다.

ㄱ. 형태색채비(FC : CF+C)

정서 조절과 관련이 있다. FC 결정인을 사용한 총 반응 수와 CF+C+Cn 반응 수의 비율이다. EB와 EA와는 달리 이 비율에서는 색채 반응의 가중치가 동일하다.

ㄴ. 정서비(Affective Ratio: Afr)

I번에서 VII번 카드까지의 반응 수와 나머지 VIII번에서 X번 카드까지의 반응 수 비율이고, 수검자의 정서적 자극에 대한 관심을 나타낸다. 계산 공식은 다음과 같다.

$$\text{Afr} = \frac{\text{카드 VIII, IX, X의 총 반응 수}}{\text{카드 I, II, III, IV, V, VI, VII의 총 반응 수}}$$

앞서 제시한 예에서 VII번 카드까지의 반응 수는 16이고, 마지막 세 카드의 반응 수는 9이므로 Afr=(9/16)=0.56이다.

ㄷ. 복합성지표(Complexity Index: Blend : R)

이 비율은 혼합 반응의 수와 총 반응 수의 비율이다.

④ 중재 영역(mediation section)

7개의 항목으로 2개의 빈도 자료(P, S−)와 5개의 비율로 구성되어 있다.

ㄱ. 적절한 형태질 반응(Form Appropriate Extended: XA%)

형태 특성을 적절히 사용한 반응의 비율을 나타내는 변인이다.

$$\text{XA\%} = \frac{\text{FQ가 +, o, u인 반응의 합}}{\text{전체 반응 수 R}}$$

ㄴ. 적절한 일반 영역 형태 반응(Form Appropriate−Common Areas: WDA%)

W와 D영역을 사용한 반응들 중에서 형태 특성을 적절히 사용한 반응의 비율이다.

$$\text{WDA\%} = \frac{\text{W+D 반응 중 FQ가 +, o, u인 반응의 합}}{\text{W 반응+D 반응}}$$

ㄷ. 관습적 순수 형태 반응(Conventional Pure Form: F+%)

순수 형태 반응에서 윤곽을 관습적으로 사용한 정도이고, 다음과 같이 계산한다.

$$\text{F+\%} = \frac{\text{순수형태 반응 중 FQ가 +, o인 반응의 합}}{\text{전체 반응 수 F}}$$

ㄹ. 왜곡 형태 반응(Distorted Form: X−%)

반점의 특징과 맞지 않게 형태를 사용한 비율이며, 다음과 같이 계산한다.

$$X-\% = \frac{\text{FQx가 −인 반응의 합}}{\text{전체 반응 수 R}}$$

ㅁ. 관습적 형태 반응(Conventional Form: X+%)

이 변인은 형태를 관습적으로 사용한 정도를 나타내고, 다음과 같이 계산한다.

$$X+\% = \frac{\text{FQx가 +인 반응과 o인 반응 수의 합}}{\text{전체 반응 수 R}}$$

ㅂ. 드문 형태 반응(Unusual Form: Xu%)

윤곽을 적절히 사용했지만 비관습적으로 사용한 반응의 비율이고, 다음과 같이 계산한다.

$$Xu\% = \frac{\text{FQx가 u인 반응들의 수}}{\text{전체 반응 수 R}}$$

⑤ 처리과정 영역(processing section)

이 영역은 일곱 가지 항목, 즉 네 가지 빈도 자료(Zf, PSV, DQ+, DQv), 두 가지 비율 및 Zd 점수로 구성되어 있다.

ㄱ. 경제성 지표(Economy Index: W : D : Dd)

전체 W 반응 수 : 전체 D 반응 수 : 전체 Dd 반응 수

ㄴ. 기대 비율 지표(Aspiration Ratio Index : W : M)

전체 W 반응 수 : 전체 M 반응 수

ㄷ. 과정 효율성(Processing Effectiency: Zd)

Zd는 ZSum에서 Zest를 뺀 값이다.

ZSum−Zest

⑥ 대인관계 영역(interpersonal section)

이 영역은 열 가지 항목으로, 여섯 가지 빈도 자료(COP 반응, AG 반응, Fd 반응, 순수 H 반응 수, PER 빈도, T 반응 빈도)와 네 가지 비율 자료로 구성되어 있다.

ㄱ. GHR : PHR

구조요약지 상단의 왼쪽에서 찾아 기입한다.

ㄴ. a : p

사고 영역에서 찾아 기입한다.

ㄷ. 소외지표(Isolation Index: Isolate/R)

이 지표는 사회적 고립과 관련이 있고 식물, 구름, 지도, 풍경, 자연의 다섯 가지 내용 범주의 일차 및 이차 반응 내용을 모두 포함해 다음과 같이 계산한다.

$$\text{소외지표} = \frac{Bt+(2Cl)+Ge+Ls+(2Na)}{\text{전체 반응 수 } R}$$

ㄹ. 대인관계 관심[Interpersonal Interest: H+(H)+Hd+(Hd)]

이 비율은 다른 사람에 대한 관심을 나타내 준다.

⑦ 자기지각 영역(self-perception section)

이 영역은 7개의 항목, 즉 Sum Fr+rF, FD, MOR, An+Xy, SumV와 두 가지 비율로 구성되어 있다.

ㄱ. 자아중심성 지표[Egocentricity Index: 3r+(2)/R]

자존감(self-esteem)과 관련이 있는 지표로 전체 반응기록에서 반사 반응과 쌍 반응의 비율이다. 하나의 반사 반응과 3개의 쌍 반응이 같도록 하기 위해 반사 반응에 가중치를 부여하여 다음과 같이 계산한다.

$$\text{자아중심성 지표} = \frac{3 \times \text{반사 반응 합} + \text{쌍 반응 합}}{\text{전체 반응 수 R}}$$

ㄴ. H : (H)+(Hd)

순수 인간 반응과 그 외 인간 반응의 비율이다.

⑧ 특수지표

구조요약 마지막에 6개의 특수지표가 있다.

- 지각-사고 지표(Perceptual-Thinking Index: PTI)
- 우울증 지표(Depression Index: DEPI)
- 대응손상(결핍) 지표(Coping Deficit: CDI)
- 자살지표군(Suicide Constellation: S-CON)
- 과민성 지표(Hypervigilance Index: HVI)
- 강박성 지표(Obsessive Style Index: OBS)

각각에 포함된 변인들은 〈표 5-19〉에 제시되어 있다. 각각의 지표에 positive로 표시한 것은 구조요약 지표에 표시하여야 한다.

〈표 5-19〉 PTI, DEPI, CDI, HVI, OBS 지표

자살지표군: S-Constellation(Suicide Potential)	지각-사고지표: PT(Perceptual-thinking Index)
8개 이상 해당될 경우 체크 주의: 14세 이상의 수검자에게만 적용 ☐ FV+VF+V+FD 〉 2 ☒ Color-Shading Blends 〉 0 ☐ 3r(2)/R 〈 .31 or 〉 .44 ☐ MOR 〉 3 ☐ Zd 〉 +3.5 or Zd 〈-3.5 ☐ es 〉 EA ☐ CF+C 〉 FC ☒ X+% 〈 .70 ☒ S 〉 3 ☐ P 〈 3 or P 〉 8 ☐ Pure H 〈 2 ☐ R 〈 17	4개 이상이 해당될 경우 체크 ☐ XA% 〈 .70 and WDA% 〈 .75) ☐ X-% 〉 .29 ☐ LVL2 〉 2 and FAB2 〉 0 ☐ R 〈 17 and WSUM6 〉 12 or R 〉 16 and WSUM6 〉 16 ☐ M- 〉 1 or X-% 〉 40
우울지표: DEPI(Depression Index)	**대처손상지표: CDI(Coping Deficit Index)**
5개 이상 해당될 경우 체크 ☒ (FV+VF+V 〉 0) or (FD 〉 2) ☐ (Col-Shd Blends 〉 0) or (S 〉 2) *☐ (3r+(2)/R 〉 .44 and Fr +rF = 0) or (3r+(2)/R 〈 .33) *☐ (Afr 〈 .46) or (Blends 〈 4) ☒ (SumShading 〉 FM+m) or (SumC' 〉 2) ☒ (MOR 〉 2) or (2×AB+Art+Ay 〉 3) ☒ (COP 〈2) or ([Bt+2×Cl+Ge+Ls+2Na]/R 〉 .24)	4~5개 이상이면 체크 ☐ (EA 〈 6) or (AdjD 〈 0) ☒ (COP 〈 2) and (AG 〈 2) ☐ (Weighted SumC 〈 2.5) or (Afr 〈 .46) ☐ (Passive 〉 Active+1) or (Pure H 〈 2) ☐ (Sum T 〉 1) or (Isolate/R 〉 .24) or (Food 〉 0)
과민성지표: HVI(Hypervigilance Index)	**강박성지표: OBS(Obsessive Style Index)**
한 번을 만족시키고 아래 7개 중 최소한 4개가 해당할 경우 체크 ☒ (1) FT+TF+T = 0 --- ☒ (2) Zf 〉 12 ☐ (3) Zd 〉 +3.5 ☐ (4) S 〉 3 ☒ (5) H+(H)+Hd+(Hd) 〉 6 ☒ (6) (H)+(A)+(Hd)+(Ad) 〉 3 ☒ (7) H+A : Hd+Ad 〈 4 : 1 ☐ (8) Cg 〉 3	☐ (1) Dd 〉 3 ☒ (2) Zf 〉 12 ☐ (3) Zd 〉 +3.0 ☐ (4) Populars 〉 7 ☐ (5) FQ+ 〉 1 --- 한 가지 이상 해당될 경우 체크 ☐ (1)~(5) 모두 해당 ☐ (1)~(4) 중에서 2개 이상이 해당되고 FQ+ 〉 3 ☐ (1)~(5) 중에서 3개 이상이 해당되고 X+% 〉 .89 ☐ FQ+ 〉 3 a X+% 〉 .89

* 아동의 경우 교정점수 적용
* 아동의 경우 네 가지 변인의 절단점이 연령에 따라 교정된다.

자아중심성지표(Egocentricity Index) 연령교정			WSum6 연령교정
연령	3r+(2)/R가 아래보다 작을 때 유의미함	3r+(2)/R가 아래보다 클 때 유의미함	R이 17 이상인 경우 5~7세: WSum6 〉 20
5	.55	.83	8~10세: WSum6 〉 19
6	.52	.82	11~13세: WSum6 〉 18
7	.52	.77	
8	.48	.74	R이 17보다 작은 경우
8	.48	.74	5~7세: WSum6 〉 16
9	.45	.69	8~10세: WSum6 〉 15
10	.45	.63	11~13세: WSum6 〉 14
11	.45	.58	
12	.38	.58	
13	.38	.56	정서비(Affective Ratio)의 연령교정
14	.37	.54	5~6세: Afr 〈 .57
15	.33	.50	7~9세: Afr 〈 .55
16	.33	.48	10~13세: Afr 〈 .53

* 아직까지 이 지표는 진단적 결정에서 일차적인 자료로 적용될 만큼의 축적된 연구가 부족하다. 이 지표는 중재와 관념 영역에서 어려움이 있을 가능성을 보여 준다. PTI 점수가 4~5점인 사람은 분명 0~2점인 사람보다는 중재/관념 영역에서 어려움을 갖지만, 구체적인 차이는 이 영역의 군집에 속하는 변인 계열들을 완전히 검토해야 알 수 있다. Hilsenroth, Fowler 및 Padawar(1998)는 SCZI가 정신병 환자를 변별하는 데 효과적이기는 하나 이를 융통성 없이 적용하는 것은 문제가 있다고 보고 보다 실증적인 지표로 PTI를 제안하였다.

6. Rorschach 검사의 해석

1) PTI, DEPI, CDI

(1) 지각-사고 지표(PTI)

상승한 PTI는 조현병 아류에 속하는 장애의 가능성이 제기된다. 그러나 다른 자료들을 잘 검토할 필요가 있고, 검토 결과 자료들 간에 일관성을 보이지 않는다면 거부될 수 있다는 점을 염두에 두어야 할 것이다.

조현병 환자는 자신의 경험을 현실적으로 지각하는 데 어려움을 가지며, 그 결과 이상한 방식으로 행동하고 지각상의 왜곡, 예컨대 환각을 경험하는 경우가 일반적이다.

이러한 특성을 나타내는 지표로는 XA%와 WDA% 그리고 X-%를 들 수 있다. XA%가 70% 이하이면(10세 이하 아동은 XA%〈.65) 현실검증력이 심각하게 손상되어 있어서 행동의 결과를 예상하는 능력이 제한될 수 있다. 마찬가지로 WDA%가 .75 이하인 사람(10세 이하 아동은 .70 이하)도 현실검증력의 손상 가능성이 있으며, XA%가 낮을 때 WDA%가 낮으면 낮을수록 뚜렷한 정신병적 상태일 가능성이 높다. X-%가 15%를 넘으면 이는 현실 왜곡의 정도가 높고, X-%가 20% 이상이면 왜곡의 정도가 아주 심하다는 것을 의미한다.

예를 들어, 우울증이나 성격장애에서는 X-%의 평균이 20%인 반면, 조현병 환자의 평균은 37%였다.

(2) 우울 지표(DEPI)

DEPI 점수 0~4개는 실제적으로 의미가 없다. DEPI 점수가 5개라면 수검자가 우울한 특성을 일반적으로 많이 가지고 있다고 볼 수도 있으나, 경우에 따라서는 단지 쉽게 우울해지거나 기분의 기복이 있는 사람일 수도 있다. DEPI 점수가 6~7개라면 뚜렷이 우울한 사람이고 심한 정서장애가 있다고 할 수 있다.

우울 지표를 개발하는 연구에 포함된 진단군은 다음과 같다.

- 정서적으로 우울한 사람들(emotionally depressed)
- 인지적으로 자신의 행동에 대해 비관적이고 무기력하며 자기패배적인 사람들(cognitive depressed)
- 복잡한 사회에서 경쟁하는 데 무기력한 사람들(helpless)

이들 가운데 세 번째 집단은 CDI를 진단하는 데 사용되었으며, 우울증과는 다른 문제를 가진 대상으로 최종 분류되었다. 정서적으로 우울한 사람들과 인지적으로 비관적 · 자기패배적인 사람들의 85%가 DEPI 지표 5~7개로 긍정적으로 나타난 반면에, 정상인은 3%, 조현병 집단 19%, 성격장애 집단 13%가 긍정적 점수를 보였다.

DEPI에 포함된 각 변인에 관한 타당화 자료는 이 변인들이 인지적 · 정서적인 특징과 혼합되어 있음을 반영한다. 예를 들어, MOR 반응, 자아중심성 지표, FD 반응, 주지화 지표는 인지적 활동을 더 강조하는가 하면 색채-음영 반응, 무채색 반응 등은 정서와 보다 직접적인 관련이 있다.

(3) 대응손상 지표(CDI)

CDI에서 4~5점을 받은 사람은 사회적인 관계에서 어려움을 겪고 있을 가능성이 높고, 주어진 사회적인 상황에서 요구에 부응하거나 경쟁하는 데 대한 어려움 등으로 적응의 결함을 지니고 있다. 이런 점수에 해당되는 사람은 인간관계가 제한되어 있고, 사회적인 무력감이 빈번하며, 심지어 혼동 상태에 놓인 경험을 한 경우도 있다.

이 지표는 앞서 언급한 것 같이 사회적인 활동 및 대인관계와 관련이 있는 것으로 나타났으며, 정상 성인의 3%, 조현병 환자의 20~25%, 성격장애의 50%가 4~5점을 받는 것으로 드러났다. 반면에 약물중독자의 74%, 법적인 문제에 연루된 성격장애는 69%, 부적절한 성격(inapropriate personality)은 88%가 4~5점에 해당되어 성격의 문제가 심하고 적응의 곤란 정도가 심한 환자군에서 높은 빈도를 보이고 있다.

CDI가 우울 지표는 아니지만 우울증으로 진단받은 환자들 사이에서 이 지표가 나타나는 경우가 종종 있는데, 이는 우울증의 치료가 길어짐에 따라 대처 능력의 손상 정도가 증가하기 때문인 것으로 해석되고 있다.

2) 통제와 스트레스 인내력

D점수는 스트레스에 대한 내성 및 통제력과 관련되어 있다. D점수와 조정 D점수는 함께 설명하는 것이 더 합리적이다. D점수는 통제할 수 있는 현재의 능력에 대한 정보를 제공하며, 조정 D점수는 근본적으로 개인이 행동을 조절하고 통제하는 능력에 관한 정보를 준다.

여기서 통제력이라 함은 주어진 문제 상황에서 결론을 내리기 위해 필요한 자원을 끌어낼 수 있는 개인의 능력을 말한다. 만일 개인의 통제 능력이 적절하다면 대부분의 상황에서 행동하는 데 충분한 자원을 잘 활용하고 있다고 가정할 수 있다. 즉, 대부분의 행동은 그 개인이 통제하고 관리한다.

스트레스에 대한 인내력은 통제력의 부산물이라고 할 수 있다. 통제력이 증가하면 스트레스를 참을 수 있는 능력도 증가한다. 반면에 개인의 통제력이 제한되거나 부적절하다면 이는 스트레스에 대한 인내력이 낮은 것이며, 부적응의 전조로 생각할 수 있다.

통제력의 제한이 있거나 부적절한 경우는 다음의 두 가지 중의 하나다. 첫 번째는 기대한 통제력에 비해 통제에 사용할 수 있는 자원이 빈약한 경우다. 이 결과 개인은 일상생활에서 부딪치는 복잡한 자극에 압도되어 상처를 받는다. 두 번째는 가용 자원이 적절하다 할지라도 자극의 수준이 급격히 증가하여 역시 과부하 상태가 되는 것이다. 이렇게 되면 효과적으로 반응을 형성할 수 있는 범위를 초과하게 된다. 이런 상황에서는 심리적 조작 능력이 와해되기 쉽고 외부적 요구에 효과적으로 대처할 수 없다.

(1) 조정 D점수

일반적으로 D점수와 조정 D점수의 관계가 중요하지만 조정 D점수가 더욱 의미 있다. 왜냐하면 조정 D점수는 통제에 대한 일반적인 능력에 관한 정보를 제공하는 데 비해 D점수는 현재의 스트레스에 대한 통제 능력을 나타내기 때문이다. 대부분의 성인은 조정 D점수가 0이다. 이는 일상생활에서 스트레스에 대한 적절한 내성을 갖고 있음을 의미한다.

만일 조정 D점수가 0을 넘어서 +1, +2라면 스트레스에 대한 내성과 통제력이 매우 크다는 것을 의미한다.

D점수나 조정 D점수가 −범위인 −1, −2 등을 나타내는 사람은 자신에게 요구되는 것보다 빈도나 강도에서 사용 가능한 자원이 적다는 것을 보여 주는 것이다. 특히 조정 D점수가 −범위일 때 그런 상황은 더욱 만성적이라 볼 수 있다.

만약 D점수와 조정 D점수가 −1이라면 새로운 상황에서 어려움을 겪을 수도 있지만 일상적이고 예측 가능한 상황에서는 잘 대처하는 사람이다. 반면에 −2, −3 또는 그보다 더 낮은 점수 범위에 있는 사람은 자신이 지니고 있는 자원에 비해 과도한 요구를 갖기 때문에 과부하 상태에 놓이게 된다. 이럴 경우는 그릇된 판단, 행동의 비효율성, 충동 조절의 어려움을 나타낼 수 있다.

D점수가 −범위에 있다면 상황적 스트레스의 결과인 반면에 조정 D점수가 −점수인 과부하 상태는 지속적인 발달의 실패에 대한 결과일 수도 있다. 그러나 조정 D점수만으로 미성숙하다고 보는 것은 너무 빠른 결론일 수도 있으므로 조심하여야 한다.

(2) 경험실제(EA)

Beck(1960)은 심리치료를 끝낸 사람들의 자료를 토대로 EA를 검토하였다. 그는 EB의 양쪽 값을 더해서, 즉 인간 운동(M) 반응과 유채색(FC, CF, C) 반응에서 얻은 가중치에 따라 EA를 얻었다. 이는 심리적 자원을 조직하는 정도를 나타내는 지표다. Beck은 인간 운동 반응과 유채색 반응은 내적 생활의 발달과 정서적인 경험을 나타내며, 그 결과 더욱 광범위한 가용 자원을 형성한다고 보았다. 즉, 인간 운동 반응과 유채색 반응은 자원의 활용과 관련이 있다. 정신과 치료를 성공적으로 마친 사람은 일반적으로 EB의 방향은 치료 전과 같지만 EA값은 훨씬 증가하였다(치료 전 3.75, 치료 후 7.25).

(3) 조정 es

EA에 관한 자료를 보면, 자극 경험에 관한 정보를 제공할 수 있는 지표를 밝히는 것이 중요함을 알 수 있다.

eb는 FM과 m의 합으로 오른쪽에는 모든 무채색과 음영변인(SH)의 합으로 계산된다. EB와 eb 간에는 어떤 공통되는 특징을 가지고 있다 하더라도 서로 어떻게 다른지를 아는 것이 중요하다. EB의 왼쪽 값인 M 반응은 실질적인 관심의 초점과 연관된 관념 활동이라면, FM과 m 반응은 요구되는 자극에 따라 야기되는 정신활동과 관련이 있다. 유채색과 모든 음영변인 반응은 모두 정서와 관련이 있기는 하지만, 특히 음영변인 반응은 요구되는 자극을 통해 겪는 정서적인 경험과 관련이 있다.

(4) FM 반응

FM과 m은 요구하는 자극 상황에서 유발된 정신활동의 여부와 관련이 있다. m은 상황적인 스트레스로 야기된 상태와 관련이 있는 변인이다. 정신활동은 무력감이나 통제력의 상실감과 관련이 있다. 이런 상태에 놓이면 그 사람은 주의집중에 어려움을 겪으며 사고가 쉽게 분산되거나 방해를 받을 수 있다.

FM의 증가는 행동적인 장애와 관련이 있다. M보다 FM 반응을 더 많이 보이는 수검자는 알코올이나 약물 등 때문에 의식이 저하된 상태에서 더 공격적인 행동을 보인다(Piotrowski & Abrahamsen, 1952).

(5) 무채색(C′)과 세 가지 음영 반응(T, V, Y)

음영변인(SH)은 무채색과 음영 반응의 네 변인으로, 이 변인들은 서로 공통점이 있다는 잘못된 해석들이 있었다. 그러나 사실은 이와는 다르다. 네 변인이 정서와 관련이 있기는 하나 성격의 안정성에서는 차이를 나타내고 있다. 특히 Y는 매우 안정적이지 않으며 이러한 이유 때문에 조정 es를 계산할 때 반드시 배제한다. 반면에 T와 V는 안정성이 높고 C′은 재검사 상관이 .60~.70을 보인다.

① 재질 반응

재질(T) 반응은 정상 성인이나 아동 집단에서 가장 일관성 있게 나타난다. 정상표집에서 89%가 최소한 1개의 재질 반응을 보였다(M=1.03). 반면에 환자집단은 정상인 집단보다 훨씬 적은 T 반응을 보여, T가 없거나 T의 증가를 나타낸다면 해석적으로 중요하다. Klopfer(1954)는 이것이 정서 및 의존욕구와 관계가 있음을 시사하였다. TF와 T 반응은 청소년 후기나 성인기보다 청소년 초기에 더 많은데, 이는 청소년 초기에 있는 이들이 사회적으로나 성적으로 더 불안하기 때문인 것으로 보고 있다(McFate & Orr, 1949).

T가 없는 사람들은 재질 반응이 있는 사람들과는 아주 다른 심리적 특성을 보이는 것으로 연구되었다. Leura와 Exner(1976)의 연구에 따르면, 통제집단은 32명 중 3명만 T 반응이 없는 반면, 7~11세인 입양아 32명 중에는 20명이 T 반응을 보이지 않는 것으로 나타났다.

대부분의 정상인은 평균 1개의 T 반응을 보이며 카드 VI에서 FT 반응을 자주 보인다. T 반응은 친밀감에 대한 욕구가 증가하는 것과 관련된다. 이들은 외로움이나 타인에 대한 강한 의존 욕구를 느끼고 있는 반면, T 반응을 보이지 않는 사람들은 사람들 간의 접촉을 꺼리며 경계하는 경향이 있다.

② 무채색 반응

무채색(C′) 반응은 정상인 집단에서 재질 반응보다 더 높은 평균치를 보인다. C′ 반응은 Klopfer(1938)가 흰색, 회색, 검은색을 사용한 반응을 채점하면서 시작되었다. 그는 이런 반응은 정서적으로 우울한 경향과 관련이 있다고 보았고, Rapapport(1946)는

C′ 반응이 직접적인 정서 표현에 대해 염려하며 방어적임을 나타내는 것이라고 가정하였다. Exner(1974)는 C′ 반응이 정상인 집단보다 지적장애 환자, 강박-분열증 환자에게 2배 이상 많이 나타나는 것을 발견하였다.

③ 통경 반응

통경 반응(V)은 입체적 특징을 나타내는 반응으로 Rorschach(1923)가 최초로 정의하였다. 이 반응은 자기내성과 관련이 있다고 보았다. Klopfer는 이런 반응은 불안을 해결하기 위해 거리를 두는 심리적인 노력을 반영한다고 보았다. 반면에 Beck은 우울감이나 열등감으로 야기되는 침울한 감정과 더 관련이 있다고 보았다. V 반응은 정상 아동 집단에서는 5~11세의 905명에서 2명만 보여 매우 드문 것으로 보고 있다. 그러나 청소년에게서는 반응 수가 증가하였으며, 우울증이 매우 심한 환자에게서는 더욱 빈번하게 나타났다.

Exner(1974)는 검사 실시 후 60일 이내에 자살 시도를 한 사람들의 자료에서 V 반응이 더 빈번하게 발견되어 이를 자살지표의 하나로 포함시켰다. 이 반응은 앞서 언급한 것과 같이 자기내성적 과정이라고 보는 견해 이외에 자기집중 행동에 따라 야기되는 부정적인 감정의 경험과 관련이 있다고 볼 수도 있다. V 반응이 없는 것보다는 있는 쪽을 더 긍정적으로 보는 견해가 일반적이다. V 반응이 있을 경우 자신을 비판적이고 부정적으로 보기 때문에 내적인 고통이나 불편감이 수반된다는 점은 힘든 부분이 될 수 있다. 그러나 자신을 반성하고 반추한다는 점에서는 심리적 통찰에 필수적인 반응이라고 할 수 있다.

(6) D점수

우리가 일상적으로 겪는 스트레스 이외에 뜻하지 않은 여러 사건에 잘 대처하지 못하면 심리적 와해 상태에 놓이게 된다. 이러한 점에서 직면하고 있는 상황적인 스트레스를 잘 다루는 능력은 중요하다. 스트레스가 해결되기 이전에 Rorschach 검사를 실시하면 m이나 Y가 증가하는 경향을 보인다. 따라서 스트레스를 대처할 수 없는 매우 어려운 과제로 지각하면 Rorschach 검사에서 m과 Y 반응이 예상되는 수준보다 훨씬 더 많이 나타난다.

D점수가 -값이면 사고와 정서행동에서 충동적일 가능성이 증가하여 매우 모호하고 복잡한 상황에서 와해될 가능성이 있으며, 이러한 결점은 EA가 평균보다 낮다면 더욱 증가된다. D점수가 -1보다 작은 경우에는 EA값과 관계없이 잠재적인 혼란이 실질적으로 증가한다. 이런 경우에 순수 C 반응, M- 반응, 형태가 없는 M 반응이 있다면 더욱더 문제가 된다.

① m 반응

Klopfer, Hertz 그리고 Piatrowski는 m 반응이 특히 인간관계에 대한 좌절의 경험과 관계가 있다고 보았다. Majumber와 Roy(1962)는 m 반응은 비행청소년 사이에서 증가한다고 보았으며, 이러한 증가를 자신의 행동을 통합할 수 없는 무기력감에서 비롯된 긴장과 갈등 때문인 것으로 해석하였다. Piatrowski와 Schreiber(1952)는 m 반응이 치료를 성공적으로 마친 정신과 환자의 기록에서 사라지는 경향이 있음을 발견하였다.

② Y 반응

Rorschach 체계를 세운 사람들은 확산음영 반응을 불안과 어느 정도 관계가 있다고 보면서도 약간씩 다른 견해를 내놓고 있다. Beck과 Molish(1967)는 확산음영은 무기력감의 표시라고 보았다. Y 반응 중에는 형태가 우세한 FY를 YF나 Y보다 긍정적으로 보고 있는데, 이는 FY에 비해 YF나 Y가 불안이나 무기력감의 정도도 심하고 외부 자극에 대해 반응할 능력 또한 없다는 것을 나타내기 때문이다.

3) 세 가지 인지적 요소

(1) 조정(Mediation)

성격 특징에 관한 기술에서 가장 중요한 과제 중의 하나는 수검자가 관습적이고 수용할 만한 반응을 하는지에 관한 것이다.

여기에서는 Lambda, OBS, CONFAB, 조정 관련 기본 자료를 살펴보고자 한다. 이 가운데서도 P 반응과 X+%는 관습적인 특성을 설명하는 데 가장 직접적인 정보를 제공한다.

① 높은 LAMBDA 유형과 조정

LAMBDA 점수가 높은 사람은 심리적으로 경제성과 단순성을 선호하고 덜 관습적이기는 하나 이들의 이러한 특성만 가지고 조정의 특성을 추측하는 것은 잘못된 생각이다. LAMBDA가 1.0 이상일 때 LAMBDA 수준이 높다고 보고 있으며, 이러한 점수 수준을 나타내는 자료에서 X+%와 Xu%를 함께 검토하여야 이들의 인지적인 특성을 제대로 파악할 수 있기 때문이다.

LAMBDA가 높을 때라도 X+%가 70%보다 낮고 Xu%가 .20 이상이라면, 이는 인지적 단순성이나 관습적인 방법으로 자극을 다루기보다는 덜 관습적인 방법으로 자극을 대하고, 복잡한 자극에 압도되어 자극 상황으로부터 철회하거나 왜곡하여 문제를 해결하려고 시도하는 것으로 볼 수 있다.

그러나 X+%가 70% 이상이고 Xu%가 .10보다 낮다면, 이는 수검자가 관습과 사회적 관습에 부합하는 방식으로 행동하려는 경향이 있으나 이를 방해하는 방식의 인지적 조정이 이루어지는 것으로 추측할 수 있다.

② OBS 유형과 조정

OBS 유형에 해당되는 사람들은 작은 세부에 지나치게 집착하고 완벽주의적인 성향을 보인다. 이들은 외부자극을 정확하게 지각하려고 하며 관습적인 방식으로 자극을 지각하는 경향이 있다. 이들은 P 반응과 X+% 반응이 평균보다 높고, 형태의 질도 + 반응이나 ○ 반응이 많은 편이다. 이 같은 예측과는 다르게 X+%가 평균보다 낮을 경우도 있는데, 이는 혼동된 조정 과정을 드러내는 사람으로 볼 수 있다.

③ CONFAB

CONFAB는 매우 드물어서 정상인이나 아동에게서는 나타나지 않는다. 이러한 반응은 인지적인 통제나 실패에서 비롯된 반응으로, 원래의 잉크 반점의 윤곽을 무시하고 지나치게 일반화하는 것이 특징이다. 따라서 이 반응은 인지적인 장애이거나 논리적 사고의 결함을 나타내는 것이기 때문에 인지적인 기능을 정밀하게 평가하는 검사를 실시할 필요가 있다.

④ 조정 관련 기본 자료

조정과 관련되는 기본 자료로는 P, X+%, X−%, Xu%, XA%, WDA%, S−가 포함되어 있다. 이 자료들은 관습적인 경향과 지각적인 정확성에 대한 정보를 제공한다.

ㄱ. P 반응

P 반응은 수검자들의 반응 가운데 같은 카드의 같은 영역에서 3번 중 적어도 한 번 정도는 똑같은 반응을 한 것을 말한다. 정상 성인의 전체 반응 중 평균 7개 정도는 P 반응이다. 반면에 조현병은 5개 이하이고, 우울증은 5개를 약간 넘는 수준이며, 성격장애는 5개 정도다.

만일 P 반응 수가 평균이라면 명확하고 일상적인 상황에서 수용할 수 있는 반응을 나타낼 것이라고 예측할 수 있다. P 반응이 평균보다 높다면 관습적인 편견을 지닌 사람으로서 사회적으로 볼 때 수용할 수 없는 단서나 자극에 지나치게 매달릴 가능성이 높다. 이러한 점에서 이들은 강박적이거나 완벽주의적일 가능성이 있다. P 반응이 평균보다 낮다면 덜 관습적이고 개성적인 사람이며, 이런 특성을 장애로 볼 수는 없지만 과정(processing)에 어려움을 보인다면 문제가 될 수도 있다.

ㄴ. X+% 반응

X+%가 70~89%라면 자극을 관습적으로 지각하는 경향을 보이는 사람이며, 만일 X+%가 89%보다 높다면 지나치게 관습적임을 나타낸다. 이러한 특징은 남과는 다른 방식의 지각 활동이 거의 일어나지 않는 특성과, 지나치게 보수적인 편향을 내보이는 것이다. X+%의 증가는 OBS가 긍정적이지 않다 할지라도 완벽주의적이거나 강박적인 경향을 반영한다고 볼 수 있다.

X+%가 70% 이하이고 Lambda가 높은 경우는 자극을 관습적이지 않은 방식으로 대하며, 이런 특성이 있다고 해서 사회적으로 비수용적인 특성이나 반사회적인 특성을 지닌 것은 아니다. C, CVT, Y 반응이 많아서 X+%가 낮아진 수검자는 조정 과정을 방해하는 정서적인 문제를 지닌 사람이라고 할 수 있다.

ㄷ. XA% 반응

이 변인은 X+%와 관련 있는 해석적 오류를 줄이기 위해 Exner(2000)가 종합체계에 새로 도입한 변인이다. 전통적이고 관습적인 것에 한정하지 않고 수검자의 지각적 정확성을 검토할 수 있다.

XA%〉.77인 경우 주변 사람과 환경을 객관적으로 지각하고 있다고 볼 수 있으며, XA%가 .70~.77(10세 이하 아동은 .65~.77)인 경우 수검자는 환경을 객관적으로 지각하는 능력이 있지만, 때때로 이러한 객관성을 잃어버리고 사건을 잘못 지각하는 경향이 있다. XA%〈.70(10세 이하 아동은 XA%〈.65)일 경우 현실검증력이 손상되어 있을 수 있다.

ㄹ. WDA% 반응

수검자가 반점의 평범하고 분명한 형태에 주의를 기울일 때 나타나는 지각의 정확성을 나타내는 변인으로, XA%의 의미를 보다 분명히 밝히는 데 유용한 정보를 제공한다.

-형태 반응이 많아서 XA%가 낮다 하더라도 WDA%가 적절하면(.80 이상, 10세 이하 아동은 .75 이상), 이는 수검자가 비일상적인 부분에 주의를 기울일 때는 지각의 객관성을 잃지만 비교적 평범하고 일상적인 부분에 주의를 둘 때는 객관성을 유지할 수 있다는 것을 나타낸다. XA%가 낮고 WDA%가 적절한 사람은 지각적인 정확성의 문제보다는 주의의 초점과 관련된 문제를 가질 가능성이 높다.

ㅁ. Xu% 반응

Xu%는 조정의 문제를 심하게 지닌 사람이 아닌 지나치게 개인주의적으로 외부자극을 지각하는 사람을 구별해 내는 지표로 적용된다. Xu%의 평균은 14%이고, 7~20%에 있다. Xu%가 20%를 초과할 때는 수검자가 상당히 개인적으로 자극을 대함을 시사한다. 이들은 환경에 대한 인내심이 낮고 주어진 환경에서 벗어나려는 경향을 지니고 있다.

ㅂ. X-% 반응

형태질은 수검자가 주어진 자극을 왜곡하는 것을 반영한다. X-%가 15%보다 낮다면 부정확한 지각이나 조정에서의 왜곡을 확실히 드러낸다고 보기는 어렵다. 반면에 X-%가 20%를 초과한다면 이는 부정확한 지각과 왜곡을 나타내는 수준에 해당되고, 70% 이상이라면 급성적인 정신증 상태이거나 꾀병일 가능성이 높다.

(2) 사고(Ideation)

이 범주에 속하는 반응들은 수검자의 사고활동과 관련된 정보를 제공한다. 이 범주 안에는 EB, eb의 왼쪽 값, a : p, Ma : Mp 주지화 지표, MOR 반응, 특수 점수와 WSum6 등 반응의 질, M- 반응들이 포함된다.

① EB

EB는 사고의 유형과 특성을 이해하는 데 중요한 반응이다. 만약에 EB가 내향적인 유형을 나타낸다면, 명백하게 양자택일할 때까지 판단을 미루며 정확하고 복잡하지 않은 논리체계를 좋아하는 사람이다. 또한 외향적인 유형이라면, 생각과 느낌을 통합하기 위해 대부분의 시간을 할애하고 시행착오적으로 판단하는 경향을 지닌 사람이라고 볼 수 있다. 외향적인 사람이라면, 생각하는 과정이 때에 따라 달라 일관된 양상을 보이지는 않는다. 이런 특성은 문제해결 과정에서 오히려 융통성이 부족한 모습을 보이며 결정의 곤란을 더 심하게 드러내곤 한다.

② eb의 왼쪽 값

이 반응은 실제적인 사고활동을 이해하는 데 도움이 된다. FM 혹은 m이 상승하였거나 이 둘을 합한 값이 평균보다 높다면, 문제에 접근하는 방식이 계획적이지 못하고 한 곳에 초점을 맞추는 사고활동에 의해 방해를 받고 있음을 나타내며, 주의집중력이 일반적으로 떨어진 상태다.

③ a : p

a : p는 사고활동과 관련이 있다. Piatrowski의 연구에서 이 지표는 인지적인 융통성

대 편협성이나 고착을 시사하는 것으로 밝혀졌다.

a : p의 양쪽 값의 합이 4이고 한 쪽 값이 0이라면 수검자의 사고는 보통의 경우보다 융통성이 부족하고 편협하다. 양쪽의 값이 4를 넘고 한 쪽의 값이 다른 쪽의 2배 이상이 아니라면 이 자료를 특별히 해석할 필요는 없다. 반면에 양쪽 값의 합이 4를 넘고 한 쪽의 값이 다른 쪽의 값보다 2~3배 많다면 수검자의 사고의 틀이나 가치관이 다소 변하기 어렵고 매우 편협함을 시사한다. 마지막으로, 양쪽 값의 합이 4 이상이고 한 쪽의 값이 다른 쪽의 값보다 3배 이상 많다면 이런 수검자는 사고의 틀이 전혀 융통성이 없고 완전히 고착되어 있음을 의미한다. 이들은 태도나 의견을 바꾸기가 매우 어렵다.

④ Ma : Mp

이 비율도 수검자의 사고 특징과 관련된다. Exner(1987)에 따르면, Mp가 Ma보다 많을 때 수검자는 방어적인 전략의 하나로 공상의 세계로 수동적으로 도피할 가능성이 높다. 대체로 정상인의 10%, 조현병의 35%, 우울증의 34%, 성격장애의 36%가 여기에 속한다. M 반응의 p값보다 a+1값이 크다면 이런 수검자는 대부분의 사람들에 비해 스트레스 상황에서 공상의 세계로 도피하는 방어를 사용할 가능성이 높다. 이러한 회피의 대처 방식은 잠시 스트레스를 줄이는 데는 유용할 수 있으나 효과적인 스트레스 해결 방안으로는 충분치 못하고 타인에게 의존하는 경향 때문에 비효율적이다. 특히 내향적인 수검자가 이러한 특성을 보인다면 기본적인 사고 특성과 더불어 문제 상황을 더 복잡하게 만듦으로써 더욱 회피적이고 의존적이게 만들기 때문에 이롭지 않다.

⑤ 주지화 지표

주지화 지표는 수검자의 주지화 경향을 설명하는 데 적용된다. 주지화 지표가 4~5라면, 이들은 보통 사람보다 주지화하는 경향은 다소 있으나 뚜렷하지는 않다. 반면에 6이나 그 이상에 해당된다면 주지화 가능성이 높다.

⑥ MOR 반응

손상된 내용의 반응은 대부분 우울증 환자의 특성 연구에서 얻은 지표다. 조현병이나 성격문제가 있는 사람 혹은 비우울 외래환자의 자료에서도 평균 1개의 MOR 반응을 보이는 것으로 나타났다. MOR이 2개 이상인 환자는 미래에 대해 확실히 비관적이고 MOR이 3개 이상이라면 수검자의 비관적인 사고가 더욱 빈번하게 나타날 가능성이 높다. 우울을 주 증상으로 입원한 아동의 자료에서 치료 초기의 MOR은 평균 2.94였으나 8개월 후의 재검사에서는 1.01로 감소하였다(Exner & Weiner, 1982). 또 MOR과 자기중심 지표 간의 부적인 상관($r=-.41, p < .01$)이 있는 것으로 나타났다.

⑦ 특수점수와 WSum6

특수점수, 즉 DV, INCOM, DR 그리고 FABCOM의 수준 1과 수준 2, ALOG, CONTAM은 수검자의 여러 가지 형태의 사고의 어려움을 나타내는 점수들이다. 이 점수들은 인지적 장애가 어느 정도인지를 나타내는데, 다음은 각 점수의 장애 수준을 구분해 놓은 것이다.

일반적으로 정상인은 첫 번째 수준의 특수점수를 보인다. 예를 들어, 정상인의 기록에서 45%가 적어도 1개의 DV1을, 15%는 DR1 반응을 1개 정도 보였다. 반면에 ALOG는 4%, DR2는 2%만 반응하여 심한 수준이나 아주 심한 수준의 반응은 매우 드물었다.

DV1은 일시적인 인지적 실수를 나타내며 대부분이 잘못된 언어의 사용이나 표현의 특이성 혹은 미성숙 등과 관련되어 있다. 반면, DV2 반응은 인지적인 실수를 심각하게 드러내는 것이다. INCOM1은 성인의 기록에서 자주 나타나며, 아동의 기록에서도 흔하다. 그러나 INCOM2 반응은 단순히 잉크 반점을 구별하지 못하는 수준을 넘어선다. 이는 현실을 무시하고 자기 방식의 논리체계를 고집하는 반응으로 사고틀의 문제를 시사한다.

DR1 반응은 DV1이나 INCOM1 반응보다 다소 심한 장애를 시사한다. DR1은 판단력이 떨어지고 사고의 조절이 어려움을 반영하며 사고가 산만하다. DR2 반응은 사고의 조절에 매우 심각한 문제를 나타내며, 이런 반응은 입원환자 집단에서 자주 보이고 경조증 수검자의 기록에서도 흔하다. FABCOM1 반응은 보통 다른 반응의 수준1 반응보다 심하다. 왜냐하면 주어진 잉크 반점을 분별력 없이 통합하기 때문이며, 이런 반응은 대부분 조현병 자료에서 자주 나타난다.

FABCOM2 반응이 하나 있다면 이런 수검자는 사고를 개념화하는 데 심각한 혼란을 보이고 사고의 왜곡을 보이는 경우다. 이 반응은 정서적인 장애의 결과일 수도 있으나 이보다는 만성적인 사고장애를 보이는 것이다.

(3) 과정(Processing)

Rorschach 반응의 선택과 표현에서 나타나는 인지활동의 수준과 질은 통제 능력 및 대처방식에 관한 정보를 제공해 준다. 개인의 인지활동의 특징은 Zf, DQ, 위치 반응, Zd, W : M 비율, W : D 비율, 발달질을 통해 알아볼 수 있다.

① 조직적 인지활동(Organizing Activity: Zf)

조직적 인지활동의 빈도는 수검자가 보다 복잡한 인지적 책략을 사용하여 과제에 접근하는 정도를 나타내 준다. Z로 채점되는 반응은 단순한 Wo 반응을 제외하고는 반점의 특징을 조직화하고 통합하려는 활동이 개입된다. 정상 성인과 아동의 경우 전체 반응의 약 40~50%에서 Z점수가 매겨진다. L값이 높은 수검자는 Z점수를 낮게 받는 경향이 있다. 즉, 단순하고 경제적인 방식으로 반응함으로써 형태 반응 비율이 높아진 수검자는 당연히 Z점수 빈도가 낮을 것이다. Z점수가 낮은 경우 때로는 지적 제한이 원인일 수 있으나 대체로는 자세하고 정확하게 검사자극을 다루는 인지활동의 제한이나 동기의 결여가 원인일 수 있다. 따라서 Zf는 인지활동의 적극성에 관한 정보를 제공해 주지만 이러한 인지활동의 질은 DQ와 함께 분석되어야 한다.

② 조직적 인지활동의 효율성(Organizational Efficiency: Zd)

Zd 반응은 또 다른 인지활동에 관한 정보를 제공해 준다. 즉, Zf는 자극을 조직화하려는 인지적 노력과 연관되는 한편, DQ는 이러한 노력의 질을 나타내며 Zd는 이러한 인지활동의 결과로 나타나는 효율성과 연관된다. 정상 성인과 청소년의 약 70%가 +3.0점부터 −3.0점 사이의 Zd 점수를 받으므로 Zd 점수가 −3.0 이하이거나 +3.0 이상일 때의 인지활동은 과소 통합적(underincorporation)이거나 과대 통합적(overincorporation)이라고 할 수 있다. 즉, −3.0 이하인 경우는 자극이 충분히 검토되지 않고 반응되며, 통합 과정이 충분하지 않기 때문에 과소 통합적 인지활동과 연관된다. 한편, +3.0 이상인 경우는 자극에 주의 깊게 접근하여 통합하는 과도한 인지적 활동과 연관될 수 있다는 것이다. 과소 통합적 특징은 강박성이나 완벽주의에서 흔히 볼 수 있지만, Zd 점수가 높다고 해서 반드시 이러한 경향성을 나타낸다고 해석할 수는 없다. 왜냐하면 이러한 경향성올 보이지 않는 정상 성인의 경우도 약 18%에서 이러한 점수를 나타내기 때문이다.

W, D, Dd 분류는 개인이 환경에 접근하는 인지적 방식에 관한 정보를 제공해 준다. W 반응은 성인의 전체 반응의 30~40%에서 나타나며, 자극 상황을 전체적으로 다루는 인지활동과 연관된다고 해석된다. 그러나 보다 복잡하고 정교한 인지활동은 단순한 W 반응 빈도보다는 Zf, DQ, W : M, W : D와의 관계에서 검토되어야 해석의 타당도가 높아질 것이다.

③ W : M

성인의 경우 W : M은 1.5 : 1 혹은 2.5 : 1 정도로 나타난다. W 반응은 앞서 지적한 것처럼 자극 상황을 전체적으로 다루려는 의욕 및 동기와 연관된다고 가정되는 반면, M 반응은 추론이나 복잡한 사고활동과 연관되기 때문에 성취 지향적 활동에 요구되는 실제적 능력에 대한 대략적인 지표라고 볼 수 있다. 따라서 성인의 경우 3 : 1 이상으로 W 반응이 M 반응보다 높다면 이는 개인의 능력 수준에 비해 과도하게 인지적으로 성취하고자 추구하는 경향성이 있음을 암시한다. 반면, 1 : 1 이하로 W 반응이 M 반응에 비해 낮다면 이는 수검자가 지나치게 조심스럽고 자신의 능력을 과소평가하며 목표 달성이나 목표 설정에서 지나치게 소극적일 가능성이 검토되어야 한다. 특히 Zf와 DQ+ 비율이 평균보다 높은 개인이 W : M에서 W가 낮다면 앞서 제시된 능력에 대한 과소평가, 소극적 성취동기 가설이 타당하다고 받아들여진다. 이러한 가설은 W : D, Dd를 검토하면서 더욱 잘 정리될 수 있다.

④ W : D

검사자극을 분류하고 재통합하는 과정이 요구되는 W 반응과는 다르게 D 반응은 반점의 분리된 부분에서 쉽게 인지될 수 있는 자극 과제를 경제적으로 단순하게 다루는 경향성과 일치된다. 이러한 상반된 경향성이 수검자의 인지 특징으로 다루어진다.

이 비율은 전체 반응 수를 고려하여 검토되는데, 만약 전체 반응이 17개 이하인 경우라면 W 반응은 D 반응보다 많거나 같을 것이다. 반면, 전체 반응 수가 평균이거나 평균 이상이라면 D 반응은 W 반응보다 많고 D : W는 1.5 : 1 또는 2 : 1이 된다. 따라서 D 반응이 2 : 1 이상으로 W 반응보다 많다면 이는 W 반응에 요구되는 복잡한 인지활동을 회피하는, 지나치게 경제적이고 단순한 인지적 활동을 나타낸다고 볼 수 있다. 이와 반대로 전체 반응 수가 평균일 때 W 반응 수가 D 반응 수와 같거나 D 반응 수보다 많으면 수검자는 경제적인 인지활동을 희생하고 있다고 볼 수 있다. 이러한 현상이 반드시 부정적인 것은 아니며, 이용 가능한 수검자의 자원의 정도와 질에 따라 다르게 해석된다. 그러나 경우에 따라서는 수검자가 자신의 자원을 효율적으로 사용하지 못하고 있음을 나타내기도 한다. 예를 들면, 조현병 환자와 우울증 환자의 경우 D 반응이 낮고 Dd 반응이 상대적으로 높은 경우가 있다. 이런 경우 정신병리적 상태로 야기된 혼란으로 경제적 접근이 실패하고 그들의 병리적 집착이 비통상적인 자극 형태에 접근하도록 유도하기 때문인 것으로 해석될 수 있다.

주의할 점은 모든 D 반응이 동일하게 경제적 인지활동과 연관된다고 해석되어서는 안 된다는 것이다. 왜냐하면 검사자극이 보다 완성된 형태를 이루고 있는 경우 D+ 반응은 상당히 복잡한 분석과 통합 과정을 요구하기 때문에 이러한 D+ 반응은 경제적 인지활동과는 다르게 해석되어야 한다. 높은 D+ 반응은 정확성이나 완벽주의적 인지 특징과 연관될 수 있으므로 이러한 경우 Dd 반응이 검토되어야 한다.

전체 반응 수가 평균 범위에 있을 때 3개 이상의 Dd 반응은 신중하게 검토되어야 하는데, 일차적으로는 강박적 인지적 특징이 고려된다. 그러나 아동 · 청소년의 경우 S 반응이 증가하면서 이 때문에 Dd 반응이 증가하는 경우가 있다. 때로는 보다 다루기 용이한 좁은 범위의 자극만을 다루는 회피적 태도와도 연관된다. Dd 반응은 반점의 모호성으로부터 일시 후퇴하는 경향성을 나타내는데, 1~3개의 Dd 반응을 보일 경우 일시적인 후퇴 경향성을 암시하는 반면, 3개 이상의 Dd 반응은 완벽주의적 특징 또는 일상적 요구로부터 회피하는 경향성을 암시한다. 특히 Dd 반응이 운동결정인과 함께 반응된다면 매우 특이한 반응영역에서의 투사를 나타내기 때문에 신중하게 그 의미가 검토되어야 한다.

⑤ 발달질(Development Quality: DQ)

발달질은 Rorschach 검사 자극들을 의미 있는 방식으로 분석하고 통합하려는 의욕 및 능력과 연관된다. 일반적으로 DQ+는 명석하고 심리적으로 분석적인 개인에게 높게 나타나는 반면, DQv는 아동이나 지적 능력의 제한이 있는 성인 혹은 기질적 장애인에게서 빈번하게 나타난다. DQv/+는 네 가지 발달질 가운데 가장 적게 반응되는데, 아동 · 청소년과 다르게 성인에게서 DQv/+반응이 2개 이상인 경우는 통합적 인지활동을 통해서 형태를 분명하게 지각할 때 장애가 있음을 드러낸다. DQo는 단순하지만 분명하게 형태를 지각하는 과정을 나타낸다. DQv는 지나치게 단순하고 막연한 형태지각을 나타낸다.

정상 성인의 Zf와 DQ의 상관관계를 보면 $r=.417$($p<.01$)으로 성인의 경우 Zf 증가에 따라 DQ+ 혹은 DQv/+의 빈도 역시 평균 이상이 될 것으로 기대된다. 만약 Zf는 높지만 DQ+나 DQv/+는 평균 이하의 빈도라면 인지적 노력이 있지만 인지활동은 덜 정교하고 보다 단순할 가능성이 암시된다. 이와 반대로 Zf가 증가되고 DQ+ 역시 증가된 경우라면 수검자가 인지적 과제에 의욕적으로 참여할 뿐만 아니라 복잡하고 정교한 인지활동을 하고 있음을 나타낸다. 그러나 복잡하고 정교한 인지활동이 반드시 효율적 적응을 나타내는 것은 아니다. 때로는 인지과정이 매우 복잡하지만 현실에 근거를 두지 않기 때문에 부적응이 초래되기도 한다.

4) 정서, 자기지각, 대인지각

사람의 감정은 매우 복잡하고 변화무쌍하며 다양하기 때문에 이해하기가 결코 쉽지 않다. 우리가 느끼는 감정은 사고에 영향을 주면서 결정에 영향을 미칠 뿐 아니라 행동 양식에도 영향을 미친다. 온화한 감정이 있는가 하면 격렬한 감정도 있다. 대부분의 감정은 조절할 수 있으나, 우리는 때때로 감정의 통제가 매우 어렵다는 것을 공감하며 살고 있다. Rorschach 검사는 이러한 감정을 간접적으로 알아볼 수 있는 검사다. 그러나 Rorschach 검사를 통해서 개인의 정서를 추론할 수 있다 하더라도 사람마다 다른 심리적 복잡성에 비추어 본다면, Rorschach 검사가 모든 이의 정서를 완벽하게 밝힌다고 하기는 어렵다.

(1) 정서

① EB와 정서

사고 영역의 해석에서 언급한 내용을 보면, EB는 수검자의 근본적인 심리적 작용에 정서가 어떻게 영향을 미치는지에 대한 정보를 제공한다. 외향적인 사람이라면 문제해결을 하는 동안에 결정 과정에서 정서가 많이 관여하며 자신의 감정에 압도될 가능성이 높다. 반면, 내향적인 사람은 문제해결을 할 때 감정을 앞세우기보다는 사고를 통해 감정을 잘 바꾸거나 조절하는 편이다. 또한 양향적인 사람은 문제해결이나 결정 과정에서 엇갈린 감정을 나타낼 것이다.

② eb와 정서

eb의 오른쪽 값은 수검자를 심리적으로 초조하게 만드는 정서를 이해하는 데 중요하다. 대부분은 eb의 왼쪽 값이 오른쪽 값보다 크지만 때로 초조한 정서가 증가하면 오른쪽 값이 더 높아질 수 있다. 예컨대, es의 값이 11이거나 이보다 낮고 eb의 왼쪽 값이 오른쪽 값보다 크면서 T값이 1을, C′ 값이 2를, V값이 0을, Y값이 2를 넘는다면 수검자에게 불안한 정서가 있다는 점에 초점을 맞추어야 한다.

③ FC : CF + C

이 비율은 정서를 조절하는 특성을 이해하는 데 중요한 정보를 제공한다. 이 자료는 D점수와 함께 검토할 때 의미 있게 해석될 수 있다. D점수가 −영역으로 떨어졌다면 정서 조절 능력이 그렇지 않은 사람에 비해 더 힘든 사람이며 예기치 못한 스트레스 경험 때문에 더욱 어려워질 수 있다.

FC 반응은 정서를 어느 정도 인지적으로 통제하고 있음을 시사한다. 반면, CF와 C 반응은 인지적으로 통제하기 어려워 정서 조절의 어려움을 시사하는 것이라고 할 수 있다. FC값이 CF+C보다 많고 순수 C가 0이라면 대다수의 사람보다 감정 조절을 잘하는 편이고, FC값이 CF+C보다 3배나 그 이상 더 크다면 이들은 감정 조절을 과도하게 할 가능성이 높다. 반면, CF+C값이 3이거나 FC값보다 높으면서 순수 C가 1 이상이라면 이는 감정 조절의 어려움을 나타낸다고 할 수 있다. 이런 특징은 5~10세의 아동에게는 보편적이지만 청소년에게는 드물고 성인의 경우에는 거의 나타나지 않는다. 이런 반응이 청소년이나 성인에게서 보인다면 이는 너무 감정적이거나 미숙함을 반영한다. 또한 내성적인 사람이 이러한 반응을 했다면 이는 심리적인 기능이나 효율성에 심각한 문제를 초래할 수 있다.

④ 정서비(Afr 비율)

이 지표는 정서 자극에 대한 사람의 반응이 어떠한지를 나타낸다. Afr은 EB의 자료와 함께 해석될 때 좀 더 의미 있고 명확한 정보를 제공할 수 있다. 외향적인 수검자는 L값과는 상관없이 다른 집단에 비해 높은 Afr값을 가질 것으로 예상할 수 있다. 외향적인 사람들의 평균 Afr은 .60~.95인 반면에 내향적인 사람과 양향적인 사람들은 .50~.80을 나타낸다.

Afr값이 평균일 때 일반적으로는 특별한 해석적 의미는 없으나 감정적인 자극에 어느 정도 반응하는 편이라고 볼 수 있다. 더러 수검자가 만성적인 감정 조절의 어려움이 있다면 이는 문제들에 대한 인식의 부족을 시사하는 것이다. Afr이 평균보다 높다면 이는 수검자가 감정에 매우 좌우된다는 것을 나타낸다. 이러한 결과는 외향적인 사람들 사이에서 더 보편적이지만 항상 그런 것은 아니다. Afr이 평균보다 낮다면 이는 수검자가 정서적인 자극에 관심이 없다는 것을 시사한다. 그렇다고 해서 이런 특성을 취약성으로 보아서는 안 되고, 단지 정서적 자극에 흥미가 별로 없는 개인의 선호를 반영한 것으로 받아들여야 할 것이다.

⑤ CP 반응

특수점수 CP도 수검자의 정서적인 경험을 나타내는 자료다. Piatrowski(1957)는 무채색의 반점에서 색채가 있는 것처럼 반응하는 것에 대해 최초로 채점하였다. 이는 솔직한 감정을 표현하기보다는 이를 숨기고 무기력감을 해소하려는 시도로서 현실적이지 않은 긍정적인 감정을 나타내는 것이다. 이런 반응은 극히 드물어서 정상인 집단에서는 700명 중에 13명만이 반응을 보였다. 이 반응이 하나라도 있다면 이는 화나고 즐겁지 않은 감정을 부정하고 긍정적인 감정을 내보이려는 시도로 볼 수 있다. CP 반응을 하는 수검자는 자주 환경에 따라 야기되는 불쾌한 감정을 회피함으로써 현실을 외면하려는 경향이 있다.

⑥ 공간 반응

Rorschach는 공간(S) 반응을 반대적인 행동 경향이나 거부증으로 보았다. 또 Klopfer(1945)는 이를 '건설적인 자기주장'으로, Piatrowski(1957)는 '독립에 대한 갈망'으로 보기도 하였다.

S 반응은 감정의 복잡성을 나타내는 동시에 화나 분노 혹은 거부적인 행동을 나타내는 반응으로 볼 수 있는데, 1~2개의 S 반응은 어느 정도 자기주장적인 행동으로 볼 수 있는가 하면, 3개나 그 이상은 반항이나 적대적인 성격특성과 관련될 수도 있다.

S 반응이 처음의 두 카드에서 나타났다면 이는 검사에 대한 저항이나 상황적인 요구에 대한 일시적인 저항으로 해석될 수 있다. 그리고 카드 Ⅲ 이후의 S 반응은 성격적인 측면과 더 관련되고, 이들의 환경에 대한 거부나 반항 등과 관련된 사회적인 관계의 어려움이 높을 수 있다.

⑦ 혼합 반응(Blends)과 정서

수검자의 결정요인이 여러 개라면 이는 외부 자극의 기대나 요구에 반응하는 과정 동안에 복잡한 심리적 활동이 일어남을 의미한다. 때로 혼합 반응이 상황적인 스트레스하에서 증가할 수도 있으나 이런 경우라면 m이나 Y 반응이 수반되는 것이 보편적이다. 정상 아동 · 청소년은 혼합 반응이 거의 없거나 낮은 비율을 보였고, 나이가 증가함에 따라 혼합 반응의 수도 증가하는 추세였다. 또한 내향적인 사람은 일반적으로 양향적이거나 외향적인 사람에 비해 적은 혼합 반응을 보였다.

Exner(1974)의 연구에 따르면, IQ가 90 이하인 수검자에게서는 혼합 반응이 나타나지 않아 혼합 반응과 지적 능력이 관련이 있음을 시사하였다. Mason과 Exner(1984)의 연구에서는 혼합 반응이 언어성 IQ, 동작성 IQ, 전체 IQ와 유의미한 상관을 보이지 않았다. 개인의 자료에서 3개의 결정인을 포함한 혼합 반응이 1/4 이상이라면, 이는 그 사람의 심리적인 기능이 매우 복잡함을 나타내고, 결과적으로 이 때문에 자신의 문제를 조절하고 해결하는 데 취약하다면 심리적 장애를 겪을 수도 있다.

특히 색채-음영 혼합 반응을 보이는 자료는 잘 검토할 필요가 있다, 우선 음영 혼합 반응은 성격장애 집단에서는 별로 나타나지 않는 반면, 우울증 집단에서는 빈번하다. 왜냐하면 무채색(C′) 반응과 음영(Y, T, V) 반응의 네 가지 모두가 고통스러운 경험과 관련되기 때문이다. 음영 반응의 혼합에 Y 반응이 많이 들어가 있다면 수검자가 겪는 고통스러운 정서는 상황적일 가능성이 높고 Y 반응이 포함되어 있지 않다면 만성적일 가능성이 많다.

색채-음영 혼합 반응은 혼합된 감정으로 Applebaum과 Holzman(1968)의 연구에서 자살과 관련된다는 점이 처음으로 확인되었다. 이와 같은 결과는 Exner와 Wylic(1977)의 연구에서도 나타나, 색채-음영 혼합 반응이 자살과 관련된 요인으로 포함되었다.

(2) 자기지각

이 범주에 속하는 자료들은 자기상의 특징을 나타내 준다. 자기상은 스스로를 어떻게 지각하는지를 나타내 주는 것이다. 어떤 이들은 현실적인 자신의 모습을 나타내기도 하고, 어떤 이들은 공상적거나 이상적인 자기상을 반영하기도 한다. Rorschach 검사에서 보이는 수검자의 자기상은 반응의 일부가 아닌 전체적이고 통합적인 진술을 강조해서 해석해야 할 것이다.

① 자기중심 지표(Egocentricity Index)

자기중심 지표는 자기관심과 자기존중에 대한 추론을 할 수 있도록 한다. 이 지표가 성인의 경우 .45보다 높고 반사 반응이 포함되어 있다면, 이런 수검자는 자기도취적인 경향이 강한 사람이며, 타인과의 관계에서 자기연민과 자기사랑을 보인다. 반면, 반사 반응이 없다면 스스로를 강하게 지각하고 타인이나 외부세계를 무시하며 자신이 이끌어 나가려 한다.

자기중심 지표가 평균보다 높은 사람은 자기의 가치를 긍정적으로 평가하지만 지나치게 자기에게 몰두하는 경향이 있다. 또한 자기중심 지표가 평균보다 낮다면 자기의 가치를 부정적으로 보고 타인과 비교하며 자신에게 별로 호의적이지 않다. 자기중심 지표는 평균보다 낮으면서 1개나 그 이상의 반사 반응이 있다면 이는 자기상에 대한 심한 혼란을 보이는 사람으로 변덕스러운 감정을 지녔거나 행동문제를 나타낼 수도 있다.

Exner(1974)의 연구에 따르면, 우울이 없는 환자의 자기중심 지표 평균은 .47인 반면에 우울증 환자의 자기중심 지표는 .27로 우울증 환자의 자기중심 지표가 낮았다. 어린 아동의 자기중심 지표는 5세 평균이 .69인 반면에 9세 아동은 .55였고 16세 청소년은 .43이었다. 이런 특성은 어린 아동일수록 반사 반응의 빈도가 높은 것과 관련된다. 또 Exner와 Murillo(1975)의 연구에 따르면, 낮은 자기중심 지표는 강박증, 공포증, 정신신체장애(Psychosomatics)에서 빈번하게 나타나는 경향을 보였다.

② 통경(V)과 형태차원(FD) 반응

자기상의 발달에서 자기성찰은 매우 중요하다. 통경(V) 반응과 형태차원(FD) 반응은 모두 자기성찰과 관련되어 있다. FD 반응은 많이 나타나지만 않는다면 긍정적으로 볼 수 있다. 반면에 V 반응은 고통스러운 정서를 가지고 있음을 시사한다. 일반적으로 정상인의 기록을 보면, 청소년이나 성인 모두 V 반응은 거의 없고 FD는 1~2개 정도를 보인다. 아동의 자료에서는 V 반응이 5~9세에서는 없었고 10세 자료에서는 120개 기록에서 2개, 12세에서는 120개 중 4개에서만 나타났다. 그러나 13세 이후부터는 증가하는 추세로 13~14세에서 10%, 15세에서 11%, 16세에서는 15%를 보였다. 이 같은 결과는 사춘기 때 나타나는 자기성찰과 자기불만에서 비롯된 결과로 시사된다. FD 반응도 10세 이전보다는 10세 이후에 증가하여 10~16세의 아동·청소년의 2/3가 FD를 보였다.

③ 인간 반응과 자기상

인간 반응은 사람과의 관계 특성을 나타내는데, 실제적인 관계 이외에 상상이나 공상적인 수준에서의 특성도 드러난다. 그 밖에도 인간 반응은 타인이나 자기에 대한 지각 특성을 투사하기도 한다. 순수 H 반응은 다른 H 반응보다 실제적인 자기상을 더 잘 나타낸다고 보기 때문에 자기상을 잘 평가하려면 순수 H 반응에 주의를 기울여야 한다(Thomas, Exner, & Baker, 1982).

만일 인간 반응이 Hd가 주가 된다면 자기 자신에 대한 상이 실제보다는 상상에 기초한 것일 때가 많다. 이런 이들의 자기상은 성숙되지 못하고 왜곡되었을 가능성이 높으며, 결정 과정에서 소극적이고, 타인과의 관계가 어려울 가능성이 있다. 또한 1개 이상의 Hx 내용이 포함되어 있다면 이런 이들은 현실을 무시하고 너무 논리적이거나 이지적인 자기상을 가지고 있기 때문에 문제를 다룰 때 종종 관념주의에 빠지고 그 결과 자기왜곡을 심하게 보일 수도 있다.

④ 해부 반응(An)과 X-ray(Xy) 반응

자기상과 자신에 대한 관심을 나타내는 또 다른 지표는 An+Xy다. Beck은 일찍이 이 반응들은 사람의 몸에 대한 관심이나 집착과 관련되어 있다고 보았다. 신체적 건강의 문제는 An 반응과 별로 관련이 없다는 주장도 있으나, Exner(1975)의 연구에서도 수술환자나 다이어트 프로그램을 시작하는 환자의 기록에서 An 반응이 높다는 것이 증명되었다. An+Xy 반응 수가 1~2개일 때는 몸에 대한 관심 정도를 반영하고, 3개나 그 이상일 때는 지나친 신체적 관심 및 집착을 나타내는 수준인 것으로, 만일 신체적 질환이 없는 사람이라면 심리적인 문제와 연관될 가능성이 높다.

⑤ MOR 반응과 자기상

MOR 반응은 자기감에 대한 손상과 비관적이고 부정적인 자기상을 반영한다. MOR 반응을 보이는 사람이 명백하게 부정적인 자기상을 지녔다면 이와 함께 분노, 불만족 혹은 우울감을 나타내는 경향이 있고, 이러한 점에서 적응의 어려움이 있을 수 있다. MOR 반응이 1개일 때는 특별한 해석을 하지는 않는다. 그러나 2개라면 자기상이 부정적일 수도 있다는 점에서 잘 검토해 보아야 한다. MOR이 3개라면 손상된 자기지각의 특성이 좀 더 분명하며 부정적인 자기상을 강하게 내비치는 것이다.

⑥ 운동 반응과 자기상

인간 운동 반응 또한 자기상에 대한 중요한 정보를 제공한다. 운동 반응 중에서도 인간 운동 반응은 실제적인 자기와 관련된 반응으로 볼 수 있다. 운동 반응이 수동적인지, 능동적인지, 공격적인지, 피학대적인지 등에 관한 특성은 자신이 어떠한 사람인지를 드러낸다.

특히 반복적으로 등장하는 운동 반응의 특성에 주의를 기울일 필요가 있다. 예컨대, '맞는 동물' '맞는 사람' '놀림을 당하는 아이'와 같은 반응이 반복된다면 이는 그 자신의 모습을 그대로 반영하는 반응일 수 있기 때문이다. 물론 일관되게 운동 반응을 하는 수검자의 자료는 해석을 어떻게 할지 곤란을 겪는 경우도 많은데, 이때는 불일치한다고 해서 자료를 쉽게 버리지 말고 다른 군집 자료에서 의미 없다고 확인될 때까지는 재고의 여지를 남겨 두어야 한다.

(3) 대인지각과 행동

수검자가 어떻게 타인을 인식하는지 Rorschach 검사 자료를 통해 알아낸다는 것은 쉽지 않다. 그렇기는 하지만 대인지각에 포함된 변인들에서 수검자의 환경에 대한 인식과 상호작용 및 대응양식을 알아낼 수 있다. 이와 더불어 대인지각의 특성을 추론할 수 있는 자료들도 함께 살펴보고자 한다.

① 부정적인 대인지각을 시사하는 변인들

앞서 언급한 변인들 가운데 CDI, HVI, 수동-능동 운동, 재질 반응들은 대인관계 지각 및 행동과 관련되어 있다.

예컨대, CDI값이 4~5라면 사회적으로 성숙되어 있지 못하고 환경과의 상호작용의 어려움을 경험하는 경향이 있다. 이들은 타인과의 관계에서 거리감을 두고 때로는 무력감을 느끼며 타인의 관심이나 필요에 민감하지 못하다. 또한 HVI가 유의미하다면, 환경에 대해 부정적이고 경계적이고 외부 자극에 상당히 민감하며 쉽게 상처받을 가능성이 높다. 이들은 가까운 사람들과의 사이에서 감정 조절을 못한다. 이러한 점에서 이들은 사람들과 가까워지는 것을 원하지 않고 사람들의 접근을 꺼린다. 만약 수동적인 운동이 능동적인 운동 반응보다 1개 이상 많다면, 이들은 인간관계에서 복종적이지는 않더라도 수동적이고 의사결정 상황에서 책임을 지려고 하지 않는 경향이 있다.

또한 Fd 반응이 있다면 다른 사람들보다 타인의 지시에 따르고 의존적이며 순진한 편이다. 그 밖에 10세 이상의 수검자의 기록에서 재질 반응이 없다면 사람을 경계하며 정서적으로 가까워지는 것을 꺼리고 조심하는 경향이 있는 것이다. 만일에 재질 반응이 1개 이상 있다면 사람들과 친밀해지고자 하는 욕구가 강함을 나타낸다.

② 인간 반응(H)과 대인관계 지각

Ames(1971)는 10세까지는 인간 반응이 나이에 따라 증가하다가 청소년기가 되면 안정된다고 보았다. 16세 이전에는 인간 반응의 수가 성인과 같지 않기 때문에 인간 반응의 수를 고려하여 해석할 때는 이 점을 염두에 두어야 한다. 인간 반응이 평균보다 적다면 전통적인 사회지향적 가치에 준하는 행동 경향이 부족한 사람들이라 할 수 있다. 예컨대, 반사회적인 행동 경향이 있는 사람이나 범죄자는 인간 반응이 거의 없었고, 대인관계에서 고립된 사람도 인간반응의 빈도가 매우 낮았다.

③ 인간표상 반응(GHR, PHR)과 대인관계 지각

GHR과 PHR의 비율 역시 수검자의 대인관계에 대한 지각을 평가할 수 있는 변인이다. GHR은 효율적이고 적응적인 대인관계와 상관이 있고 PHR은 갈등적 대인관계와 관련성이 높다. 3개 이상의 인간표상 반응에서 GHR 〉 PHR이면, 다른 사람과의 상호작용에서 적응적인 행동을 할 수 있는 능력이 있다고 볼 수 있다.

④ PER 반응

PER 반응은 수검자의 대인관계에서의 방어 형태를 시사한다. 1~2개 정도의 PER 반응은 보편적이며 의미 있는 결과는 아니다. 그러나 3개 이상이라면 표면적으로는 더 개방적이고 정보를 공유하는 것처럼 보이나 내면적으로는 자신에 대해 방어적이고 권위적인 경향을 지닌 사람일 가능성이 높다. 이들은 대인관계를 회피하지는 않지만 도전적인 대인관계 상황에서는 융통성 없고 경직된 사람으로 인식되어 아주 친밀한 인간관계를 유지하는 데 어려움을 겪을 수 있다.

⑤ COP와 AG 반응

COP와 AG 반응은 직접적으로 대인관계 상호작용의 특성을 나타내는 지표다. 이 2개의 반응은 상관이 있는 것은 아니지만 함께 살펴볼 필요가 있다.

AG 반응의 증가는 언어적이든 비언어적이든 대인관계에서 사람들에 대한 태도가 부정적이고 적대적인 것을 나타낸다. 이들은 욕구 좌절 상황에서 공격적인 행동을 쉽게 드러내고 반드시 반사회적인 행동 특성과 관련되어 있지는 않더라도 자신의 충동성을 자제하고 인내하는 데 어려움을 보인다.

COP 반응은 정상인의 80%가 적어도 1개 정도는 나타난다. 반면에 조현병과 우울증에서는 40~50%만이 1개 정도의 반응을 보였다. 이 반응은 안정되고 협력적인 인간관계를 맺는다는 점에서 긍정적으로 해석되고 있다. 그렇다고 해서 이 반응의 부재를 인간관계에서의 고립이나 불화로 판단하는 것은 신중을 기하여야 한다.

〈표 5-20〉 정상 성인의 기술통계치

변인	평균	표준편차	최소값	최대값	빈도	중앙치	최빈치	편포도	첨도
AGE	32.36	11.93	19.00	70.00	700	30.0	22.00	1.35	1.31
YRS ED	13.25	1.60	8.00	18.00	700	13.00	12.00	0.23	−0.12
R	22.67	4.23	14.00	38.00	700	23.00	23.00	0.54	1.37
W	8.55	1.94	3.00	20.00	700	9.00	9.00	1.28	8.87
D	12.89	3.54	0.00	22.00	698	13.00	14.00	−0.38	1.02
Dd	1.23	[1.70]	0.00	15.00	452	1.00	0.00	3.89	22.18
S	1.47	[1.21]	0.00	10.00	600	1.00	1.00	2.44	11.43
DQ+	7.31	2.16	2.00	13.00	700	7.00	6.00	0.27	−0.39
DQo	13.64	3.46	5.00	34.00	700	14.00	15.00	0.95	4.67
DQv	1.30	[1.26]	0.00	6.00	477	1.00	0.00	0.93	0.38
DQv/+	0.41	[0.66]	0.00	2.00	219	0.00	0.00	1.35	0.53
FQX+	0.90	0.92	0.00	5.00	427	1.00	0.00	1.21	2.26
FQXo	16.99	3.34	7.00	29.00	700	17.00	17.00	0.04	0.52
FQXu	3.25	1.77	0.00	13.00	667	3.00	3.00	0.94	3.37
FQX−	1.44	1.04	0.00	6.00	605	1.00	1.00	0.95	0.93
FAXNone	0.09	[o.33]	0.00	3.00	58	0.00	0.00	4.00	18.52
MQ+	0.55	0.73	0.00	3.00	297	0.00	0.00	1.23	1.02
MQo	3.52	1.89	0.00	8.00	693	3.00	3.00	0.46	−0.60
MQu	0.20	0.45	0.00	2.00	123	0.00	0.00	2.23	4.31
MQ−	0.03	[0.18]	0.00	2.00	20	0.00	0.00	6.23	41.91
MQNone	0.01	[0.11]	0.00	1.00	8	0.00	0.00	9.21	83.11
S−	0.18	[0.49]	0.00	3.00	102	0.00	0.00	3.16	11.29
M	4.30	1.92	1.00	9.00	700	4.00	3.00	0.52	−0.73
FM	3.71	1.19	1.00	9.00	700	4.00	4.00	−0.04	0.46
m	1.12	0.85	0.00	4.00	530	1.00	1.00	0.51	0.32
FM+m	4.82	1.52	1.00	10.00	700	5.00	5.00	0.28	0.29
FC	4.09	1.88	0.00	9.00	690	4.00	5.00	0.31	−0.13
CF	2.36	1.27	0.00	6.00	670	2.00	3.00	0.40	−0.12
C	0.08	[0.28]	0.00	2.00	51	0.00	0.00	3.73	14.14
Cn	0.01	[0.08]	0.00	1.00	5	0.00	0.00	11.73	135.98
FC+CF+C+Cn	6.54	2.52	1.00	12.00	700	7.00	5	−0.04	−0.79

Wsum C	4.52	1.79	0.50	9.00	700	4.50	00	0.02	−0.69
Sum C′	1.53	[1.25]	0.00	10.00	551	1.00	3.50	1.32	5.24
Sum T	1.03	[0.58]	0.00	4.00	620	1.00	1.00	1.35	5.39
Sum V	0.26	[0.58]	0.00	3.00	137	0.00	1.00	2.39	5.54
Sum Y	0.57	[1.00]	0.00	10.00	274	0.00	0.00	4.08	28.70
Sum Shad	3.39	2.15	0.00	23.00	689	3.00	0.00	3.03	20.65
Fr+rF	0.08	[0.35]	0.00	4.00	47	0.00	3.00	6.06	49.54
FD	1.16	[0.87]	0.00	5.00	553	1.00	0.00	1.00	2.57
F	7.99	2.67	2.00	19.00	700	8.00	1.00	0.65	1.21
PAIR	8.68	2.15	1.00	14.00	700	8.00	8.00	0.0	0.63
3r+(2)/R	0.39	0.07	0.03	0.79	700	0.38	8.00	0.43	2.59
LAMBDA	0.58	0.26	0.14	2.25	700	0.56	0.33	2.23	9.91
EA	8.82	2.18	2.00	14.50	700	9.00	0.50	−0.29	0.15
ES	8.21	3.00	3.00	31.00	700	8.00	9.50	1.91	10.06
D	0.04	1.09	−10.00	2.00	700	0.00	7.00	−3.25	24.00
AdjD	0.20	0.88	−5.00	2.00	700	0.00	0.00	−1.14	5.91
a(active)	6.48	2.14	2.00	13.00	700	6.00	6.00	0.57	−0.09
p(passive)	2.69	1.52	0.00	9.00	659	2.00	2.00.	0.54	0.26
Ma	3.03	1.59	0.00	7.00	679	3.00	2.00	0.46	−0.37
Mp	1.31	0.94	0.00	5.00	568	1.00	1.00	0.59	0.34
Intellect	1.56	1.29	0.00	6.00	700	1.00	1.00	0.78	0.25
Zf	11.81	2.59	5.00	23.00	700	12.00	12.00	0.27	1.47
Zd	0.72	3.06	−6.50	9.50	700	0.50	−1.00	0.48	0.09
Blends	5.16	1.93	1.00	12.00	700	5.00	5.00	0.04	−0.37
Col Shd Bleds	0.46	[0.69]	0.00	3.00	252	0.00	0.00	1.45	1.66
Afr	0.69	0.16	0.27	1.29	700	067	0.91	0.40	0.30
Popular	6.89	1.38	3.00	10.00	700	7.00	8.00	0.46	−0.17
X+%	0.79	0.08	0.50	1.00	700	0.80	0.80	−0.23	1.17
F+%	0.71	0.17	0.25	1.00	700	0.71	1.00	−0.24	−0.24
X−%	0.07	0.05	0.00	0.43	605	0.05	0.04	1.86	8.97
Xu%	0.14	0.07	0.00	0.37	667	0.14	0.15	0.17	0.41
S−%	0.08	[0.23]	0.00	1.00	102	0.00	0.00	2.93	7.99
Isolate, R	0.20	0.09	0.00	0.47	700	0.19	0.16	0.39	−0.23
H	3.39	1.80	0.00	9.00	694	3.00	3.00	0.89	0.29
(H)	1.20	0.98	0.00	4.00	500	1.00	1.00	0.43	−0.33
Hd	0.69	0.89	0.00	7.00	348	0.00	0.00	2.06	8.03
(Hd)	0.14	0.35	0.00	2.00	99	0.00	0.00	2.14	2.95
Hx	0.01	[0.11]	0.00	1.00	8	0.00	0.00	9.21	83.11
All H Cont	5.43	1.63	1.00	11.00	700	5.00	6.00	0.25	−0.07
A	8.16	2.04	3.00	15.00	700	8.00	7.00	0.42	0.28
(A)	0.15	[0.44]	0.00	3.00	88	0.00	0.00	3.26	11.78
Ad	2.21	[1.18]	0.00	9.00	665	2.00	2.00	1.14	4.65

(Ad)	0.05	[0.26]	0.00	2.00	33	0.00	0.00	5.14	28.41
An	0.42	[0.65]	0.00	4.00	224	0.00	0.00	1.54	2.46
Art	0.9	0.83	0.00	4.00	448	1.00	1.00	0.50	−0.41
Ay	0.34	[0.48]	0.00	2.00	236	0.00	0.00	0.78	−1.09
Bl	0.15	[0.40]	0.00	2.00	96	0.00	0.00	2.64	6.55
Bt	2.48	1.29	0.00	6.00	652	3.00	3.00	−0.02	−0.47
Cg	1.29	0.93	0.00	4.00	572	1.00	1.00	0.62	0.12
Cl	0.15	[0.38]	0.00	2.00	102	0.00	0.00	2.32	4.54
Ex	0.13	[0.34]	0.00	1.00	93	0.00	0.00	2.17	2.71
Fi	0.42	[0.67]	0.00	2.00	221	0.00	0.00	1.33	0.44
Food	0.23	[0.50]	0.00	2.00	136	0.00	0.00	2.11	3.65
Ge	0.04	[0.21]	0.00	2.00	25	0.00	0.00	5.74	35.68
Hh	0.93	0.85	0.00	4.00	458	1.00	1.00	0.76	0.32
Ls	0.89	0.78	0.00	3.00	460	1.00	1.00	0.45	−0.50
Na	0.38	[0.60]	0.00	2.00	222	0.00	0.00	1.34	0.72
Sc	0.91	[0.97]	0.00	6.00	411	1.00	0.00	1.26	2.99
Sx	0.07	[0.39]	0.00	5.00	30	0.00	0.00	8.41	85.78
Xy	0.03	[0.18]	0.00	2.00	17	0.00	0.00	7.25	57.98
Idio	1.86	1.30	0.00	7.00	599	2.00	2.00	0.73	1.04
Dv	0.70	[0.79]	0.00	4.00	373	1.00	0.00	1.12	1.20
INCOM	0.52	[0.65]	0.00	4.00	323	0.00	0.00	1.39	3.56
DR	0.15	[0.38]	0.00	2.00	103	0.00	0.00	2.30	4.44
FABCOM	0.17	[0.41]	0.00	2.00	111	0.00	0.00	2.27	4.43
DV2	0.01	[0.10]	0.00	1.00	7	0.00	0.00	9.87	95.70
INC2	0.00	[0.07]	0.00	1.00	3	0.00	0.00	15.21	229.99
DR2	0.00	[0.04]	0.00	1.00	1	0.00	0.00	26.46	700.00
FAB2	0.02	[0.13]	0.00	1.00	12	0.00	0.00	7.46	53.74
ALOG	0.04	[0.22]	0.00	2.00	29	0.00	0.00	5.23	29.28
CONTAM	0.00	0.00	0.00	0.00	0	0.00	0.00	–	–
Sum6 Sp Sc	1.59	1.25	0.00	7.00	561	1.00	1.00	0.75	0.36
Sum6 Sp Sc2	0.03	[0.18]	0.00	1.00	23	0.00	0.00	5.25	25.66
WSum6	3.28	2.89	0.00	15.00	700	3.00	0.00	1.07	1.15
AB	0.15	[0.40]	0.00	2.00	98	0.00	0.00	2.57	6.17
AG	1.18	1.18	0.00	5.00	466	1.00	1.00	1.04	0.62
CFB	0.00	0.00	0.00	0.00	0	0.00	0.00	–	–
COP	2.07	1.52	0.00	6.00	555	2.000	2.00	0.25	−0.84
CP	0.02	[0.14]	0.00	1.00	13	0.00	0.00	7.15	49.23
MOR	0.70	[0.82]	0.00	4.00	356	0.00	1.00	1.03	0.60
PER	1.05	1.00	0.00	5.00	478	1.00	1.00	1.38	3.27
PSV	0.05	[0.22]	0.00	1.00	34	0.00	0.00	4.21	15.76

〈표 5-21〉 35개 변인의 빈도(N=700)

인구통계학적 변인들

혼인 여부		
Single	193	28%
Lives w/S.O.	57	8%
Married	332	47%
Separated	28	4%
Divorced	71	10%
Widowed	19	3%

성별		
Male	350	50%
Female	350	50%

나이		
18-25	226	32%
26-35	259	37%
36-45	107	15%
46-55	55	8%
56-65	34	5%
Over 65	19	3%

인종		
White	567	81%
Black	81	12%
Hispanic	43	6%
Asian	9	1%

학력		
Under 12	53	8%
12 Year	214	31%
13-15 Yrs	346	49%
16+Yrs	87	12%

비율, 백분율과 특수지표들

EB 양식		
Introversive	251	36%
Super-Introversive	68	10%
Ambitent	143	20%
Extratensive	306	44%
Super-Extratensive	86	12%

EA-es 차이값 D점수 범위		
D Score ＞ 0	156	22%
D Score = 0	455	65%
D Score ＜ 0	89	13%
D Score ＜ -1	30	4%
Adj Score ＞ 0	206	29%
Adj Score = 0	428	61%
Adj Score ＜ 0	66	9%
Adj Score ＜ -1	27	4%
Zd ＞ +3.0(Overincorp)	127	18%
Zd ＜ -3.0(Underincorp)	37	5%

형태질		
X+% ＞ .89	49	7%
X+% ＜ .70	71	10%
X+% ＜ .61	12	2%
X+% ＜ .50	0	0%
F+% ＜ .70	313	45%
Xu% ＞ .20	109	16%
X-% ＞ .15	24	3%
X-% ＞ .20	9	1%
X-% ＞ .30	2	0%

FC : CF+C 비율		
FC ＞ (CF+C)+2	220	31%
FC ＞ (CF+C)+1	345	49%
(CF+C) ＞ FC+1	30	4%
(CF+C) ＞ FC+2	9	1%
S-Constellation Positive	0	0%
HVI Positive	13	2%
OBS Positive	14	2%

SCZI = 6	0	0%	DEPI = 7	1	0%	CDI = 5	3	0%
SCZI = 5	0	0%	DEPI = 6	3	0%	CDI = 4	18	3%
SCZI = 4	2	0%	DEPI = 5	21	3%			

기타 변인들

Lambda ＞ .99	38	5	(2AB+Art+Ay) ＞ 5	52	7
Dd ＞ 3	33	5	Populars ＜ 4	9	1
DQv+DQv/+ ＞ 2	200	29	Populars ＞ 7	29.3	42
S ＞2	72	10	COP = 0	145	21
SUM T = 0	80	11	COP ＞ 2	271	39
SUM T ＞ 1	75	11	AG = 0	234	33
3r+(2)/R ＜.33	112	16	AG ＞ 2	95	14
3r+(2)/R ＞ .44	169	24	MOR ＞2	22	3
Fr+rF ＞ 0	47	7	Level2 Sp.Sc. ＞0	23	3
PureC ＞ 0	51	7	Sum 6 Sp.Sc. ＞ 6	1	0
PureC ＞ 1	3	0	Pure H ＜ 2	69	10
Afr ＜ .40	11	2	Pure H = 0	6	1
Afr ＜ .50	50	7	p ＜ a+1	6	1
(FM+m) ＜ Sum Shading	106	15	Mp ＞ Ma	72	10

〈표 5-22〉 1,390명의 정상 아동과 청소년의 연령별 기술통계치

Age	5		6		7		8	
Variable	Mean	SD	Mean	SD	Mean	SD	Mean	SD
R	17.64	1.44	18.91	0.98	19.93	1.25	18.73	2.46
W	9.97	1.65	10.79	1.17	10.33	2.01	10.03	1.01
D	7.10	2.61	7.94	1.01	9.09	2.86	7.00	1.28
Dd	0.58	[0.65]	0.30	[0.46]	0.82	[0.32]	1.70	[0.84]
S	1.40	[1.14]	0.79	[0.76]	1.44	[1.06]	1.73	[0.58]
DQ+	5.47	1.43	4.42	0.59	6.48	0.80	6.80	1.74
DQo	10.72	2.07	11.31	1.35	11.15	0.98	11.27	1.40
DQv	1.37	[0.62]	2.54	[1.19]	1.63	[0.58]	0.90	[0.62]
DQv/+	0.09	[0.29]	0.45	[0.64]	0.28	[0.45]	0.17	[0.25]
FQX+	0.00	0.00	0.00	0.00	0.00	0.00	0.00	0.00
FQXo	11.54	2.50	13.39	1.22	14.37	1.46	13.22	1.83
FQXu	3.59	1.96	4.01	1.29	2.08	0.69	3.47	1.37
FQX−	1.46	0.64	0.94	0.50	1.99	1.27	1.72	0.76
FQXNone	0.87	[0.62]	0.74	[0.48]	1.10	[0.30]	0.43	[0.48]
MQ+	0.00	0.00	0.00	0.00	0.00	0.00	0.00	0.00
MQo	1.13	0.34	1.96	0.75	2.51	1.16	3.12	1.62
MQu	0.38	0.66	0.00	0.00	0.56	0.34	0.20	0.40
MQ−	0.19	[0.39]	0.23	[0.67]	0.45	[0.22]	0.07	[0.25]
MQNone	0.00	[0.00]	0.00	[0.00]	0.00	[0.00]	0.00	[0.00]
S−	0.91	[0.69	0.42	[0.78]	0.12	[0.32]	0.13	[0.34]
M	1.70	1.00	1.96	0.75	3.02	1.22	3.38	1.85
FM	5.00	0.95	4.52	0.81	5.92	1.20	4.72	1.37
m	0.78	0.80	1.40	1.48	1.06	0.40	0.57	0.50
FM+m	5.78	1.19	5.92	0.99	6.08	1.14	5.28	1.56
FC	0.71	0.46	1.11	1.09	2.17	0.93	1.80	0.84
CF	3.02	1.41	3.51	0.94	3.19	0.98	2.73	0.78
C	0.67	[0.62]	0.94	[0.48]	0.99	[0.30]	0.43	[0.48]
Cn	0.00	[0.00]	0.06	[0.09]	0.00	[0.00]	0.00	[0.00]
FC+CF+C+Cn	4.40	1.10	5.56	1.63	6.15	1.39	4.87	0.72
WGSumC	4.38	1.09	5.02	1.42	4.97	1.14	4.13	0.77
Sum C'	0.63	[0.48]	0.58	[0.50]	1.25	[0.86]	1.30	[0.89]
Sum T	0.83	[0.48]	0.83	[0.22]	0.93	[0.78]	1.08	[0.60]
Sum V	0.00	[0.00]	0.00	[0.00]	0.00	[0.00]	0.00	[0.00]
Sum Y	0.36	[0.33]	0.54	[0.48]	0.23	[0.42]	0.92	[0.85]
SumShed	1.77	0.97	1.95	0.88	2.48	1.12	2.90	1.47
Fr+rF	0.38	[0.45]	0.28	[0.40]	0.30	[0.39]	0.33	[0.48]
FD	0.28	[0.63]	0.48	[0.68]	0.13	[0.70]	0.53	[0.34]

F	6.98	1.26	5.77	1.47	7.62	1.60	6.98	1.64
PAIR	9.08	1.96	9.61	1.79	9.73	1.94	7.97	1.19
3rt(2)/R	0.69	0.14	0.67	0.15	0.65	0.12	0.62	0.12
LAMBDA	0.86	0.15	0.79	0.17	0.79	0.16	0.77	0.27
EA	5.08	1.34	6.98	1.42	7.48	1.04	7.51	1.45
es	7.04	1.14	7.87	1.00	8.56	1.67	8.18	2.51
D	−0.24	0.43	−0.41	0.59	−0.53	0.67	−0.22	0.64
AdjD	−0.20	0.40	−0.21	0.41	−0.47	0.57	−0.15	0.61
a (active)	6.28	0.95	6.03	1.27	6.97	1.24	6.73	1.63
p (passive)	1.20	1.37	1.85	1.90	3.03	1.28	1.93	1.30
Ma	1.42	0.67	0.98	0.84	2.82	0.87	3.12	1.66
Mp	0.28	0.45	0.99	1.35	0.20	0.40	0.37	0.45
Intellect	0.17	0.38	0.96	0.51	0.27	0.44	0.46	0.98
Zf	10.08	2.18	10.15	1.44	11.51	1.46	11.27	1.49
Zd	−1.13	2.60	−1.38	2.20	−1.04	2.41	−0.70	1.93
Blends	2.86	1.92	2.16	0.49	5.11	0.65	4.88	1.03
Col shd bl	0.18	[0.56]	0.44	[0.64]	0.36	[0.64]	0.30	[0.40]
Afr	0.88	0.13	0.87	0.26	0.79	0.09	0.69	0.09
Popular	4.66	1.69	5.02	1.43	4.75	0.79	5.68	0.80
XA%	0.88	0.05	0.93	0.04	0.92	0.07	0.89	0.06
WDA%	0.91	0.06	0.93	0.04	0.92	0.07	0.90	0.06
X+%	0.67	0.10	0.71	0.07	0.74	0.09	0.69	0.07
X−%	0.09	0.04	0.11	0.07	0.12	0.07	0.10	0.04
Xu%	0.23	0.10	0.18	0.09	0.14	0.08	0.20	0.06
Isolate	0.17	0.06	0.24	0.08	0.25	0.05	0.23	0.04
H	2.19	0.50	2.63	1.14	1.87	0.79	1.87	1.03
(H)	1.46	0.50	0.78	0.50	1.64	0.88	1.47	0.62
HD	0.36	0.48	0.64	0.62	0.38	0.49	0.27	0.45
(HD)	0.46	0.57	0.23	0.63	0.74	0.87	1.20	0.55
Hx	0.00	[0.00]	0.00	[0.00]	0.00	[0.00]	0.00	[0.00]
All H Cont	4.00	1.15	4.28	0.68	4.63	0.89	4.80	1.92
A	10.69	2.32	8.25	0.96	9.26	0.77	9.27	1.45
(A)	0.37	[0.48]	0.30	[0.46]	1.18	[0.81]	1.73	[0.58]
Ad	0.71	[0.60]	0.95	[0.22]	0.68	[0.79]	0.33	[0.48]
(Ad)	0.00	[0.00]	0.00	[0.00]	0.05	[0.22]	0.13	[0.34]
An	0.37	[0.49]	0.33	[0.50]	0.37	[0.48]	0.20	[0.40]
Art	0.17	0.38	0.96	0.51	0.10	0.30	0.59	0.64
Ay	0.00	[0.00]	0.00	[0.00]	0.17	[0.37]	0.10	[0.35]
Bl	1.13	[0.46]	0.25	[0.44]	0.48	[0.45]	0.33	[0.48]
Bt	0.28	0.45	1.52	0.60	2.11	0.56	1.45	0.65

Cg	3.73	1.35	1.02	0.70	1.15	0.36	1.80	1.18
Cl	0.58	[0.74]	0.01	[0.32]	0.38	[0.57]	0.13	[0.34]
Ex	0.22	[0.51]	0.20	[0.40]	0.41	[0.64]	0.43	[0.34]
Fi	0.22	[0.51]	0.64	[0.48]	0.48	[0.50]	0.33	[0.48]
Fd	0.41	[0.53]	0.58	[0.50]	0.20	[0.40]	0.20	[0.40]
Ge	0.00	[0.00]	0.05	[0.22]	0.00	[0.00]	0.00	[0.00]
Hh	0.71	0.65	1.26	0.55	1.45	0.88	0.45	0.36
Ls	2.68	0.63	1.27	0.78	1.21	0.93	0.93	0.25
Na	0.36	[0.51]	0.81	[0.75]	0.96	[0.77]	0.80	[0.40]
Sc	0.52	[0.43]	0.69	[0.57]	1.54	[1.14]	2.45	[0.62]
Sx	0.00	[0.00]	0.00	[0.00]	0.00	[0.00]	0.00	[0.00]
Xy	0.00	[0.00]	0.00	[0.00]	0.00	[0.00]	0.00	[0.00]
Idio	0.14	0.35	0.15	0.36	0.53	0.59	0.53	0.62
DV	1.16	[1.05]	0.26	[0.24]	1.39	[0.49]	1.33	[0.71]
INCOM	1.96	[0.70]	2.35	[0.48]	1.39	[0.58]	2.07	[0.45]
DR	0.11	[0.21]	0.78	[0.56]	0.46	[0.63]	0.47	[0.62]
FABCOM	0.89	[0.57]	0.58	[0.50]	0.49	[0.46]	0.55	[0.89]
DV2	0.00	[0.00]	0.00	[0.00]	0.00	[0.00]	0.07	[0.25]
INC2	0.09	[0.29]	0.15	[0.36]	0.29	[0.57]	0.13	[0.34]
DR2	0.09	[0.29]	0.00	[0.00]	0.10	[0.34]	0.00	[0.00]
FAB2	0.22	[0.42]	0.20	[0.45]	0.08	[0.26]	0.13	[0.34]
ALOG	0.61	[0.50]	0.64	[0.48]	0.48	[0.49]	0.73	[0.45]
CONTAM	0.00	0.00	0.00	0.00	0.01	0.09	0.00	0.00
Sum 6 Sp Sc	6.88	2.01	636.00	1.38	5.92	1.25	6.15	1.96
Sum 6 Sp Sc2	0.40	[0.58]	0.72	[0.98]	0.18	[0.26]	0.33	[0.48]
WSum6	14.88	4.68	13.30	5.03	12.18	4.66	14.33	5.12
AB	0.00	[0.00]	0.00	[0.00]	0.00	[0.00]	0.00	[0.00]
AG	1.23	0.67	0.30	0.56	1.20	0.40	0.93	0.58
CFB	0.00	0.00	0.00	0.00	0.00	0.00	0.00	0.00
COP	1.08	0.52	2.40	0.54	1.57	0.59	1.93	1.01
CP	0.23	[0.814]	0.18	[0.30]	0.00	[0.00]	0.80	[0.40]
GHR	3.59	0.98	3.68	0.98	3.82	1.16	4.98	2.29
PHR	1.50	0.80	1.14	0.73	0.99	0.98	0.68	0.83
MOR	0.78	[0.75]	0.60	[0.57]	1.64	[0.58]	1.13	[0.34]
PER	0.18	0.41	0.23	1.06	2.22	0.57	0.33	0.48
PSV	0.63	[0.48]	0.64	[0.77]	0.54	[0.50]	0.46	[0.78]
R	20.53	2.46	20.97	1.92	21.29	2.43	21.40	2.05
W	10.33	1.57	9.52	0.87	9.31	0.95	8.79	1.85
D	9.00	1.28	10.10	1.48	10.01	1.31	10.85	1.96
Dd	1.20	[0.84]	1.35	[0.44]	1.67	[1.13]	1.76	[1.11]

S	1.73	[0.58]	1.48	[0.70]	1.75	[0.68]	1.92	[0.76]
DQ+	6.40	1.94	7.68	0.96	8.07	1.22	8.16	1.90
DQo	11.67	1.80	12.07	1.78	12.08	2.14	12.12	1.07
DQv	1.61	[0.65]	0.53	[0.50]	0.64	[0.88]	1.03	[0.26]
DQv/+	0.45	[0.65]	0.38	[0.28]	0.50	[0.69]	0.38	[0.38]
FQX+	0.26	0.31	0.30	0.50	0.21	0.38	0.30	0.54
FQXo	14.22	1.83	15.80	1.98	15.83	1.40	15.34	2.32
FQXu	3.49	1.37	2.95	0.79	3.18	1.26	3.77	0.89
FQX−	2.04	0.76	1.58	1.03	2.20	1.87	1.95	1.04
FQXNone	0.38	[0.48]	0.13	[0.34]	0.18	[0.27]	0.43	[0.26]
MQ+	0.00	0.00	0.08	0.21	0.11	0.45	0.10	0.30
MQo	3.12	1.62	3.23	1.48	3.59	1.38	3.21	1.52
MQu	0.20	0.40	0.25	0.44	0.33	0.47	0.67	0.51
MQ−	0.37	[0.25]	0.17	[0.37]	0.20	[0.40]	0.22	[0.41]
MQNone	0.00	[0.00]	0.00	[0.00]	0.00	[0.00]	0.02	[0.13]
S−	0.13	[0.34]	0.12	[0.32]	0.31	[0.46]	0.57	[0.62]
M	3.12	1.85	3.65	1.63	4.12	1.67	4.21	2.06
FM	4.22	1.47	5.53	1.46	4.48	1.21	5.02	1.66
m	0.67	0.58	1.08	0.28	1.00	0.89	1.00	0.45
FM+m	5.64	1.86	6.62	1.40	5.48	1.21	6.02	1.70
FC	1.89	0.86	2.55	0.96	2.93	0.95	2.87	1.17
CF	2.79	0.78	3.68	1.29	3.43	1.13	3.14	1.40
C	0.43	[0.48]	0.13	[0.34]	0.28	[0.27]	0.39	[0.13]
Cn	0.00	[0.00]	0.00	[0.00]	0.00	[0.00]	0.00	[0.00]
FC+CF+C+Cn	4.15	0.72	6.37	1.50	6.44	1.39	6.03	2.29
WGSumC	5.13	1.07	5.16	1.25	4.02	1.15	4.05	1.78
Sum C'	1.16	[0.79]	0.79	[0.85]	1.06	[0.71]	1.08	[0.88]
Sum T	0.97	[0.63]	0.98	[0.39]	0.94	[0.47]	0.88	[0.32]
Sum V	0.00	[0.00]	0.02	[0.13]	0.00	[0.00]	0.07	[0.36]
Sum Y	0.83	[0.85]	0.43	[0.65]	0.85	[0.70]	1.01	[0.67]
SumShed	2.96	1.27	1.83	1.32	2.85	1.10	3.74	1.37
Fr+rF	0.42	[0.43]	0.35	[0.36]	0.21	[0.41]	0.20	[0.13]
FD	0.63	[0.34]	0.67	[0.58]	0.91	[0.84]	1.48	[0.83]
F	9.14	1.84	6.38	2.04	6.70	2.37	5.84	1.65
PAIR	8.97	1.69	9.62	1.36	9.90	1.08	9.09	1.89
3rt(2)/R	0.57	0.12	0.54	0.07	0.53	0.04	0.54	0.08
LAMBDA	0.81	0.37	0.49	0.23	0.68	0.22	0.66	0.58
EA	8.25	1.95	8.81	1.36	8.14	1.37	8.26	2.38
es	8.60	2.59	8.45	1.90	8.33	1.72	8.97	2.59
D	−0.18	0.54	−0.15	0.44	−0.09	0.29	−0.21	0.53

AdjD	−0.10	0.41	−0.12	0.49	−0.06	0.34	−0.11	0.67
a (active)	6.26	1.23	7.15	1.37	7.89	1.42	6.53	1.45
p (passive)	2.51	1.40	3.27	0.66	2.79	1.60	4.00	2.01
Ma	2.72	1.36	2.82	1.09	2.81	1.01	2.47	0.80
Mp	0.27	0.45	0.98	0.83	1.38	1.33	1.73	1.60
Intellect	1.03	0.98	0.53	0.56	0.77	0.65	1.05	0.59
Zf	11.16	1.54	13.52	1.19	13.70	1.22	13.14	1.96
Zd	0.40	2.03	−0.13	2.32	0.60	2.74	1.67	2.11
Blends	4.38	1.23	5.80	1.05	6.04	1.41	6.67	2.29
Col shd bl	0.90	[0.56]	0.42	[0.13]	0.00	[0.00]	0.05	[0.22]
Afr	0.79	0.13	0.63	0.09	0.62	0.09	0.66	0.11
Popular	5.78	0.63	6.07	0.84	6.06	0.83	6.22	1.10
XA%	0.89	0.06	0.92	0.04	0.90	0.07	0.90	0.06
WDA%	0.90	0.06	0.93	0.04	0.92	0.04	0.93	0.05
X+%	0.74	0.09	0.76	0.08	0.75	0.08	0.75	0.09
X−%	0.09	0.06	0.08	0.06	0.10	0.07	0.10	0.05
Xu%	0.17	0.07	0.15	0.05	0.15	0.05	0.15	0.04
Isolate	0.16	0.05	0.19	0.03	0.20	0.05	0.15	0.04
H	2.87	1.03	2.47	1.12	2.80	1.27	3.38	1.64
(H)	1.32	0.61	1.48	0.74	1.51	0.66	1.24	0.84
HD	0.57	0.40	0.25	0.47	0.52	0.66	0.59	0.69
(HD)	0.74	0.58	0.85	0.36	0.87	0.33	0.78	0.41
Hx	0.00	[0.00]	0.00	[0.00]	0.00	[0.00]	0.13	[0.34]
All H Cont	5.50	1.62	5.05	1.64	5.70	1.80	6.00	2.56
A	8.28	1.59	8.92	1.18	8.58	1.25	7.70	1.29
(A)	0.73	[0.68]	1.20	[0.77]	1.00	[0.83]	0.47	[0.50]
Ad	0.53	[0.98]	1.35	[1.08]	1.54	[0.95]	1.97	[0.45]
(Ad)	0.23	[0.39]	0.07	[0.25]	0.16	[0.36]	0.36	[0.54]
An	0.36	[0.60]	0.67	[0.57]	0.73	[0.64]	1.14	[0.60]
Art	0.32	0.71	0.53	0.56	0.56	0.50	0.92	0.28
Ay	0.13	[0.28]	0.23	[0.41]	0.21	[0.59]	0.03	[0.18]
Bl	0.33	[0.48]	0.60	[0.59]	0.44	[0.57]	0.26	[0.44]
Bt	1.45	0.65	2.17	0.74	2.10	0.67	1.52	0.65
Cg	1.84	1.08	1.48	1.03	1.60	0.99	1.90	1.06
Cl	0.16	[0.39]	0.08	[0.28]	0.16	[0.24]	0.22	[0.13]
Ex	0.26	[0.54]	0.08	[0.28]	0.23	[0.17]	0.47	[0.38]
Fi	0.69	[0.68]	0.75	[0.44]	0.85	[0.36]	0.57	[0.26]
Fd	0.18	[0.46]	0.53	[0.50]	0.64	[0.48]	0.37	[0.34]
Ge	0.00	[0.00]	0.00	[0.00]	0.10	[0.27]	0.02	[0.13]
Hh	0.59	0.36	0.60	0.49	0.81	0.46	0.88	0.32

Ls	0.93	0.59	1.00	0.45	1.28	0.61	1.36	0.60
Na	0.70	[0.48]	0.30	[0.46]	0.35	[0.48]	0.10	[0.35]
Sc	1.55	[0.72]	2.85	[0.40]	2.96	[0.36]	2.47	[0.87]
Sx	0.00	[0.00]	0.00	[0.00]	0.00	[0.00]	0.02	[0.13]
Xy	0.00	[0.00]	0.00	[0.00]	0.09	[0.29]	0.06	[0.12]
Idio	0.63	0.42	0.08	0.28	0.06	0.34	0.15	0.51
DV	1.01	[0.61]	1.03	[0.61]	1.21	[0.41]	1.21	[0.55]
INCOM	1.37	[0.75]	1.35	[0.51]	1.44	[0.63]	1.35	[0.57]
DR	0.67	[0.72]	0.18	[0.28]	0.22	[0.32]	0.44	[0.43]
FABCOM	1.05	[0.89]	0.65	[0.48]	0.46	[0.48]	0.46	[0.53]
DV2	0.07	[0.21]	0.00	[0.00]	0.00	[0.00]	0.10	[0.16]
INC2	0.11	[0.59]	0.23	[0.43]	0.12	[0.32]	0.17	[0.56]
DR2	0.00	[0.00]	0.02	[0.13]	0.03	[0.17]	0.02	[0.16]
FAB2	0.05	[0.39]	0.02	[0.09]	0.00	[0.00]	0.04	[0.20]
ALOG	0.61	[0.49]	0.47	[0.48]	0.28	[0.43]	0.41	[0.68]
CONTAM	0.00	0.00	0.00	0.00	0.00	0.00	0.00	0.00
Sum 6 Sp Sc	5.95	2.16	5.15	1.20	4.36	1.16	4.06	0.95
Sum 6 Sp Sc2	0.27	[0.51]	0.09	[0.44]	0.15	[0.36]	0.27	[0.68]
WSum6	13.06	4.72	10.22	3.79	8.93	3.04	8.86	3.85
AB	0.00	[0.00]	0.08	[0.28]	0.21	[0.39]	0.05	[0.22]
AG	1.37	0.75	1.57	0.62	1.42	0.57	1.08	0.66
CFB	0.00	0.00	0.00	0.00	0.00	0.00	0.00	0.00
COP	2.03	1.14	1.73	0.84	1.56	0.50	1.93	0.53
CP	0.00	[0.00]	0.00	[0.00]	0.00	[0.00]	0.00	[0.00]
GHR	4.98	2.29	5.32	1.53	5.65	1.49	5.77	1.84
PHR	0.68	0.83	1.10	0.65	1.12	0.53	1.01	0.98
MOR	0.87	[0.61]	0.75	[0.62]	0.72	[0.57]	0.67	[0.37]
PER	1.16	0.78	0.75	0.44	0.88	0.53	0.93	0.36
PSV	0.26	[0.61]	0.05	[0.22]	0.09	[0.25]	0.03	[0.18]
R	21.20	3.30	21.72	3.36	21.94	4.21	22.89	5.16
W	8.57	2.15	8.92	2.19	8.87	2.20	8.96	2.37
D	11.15	3.09	11.13	3.16	11.42	3.66	11.91	3.74
Dd	1.46	[1.66]	1.67	[1.70]	1.65	[1.31]	2.02	[1.82]
S	1.33	1.16]	1.32	[1.09]	1.44	[1.31]	1.24	[1.23]
DQ+	7.70	2.54	7.81	2.55	7.88	2.02	7.94	2.04
DQo	12.40	2.02	12.69	2.06	12.67	3.62	13.12	3.47
DQv	0.45	[0.99]	0.58	[1.01]	0.75	[1.29]	0.89	[1.35]
DQv/+	0.24	[0.57]	0.65	[0.58]	0.14	[0.42]	0.84	[0.53]
FQX+	0.20	0.59	0.14	0.50	0.36	0.70	0.54	0.83
FQXo	15.24	3.04	15.17	3.09	16.35	3.34	16.43	3.36

FQXu	3.27	1.53	3.27	1.56	3.08	1.57	3.19	1.56
FQX−	2.00	1.42	1.84	1.25	1.60	0.91	1.58	0.91
FQXNone	0.07	[0.32]	0.02	[0.53]	0.04	[0.25]	0.06	[0.26]
MQ+	0.13	0.43	0.11	0.44	0.25	0.57	0.35	0.64
MQo	3.23	1.66	3.21	1.66	3.54	2.01	3.50	2.01
MQu	0.54	0.66	0.51	0.67	0.44	0.52	0.37	0.50
MQ−	0.14	[0.51]	0.13	[0.50]	0.12	[0.32]	0.09	[0.29]
MQNone	0.02	[0.13]	0.00	[0.00]	0.00	[0.00]	0.00	[0.00]
S−	0.52	[0.81]	0.39	[0.82]	0.38	[0.57]	0.34	[0.55]
M	4.14	2.24	4.06	2.24	4.35	2.17	4.31	2.13
FM	4.42	1.94	4.35	1.96	4.85	1.73	4.58	1.66
m	1.25	0.94	1.27	0.96	1.17	0.78	1.14	0.80
FM+m	5.67	2.10	5.62	2.14	5.99	1.78	5.72	1.78
FC	2.95	1.72	2.93	1.76	3.14	1.14	3.43	1.34
CF	2.70	1.50	2.70	1.53	2.85	1.53	2.78	1.45
C	0.07	[0.26]	0.10	[0.27]	0.03	[0.16]	0.04	[0.20]
Cn	0.00	[0.00]	0.00	[0.00]	0.02	[0.13]	0.01	[0.12]
FC+CF+C+Cn	5.73	2.61	5.71	2.67	6.04	2.01	6.26	2.08
WGSumC	4.29	1.94	4.29	1.98	4.47	1.68	4.56	1.66
Sum C'	1.20	[0.89]	1.11	[0.91]	1.63	[1.35]	1.15	[1.27]
Sum T	0.97	[0.51]	0.99	[0.52]	1.06	[0.51]	1.02	[0.48]
Sum V	0.14	[0.48]	0.13	[0.50]	0.18	[0.49]	0.19	[0.51]
Sum Y	1.02	[0.81]	0.88	[0.84]	1.30	[1.27]	1.04	[1.21]
SumShed	3.34	1.44	3.10	1.47	4.17	2.55	3.44	2.35
Fr+rF	0.45	[0.23]	0.38	[0.43]	0.50	[0.45]	0.48	[0.41]
FD	1.27	[0.87]	1.24	[0.87]	1.33	[0.97]	1.31	[0.93]
F	6.90	2.52	6.96	2.56	6.48	2.71	6.85	2.69
PAIR	8.64	2.30	8.59	2.34	9.10	2.00	9.04	2.00
3rt(2)/R	0.49	0.10	0.47	0.10	0.44	0.10	0.43	0.09
LAMBDA	0.67	0.61	0.67	0.62	0.65	0.22	0.65	0.21
EA	8.43	2.69	8.34	2.70	8.82	2.34	8.87	2.23
es	9.01	3.01	8.92	3.06	9.16	3.40	9.21	3.29
D	−0.09	0.82	−0.09	0.84	−0.45	1.39	−0.31	1.31
AdjD	0.10	0.84	0.09	0.86	−0.25	1.07	−0.11	1.04
a (active)	6.23	1.89	6.20	1.92	6.99	1.73	6.82	1.71
p (passive)	3.61	2.11	3.49	2.07	3.36	1.93	3.22	1.89
Ma	2.49	1.30	2.59	1.32	2.58	1.44	2.62	1.42
Mp	1.67	1.44	1.49	1.36	1.77	1.46	1.69	1.38
Intellect	1.22	0.95	1.23	0.97	1.04	0.83	1.14	0.93
Zf	12.64	3.02	12.56	3.06	12.68	2.59	12.61	2.64

Zd	1.37	2.27	1.27	2.26	1.03	2.96	1.12	2.96
Blends	5.81	2.43	5.74	2.46	6.34	2.16	6.11	2.13
Col shd bl	0.16	[0.37]	0.17	[0.38]	0.22	[0.51]	0.24	[0.50]
Afr	0.69	0.15	0.69	0.16	0.65	0.18	0.65	0.17
Popular	6.19	1.34	6.02	1.17	6.33	1.23	6.46	1.27
XA%	0.90	0.07	0.90	0.07	0.92	0.05	0.93	0.05
WDA%	0.92	0.06	0.92	0.06	0.94	0.05	0.94	0.05
X+%	0.74	0.11	0.74	0.12	0.78	0.07	0.78	0.07
X−%	0.10	0.07	0.10	0.07	0.08	0.05	0.07	0.05
Xu%	0.16	0.07	0.16	0.07	0.14	0.06	0.15	0.06
Isolate	0.16	0.06	0.16	0.06	0.15	0.07	0.16	0.07
H	3.09	1.72	3.00	1.71	3.42	1.96	3.39	1.94
(H)	1.25	1.02	1.23	1.03	1.05	0.90	1.07	0.89
HD	0.68	0.83	0.67	0.85	0.57	0.82	0.59	0.81
(HD)	0.56	0.53	0.56	0.54	0.54	0.50	0.46	0.50
Hx	0.00	[0.00]	0.00	[0.00]	0.00	[0.00]	0.00	[0.00]
All H Cont	5.59	2.46	5.46	2.44	5.57	2.28	5.51	2.12
A	7.96	1.81	7.97	1.85	7.98	1.96	8.04	1.97
(A)	0.37	[0.49]	0.39	[0.49]	0.36	[.55]	0.32	[0.54]
Ad	2.00	[0.81]	2.00	[0.83]	2.08	[1.20]	2.11	[1.15]
(Ad)	0.00	[0.00]	0.00	[0.00]	0.06	[0.30]	0.07	[0.33]
An	0.84	[0.69]	0.84	[0.71]	0.93	[0.79]	0.81	[0.79]
Art	0.86	0.48	0.85	0.50	0.86	0.63	0.83	0.68
Ay	0.11	[0.31]	0.11	[0.32]	0.14	[0.35]	0.19	[0.41]
Bl	0.19	[0.40]	0.20	[0.40]	0.22	[0.42]	0.21	[0.43]
Bt	1.74	0.98	1.73	1.00	1.68	0.82	1.87	1.03
Cg	1.62	1.1.0	1.55	1.08	1.47	1.11	1.39	1.06
Cl	0.06	[0.23]	0.06	[0.23]	0.09	[0.35]	0.11	[0.36]
Ex	0.09	[0.29]	0.10	[0.30]	0.12	[0.32]	0.11	[0.32]
Fi	0.76	[0.54]	0.75	[0.55]	0.69	[0.52]	0.63	[0.57]
Food	0.62	[0.52]	0.60	[0.53]	0.60	[0.51]	0.51	[0.52]
Ge	0.04	[0.19]	0.04	[0.19]	0.01	[0.10]	0.01	[0.12]
Hh	1.07	0.81	1.08	0.83	0.89	0.60	0.91	0.67
Ls	1.10	0.97	1.06	0.97	1.12	0.71	1.07	0.74
Na	0.22	[0.50]	0.23	[0.51]	0.12	[0.35]	0.17	[0.42]
Sc	1.97	[1.14]	1.93	[1.15]	1.70	[1.34]	1.51	[1.31]
Sx	0.07	[0.42]	0.08	[0.43]	0.11	[0.44]	0.11	[0.41]
Xy	0.00	[0.00]	0.00	[0.00]	0.04	[0.19]	0.04	[0.19]
Idio	0.78	1.14	0.82	1.16	1.09	1.47	1.31	1.45
DV	1.01	[0.70]	0.98	[0.69]	0.98	[0.70]	0.99	[0.71]

INCOM	1.07	[0.79]	1.05	[0.79]	0.88	[0.74]	0.83	[0.75]
DR	0.30	[0.66]	0.30	[0.66]	0.13	[0.34]	0.14	[0.37]
FABCOM	0.42	[0.71]	0.44	[0.72]	0.23	[0.46]	0.21	[0.45]
DV2	0.02	[0.13]	0.02	[0.144]	0.03	[0.16]	0.02	[0.15]
INC2	0.22	[0.60]	0.22	[0.60]	0.01	[0.10]	0.01	[0.12]
DR2	0.04	[0.19]	0.03	[0.17]	0.01	[0.10]	0.01	[0.09]
FAB2	0.07	[0.32]	0.08	[0.33]	0.04	[0.19]	0.04	[0.19]
ALOG	0.04	[0.19]	0.04	[0.19]	0.06	[0.27]	0.05	[0.25]
CONTAM	0.00	0.00	0.00	0.00	0.00	0.00	0.00	0.00
Sum 6 Sp Sc	3.18	1.86	3.14	1.90	2.35	1.38	2.30	1.34
Lvl 2 Sp Sc	0.35	[0.77]	0.34	[0.78]	0.08	[0.28]	0.08	[0.27]
WSum6	7.54	6.99	7.52	7.14	4.71	3.33	4.57	3.23
AB	0.13	[0.34]	0.13	[0.34]	0.03	[0.16]	0.06	[0.25]
AG	1.18	0.91	1.20	0.92	1.15	0.91	1.20	0.99
COP	1.65	1.22	1.65	1.24	1.54	0.97	1.60	1.10
CP	0.02	[0.13]	0.02	[0.14]	0.00	[0.00]	0.00	[0.00]
GOODHR	5.24	1.89	5.14	1.87	5.01	1.91	5.29	1.80
POORHR	1.31	1.21	1.32	1.24	1.57	1.22	1.16	1.29
MOR	0.49	[0.74]	0.51	[0.75]	0.54	[0.83]	0.58	[0.81]
PER	1.05	0.89	1.06	0.91	0.92	0.65	0.96	0.72
PSV	0.06	[0.23]	0.06	[0.23]	0.04	[0.19]	0.04	[0.20]

참고문헌

Ames, L. B., Metraux, R. W., & Walker, R. N. (1971). *Adolescent Rorschach responses*. New York: Brunner/Mazel.

Appelbaum, B. D., & Holtzman, S. G. (1986). Stress-induced changes in the analgesic and thermic effects of opioid peptides in the rat. *Brain research*, *377*(2), 330-336.

Beck, S. J., & Molish, H. B. (1967). *Rorschach's test, II: A varity of personality pictures* (2nd ed.). NewYork: Grune & Stratton.

Exner, J. E. (1969). *The Rorschach systems*. New York: Grune & Stratton.

Exner, J. E. (1974). *The Rorschach: A Comprehensive system*, *vol. 1*. New York: Wiley.

Exner, J. E. (1980). But it's only an inkblot. *Journal of Personality Assessment*, *44*, 562-577.

Exner, J. E. (1987). Computer assistance in Rorschach interpretation. *British journal of projective psychology*, *32*(1), 2-19.

Exner, J. E. (2000). *A primer for Rorschach interpretation*. Asheville, ND: Rorschach Workshops.

Exner, J. E., Armbruster, G. L., Walker, E. J., & Cooper, W. H. (1975). Anticipation of elective surgery as manifest in Rorschach records. Unpublished manuscript. Rorschach Workshops (Study No. 213).

Exner, J. E., & Leura, A. V. (1976). Variations in rankings Rorschach responses as a function of situational set. Unpublished manuscript. Rorschach Workshops (Study No. 221).

Exner, J. E., & Murillo, L. G. (1975). Early prediction of posthospitalization relapse. *Journal of Psychiatric Research*, *12*, 231-237.

Exner, J. E., & Weiner, I. B. (1982). *The Rorschach: A Comprehensive System. vol. 3. Assessment of children and adolescents*. New York: Wiley.

Exner, J. E., Wylic, J. R. (1977). Some Rorschach data concerning suicide. *Journal of Personality Asessment*, *41*, 339-348.

Faterson, H. F., & Klopfer, B. (1945). A survey of psychologists' opinions concerning the Rorschach method. *Rorschach Research Exchange*, *9*(1), 23-29.

Klopfer, B. (1938). The shading responses. *Rorschach Research Exchange*, *2*, 76-79.

Klopfer, B., Ainsworth, M., Klopfer, W., & Holt, R. (1954). *Developments in the Rorschach technique. vol I*. Yonkers-on Hudson, NY: World Books.

Leura, A. V., & Exner, J. E. (1978). Structural differences in the records of adolescents as a function of being tested by ones own teacher. Unpublished manuscript. Rorschach Workshops (Study No. 265).

Majumber, A. K., & Roy, A. B. (1962). Latent personality content of juvenile delinquents. *Journal of Psychological Research*, *1*, 4-8.

Mason, B., & Exner, J. E. (1984). Correlations between WAIS subtest and nonpatient adult Rorschach data. Unpublished manuscript. Rorschach Workshops (Study No. 289).

McFate, M. Q., & Orr, F. G. (1949). Through adolescence with the Rorschach. *Rorschach Research Exchange*, *13*, 302-319.

Parker, K. C. H., Hanson, R. K., & Hunsley, J. (1988). MMPI, Rorschach, and WAIS: A meta-analytic comparison of reliability, stability, and validity. *Psychological Bulletin, 103*(3), 367-373.

Piatrowski, Z. (1957). *Perceptanalysis*. New York: Macmillan.

Piotrowski, Z., & Abrahamsen, D. (1952). Sexual crime, alcohol, and the Rorschach test.

Psychiatric Quarterly Supplement, *26*, 248-260.

Piatrowski, Z., & Schreiber, M. (1952). Rorschach perceptanalytic measurement of personality changes during and after intensive psychoanalytically oriented psychotherapy. In G. Bychowski & J. L. Despert (Eds.), *Specialized techniques in psychotherapy*. New York: Basic Books.

Rapapport, D., Gill, M., & Schafer, R. (1946). *Diagnostic psychological testing, vol. 2*. Chicago, IL: Yearbook.

Rorschach, H., & Oberholzer, E. (1923). The application of the form interpretation test. *Zeitschrift fur die Gesamete Neurologie und Psychiatrie*, *82*, 240-274.

Thomas, E. A., Exner, J. E., & Baker, W. (1982). Ratings of real versus ideal self among 225 college students. Unpublished manuscript. Rorschach Workshops (Study No. 287).

6장

Bender-Gestalt 검사: BGT

1. BGT의 역사적 배경

BGT(Bender-Gestalt Test)는 독일의 형태주의 심리학자인 Wertheimer와 함께 형태의 인식과 성격의 내적인 관계를 연구한 Schilder로부터 출발하였다. 이 연구에 관심을 가졌던 Wertheimer의 아내 Bender는 남편이 연구에 사용한 원래의 자극 도형 중에서 일부를 응용하여 이 도형들과 정신병리와의 관계를 연구하였다. 연구 당시 Bender(1938)는 근무하는 벨뷰(Bellevue) 병원의 동료 이외에 다른 심리학자들 사이에서도 별로 알려지지 않은 학자였다. 몇 년 후 그녀는 연구를 토대로 검사 카드를 출판하였으나 초기에는 성격진단검사로서 유용하다고 보이지 않아 별로 주목받지 못하였다.

BGT가 진단검사로서 인정을 받게 된 계기는 제2차 세계대전이 발발하면서 다양한 문화 배경에서 징집된 군인들을 진단할 필요가 생기면서부터다. 징집 군인 중에는 문맹자도 있었고 기질적인 손상을 가진 사람도 있었으며, 기타 정신병리적 질환을 겪고 있는 사람들도 있었다. BGT를 통해 이들을 진단하고 치료 계획을 세우는 방안에 관한 논문이 출판되면서 BGT의 사용이 활기를 띠기 시작하였다. 전쟁이 일어난 이듬해부터 이 검사의 사용 빈도가 증가하기 시작하여 1950년에는 여섯 번째로 많이 사용하는 심리검사로 꼽혔으며, 1958년에는 네 번째, 1974년에는 두 번째로 많이 사용되는 검사로 자리매김을 하였다.

그러나 BGT가 많이 사용된다고 해도 진단이 BGT 검사 결과에만 근거하는 것은 아니다. BGT는 진단을 위한 종합적인 검사 배터리 가운데 주요한 하나의 검사로 사용된다. Bender가 선택한 도형은 아홉 가지이며, 처음에는 손으로 그린 도형을 사용하였으나 이후 Hutt가 인쇄하여 의학적으로 사용하였다.

2. BGT의 특징

1) 판별검사로서의 BGT

BGT는 처음에 기질적 장애를 판별하려는 목적에서 소개되고 널리 사용되었지만, 뇌손상 이외에 정신증이나 지적장애, 그 밖의 성격적인 문제를 진단하는 데도 적용될 수 있다. 이러한 목적을 위해서는 모사하는 단계(copy phase)의 검사만으로 충분하다. 이 단계만 실시한다면 검사는 10분 정도가 소요되고 정신병리척도에 의거한 채점으로 기질성장애(OBS)의 80~85%는 정확하게 진단할 수 있다. 또한 정신병리 점수 17개 요인을 통해 현실검증력, 충동성 여부, 정서적 특징과 같은 개인의 성격적인 측면에 대한 자료를 얻을 수 있다.

2) BGT의 역할

BGT에는 시지각운동의 성숙 수준, 정서적인 상태, 갈등의 영역, 행동 통제의 특성 등이 드러난다. 생애 초기의 신체적 발달과 함께 유아의 인지는 직접적인 경험들을 기억 속에 저장함으로써 지속적으로 발달한다. 이와 함께 유아의 어떤 경험은 갈등을 유발하는데, 이런 갈등은 유아의 행동이나 지각운동적 양식을 통해서 표출된다. 언어 발달이 제대로 되지 못한 이 시기뿐 아니라 아동 후기 이후에도 지각운동적인 양식은 정서적 · 갈등적인 경험에 따라서 영향을 받는다. 따라서 BGT의 모사 단계나 정교화 단계에서 그려진 도형들의 특성은 개인의 지금까지 감추어 온 경험들의 여러 측면을 알게 모르게 표현한다. 어떤 경우는 지각운동적 행동 특성이 언어로는 방어할지도 모르는 대응 특성을 드러내어 언어로 표현해야 하는 검사에서 발견하지 못하는 면들을 평가하는 데 도움을 줄 수 있다.

BGT 검사가 유용한 수검자는 다음과 같다.

첫째, 언어적인 방어가 심한 환자다. 여기에 속하는 환자들로는 강박적이고 이지적이며, 자기합리화를 하는 경향이 강한 사람들이다. 이들은 BGT를 하는 동안 개인을 주지화하는 방어 대신 무의식적으로 자신의 정서나 공상적 세계를 표현한다. 이 집단에 속하는 또 다른 사람들은 꾀병 환자들로 자신이 가지고 있는 증상 이상으로 병리적인 반응을 보이는 사람들이다. 이들도 언어적으로는 자신의 증상을 과장하더라도 지각운동 검사상에서는 이런 면들을 비교적 덜 드러낸다.

둘째, BGT는 문화나 언어적인 배경을 뛰어넘을 수 있는 검사라는 점에서 언어적인 능력이 제한되어 있는 사람이나 언어 표현을 자유롭게 하지 못하는 환자에 적용될 수 있다. 예를 들면, 긴장형 정신분열증 환자는 심하게 철회되어 있고, 거의 말을 하지 않는다. 이들에게는 지능검사나 수검자가 말로 반응해야 하는 검사를 실시하기가 매우 어렵다. 또한 언어를 제대로 배울 기회를 갖지 못한 수검자를 포함하여 의사소통의 어려움을 지닌 사람은 언어로 반응해야 하는 검사를 제대로 해내기가 힘들 것이다.

셋째, 뇌손상 여부가 의심스러운 사람에게 BGT는 매우 유용한 검사다. 언어성 검사로 뇌손상을 평가한다면 아주 심각한 손상의 경우를 제외하고는 이들의 병리적 증상은 간과되기 쉽다. 왜냐하면 언어적 시행은 시지각 협응 기능에 비해 뇌손상의 영향을 적게 받기 때문이다. BGT는 이처럼 신경학적인 진단 평가에서 손상의 정도가 적어 간과될 수 있는 환자들을 진단하는 데 도움이 된다. 뿐만 아니라 뇌손상을 치료하는 과정에서 치료의 경과를 평가하는 데도 유용하다.

넷째, BGT는 지적장애를 좀 더 정확히 진단하는 데 도움이 된다. 지적장애 진단은 일차적으로 지능검사를 실시하고 이에 따라 진단할 수는 있다. 그러나 지능검사의 결과로만 지적장애를 진단한다면 정서적인 문제로 자신의 지적인 능력을 충분히 발휘하지 못한 수검자를 지적장애로 잘못 평가할 가능성도 있다. 따라서 지적장애를 진단할 때 지능검사와 더불어 BGT가 내포된 검사 배터리를 실시함으로써 진단의 오류를 줄일 수 있다.

다섯째, BGT는 완충 검사(buffer test)로 쓰일 수 있다. 지능검사나 그 밖의 성격검사를 실시하기 이전에 BGT를 실시하는 것은 수검자와 검사자 간의 라포 형성에 도움이 된다. 검사자와 얼굴을 마주 보고 자신이 알고 있는 것 혹은 모르는 것에 대해 답을 하거나 반응하거나 애매한 자극에 대해 반응해야 하는 지능검사 혹은 Rorschach 검사, TAT 등과는 다르게 BGT는 단지 도형을 그리는 작업에 몰두하게 되어 수검자가 검사에 대한 긴장을 완화시킬 수 있으며 라포 형성에도 도움이 된다.

3. 검사의 실시

BGT의 실시 방법에는 순간노출, 모사, 변형모사, 회상(recall)이 있다. 검사자는 검사 목적에 따라 모사 단계만 실시할 수도 있고, 모사 단계 다음에 변형모사 단계순으로 실시할 수도 있으며, 모사 단계 다음에 회상 단계를 실시할 수도 있다. 기질적인 장애가 의심되는 수검자라면 T(순간노출 단계)−C(모사 단계)−R(회상 단계) 순으로 실시하는 것이 좋다. 정신병리척도의 채점은 모사 결과만 사용한다.

1) 모사 단계−변형모사 단계

(1) 모사 단계(copy phase)

검사를 실시하기 전에 검사자는 수검자의 앞에 몇 장의 검사 용지와 연필, 지우개를 놓아 둔다. 검사자는 BGT 카드 9장을 수검자가 보지 못하도록 뒤집은 다음 순서대로 쌓아 놓는다. 카드가 몇 장인지에 대해서는 말하지 말고 다음의 지시대로 수검자에게 말한다.

"당신에게 내가 가지고 있는 카드를 한 장씩 보여 드리겠습니다. 각각의 카드 안에는 간단한 그림들이 그려져 있으니 이 그림을 보고 그대로 그려 주세요. 이 검사는 당신의 그림 그리기 능력을 보는 검사가 아닙니다. 그러나 가능한 한 정확히 그리도록 노력하시고 빨리 하든 천천히 하든 당신이 원하는 대로 하시면 됩니다."

이와 같이 지시하는 말 이외에 어떻게 그려야 하는지의 방법에 대한 질문에는 "그것은 당신이 하고 싶은 대로, 할 수 있는 한 최선을 다하면 됩니다."라고 대답하면 된다. 또 "종이는 얼마나 사용해야 하는가?"라고 묻는다면 "당신이 쓰고 싶은 대로 사용하세요."라고 하고 "지우개로 지워도 되는가?"라고 묻는다면 "물론 당신 마음대로 하세요."라고 하면 된다. 검사자는 A번 카드를 수검자 앞에 정위치로 놓아 주고 수검자가 다 그린 뒤에는 그 카드를 되가져가 꼭 뒤집어 놓는다. 이런 방식으로 순서대로 제시하고 다 그린 카드는 되가져가 뒤집어 놓는 방식으로 진행한다. 다음은 검사 진행에서 검사자가 알아 두어야 할 사항이다.

첫째, 앞서 언급한 대로 검사자는 수검자의 종이 사용에 대해서 자유롭게 놓아 두어야 한다. 한 장을 사용하든 여러 장을 사용하든, 용지의 어떤 부분만을 사용하든 전체를 사용하든 전적으로 수검자가 선택하도록 하여야 한다.

둘째, 카드가 몇 장인지를 수검자가 알고자 할 때는 장 수를 말하지 말고 "이 정도입니다."라고 하며 손에 쥐고 있거나 놓아둔 카드 더미를 보여 주기만 해야 한다.

셋째, 용지는 $8\frac{1}{2}\times11$인치의 종이를 세로로 제시한다. 세로로 제시한 종이를 가로로 놓고 그리려 한다면 한 번은 다시 세로로 놓아 주고 "이렇게 놓고 그려 보라."라고 하되, 그 이상 종이를 돌리는 것은 고쳐 주지 않는다. 이렇게 하는 이유는 뒤의 채점 및 해석 부분에서 언급할 것이다.

넷째, 연필과 지우개의 사용에 관한 것이다. 연필심은 중간 정도의 부드러운 것으로 택하고 필압이 어떤지를 잘 관찰하여 나중에 검사를 해석할 때 자료로 사용하도록 한다. 지우개 사용은 수검자의 자유이며 이에 대한 것도 잘 관찰하여 기록해 둠으로써 검사 해석 시의 보조 자료로 사용할 수 있다.

검사 진행 시의 수검자의 검사 행동은 상당히 중요한 정보이므로 수검자의 검사 행동을 주의 깊게 관찰하여 잘 기록해 놓는다. 또 중간 중간에 수검자가 하는 질문이나 말도 기록해 놓아 검사 해석 시 적용하여야 한다. 수검자의 행동을 어떠한 면에서 관찰해야 하는지는 다음과 같다.

- 그림을 그리기 전에 미리 계획을 세우는지 아니면 충동적으로 대충 그리는지
- 그림의 점, 곡선의 수, 각의 수를 세는지 아니면 아무렇게나 하는지

- 종종 지우는지, 어떤 도형을 그릴 때 더욱 어려워하고 신경을 쓰는지
- 도형을 처음 그리기 시작하는 부분이 어디인지
- 그림을 그리는 방향이 위에서 아래로 내려가는지, 아래에서 위로 올라가는지

그림을 그리는 데 소요되는 시간은 꼭 기록해야 하는 사항이 아니다. 그러나 전체 도형을 그리는 시간이 상당히 지연된 경우는 개인의 정신병리를 반영한 것일 수도 있기 때문에 간과해서는 안 된다. 예컨대, 뇌손상 환자는 기질적인 문제로 시지각운동 능력이 상당히 저하되기 때문에 시간이 많이 소요된다. 강박적인 환자는 강박적인 행동으로, 정신분열증 긴장형은 심리적인 두절(blocking)로 시간이 많이 지연될 수도 있다는 점을 고려해야 한다.

(2) 변형모사 단계(elaboration phase)

변형모사 단계는 BGT를 투사적인 검사로 활용할 수 있는 단계다. 이 단계의 목적은 원 자극 도형을 변형시키는 과정을 통해서 수검자의 내부적인 욕구나 갈등, 정서 등을 투사하게 함으로써 BGT의 구조적인 검사로서의 특성을 감소시키는 데 있다. 이 단계의 실시 방법은 다음과 같다.

모사 단계가 끝난 뒤 검사자는 수검자에게 "그린 그림을 다시 한 번 차례대로 보여 줄 테니 자신이 원하는 대로 모양을 변형시켜 자유롭게 그리고 싶은 대로 그려 보세요. 내가 하는 말을 이해했나요?"라고 지시한다. 만약 수검자가 "별로 생각도 안 나고 그대로 그리고 싶다."라고 하면 "당신이 원하는 대로 하면 됩니다."라고 말하면 된다. 각각 9장의 카드를 변형시켜서 그리는 단계가 다 끝났다고 해도 검사가 여기서 끝이 난 것은 아니며, 그다음에 자유연상 단계를 실시해야 한다. 자유연상 단계는 각 카드의 원래 자극 도형과 변형시킨 도형 모두를 자유연상시킨다. 예컨대, 원래 A도형 카드와 수검자가 변형시킨 그림을 보여 주면서 "여기 보시면 이것은 원래 도형이고 당신이 변형시킨 그림은 여기에 있습니다. 이 그림을 각각 보면서 무엇이 생각나는지, 무엇처럼 보이는지를 이야기해 주세요."라고 말한 뒤 수검자의 반응 내용을 기록한다. 기록 시에는 원래 자극에 대한 자유연상은 O(원 카드), 변형시킨 그림에 대한 자유연상은 E(변형시킨 그림)로 구분하여 기록하도록 한다. 기록할 때는 수검자가 한 말은 빠뜨리

지 않고 모두 기록해야 검사 해석에 도움이 될 수 있다.

(3) 회상 단계(recall phase)

회상 단계는 모사 단계 다음에 실시하거나, 순간노출 단계와 모사 단계를 실시한 다음에 실시할 수 있다. 회상 단계에서는 "보고 그린 그림들을 기억해서 생각나는 것을 모두 그려 보세요."라고 지시한다. 수검자가 "그린 도형의 형태나 개수가 맞아야 하는가?"라고 묻는다면 "기억나는 데까지 그리면 됩니다."라고 말해 준다.

2) T-C-R 실시 방법

BGT에서 T 단계(순간노출 단계, Tachistoscopic Method)를 실시하는 경우는 기질적인 장애가 의심될 때다. 이 방법은 Ross와 Schilder(1934)가 시작하였고, 이 방법의 유용성이 몇몇 연구에서 입증되었으며, 기질적 장애가 의심되는 환자에게는 여전히 유용한 검사로 사용되고 있다. 검사의 실시 방법은 다음과 같다.

수검자에게 카드 더미를 보여 주고 "내가 지금부터 이 카드들을 한 장씩 보여 줄 것입니다. 각 카드를 몇 초간 보여 줄 것인데, 그때는 카드 그림을 보고 있다가 내가 카드를 치우면 방금 본 그림을 기억해서 그리도록 하세요. 내가 카드를 치운 다음에 기억해서 그리려면 카드를 보여 줄 때 잘 보아야 합니다."라고 말한다. 그런 다음 검사자는 A도형 카드를 5초간 수검자에게 제시한다. 5초가 지나면 카드를 치우고 용지에 본 도형을 그리도록 하고 9개의 도형을 차례로 보여 주고 그리도록 진행한다.

그다음 단계로 앞에서 언급한 모사 단계, 즉 각 카드의 도형을 보고 그대로 그리는 검사를 시행한다. 9개의 카드를 차례로 모두 그리도록 진행한다.

다음으로는 마지막으로 카드를 전혀 보여 주지 않고 "지금까지 본 도형을 기억해서 기억나는 것은 모두 그려 보세요."라고 지시한다. 이 단계는 회상 단계다.

순간노출 단계는 기질적인 장애를 가진 환자에게는 매우 위협적인 검사 방법이다. 이들은 주의집중과 단기기억의 손상을 병리적으로 가지고 있기 때문에 이 검사 방법의 시행에 많은 곤란을 드러낸다.

4. 검사의 채점과 해석: Hutt식 채점 및 해석법

1) 도형의 순서

주어진 용지에 도형의 순서를 어떻게 배치하는지를 말한다. 예상되는 순서는 왼쪽에서 오른쪽으로, 위에서 아래로 그리는 것이고, 이 순서에서의 일탈이 일어났을 때 일탈의 수를 세서 계산한다. 수검자가 오른쪽에서 왼쪽으로 그리거나 아래에서 위로 그릴 때 이를 하나의 일탈로 간주한다. 또한 수검자가 그리는 순서가 매번 바뀌어도 일탈 1회로 취급한다. 예컨대, 왼쪽에서 오른쪽으로 두 개의 도형을 이어서 그리다가 같은 방식이 아닌 위에서 아래로 하나의 도형씩 그린다면 일탈 1회로 취급한다.

• 정신병리척도 점수 기준

10.0 혼란된 순서: 도형들이 종이에 무질서하게 배치되었거나 나선형 등의 상징적 배열이 명백하게 나타남

7.0 불규칙: 한 번 이상의 일탈된 순서를 보이지만 혼란이나 무질서는 없음

4.0 지나치게 기계적임: 하나의 일탈도 없음. 경직된 순서로 배치되어 있음

1.0 정상적 순서: 순서에서 한 번의 일탈만 보임

〈해석〉

종이에 도형을 배치하는 방식은 조직적이고 계획적인 태도를 반영한다. 따라서 매우 강박적인 사람은 정확하고 일관되게 도형을 배치한다. 공간 사용의 자연스러운 일탈도 허용하지 않는다. 반면에 매우 불안한 환자나 몹시 흥분하고 있는 조현병 환자는 도형의 배치도 혼란되어 있다. 경직되어 있을수록 인지 양식도 경직되어 있다. 신경증 환자의 경우는 과도하게 조직적일 수 있고 변칙 순서를 보일 가능성이 있는 반면, 정상인은 조직적이고 지나친 경직성을 보이지 않는 것이 보편적이다. 그러나 흥분된 조현병 환자나 조증, 경조증 등의 중독적인 정신병 환자는 혼란된 순서를 흔하게 보인다. 따라서 혼란된 순서는 심한 장애를 보이는 이들을 진단하는 데 중요시되고 있다. 오른쪽에서 왼쪽으로의 도형 배치는

반대적인 행동 특성이나 부정적인 태도를 반영하기도 한다. 2장 이상의 용지를 사용하는 경우는 드문데, 이는 자기중심적인 사람이거나 조증 환자 및 과대망상을 수반한 조현병 환자에게서 나타나곤 한다.

2) 첫 번째 도형의 위치

도형 A를 용지의 어느 곳에 그리는가에 따른다. 대부분은 왼쪽 위에 도형 A를 그리지만 수검자에 따라 가운데에 그리기도 하고 제일 가장자리에 그리기도 한다.

• 정신병리척도 점수 기준

10.0 비정상적 위치: 도형 A의 어떤 부분이라도 모서리로부터 1인치 이내에 위치함

5.0 자기중심적 위치: 도형 A가 종이면 중앙의 3인치 사각형 안에 위치함

1.0 정상적 위치: 도형 A가 용지의 1/3 상단에 놓여 있으며, 어떤 부분도 모서리로부터 1인치 이내에 있지 않음

〈해석〉

Bender(1938), Pascal 그리고 Suttle(1951)은 도형 A의 위치를 통해 정신병리를 알 수 있다고 하였고, Bender는 도형 A가 중앙에 위치하도록 그리는 사람은 자기중심적인 성향이 있다고 하였다. Gorder의 연구에 따르면, 행동장애 및 성격문제를 지닌 아동과 통제집단을 비교한 결과, 전자 집단이 도형 A를 용지의 중앙에 배치하는 경향이 뚜렷이 높았다. 주어진 용지에 첫 도형을 어떻게 배치하는지는 개인의 세상에 대한 태도(orientation)를 반영한다. 예컨대, 종이의 중앙에 가깝게 배치한다면 이는 자기도취, 자기중심성 그리고 수동적인 태도 같은 성격 경향을 나타낸다고 볼 수 있다. 그렇다고 해서 이렇게 그린 모든 사람을 똑같은 특징으로 보아서는 안 된다. 왜냐하면 때로는 특수한 상황도 고려해야 하고, 다른 검사에서도 이러한 특성이 획인될 때까지는 유보해야 하는 경우도 있기 때문이다.

3) 공간 사용

연속적으로 그린 도형과 도형 간의 공간이나 근접한 도형들 간의 공간을 말한다. 채점 기준은 바로 앞의 도형과 다음 도형 간의 축 간격을 가지고 판단한다. 따라서 수평면으로 옆에 있는 도형들을 가지고 채점할 때는 왼쪽 도형의 수평축 길이가 기준이 되고, 위와 아래로 위치한 도형들의 공간은 위쪽에 위치한 도형의 수직축 길이가 판단의 기준이 된다. 옆에 있는 두 도형 사이의 공간은 가까운 도형의 수평축을 고려해야 한다. 2개의 연속된 도형 사이의 공간이 바로 앞 혹은 근접한 도형의 관련 축의 1/2보다 크거나, 1/4보다 작다면 비정상적이다.

• 정신병리척도 점수 기준

10.0 비정상적 공간 사용: 앞서 언급한 대로 과도하게 좁아졌거나 넓어진 것이 두 번 또는 그 이상 나타남

1.0 정상적 공간 사용: 공간의 비정상적인 사용이 전혀 없거나 한 번 나타남

〈해석〉

이 요인은 지각운동 수행에서 성격 적응적인 특징과 관련이 있다고 본다. 이는 아동의 그림이나 심리적 장애를 보이는 성인의 연구 결과에서 지지되었다. Piaget가 말하는 '자기중심성'의 특징을 보이는 어린 아동은 크기의 지각이 커지는 경향이 있는가 하면, 발달과 더불어 정확한 크기로 지각한다고 보고 있다. 같은 관점에서 공간의 사용이 지각의 성숙과 정서적 적응을 평가하는 데 중요한 지표가 된다는 연구도 있다(Davis, Cromwell, & Held, 1967).

공간의 사용은 세상에 대한 자신의 적응 태도에 대해 중요한 암시를 주며, 특히 적대적인 감정을 개방적이며 적절하게 표출하는지, 아니면 억압되고 왜곡되는지를 나타낸다. 편집증적인 성인은 공간 사용이 넓고, 원래 자극 도형보다 크기를 작게 그리는 경향이 있다. 모든 도형을 용지의 반도 안 되는 공간에 그리면서 도형은 작게 그리고 공간은 많이 띄우는 경향이 있다.

일반적으로 공간의 사용이 과도하게 넓어진 경우는 적대적인 태도와 행동화 경향 및 주장적인 특성과 관련이 있는 반면, 지나치게 좁아진 공간은 수동성, 위축된 행동 특성, 정신분

열적인 경향(schzoid tendency) 혹은 억압된 적대감과 피학적인 경향과 연관되는 것으로 본다. 일반적으로 공간 사용의 비정상성은 정서적인 부적응을 시사하며, 구체적으로 어떠한 정서적인 문제인지는 BGT의 다른 요인의 분석을 통해 좀 더 명확하게 추론할 수 있다.

4) 중첩(Collision)

한 도형을 다른 도형과 겹쳐서 그리거나 거의 겹친 형태로 그리는 것을 말한다. 만일 한 도형의 점선이나 원이 근접한 도형의 열린 공간으로 들어가기는 하지만 실제로 접해 있거나 겹쳐 있지 않은 경우는 중첩으로 간주하지 않고 중첩 경향으로 간주하여 채점하고 해석한다.

• 정신병리척도 점수 기준

10.0 극도의 중첩: 중첩이 3번 이상 나타남

8.5 중등도의 중첩: 중첩이 2번 나타남

7.0 중첩 있음: 중첩이 단 1번 나타남

5.5 극도의 중첩 경향: 중첩 경향이 2번 이상 나타남

4.0 중등도의 중첩 경향: 중첩 경향이 2번 나타남

2.5 중첩 경향 있음: 중첩 경향이 단 1번 나타남

1.0 중첩이나 중첩 경향 없음

중첩과 중첩 경향이 함께 보일 때는 두 점수를 합계하지만, 어떤 경우도 총점이 10.0을 초과할 수는 없다.

〈해석〉

중첩 현상은 '자아기능의 현저한 장애'를 나타내며(Hutt & Briskin, 1960), 이런 해석을 하기 전에 고려해야 할 사항은 다음의 두 가지다. 첫째, 중첩과 중첩 경향은 정상적인 7세 이하의 아동에게서도 자주 나타나는 현상이기 때문에 어린 아동의 자료를 해석할 때는 조심하여야 한다. 둘째, 운동의 통제에 영향을 주는 신경학적인 손상을 지닌 환자의 경우 뇌손상

과 함께 자아통제의 장애가 수반될 때 중첩이나 중첩 경향이 발생할 수 있다. 뇌손상이 없이 일어나는 중첩은 심리적 장애와 관련된 자아기능의 심각한 저하를 생각해 볼 수 있고, 이와 함께 광범위하게는 충동 통제의 곤란을 시사하는 지표가 되기도 한다. 50명의 아동(8~15세)을 대상으로 한 Byrd(1956)의 연구에서는 심리치료가 필요한 집단에서 37번, 그렇지 않은 집단에서 18번 중첩을 보여 두 집단 간에 유의미한 차이를 나타냈다. Monheit(1984)의 연구에서는 Hutt의 17개 정신병리척도 가운데 중첩이 8번째로 정상 청소년과 심한 심리적 장애를 지닌 청소년 혹은 비행 청소년을 변별해 주는 척도로 밝혀졌다.

5) 종이 위치의 회전

용지를 제시한 수직 위치로부터 용지를 수평적 위치로 회전시킬 때 채점된다. 용지의 회전은 다음의 세 가지 중 하나로 채점한다.

• 정신병리척도 점수 기준

10.0 종이의 회전이 모든 도형에서 나타남

7.0 종이의 회전이 3~8개 도형에서 보임

5.5 종이의 회전이 1~2개 도형에서 보임

1.0 종이의 회전 없음

〈해석〉

검사 용지의 수직축이 수검자의 몸과 직각이 되도록 제시되는 반면에 검사 카드는 수직축이 수검자의 몸과 평행이 되도록 제시되기 때문에 검사 상황에 대한 불일치를 증가시킨다. 따라서 수검자는 긴장을 느끼면 검사 용지나 검사 카드의 방향을 종종 바꾸곤 한다. 적응적인 사람은 검사 용지나 검사 카드를 돌리지 말고 원래대로 그리도록 한다 할지라도 검사 상황에 편안하게 적응할 것이라 가정된다.

임상적인 경험에 비추어 볼 때, 수검자가 종이의 위치를 바꾸는 것은 수동적인 반대 행동 경향(oppositionalism)을 시사하는 지표이거나 억제된 공격성의 지표로 간주되어 왔다. 종이의 회전은 편집형 정신분열, 심한 성격장애 혹은 사회병질적인 환자군에서 종종 관찰되었다.

6) 폐쇄곤란

하나의 도형 내에서 정확한 폐쇄가 이루어지지 않거나 2개의 도형이 맞닿는 부분을 제대로 그리는 데 곤란해하는 경우에 채점한다. 폐쇄곤란은 도형 A, 2, 4, 7, 8에서 발생한다. 도형 A에서는 원이나 다이아몬드를 완성하는 것, 도형 2에서는 원을 완성하는 것, 도형 4에서는 2개 도형이 맞닿는 부분이나 열린 사각형에 교차해서 그리는 것, 도형 7, 8에서는 면이 접하는 부분이나 인접한 부분을 연결하는 것과 관련되어 발생한다.

• 정신병리척도 점수 기준

10.0 매우 심함: 원점수가 9 또는 그 이상임

7.0 심함: 원점수 6~8임

5.5 보통: 원점수 3~5임

3.25 경함: 원점수 1~2임

1.0 폐쇄곤란 없음

〈해석〉

폐쇄곤란의 주요한 가설은 시각운동 수준에서 적절한 대인관계를 유지하는 데 어려움이 드러난다는 것이다. 구체적으로는 대인관계에서의 두려움과 관련되기도 하고 외적인 대상과 관계를 적절히 유지하는 데 대한 어려움을 반영한다고 볼 수 있다.

Byrd(1956)는 이 가설을 지지하는 연구를 수행하였다. 그에 따르면, 8~15세 아동들 가운데 잘 적응하는 아동과 심리치료가 필요한 아동 간에 폐쇄곤란이 유의미한 차이를 보였다. 또한 Clawson(1959)도 폐쇄곤란이 대인관계의 어려움을 유의미하게 예측하는 것을 밝혀냈다.

Hutt의 Bender 검사 척도의 타당도 연구 중에서 Flinet(1965)의 연구는 10세 아동의 BGT와 성인의 BGT의 특징을 비교하였다. 검사자극이 Hutt Adaptation Bender Gestalt Test(HABGT)와 똑같은 크기는 아니었지만 이 연구결과를 통해 곡선과 관련된 요인이 타당함을 발견하였다.

일반적으로 패쇄곤란은 정서적 부적응의 지표이고, 특히 대인 간의 문제와 관련된 가설을 지지한다고 할 수 있다.

7) 교차곤란

도형 6과 7에서 나타나는 교차의 어려움과 관련된다. 이는 선이 교차하는 지점에서 다시 그리거나 스케치하거나 지우거나 선의 압력이 지나치게 강하게 나타날 경우 채점한다. 원점수는 이 곤란이 발생하는 횟수의 총합이다.

• 정신병리척도 점수 기준

10.0 심한 수준: 원점수 3

7.0 중등도 수준: 원점수 2

4.0 경한 수준: 원점수 1

1.0 없음: 원점수 0

〈해석〉

교차곤란은 심리적 차단의 지표가 되며 우유부단함이나 강박적인 의심, 공포증과 같은 행동과 관련이 있다. 이는 결국 대인관계에서의 어려움이 행동으로 표출되는 것이다.

임상적으로 볼 때, 어떤 형태이든 심리적 차단이 일어날 때는 어김없이 교차곤란을 나타내며, Clawson(1959)과 Story(1960)의 연구가 이러한 해석을 뒷받침해 주어 이와 같은 가설을 지지하는 결과를 얻었으나, 좀 더 정확한 의미를 파악하기 위한 연구가 요망된다.

8) 곡선곤란

도형 4, 5, 6에서 곡선의 명백한 변형과 관련된다. 변형의 예는 곡선이 증가하거나 감소할 때, 곡선이 직선이나 뾰족뾰족한 선으로 그려질 때, 곡선이 평평해질 때, 곡선이 평평하게 혹은 불규칙하게 그려질 때 등이다. 원점수는 곡선곤란이 발생한 도형의 수다. 참고로 원래의 곡선에서 약간 벗어난 정도는 채점하지 않으며 앞에서 지적한 정도에 해당되어야 한다.

• 정신병리척도 점수 기준

10.0 심한 수준: 원점수 3

7.0 중등도 수준: 원점수 2

4.0 경한 수준: 원점수 1

1.0 없음: 원점수 0

〈해석〉

곡선곤란은 임상적인 관점이나 연구 결과 모두에서 정서적 장애에 매우 민감한 지표로 간주된다. 곡선의 증가는 정서성의 증가를 나타내거나 행동의 과다성을 시사한다. 반면, 곡선의 감소는 정반대로 해석될 수 있다. 정서적으로 고양되어 있는 환자는 곡선의 수가 증가하는 경향이 있으며, 우울한 환자는 반대로 감소하는 경향을 보인다. 동시에 곡선의 불규칙성은 정서적인 불규칙성이나 공격적인 행동화 경향과 관련된다고 볼 수 있다.

심리학자들은 선의 움직임과 성격 간에 관련이 있음을 발견하였고, 특히 곡선이 있는 도형을 그리는 과정에 정서성이 반영된다고 보았다.

9) 각의 변화

도형 2, 3, 4, 5, 6, 7에서 각이 증가하거나 감소하는 것을 말한다. 도형 2에서는 수평줄을 기준으로 원래의 각도보다 15도 이상의 변화를 보이는 경우이고, 도형 3에서는 점들의 각 안쪽에서의 변화를 말하며, 도형 4에서는 열린 사각형과 곡선 간의 각의 변화다. 또한 도형 6은 두 곡선이 교차하는 지점에서 각의 변화이고, 도형 7에서는 두 도형이 교차하는 지점에서의 각의 변화다.

• 정신병리척도 점수 기준

10.0 5개 도형에서 각의 변화

8.0 4개 도형에서 각의 변화

6.0 3개 도형에서 각의 변화

4.0 2개 도형에서 각의 변화

2.0 1개 도형에서 각의 변화

1.0 각의 변화 없음

〈해석〉

각의 변화는 감정적 자극을 다룰 때 보이는 어려움을 반영하는 것으로 감정의 통제 및 충동 통제의 문제와 관련이 된다. 각이 증가하는 것은 둔화된 감정을 반영하는가 하면, 각이 감소하는 것은 예민해진 감정을 나타낸다. 각을 부정확하게 그리는 것은 때로 기질적인 뇌손상과 관련되기도 하고 경우에 따라서는 지적장애와도 연관된다.

이 요인은 잘 적응하는 사람과 그렇지 못한 사람을 변별해 내는 지표로 볼 수 있다. 후자에 속하는 사람은 충동을 조절하고 감정을 다루는 문제를 전자의 사람보다 많이 드러내기 때문에 각의 변화를 보이기 쉽다.

10) 지각의 회전

자극 카드와 용지가 정상적이고 표준적인 위치에 있음에도 도형을 회전시켜서 그릴 때 채점한다. 이 요인은 용지 위치의 회전과 구분하기 위해 지각의 회전이라 부른다. 이 요인은 도형의 한 조각에서만 회전이 나타날 때는 채점하지 않는다.

- 정신병리척도 점수 기준

10.0 심한 회전: 80~180도 회전

7.0 보통의 회전: 15~79도 회전

4.0 경한 회전: 5~14도 회전

1.0 회전 없음: 4도 이상의 회전은 없음

〈해석〉

연구를 살펴보면, 아주 어린 아동에게서 카드 A, 3, 4, 7에서의 회전이 두드러진다. 아동의 경우와는 다르게, 성인의 경우는 회전이 정신병리와 관련되어 있을 가능성이 높다. 지각적 회전의 정도를 나타내는 정신병리척도 점수에서 기질적 장애는 평균 7.9점, 조현병에서는 평균 7.2점, 신경증은 평균 4.3점, 대학생은 평균 1.5점으로 기질적인 장애와 조현병은 다른 집단과 통계적으로 유의미한 차이를 보였다. Lacks(1984)의 연구에 따르면, 심한 지각적 회전은 기질적 장애의 28%, 정신병 환자의 13%, 성격장애 환자의 9%에서 나타나 이 요인의 진단적인 타당성이 입증되었다.

임상적인 경험에 근거하여 볼 때 경한 정도의 시계 방향으로의 회전은 우울과 관련될 수 있고, 시계 반대 방향으로의 회전은 반항적인 경향을 시사한다(Story, 1960). 자극 도형을 회전시킨 것이 기질적인 문제나 심각한 정신병리와 관련되는지, 아니면 부주의나 반대적인 행동 경향과 관련이 있는지를 알아보기 위해 한계음미 단계(testing-the-limit)를 실시할 수 있다. 이 단계에서는 수검자가 자신이 그린 도형과 원 도형의 차이를 정확히 알고 있는지를 확인한다. 예컨대, "당신이 그린 그림과 이 도형(원래 카드)이 같다고 보나요?"라고 묻는다. 이때 자신이 회전시킨 것을 알지 못하고 잘못된 부분을 고치지 못한다면 기질적인 장애나 심각한 정신증 상태가 의심된다(Smith & Martin, 1967). 신경학적인 손상이 있는 환자와 그렇지 않은 환자 각각 25명을 비교한 결과 신경학적인 손상 환자가 지각적 회전이 유의미하게 많았고, 자신이 그린 그림이 회전된 것에 대해서도 잘 인식하지 못하였다.

11) 퇴영

원 도형의 형태를 좀 더 유치한 형태의 도형으로 그리는 것을 말한다. 가장 일반적인 퇴영의 형태는 도형 2의 원을 고리로 그리는 것, 그림 1, 3, 5번의 점을 봉선으로 그리는 것, 그리고 도형 2의 원을 점으로 그리는 것 등이다.

• 정신병리척도 점수 기준

10.0 심한 수준: 2개 도형 이상에서 나타남

7.0 중등도 수준: 2개 도형에서 나타남

4.0 경한 수준: 1개 도형에서 나타남

1.0 퇴영 현상이 없음

〈해석〉

퇴영은 지각운동 능력의 측면에서 볼 때 발달적인 미성숙과는 구별해야 한다. 이 검사 결과에서 나타난 퇴영이 혹시 수검자의 인지 능력의 제한과 관련되어 있는지를 우선 검토해 보아야 하며, 지능의 부족과 관계가 없다면 병리적인 측면과 연관될 수 있다. 이에 대한 해석은 일반적으로 심리적 충격에 대한 만성적이고 심한 방어의 하나로 보고 있으며, 동시에 자아통합의 실패를 반영한 것으로 보기도 한다. 이런 현상이 환자 집단에서는 조현병 성인에게도 나타나는 경우가 종종 있는데, 이는 이들의 성격적인 와해와 만성적인 갈등에 대한 부적절한 방어로 볼 수 있다.

아동의 경우는 정상 아동이나 신경증 및 조현병 아동들 사이에서 모두 이런 현상이 나타난다. 그러므로 퇴영이 정신병리로서의 퇴행을 반영하기보다는 발달적인 미성숙을 나타낸다는 증거도 있으나(Clawson, 1959), 성인에서의 퇴영은 이와 다르게 보아야 할 경우가 더 많다. Monheit(1983)는 청소년 환자의 75.3%, 정상 청소년의 8.4%가 퇴영을 보였다고 보고하였고, Lacks(1984)의 연구에 따르면, 기질적 환자의 42%, 성격장애의 21%, 정신증의 18%에서 퇴영이 나타났다.

12) 단순화

주어진 도형의 형태를 단순한 형태로 그리거나 그리기 쉬운 형태로 그리는 것을 말한다. 단순화는 도형 A의 두 부분을 떨어뜨려서 그릴 때, 도형 1, 2, 3, 5에서 구성요소를 최소한 3개 이상 줄여서 그릴 때, 6번 도형의 곡선의 수가 적을 때, 도형 7, 8의 부분을 직사각형이나 엉성한 형태로 그릴 때 채점한다.

단순화는 단편화나 퇴영과 함께 나타날 때는 채점하지 않고 단독으로 나타날 때만 채점한다.

- 정신병리척도 점수 기준

10.0	심한 수준: 3개 도형 이상에서 나타남
7.0	중등도 수준: 2개 도형에서 나타남
4.0	경한 수준: 1개 도형에서 나타남
1.0	단순화 현상이 없음

〈해석〉

심리적인 면에서 볼 때 단순화는 외부자극에 대해서 주의집중이 잘 안 되거나 문제해결에 요구되는 에너지 수준이 감소될 때 나타난다. 때로는 노력의 부족이나 반대적인 행동 경향이 꾀병과 관련되는 경우가 있기도 하지만 대부분은 충동 통제의 어려움이나 의욕의 저하와 관련된다. 단순화는 자아기능의 심한 장애를 반영하는 것은 아니더라도 그러한 결함에서 파생되는 것으로 보인다. 예컨대, 기질적인 장애를 반영한 것이거나 심리적 무력감을 나타내는 징표로 볼 수 있다.

Lacks(1984)의 연구에 따르면, 뇌손상 환자의 49%, 정신증 환자의 20%, 성격장애 환자의 17%가 단순화를 보였다.

13) 단편화

단편화는 원래 자극 도형의 형태가 파괴된 것을 말한다. 가장 일반적인 단편화는 도형의 형태를 완전히 완성하지 못하는 것, 형태를 나누어진 부분처럼 그리는 것, 즉 너무 떨어뜨려 그려서 원 형태를 제대로 알아볼 수 없을 때를 말한다.

• 정신병리척도 점수 기준

10.0 심한 수준: 3개 도형 이상에서 나타남

7.0 중등도 수준: 2개 도형에서 나타남

4.0 경한 수준: 1개 도형에서 나타남

1.0 단편화가 없음

〈해석〉

단편화는 지각운동 기능의 심한 장애를 나타내고 추상적인 사고 능력의 저하와 관련된다. 따라서 기질적인 장애를 지닌 사람들 사이에서 나타날 가능성이 높다. 임상집단 연구를 살펴보면, 신경증, 정신증, 뇌손상 집단 가운데 심한 정신병리를 지닌 집단에서 유의미하게 단편화가 나타났다. 특히 신경증이나 정신증보다는 뇌손상 환자 사이에서 단편화가 두드러져 이 척도가 기질적인 장애와 비기질적인 장애를 변별해 주는 데 크게 기여하는 것으로 보고 있다.

Lacks(1984)의 연구에서도 성격장애 집단의 6%가 단편화를 보였는가 하면 기질적인 환자(OBS)는 27%로 빈번하게 단편화를 보였다. 단편화는 아동에게서는 거의 나타나지 않고 있다. 8~15세 아동들 가운데 400사례 중 8사례에서만 단편화를 보였다. 10세 이하 아동의 자료에서 나타나는 단편화는 10세 이상의 아동들 사이에서 나타나는 단편화와는 다르게 정신병리를 반영한 것이기보다는 발달상의 문제와 더 관련된 것 같다.

14) 중복곤란

도형이 겹치는 부분을 그릴 때(도형 7)나, 인접한 도형이 맞닿는 부분을 그릴 때(도형 A, 도형 4) 어려움이 있는 것을 말한다. 예컨대, 도형 A와 도형 4에서 명백하게 겹치게 그리거나 도형 7에서 겹쳐진 부분을 겹치게 그리지 못하는 것과 겹치는 부분을 지나치게 단순화시키거나 왜곡시키는 것을 말한다.

• 정신병리척도 점수 기준

10.0 심한 수준: 2개 도형 이상에서 나타남

5.5 중등도 수준: 1개 도형에서 나타남

1.0 중복곤란 없음

〈해석〉

이 요인은 단편화나 단순화보다도 뇌손상과 가장 관련이 높고 민감하다. Hain(1964)의 연구에 따르면, 기질적인 장애 집단의 정신병리 평균 점수는 5.6인 반면, 정상인의 평균은 1.3으로 두 집단이 .01 수준에서 유의미한 차이를 보였다. Lacks(1984)의 연구에서도 기질적인 장애 환자는 45%인 반면에 성격장애 환자는 26%, 조현병 환자는 26%가 중복곤란을 보여 통계적으로 기질적 장애 집단이 다른 임상집단들보다 유의미한 차이를 나타냈다.

15) 정교화, 개칠하기

정교화는 눈에 두드러지게 원래 도형의 형태를 바꾸어 그리는 것을 말한다. 예를 들어, 원을 고리나 소용돌이로 그리는 것, 원래 도형은 원인데 꽃 모양으로 그리는 것 등이다. 그러나 앞으로 언급할 보속성과는 구분해야 한다.

- 정신병리척도 점수 기준

10.0 심한 수준: 3개 도형 이상에서 나타남

7.0 중등도 수준: 2개 도형에서 나타남

4.0 경한 수준: 1개 도형에서 나타남

1.0 정교화 없음

〈해석〉

초조한 환자들 가운데 이러한 현상을 보이는 환자들이 있는데, 이는 과도한 불안이나 충동 조절의 어려움과 관련이 있다. 이 외에 기질적인 장애나 지적장애에서도 나타나기 때문에 이러한 반응 특징은 여러 개입 과정을 통해 나타난다고 볼 수 있다. 그러나 이런 반응은 적응이 잘 된 성인이나 강박증 환자에서는 관찰되지 않고 있다. 원 도형의 형태를 왜곡하는 정교화는 자아통합에서의 심한 어려움을 시사하는 것으로 보아야 한다. 아동 200명을 대상으로 한 연구(Byrd, 1956)에 따르면, 잘 적응하고 있는 아동 중 심리치료가 요구되는 아동에게서만 이런 반응이 보였다. 그러나 조현병 환자의 경우는 100명 중 12명에서 정교화가 나타나 조현병 환자의 발생빈도는 높은 편이다. Koppitz(1975)도 성인의 경우 이런 현상은 현실감각의 결여와 관련되며, 아동의 경우보다 훨씬 심각한 병리를 지닌 것으로 보았다.

16) 보속성

보속성에는 두 가지 유형이 있다. 첫 번째는 다른 카드가 제시되었는데도 전 도형의 그림을 계속 그리는 것(a 유형)과 두 번째는 주어진 도형의 개수 이상으로 계속 그리는 것(b 유형) 등이다. 전자의 예로는 도형 1에서의 점을 도형 2의 원 대신 점으로 그리는 것으로 보속 요소가 2회 이상 나타날 때 채점한다. 후자의 예로는 도형 1의 12개 점을 2개 이상 더 많게 14개 이상 계속 그리는 것, 도형 2에서 칸을 13줄 이상 그리는 것을 들 수 있다.

• 정신병리척도 점수 기준

10.0 심한 수준: 3개 도형 이상에서 나타남

7.0 중등도 수준: 2개 도형에서 나타남

4.0 경한 수준: 1개 도형에서 나타남

1.0 보속성 없음

〈해석〉

보속성은 주어진 자극이 변했을 때 이에 따라 변하지 못하는 무능감을 보이며, 이전의 것을 고집하려는 경향을 나타낸다. 이런 특징은 현실검증력이 저하될 때 많이 일어나고, 기질적인 손상군에서 매우 빈번하게 드러난다. 기질적인 장애군은 a 유형보다 b 유형을 더 보이기는 하지만 대부분 두 유형 모두 기질적 장애의 유의미한 지표로 볼 수 있다. 경한 보속성, 예컨대 점의 수를 한두 개 더 찍는 정도는 앞서 언급한 특징을 반영한다고 보기 어렵고 부주의함으로 볼 수 있다. 반면에 심한 보속성은 기질장애나 퇴화된 조현병과 관련되는 경우가 많다.

17) 도형의 재묘사

재묘사는 첫 번째 그린 도형을 완전히 지우지 않은 채로 놔두거나 줄을 그어 지운 뒤 다시 도형을 그리는 것을 말한다. 그러나 재묘사를 세 번 이상 시도하는 경우는 매우 드물다.

• 정신병리척도 점수 기준

10.0 매우 심한 수준: 4번이나 그 이상

7.75　심한 수준: 3번

5.5　중등도: 2번

3.25　경한 수준: 1번

1.0　재묘사 없음

〈해석〉

이 요인에 대해서는 체계적인 연구가 이루어지지는 않았지만 두 가지로 해석할 수 있다. 하나는 사전 계획력의 부족으로 볼 수 있고, 다른 하나는 과도하게 자기비판적인 태도를 반영한 것으로 볼 수 있다. 또한 재묘사가 2회 이상 발생하였다면 현재 불안의 정도가 높다는 것을 시사하기도 한다. 재묘사가 기질적 환자에게서 나타났다면 이는 도형을 지각하고 그리는 과정에서 무능력감을 느끼기 때문이고, 특히 전경-배경의 문제를 반영하는 도형 3과 7에서의 어려움을 많이 보인다. 이런 경우 두정엽-측두엽의 손상이 있을 수 있다.

5. HABGT의 임상적 적용

BGT의 자료는 여러 연구에서 정신과 환자와 정상인 그리고 뇌손상 환자들을 잘 가려 준다는 것이 입증되어 왔다. HABGT 정신병리척도는 80% 이상 정확한 평가를 하는 것으로 받아들여지고 있으며, 검사의 실시와 채점은 신속하고 신뢰할 만하다. 각 개인의 자료를 정신병리에 의거하여 채점한 다음 각 척도상에 나타난 특징들을 각기 해석하기 이전에 개인의 발달력, 의학적인 검사 실시 결과, 치료에 관한 정보 등을 검토해야 한다.

각 임상집단에 BGT를 실시하였을 때 정신병리척도가 어떠한 형태의 특성을 드러내는지를 적용하여 봄으로써 정신병리적 문제를 지닌 개인의 BGT 결과 해석에 활용할 수 있을 것이다.

Bilu와 Weiss(1974)의 연구에 따르면, 각 요인을 채점한 결과 81명의 정신증 환자와 81명의 비정신증 외래 환자를 명확하게 구별할 수 있었고, Lacks(1984)와 Marley(1982)도 뇌손상 환자를 다른 환자와 구별하는 데 다음에서 제시한 9개 요인이 중요함을 강조하였다.

뇌손상 환자의 경우는 다음의 요인 이외에 행동 면에서 도형을 지각하고 모사하는 데 무능력감이나 어려움을 보인다는 점과 검사 수행 시간이 많이 걸린다는 점을 특징으로 들 수 있다. 어떤 수검자는 심지어 낙서를 하거나 검사 자극과는 전혀 다른 형태 혹은 글씨를 쓰기도 한다.

Johnson(1973)은 우울증 환자들에게 종합적인 지표를 적용한 결과 다른 집단과 의미 있는 차이를 보였다고 보고하였다. Donnelly와 Murphy(1974)는 도형을 그리는 순서가 불규칙한 것은 양극성장애 환자들이 충동조절이 안 되는 점과 관련되는 반면, 지나치게 기계적인 순서로 도형을 그리는 것은 우울증 환자의 경직성과 관련된다는 것을 확인하였다.

지적장애의 원인은 선천적으로 타고난 유전적인 요인, 사회문화적인 심각한 박탈, 심한 정서적인 부적응 등과 같은 여러 요인의 경과일 수 있다. 지적장애인 사람들은 다음 요인들 중에서도 특히 도형 7, 8번을 잘 그려 내기 어렵다. 따라서 이 도형들을 잘 수행한다면 종합점수와는 관계없이 지적장애로 진단하는 데 신중을 기해야 한다.

청소년기 정서장애의 지표는 정상인과 정서장애가 있는 12~16세 청소년을 대상으로 한 연구 결과다. 정서장애군은 정신과 의사나 심리학자가 전문적으로 평가한 결과에 따른다. 이 집단은 학습의 전반적인 무능력, 만족스럽지 못한 대인관계, 전반적인 우울, 지속적인 정신신체 증상, 사고 과정의 심각한 혼란, 매우 불안정한 정서와 충동적인 행동 등을 두 가지 이상 보인 청소년을 포함한다. 정상 청소년들의 경우는 종합점수 평균이 3.95인 반면, 정서장애 청소년의 경우는 평균이 11.25였다. 정상 청소년은 7.5%만이 6점 이상을 받은 반면, 정서장애 청소년은 95.0%가 6점 이상을 받았다. 따라서 정서장애 진단의 최저점수는 7~8점, 결정점수는 9점 이상으로 보는 것이 타당하다 하겠다.

참고문헌

Bender, L. (1938). A visual motor test and its clinical use. *American Orthopsychiatric Association Research Monographs, No. 3*. New York: American Orthopsychiatric Association.

Bilu, U., & Weiss, A. (1974). A configurational analysis of the Bender-Gestalt Test. *Israel Annals Psychiatry and Related Disciplines, 12*, 37-52.

Byrd, E. (1956). The Clinical validity of the Bender-Gestalt Test with children. *Journal of Projective Techniques, 20*, 127-136.

Clawson, A. (1959). The Bender Visual Motor Gestalt Tests an index of emotional disturbance in children. *Journal of Projective Techniques, 23*, 198-206.

Davis, D., Cromwell, R. L., & Held, J. M. (1967). Size estimation in emotionally disturbed children and schizophrenic adults. *Journal of Abnormal Psychology, 5*, 395-401.

Donnelly, E. F., & Murphy, D. L. (1974). Primary affective disorder: Bender-Gestalt sequence as an indicator of impulse control. *Perception and Motor Skills, 38*, 1079-1082.

Flinet, F. S. (1965). A validational and develop- mental study of some interpretations of the Bender-Gestalt Test. Unpublished doctoral dissertation. New York University.

Hain, J. D. (1964). The Bender Gestalt Test: A scoring method for identifying brain damage. *Journal of Consulting Psychology, 28*(1), 34.

Hutt, M. L., & Briskin, G. J. (1960). *The Hutt adaptation of the Bender-Gestalt Test*. New York: Gruue & Stratton.

Johnson, J. H. (1973). Bender-Gestalt constriction as an indicator of depression in psychiatic patients. *Journal of Personality Assessment, 37*, 70-76.

Koppitz, E. M. (1975). The Bender Gestalt Test and Visual Aural Digit Span and reading achievement. *Journal of Learning Disabilities, 8*, 154-157.

Lacks, P. (1984). *Bender Gestalt screening for brain dysfunction*. New York: John Wiley & Sons.

Marley, M. L. (1982). *Organic pathology and the Bender Gestalt Test*. New York: Grune & Stratton.

Monheit, S. (1983). The Bender-Gestalt Test as a discriminator of normal, severely disturbed and delinquent male adolescents. Unpublished doctoral dissertation. University of San Francisco.

Pascal, G. R., & Suttell, B. J. (1951). *The Bender-Gestalt Test: Its quantification and validity for adults*. New York: Grune & Stratton.

Ross, N., & Schilder, P. (1934). Tachistoscopic experiments on the perception of the human figure. *Journal of Genetic Psychology*, *10*, 152.

Smith, D. C., & Martin, R. A. (1967). Use of learning cues with the Bender Visual Motor Gestalt Test in screening children for neurological impairment. *Journal of Consulting Psychology*, *31*, 205-209.

Story, R. I. (1960). The revised Bender-Gestalt test and male alcoholics. *Journal of Projective Techniques*, *24*, 186-193.

7장

주제통각검사: TAT

1. TAT의 역사적 배경

주제통각검사(Thematic Apperception Test: TAT)는 대인관계와 환경에 대한 통각이나 의미 있는 해석을 나타내는 성격의 역동을 알아보기 위한 방법이다. TAT는 모두 31장의 그림으로 구성되어 있으며, 수검자에게 몇 장의 그림에 대해 이야기하게 하고 그들의 개인적인 통각을 알아내는 검사다.

TAT는 1935년에 Morgan과 Murray가 처음 소개하였다. Tomkins에 따르면, 이전에도 심리학자와 정신과 의사들이 그림을 통해 수검자들의 의미 있는 반응을 끌어내려 했지만 TAT의 인기에 미치지는 못하였다.

현재 TAT 도판은 1935년부터 사용된 세 번째 세트다. 두 번째와 세 번째에 발행된 세트는 첫 번째 발행된 세트에서 도판의 그림이 첨삭되고 도판의 크기가 두 배로 커졌는데, 이는 도판과 수검자의 라포를 촉진하는 데 도움이 되었다.

현재 광범위하게 사용되는 TAT 외에도 문화와 연령에 맞춰 고안된 유사한 그림검사가 있다. Make A Picture Story Test(MAPS)는 1947년 Edwin S. Shneidman이 개발하였다. MAPS는 TAT 자료에서 인물과 배경을 분리하여 수검자가 이야기를 하기 전에 인물을 선택하고 위치를 정할 수 있도록 한다. 그러므로 수검자는 자신이 일부를 만들어 낸 자극 상황에 반응하고 과제를 수행하는 데 운동 표현의 행동을 사용할 수 있다. MAPS 자료는 구조화되었거나 비구조화된 22개의 배경과 67개의 인물(어른, 아이, 소수 집단, 그림자 그리고 공백의 얼굴)로 구성되어 있다.

집단의 특성을 진단하기 위한 투사검사 방법의 기본적 개념은 Horwitz와 Carwright (1951)의 집단역동 연구센터에서 발전하였다. 약간 수정된 TAT 지침과 투사 그림을 포함하는 이 검사는 상호작용 집단이 상대적으로 비구조화된 자극 상관의 위치를 표현하는 방법, 그리고 그것이 보여 주는 관계성과 상대적으로 짐작되는 기분은 집단의 구조와 내면적 과정을 통찰할 수 있는 중요한 단서를 제공한다.

Bellak(1954)은 오랫동안 TAT가 어린아이에게 적합하지 않다고 생각한 끝에 1947년에 3~10세 아동에게 사용할 수 있는 아동용 주제통각검사(Children's Apperception Test: CAT)를 개발하였다.

2. TAT의 신뢰도와 타당도

TAT에 대한 수검자의 반응은 매우 복잡하고 의미 있는 언어적 내용을 포함한다. 이런 내용의 복잡성 때문에 정확한 양적 분석이 어렵고 그 해석 또한 이야기 내용의 양적 분석보다는 질적 분석에 기초하고 있다. 따라서 신뢰도를 결정하는 대부분의 방법이 문제가 될 수 있다. 그러나 양적인 채점 전략과 비율 척도의 개발에 기초하여 성취, 관계 그리고 힘 등을 채점하여 신뢰도를 측정한 McClelland(1961), Atkinson과 Feather(1966)의 연구는 양적 연구지만 신뢰도 역시 낮은 결과를 보이진 않았다. 이 연구를 통해 채점 체계에 나타난 TAT 채점의 신뢰도가 대체로 좋은 것으로 나타났는데, 그 범위는 .37~.90이었다(Murstein, 1972). 그러나 점수가 다른 변인들을 지정해 주는 양적인 값이라는 것에 동의하는데도 불구하고 이러한 것들이 여전히 기초적인 자료를 이루었을 뿐 그 결론에 이르지는 못하고 있다. 이는 다시 말해, 임상가들이 양적인 채점에 기초를 둔 성격 설명에 관해 같은 결론을 내리게 될지는 여전히 의문의 여지가 많다는 것을 의미한다. 다른 욕구들에 대한 가중치 부여와 같은 영역과 관련된 채점자 타당도는 획득되었지만 이러한 점수들 역시 동의가 이루어지지는 못하고 있다. 실제 검사 실행에서 그 이상의 복잡성을 보인다는 것은 기정사실로서 임상가들은 기본적으로 임상적인 판단과 한 내담자에게서 나온 다양한 반응 유형 및 빈도에 의존하고 있다. 그래서 임상적 맥락에서의 신뢰도는 실험적 상황보다 상당히 낮을 것으로 보인다.

신뢰도 결정에서의 또 다른 어려움은 다른 이야기들 사이의 광범위한 변인에 있다. 만약 검사 평가자가 TAT의 내적 일관성을 알아보고자 한다면 반분 신뢰도와 같은 측정 방법은 적당하지 않다. 왜냐하면 각 카드는 인간 기능의 각기 다른 영역을 측정할 수 있도록 고안되어 있기 때문이다. 또한 수검자들이 다른 시행에서 다른 이야기들을 말하도록 요구될 때, 다양한 욕구에 대한 양적인 채점에서 나온 검사-재검사 신뢰도는 낮았다. 이와 반대로 Lundy(1985)는 수검자에게 한 번의 시행과 그다음의 시행에서 비슷한 이야기를 하도록 요구했을 때 검사-재검사 신뢰도가 .56(관계에 대한 욕구)과 .48(성취에 대한 욕구)로 상당히 높게 나왔다. 이것은 TAT의 검사-재검사 신뢰도가 과소평가되었을지도 모른다는 것을 말해 주고 있다. 그러나 Lundy(1985)의 연구에 나타난 높은 신뢰도는 TAT에서 성격 면에서의 안정성보다는 오히려 기억의 질을 반영하고 있는 것 같다(Kraiger, Hakel, & Cornelius, 1984).

TAT에 대한 재고는 광범위한 변인을 나타내고 있다. 비판자들이 TAT의 신뢰도가 '거의 존재하지 않는다.'라고 말하고 있는 것에 반하여 검사의 구성은 '인상 깊고' '강한' 관계를 기술하고 있다. 이런 불균형은 자료에 대한 다른 해석에 따라서 부분적으로 설명되고 있다. 연구에 따라 낮은 상관을 보이는 것도 있고 .45의 높은 상관을 보이는 것도 있었다. 이는 TAT가 스스로 투사적 검사일 뿐만 아니라 독자로 하여금 그들의 편견, 욕구, 기대를 TAT에 투사시킬 수 있도록 한다는 것을 보여 준다. 어떤 요인은 TAT가 지시의 효과에 매우 민감한 것으로 나타난 연구들의 결과를 설명할 수 있는 근거가 되기도 한다. 예를 들어, Lundy(1988)는 연구를 통해서 비위협적이고 중립적이며 구조적일 때 외적 준거 측정과 성취, 관계, 힘에 대한 욕구 사이의 상관이 보통으로 나온다는 것을 알았다.

준거타당도 연구들은 긍정적인 결과와 부정적인 결과들이 균등하게 나타났다. 한 가지 주요한 문제는 동의된 외적 준거를 세우는 데 있다. 만약 단기간의 외현적 행동이 준거로 사용되면 검사 채점 결과와는 거의 부합하지 않을 것이다. 예를 들어, TAT 점수에서의 높은 공격성은 보통 사람이 실질적으로 공격적인 행동을 표현하는 정도를 반영하는 것은 아니다. 그러나 이러한 것들이 외부로 표현되지 않는다고 할지라도 사람의 내적 과정을 이해하는 것은 여전히 가치 있는 것이다. TAT에서의 욕구에 대한 측정을 Edward의 '개인적 성향 편람(Edwards Personal Preference Schedule)' '형용사적 체크리스트(Adjective Check List)' '자기보고식 검사' 등과 같은 검사에서의 욕구 측정과 비교해 보면 거의 부합하지 않을 것이다.

이러한 발견들은 TAT 프로토콜의 유용성에 대한 의문을 불러일으킨다. 그러나 TAT와 외적 준거 사이의 긍정적인 발견 또한 많이 보고되고 있다. 초기에 활발한 연구를 한 Harrison(1940)은 연구를 통해 넓은 진단적 범주를 평가할 때 훈련된 임상가들이 사용하는 TAT에 따라서 내려지는 진단의 정확도가 75%에 이르는 것을 알았다. 비슷하게 병원의 기록에서 나오는 자료에 TAT가 미치는 영향력을 비교할 때, 그 상관이 .78에 이르는 것을 알 수 있다. 가장 광범위하게 연구된 구인들은 성취, 관계, 힘에 대한 것이고, 이러한 구인들 역시 다른 외적 준거들과 비교하였을 때 성공의 정도에 변화를 보였다. 예를 들어, 최근의 연구에서 높은 성취에 대한 욕구는 높은 사회적 매력도와 밀접한 관련이 있다는 긍정적인 결과가 나왔고, 관계에 대한 욕구는 내적으로 과제에 대한 편향의 선호와 정적인 상관이 있으며, 성취에 대한 욕구는 성적 점수 평균과 정적인 상관이 있다는 것을 보여 준다. 또한 Coche와 Sillitti(1983)는 TAT의 우울증적 주제 및 MMPI와 Beck 우울척도(Beck Depression Inventory)의 우울증척도 간에 상관이 있음을 보고하였다.

Spangler(1992)는 105개의 연구에 대한 메타분석에서 평균적으로 행동에 대한 TAT의 상관(.19~.22)이 질문지에 기초한 상관(.13~.15)보다 약간 높게 나타난다고 하였다. 이러한 상관들이 매우 낮음에도 불구하고, TAT와 질문지는 상대적으로 다른 질문지들보다 더 효과적이었다. TAT는 수검자가 어떤 활동을 성취하기 위해 그들의 행동을 내부적 · 자발적으로 이끌어 낼 때 매우 높은 상관(.66)을 보였고, 대조적으로 자기보고식 검사는 앞서 나온 예언에서는 낮은 상관을 보였지만 외적으로 사회적 강화가 주어진 현실 세계의 행동과 관련된 상황에서는 상대적으로 그 예언이 효과적인 상관(.35)을 보였다.

준거타당도에 대한 연구에서처럼 구인타당도에 대한 연구도 다양한 결과를 보여 준다. 대표적인 확증적 연구는 경험적으로 좌절한 수검자가 증가된 공격성을 표현하는 인물에 초점을 두어 뒤의 이야기를 풀어 나간다는 가정을 뒷받침해 준다(West et al., 1983).

TAT와 다른 투사적 도구의 준거타당도 연구에 대한 해석의 중요한 논쟁점은 해석의 다른 수준에 대한 함축을 이해하는 데 있다. Klopfer(1983)는 외부의 관찰(직접적인 행동적 자료, 공적인 의사소통), 자기기술 혹은 개인적인 상징화 등으로 대표될 수 있는 행동을 나타낸 Leary(1957)의 초기 연구를 요약하였다. 이러한 세 가지 차원은 종종 서로 매우 다르다. 예를 들어, 타인의 관찰은 특정한 개인이 그 스스로를 어떻게 인식할 것인가에 대해 자주 갈등하게 한다. 또한 개인의 내적인 환상적 인생(개인적인 상징화)은 종종 그들의 공적인 행동과는 매우 다르다.

McClelland, Koestner 그리고 Weinberger(1989)는 TAT가 더 의식적인 자기 속성과 반대되는 만큼 맹목적으로 나타나는 동기에 대해서 측정하는 성격 특성들을 기술하였다. 그래서 TAT는 동기, 그리고 어떤 특정한 사람과 심리적 · 무의식적으로 연결되어 있으며 단기적인 행동보다는 장기적인 행동에 영향을 주는 것을 통해 수검자의 심리적인 주제를 측정한다고 볼 수 있다. 이것은 TAT의 결과가 개인의 과업에 대한 총체적인 성공처럼 장기적인 결과를 정확하게 예언할 수 있음을 알려 준다. 또한 McClelland 등(1989)은 TAT가 즉시적 · 의식적 · 단기적인 행동을 측정하기 위해 고안된 것이 아니기 때문에 이런 것들과 높은 상관을 맺는 것은 오히려 합리적이지 않다고 하였다.

노련한 임상가가 TAT의 이야기에 기초하여 사람들에 대한 개인적인 기술을 제공받았을 때 그 기술은 사례의 과거력에 기초한 독립적인 기술과 연결되는 경향을 보였다. 그러나 임상가들의 능력이 충분히 정확함에도 불구하고 동일한 인물을 평가하는 다른 임상가들은 다른 견해를 보일 수 있는 것도 사실이다. 그 이야기의 복잡성, 풍부성, 재료들 때문에 각 임상가가 동일한 인물을 타진하는 각기 다른 관점에는 논쟁이 있을 수 있다. 따라서 이런 빈약한 상호 신뢰도는 재료 자체에 대한 각기 다른 접근보다는 내담자가 평가되기 위한 잠재적인 의미를 가진 각각의 접근에 나타나지 않는 부정확성으로 해석되어야만 할 것이다.

3. TAT의 실시 방법

TAT는 복잡한 검사이므로 경험이 많고 숙련된 임상가가 시행해야 한다. 또한 축약된 형태를 사용한다 해도 상당한 시간이 소요되며, 시행과 해석에 노력이 요구된다. 검사는 집단이나 혼자서도 시행할 수 있지만 체계적인 해석에는 각 기록마다 최소한 30분 혹은 그 이상이 소요된다.

경제적인 측면 외에도 TAT는 특정 상황에서만 조사의 대상이 되는 성격의 모호하고 역동적인 요소를 다룬다는 장점이 있다. 아마도 검사자는 심리검사를 신체검사와 비교할 수 있을 것이다. 신체검사에서는 문진, 청진, 타진의 기본 절차를 거치며, 가능하면 혈압을 잰다. 좀 더 복잡한 검사에서는 소변검사, 형광투시법(fluoroscopy), 혈구 수 측정 등을 한다. 흉부 X-ray는 일반적인 검사가 되었지만 다른 신체 부위의 X-ray나 기초대사 검사 등은 설득력 있는 감별 진단의 타당성을 높이기 위해, 혹은 아주 조심스러운 치료 또는 중요한 수술 실시를 앞둔, 특별히 중요한 평가가 필요할 때 요청된다.

이와 유사하게 일반적인 목적으로 학생이나 직원에게 실시하는 검사는 능력이나 지능 혹은 성취도 지필검사 정도면 충분하다. 그러나 비행기 조종사, 특수요원, 회사 간부와 같은 어려운 과업을 수행해야 하는 사람을 선발해야 하거나, 감별 진단을 해야 하거나, 혹은 심리치료를 시작하려고 하는 수검자가 있다면 TAT와 같은 보다 복잡한 절차를 거치고 더 많은 시간과 노력이 필요한 검사를 실시하는 것은 당연하다.

복잡한 심리진단을 할 때는 어떤 검사를 주요 검사로 사용할지에 관한 것이 의문으로 남는다. 이러한 의문에 대한 가장 일반적인 대답은 투사적 검사 배터리를 사용하라는 것이다. 이러한 접근은 의심할 여지없는 장점을 지닌다. 한 검사에서 얻은 자료보다는 여러 검사를 통해 얻은 자료들이 상호 보완해 준다는 점에서 이득이 된다. 그러나 더 많이 검사할수록 더 좋다는 식의 원리를 적용해서는 안 된다. 불필요한 전체 검사의 사용은 성격검사를 어려움에 빠지게 한다. 성격검사에서 어떤 검사를 선택할지 결정할 때는 성격의 구조와 역동을 알아내기 위한 방법에 서로 다른 검사를 선택하는 것이 도움이 된다. 예를 들어, TAT와 같은 언어성검사를 인물화검사와 같은 표현 검사와 병행하는 것이다.

검사자는 TAT의 사용을 위한 지침을 언급할 수 있고 더 자세하게 말해 주는 것도 가능한데, 이는 TAT가 내용 검사이기 때문이다. TAT는 현재 그 어떤 검사보다 대인관계의 실제 역동을 더 잘 보여 준다. 그림의 특성 자체가 권위적인 남성과 여성 인물의 관계, 여성 혹은 동년배 남성과 수검자의 관계에 대한 기본적인 정보를 제공하고 때로는 가족관계의 기원을 보여 주기도 한다. 이 검사는 Rorschach 검사만큼 두려움의 강도를 명확하게 보여 주지는 못하지만 부족한 지지에 대한 두려움이나 특정 상황에서 남성에게 공격을 받을 수도 있다는 두려움과 같은 것의 성질에 대해서는 말해 줄 수 있다. 그리고 욕구의 위계와 이드(id), 자아(ego), 초자아(superego)가 이루고 있는 구조에 대해서도 말해 준다. TAT는 때로 정신병리 진단을 위한 도구가 되기도 한다. 그러나 이러한 진단은 임상적인 면담이 Rorschach 검사 등 다른 검사와 함께 사용하는 것이 좋다.

1) 개인 실시

다른 모든 검사처럼 수검자는 편안하여야 하고, 적절한 라포가 형성되어야 한다. 일반적으로 바람직한 것은 검사자가 수검자의 뒤나 옆에 앉아서 수검자는 검사자를 보지 못하나 검사자는 수검자의 표정을 볼 수 있는 위치에 앉는 것이다. 그러나 이러한 위치는 의심이 많고 불안한 수검자나 아동의 경우에 조절될 수 있다.

Murray의 제안에 따른 TAT 시행의 지시문은 다음과 같다.

Form A(평균 지능과 교양을 갖춘 청소년과 성인에 적합) "이 검사는 지능의 일종인 상상에 관한 검사입니다. 당신에게 어떤 그림을 한 번 보여 줄 것입니다. 당신이 해야 할 일은 각각의 그림에 극적인 이야기를 만들어 내는 것입니다. 그림에서 보이는 사건은 어떻게 일어나게 되었는지, 현재 무슨 일이 일어나고 있는지, 등장인물들은 무슨 생각을 하고 느끼고 있는지 이야기한 다음 결과를 말해 주십시오. 마음속에 떠오른 대로 생각을 말해 주세요. 이해가 되시나요? 50분 내에 그림 10장을 보아야 하기 때문에 이야기마다 5분 정도 소요하실 수 있습니다. 첫 번째 그림입니다."

Form B(아동, 교육 수준이 낮은 성인, 정신병 수검자에게 적합) "이것은 이야기하는 검사입니다. 제가 가지고 있는 그림을 당신에게 보여 줄 것입니다. 그림마다 이야기를 만들어 주세요. 이전에 무슨 일이 있었으며 지금 무슨 일이 일어나고 있는지 말해 주세요. 사람들이 어떻게 느끼고 생각하는지와 어떻게 될 것인지 말해 보세요. 당신이 하고 싶은 어떤 이야기라도 만들 수 있습니다. 이해가 되시나요? 자, 첫 번째 그림입니다. 이야기를 만들 수 있는 시간은 5분입니다. 얼마나 잘할 수 있는지 볼까요."

이러한 지시문은 연령, 지능, 성격 그리고 수검자의 상황에 맞추어 단어를 선택하여야 한다. "이것은 자유롭게 상상할 수 있는 기회입니다."와 같은 말로 시작하는 것은 수검자로 하여금 검사자가 수검자의 자유연상 내용을 해석하려는 의도를 가지고 있다는 의심을 불러일으킬 수도 있으므로 하지 않는 것이 좋다. 이러한 의심은 수검자의 자발적인 사고를 저지할 수 있다.

검사자가 쓰는 지시문은 기본적으로 비슷하다. "이 검사는 여러 검사 중의 하나인 그림을 보고 상상한 것을 이야기하는 검사입니다."라는 구절과 함께 "자유롭게 하세요."라는 말을 덧붙인다. 그리고 수검자가 몰라서 물을 수도 있는 어떠한 질문에도 비지시적으로 답해야 한다. 첫 번째 이야기가 끝나면 격려의 말을 해 주는 것은 허용되는데, 이는 검사에 도움을 줄 수 있다. 그렇지 않으면 수검자의 이야기가 지나치게 길거나 산만한 경우를 제외하고는 검사 도중에 아무 말도 하지 않는 것이 좋다. 이러한 경우 무슨 일이 일어나고 있는가, 왜 이러한 일이 일어나게 되었는가, 결과가 어떻게 될 것인가에 관한 이야기에 대해 검사자가 원하는 것을 수검자에게 암시할 수도 있다. 만약 수검자가 완전히 서술적인 수준의 이야기를 하거나 아주 단순한 이야기만 한다면, 수검자에게 어떤 일이 일어날 것이며 사람들은 어떻게 느끼고 생각하고 있는지, 이전에는 어떤 일이 일어났는지, 어떤 결과가 일어날 것인지에 대한 이야기가 필요하다는 것을 상기시킨다.

2) 자가 실시

수검자가 이야기를 하면 검사자는 기록 용지에 손이나 다른 도구를 이용하여 반응을 기록하는 것이 표준 절차다. 많은 경우 수검자에게 구두나 문장으로 쓰인 지시문과 함께 선별된 카드를 주는 것이 경제적인데, 이때는 한 번에 하나의 그림만 보아야 한다는 것을 강조한 다음 집이나 사무실에서 일반 용지에 이야기를 쓰게 한다. 수검자에게 각 이야기마다 가능하다면 즉각적으로 300단어 이내를 써야 한다고 알려 주는 것이 좋다. 자가 실시(self-administration) 수검자에게는 그림의 커버 안에 다음과 같은 지시를 써 주어야 한다.

자가 실시를 위한 지침

① 각 그림에 관한 이야기를 쓰시오.
② 기록할 준비를 하기 전에는 그림을 보지 마시오.
③ 주어진 순서대로 한 번에 하나의 그림만 본 후 각각의 그림에 대해 당신이 할 수 있는 한 극적인 이야기를 쓰시오. 무엇 때문에 그림에서 보이는 일이 일어났는가, 현재 무슨 일이 일어나고 있는가, 등장인물의 느낌과 사고는 어떤가에 대해 묘사하고 결론도 쓰시오. 마음속에 떠오르는 대로 쓰시오.
④ 원하면 더 많은 시간을 써도 되지만 되도록 한 이야기에 7분 이상 소요하지 않도록 하시오.
⑤ 한 이야기에 300단어 정도를 사용하고 만약 글씨 쓰는 속도가 느리다면 한 장 정도 타이핑을 하시오. 가능하다면 손으로 쓴 이야기를 이후 한 장에 이야기 하나를 한 줄씩 띄어 수정 없이 타이핑해 옮기시오.

이러한 절차는 시간을 절약할 수 있다는 이점이 있지만 자발성을 상실할 가능성과 이야기의 길이를 통제할 수 없고, 만약 수검자가 반응에 비협조적일 경우 중재할 수 있는 기회가 줄어든다는 단점이 있다. 그러나 정신병동이나 심리연구실에서는 자가 실시 방법이 상당히 만족스러운 것이라고 보고한다.

또 하나의 실용적인 이유로 그림을 10~12장 정도 사용하는 것은 더 일반적이다. 이러한 선택적 그림의 사용은 오히려 수검자에게 있을 수 있는 문제를 가장 근사하게 조명하고 나타내 줄 수 있다. 이는 특히 TAT가 임상적인 용도로 사용될 때 더욱 그런데, 검사 전에 수검자에 대해서 그다지 많은 정보를 얻지 못했을 경우 검사자는 자신이 얻은 검사 자료를 더욱 융통성 있게 사용하게 해 줄 수도 있다.

3) 집단 실시

TAT를 집단으로 시행하는 것도 가능하다. 이러한 시행을 위해서 그림을 스크린에 비추는데, 수검자는 개인 시행 때와 동일한 지시를 받지만 이야기는 스스로 써야 한다. Clark(1944)는 16~64세의 연령층에서 852개의 이야기를 수집하여 각각의 그림에서 기본 주제를 선택하였다. 대학생 50명에게 각 그림의 기본 주제와 함께 TAT 그림을 스크린에 비춰 주고는 어떤 내용이 그들이 생각하기에 그림을 가장 근사하게 묘사하고 있는지 검토하도록 하였다. 같은 대상에게 수정된 형태의 TAT를 주고 그들 자신의 이야기를 써 보라고 하였다. 이러한 실험에서 Clark(1944)는 각각의 방법에서 얻은 결과 사이에 사실상 관계가 있음을 발견하였다. 이러한 관계성은 처음에 시행한 임상 형태일 때 더 높았다. 이로써 집단 투사검사는 일반적인 시행이 여의치 않을 때 스크린을 이용하여 실시할 수 있다는 장점이 있음을 알 수 있다.

Eron과 Ritter(1951)는 개인이 구두로 실시한 TAT와 이야기를 스스로 기록하게 한 집단에서 얻은 결과에 있을 수 있는 차이를 연구하였다. 각각 30명으로 이루어진 집단을 대상으로 구두로 한 이야기의 길이가 더 길다는 것을 발견하였으나 주제가 되는 내용의 질과 양은 동일하였다. 손으로 쓴 이야기의 경우 내용이 좀 더 행복하고 가벼웠다.

4) 질문

이야기에 대한 질문은 수검자가 이야기를 다 완성한 후에 하는 것이 가장 도움이 된다. 특히 해석 경험이 있거나 무엇을 물어야 할지 아는 사람에게 유용하다. 일반적으로 장소, 날짜, 인물의 적합한 이름이나 상세한 정보 등 수검자가 알려 준 모든 유용한 정보에 관해 자유연상을 하거나 생각해 보라고 한다. Rapapport는 다른 학자들과 달리 질문은 각각의 이야기가 끝난 후가 아닌 모든 이야기가 나온 후에 하는 것이 좋다고 하였는데, 이는 이전의 자료가 나머지 검사 반응에서 생각나거나 방해할 수도 있기 때문이다. 사실상 질문은 자유연상 과정이 되기 때문에 심리치료 상황의 일부가 되기도 한다.

TAT의 시행은 과정이 분명하며 단순하지만 내부적으로는 복잡하다. 의심할 여지 없이 검사자와 수검자의 관계가 수검자의 풍부한 반응에 중요한 영향을 준다. 초보 검사자들은 하나같이 수검자의 반응이 짧다고 불평한다. 하지만 반응이 짧은 것 자체가 심각한 결점이라고 볼 수는 없는데다가 시행 횟수가 많아질수록 반응은 놀랄 만큼 늘어난다.

검사자와 수검자의 관계는 전이 현상이 갖는 문제점과 유사한 점이 있다. 수검자는 도움을 받으러 왔다. 겁에 질려 있으며 자신이 무엇을 기대하고 있는지도 모른다. 이러한 상황에서 라포 형성은 상당히 중요하다. 이는 검사자가 관심을 표시해야만 한다는 것이며, 그러면서도 너무 열성적이어서 수검자 자신이 심리학적인 관심 때문에 이곳에 와 있다는 느낌을 주어서는 안 된다는 의미다. 검사자는 친절해야 하지만 너무 친절해서 수검자에게 성적인 감정을 일으키게 해서도 안 된다. 가장 좋은 분위기는 수검자가 겁먹지 않고, 자신과 검사자가 수검자 자신을 도울 수 있는 어떤 중요한 일을 진지하게 같이 하고 있다고 느끼게 하는 것이다.

이러한 과정은 TAT뿐만 아니라 모든 투사검사에 해당된다. 한 수검자에게 가장 불쾌한 그림을 그려 보라고 했더니 게를 그렸다. 나중에 자유연상 과정에서 그는 사실 처음에 생각난 것은 '여성의 성기'였다고 하였다. 그는 게를 위험하고, 절단할 수 있고, 거세할 수 있는 동물로 보고 이를 연합시킨 것이다. 다시 말하면, 충동적인 목적의 대상보다는 자신의 소망에 대한 처벌을 표현하는 개념으로 반응하였다는 것이다. 그러므로 반응은 초기 충동과 초자아로 표현된 결과로 보아야 한다.

만약 수검자가 매우 짧고 빈약한 이야기를 한다면 수검자에게 더 길게 할 수 있다거나, 이야기를 더 진행시켜 보라거나, 이야기를 다른 말로 바꿔 확인시켜 달라고 할 수 있다. 어떤 수검자는 검사 시행에 대한 지시는 아랑곳하지 않고 짧게 이야기하기도 하는데, 이는 다른 행동들과 같이 진단적으로 볼 수 있다. 경험상 연극성 성격장애 수검자는 TAT에, 강박장애 수검자는 Rorschach 검사에 더 많은 반응을 한다. 수검자뿐만 아니라 검사자도 방법의 선택에서 강박증 수검자의 경우 Rorschach 검사를 선호하는 경향이 있다.

4. TAT의 해석

1) TAT 기록지 이용 방법

Bellak의 TAT 기록지는 총 6페이지의 폴더와 분리되어 있는 기록 및 분석 용지를 포함하는데, 그중 한 장은 복사된 것으로 폴더에 보관한다. 폴더의 커버에는 수검자 개인 자료를 기록하고 분석이 모두 끝나면 최종 보고서를 쓴다.

검사자가 수검자로부터 10개의 이야기를 확보하고자 수검자가 말하는 것을 받아 적는다고 가정해 보자. 첫 번째 이야기는 TAT 용지 2페이지에 쓴다. 두 번째 이야기는 분석 용지 뒷면에 쓴다. 세 번째 이야기는 또 다른 용지의 뒷면에 쓴다. 이런 식으로 10개의 이야기를 모두 기록한다. 즉, 검사자는 기록지 커버 뒷면에 1개, 분석 용지 뒷면에 9개로 모두 10개의 이야기를 기록한다. 순서대로 정리를 했다면 검사자는 TAT 기록지 3페이지가 맨 위에 나오도록 하여 각각의 용지를 넘길 때 나오는 해당 이야기의 다른 페이지에 있는 분석 용지를 기록할 수 있다.

첫 번째 이야기의 분석 용지는 두 번째 이야기가 쓰인 종이의 앞 장이고 두 번째 이야기의 분석 용지는 세 번째 이야기가 쓰인 종이의 앞 장이다. 이런 식으로 해서 열 번째 이야기(만약 이야기가 10개가 넘거나 10개가 되지 않을 경우 마지막에 한 이야기)의 분석은 기록지 3페이지에 인쇄된 분석 용지에 쓰인다. 이런 식으로 이야기를 분석한 후에 검사자는 각 이야기의 요약을 기록지 4페이지의 빈 칸에 적어 넣는다(만약 10개 이상이라면 4페이지의 뒷면에 요약을 써도 된다). 모든 이야기를 분석한 후에 요약하는 것이 좋은 방법이다. 4페이지에서 요약하고 최종 보고서를 쓸 준비를 한다. 기록 용지를 모두 묶으면 최종 보고서와 요약 용지가 나란히 놓이게 된다. 작업이 완료되면 각각의 용지는 보관을 위해 폴더에 묶고 참고하기 쉽도록 최종 보고서를 커버 맨 앞에 놓는다.

앞서 언급했듯이, 일부 검사자는 수검자가 스스로 이야기를 쓰도록 하는 것을 선호하기도 한다. 그러나 수검자가 분석 용지를 보면 좋지 않으므로 백지에 쓰도록 한다. 이야기가 한 장에 여러 개를 쓸 수 있을 정도로 너무 짧다면 최종 정리할 때 검사자가 직접 분석 용지 뒷면에 적은 것과 같도록 잘라서 다른 분석 용지 뒷면에 풀로 붙이거나 클립으로 고정한다.

분석 용지의 어떤 문항에는 단문이나 주제어 형태로 이야기에서 얻은 적절한 정보를 쓴다. 이는 분석 과정을 쉽게 해 준다. 다른 문항들에서는 ∨로 기록한다. ∨는 주어진 태도나 갈등 같은 것이 단순히 존재한다는 것을 의미할 때 사용된다. ∨∨나 ∨∨∨는 주어진 항목의 중요도가 높다는 것을 의미할 때 사용된다.

이와 같이 수량화하는 접근은 분석 용지의 유연성이나 검사자 간의 신뢰도 등과 관련하여 앞으로의 연구를 위해서 더 많이 필요하다. 최근에 용지를 단축형으로 사용하는 경우가 늘고 있으나 완전한 기록 용지의 사용이 훨씬 유용하며, 특히 수련이나 연구를 위해서는 더욱 그러하다.

2) 평가 목록(10개 변인)

(1) 주제

주제는 전체 이야기의 요점을 다시 언급하는 것으로 이해된다(TAT 이야기에 하나 이상의 주제가 있다는 것을 반드시 기억하고 있어야 한다). 검사 사용에서 초보 검사자는 주제를 해석할 때 겹치는 부분을 무시해 버리기 때문에 주제를 다섯 수준으로 나누기를 권한다. 즉, 서술적 수준, 해석적 수준, 진단적 수준, 상징적 수준 그리고 정교화 수준이다.

다음의 예가 도움이 될 것이다(6BM).

> 이 남자는 성공한 엔지니어다. 그는 외아들인데 아버지는 돌아가시고 어머니와 매우 가깝게 지낸다. 그는 석유 산업에 종사하고 있는데 최근 동인도에서의 근무를 제안받았다. 그는 그 제안을 받아들였고 곧 떠나려고 한다. 그는 어머니와 작별인사를 하고 둘 다 가슴 아파한다. 어머니는 매우 고독감을 느꼈고 얼마 후 아들을 따라 동인도로 갈 것을 결정했다. 지금은 전쟁 중이라 어머니는 아들이 있는 섬까지 가는 배편을 어렵게 구했다. 하지만 적의 잠수함이 어머니가 타고 있는 배를 침몰시켜 어머니는 돌아가시고 만다. 아들은 어머니의 이야기를 듣지 못한 채 어머니를 깜짝 놀라게 해 드리려 집에 돌아가기로 한다. 그의 어머니가 돌아가신 바로 그 지점에서 다른 적 잠수함의 공격으로 그 역시 죽고 만다.

ㄱ. 서술적 수준: 주제는 '아들이 사랑하는 어머니와 함께 살다가 어머니를 떠났다. 그들이 서로 다시 만나려고 했을 때 같은 지점에 죽는다.' 라고 간단히 재진술될 수 있다.

ㄴ. 해석적 수준: 한 걸음 나아가 일반적인 형태에 의미를 부여한다. 이야기 이면에 내포된 의미를 가정해 보는 것이다. 수검자는 만약 어떤 사람이 어머니와 같이 사는 것과 같은 환상(근친상간)을 유지하려 한다면 둘 다 죽고 만다고 믿고 있다.

ㄷ. 진단적 수준: 이 남자는 근친상간적 문제를 지니고 있고 오이디푸스 갈등으로 인해 심한 죄책감을 느끼고 있다.

ㄹ. 상징적 수준: 정신분석적 가정에 따라 상징을 해석한다. 이러한 수준은 사실 자체로부터 가장 동떨어진 해석이 되므로 극도로 조심해야 한다. 예를 들어, 이 경우 어뢰는 아버지의 성기 상징으로서 불손한 의도로 다시 합치려는 어머니와 아들을 모두 위험에 빠뜨리고 파괴한다고 해석할 수 있을 것이다.

ㅁ. 정교화 수준: 검사자는 수검자가 말한 '동인도' 나 '엔지니어' 와 같은 단어에 대해 다른 적합한 이름과 날짜를 정교화하게 하거나 자유연상을 하게 해야 한다.

(2) 주인공

이야기의 주인공은 가장 많이 이야기되면서 감정과 주관적인 생각이 가장 많이 논의되는, 말하는 사람이 자신과 일치시키는 것 같은 인물이다. 확실치 않을 경우는 수검자와 연령이나 성별 혹은 다른 특성 면에서 닮은 인물을 주인공으로 생각하면 된다. 때때로 남성이 여성을 주인공으로 동일시하는 때가 있는데, 만약 전체 그림을 통하여 이러한 상황이 계속되면 잠재적인 동성애의 징후로 볼 수 있다.

도판 2의 경우 실제로 모든 젊은 남성이 전면에 있는 여성을 자신과 동일시하지만, 도판 3BM에서는 그림에 나타난 사람을 여성으로 보는 사람은 드물다. 이 그림에는 주인공의 신체상뿐만 아니라 직업, 흥미, 특성, 능력에 관해서도 자주 묘사되는 특징이 있는데, 이는 수검자가 원하고 있는 면일 수도 있다.

주인공의 적절성을 통하여 검사자는 사회적 · 도덕적 · 지적 · 감정적으로 수용될 수 있는 방식으로 외적 혹은 내적 어려움에도 불구하고 과업을 수행하는 능력을 알 수 있다. 주인공의 적절성은 이야기 전체를 통한 패턴에 일치하고 때로는 수검자의 자아 강도와 직접적인 관련이 있다.

때때로 하나의 이야기에 두 명 이상의 주인공이 등장하기도 한다. 수검자는 명확하게 인식되는 주인공인 제2의 인물을 자신과 동일시할 수도 있다. 이러한 경우는 드물지만 대부분 제2의 인물은 이야기에서는 등장하고 실제 그림에서는 나타나지 않는다. 이 경우 수검자는 그림 속의 주인공에게 나타나는 것보다 더 논란의 여지가 많은 욕구나 감정을 갖는다.

신체상에 대한 입장은 Schilder가 제시하였는데, 그는 "인간 신체의 심상은 마음속에서 검사자가 형성한 검사자 자신의 신체에 대한 상을 의미한다. 몸이 검사자 자신에게 나타나는 방식이다."라고 했다. 이러한 개념은 검사자에게 점점 중요하게 다가온다. 예를 들어, 심장질환이나 결핵을 가진 수검자를 검사할 때 도판 1의 바이올린 그림에서 명확하게 나타나고, 3BM과 17BM에서도 드러날 수가 있다. 도판 1에서는 소년이나 바이올린의 처리에 관한 이야기로부터 수검자 자신의 신체에 대한 개념을 알 수 있다. 악기는 주인공으로 동일시되는데 부서지거나 비어 있거나, 혹은 죽었거나 약해지는 것으로 묘사된다. 죽었거나 약해지는 것으로 묘사되는 경우는 신체상을 넘어서 정서적 경향이나 세계 안에서 수검자 자신의 역할 개념을 포함하는 자아상의 문제가 된다(때때로 바이올린은 여성의 신체, 활은 남성이 된다). 마찬가지로 3BM과 17BM도 신체나 자아에 대한 개념과 사회적인 역할의 특성을 알 수 있게 한다. 행동을 결정하는 것이 이러한 최우선의 이미지들이기 때문에 TAT에서 이들을 구별하는 것은 매우 유용하다.

(3) 주인공의 욕구

TAT 자료에서 주인공의 욕구를 보다 정확히 알아보기 위해서는 다음의 세 가지 유형의 욕구가 수검자의 이야기 속에 어떻게 나타나 있는지를 잘 살펴보아야 한다.

첫째, 주인공의 '행동 욕구'는 가장 기본적인 정보다. 만약 주인공이 이야기에서 극도로 공격적이어서 여러 사람을 공격하고 해친다면 이것은 중요한 기록이 된다. 주인공의 행동 욕구가 수검자의 행동 욕구가 될 수 있지만, 분명한 것은 그것이 수검자의 공상적 욕구라는 것을 기억해야 한다는 것이다.

둘째, TAT에서는 외현적인 행동과 '잠재된 욕구'의 관계에 대한 문제도 중요한 것이 된다. TAT 이야기를 해석하는 사람은 종종 공격성이나 성취와 같은 욕구들이 현실에서 표현될 수 있는 것인지, 혹은 분명히 공상 수준에 속하는 것인지 결정할 필요성도 언급해야 한다. 검사자는 수검자에 대한 최대한의 임상적 · 생활사적 정보를 가능한 한 많이 가지고 있어야 한다. 임상적 상황은 도구의 타당도를 시험하는 곳이 아니다. TAT 타당도는 실험에서 다루어야 하는 문제다. 만약 수검자에 대한 정보가 충분하다면, TAT 이야기는 미리 얻은 행동 자료를 보충해 주는 자료로 사용되어야 한다. 예를 들어, 수검자가 지나치게 수줍어하거나 움츠리고 있다면, 이야기는 인물에 대한 공격성이나 죄의식으로 가득 차 있다.

반면에 검사자가 TAT 안에서 명확하거나 잠재적인 욕구를 가정할 수 있게 하는 검사 내의 명확한 지표도 있다. 예를 들어, 성취에 관한 이야기에서 억지스러운 성공을 거두는지 혹은 차근차근 달성해 나가는지는 매우 중요한데, 이는 성공에 대한 행동적인 욕구에 상응하는 정보를 제공한다.

셋째, Sanford는 '공상적 욕구'와 행동적 욕구의 관계에 대한 중요한 역할을 언급하였다. 그는 공상적으로는 높으면서 행동적으로는 낮은 욕구들이 존재하는데, 이는 대부분 외부적으로 명시된 문화의 압력으로 금지된 것이라고 하였다. 이들은 대부분 획득, 공격성, 성적 행위, 보살핌을 받고 싶은 욕구, 위험을 회피하고 싶은 욕구들이다(마지막 두 욕구는 남성에게 더욱 문화적으로 억압된다). 반면에 어떤 욕구는 질서 및 사회적 비난을 피하거나 배움과 같은 현실적인 요구 때문에 공상에서는 명백하게 표현되지 않고 명확한 행동에서 더 많이 표현되기도 한다. 공상이나 행동에서 모두 높은 욕구가 있는데 이러한 욕구는 사회적으로 용인되고 장려되지만 공상적 수준에서는 아직 만족스럽지 못한 것들이다. 이러한 욕구에는 성취, 우정, 지배 등이 있다.

- 역동 추론(Dynamic Inference): 만약 수검자(주인공)가 자주 다른 인물들에 대하여 양육적이거나 지지적인 반응을 보인다면, 이러한 인물들이 수검자에게 제2 혹은 제3의 동일시 대상이라고 짐작할 수 있다. 애정 어린 보살핌과 배려는 주인공의 어떤 부분에 과도한 의존이나 요구적인 태도가 있다는 것을 보여 준다. 반면, 공격성에 대한 모든 내용을 회피하는 수검자의 경우는 모든 공격성을 계속 부정함으로써 엄청난 공격성을 통제한다고 볼 수 있다.
- 등장하는 인물, 사물, 상황: 몇 개의 이야기에서 한 개 혹은 그 이상의 무기를 언급하거나 전체에서 음식에 대해 언급하는 수검자는 각각 공격성과 구강기 만족

의 욕구를 가지고 있다고 잠정적인 결론을 내릴 수 있다. 마찬가지로 벌을 주는 사람이나 추적자, 기부하는 사람과 같은 인물이나, 혹은 불평등이나 박탈된 상황의 등장에 관해서도 나머지 기록과 함께 해석되어야 한다.

- 생략된 인물, 사물, 상황: 만약 수검자가 3BM의 권총이나 8BM의 장총을 누락했을 때 혹은 18GF에서 여성이 다른 사람의 목을 조르는 것을 보지 못했을 때는 공격성을 억압하고 있다고 할 수 있다. 도판 4에서 배경이 되는 반나체를 무시하거나 13MF에서 성관계에 대한 언급을 하지 않는다면 이는 성적 자극을 회피하고자 하는 욕구를 나타낸다. 물론 이러한 추론은 대상이 나타나고 생략되었다고 언급하려면, 충분한 표집을 가지고 연구한 통계적 기초에 따라 수검자가 규준으로부터 이탈되었다고 판단할 수 있을 때까지 시험적인 것이 되어야 한다.

(4) 환경에 대한 개념

이러한 개념은 무의식적인 자기지각과 과거의 기억 이미지에 따라 자극받은 통각 왜곡의 복잡한 혼합을 나타낸다. TAT의 여러 이야기에서 나타난 상황이 비슷할수록 이것은 수검자의 성격을 이루는 중요한 구성요소가 되고 일상생활에서의 반응에 대한 유용한 단서가 된다. 대부분 '의존적인, 적대적인, 친절한, 위험한' 등과 같은 두세 개의 서술적인 단어면 충분하다.

(5) 모습의 지각

TAT는 주로 사회적 관계에서 통각적인 왜곡과 역동적 요소를 연구할 수 있게 하는 도구다. 따라서 주인공의 부모, 동년배, 어린 사람, 열등한 사람에 대한 주인공의 태도를 철저하게 연구하는 것은 검사자의 도식에 통합적인 일부가 된다. 이러한 방법은 통각과 이에 대한 수검자의 반응을 기록하는 것이다. 즉, 각각의 그림은 수검자가 풀어나가야 할 하나의 상황으로 창조되어 그의 욕구를 이루는 과정을 합의하는 능력, 즉 수검자의 방어를 보여 주게 된다. 예를 들어, TAT에서 수검자가 한 여성을 공격적으로 지각한다면 검사자는 그가 이 인물에 대해서 어떻게 반응해 나가는지를 결정해야 한다. 그가 여성에 대해서 움츠리고 있는지, 역으로 공격하고 있는지, 주지화하고 있는지, 아니면 다른 식의 행동을 하는지에 대해 살펴보는 것이 가치가 있다.

(6) 주요한 갈등

개인의 주요한 갈등을 연구할 때 검사자는 갈등의 본질뿐 아니라 수검자가 그것에 대항하기 위해 사용하는 방어도 파악해야 한다. 초자아와 갈등하고 있는 충동이나 에너지를 밝혀내는 것은 물론, 그 결과 나타나는 한두 가지 행동을 구체화하는 것이 중요하다. 예를 들어, 만일 초자아와 공격성 간에 갈등이 발생하면 수검자는 소극적으로 반응할 수 있다. 이러한 내용에서 검사자는 불안에 대한 연구와 이야기 진행의 전반적인 구조 안에서 수검자의 성격 구조 및 예후에 대한 연구를 할 수 있는 좋은 기회를 가질 수도 있다. 때때로 갈등은 초자아와 공격성, 획득, 성적 욕구와 같은 충동 사이가 아니라 성취와 쾌락 혹은 자율성과 순종 같은 두 가지 욕구 사이에서 일어날 수 있다.

(7) 불안의 특성

주요 불안을 알아내는 것은 매우 중요한 일이다. 수검자가 수동성, 분방함, 공격성, 구강기의 불안을 갖는지 또는 그것이 전통적으로 제한된 일에 관한 것인지의 맥락 안에서 방어를 기록하는 것이 가치 있다.

(8) 갈등과 두려움에 대한 방어

TAT에서는 충동의 내용만을 연구하는 것이 아니라 그 충동에 대항하기 위한 방어도 탐색하여야 한다. 방어에 대한 연구는 충동이 확실한 행동과 밀접한 연관이 있는 방어에 비해 명확히 드러나지 않은 상황에서 사실상 더 많은 정보를 제공한다. 충동과 방어를 연구함으로써 수검자의 성격 구조를 평가할 수 있다.

Anna Freud가 말한 주요 방어기제 이외에 이야기의 분자적 측면을 연구하는 것도 가치 있다. 예를 들어, 어떤 수검자는 불편한 도판에 대해서 강박적인 방어는 분명하게 다르지만 역동적으로는 동일한 네다섯 가지의 주제를 매우 짧고 묘사적으로 말할 수도 있다. 때때로 하나의 도판에서 연속적으로 같은 주제를 말하는 것은 불편한 갈등을 다루고자 하는 수검자의 의도일 수 있다. 이야기가 연속되면서 갈등이 없어지고 평이해진다면, 이는 방어가 증가하고 있는 것을 보여 준다. 반면에 연속적 주제는 금지된 충동의 표현을 허용하는 것이다.

다음의 예는 한 중년의 과학자가 보인 13MF에 대한 환상적인 반응들이다.

① 한 여자와 남자가 침실 혹은 간이 침대가 있는 거실에 있다. 여자는 아파서 침대에 누워 있다. 남자는 그녀가 원해서 있는 것이거나 그녀의 오랜 주치의일 수도 있는데, 오늘 밤은 유독 피곤하다. 여자는 잠을 자고 있거나 쉬고 있거나 혹은 죽었을 수도 있다. 남편이거나 의사인 남자는 오랜 기간 견뎌야 했거나, 만약 여자가 부인이라면 슬프거나, 여자가 아픈 것이라면 두렵거나 피곤할 것이다.
② 살인이 일어났고 남자는 후회를 하거나 그 행동에 대한 막중한 현실을 체감한다.
③ 혹은 그들은 동거하고 있다. 여자는 옷을 벗었고 남자는 입고 있다.
④ 또한 남편이 잠이 덜 깬 채로 아침 일찍 나가고 있는데, 아내는 여전히 잠을 자고 있다.

이 예에는 악의가 없는 상상으로부터 갑자기 평이한 살인적 사고로 진행하는 네 가지 이야기가 있다. 수검자의 마음속에서 동거를 더 나쁜 범죄로 여겼는지 혹은 무해한 가정 환경으로 방어를 새롭게 하려고 했는지는 확언할 수 없다.

(9) 초자아의 적절성

위반을 얼마나 엄격하게 처벌하는지를 통해 초자아의 강도에 관한 통찰을 준다. 대체로 정신질환이 있는 수검자의 주인공은 이야기에서 계속 살인을 저질러도 이후 삶에서 처벌을 받지 않는다. 반면, 신경증 수검자의 주인공은 고의적이든 우연이든 죽거나 난도질당하며, 미약한 위반이나 공격을 표현해도 질병으로 죽게 된다. 이와 같이 때로는 너무 엄격하거나 때로는 너무 관대한 통합되지 않은 초자아는 신경증과 관련이 있다.

(10) 자아의 통합

자아의 통합을 통해 수검자가 얼마나 잘 기능할 수 있는지를 알 수 있다. 한편으로는 수검자가 자신의 욕구, 현실의 요구 그리고 초자아의 명령 사이에서 타협할 수 있는 범위를 보여 준다. 도판에서 마주친 문제에 어떻게 대처하는지는 주인공의 적절성과 이에 대한 통각이 자아의 통합에 대한 것을 말해 준다는 것을 알 수 있다.

자아의 통합에서 특히 관심을 두어야 할 것은 다음과 같은 형식적인 특성이다. 수검자가 자극에 대하여 일정한 양의 적응적인 인지로 이루어진 적절한 이야기를 할 수 있는가, 혹은 수검자가 사로잡혀 있는 문제에 몰두하거나 현실 인식을 제대로 하지 못하여 도판과는 상관없는 이야기를 말하는가 하는 것이다. 수검자가 전형적인 이야기를 함으로써 불안에서 벗어나려고 하는 것인가? 그가 제시한 창의적인 이야기만큼 지적인가? 수검자 자신이 생각해 낸 이야기인가? 줄거리가 나오면 그는 이야기 안에서 갈등을 해결할 수 있는가? 적절하고 완벽하고 현실적인 수검자가 존재하는가? 혹은 문제의 영향 때문에 사고가 비구조화되거나 기괴하지는 않은가?

이러한 관찰로써 자아강도가 무엇으로 구성되는지를 평가할 수 있고, 때로는 수검자를 범주화하는 데 도움이 된다. 또한 이는 TAT의 주요 역할인 역동적인 진단에 기여한다.

이야기에 대한 수검자의 거리 또한 고려해야 한다. 예를 들어, 이야기의 시기가 아주 오래전 일이거나, 주인공이 단순한 구경꾼이거나, 영화의 한 장면으로 묘사하거나, 비꼬는 톤으로 감정이 묘사되었다면, 이는 방어기제로서 이야기의 감정적인 내용으로부터 자신을 고립시키려는 의도라고 할 수 있다. 반면에 만약 수검자가 자신을 이야기에 즉시 연관시켜 '이것은 나에게 일어났던….' 식으로 말한다면, 이는 거리감에 대한 상실과 자기애적 성향을 말해 주는 것이다.

형식적인 관점에서 도판에 대해 이야기하는 것은 수검자가 해야 하는 과제다. 검사자는 수검자의 능력에 대한 견해를 통해 적절성과 자아강도 그리고 다른 변인들과 과제에 대처하는 방식을 판단할 것이다.

5. TAT 도판의 전형적 주제

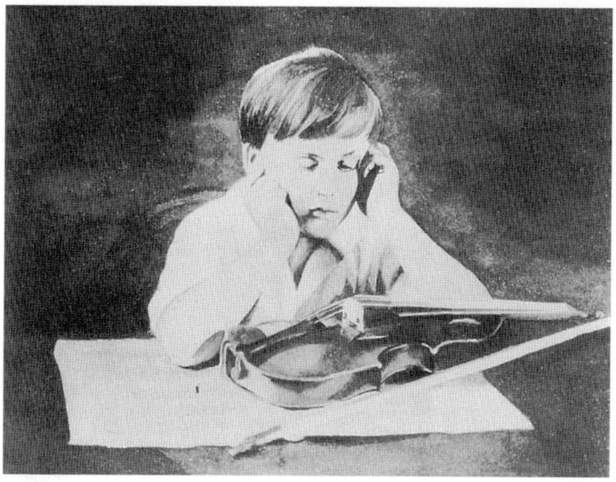

[도판 1] 한 어린 소년이 탁자 위에 놓인 바이올린을 바라보고 있다.

[도판 1]은 TAT 도판 중 가장 가치 있는 것으로서, 만약 하나만을 선택해야 한다면 전체 성격에 대해 말해 줄 수 있는 이 도판을 선택해야 할 것이다. 이것은 위협적이지 않아서 검사 상황을 순조롭게 시작하게 하고 성인과 청소년의 공상을 이끌어 낸다.

이 도판에서 수검자는 소년과 쉽게 동일시하고 부모상에 대한 관계를 나타낸다. 다시 말해 부모가 공격적인지, 지배적인지, 협조적인지 또는 이해하고 보호하는지에 대한 지각이 명확하게 나타나는 것이다. 부모와 수검자의 관계 이외에 수검자가 부모와 실제 어떤 관계를 가졌는지도 알 수 있다. 흔히 자율과 권위에 대한 순응 간의 갈등과 관련된 주제를 얻을 수 있다. 그러므로 이 카드는 청소년에게 특히 효과적이다.

이 카드에서 자주 나타내는 또 다른 욕구로는 성취가 있다. 여기에서는 공상 수준이나 현실 수준에서 어떻게 성공하게 되었는지를 보는 것이 특히 중요하다.

공격성은 성적 암시와 함께, 혹은 성적 암시 없이 바이올린이나 활이 망가지는 것으로 표현된다. 초자아적 불안은 이야기에서 소년이 맹인으로 나타나는 것으로 표현될 수 있는데, 이는 관음적 욕구와 관련된 불안의 표현일 것이다.

수검자가 공책이나 헝클어진 머리카락 또는 도판을 다시 찍어 내면서 생긴 반점에 많은 관심을 기울일 때는 강박적인 몰두로 보아야 한다. 이러한 경우 더러움으로 이야기된다. 아래에 놓인 바이올린의 경우 바이올린은 여성으로, 활은 남성으로 자주 동일시되고, 이때 바이올린 연주에 관한 전체 이야기는 성적인 행동으로 볼 수 있다. 이 도판은 특히 신경심리학적으로 유용한데, 적절한 시력과 평균지능을 가진 정신증적이지 않은 수검자 중 많은 수가 자발적인 이야기에서 바이올린을 인식하지 못했다. 질문을 하면 종종 올바른 재인을 할 수 있었지만 이러한 현상이 어떻게 왜 일어나는지는 이해되지 않았다. 결과적으로 뇌의 최소 역기능(혹은 주의력 결핍장애)에 점차 관심을 갖게 되었고, 바이올린을 인식하지 못하는 것이 주의력 결핍장애를 나타낸다는 사실을 밝혀냈다.

[도판 2] 시골 풍경: 전경은 한 젊은 여자가 손에 책을 들고 있고,
배경은 한 남자가 들판에서 일을 하고 있다. 나이 든 여자는 쳐다보고 있다.

[도판 2]는 수검자의 가족관계에 대한 뛰어난 지표를 제공한다. 남성 수검자도 왼쪽의 젊은 여자와 자신을 동일시하는데, 이는 매우 분명한 형상이기 때문이다. 가족으로부터의 자유와 보수적인 순응의 주제가 다시 나타나고, 이러한 주제는 수검자와 가족 간의 불일치 유형을 보여 준다. 오이디푸스적 주제와 형제간의 경쟁도 완전히 드러난다.

가장 유용한 것은 수검자가 나무에 기대어 있는, 임신한 것으로도 보이는 여자를 어떻게 다루는가 하는 것인데, 이는 수검자가 임신에 대한 통각을 다루는 방식으로부터 임신에 대한 많은 정보를 끌어낸다.

남자의 형상은 수검자의 이성애와 동성애적인 태도를 반영할 수 있는데, 남성 수검자의 경우 지나치게 이 남자의 남성성을 찬양하는 것 등이다.

이 도판에는 비교적 많은 대상이 있는데, 강박성 충동 수검자는 배경에 있는 호수나 작은 부분을 언급한다. 이러한 경우는 충동성 경향을 진단할 수 있다. 때로 말에 대하여 갖는 대부분의 관심은 억압과 회피를 나타낸다. 유사하게, 방어는 세부적인 것에 강박적으로 몰두하거나 고랑이 똑바르지 않다는 불만으로 나타날 수 있다. 이 그림에 대한 이야기에서 시간과 공간이 사라지는 경우가 있는데, 이는 자신의 갈등을 없애려는 형태다.

두 여자와 남자의 관계에서 남자가 여자의 일꾼인지, 아버지나 남편인지, 남동생인지를 논의하는 것은 성 역할에 관한 좋은 정보를 준다.

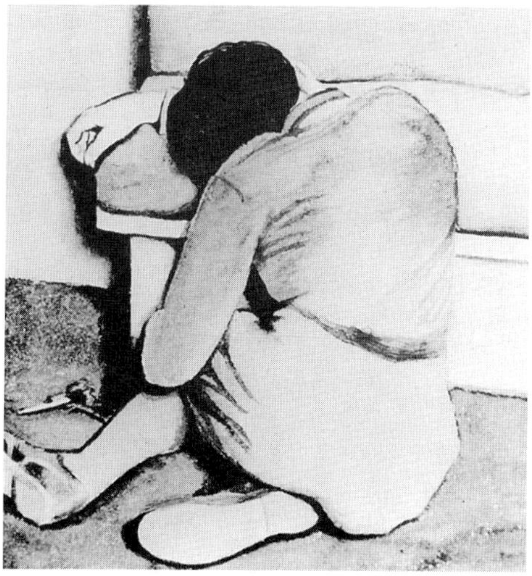

[도판 3BM]
한 소년이 오른팔에 머리를 묻은 채 소파에 기대어 앉아 있고 그 옆에는 권총이 놓여 있다.

[도판 3GF]
젊은 여자가 오른손으로 얼굴을 가리고 머리를 수그린 채 왼손으로 나무로 된 문을 붙잡고 기대 있다.

[도판 3BM] 또한 가장 유용한 도판 중 하나에 속한다. 이 도판은 여성에게도 사용할 수 있다. 여성 수검자도 쉽게 그림과 동일시하고 그림 속의 사람을 여자로 보기 때문이다. 대부분의 남성은 웅크린 사람을 남자로 본다. 만일 남성 수검자가 여자로 본다면 이는 잠재적인 동성애 가능성의 요인으로 주목할 필요가 있으나 진단이 되어서는 안 된다. 이는 다른 그림에서도 암시적인 증거가 있어야 확실해진다. 왼쪽에 있는 대상을 어떻게 지각했는지는 공격성과 관련한 정보를 제공하는데, 이 대상을 총으로 재

인했을 때 공격성의 처리 방법을 관찰하는 것은 흥미롭다. 다시 말해, 외적 공격(영웅이 누군가를 쏘았다)인지 내적 공격(영웅이 맞았거나 자살을 했다)인지를 관찰하는 것이다. 외적 공격의 경우 그가 심하게 벌을 받았다거나 도망을 쳤다는 것은 수검자의 초자아 강도에 관한 개념을 제공한다. 한편으로 결국에는 자살을 하는 우울 패턴으로 이끈 단서를 얻고자 할 수도 있다. 이 도판이 우울 수검자에게 필수적인 것임은 분명하다. 권총을 무해한 장난감과 같은 것으로 보는 것은 부정이나 회피 혹은 공격성이 없는 수검자의 건강한 처리 방법인지 점검해 보아야 한다.

또한 이 도판에서는 신체상이 나타날 수 있다. 그 사람이 신체적 장애를 가졌다거나 심한 병에 걸렸다고 말할 수도 있다.

자살에 관한 이야기만으로는 중요한 징후라고 할 수 없다. 다만 이야기가 잠재적인 내적 공격성, 엄격한 초자아, 심한 공격성을 나타낼 때 자살의 심각한 가능성을 고려해야 한다. 그리고 우울감을 나타낼 수 있는 그림으로 여성 수검자에게도 사용하면 더 유용한 정보를 얻을 수 있다.

[3GF]는 여주인공의 실망감, 우울, 억울한 심리 상태가 자주 언급된다. 남자친구, 남편, 가족과의 갈등이 자주 반영되고 갈등과 관련된 이유와 이를 어떻게 해결하고 다루는지를 드러낸다.

[도판 4] 한 여자가 남자의 어깨를 붙들고 있고 남자는 벗어나려는 듯 몸과 얼굴을 돌리고 있다.

[도판 4]는 남녀관계에 대한 매우 다양한 욕구와 감정을 보여 줄 수 있다. 부정에 대한 주제가 자주 나타나고, 여성의 역할에 대한 남성의 태도가 나타날 수 있다. 여자는 나쁜 생각을 하고 있는 남자를 막는 보호자가 되거나 남자의 사악한 목적을 막으려고 할 수 있다. 유사하게 자신에게 공격적이었던 남자에 대한 여자의 태도도 명확해진다.

흥미로운 것은 배경에 있는 반나체의 그림이다. 이것은 수검자의 2/3 이상에게 지각된다. 지각하지 못했다거나 자세히 언급했다면 성적 문제가 있다는 단서가 될 수 있다. 포스터로 보거나 배경의 실제 모습으로 보는 것은 삼각관계에서 질투의 주제로 볼 수 있다. 포스터로 보는 것에는 방어적인 요소의 가능성이 있다.

[도판 5] 한 중년 여자가 문을 반쯤 열고 방을 들여다보고 있다.

[도판 5]는 어떤 행동을 지켜보는 어머니로 자주 해석된다. 자위 행위가 관찰되고 있다는 두려움을 상징하는 이야기가 되거나, 자녀에게 관심을 보이는 자애로운 어머니에 대한 이야기이거나, 수검자가 늦게 일어난 것을 꾸짖는 것으로 보일 수도 있다. 관음적인 소재가 매우 빈번하여 부모의 동침 장면이 위장된 이야기가 되기도 한다. 정신

분석적 인상에서 여성 수검자의 경우 애착에 대한 두려움이 강도 이야기로 반영되거나, 남성 수검자의 경우 '구원 환상'을 보인다.

[도판 6BM]
작고 나이가 든 여자와 크고 젊은 남자가 서 있다. 남자는 여자의 등 뒤에서 어쩔 줄 모르는 표정으로 밑을 내려다보고 있다.

[도판 6GF]
소파 끝에 앉아 있는 한 젊은 여자가 뒤에서 파이프를 물고 이야기를 건네는 남자를 돌아보고 있다.

[도판 6BM]은 남성 수검자에게는 필수적인 도판이다. 모자 관계의 모든 문제와 부인이나 다른 여성과 관련한 다른 문제를 반영하며 오이디푸스적인 주제가 빈번하다.

[도판 6GF]는 남녀 관계를 반영하는 6BM의 쌍이다. 그러나 남녀의 나이 차가 비교적 적기 때문에 남자를 여자의 아버지로 보기보다는 둘을 동년배로 보며, 남자를 공격하는 사람이나 유혹하는 사람, 청혼하는 사람 등으로 여긴다. 이 남자는 이상적인 아버지를 대표하는 아저씨로 자주 표현된다.

[도판 7BM]
회색 머리의 남자가 부루퉁하게 어딘가를 응시하고 있는 젊은 남자를 쳐다보고 있다.

[도판 7GF]
소파에 앉아 있는 나이 든 여자가 소녀 옆에서 말을 하고 있거나 책을 읽어 주고 있다. 소녀는 무릎에 인형을 놓고 다른 곳을 바라보고 있다.

[도판 7BM]은 부자 관계를 드러내는 데 필수적이고 남성 권위에 대한 태도의 형태가 모두 나온다.

[도판 7GF]는 여성 수검자에게는 어머니와 자녀 간의 관계를 보여 준다. 소녀가 어머니가 아닌 먼 곳을 응시하고 있다는 것은 어머니에 대한 부정적인 생각을 자극하는 것으로 보인다. 인형은 아이를 기대하는 수검자의 태도를 반영한다. 어머니가 동화를 들려준다는 주제가 빈번하고, 또한 가장 교육적인 주제가 된다.

[도판 8BM] 한 청년이 앞쪽을 바라보고 있으며
한쪽에는 엽총이 보이고 배경에는 환상과 같은 수술 장면이 보인다.

[도판 8BM]은 매우 유용하다. 남성 수검자는 보통 앞에 있는 청년과 자신을 동일시하는데, 공격성이나 야망에 대한 이야기가 나올 수 있다. 공격성은 어떤 사람이 총을 맞고 수술을 받고 있다는 이야기로 나타나고, 야망은 의사가 되려는 소년의 꿈으로 나타날 수 있다. 왼쪽의 엽총은 3BM의 권총과 비슷한 맥락에서 본다. 그림을 아버지 상으로 본다면 오이디푸스적 관계에 대한 단서를 제공하기도 한다. 무기에 대한 언급을 회피하는 것은 잠재된 심각한 적대감을 의미할 수 있다.

[도판 8GF] 젊은 여자가 손으로 턱을 고이고 앉아 어딘가를 응시하고 있다.

[도판 8GF]에서는 어떠한 주제라도 나올 수 있는데, 대개는 깊이가 없다.

[도판 9BM] 네 명의 남자가 풀밭에 누워 휴식을 취하고 있다.

[도판 9GF] 잡지와 지갑을 들고 있는 한 젊은 여자가 나무 뒤에서 파티드레스를 입고 해변을 달리고 있는 또 다른 여자를 보고 있다.

[도판 9BM]은 동년배의 일대일 관계를 드러내 주는 중요한 그림이다. 이는 사회적 관계의 일반적인 지표를 제공할 수 있는데, 수검자는 그림의 인물과 자신을 동일시할 수 있다. 수검자는 이 그룹을 못마땅하게 보는 외부 사람과 자신을 동일시할 수도 있고 그룹의 중심이나 부분일 수도 있다. 이 도판에서 동성애의 욕구와 두려움이 분명해질 수도 있다.

[도판 9GF]는 여성 간의 감정에 관한 것을 얻는 데 매우 중요한 그림이다. 특히 자매간의 경쟁이나 모녀간의 적대감이 잘 드러난다. 우울과 자살적 성향이 의심되는 사람에게도 매우 중요한데, 이 경우 아래쪽의 여자는 공황 상태에서 해변을 달리는 것으로 묘사된다. 다른 사람을 어떻게 악의적으로 보고 있는지를 논의해 보면 의심에 대한 주제가 나타나기도 한다. 이것은 편집증 요인으로 고려된다. 이 그림에서 남자는 낭만적이거나 공격적으로 등장한다.

[도판 10] 젊은 여자가 남자의 어깨에 머리를 기대고 있다.

[도판 10]은 남자와 여자의 관계에 대해 많은 것을 나타낸다. 남성 수검자가 남자 간의 포옹으로 해석한다면 이는 잠재적인 동성애에 대한 강력한 단서나 이와 관련한 성격 문제가 명백해진다. 남자와 여자로 묘사된다면 이것이 끝나는 이야기인지 시작하는 이야기인지에 관심을 가져야 한다.

[도판 11] 높은 절벽 틈 사이로 길이 나 있다.
저 멀리 길에는 희미한 형상이 보이는데 용의 긴 머리와 목이 바위 벽 한쪽에서 앞으로 나와 있다.

[도판 11]은 위장되어 나타나 있으며, 특히 많은 사람이 방어를 풀 수 있게 하기 때문에 유용하다. 여기에는 많은 유아적 또는 원시적 공포가 나타나는데, 동물에 이러한 정서가 투사된다. 또 공격에 대한 공포에 있어 유용한데, 예를 들어 용을 남근 상징으로 보는 것이다. 구강 공격에 관한 이야기도 빈번하다. 이는 수검자가 피하려고 해도 수검자의 기분에 대한 좋은 단서를 제공한다.

다른 정신병리적 증상과 같이 불안도 문화에 따라 달리 표현될 수 있다.

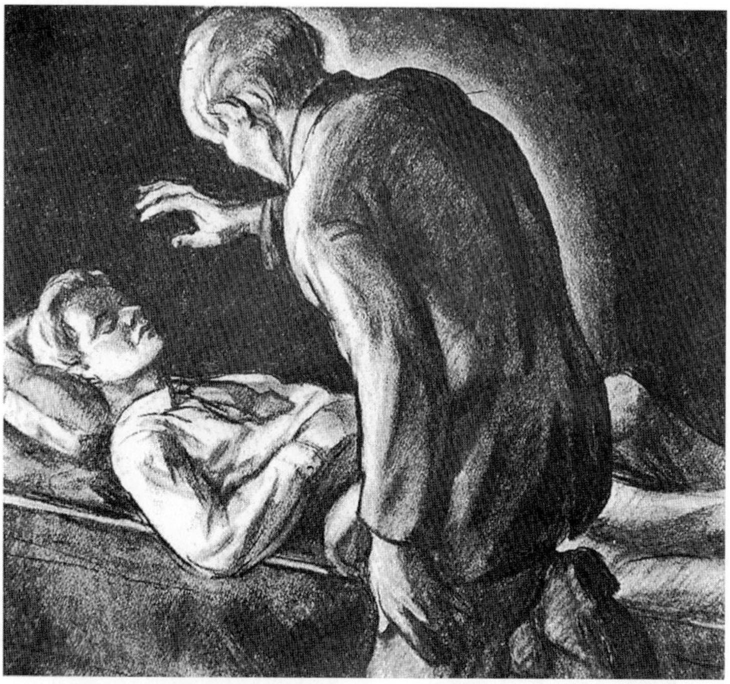

[도판 12BM] 한 젊은 남자가 눈을 감고 의자에 누워 있다.
그를 향해 몸을 구부리고 있는 수척한 모습의 나이 든 남자는 손을 젊은 남자의 얼굴 위로 뻗치고 있다.

[도판 12BM]은 젊은 남자와 노인 간의 관계의 질에 대한 암시가 나타나는 중요한 그림이다. 특히 이것은 수동적인 동성애적 두려움, 지배의 두려움과 관련된다.

이 그림에 대한 이야기는 수동성이 자아동조적인지 두려움에 따른 것인지를 나타낼 수 있다. 때때로 위에 있는 남자는 협조적이고 도움을 주며 편안함을 주는 것으로 보고 어떤 불안도 표현하지 않는 데 비해, 어떤 때는 최면을 걸어 나쁜 영향을 발휘하는 것으로 보거나 희생자를 공격하는 것으로 본다. Rapapport는 이 그림이 치료적 성공을 예측할 수 있다고 했다.

[도판 12F] 한 젊은 여자의 초상이다.
배경에는 머리에 숄을 두른 이상하게 생긴 나이 든 여자가 얼굴을 찡그리고 있다.

[도판 12F]는 어머니 상에 대한 개념을 나타낼 수 있지만 모든 경우에서 유용한 것은 아니다. 사악한 어머니 상은 이야기에서 시어머니로 위장하여 나온다. 이러한 경향은 시어머니가 자신의 어머니에게 느끼는 부정적인 정서를 대신 받는다고 이해해야 한다. 수검자는 어머니에 대해서만은 긍정적인 감정만을 인식하고 부정적인 것들은 시어머니라는 덜 신성한 모습에 투사한다.

[도판 12BG] 숲속의 시냇가에 배가 떠 있다. 그림에는 어떤 사람의 형상도 없다.

[도판 12BG]는 초기 지표로서 아동에게는 의미가 있으나 경험상 유용하다고 보이지 않는다. 그러나 자살 가능성이 있거나 우울한 수검자들의 경우 배가 가라앉았다는 이야기를 통해 자살 성향이 드러날 수 있다.

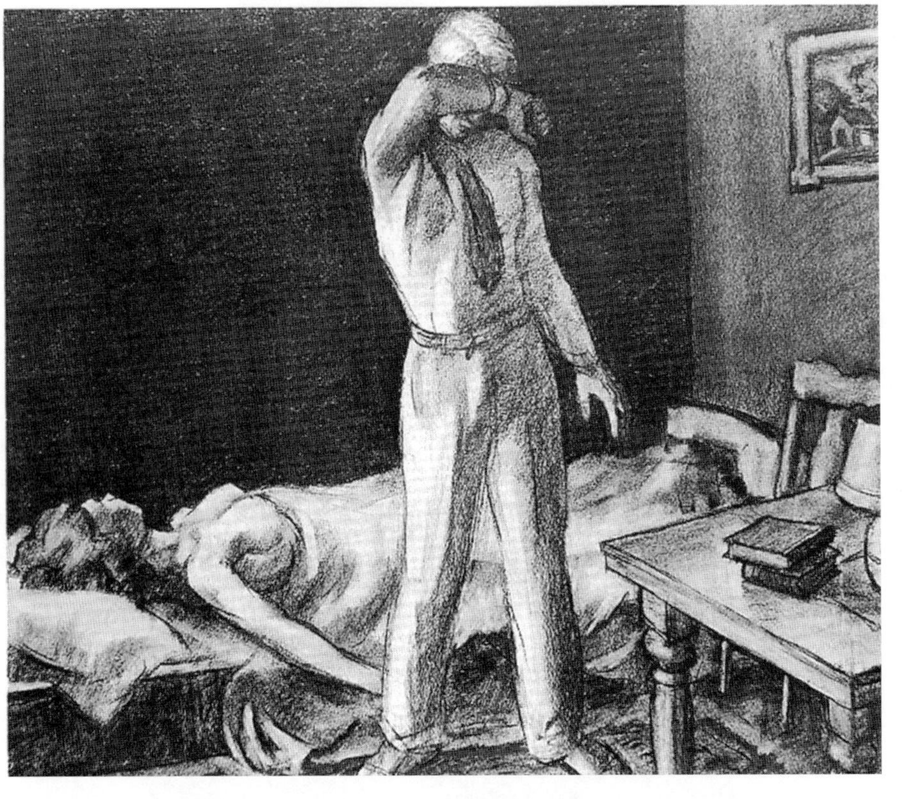

[도판 13MF] 한 젊은 남자가 팔을 머리에 묻고 서 있다. 그 뒤에는 침대에 누워 있는 여자가 보인다.

[도판 13MF]는 남성과 여성 모두에게 성적 갈등을 보여 주는 뛰어난 그림이다. 많이 억압된 수검자는 여기에서 '성적 충격(sex shock)'을 받고 충격이 이야기에서 표현될 것이다. 여성은 강간, 공격, 성적 학대에 대한 두려움을 나타낼 수 있고, 남성은 성 활동에 대한 죄책감을 드러내며 동성애에 대한 혐오를 보여 준다. 남편과 아내 사이의 감정이 투사되기도 한다. 또한 이 그림에서 경제적 박탈에 관한 이야기가 흔하고 구강기적 성향도 자주 나타난다. 이 도판은 비교적 세부적인 부분을 많이 포함하여 강박적 충동을 쉽게 인식하게 할 수 있다.

[도판 13B] 작은 소년이 통나무집 문턱에 앉아 있다.

[도판 13B]는 어린 시절의 이야기를 자극하는 그림으로, 바이올린 그림과 유사하여 어린 소년의 이야기를 하기도 하지만 주목할 만하지는 않다.

[도판 13G] 작은 소녀가 구불구불한 층계를 오르고 있다.

[도판 13G]에서는 특별히 유용한 것을 찾을 수 없다.

[도판 14] 남자(혹은 여자)의 실루엣이 밝은 창문 반대에 보인다. 그림의 나머지는 완전히 까맣다.

[도판 14]의 실루엣은 가장 유용한 상이 될 수 있다. 먼저 이는 성적 정체성에 주의를 기울이게 한다. 또한 이는 종종 어둠과 관련한 아동기의 공포를 나타낸다. 자살적 성향이 의심되는 사람에게는 절대적인 카드이며 창문 밖으로 뛰어내리는 이야기로 표현된다. 이것은 단순한 계획의 주제를 이끌어 내고 수검자의 철학적인 합리화를 드러낸다. 때때로 심미적인 관심이 나타날 수 있고 소망으로 가득 찬 이야기가 나올 수 있다.

[도판 15] 음산한 남자가 양손을 꽉 잡고 묘비 사이에 서 있다.

무덤에 있는 상에 관한 [도판 15]는 특히 수검자가 최근에 가족의 죽음을 경험했을 때 중요하며, 임상가는 죽음과 관련된 감정을 발견해야 한다. 이는 또한 모든 수검자에게 죽음에 대한 공포와 관념을 노출하는 데 매우 유용하다. 우울 경향도 명백하게 나타난다. 특히 임상적으로 흥미롭고 중요한 것이 이 그림의 반응에서 나타날 수 있는데, 이것은 죽음에 관한 많은 개념이 있다는 사실이다. 정신병리는 죽음에 대한 생각이 심하게 훼손(거세나 항문기적 상처)되었거나, 혹은 구강기 성격의 수용할 수 있거나 수용할 수 없는 수동적 환상에 따라 구별된다. 죽음에 대한 공격적이거나 수동적인 환상은 천국과 지옥이라는 종교적 이분법에 가장 대표적으로 나타난다. 이러한 모든 고려는 자살 가능성이 보일 때 특히 중요하다.

[도판 16] 공백카드

[도판 16]의 공백카드는 언어적으로 뛰어난 수검자들에게 매우 유용하다. 이러한 수검자들은 아주 자유롭게 투사한다. 그러나 수검자가 공상을 표현하는 데 어려움이 있었다면 이 카드는 소용이 없다.

[도판 17BM] 벌거벗은 남자가 줄에 매달려 위로 올라가거나 아래로 내려가는 듯한 동작을 하고 있다.

[도판 17BM]에는 많은 유용한 측면이 있다. 물리적 외상으로부터 도망가는 이야기를 통해 공포감이 나올 수 있다. 남자로부터 도망가는 이야기는 종종 오이디푸스적 공포를 이끌어 내고, 특히 아동에게 이 그림은 왕이나 왕자로부터 벗어나려는 것으로 보일 수 있다. 세부적 묘사를 통해서 동성애적 감정이 쉽게 나타난다. 그리고 운동 경기나 그와 유사한 것으로 묘사하여 경쟁적인 성격의 이야기를 만드는 것도 흔하다. 남성 수검자는 종종 신체상을 암시할 수 있다.

[도판 17GF] 물 위에 다리가 있고 여자의 형상이 난간에 기대어 있다.
배경에는 큰 빌딩과 작은 형상의 남자들이 있다.

[도판 17GF]는 자살 경향이 의심되는 여성에게 유용하고 다리에서 뛰어내리는 이야기 등의 방법으로 나타낼 수 있다. 그 외에도 매우 다양한 이야기가 이 그림에서 이야기될 수 있다.

[도판 18BM] 한 남자가 3개의 손에 붙잡혀 있는데 적대자들의 모습은 보이지 않는다.

[도판 18GF] 한 여자가 계단 난간 뒤로 쓰러질 듯한 다른 여자의 목을 쥐고 있다.

[도판 18BM]은 남성의 불안을 알아내고 확인하는 데 아주 중요한 그림이다. 공격의 두려움, 특히 동성애적 성격에서 가장 명백하다. 수검자에게 조금이라도 불안이 있다면 반드시 나타난다. 반대로 친구들이 취한 남자를 집으로 데려다 주었다는 지지적 이야기와 같은 해가 없는 것이 될 수도 있다. 나머지 손들을 어떻게 다루는가는 수검자의 사고 과정과 관련된다.

[도판 18GF]는 여성이 공격성을 어떻게 다루는가에 대한 훌륭한 암시를 준다. 공격적 행동이 일어난다는 것을 부정함으로써 빠져나갈 수도 있다. 때로 한 여자가 또 다른 여자를 어떻게 도와 부축하는지에 관한 이야기는 공격적 암시를 피하려는 의도를 말해 준다. 모녀 갈등이 강조된다.

[도판 19] 눈 덮인 오두막집 위로 구름으로 이루어진 것들이 나와 있는 이상한 그림이다.

[도판 19]는 때로는 아동에게 유용하지만 그렇지 않은 다른 경우도 있다.

[도판 20] 어둠 속에서 가로등에 기대어 있는 남자(혹은 여자)의 희미한 모습

[도판 20]의 상은 여자로도 남자로도 보일 수 있다. 따라서 성적 정체감에 대한 감별적 암시로 보아서는 안 된다. 여성 수검자는 남자나 어둠에 대한 공포를 이야기할 수 있다. 이 공포는 성이나 갱스터와 관련된 이야기를 만드는 것으로 표현된다.

참고문헌

Atkinson, J. W., & Feather, N. T. (Eds.). (1966). *A theory of achievement motivation, vol. 66*. New York: Wiley.

Bellak, L. (1954). *The Thematic Apperception Test and the Children's Apperception Test in clinical use*. New York: Grune & Stratton.

Clark, A. (1944). A method of administering and evaluating the Thematic Apperception Test in group situations. *Genetic psychology monographs*, *30*, 3-55.

Coché, E., & Sillitti, J. A. (1983). The Thematic Apperception Test as an outcome measure in psychotherapy research. *Psychotherapy: Theory, Research & Practice*, *20*(1), 41.

Shneidman, E. S. (1947). The Make-A-Picture-Story (MAPS) projective personality test: a preliminary report. *Journal of consulting psychology*, *11*(6), 315.

Eron, L. D., & Ritter, A. M. (1951). A comparison of two methods of administration of the Thematic Apperception Test. *Journal of Consultant Psychology*, *15*, 55-61.

Harrison, R. (1940). Studies in the use and validity of the Thematic Apperception Test with mentally disordered patients. *Journal of Personality*, *9*(2), 134-138.

Horwitz, M., & Carwright, D. (1951). A Projective method for the diagnosis do groups. *Human Relations*, *6*(4), 397-410.

Klopfer, B. (1957). Psychological variables in human cancer. *Journal of Projective Techniques*, *21*(4), 331-340.

Kraiger, K., Hakel, M. D., & Cornelius, E. T. (1984). Exploring fantasies of TAT reliability. *Journal of Personality Assessment*, *48*, 365-370.

Leary, T. (1957). *The Interpersonal Theory of Personality*. New York: Guilford Press.

Lundy, A. (1985). The reliability of the thematic apperception test. *Journal of Personality Assessment*, *49*(2), 141-145.

Lundy, A. (1988). Instructional set and thematic apperception test validity. *Journal of Personality Assessment*, *52*(2), 309-320.

McClelland, D. C. (1961). *The achievement society*. Princenton, NJ: Von Nostrand.

McClelland, D. C., Koestner, R., & Weinberger, J. (1989). How do self-attributed and implicit motives differ? *Psychological review*, *96*(4), 690.

Morgan, C. D., & Murray, H. A. (1935). A method for investigating fantasies: The Thematic Apperception Test. *Archives of neurology and psychiatry*, *34*(2), 289.

Murstein, B. I. (1972). Physical attractiveness and marital choice. *Journal of Personality and Social Psychology*, *22*(1), 8.

Rapappport, D. (1946). *Diagnostic Psychological Testing*. Chicago, IL: Yearbook.

Rapaport, D., Gill, M., & Schafer, R. (1946). *Diagnostic Psychological Testing*, *vol. 2*. Chicago, IL: Yearbook Publishers.

Sanford, R. N. (1943). *Physique, Personality and Scholarship*. Washington. DC: Society for Research in Child Development. Schafer.

Schider, P. (1934). Space, time and perception. *Psyche*, *14*, 124.

Schider, P. (1935). *Image and Appearance of the Human body*. London, UK: Kegan Paul.

Spangler, W. D. (1992). Validity of questionnaire and TAT measures of need for achievement: Two meta-analyses. *Psychological Bulletin*, *112*(1), 140.

Tomkins, S. (1947). *The Thematic Apperception Test: The theory and technique of interpretation*. New York: Grune & Stratton.

West, A., Martindale, C., Hines, D., & Roth, W. T. (1983). Marijuana-induced primary process content in the TAT. *Journal of Personality Assessment*, *47*, 466-467.

8장

집-나무-사람 검사: H-T-P 검사

1. H-T-P 검사의 역사적 배경

집-나무-사람 검사(House-Tree-Person Test)에서는 수검자 자신에 대한 관점과 환경에 대한 내부적인 관점이 드러난다. 수검자가 그린 그림은 자신이 중요하게 생각하는 영역들이며, 수검자 스스로는 자신의 내부가 임상적으로 해석될 수 있다는 것을 미처 알지 못한다. 자신도 모르게 성격 발달과 관련된 정서적인 면들과 역동을 나타내 준다는 점이 H-T-P 검사의 강점이다.

H-T-P 검사는 Buck(1948), Buck과 Hammer(1969)가 개발하였다. 이들은 사람의 그림에 사람과 관련지어 보기에 적합한 집과 나무를 첨가하여 그리는 검사를 실시함으로써 인물화검사(DAP)보다 유용한 검사를 개발하였다.

초기의 H-T-P 검사는 정신분석학적인 관점에서 해석하는 경향이 많았으나, Burn(1987)은 최근에 이보다는 인본주의적 관점이나 Jung의 입장을 더 강조하고 있음을 언급하였다. H-T-P 검사가 표준화된 검사는 아니지만 임상가들에게 많이 활용되는 이유는 내담자를 이해하는 데 직관적이고 상호작용적이기 때문이다. 검사의 실시와 해석 과정이 때로는 꿈의 해석과 비슷해서 내담자에게 어떤 의미가 있으며,

일차적으로 무엇을 떠올리는지에 대한 논의가 치료자와 내담자 간의 신뢰할 수 있는 관계 속에서 이루어진다.

H-T-P 검사의 경험적인 연구는 많지 않지만 살펴보면 다음과 같다. Buck(1966)이 Wechsler-Bellevue 지능검사 결과와 H-T-P 검사 결과를 양적으로 채점한 결과, 상관이 .70~.75로 높았다. 이와 유사한 연구가 최근에 WAIS-R과 Buck의 채점체계 간의 상관연구로 이루어졌다. 이에 따르면, H-T-P 검사와 동작성 IQ 간에는 .43의 상관을 보였으며, 전체 IQ와 상관관계 지수가 .32였다(Heiberger, Abell, & Johnson, 1994). 또한 아동들 간의 아동학대를 H-T-P 검사로 평가한 연구에 따르면, 이러한 아동들을 평가하기 위해 개발한 4척도(성개념에 대한 선입견, 공격성과 적개심, 접근에 대한 회피 및 방어, 위험경계에 대한 민감성과 불신)상에서 정상 아동과 정서장애 아동 및 성적인 학대를 받은 아동 간에 유의미한 차이가 있는 것으로 나타났다(Van Hutton, 1994). 우리나라에서는 김선애(1993)가 H-T-P 검사가 투사적 그림검사로서 정상 아동과 정서장애 아동을 판별해 주는 기능이 있음을 연구하여 입증하였다.

2. H-T-P 검사의 특징

1) H-T-P 검사를 선택한 이유

Buck은 H-T-P 검사를 연령과 관계없이 폭넓게 적용할 수 있는 이유를 다음의 세 가지로 설명하고 있다.

- 이 검사에서 그리는 집, 나무, 사람은 나이가 어린 수검자들에게도 친숙하다.
- 집, 나무, 사람은 수검자의 입장에 볼 때 모든 연령이 그릴 수 있는 주제로 다른 소재보다 받아들이기 쉽다.
- 집, 나무, 사람은 다른 것을 그리는 것보다 그린 것들에 대해 솔직하고 자유롭게 이야기할 수 있다. 동시에 이 그림들은 수검자의 무의식과 관련하여 풍부한 상징을 나타내 준다.

Buck은 영국의 그리피스 지역에 사는 아동들에게 그리고 싶은 것을 자유롭게 그리게 한 연구를 통해 아동들이 집, 나무, 사람을 가장 선호한다는 것을 확인하였다. 이 세 가지 주제 가운데 가장 선호하는 그림은 사람이었고, 그다음은 집 그리고 나무와 꽃의 순이었다.

Buck과 Emil Jucker는 나무 그림이 투사적인 면이 많다는 것을 알아냈다. 과거에도 나무는 신화나 각 문화에서 투사적인 성격을 지닌 것으로 여겨 왔으며, 인간이나 인간을 초월한 상징의 대상으로 표현되기도 했다. Riviere가 집 짓는 놀이를 하는 아동들을 연구한 결과에 따르면, 아동들에게 집은 자신의 몸이나 자신이 부모와 함께 사는 집을, 드물게는 자궁을 나타낸다는 점을 발견했다.

이러한 점에서 때로 성기에 관한 갈등과 문제를 지닌 아동은 굴뚝을 강조(아동의 몸)하는가 하면, 집에서 끊임없는 논쟁과 마찰로 억압당해 온 아동의 그림에서는 시커먼 연기가 상당히 많이 나오는 것(아동의 가족)으로 표현되기도 한다. 시커먼 연기는 집이 소란하고 불편하고 화가 치미는 곳이라는 점을 반영해 준다. 마찬가지로 집을 교도소처럼 철창이 있는 곳으로 표현했다면 집은 떠날 수도, 도저히 벗어날 수 없는 곳이라는 생각을 반영했거나, 집 안의 상황에 대한 자신의 생각을 그림으로 나타낸 것이다. 또한 Buck은 집의 구조를 이상한 형태로 그린 아동은 신체상과 연관된 불안한 정서를 반영한 것으로 보기도 했다. 한편, 사람을 그린 그림은 수검자의 현재 자신의 모습이나 자신이 추구하는 이상적인 상을 표현하며, 자신의 상과 관련된 갈등이나 감정 등을 사람 그림에 나타내기도 한다.

2) H–T–P 검사의 투사적 측면

성폭력자에 대한 H–T–P 검사 연구에 따르면, 일반 수검자와는 다르게 이들은 굴뚝을 좀 더 특이하고 과장된 형태로 그렸다. 예컨대, 굴뚝을 매우 크게 그리거나 성기 모양의 굴뚝을 그리고, 굵은 선이나 음영을 넣어 굴뚝을 강조하기도 하였다. 그런데 굴뚝이 항상 남근을 상징하는 것은 아니다. 일반 수검자는 굴뚝을 집의 한 부분으로 많이 묘사하지만, 심리성적인 문제를 지닌 사람은 굴뚝에 남근에 관한 내면의 욕구나 감정을 투사할 가능성이 높다는 것이다.

수검자들은 자신에게 가장 익숙한 것을 표현한다. 아무리 어린 수검자라도 집, 나무, 사람을 그릴 때는 자신이 접해 온 것, 자신과 연관된 상징적이고 의미 있는 것을 그린다. 수검자가 그린 나무가 큰 나무인지, 시든 나무인지, 늘어진 버드나무인지, 주변 환경 때문에 손상된 나무인지에 따라 수검자의 내재적 모습을 유추해 볼 수 있다. 또한 사람의 경우 무서운 얼굴을 하고 있는지, 손이 절단된 채 아무런 도움을 받지 못하고 있는 모습인지, 웅크리고 앉아 있는지, 활력 있게 뛰어가는 모습인지 등은 수검자 자신에게 의미 있는 정보를 그림을 통해 말해 주고 있다고 할 수 있다.

이러한 점에서 H-T-P 검사는 Rorschach 검사, TAT와 마찬가지로 수검자의 현재 모습뿐 아니라 내면의 모습과 욕구가 투사된다는 점에서 서로 유사하다고 볼 수 있다.

집-나무-사람 검사의 고유 상징을 살펴보면 다음과 같다.

(1) 집

집은 거주하는 장소로 수검자의 집에서의 생활, 가족과의 상호작용과 관련이 된다. 어린 아동의 경우에는 집의 상황과 부모-자녀 관계 및 형제 관계를 연관지어 볼 수 있다. 굴뚝에서 연기가 나오는 그림은 집의 상황이 소란스럽고 분쟁이 있다는 것을 나타낸다. 즉, 집 그림은 집의 분위기나 상황과 관련이 있다.

결혼한 성인의 집은 수검자가 배우자와 살고 있는 현재의 가정 상황을 나타내기도 하고, 어떤 수검자는 자신의 아동기 때의 부모-자녀 관계를 그리기도 한다. 후자에 속한 수검자의 경우에는 신경증적인 경향이 있거나 퇴행적이고 고착된 문제를 지니고 있을 때 더 많이 나타난다.

(2) 나무, 사람

나무와 사람은 성격의 중요 개념으로, Schilder(1934)는 신체상과 자아개념을 나타낸다고 보았다. 나무는 수검자의 좀 더 깊고 무의식적인 수준에서 느끼는 자신의 모습과 감정을 반영한다. 이와 관련하여 나무는 기본적이고 오래 지속된 감정을 반영한 그림으로, 수검자의 재검사 결과에서도 거의 같은 양상을 보이는 것이 특징이다. 반면에 사람 그림은 수검자 자신의 모습에 대한 지각과 환경의 관계를 나타내는 매개체가 된다. 좀 더 구체적으로, 사람 그림에서는 수검자의 대인관계 방식, 타인에 대해서 느끼는 감정이 드러난다. 따라서 사람 그림에서는 자신의 모습에 대한 갈등과 방어 등을 알아낼 수 있다.

임상적으로 볼 때 사람 그림보다는 나무 그림에서 혼란스러운 감정이나 부정적인 감정이 나타난다고 할 수 있다. 이는 깊이 숨겨진 감정을 표현하는 데 사람 그림보다는 나무 그림에서 자기방어도 덜 하게 되고 자신을 드러내는 데 대한 두려움도 적기 때문이다. 따라서 수검자들은 사람의 얼굴, 몸, 팔보다는 나무의 줄기나 가지에다 자신의 감정을 보다 쉽게 투사하고 드러내기 마련이다. 이는 검사도구가 사람을 대상으로 한 TAT보다는 동물을 대상으로 한 CAT에서 수검자가 더 자유롭게 자신의 부정적인 감정을 드러내는 것과 마찬가지다.

이를 토대로 볼 때 수검자의 나무 그림과 사람 그림이 어떻게 다른지를 잘 검토해 봄으로써 수검자의 갈등과 방어의 정도를 평가할 수 있을 것이다.

3. H-T-P 검사의 실시 방법

H-T-P 검사는 예술적인 창조 영역의 하나이면서 동시에 수검자의 성격 성향을 알 수 있다. 검사의 시행 절차는 간단하지만, 검사의 시행에서 수검자가 제한된 조건 내에 자유로운 표현을 할 수 있도록 해야 한다. 검사자는 흰색 A4 용지 세 장과 연필, 지우개를 준비하도록 한다. 집, 나무, 사람의 순으로 그림을 그리게 하고, 집을 그리게 할 때는 종이의 긴 면이 수검자와 수평이 되도록 놓아 준다. 그리고 나무와 사람을 그릴 때는 종이의 긴 면이 수검자와 수직이 되도록 놓아 준다.

수검자에게 집을 먼저 그리도록 용지와 연필을 주고 "그리고 싶은 집을 마음대로 그리세요."라고 지시한다. 나무를 그리게 할 때도 같은 방법으로 진행한다. 부연해서 수검자가 그리고 싶은 어떤 종류의 집을 그려도 되고, 고치고 싶으면 수정해도 되며 시간은 얼마든지 준다고 말한다.

만일에 수검자가 "나는 그림을 잘 그리지 못합니다."라고 한다면 "이 검사에서는 당신의 그림 솜씨를 보려고 하는 것이 아니라 당신이 어떻게 그리는지에 관심이 있으니 편안하게 그려 보세요."라고 권한다. 만일 도구를 이용하여 그림을 그리고 싶어 한다면 "그냥 손으로만 그려야 합니다."라고 말한다. 집, 나무보다는 사람을 그릴 때, 사람 그림은 실물과 가깝게 그려야 한다는 심리적 부담을 갖고 검사 상황에 응하는 것이 보편적인데, 이러한 이유에서 집, 나무를 먼저 그리고 사람은 나중에 그리도록 되어 있다.

4. H-T-P 검사의 해석

H-T-P 검사 가운데 얻은 자료들은 '점수를 매기는' 것이 아니다. 다음의 해석은 수검자의 그림에 대해 임상적 해석을 할 때 적절한 특징에 임상적 초점을 두기 위하여 참고하는 방식으로 사용되어야 한다. 여기에서 제시하는 내용은 수검자의 그림에서 임상적으로 중요한 것에 대한 해석적 가설 수립을 안내하려는 것이다. 단순히 H-T-P 검사로 세운 가설만으로 정신병리를 진단해서는 안 된다. 수립한 가설은 수검자의 내적 · 대인관계적 · 환경적 압력에 대한 이해를 넓히기 위해 임상적 개인력 및 추가적으로 실시한 표준화된 검사의 결과들과 함께 검토되어야 한다.

1) 그림 평가

위치, 크기, 방향과 전반적인 질, 그리고 목록의 일반적인 영역에서 벗어나는 부분이 있다면 임상적으로 의미를 가질 수 있기에 살펴보아야 한다. 예를 들어, 그림에 크기가 과도하게 큰 세부 사항은 없는지, 지우고 다시 그린 부분은 없는지 등을 평가한 이후에 그림을 그린 이후 질의응답, 그림 간 질의 일관성, 수검자의 개인력과 나이 그리고 그림을 그리는 회기를 분석할 수 있는 적합한 기타 평가 과정을 거친다.

2) 수검자의 그림 특성

(1) 태도

H-T-P를 수행하는 태도는 새로운 과제나 어려운 과제를 거부하려는 전반적인 의

도를 대략적으로 보여 줄 수 있다. 보편적인 태도는 적당히 우호적으로 받아들이는 것이다. 일탈적 태도는 두 가지 양상으로 나타나는데, 하나는 열렬한 수용 혹은 과도한 자기중심성이고, 다른 하나는 무관심, 패배주의, 포기나 솔직한 거부다. 창의력을 요구하는 H-T-P가 조직적으로 손상된 수검자에게는 무기력감을 느끼게 할 수 있지만 그럼에도 검사를 완전히 거부하는 일은 거의 일어나지 않는다. 비슷하게, 공격적 수검자가 다른 표준화된 심리검사는 거부하더라도 H-T-P를 단호하게 거절하는 일은 거의 없다.

각 그림에 대한 태도는 그림의 대상에 의해 일어나는 연상의 영향을 받을 것이다. 사람이 가장 자주 거부되는 그림이다. 이에 대해서는 몇몇의 이유가 있다. 첫째, 부적응적인 사람은 대개 대인관계에서 가장 큰 어려움을 겪는다. 둘째, 사람을 그리는 것은 집이나 나무에 비해 좀 더 의식적이거나 전의식적인 수준에서의 연상을 불러일으키는 것 같다. 셋째, 갑작스럽게 몸에 대해 인식케 하는 것은 부적응적인 수검자를 불편하게 만들기도 한다.

(2) 시간, 지연, 멈춤

그림을 완성할 때까지 걸리는 시간은 그려진 대상들의 중요성과 대상들 각각의 부분이 수검자에게 얼마나 중요성을 가지는지에 대한 가치 있는 정보를 줄 수 있다. 보통 세부 사항의 수와 이를 표현한 방법이 그림을 그리는 데 걸린 시간을 설명해 준다. 세 그림은 보통 20~30분 안에 완성된다. 좀 더 빨리 그리는 경향이 있는 사람은 보통 불쾌한 과제로부터 빨리 벗어나기 위해 그렇게 한다. 과도하게 시간을 많이 사용하는 사람은 무엇이든 생산해 내는 것이 망설여지거나 포함된 상징의 강렬한 정서적 중요성 때문에 그렇게 하며, 둘 모두에 해당하는 경우도 있다. 조증인 수검자는 그림에 관련 없는 세부 사항을 많이 그려서 오랜 시간을 소요할 수 있다. 강박장애를 가진 사람 역시 가능한 모든 관련 세부 사항을 꼼꼼하게 그리려는 경향 때문에 시간이 오래 걸릴 수 있다. 만약 수검자가 지시 사항을 안내받은 이후 30초가 지나가는데도 그림 그리기를 시작하지 않으면 정신병이 있을 가능성이 있다. 이러한 지연은 갈등의 존재를 강하게 시사하며, 질문 시간 가운데 검사자는 이러한 갈등을 만들어 낸 요소가 무엇인지 확인해야 한다.

(3) 비판과 지우기

자신의 그림을 객관적으로 보면서 평가하는 경우가 종종 있다. 예컨대, "나는 그림 그리는 걸 배워 본 적이 없어요." 혹은 "비율이 하나도 안 맞네요."와 같은 그림 실력에 대한 평가가 보편적이다. 그러나 과도할 경우 이러한 언급은 병리를 지녔을 가능성을 보여 줄 수 있다. 특별히 말로 지적한 부족한 부분들을 수정하려는 시도를 하지 않는다면 더욱 그렇다. 자기평가를 보여 주는 행동적 지표들은 다음과 같다.

- 페이지의 다른 부분에 그림을 그리기 시작하고 미완성된 대상을 지우지 않고 그냥 버려 두는 경우
- 다시 그리려는 시도 없이 그림을 지우는 경우. 이는 보통 하나의 강렬한 갈등을 불러일으킨 세부 사항에 국한된다. 수검자는 그 세부 사항을 한 번은 그릴 수 있지만 두 번은 그릴 수 없다.
- 지우고 다시 그리는 경우. 만약 다시 그린 그림이 더 나아졌다면 좋은 표시다. 그러나 수정 결과를 지나치게 꼼꼼하게 그리려고 시도하거나 완벽하게 그리려는 시도가 지나치거나 형태의 질이 더 나빠진다면 병리의 가능성을 시사한다. 후자는 그린 그림이나 그것이 가지는 상징적인 의미가 매우 강한 정서적 반응을 가짐을 암시하거나 기질적 손상이 존재함을 보여 줄 수 있고 혹은 둘 다일 수 있다. 어떤 부분이든지 계속 지우고 다시 그리기를 반복하는 것은 그 세부 사항이나 수검자에게 그 부분이 상징하는 것에 대해 갈등이 있음을 보여 준다.

3) 일반적인 그림 특성

비율, 원근법 그리고 세부 사항들은 기대되는 기능 수준의 맥락에서 수검자의 기능에 대한 정보를 제공할 수 있다. 적절하고 적합한 세부 사항을 그리는 것은 발달적으로 안정되기 위해서 가장 첫 번째로 있어야 하는 요소다. 그다음으로는 현실적인 비율을 표현할 수 있는 능력이고, 세 번째는 원근에 대한 필요성을 인식하고 표현하는 것이다.

일반적으로, 그려진 세부 사항의 적절성과 적합성은 수검자가 일상의 요소들을 인

식하고 관습적으로 받아들일 수 있는 능력과 보편적인 현실의 요소들을 비판적으로 평가할 수 있는 능력에 대한 지표를 제공한다. 그림의 적절한 비율은 수검자가 좀 더 기본적이고, 구체적이고, 당면한 일상생활에서의 문제들에 대한 해결책을 효과적으로 판단하는 능력을 반영한다.

(1) 비율

수검자의 집, 나무 그리고 사람 그림에서 드러난 각 크기의 비율 관계는 대상, 상황 그리고 수검자에 대해서 수검자가 부여하는 가치를 보여 준다. 비율 관계는 또한 현실의 요소에 객관적인 가치를 할당할 수 있고 판단을 쉽고 유연하게 할 수 있는 능력에 대한 대략적인 지표다.

① 용지의 사용

평균적인 그림은 표준적인 그림 영역의 1/3에서 1/2정도를 차지한다. 가능한 공간에 비해 과도하게 적은 영역을 사용하는 것은 일반적으로 부적절감, 환경으로부터 철수하는 경향 혹은 그림의 주요 대상에 대한 거부를 시사한다. 가능한 공간의 거의 모든 부분을 차지하거나, 혹은 크기 때문에 종이의 절단면에서 그림이 잘려나간 경우 제한하는 환경에 대해서 적대감을 느끼고 있을 가능성이 크다. 무력한 부동성(helpless immobility)으로 인한 큰 긴장과 불안을 보여 주는 것일 수도 있다. 자신의 중요성에 대한 자기중심적인 시각 역시 너무 큰 그림의 요인일 수 있다.

② 세부를 강조한 경우

보통, 평균보다 큰 세부 사항은 (수검자가 그린 그림의 다른 세부 사항과 비교했을 때) 수검자가 그리고 있는 요소가 상징하는 것에 대한 과도한 걱정과 집착을 의미한다. 평균보다 작은 세부 사항은 일반적으로 수검자에게 그 세부 사항이 상징하는 것에 대한 거부나 거부하고 싶은 마음을 함의한다.

(2) 원근법

수검자가 공간적인 관계를 묘사하는 방식은 더 넓고 복잡하며 추상적이고 어려운 삶의 과제들을 붙잡고 성공적으로 반응할 수 있는 능력을 보여 준다.

① 그림의 수평적 위치

그림이 평균 가운데 지점으로부터 왼쪽으로 갈수록 수검자가 충동적으로 행동하고 자신의 욕구와 추동에 대해 즉각적이고 단순하고 정서적인 만족을 찾을 가능성이 높다. 시간적인 관점에서, 이러한 수검자는 과거에 과도하게 매어 있으며 자기 자신에 대해서 주된 관심을 가지고 있을 것이다. 반대로, 그림이 가운데 지점으로부터 오른쪽으로 갈수록 수검자는 안정적이고 견고하게 통제된 행동을 보이며, 즉각적인 욕구와 추동에 대한 만족을 연기하고, 정서적 만족보다는 지적인 만족을 선호할 것이다. 이러한 수검자는 미래에 대해서 과도히 걱정하며 함께 살아가는 사람들과 그 사람들이 자신과 관련하여 어떻게 살아가는지에 관심을 가지고 있을 것이다.

② 그림의 수직적 위치

그림이 페이지의 평균 가운데 지점으로부터 더 밑에 위치할수록 수검자가 불안정하고 부적절하다고 느끼며 이 감정이 우울한 정서를 불러일으킬 가능성이 높다. 그림을 아래에 배치시키는 수검자는 현실적이며 만족을 환상이 아니라 현실에서 찾고자 하는 경향이 있다. 만약 수검자가 페이지 밑으로 그림이 계속되는 것으로 본다면 그는 매우 거북한 감정을 느끼고 있을 수 있다. 가운데 지점에서 그림이 위에 위치할수록 수검자는 달성할 수 없는 목표를 위해 과도하게 애쓰고 있다고 느낄 가능성이 크다.

③ 그림이 가운데 위치

수검자의 그림이 페이지의 평균 가운데 지점에 그려져 있다면, 그는 보통 행동을 통해 불안이나 불안전감을 보상할 만한 융통성이 없다.

④ 용지를 돌려서 그리는 경우

공격적이고 부정적인 경향을 가진 수검자는 제시된 페이지의 위치를 받아들이길 거절하는 것을 통해서 제안에 대한 거부를 보일 수 있다. 예를 들어, 그런 수검자는 지시를 그대로 받아들이는 것을 연약함의 표시라고 느낄 수 있다. 그는 페이지를 돌림으로써 이상적인 세로-가로 영역이 바뀌는 것이 과제를 더 어렵게 하더라도 의무적으로 페이지를 돌리는 것 같이 보인다. 그런 페이지 돌림은 정신병리의 가능성도 제시한다.

⑤ 용지의 가장자리 사용

가장자리의 일탈적인 사용은 언제나 중요하다. 예를 들어, 한두 개의 가장자리에 그림이 잘려 그려진 경우가 있다. 종종 이러한 것은 불쾌한 연상으로 인해서 그림을 그리고 싶지 않은 마음을 보여 줄 수 있다. 그림이 페이지의 밑 부분에서 더 밑으로 내려갈수록 성격 통합을 유지하기 위해 억압을 사용할 가능성이 높다. 폭발적 행동을 할 가능성이 높은 수검자가 이러한 그림을 그릴 수 있다. 그림이 왼쪽 가장자리에 있을 경우 미래로 도피하고 싶은 바람을 나타내기도 한다. 위의 가장자리를 사용하는 것은 사고와 공상을 만족의 자원으로 사용하는 데 있어서의 고착을 시사한다. 옆 가장자리를 사용하는 것은 불안전감과 위축을 시사한다. 아래 가장자리를 이렇게 사용하는 것은 우울, 그리고 구체적이며 상상력이 부족한 행동 경향을 나타낸다. 아래 가장자리를 사용하는 것이 페이지의 네 가장자리의 이탈적인 사용 가운데 가장 덜 병리적이다.

⑥ 조망

그림의 조망은 일반적으로 사람들이 쳐다보는 조망으로 표현된다. 이와 다른 조망은 위에서 내려다보는 조망(bird's eye view)과 아래에서 올려다보는 조망(worm's eye view)이 있다.

⑦ 위치

그림은 보통 쳐다보는 사람의 시선을 보고 있다. 그러나 깊이감이 있거나 다른 방식으로는 부분적인 모습만 그려지는 경우가 있다. 깊이감이 없는 그림은 부적절감이나 불안전감을 무마하기 위한 행동 양식이 융통성이 없고 타협이 없음을 시사한다. 기저선을 그리는 경우 밑을 향해 경사를 이루고 있다면 이는 고립감과 노출됨, 모성 의존성 혹은 노출증을 나타낼 수 있다. 기저선이 오른쪽 아래로 기울어져 있다면 수검자는 미래가 불확실하다고 느끼며 아마도 매우 위험하다고 느낄 수 있다.

⑧ 투시한 그림

일반적으로 가려져 보이지 않는 대상을 보이게 그리는 수검자는 심각한 현실검증력의 어려움을 나타낸다. 투시한다는 것은 중요 기능의 상실을 시사할 수 있으므로 아동의 그림이 아니라면 기질적 · 기능적 · 정신병리와의 관련성을 고려해 보아야 한다.

⑨ 움직임

움직임을 포함하고 있는 그림의 해석은 강도 혹은 행동의 폭력성, 운동에 포함된 유쾌함(pleasantness) 혹은 불쾌함, 그리고 운동이 얼마나 자발적인지에 따라 달라진다.

(3) 세부 사항

사용된 세부 사항의 종류와 수, 세부 사항을 제시하는 방법, 그것을 그린 순서, 부여된 강조점들은 수검자의 일상적 요소에 대한 인식, 관심, 반응의 지표로 볼 수 있다.

① 필수적인 세부 사항

필수적인 요소가 단 하나라도 없는 것은 심각하게 간주된다. 많은 필수 세부 사항이 없을수록, 더 많은 그림에서 그럴수록 정신병리의 가능성이 높아진다. 평균보다 적거나 세부 사항을 최소한도로 사용했다면, 특히 집과 나무 그림에서 그랬다면 철수 및 세부 사항에 의해 상징되는 영역에서의 갈등 혹은 세부 사항이 없는 그림에서의 갈등을 보여 줄 수 있다. 지적장애, 뇌손상, 철수 혹은 우울한 수검자는 각 그림에 최소의 세부 사항만을 사용하곤 한다. 필수적 세부 사항을 너무 과도하게 사용하는 것은 논의가 되고 있는 세부 사항이 보여 주거나 상징하고 있는 것에 대한 과도한 고민을 함의한다.

② 부가적인 세부 사항

창문의 커튼이나 나무의 잎사귀들, 사람의 옷 등의 부가적인 세부 사항의 한정적인 사용은 좋은 현실검증력과 민감하고 잘 균형 잡힌 환경과의 상호작용을 함의한다. 과도한 사용은 정신병리 시작 단계의 환경 혹은 그려진 세부 사항이 상징하거나 표현하는 영역 그리고 그와 연관된 것들에 대한 관념을 시사한다. 강박증을 가진 사람은 이러한 세부 사항을 매우 많이 그리는 경향이 있다.

③ 관련 없는 세부 사항

예를 들어, 집 근처의 관목들, 나무나 하늘의 새들, 사람 곁의 애완동물과 같이 제한적인 방식으로 사용된다면 이러한 세부 사항은 경미한 기본적 불안정감이나 상황을 좀 더 안정적으로 조직화하고자 하는 욕구를 반영한다. 과도하게 사용된 경우 세부 사항이 상징하는 영역에 있어서 현재 존재하거나 잠정적으로 떠도는 불안을 시사할 수 있다. 예를 들어, 구름은 그림의 주제에 대한 일반적인 불안을 나타낸다. 관련이 없는 세부 사항의 과도한 사용은 철수에 대한 강한 욕구를 보여 주는 것일 수도 있다.

조증 상태에 있는 수검자는 관련 없는 세부 사항을 매우 많이 그리고 빈번하게 단어 및 이름표를 적어 넣기도 한다. 이러한 세부 사항이 조직화되어 있고, 그림의 대상과 밀접하게 관련이 있게 그려졌을 경우 잘 소통하고 조직화되어 있음을 시사한다. 그러나 관련이 없는 세부 사항들이 부적절하게 표현되어 있을수록 병리의 가능성은 높다.

④ 기이한 세부 사항

집을 지탱하고 있는 사람의 다리를 그린 것 등은 수검자의 현실검증력이 심각하게 발휘되고 있지 못함을 반영하는 것이다. 기이한 세부 사항의 표현은 흔하지 않다.

- 차원 세부: 1차원적 · 2차원적 세부 사항은 낮은 지적 능력이나 뇌손상을 보여 주는 경향이 있다. 이에 대한 예외는 나무나 사람에서 '막대 형태 그림'이다.
- 음영 세부: 건강한 음영은 빨리, 가볍게 그리고 몇몇의 임의적인 획들로 그려진다. 이것은 추상과 환경에 대한 어느 정도의 민감성을 포함하고 있기 때문에 건강한 것이다. 건강한 수검자는 음영을 다시 그리거나 보강하지 않는다. 불안과 갈등의 병리를 보여 주는 음영은 천천히, 과도한 힘이나 주의를 기울여 혹은 윤곽에 관련 없이 그려진다.
- 그림 순서 세부: 특이한 제시 순서, 이전에 그린 부분으로 강박적으로 돌아가는 것, 이전에 그린 것을 지우고 다시 그리는 것 혹은 세부 사항을 반복적으로 그리는 것 등 평균적인 그림 순서에서의 뚜렷한 일탈은 잠재적인 병리를 나타낸다.

집중과 조직화 혹은 문제가 되는 세부 사항에 대한 갈등이 어려움의 이유가 될 수 있다. 원칙적으로 다 그려진 세부 사항으로는 돌아가지 않는다. 만약 여러 개의 창문과 같이 비슷한 세부 사항이 몇몇 그려졌다면 일반적으로 다른 세부 사항을 그리기 전에 한 번에 완성된다.

- 그림의 세부: 과도한 지우기, 세부 사항을 그리는 속도가 느린 것, 기이한 통합, 상처와 같은 손상을 그리는 경우 등 세부 사항이 강조된 경우는 그 세부 사항과 관련된 불안이나 갈등을 암시한다.

⑤ 선의 질

보통의 사람들은 상대적으로 올곧은 선을 그리는 것에 어려움을 느끼지 않는다. 모서리는 일반적으로 예리하게 다듬어져 있고, 곡선은 자유롭게 흐르고 통제되어 있다. 운동 통제의 손상은 기능적 성격 부적응이나 중추신경계 장애를 시사한다. 힘 있게 그려진 두꺼운 검정 선들은 긴장을 나타내며, 이러한 선이 그림 전체에서 사용되었다면 기질적 손상을 시사한다. 만약 세부 사항에만 사용되었다면 임상가는 그려진 대상에 대한 고착(예: 사람의 손을 죄의 원천을 바라보는 것) 및 그 세부 사항이나 그것이 상징하는 것에 대한 억압이나 밖으로 표출되는 적대감을 고려해 볼 수 있다. 만약 두꺼운 선이 그림의 윤곽선을 형성하고 있고 그 외의 선들은 그렇게 두껍지 않다면 수검자는 자아 통합성을 유지하기 위해 애쓰고 있으며 그 사실을 불편하게 인식하고 있을 수 있다. 매우 두꺼운 기저선은 일반적으로 관계에 대한 불안한 감정을 보여 주는 것으로 해석한다. 모든 그림에서 극단적으로 얇은 선이 사용된 것은 부적절감, 망설임, 실패에 대한 공포를 나타낸다. 그림을 그릴수록 선이 얇아지는 경우 일반화된 불안이나 우울을 보여 준다. 특정 세부 사항에만 희미한 선이 사용되었다면 수검자가 그 세부 사항이 나타내는 것 때문에 이를 그리기 망설이는 것으로 보인다. 끊어진 선들은 종종 망설임을 나타내며, 과도한 직선은 내적 완고함과 연결되어 있을 수 있다. 중간에 방해를 받은 선과 만나지 않은 선들은 막 시작되고 있는 자아 기능의 부전을 나타낸다.

집은 원칙적으로 직선만을 필요로 한다. 사람 그림은 일반적으로 많은 곡선을 필요로 하며, 나무는 일반적으로 이 두 가지 모두를 같이 쓰기를 요구한다. 만약 그림의 선이 휘갈겨져 있다면 기질적 문제를 의심해 볼 수 있다.

4) 주제-특정적인 그림 특성

(1) 집

집은 가정과 친밀한 대인관계를 둘러싼 의식적·무의식적 연상의 혼합을 일으키는 것으로 보인다. 어린아이에게 있어서 집은 형제와 부모, 특별히 어머니와의 적응을 강조하는 것을 의미한다. 성인에게 있어서 집은 일반적인 가정적인 상황, 더 특별하게는 배우자와 자녀(만약 있다면)에 대한 적응을 대표하는 것으로 보인다. 집 그림은 수검자가 스트레스 상황에서 기능할 수 있는 능력과 친밀한 대인관계를 견디는 능력, 가정 상황으로 인해 생긴 문제를 비판적으로 볼 수 있는 능력에 대한 지표라 할 수 있다.

① 지붕

지붕은 공상적인 영역의 상징으로 해석된다. 또한 정신기능과 관련되어 있기도 하다. 이러한 점에서 정신기능이 와해되면 지붕도 손상된 모습을 보인다. 집의 전체 모습에 비해 지붕을 크게 그린 사람은 공상의 세계에 빠져 있거나 대인관계에서 철회되어 있는 환자일 가능성이 높다.

예컨대, 조현병 환자의 그림 중에는 지붕을 그리고 그 지붕에다가 문과 창을 그려 지붕과 벽을 구분하지 못하는 극단적인 경우도 있다. 조현병 환자나 조현증적인 성격을 보이는 이들은 자기만의 공상 세계에 빠져 있기 때문에 과장되게 지붕을 그리는 것으로 해석될 수 있다. 결국 성격 구조의 균형을 상실함으로써 공상 세계에 현저하게 몰입되어 있다는 증거가 지붕을 통해 드러난 셈이다. 이와 같이 지붕의 크기는 공상의 정도와 공상을 통해 자기만족을 찾으려는 수준을 반영한다고 할 수 있다. 따라서 지붕의 크기가 적절하다면 그만큼 적절한 사고 활동을 통해 현실을 균형 있게 살고 있다고 할 수 있다. 일반적인 수검자는 대부분 이 집단에 속한다.

반면에 지붕을 진한 선으로 강조하거나 반복해서 덧칠한 경우는 자아통제에서 벗어나 현실로부터 공상에 빠지려는 데 대한 불안과 방어의 노력으로 해석할 수 있다. 이것은 정신병이 발병하기 이전 단계 환자들이나 불안장애를 보이는 환자의 그림에서 종종 나타난다([그림 8-1] 참조).

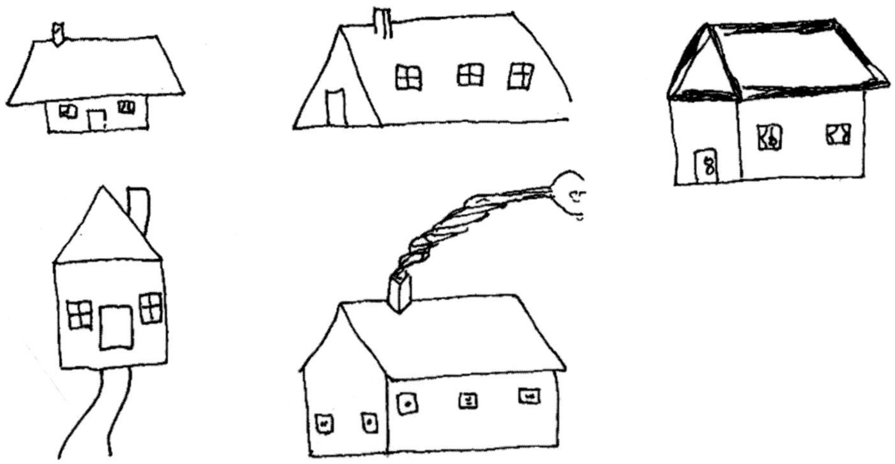

그림 8-1 집 그림의 예

② 벽

튼튼하게 그려진 벽은 건강한 자아와 직접적으로 관련되어 있다. 붕괴될 듯한 얇은 벽은 손상되기 쉬운 자아를 나타내거나 약화된 자아기능을 시사한다. 외곽선이 희미하고 제대로 그려지지 못한 벽 또한 자아통제력이 약화된 수검자들의 그림에서 자주 발견된다.

벽의 가로 면이 세로 면보다 강조되어 있다면 수검자는 과거나 미래가 주의집중을 방해하기 때문에 비효율적으로 기능하고 있을 수 있다. 이러한 수검자는 환경적 압력에 취약한 것으로 보인다. 만약 세로 면이 과도하게 강조되었다면 만족을 공상에서 찾을 가능성이 높고 가능한 현실과의 접촉을 피할 가능성이 있다.

성인이 벽면 내부가 보이는 투명한 그림을 그렸다면, 이는 현실검증력이 저하되어 있음을 시사하는 것으로 정신병 상태일 가능성을 의심해 보아야 할 것이다. 반면에 어린 아동은 더러 투명한 벽을 그리기도 하는데, 이는 단지 이들이 인지발달 수준이 낮고 현실을 표현하는 방식이 자유롭다는 점을 반영한 것이다.

③ 문

문은 수검자의 환경과의 접촉을 나타낸다. 집의 크기나 창문의 크기에 비해 너무 작은 문은 부적절감을 느끼며 외부와의 접촉을 꺼리고 대인관계에서도 위축되어 있고 사회적인 관계 형성을 피하는 수검자가 나타낸다. 뿐만 아니라 다른 사람과 정서적 상호작용을 하는 데 대한 두려움이나 조심스러움을 반영한 것일 수도 있다.

반대로 지나치게 큰 문은 타인에 대한 과도한 의존심을 반영한다. 드물기는 하지만 문이 열려져 있다면 이는 타인으로부터의 따뜻한 온정을 갈망하고 있음을 표현한 것이다. 만일 집은 비었는데 문이 열려 있다면 매우 상처받기 쉬운 감정과 자기방어 능력이 결핍되었음을 시사한다.

자주 보이는 경우는 아니지만 잠긴 문을 강조하여 그리는 사람들도 있는데, 이는 자기노출을 매우 꺼리고 편집증적인 예민성을 지닌 수검자에게서 나타난다.

④ 창문

창문은 외부 환경과 접촉할 수 있는 제2의 통로다. 문이 잠겨 있는 것과 마찬가지로 창문이 잠겨 있는 것을 강조한 그림은 아무 일도 없는 상황인데도 위험을 느끼고 심하게 방어하는, 경계적이고 편집증적인 예민성을 보이는 이들에게서 발견된다. 비슷한 형태로 커튼이나 덧문을 그린 경우 또한 타인과의 접촉을 극도로 꺼리고 있음을 반영한다. 반면에 창문이 활짝 열린 경우는 환경과의 상호작용에 대해 지나치게 거리낌이 없고 쉽게 다가가는 수검자들의 그림에서 나타난다.

창문의 크기를 보면, 일반적으로 거실의 창문은 크게, 욕실의 창문은 작게 그린다. 욕실 창문이 가장 큰 경우 욕실의 기능이 수검자를 방해하는 것으로 보이며 성이나 배변 혹은 둘 모두에 대한 갈등이 있을 수 있다. 그러나 사회적인 상호작용을 꺼리는 사람은 거실 창문을 작게 그림으로써 그 중요성을 축소하기도 한다.

⑤ 굴뚝과 연기

너무 커다란 굴뚝을 그린 사람은 성적인 고민이 있거나 노출증을 가지고 있을 수 있다. 비율에 맞지 않게 작은 굴뚝은 가정 상황에서 만족스러운 따뜻함이 부족하다는 느낌을 반영하는 것일 수 있다. 이러한 굴뚝은 또한 수검자가 자신의 남성성에 대해 느끼는 의심을 나타내는 것일 수도 있다.

굴뚝에서 시커먼 연기가 많이 나온다면 이는 수검자 내부에 긴장이 많거나 가족 내의 불화 혹은 정서적인 혼란을 시사하는 것이다. 보통 연기는 왼쪽에서 오른쪽으로 향하는데, 만약 반대로 그렸다면 미래에 대해서 비관적인 생각을 가지고 있을 수 있다. 연기가 양쪽 모두로 나는 것처럼 그려졌다면 이는 매우 기이한 것으로 정신증을 가진 이들만 이런 그림을 그린다. 강한 바람이 불어 연기의 방향이 그에 따라 바뀐다면 환경적 압력에 따라 감정이 좌우되고 있음을 나타내는데, 아동의 경우는 부모의 압력과 관련된다. 부적절하고 힘든 부모의 압력을 경험하고 있는 청소년들의 자료에서도 이 같은 형태의 그림이 종종 발견된다.

⑥ 조망

위에서 내려다본 것처럼 그린 그림은 집에서 가르치는 전통적 가치에 반감을 가지고 있으며 이에 대해 거부하는 수검자의 태도를 반영한다.

아래에서 위로 올려다보는 것처럼 그린 그림은 집에 대해 열등감을 느끼고 있고 가깝게 여기지 못하는 수검자에게서 보인다. 이들은 낮은 자존감과 집에 대한 부적절한 감정이 혼합되어 있고 가정에서 행복을 얻기가 어렵다고 생각한다.

집이 멀리 보이게 그린 그림은 두 가지로 설명할 수 있는데, 하나는 집에 자신의 상을 투사한 것으로 내성적이고 접근을 꺼리는 사람이고, 다른 하나는 자신의 가정 상황을 그린 것으로 그 상황에 대응할 수 없다고 지각하는 사람일 수 있다.

집을 정면으로 그리지 않고 측면으로 그렸다면 집의 정면에 접근할 수 없도록 그린 것으로서, 타인의 접근에 대해 적대적이거나 피하고 싶은 욕구를 나타낸 것이다. 문의 뒤쪽을 그리는 경우는 거의 없지만 이는 사람들로부터의 철회나 편집증적 증상으로 볼 수 있고, 편집형 조현병이나 정신병 초기 단계에서 나타난다.

기능에 있어 심한 방해를 받거나 지체가 있는 극히 일부의 사람만 투명한 벽을 가진 집을 그린다. 만약 집 뒷면에 있는 굴뚝이 앞뒤 벽을 통해서 보인다면 수검자는 심각한 남근기 고착을 겪고 있으며 자신의 고착이 타인에게 명백히 보인다고 느낄 가능성이 있다. 만약 굴뚝이 투명하거나 깊이가 없다면, 발기부전에 대한 느낌 및 거세에 대한 공포가 있을 수 있다.

⑦ 기타 부속물

ㄱ. 부가적인 세부 사항들

보통 일반적으로 집에 그리는 부가적인 세부 사항들은 커튼이나 집을 지은 재료를 보여 주는 것이다. 덧문, 그림자 그리고 완전히 닫히지 않은 커튼은 불안을 동반하는 의식적으로 통제된 환경과의 상호작용을 나타낸다. 만약 이 세 가지가 모두 사용되었다면 수검자는 아마 꽤 방어적일 것이다. 만약 몇 개의 창문이 그림자, 커튼 혹은 창유리를 가지고 있는 반면, 나머지 창문은 그렇지 않다면 추후 질문에서 각 창문 뒤에 있는 방의 종류가 어떻게 다른지 물어봐야 한다.

지붕을 만든 재료를 나타내는 세밀한 선 처리를 했을 경우 강박적이지 않게 환경과 자신이 상호작용할 수 있음을 반영한 것으로 볼 수 있다. 재료의 세부 표현을 지나치게 꼼꼼하게 한 것은 강박적인 경향을 보여 준다. 빗물 배수 홈통은 고조된 방어적인 태도를 상징한다.

ㄴ. 관련 없는 세부 사항들

숲과 나무를 그리기도 하는데, 이는 불안전한 느낌이 내재해 있음을 시사한다. 보도나 산책로를 그린 사람은 타인과의 상호작용에 거리를 두기는 하지만 나중에는 상호 신뢰감을 형성하는 사람이다. 이들은 친구를 사귈 때 시간이 걸리고 경계를 하지만 친숙해지면 아주 친해지는 경향이 있다. 집에 가까운 끝이 매우 좁고 반대 부분은 매우 넓은 보도는 피상적인 우정에 대해 냉담한 마음을 숨기려는 시도를 보여 주는 것일 수 있다.

집에 울타리가 처져 있는 것은 방어의 수단이라 할 수 있다. 예컨대, 수줍음을 많이 타는 8세 소년은 집의 울타리를 정교하게 그리는 데 많은 시간을 소비함으로써 타인에게 자기노출을 꺼려 한다는 점을 보여 준다.

계단이 그려져 있으며, 때때로 이런 계단이 빈 벽으로 이어지는 경우가 있는데, 이는 현재 상황에서 사람들과 접촉하는 데 대한 양가적 태도를 보여 준다. 하찮게 묘사된 세부 사항들, 예를 들어 옥외 화장실이나 커다란 쓰레기통이 집 근처에 그려져 있는 경우가 있는데, 이는 공격적인 적대감을 나타낸다. 만약 지표면 선이 없거나 집이

지표면 선 위에 있지 않다면 수검자의 현실검증력은 미약한 상태일 수 있다.

⑧ 원근

지적장애를 가지고 있는 사람은 '이중 원근법'을 사용한 집을 그리는 경우가 많은데, 집에서 가장 주를 이루는 벽이 옆면의 두 벽 사이에 끼어 있는 모습이다. 옆 벽들은 주된 벽에 비해 보통 작은 편이다. 그러나 아동 역시 이런 그림을 그릴 수 있다는 점을 참고하여 살펴보아야 한다. 반면에 조현병을 가지고 있는 사람은 주된 벽보다 더 큰 옆면의 벽을 그리곤 한다.

심한 손상을 일으키는 환경적 압력에 노출되어 있거나 타인의 생각에 대해 과도하게 민감한 수검자는 종종 집의 네 면을 다 그리기도 한다. 가정 상황에서 심각한 갈등을 겪는 수검자는 집의 청사진이나 도면만을 그릴 수도 있으며, 이는 전체적인 상황을 구조화하려는 노력을 반영한다. 수검자가 많은 방이나 방들의 관습적인 배치에 있어서 방의 크기 및 실제 위치를 바꾸면서 문제에 대한 자신의 감정을 표현하는 경향은 매우 특이하다.

⑨ 움직임

집은 보통 온전하고 세워져 있는 상태로 그려진다. 지붕이 떨어져 날아가고 있다거나 벽이 넘어지고 있는 등 움직임에 대한 묘사는 어떤 것이든 병리적이며 대인 외적이나 대인 내적 압력 혹은 둘 모두로 인한 자아붕괴의 표현이다. 분열형 환자 한 명은 가장 기초적인 모양의 집을 그렸는데, 굴뚝과 지붕은 토네이도에 의해서 바닥에 떨어져 있었다. 몇 주 뒤 그녀는 긴장증 상태로 들어갔다.

(2) 나무

Schactel(1950)은 성숙하고 개별화가 잘 형성된 성인의 심리 특성은 환경에 대한 지각과 자신의 경험을 객관화시켜서 볼 줄도 알고 이를 자신의 경험 안에 잘 통합시켜 나간다고 하였다. 이들은 처음에는 어떤 대상을 거리를 두어 관찰하고, 그다음에는 환경을 수용하도록 마음을 열고, 마지막으로 환경의 특정한 대상에 대한 공감적인 경험을 자신에게 투사한다고 하였다. 나무를 예로 들면, 처음에는 나무를 관찰하고 그다음은 잎과 나무껍질, 산들바람에 바스락거리는 소리, 비가 온 후의 상쾌함, 나무줄기가 얇은지 두꺼운지, 바람에 저항하는지, 바람에 따라 움직이는지를 보고 듣고 느낀다. 그다음으로 수검자는 자신이 보아 온 많은 나무 중에서 가장 인상에 남는 것을 그리고 자신의 감정에 따라 수정하고 재창조한다는 것이다.

나무가 한 인간을 나타낸다는 것은 문화인류학자에게는 놀라운 일이 아니다. 신화나 민속, 심지어는 일상생활에서도 나무는 언제나 인간의 삶과 성장을 상징해 왔다. 나무 그림에서 수검자가 가지를 그리지 않았다면 다른 사람과 어울리지 않으려는 것을 나타낸다. 이와 같은 방법으로 수검자는 나무 그림을 통해 자신의 자화상을 드러낸다. 수검자가 바람에 흔들리고 강풍에 부러진 나무를 그렸다면 이것은 견뎌 내야 할 환경적인 압력을 시사한다.

나무는 전체로 이해되어야 한다. 그려진 그 자체로 이해되어야 하고, 비판적인 태도를 버리고 그림을 대해야 한다. 그렇게 함으로써 그림마다 그 자체로서의 개별적인 해석이 되고, 검사자는 좀 더 풍부한 해석을 첨가할 수 있다. 어떤 그림은 연구할 만한 충분한 특징을 가지고 있는가 하면, 어떤 그림은 성격 진단에 다소 기여하는 데 그치기도 한다.

Koch(1952)는 나무의 아랫부분부터 꼭대기까지의 성장을 수검자의 심리적인 수검자력이라 보았다. 그에 따르면, 줄기의 아랫부분은 초기 경험(어린 시절의 수검자 자신)을 나타내는 경향이 있고 끝부분은 최근의 경험을 나타낸다고 보았다. 이러한 주장은 Buck의 입장과도 일치하는 것으로, 초기의 외상 경험은 줄기의 아랫부분에 상처로 표현된다 하겠다. 이 가설은 Levinen과 Galanter(1953)가 연구하였는데, 입원한 마비 환자를 대상으로 줄기에 그려진 상처 자국의 높이를 비교한 결과, 마비가 일어난 시기와 유사하게 줄기에 상처 자국이 나 있었다.

Buck에 따르면, 줄기는 기본적인 수검자의 힘(power)과 자기감을 표현해 주고, 가지는 환경으로부터 만족을 얻어 내는 능력을 나타내며, 그려진 전체 나무의 모습은 내면적인 성격의 균형을 반영한다. 나무 그림의 질은 수검자가 비판적으로 자기 자신과 환경의 관계를 판단하는 능력, 현실과 접촉하는 능력, 그리고 대인관계 균형과 압력에 대한 느낌을 반영한다.

① 줄기

줄기는 성격의 기본 요소에 해당되며 수검자의 감정을 나타낸다. 나무의 줄기를 희미하고 약하게 그렸다면 자아상실감이나 내재되어 있는 만성적인 불안감을 시사한다.

나무줄기에 구멍이 있고 그 안의 동물이 보이는 경우는 성격의 일부가 통제를 상실함으로써 현실로부터 해리 상태이거나, 수검자의 따뜻함과 강한 보호의 욕구를 반영해 준다. 전자는 성인에게서 자주 보이고, 후자는 아동에게서 빈번하게 나타난다. 때로는 인간관계에서 미성숙한 성인과 강박증 혹은 공포증을 지닌 아동에게서도 이런 반응이 보인다.

밑부분은 넓으나 이내 매우 얇아지는 줄기는 따뜻함과 건강한 자극이 결여된 초기 환경을 암시한다. 밑부분이 그 위의 다른 지점보다 좁은 줄기는 개인의 힘을 넘어서는 정신병리의 존재를 시사하며, 자아통제의 붕괴가 함께 있을 수 있다.

② 뿌리

현실을 유지하려고 무척 애쓰고 있으며, 이 점을 강조하려 하는 수검자는 땅과 접촉되어 있는 뿌리 부분을 지나치게 강조해서 그릴 것이다. 땅을 꽉 움켜쥐고 있는 듯이 뿌리를 그렸다면 정신병 상태에 있는 수검자일 가능성이 높다고 본다.

땅 밑이 빤히 들여다보이는 뿌리를 그린 수검자는 현실 적응에 어려움과 장애를 보이는 사람이다. 이 같은 그림을 그렸다면 지능이 평균 이하이거나, 여기에 속하지 않는다면 현실검증력의 장애를 보이는 조현병의 진행이 의심될 수도 있다. 그러나 이러한 해석은 조심해서 내려야 할 것이다.

사용한 종이에 지표면을 수평으로 그린 뒤 나무를 그린 그림(paper-based tree)은 불안한 감정을 지닌 사람이 안정을 얻고자 하는 보상적 시도로 종이의 바닥 부분에 집착한다고 본다. 또한 우울한 수검자는 검사 용지의 아랫부분에 그림을 그려 중앙이나 위에 위치하는 그림과는 대조를 이룬다.

③ 가지

나뭇가지는 주어진 환경으로부터 어떤 만족이나 원하는 것을 성취하려는 것을 표현하며 수검자 자신이 지닌 능력을 나타낸다. 가끔 수검자는 만족을 얻기 위해 자신의 무능력감을 숨기려고 노력한다. 예를 들어, 남자다움을 내보이기 위해 사람 그림에서는 크고 힘 있는 그림을 그리지만, 나무 그림에서는 가지의 끝이 잘리고 부러지게 그림으로써 현실에서 성공할 가능성이 없는 자신의 감정을 드러내기도 한다.

가지를 길고 좁게 그리고 과도하게 위로 향하게 한 것은 환경으로부터 만족을 얻기 두려워하는 수검자와 공상적인 수검자에게서 나타난다. 이러한 그림은 내향적인 성격을 지닌 사람이나 정신분열증적인 경향을 보이는 수검자의 공통적인 특징이기도 하다. 또 가지가 지나치게 커서 용지의 끝부분을 넘고 있다면 이는 공상에 심하게 빠져 있는 사람일 가능성이 높다. 반면, 조화를 잘 이루는 가지(적절히 아랫부분은 굵게, 위는 얇게 그린 경우)는 수검자가 환경에 적응하는 능력이 높고 잘 대처함을 나타낸다.

구부러지거나 창처럼 끝부분이 지나치게 뾰족하거나 표면에 가시가 많은 가지는 적대적이거나 공격적인 충동을 보이는 것이다. 이러한 그림을 그리기는 하였으나 실제 수검자는 충동적이기는커녕 온화하고 통제적인 사람이라면 내면의 충동을 표면화시키지 않으려고 의식적으로 애쓰고 노력한 결과로 볼 수 있다. 곤봉이나 손가락처럼 그려진 가지는 강한 적대감을 나타낸다. 남근과 같은 가지는 거세 불안을 보여준다.

[그림 8-2]에 나타난 것과 같이 가지가 2차원적으로 그려져 닫힌 형태가 아니고 열려 있다면 이는 자아통제 능력이 거의 없는 상태를 반영한다. 상처를 입거나 부러진 가지는 외상의 경험이 있고 무력한 사람들이 그리곤 한다. 간혹 심리성적인 면에서 남성답지 못하다는 느낌이 많고 갈등과 무기력감, 거세에 대한 두려움을 지닌 수검자도 이 같은 그림을 그린다.

그림 8-2 나무 그림 예시

1차원의 가지를 가진 나무는 종종 있다. 1차원의 가지는 수검자가 만족을 위해 환경의 자원을 이용하는 능력이 부족하며 특별히 가지들 간의 연결 조직, 그리고 가지와 줄기 간의 연결이 없다면 더욱 그렇다. 심한 기질적 손상을 가지고 있는 수검자는 1차원으로 된 줄기와 연결이 없는 1차원의 가지를 그린다.

만일에 나무줄기 자체는 잘리고 그 그루터기로부터 작은 가지가 자라고 있다면, 이는 자아의 불안을 나타내며 이러한 불안에서 서서히 회복되고 있는 상태를 시사한다. 이러한 그림은 정서적 외상의 경험을 반영하기는 하지만 치료를 통해 새로운 성장을 하려는 노력을 나타내는 수검자에게서 발견되곤 한다. Buck도 중년기에 심한 갱년기 증상을 보인 신경증 환자의 그림에서 호르몬 치료 이후에 새로운 가지가 생긴 것을 보고하였다.

나무줄기에 비해 지나치게 크게 그린 가지는 주변 환경에서 만족감을 얻으려고 애쓰는 것을 나타낸다. 반면, 큰 줄기에 비해 나뭇가지가 작다면 기본적인 욕구 충족에 대한 무능감으로 좌절 상태에 있는 수검자일 가능성이 높다.

아동의 그림에서는 가지가 태양을 향하는 모습을 종종 볼 수 있는데, 이는 애정을 갈망하고 좌절된 욕구불만을 보이는 아동의 그림에서 발견된다. 중요한 권위 대상으로부터의 따뜻한 온정에 굶주려 있음을 나타내는 것이다. 구부러진 형태의 나무를 그리거나 위에서 눌려 넘어진 나무를 그렸다면 이는 부모나 다른 권위적인 사람들로부터의 압력이 있음을 시사한다.

가지를 큰 못처럼 그리고 가시를 그릴 때는 나무줄기와는 어떻게 접촉하고 있는지, 가지들 간의 모습은 어떤지를 잘 살펴보아야 한다. 예컨대, 작은 가지들이 큰 가지들을 맹렬히 공격하는 것처럼 그렸다면, 자기학대 성향이 있지는 않은지 살펴보아야 한다. 또한 가지의 끝을 구름처럼 둥글게 표현하거나 솜에 감싼 것처럼 그렸다면, 내면에 분노를 쌓아 두고 밖으로는 드러내지 않고 있음을 시사한다.

가지에서 표현되는 것은 전반적으로 수검자의 성격과 관계가 있는데, 가지나 잎이 싱그럽고 부드러운지, 거친지, 세게 그렸는지 등과 같이 종이에 그린 수검자의 스케치로 성격 성향을 파악할 수 있다.

④ 기타

ㄱ. 열쇠구멍

줄기와 잎을 그릴 때 하나의 선으로 끊기지 않게 그린 것은 열쇠구멍을 닮아서 열쇠구멍 나무라고 부른다. 이렇게 표현된 나무는 저항적이고 부정적인 수검자들에게서 보인다. 이 같은 유형으로 그린 수검자들은 검사자의 요구에 응하긴 하지만 단지 최소한의 태도로 응할 뿐이다. 이들은 표현하는 데 거부 의사가 분명히 드러나도록, 할 수 있는 한 가장 빠르게 그린다.

ㄴ. 주제

나무와 함께 독수리가 하늘을 배회하는 것과 나무에 배변하려고 하는 말을 그린 것은 죽음을 나타낸다. 또 이것은 완전한 가치 결핍, 낮은 자아존중감을 보여 준다. 또한 나무에 소변을 보는 강아지를 그린 것은 질적으로 낮은 수준의 그림이다. 그리고 아버지 같은 남자와 함께 그려진 나무는 거세에 대한 공포를 나타낸다.

한편, 임신한 여성은 과일나무를 많이 그리고, 우울증 환자는 수양버들을 많이 그린다. 영아들은 사과나무를 많이 그릴 것이다. 사과나무를 그리는 비율은 유치원에 다니는 아동은 35%, 10대는 9%였지만, 40대의 성인은 사과나무를 그리지 않았다. 영아들은 과일나무를 어머니와 동일시해 표현하기도 하는데, 거부의 감정으로 떨어진 사과나 떨어지고 있는 사과를 그리기도 한다.

어린아이들은 크리스마스 트리를 자주 그리기도 한다. 성인이 화려하게 꾸며진 크리스마스 트리를 그리는 경우 잘 발달된 나르시시즘이나 퇴행적 경향, 돌봄에 대한 강한 욕구가 시사된다. 어린아이들은 자주 나무 두 그루를 그리고 각각을 아빠와 엄마라고 이야기한다. 다른 경우에 나무 두 그루를 그리는 것은 병리적이다.

나무 곁에 그려진 사람은 보통 병리를 나타낸다. 아버지와의 관계가 매우 어려웠던 한 수검자는 사람과 함께 쓰러져 있는 커다란 나무를 그렸다. 그 사람은 도끼를 들고 있는 환자의 아버지였다. 종종 가지 부분에 사람의 얼굴이 그려지는데, 이는 나중에 질문을 해 보면 자기 자신인 경우가 있다. 이런 얼굴들은 보통 수검자 자신에 대한 강한 부정적 생각을 보여 준다.

ㄷ. 나무의 나이

성인의 그림에서 미성숙한 감정을 확실히 나타내 주는 것으로, 크고 성장한 나무보다는 어린 나무를 그린다. 그려진 나무를 보면 발달적 수준이 드러난다. 나이는 정신적 · 사회적 · 성적 감정 수준과 연관되어 있다.

한 연구에서는 교도소에 수감되어 있는 64명의 성폭력자를 수검자로 삼았는데, 그들 중 절반은 성인 여성을 강간하고 나머지 반은 어린 여아에게 성적 접근(소아기호증: 어린이에 대한 이상성욕)을 하여 유죄를 선고받은 사람들이었다. 이때 성폭력자들이 감금된 똑같은 환경에서 여성을 강간한 수검자들이 더 잘 적응하는 것이 발견되었다.

임상연구에서 소아기호증은 심리성적으로 미숙한 사람임이 드러났다. 그들은 고착되었거나 아동기 수준으로 퇴보된 것이다. 정상적인 성적 활동 수준은 서로 바라보고 접촉하는 형태인데, 이 같은 것들이 소아기호증 환자에게는 어렵다. 이러한 소아기호증 환자들은 미성숙하기 때문에 자신의 심리성적 느낌을 적응시킬 수 있는 미성숙한 성적 대상자를 찾는다.

소아기호증 환자가 성인 강간자보다 심리성적으로 더 미숙하기 때문에 아동에게 접근한다고 가정하고, 이 두 집단에서 그려진 나무를 비교해 보면 Buck의 가설인 "나무는 수검자의 심리성적 성숙 수준을 반영한다."는 타당성을 입증할 수 있을 것이다. 결과는 성인 강간자들이 그린 나무의 수준은 24.4세인 반면, 소아기호증 환자들은 10.6세였다.

ㄹ. 죽은 것처럼 묘사된 나무

그림을 다 그린 수검자에게 나무가 살았는지 죽었는지를 물었을 때, "이 나무가 살았어요?"라고 되묻는 수검자들은 죽은 나무를 그린 것으로 환경에 잘 적응하지 못함을 보여 준다. 이 같은 대답은 내성적인 사람, 조현병, 우울한 사람, 환경에 대한 적응을 포기한 심각한 신경증이 있는 사람들에게서 나타난다.

성폭력자들에 대한 또 다른 연구에 따르면, 이성 소아기호증 환자와 동성 소아기호증 환자들이 그린 것 중 죽은 것처럼 그린 나무의 수를 본 결과 나이와 성에서 둘 다 비정상적인, 동성 소아기호증 환자에게서 더 많이 나타났다고 밝혔다. 이것은 성적 대상자가 정상에서 벗어날수록 심각한 정신병리를 가질 가능성이 높다는 것을 말해 준다.

그리고 H-T-P 검사에서 죽은 나무는 심각한 병리 가능성이 있음을 시사한다.

만약 나무가 죽었다고 말하면, 죽은 원인이 내부적인 것인지 외부적인 것인지를 알아야 한다. 죽은 원인이 바람, 번개 같은 외부적인 것이라면 외상에 따른 급격한 어려움을 겪고 있다는 것을 나타내고, 죽음의 원인이 뿌리나 줄기가 썩었다거나 하는 내부적인 요인이라면 수검자는 자신을 유해하고 수용할 수 없는 존재로 여기는 것이다. 일반적으로 외부적인 요인보다는 내부적인 요인으로 죽은 나무가 더 심한 병리적 증상을 나타낸다.

수검자에게 나무가 죽은 지 얼마나 되었냐고 물음으로써 수검자의 부적응, 무능력, 하찮음, 희망 없음의 감정들이 생긴 시간의 단서를 얻을 수 있다.

나무에서 주의해야 할 점은 그려진 하나의 그림만을 보고 단정지어서는 안 된다는 것이다.

ㅁ. 크기

작은 나무는 환경에 대응하는 것에 대한 강한 부적절감을 시사한다. 큰 나무, 특히 페이지 안에 다 담기지 않을 정도로 큰 나무는 과잉 보상적 행동이나 공상을 통해 만족을 찾으려는 경향을 시사한다. 혹은 둘 모두에서 만족을 찾으려는 것 그리고 과잉민감성을 상징한다.

ㅂ. 움직임

나무는 집보다 움직이는 것처럼 그려지는 경우가 많다. 나무가 매우 구부러져 있는 것과 같이 강한 바람이 부는 것이 명백할 경우 수검자는 극심한 환경의 압력에 노출되어 있지만 균형을 유지하기 위해 분투하고 있는 중일 수 있다. 떨어지는 잎들을 그린 경우 생각과 감정을 감출 능력을 잃어버렸고 강한 죄책감을 느끼며 정신적으로 벌거벗겨진 것과 같이 느끼는 수검자의 인상을 표현한 것일 수 있다. 이러한 나무를 그리는 수검자는 환경에 대해서 좀 더 정제되고 다듬어진 적응을 할 능력을 잃어버린 것같이 느낄 가능성도 있다. 의존적인 아동은 자주 사과나무를 그리며 거부감을 떨어지는 사과나 떨어진 사과로 표현한다. 떨어지는 혹은 떨어진 가지들은 수검자가 환경적 압력에 대처하는 능력을 잃어버린 것에 대한 확신을 표현한다.

④ 조망

밑에서 바라본 형태로 그려진 나무는 수검자의 우울감이나 패배감을 나타낸다. 부분적으로 언덕 위에 있는 것처럼 그려진 나무는 분투하는 것 같은 느낌이나 피난처와 안전에 대한 요구를 상징하는 것으로 보인다. 언덕 위에 나무만 홀로 그려져 있는 그림은 항상 우월감을 나타내지는 않는다. 반대로 이 나무는 노출되어 있으며 공격당할 수 있는 대상이다. 이는 자율을 향한 분투와 함께 나타나는 고립감일 수 있다.

⑤ 세부 묘사

ㄱ. 부가적인 세부 사항들

나뭇잎은 많은 경우 음영으로 표현되며, 가끔씩 세밀하고 꼼꼼하게 그려진다. 가지와 나무껍질의 경우 음영으로 표현되기도 하는데, 나무껍질이 자연스럽게 표현된 경우 잘 균형 잡힌 상호작용을 나타내며, 전반적으로 매우 두껍게 그려진 나무껍질은 불안의 존재를 시사한다. 꼼꼼하고 공들여 그린 나무껍질은 수검자가 자신의 현재 환경과의 관계에 대해 강박적으로 민감하게 집착하고 있음을 시사한다. 상처가 난 줄기는 추후 물어보아야 한다.

잎사귀들은 미용을 위한 것이고 기능적이다. 미용의 측면에서 잎사귀들은 나무의 뼈대를 장식하고 덮는다. 기능적으로, 잎사귀들은 환경과 가장 즉각적으로 직접적인 접촉을 한다. 꼼꼼하고 공들여 그린 잎사귀들은 강박적인 성격 특성을 표시한다.

줄기 위의 포도 넝쿨 혹은 포도 넝쿨과 같은 껍질은 자신이 특정한 충동에 대한 통제를 잃었거나 잃어가고 있다는 느낌 혹은 다른 사람들이 자신의 금지된 생각이나 욕구에 대해서 알고 있다는 느낌을 나타낸다. 과일은 어린아이가 가장 많이 그리며, 종종 임신한 여인도 그린다.

ㄴ. 관련 없는 세부 사항들

새나 동물을 가지 위에 그리는 것과 밑둥에 잔디를 그리는 것은 일반적이다. 종종 새나 동물을 자신에게 중요한 가치를 가지는 인물과 동일시하기도 한다. 동일시한 것이 아니더라도 새나 동물의 성격 혹은 행동에 대해서 조심스럽게 해석해 볼 수는 있다.

지표 선은 집이나 사람 그림보다 나무 그림에 더 자주 그려진다. ⌒ 모양과 같이 볼록한 땅은 모성 의존을 나타내며, 나무가 상대적으로 작거나 부적절하게 조직되어 있을 경우 고립감과 무력감을 나타낸다. 울퉁불퉁하고 큰 나무는 주로 수검자의 지배성과 노출증에 대한 강한 욕구를 나타낸다. 종종 지표가 나무와 관계없이 박스 모양을 할 때가 있는데, 이는 부적절한 현실검증력을 나타낸다.

ㄷ. 세부 사항 음영

음영은 나무에서 다른 그림들보다 더 자주 사용된다. 가지나 잎사귀들은 자주 음영으로 표현된다. 나무껍질이 자주 부분적인 음영으로 표현되기도 한다. 'White shading'은 분열형 사고를 시사하는 드문 전략이다. 2차원의 가지들을 흰 공간으로 표현하고 잎 영역을 그리지 않고 단지 공간으로 남겨 놓았을 경우에는 외로움을 암시한다. 만약 가지가 음영의 사용 없이 그려졌다면 반대의 경향성이 있을 수 있다.

ㄹ. 세부 사항 강조

가지의 왼쪽이 수나 크기에서 과도하게 강조되어 있는 것은 즉각적이고 단순하며 정서적인 만족을 찾는 강한 경향성에서 발생된 성격 불균형을 시사한다. 오른쪽의 강조는 정서적 만족을 피하거나 과도하게 지연하고 지식적인 노력을 통해서 만족을 찾는 강한 경향성으로 인해 생긴 불균형을 시사한다. 반면, 완벽한 대칭은 행동에 있어서 지배성을 정당화하는 것에 대한 양가 감정과 무능력을 암시한다.

(3) 사람

H-T-P 검사에서 사람 그림을 그리라고 하면 그리기를 거부하거나 마지못해 그리는 경향이 있다. 이것은 사람의 그림이 자아상과 가장 가깝기 때문이다. 사람 그림은 직접적인 신체상의 표현을 포함하는 좀 더 의식적인 연상들을 불러일으킨다. 사람 그림의 질은 수검자가 관계에서 기능하는 능력을 반영하며, 자신과 대인관계의 객관적이고 비판적인 평가의 영향을 받는다. 추가적으로, 사람 그림은 수검자의 성적 역할이나 특정 대인관계에 대한 태도 혹은 일반적 대인관계에 대한 태도를 반영할 수도 있다.

수검자들은 많은 어려움과 곤란을 느끼고, 그리는 과정에서 검사자에게 자주 감정적 지지를 요구한다. 사람 그림에서는 자아상이나 자신이 바라는 상, 부모나 형제와 같은 주위의 중요한 사람들에 대한 상을 표현한다. 자아상은 수검자 자신에 대해 느끼는 것을 그린 것이다. 몸이 뚱뚱한지 날씬한지로 나타나고, 갈고리 모양의 코, 양배추 모양의 귀와 같은 자신의 모습들이 사람 그림에서 정확하게 그려진다. 지능지수가 평균 또는 그 이하인 수검자들은 종종 자신의 모습을 거울상으로 그린다. 예를 들어, 수검자가 오른손을 다쳤을 경우 그림에는 왼손을 다친 것으로 그릴 것이다. 그러나 지능이 높은 수검자는 거울상을 거의 그리지 않는다.

사람 그림에서는 자신의 심리적인 모습을 나타내기도 하는데, 덩치 큰 수검자가 무기력하게 팔을 흔들고 있는 작은 사람을 그렸다면, 이것은 자신의 위축된 심리적 상태와 더불어 무기력함과 지지 및 의존의 욕구를 나타낸 것이다. 반면, 지배적인 어머니에게 통제받는 무능력하고 순종적인 성인 남성은 실에 끌려 다니는 꼭두각시를 그릴 수 있다.

성인이 한 손에는 야구방망이를, 다른 한 손에는 테니스 라켓을 쥐고 있고 콧수염이 있는 사람을 그렸다면 남성다움을 동경하는 것으로서, 자신의 남성다움이 불충분하다는 것을 반영한 것이다. 저하된 에너지와 낮은 욕구를 나타내는 수검자는 팔걸이의자에 편안하게 앉아 있는 그림으로 자신을 표현한다. 자기도취에 빠져 있는 사람은 손으로 머리카락을 쓸어내리거나 음악에 맞춰 춤추는 그림으로 자신의 모습을 드러낸다. 측면으로 그려진 사람의 모습은 수검자가 현실과의 직면을 거부하고 심한 부적응을 나타내고 있는 것이다. 사람 그림에 그려진 이 모든 주제가 심리적 자아상을 나타내 준다.

몸이 가냘프고 왜소한 남성은 권투선수를 그렸다. 미혼모가 된 소녀는 두렵고 창피한 감정을 우아하고 날씬한 댄서가 아무런 방해 없이 회전하고 있는 그림으로 나타냈다. 청소년기 소년은 근육질 운동선수를 자주 그렸고, 청소년기 소녀는 이브닝드레스를 입은 여배우를 그렸다. 뚱뚱한 사람은 날씬한 사람을 그렸다.

아동은 자주 부모를 그리는데, 이것은 그들의 삶에서 부모가 그만큼 중요하고, 동일시할 수 있는 모델이 필요하며, 부모를 자기개념으로 여긴다는 것을 나타내 준다.

학급 친구를 심하게 괴롭히는 8세 소년은 남자를 그렸는데, 날카로운 이빨을 드러내고 한 손에는 몽둥이를, 다른 한 손에는 가위 같은 뾰족한 것을 들고 있었다. 이 몽둥이와 가위는 수검자의 생명을 위협하는 것이다. 이 소년의 아버지에 대한 정보를 검토해 본 결과, 그는 폭군이고 잔인하며 상당히 권위적이었다. 수검자의 친구들을 괴롭히는 태도는 동일시를 통하여 이 소년이 아버지의 위협으로부터 방어하기 위한 것으로 나타났다. 이러한 동일시는 수검자의 관점에서 안정된 쪽으로 만들어진다.

경계선 지능 수준의 성인 그림

보통 지능 수준의 성인 그림

보통 상 지능 수준의 성인 그림

우수 지능 수준의 성인 그림

그림 8-3 지능 수준과 H-T-P 검사

① 비율

사람 그림의 왼쪽과 오른쪽에 있어서 명백한 비율적 차이는 구체적으로는 성 역할 혼란을, 일반적으로는 성격 불균형을 시사한다.

만족의 자원으로 공상이나 지적인 부분에 지나친 강조를 두는 부적응적 수검자는 종종 과도하게 커다란 머리를 그린다. 비율에 맞지 않게 작은 머리를 그리는 경우 강박적 경향이 있을 수 있으며, 고통스러운 생각과 죄책감에 대한 거부를 나타내는 것일 수 있다. 작은 눈은 가능한 한 적게 보고자 하는 바람을 상징한다. 과도히 큰 입은 구강적인 에로티시즘이나 구강기적 공격성 경향을 나타낸다. 길고 얇은 목은 분열적 성격을 시사한다.

비율에 맞지 않게 큰 몸통은 수검자가 긴급하게 느끼는 불만족된 욕구가 있을 수 있음을 함의한다. 비율에 맞지 않게 작은 몸통은 분열적 성격을 함의한다. 어깨 크기는 심리적 · 신체적인 기본적인 힘과 능력에 대한 느낌의 지표다. 비율에 맞지 않게 넓은 어깨는 힘과 능력에 대한 욕구의 과도한 열망을 나타내며, 너무 좁은 어깨는 열등감을 함의한다. 적절하지 않은 어깨 크기는 성격 불균형을 시사한다.

과도하게 긴 팔은 과도하게 야망적인 분투를 암시하며, 매우 짧은 팔은 분투의 부재를 상징한다. 폭이 넓은 팔은 분투를 위한 힘의 느낌을 시사하고, 얇은 팔은 나약하다는 느낌을 보여 준다. 큰 손은 충동성과 정제된 사회적 교제에 있어서의 기량 부족을 시사한다. 반면, 작은 손은 정제되고 친밀한 심리적 관계의 접촉을 만드는 것에 대한 망설임을 시사한다.

비율에 맞지 않게 긴 다리는 자율에 대한 강한 열망을 상징하고, 매우 짧은 다리는 제한받는 느낌을 상징한다. 다리 크기의 차이는 자율과 독립에 대한 양가감정을 함의한다. 보통 긴 발은 안정에 대한 욕구를 함의하며 정력을 나타내려는 욕구를 시사한다. 반면, 비율에 맞지 않게 작은 발은 제한받음과 의존성을 보여 준다.

② 조망

만약 다리가 페이지 밑 부분에 의해서 잘려져 있다면 이는 자율성이 없다는 느낌이 거의 압도적일 수 있다. 다리가 잘린 그림을 그린 경우 검사자는 수검자에게 페이지 밑으로 다리가 얼마나 있는지 보여 달라고 요구해야 한다.

사람은 아래에서 보는 것 같이 그려지는 경우가 거의 없다. 그렇게 그려진 경우 심리적인 교류로부터 거리를 두고 싶은 수검자의 바람이 있거나 수검자가 그림에 그려진 사람에 의해 억압받고 지배당하고 있다고 느낄 수 있다.

깊이감 없이 동그란 얼굴로 그려져 있으며 팔이 몸통으로부터 직각으로 펼쳐져 있는 것은 수검자가 부적절감과 불안전감을 감추기 위해 모든 것을 직접적이고 단호히 대함으로써 완고하고 타협이 없음을 시사하는 것이다.

부분적인 옆모습은 사람 그림에서 일반적이다. 다른 측면이 존재한다는 것을 보여주지 않는 완전한 옆모습을 그린 경우 강한 철수와 적대적 경향을 시사한다. 이러한 그림은 노골적인 피해의식을 가지고 있는 수검자에게서 가장 흔하다. 등을 보이고 있는 사람은 수검자가 심리사회적 교류를 단호히 거절하며, 대부분의 경우에서는 현실조차 거절하는 피해의식–분열형 철수를 지님을 보여 준다. 만약 머리가 등보다 더 돌려져 있는 경우는 심각한 회피와 철수를 보여 주며, 아예 뒷모습으로 그려진 머리가 있는 경우 더 심하다.

편안하고 유연한 팔은 적응을 보여 주며, 몸에 딱 붙어 있는 긴장한 팔은 완고함을 보여 준다. 가슴에 포개져 있는 팔은 의심스럽고 적대적인 태도를 상징한다. 사람의 등 뒤로 그려진 팔은 부분적으로 타인을 만나는 것에 대한 망설임을 함의한다. 교차되어 손이 골반 위에 겹쳐 있는 자세는 갱년기 우울증이나 성적인 부적응을 겪는 여성이 많이 그린다. 때때로 팔은 몸통의 일부가 아니라 몸통 뒤에서 나온 것처럼 그려져서 어쩐지 사람을 밀어내는 것처럼 보이기도 한다. 이는 '충동적인 팔'이라고 불리며, 자신이 통제할 수 없는 방식으로 행동함을 암시한다. 주머니 안에 그려진 손은 통제된 회피를 상징하나, 이러한 해석은 수검자가 손이나 주머니에 대해서 이야기하는 내용에 따라 달라질 수 있다.

넓게 선 자세는 반항이나 안정에 대한 강한 욕구를 나타내는 것일 수 있다. 만약 다리가 얼어 있는 자세처럼 서로 붙어 있게 그려졌다면 완고함과 긴장 그리고 성적 부적응의 가능성을 나타내는 것일 수 있다. 발의 위치 역시 많은 것을 표현할 수 있다. 예를 들어, 발끝으로 서 있는 사람은 현실검증력이 미약하거나 현실로부터 도피하고 싶은 강한 욕구를 가지고 있는 것일 수 있다. 동그란 얼굴과 180도로 다른 방향을 가리키고 있는 발을 그린 경우 양가적 감정을 가지고 있음을 나타낸다.

ㄱ. 투시적 그림

가장 흔하고 중요하지 않은 투시적 그림은 덮고 있는 소매 밑으로 팔이 보이는 것이다. 그러나 심장이나 폐와 같은 장기를 보이게 그렸다면 병리가 있을 가능성이 매우 높다.

ㄴ. 움직임

움직임은 수검자의 적응에 대한 만족감을 나타낸다. 편하고 느긋하게 걷고 있는 사람은 좋은 적응을 보여 준다. 도보 경주와 같이 통제받으며 뛰고 있는 모습은 성취에 대한 강한 욕구를 시사한다.

③ 세부 묘사

ㄱ. 필수 세부 사항들

사람은 머리, 몸통, 팔이나 다리가 하나만 보이거나 없는 경우가 절단과 같은 이유로 설명이 되지 않는 이상 두 다리, 두 팔을 가지고 있어야 한다. 얼굴 특성은 두 눈, 하나의 코, 입, 그리고 귀가 보일 수 없는 자세이거나 장애와 같은 이유로 설명이 되지 않는 이상 두 귀를 포함하고 있어야 한다.

머리는 지능, 통제 그리고 공상을 대표하는 부분으로 생각된다. 눈은 시각적 자극의 수용기로 일반적으로 이목구비 중 가장 많은 것을 나타내는 기관이다. 눈은 어린아이들의 그림에서 가장 먼저 그려지는 기관이다. 눈동자나 동공을 그리려는 시도 없이 비어 있는 소켓처럼 그려진 눈은 부정적인 시각적 자극에 대한 명백한 회피를 나타낸다. 어떤 수검자는 시각적 자극을 배제하고 공상에서 만족을 찾으려는 경향을 눈이 안쪽을 향해 있는 사람 그림을 통해 표현했다. 추후 질문 과정에서 그는 생각하는 자기 자신을 바라보는 모습을 그린 것이라고 대답했다. 눈을 완전히 생략하는 것은 병리적이며 시각적 환각의 존재가 의심된다. 귀를 생략하는 것은 청각적 환각의 존재가 의심된다. 그러나 귀는 잘 적응하고 있는 지적장애를 가진 수검자의 그림에서도 생략되곤 한다. 입은 초기의 기분 좋은 감각들의 수용기임과 동시에 공격성의 도구가 될 수도 있다. 이가 존재하는 경우 공격성을 나타낼 수 있다. 턱은 남성성의 상징으로 이야기된다.

몸통은 기본적인 신체적 욕구와 추동이 자리하는 곳이다. 몸통이 없는 것은 신체적 추동의 거부를 암시한다. 팔은 통제의 시도나 환경에서 변화를 만들려는 시도의 도구로 간주된다. 두 팔 모두를 그리지 않는 것은 강한 부적절감을 암시하며, 자살 경향이 존재할 수 있고, 강력한 거세 불안이 의심된다. 조현병 환자는 손가락 대신 짧고 넓은 깃털이 있는 날개와 같은 팔을 그리곤 한다. 몸통 밑부분(성적 추동이 있는 곳) 그림은 부적응적인 수검자에게 어려움을 겪게 하곤 한다. 골반을 닫지 못하는 것은 병리의 강한 지표다.

다리는 신체 운동의 도구로 수검자가 환경에 대한 자율성에 가지고 있는 인식을 대표할 수 있다. 다리가 없는 것은 제한받고 있다는 강한 느낌이나 강한 거세 불안을 나타낼 수 있다.

ㄴ. 부가적인 세부 사항들

목, 손, 발, 머리카락 그리고 옷은 사람 그림에 일반적으로 포함되어 있다. 목은 머리(통제 영역)와 몸(충동 영역)을 연결하는 곳으로 머리와 몸의 협동의 지표다. 동그란 얼굴에서 턱선을 생략하는 것이나 옆모습에서 턱 밑면을 생략하는 것은 적절한 통제의 부족이나 몸의 추동이 원치 않게 자유로이 흘러가는 것을 함의한다. 목이 완전히 생략되어 있는 것 역시 같은 것을 함의한다. 이러한 경우 수검자는 몸의 추동에 의해 좌지우지된다고 느끼며, 이에 압도될 것 같은 위협을 매우 자주 느낀다.

생식기를 그대로 그리는 것은 만약 어린아이가 그렸다면 비정상적인 것으로 생각되지 않는다. 알몸의 사람에 매우 세심하게 그려진 생식기는 높은 연령의 아동이나 성인이 그린 것일 경우 병리를 나타낼 가능성이 높다.

손은 환경 안에서 공격적이거나 방어적인 행동을 하는 좀 더 정제된 도구다. 손의 부재는 부적절감을 암시할 수 있다. 기초적인 손에 가시와 같은 손가락이나 팔뚝에서 바로 나온 것 같은 손가락은 공격성을 상징한다. 꽃잎과 같은 손가락은 좀 더 유아적인 표현이다. 발은 일반적으로 잘 기능하는 수검자라도 가장 잘 그리지 못하는 신체 부위다.

ㄷ. 관련 없는 세부 사항들

수검자에게 밀접한 관련이 있거나 그림의 사람이 하고 있는 것을 나타내는 용도로 사용되는 물체들이 자주 그려진다. 담뱃대, 시가 혹은 담배는 경미한 구강기 에로티시즘을 나타낸다. 지팡이, 검 혹은 그 밖의 무기들은 공격적인 경향성의 존재를 암시하며 남근과 관련된 연상을 가진다.

ㄹ. 세부 사항 음영

몸통에 음영을 줌으로써 사람이 옷을 입었다는 것을 표현할 수 있다. 연속적인 선으로 다리에 부분 음영을 주는 것은 옷을 표현한 것일 수 있다. 손에 음영을 진하게 준 것은 자위로 인한 죄책감에 특정적이라고 이야기되지만, 이러한 죄책감은 보편적임에도 손에 음영을 준 경우는 많지 않기 때문에 항상 그러한 방식으로 해석하면 안 된다.

ㅁ. 세부 사항 순서

보통의 경우 사람은 머리, 이목구비, 목, 몸, 팔(손과 손가락과 함께) 그리고 다리와 발을 그린다(혹은 다리를 그린 이후 팔을 그리기도 함). 병리적인 순서는 수검자가 발부터 그리기 시작하고 그다음 머리와 얼굴의 이목구비를 마지막으로 그리는 것이다. 이목구비를 가장 나중에 그리는 것은 외부 자극을 수용하기를 거부하는 경향성을 반영하는 것일 수도 있으며, 수검자의 신원 확인을 가능한 한 미루고자 하는 바람을 보이는 것일 수도 있다. 손가락이나 손을 가장 나중에 그리거나 거의 나중에 그리는 것은 환경에 즉각적이고 친밀한 접촉을 하는 것에 대한 망설임을 보이는 것일 수 있으며, 때때로 부적절감을 감추고 싶어 하는 바람을 예측하기도 한다.

ㅂ. 세부 사항 강조

코를 과도히 강조하는 것은 남근기 고착을 시사하며, 거세 불안을 보이는 것일 수 있다. 코를 과도히 강조하는 것은 피해의식이 있는 이들의 그림에서 많이 보인다. 이는 타인이 자신에 대해서 말하는 것을 분명히 듣고자 하는 거의 압도적인 바람을 표현하는 것일 수 있다. 귀를 덜 강조하는 것은 비판을 차단하고자 하는 바람을 나타내는 것일 수 있다. 턱을 과도히 강조하는 것은 사회적 지배성에 대한 욕구를 암시하며, 덜 강조하는 것은 사회적 무능력감을 암시할 수 있다.

허리는 힘에 대한 추동(몸통 위쪽)과 성 추동(몸통 아래쪽)의 조절자라고 간주된다. 벨트를 그리거나 진하게 음영을 칠한 벨트를 그리는 방식을 통해 허리를 과도히 강조하는 것은 성 추동의 표현과 통제 사이에서의 강한 갈등을 시사한다. 무릎이나 남성이 그린 남성 그림에서 엉덩이를 강조하는 것은 강한 동성애적 충동을 암시하는 것일 수 있다. 신발에 레이스를 그리거나 발가락 형태에 주의를 기울이는 식으로 발을 과도히 세부적으로 그리는 것은 강한 자기애적-노출적 요소와 함께 강박적인 성격을 시사한다.

옷의 특정 항목에 대한 강조는 구체적인 함의를 가진다. 벨트를 강조하는 것은 성적인 걱정과 과도한 걱정을 나타낸다. 넥타이에 과도한 강조를 두는 것은 남근기 고착과 성적 불능에 대한 느낌을 나타낸다. 버튼을 많이 그리는 것은 성인의 경우 퇴행을, 어린아이가 그렸을 경우 어머니에게 강하게 의존함을 보여 준다.

참고문헌

김선애(1993). H.T.P 투사그림기법의 정서장애 아동 판별 기능 연구. 단국대학교 대학원 박사 학위논문.

박경, 최순영(2003). **심리검사의 이론과 활용**. 서울: 학지사.

Buck, J. N. (1947). *The House-Tree-Person Test*. Richmond, VA: Colony.

Buck, J. N. (1948). The H-T-P techniques: A Quantitative and qualitative scoring manual. *Clinical Psychology, 5*, 1-120.

Buck, J. N. (1966). *The house-tree-person technique: Revised manual*. Los Angeles, CA: Western Psychological Services.

Buck, J. N., & Hammer, E. F. (Eds.). (1969). *Advances in the house-tree-person technique: Variations and applications*. Los Angeles, CA: Western Psychological Services.

Buck, J. N., & Warren, W. L. (1992). *House-Tree-Person projective drawing technique: Manual and interpretive guide*. Los Angeles, CA: Western Psychological Services.

Burns, R. C. (1987). *The kinetic HTP*. New York: Brunner Mazel.

Heiberger, A. M., Abell, S., & Johnson, J. E. (1994). Cognitive evaluations of young adults by means of human figure drawings: And empirical investigation of two methods. *Journal of Clinical Psychology, 50*(6).

Koch, C. (1952). *The Tree Test*. New York: Grune & Stratton.

Levine, M., & Galanter, E. (1953). A note on the "tree and trauma" in interpretation in H-T-P. *Journal of Consult Psychology, 17*, 74-75.

Schactel, E. G. (1950). Projection and its relation to character attitude and creativity in the Kinesthetic response. *Psychiatry, 13*, 69-100.

Schider, P. (1934). Space, time and perception. *Psyche, 14*, 124.

Van Hutton, V. (1994). *House-Tree-Person and Draw-A-Person as measures of abuse in children: A quantitative scoring system*. Odessa, FL: Psychological Assessment Resources.

9장

신경심리평가

최근 들어 신경심리학적 손상 가능성에 대한 선별과 평가가 임상적 실제에서 중요한 부분으로 부상하고 있다. 역사적으로 볼 때 본격적으로 신경심리평가가 사용되고 발달하기 시작한 시점은 20세기 초반부터다. 당시 일어난 제1차, 제2차 세계대전에서 뇌손상을 입었거나 행동장애를 보이는 군인들을 감별하고 진단하여 재활시키는 목적으로 사용되면서 이후 다양한 신경심리검사가 개발되었고, 최근에는 정신의학적 장면에서 임상심리 전문가에게 의뢰되는 환자 중 신경심리학적 평가를 목적으로 하는 경우가 점차 늘어가는 추세다. 이와 별도로 신경과나 신경외과 의사들이 환자를 진단하는 데 도움을 받고, 뇌 관련 질환의 경과와 치료 효과를 확인하기 위해 의뢰하는 경우가 늘어나면서 신경심리학적 평가에 대해 집중적으로 수련을 받고 신경과나 재활의학과 등에서 활동하는 임상심리 전문가도 많아지고 있다. 뿐만 아니라 지적장애나 학습장애, ADHD를 비롯한 행동장애에 대한 연구의 진전이 이어지면서 아동 신경심리학의 발전과 더불어 아동을 대상으로 한 신경심리평가도 크게 향상해 왔다.

초기 신경심리학의 주된 관심사는 신경심리학적 손상을 보이는 환자들의 행동평가에 있었는데, 이는 진단을 돕기 위한 목적이 컸기 때문이다. 또한 과거에는 이러한 환자들의 치료를 통한 증상의 호전에 회의적인 견해가 지배적이었기 때문에 치료에 대한 관심은 상대적으로 낮았다. 그러나 신경심리학이 임상과학의 한 분야로 자리매김하기 위해서는 진단을 위한 평가의 기능에만 국한되어서는 안 된다는 비판이 제기되었고, 점차 환자의 관리와 치료 계획에 대한 적절한 제언뿐만 아니라 재활이나 치료 효과에 대한 평가로도 활용하게 되었다. 신경심리평가를 통해 신경심리학적 손상의 징후에 대한 정보를 얻게 되며, 만약 이러한 징후가 확인되면 보다 세밀하고 자세한 신경심리학적 혹은 관련된 의학적 평가를 실시하거나 지속적인 추적 관찰, 평가 결과에 따른 치료 계획의 수립 및 치료적 개입을 이어 가기도 한다. 예를 들어, 정신과적 장면에서 알코올을 비롯한 물질사용 장애나 신경독성 물질에 노출된 환자의 신경학적 손상 가능성에 대한 평가가 이루어질 수 있으며, 노인 환자의 경우 우울증으로 인해 나타나는 가성 치매와 실제 치매를 감별하기 위해 신경심리평가를 실시하고 이에 따라 치료적 계획과 접근이 달라진다.

임상 장면에서 신경심리평가는 뇌 영상 기법을 통해 얻을 수 있는 정보를 뛰어넘어서 환자가 보이는 문제를 다각적인 측면에서 평가할 뿐만 아니라 환자의 능력과 한계에 맞춘 최적화된 평가를 하기 위한 도전의 연속이라 할 수 있다. 신경심리평가에 대한 지식과 경험의 축적이 이루어지면서 평가 절차에서의 규준들이 새롭게 만들어지거나 개정되기도 한다. 따라서 신경심리평가에서는 유연성, 탐구심 및 창의성이 필요하다(Lezak, 1995).

이 장에서는 신경심리평가의 목적, 시행에서 고려해야 할 사항, 평가 절차에 대해 살펴보고, 신경심리평가에서 측정하는 여러 인지 영역과 이에 해당하는 주요 검사에 대해 소개하고자 한다.

1. 신경심리평가의 목적

1) 진단

앞서 신경심리학의 초기 주요 관심사가 환자의 진단을 위한 행동평가에 있음을 언급하였다. 따라서 신경심리평가가 사용되는 첫 번째 주된 목적은 정신과적 증상과 신경과적 증상의 감별, 즉 외상성 뇌손상이나 뇌기능 장애의 진단이다. 그러나 1980년대 이후 뇌의 병변과 그 위치를 진단하기 위해 다양한 뇌영상 기법이 개발되고 도입되면서 신경과적 질환이나 손상되어 있는 뇌의 부분을 확인하기 위한 행동 자료를 얻고자 시행되었던 신경심리평가의 진단적 역할은 축소되기 시작하였다. 그럼에도 불구하고 최신의 뇌영상 기법을 통해서도 민감하게 가려내지 못하는 일부의 장애(예: 중독에 의한 뇌손상, 알츠하이머 병 과정, 경도의 외상적 두부 손상 등)에서 진단을 위한 신경심리평가의 진가가 발휘될 수 있다. 또한 뇌영상 기법을 통해 뇌기능의 손상이 확인되었다고 하더라도 일상생활에서 드러나는 행동 양상이나 기능 수준, 정서 상태는 개인마다 다르기 때문에 이러한 경우 신경심리평가를 통해 뇌영상 기법에서 얻지 못하는 차별적인 정보를 제공받아 이를 토대로 환자를 더욱 폭넓게 이해할 수 있다. 따라서 신경심리평가가 진단을 위한 일차적인 도구로 사용되지는 못한다고 하더라도 여전히 신경심리학적 손상에 대한 진단의 역할을 담당하고 이에 기여할 것이다.

2) 환자 관리와 치료 계획

신경심리평가는 환자의 인지 상태와 성격 특성을 평가하기 위한 목적으로 사용되기도 한다. 이 같은 정보는 신경심리학적 손상을 보이는 환자들을 지속적으로 관리하고, 나아가 치료적인 계획의 수립에도 기여할 수 있는데, 개인마다 보유하고 있는 능력과 정서 및 성격 특성을 비롯한 심리적 변화가 행동에 미치는 영향을 파악함으로써 환자에 따른 합리적이고 효과적인 치료 계획을 세울 수 있기 때문이다. 또한 신경심리검사도구로 측정한 양적 점수와 더불어 환자의 배경 정보, 행동 관찰 등을 종합한 신경심리평가를 통해 일상생활에서의 환자의 자조 능력, 문제 상황에서의 대처 능력, 재정의 관리를 비롯한 전반적인 적응 수준을 평가할 수 있어야 한다. 나아가 환자가 자신이 가지고 있는 인지적 결함이나 한계에 대해 어떻게 인식하고 받아들이며, 이에 대한 효과적인 대처 방식은 무엇인지, 재활 훈련이나 치료 프로그램에 참여하여 적절하게 이수할 수 있는지에 대한 현실적인 평가와 정보의 제공이 이루어져야 한다. 의료진이나 보호자에게도 환자의 현재 상태와 적응 수준에 대해 충분히 이해할 수 있도록 설명함으로써 효과적인 환자 관리에 도움을 줄 수 있다.

특히 신경심리평가는 높은 신뢰도와 타당도를 갖고 있기 때문에 장애의 추후 경과를 살펴보는 데 있어서 많은 도움이 된다. 일정한 간격을 두고 실시한 평가 결과를 통해 그 시점에서의 상태뿐만 아니라 장애의 변화 정도 및 변화 속도에 대한 추이를 지속적으로 살펴볼 수 있다. 한편, 뇌손상 환자들은 자기인식과 정서의 변화를 경험하지만 자신의 행동 변화에 대해 감지하지 못하는 경우가 많다. 이는 신경 활동의 형태 변화에 따른 심리적 혼란과 관련된 것으로서, 일상생활에서 과거에 익숙했던 경험들이 생소하게 느껴지거나 실수가 잦아지고 자기에 대한 확신이 저하되며 삶에 대한 회의감이나 무력감을 보이는 경우가 발생한다. 이 경우 신경심리평가를 통해 스스로의 상태에 대해 자세하게 설명하도록 하여 환자가 현재의 상황에서 느끼는 불안정감과 심리적 혼란을 완화시키고, 환자의 갑작스러운 정서 및 행동 변화에 당혹감을 느끼는 보호자에게 환자의 변화에 대한 이해를 돕고 적절하게 대처할 수 있는 방안을 마련하도록 도움을 줄 수 있다.

3) 재활과 치료 평가

임상 신경심리학 발전의 초기 단계에는 진단에 관심이 집중되었지만, 시간이 지나고 임상과학으로서의 역할이 강조되면서 치료 및 치료 관련 연구들에 주목하게 되었다. 또한 과거에는 신경심리학적 손상의 치료 가능성에 의문을 제기하는 경우가 많았으나 흐름의 변화에 의해 신경심리학적 치료의 효용성에 대한 인식이 차츰 증가하였고, 무엇보다 치료에 대한 환자와 가족의 요구 역시 증가하면서 신경심리학적 치료가 더욱 확장되었다. 이에 따라 뇌의 기질적 장애에 대한 효과적인 치료를 정확하게 평가할 수 있는 신경심리평가의 필요성이 대두되었다.

기질적 뇌기능 장애 환자를 위한 재활 프로그램에서 관여하는 다양한 분야의 전문가들은 환자의 능력 및 변화에 대한 요구에 부합하는 치료 목표를 설정하고 프로그램을 개발하여 적용한다. 이 과정에서 신경심리평가를 통해 환자의 현재 상태를 확인하고 행동을 평가함으로써 환자의 수행 패턴의 점검과 더불어 실패가 잦은 행동을 어떻게 향상시킬 것인지 분석한다. 이 같은 분석은 심리치료에 적절한 환자인지를 가늠하는 데 도움이 된다.

한편, 재활 프로그램의 경제적 효용성에 제기될 수 있는 의문에 대한 답을 신경심리평가가 제공할 수도 있다. 프로그램 참여에 드는 비용과 시간에 비하여 실제적으로 환자에게 효과적인 치료적 진전을 이끌어 내고 있는지를 환자에 대한 신경심리평가를 통해 알 수 있다.

4) 연구

신경심리학에서 연구는 뇌의 기능이 행동을 통해 어떻게 표현되는지에 관한 것이다. 다시 말하면, 뇌기능과 행동 간의 관계를 밝히는 것이 연구의 주요 관심사이며, 이러한 과정에 신경심리평가가 활용되어 왔다. 또한 신경심리평가는 대부분 측정의 정확성과 민감도가 매우 안정적이기 때문에 미세한 행동상의 변화 가능성에 대한 연구에도 종종 활용된다. 신경심리평가에서 사용되는 많은 검사가 원래는 대부분 정상 인지 기능을 평가하기 위한 목적으로 개발되었으나, 이후 뇌기능 장애에 대한 연구가 활발하게 이루어지면서 뇌기능 장애를 연구하기 위한 목적으로 검사를 개발하거나 교정하게 되었다. 신경심리학 영역에서는 보통 연구자와 임상가가 동일한 경우가 많은데, 이는 다른 어떤 영역보다 연구와 임상 실제 간의 상호작용이 활발하게 전개되는 하나의 이유이기도 하다.

지금까지 신경심리평가의 목적을 살펴보았다. 신경심리평가는 초기에 진단적 목적으로 주로 시행되었지만, 환자와 밀접하게 연결되어 있는 관계나 환경의 문제(예: 가족, 직장, 대인관계 등) 확인, 실질적인 환자 관리를 위해 필요한 요소 확인, 치료 대상자로서의 적합성 평가, 재활 프로그램이나 치료의 효과에 대한 평가, 연구 등과 같이 다양한 목적으로 이루어질 수 있다. 그러나 임상 실제에서는 대부분 한 가지 이상의 목적으로 신경심리평가가 시행된다.

한편, 최근 들어서는 법적 소송 절차에서 신경심리평가 결과가 쟁점으로 부각되는 경우도 증가하였다. 예를 들어, 산업 장면에서 일어난 사고와 관련하여 신체적 상해와 뇌기능상의 장애를 주장하면서 산업재해 인정과 이에 따른 보상을 요구하는 민사 소송이 진행될 때 법정에서는 이를 입증할 수 있는 신경심리평가 결과의 제출을 요청할 것이다. 또한 교통사고의 가해자가 사고 당시 상황을 기억하지 못한다고 할 때에도 가해자가 실제 기억 기능의 손상이 있는지 아니면 자신의 책임을 회피하기 위해 거짓 보고를 하는 것인지 확인하기 위해 신경심리평가가 실시될 수 있다. 어떤 경우에는 이미 유죄 판결을 받은 피고의 치료나 재활 가능성을 가늠해 보기 위한 목적으로 의뢰될 수도 있다. 따라서 평가자는 법정 장면에서 야기될 수 있는 다양한 문제를 고려하여 신중하게 접근할 필요가 있다.

2. 평가 시행 시 고려사항

1) 검사의 선정

신경심리평가에서 어떤 검사를 실시할지에 대한 결정은 크게 두 가지 방식을 통해 이루어진다. 우선, 개별 환자의 뇌기능 장애에 대한 가설을 세우고 이를 검증하는 데 있어서 가장 적합하다고 판단되는 검사를 선별하여 사용하는 방법이다. 동일한 뇌기능 장애 환자라고 하더라도 환자의 능력과 한계, 정서 상태 및 행동 양상은 각기 다양한 양상으로 나타나기 때문에 개인적인 상태를 고려하여 우선적으로 살펴봐야 할 검사에 비중을 두어 시행한다. 이러한 검사 선정 방식은 의뢰된 환자의 개별적인 상태를 고려하여 필요한 영역만을 평가하는 맞춤식의 신경심리평가를 구성할 수 있기 때문에 모든 영역의 검사를 시행할 때 소비되는 시간과 에너지를 절약할 수 있다는 점에서 효율적이라 할 수 있다. 특히 신경심리평가에 의뢰되는 환자들의 경우 뇌기능 손상의 심각한 정도에 따라 수행 수준도 매우 다르며, 손상의 정도가 심각한 경우에는 여러 영역의 검사를 수행하기 어려운 경우가 많다. 또한 동일한 장애라고 하더라도 뇌의 어느 반구에 손상을 입었는지에 따라 크게 영향을 받지 않는 인지 영역이 있고 실제 손상되어 있는 영역이 있다. 이러한 경우 실제 손상되어 있는 인지 영역의 평가를 우선으로 하여 검사를 선정하고 실시하는 것이 효율적일 수 있다. 또한 검사 수행에서 환자가 보이는 반응의 패턴이나 오류에 중점을 두어 검사 점수에 영향을 미치는 요인을 살펴보면서 환자의 수행 수준을 평가할 수 있다.

그러나 이 같은 방식으로 검사를 선정하여 시행할 경우 주로 환자의 손상된 영역만을 중심으로 평가하기 때문에 환자의 약점만을 강조하게 된다. 심리평가에서도 진단적 목적에 치우진 나머지 이후의 적응에 있어서 강점으로 평가될 수 있는 부분을 간과하는 경우가 종종 발생하며, 평가자에게는 이러한 점을 항시 유념하도록 권고하고 있다. 신경심리평가 역시 마찬가지다. 환자의 손상된 영역을 정확하게 평가하고 진단하는 것도 중요하지만, 향후 일상생활에서의 적응이나 재활 프로그램 및 치료에의 참여 가능성, 예후에 대한 제언을 위해서는 비교적 잘 유지하고 있는 인지 영역도 평가하여 환자의 강점과 약점을 균형 있게 설명하는 것이 필요하다. 또한 이러한 검사 선정 방식은 평가자의 전문적인 판단에 의해 이루어지기 때문에 상당한 지식과 함께 평가자의 전문적인 훈련과 임상 경험을 요구한다. 따라서 초심자가 이러한 방식으로 접근하기에는 한계가 있다. 한편, 연구를 목적으로 시행할 때에도 이 같은 방식의 검사 선정은 제한점이 있는데, 환자에 따라 다른 검사를 실시하였기 때문에 동일한 자료를 수집할 수 없다.

또 다른 접근 방식은 배터리 형태로 구성된 신경심리평가 도구를 사용하는 방법이다. 배터리 형태의 검사는 여러 개의 하위 검사로 구성되어 있으며 시행 순서가 정해져 있는 경우로서 의뢰된 환자는 검사 배터리 안에 구성되어 있는 모든 검사를 수행한다. 이러한 경우에는 평가의 목적이나 환자의 개별적인 상태와 상관없이 일괄적으로 시행된다. 배터리형 검사의 대표적인 예인 Halstead-Reitan 신경심리검사 배터리는 총 7개의 하위 검사로 구성되어 있는데, 의뢰된 환자는 절차에 따라 모든 하위 검사를 수행하게 된다. 대부분의 배터리형 검사는 뇌기능의 다양한 영역을 평가할 수 있도록 포괄적으로 구성되어 있기 때문에 환자의 약점뿐만 아니라 인지 기능상의 강점도 함께 살펴볼 수 있다. 또한 규준이 마련되어 있고 관련 선행 연구가 축적되어 있기 때문에 연구를 위한 목적으로 사용할 수 있다. 특히 숙련되지 않은 전문가(예: 초심자, 학생 등)도 일정 기간의 훈련을 통해 비교적 쉽게 시행할 수 있다는 장점이 있다. 그러나 여러 하위 검사를 모두 수행하다 보니 소모되는 시간이 많고 환자나 평가자가 검사에 투여하는 에너지 소모 역시 많은 것이 단점이라 할 수 있다.

지금까지 살펴본 두 가지 검사 선정을 위한 접근 방법은 장점과 단점이 상충된다. 그러나 최근에는 핵심이 될 수 있는 하위 검사들로 배터리를 구성하되, 환자의 개별 특성과 의뢰 사유 등을 고려하여 평가자의 전문적인 판단하에 부가적인 하위 검사를 추가 통합 실시하는 방식으로 장점은 살리고 단점은 상호 보완하려는 시도가 이어지고 있다.

2) 검사 시행 시기

환자를 정확하게 평가하는 데 있어서 검사를 언제 실시할 것인지는 매우 중요한 문제다. 이는 환자의 신경심리학적 손상의 유형과 평가의 목적에 따라 결정될 수 있는데, 외상성 뇌손상이나 뇌졸중과 같이 급성으로 발생하는 경우 발병 초기에는 환자의 상태가 예측 불가능할 정도로 자주 변화하고 매우 불안정하다. 뿐만 아니라 신체 기능이 약화되어 있고, 피로감을 쉽게 느끼며 정서적으로도 불안정한 상태이기 때문에 검사에 집중하여 제대로 수행하기 어려울 수 있다. 따라서 간편형 검사를 통해 대략적인 환자의 인지 기능 수준만을 측정한 후 최소 3~6개월이 경과하여 환자가 안정을 되찾았을 때 신경심리평가를 실시하는 것이 바람직하다. 이때의 평가 결과는 환자의 상태에 대한 정확한 진단뿐만 아니라 재활 훈련 프로그램이나 치료적 제언에도 활용된다. 이와 대조적으로 알츠하이머 병과 같은 퇴행성 질환의 경우에는 초기에 적절한 신경심리평가를 통해 질환의 명확한 진단과 손상의 정도를 파악하는 것이 필요하며, 1년~1년 6개월 간격으로 재평가를 실시하여 질환의 진행 경과를 추적 관찰함으로써 환자의 치료에 도움이 될 수 있다.

한편, 치료 효과를 평가하기 위해서도 신경심리평가가 사용되는데, 치료를 시작하고 일정한 시간이 경과한 후 재평가를 실시하여 치료를 통해 어느 정도 환자가 회복되었는지 평가한다. 이는 치료 시작 후 일정한 시간 간격을 두고 실시하는 경우가 대부분인데, 이때 실시 간격을 지나치게 짧게 하거나 여러 번 반복하여 실시하면 연습 효과가 발생할 수 있음을 고려해야 한다.

3) 평가자

신경심리평가는 전문적인 훈련을 받은 신경심리학자나 임상심리학자들이 실시하는 경우가 대부분이지만, 다양한 영역에서 다양한 목적으로 실시되고 있기 때문에 훈련된 심리학자가 상주하지 않는 장면에서 인접 분야의 전문 인력이 실시하는 경우도 있다. 예를 들어, 검사 실시 전반에 대한 일정 기간의 훈련을 통해 검사 전문 요원을 양성하여 실시하는 경우가 있다. 그러나 실시 과정 역시 신경심리평가의 중요한 일부다. 따라서 임상적 훈련을 받은 전문가가 실시하는 것이 가장 바람직하며, 신경심리평가를 적절하게 시행하고 해석하기 위해서는 신경심리평가에 대한 이해는 물론이고 신경병리학, 생리심리학 및 인지심리학, 임상심리학과 같은 심리학 분야의 깊이 있는 전문적 지식이 필요하다. 또한 심리평가와 마찬가지로 경험이 많고 숙련된 전문가의 지도 감독하에 전문적인 훈련과 더불어 필수적으로 슈퍼비전을 받아야 한다.

3. 평가 절차

신경심리평가는 의뢰, 면담 및 행동 관찰, 검사 실시, 해석의 절차로 이루어진다([그림 9-1] 참조).

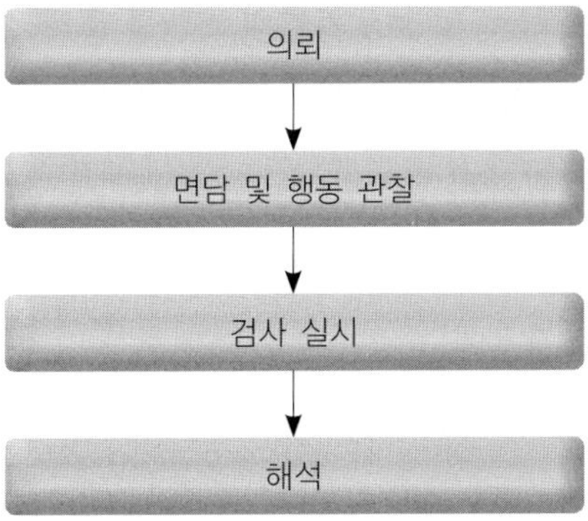

그림 9-1 신경심리평가 절차

1) 의뢰

신경심리평가는 보통 뇌기능의 손상이 있거나 손상 가능성이 의심되는 환자를 진료하는 의료진에 의해 의뢰되는 경우가 대부분이며, 그 밖에도 법정 장면이나 보험사에서 의뢰하는 경우도 있다. 특히 신경심리평가에서는 환자의 협조를 얻는 것이 무엇보다 중요한데, 어떤 방식으로 의뢰되었는지에 따라 환자의 태도가 달라진다. 이에 의뢰 단계에서 고려해야 할 몇 가지 사항을 살펴보면 다음과 같다.

첫째, 의뢰된 환자의 현재 상태가 신경심리평가의 시행에 적합한지 우선 살펴봐야 한다. 검사의 시기 부분에서 살펴본 바와 같이, 환자가 급성 발병으로 혼란스럽고 불안정한 상태에 있다면 신경심리평가를 시행하는 데 있어서 적절하지 못하다. 뿐만 아니라 검사에 대한 동기가 저하되어 있고 우울이나 불안 수준이 크게 상승되어 있는 경우에도 환자의 협조적인 태도를 이끌어 낼 수 없으며, 이 같은 요인의 영향으로 인해 환자의 실제적인 인지 기능을 정확하게 평가하기 어렵게 된다. 따라서 이러한 경우에는 증상이 호전되고 환자가 안정기에 접어든 후 실시하는 것이 바람직하다.

둘째, 환자가 평가에 대해 갖게 되는 불안이나 의심을 해소하고 검사에 임할 수 있도록 준비시키는 과정이 필요하다. 의뢰자가 평가를 하기 전에 미리 환자나 보호자에게 신경심리평가의 목적이 무엇이고, 어떤 절차에 의해 이루어지고, 어떤 내용의 검사가 시행되며, 평가의 유용성, 평가 관련 위험 요소는 무엇인지에 대해 충분하게 설명하는 과정이 필요하다. 또한 이러한 설명 이후 환자가 평가를 받을지 스스로 선택할 수 있는 권한을 부여하고, 환자 및 보호자와의 논의를 통해 결정하는 것이 좋다. 이를 통해 환자는 자신이 수행할 평가의 목적과 과정에 대해 충분하게 이해한 상태에서 검사에 임할 수 있기 때문에 환자의 협조적이고 깊은 관여를 유도할 수 있다.

그러나 임상 실제에서 의뢰자가 환자에게 평가에 대한 충분한 설명을 하지 않는 경우도 있기 때문에 이러한 경우에는 평가자가 평가 시작 전에 환자와 보호자에게 평가의 목적과 내용, 시행 절차 등에 대해 설명하고 본격적인 평가를 시행하는 것이 필요하다.

셋째, 평가를 의뢰할 때 의뢰 목적과 사유, 신경심리평가 결과를 통해 얻고자 하는 정보에 대해 구체적으로 명시할 필요가 있다. 의뢰 사유에 따라 신경심리평가의 방향이 결정될 수 있기 때문에 구체적이고 공식화될수록 이에 부합하는 유용한 정보를 제공할 수 있을 것이다.

2) 면담 및 행동 관찰

신경심리평가 절차에서 첫 단계는 의뢰이지만, 실제적으로 환자와 평가자의 직접적인 만남을 통해 이루어지는 절차의 시작은 면담이라 할 수 있다. 심리평가에서와 마찬가지로 면담은 신경심리검사의 결과를 통합하는 데 있어서 다양한 정보를 제공하기 때문에 매우 중요한 과정이다. 신경심리평가에서 면담은 환자와 가족의 주호소 문제를 파악하고 문제가 발생한 상황을 이해하며, 문제에 대한 환자의 태도나 인식 정도를 평가하는 것에 비중을 둔다. 특히 문제에 대한 환자의 태도는 진단적으로도 유용한 정보를 제공하는데, 예를 들어 치매 환자의 경우 뇌손상과 관련된 자신의 문제에 대한 인식 정도가 매우 낮다.

신경심리평가에서의 면담은 심리평가에서의 면담과 유사하게 이루어지며, 주 호소 문제, 과거 및 현재 병력, 일반적인 의학적 상태와 병력, 환자의 성장 배경을 비롯한 개인력 및 가족력에 대한 정보를 수집한다. 그러나 신경심리평가의 면담에서는 그 밖에도 신중하게 고려되고 수집되어야 할 사항이 있다.

우선 환자가 뇌기능 손상이 있기 전 어느 정도의 인지 기능과 지적 능력을 갖고 있었으며, 어느 정도의 적응 수준을 보였는지 파악해야 한다. 이를 통해 과거에 비해 현재의 기능 수준이 얼마나 저하되었는지 판단할 수 있다. 그러나 임상 실제에서는 환자의 병전 지적 능력을 평가한 자료가 없는 상태에서 뇌손상이 일어난 환자를 만나게 되는 경우가 자주 발생한다. 이러한 경우 환자의 병전 지적 수준을 추정할 수 있는 객관적인 정보로 환자의 교육 수준이나 학업 성적, 직업 장면에서의 성취 정도가 활용될 수 있기 때문에 이에 대한 구체적이고 자세한 탐색과 정보 수집이 필요하다. 또한 신경심리검사는 대부분 연령과 학력 수준에 따른 규준 자료를 기반으로 하여 검사 점수가 산출되는 경우가 많다. 특히 우리나라에서는 신체 연령과 주민등록상의 연령이 일치하지 않는 노인 환자가 많으며, 학제 개편, 한국전쟁 과정에서의 학업 중단과 같은 상황적 요인과 관련하여 학력 수준이 모호한 경우가 있다. 앞서 언급한 바와 같이, 이는 병전 지능 수준을 추정할 수 있는 지표로 활용되기 때문에 이에 대한 자세한 정보의 확인이 필요하다.

이 밖에도 어느 손의 사용이 우세한지에 따라 뇌의 신경해부학적 특성이나 인지 기능의 패턴이 변화하기 때문에 환자가 오른손잡이인지 왼손잡이인지 확인하는 것이 필요하다. 또한 인지 기능에 영향을 미칠 수 있는 일반적인 의학적 상태, 신경학적·정신의학적 질환(예: 주요 우울증, 조현병, 알코올 및 물질사용장애 등) 병력 청취도 신경써야 할 부분이다. 한편, 복용하고 있는 약물에 대한 투약 정도와 가족의 내과적·신경과적·정신과적 질환에 대한 병력도 파악해야 한다.

신경심리학적 손상은 시청각 기능, 운동 기능을 비롯한 다양한 신체 기능상의 문제를 야기하기 때문에 행동 관찰을 통해 신체적 특징과 자세, 걸음걸이, 시력, 청력 등과 같은 신체 기능 및 감각 기능을 평가해야 한다. 행동 관찰은 평가 상황에서 보이는 환자의 행동 관찰을 통해 이루어지지만 평가 상황이 비교적 구조화되어 있고 제한되어 있으므로 일상생활에서 일어나는 환자의 행동이 모두 드러나기는 어렵다. 따라서 보호자 면담을 통해 가정을 비롯한 평가 이외의 상황에서 보이는 환자의 행동에 대한 정보를 수집하는 과정도 필요하다.

〈표 9-1〉 뇌기능 손상에 의한 행동적·정서적 변화 예시

영역	행동·정서
주의	단기기억 문제 호소, 주의 전환 곤란, 보속적 행동
언어	읽기·쓰기·산술 능력 저하, 숫자나 순서 전환 곤란, 언어 이해나 독해의 문제, 말하고자 하는 단어의 연상 곤란, 단어의 발음 곤란
기억	청각적·시각적 장단기기억 문제, 기억 정보의 학습, 저장 및 공고화, 인출 문제
공간	공간 판단 능력 저하, 공간 지남력 저하, 수동적 조작 능력 곤란, 좌우 구별의 문제
실행	계획 능력 저하, 무감동, 사회적 영향에 대한 인식 부족, 복잡하고 다중적인 과제 처리 곤란
보속적 운동	운동 협응 능력의 저하, 떨림(tremors), 어색하고 서투름(clumsiness), 좌측 혹은 우측 신체 움직임의 약화
정서	몸단장의 변화(대충하거나, 목욕을 하지 않거나 지나치게 꼼꼼하게 하거나), 부적절한 사회적 행동, 활동 수준의 변화, 식사, 성 행동 및 음주 행동의 변화

출처: Groth-Marnet(2009).

3) 검사 실시

의뢰 목적과 면담 및 행동 관찰에서 얻은 정보를 토대로 하여 환자에 대한 잠정적인 가설을 세운 후 환자에게 필요한 검사를 선정하여 실시하게 된다. 앞서 검사 선정 부분에서 기술한 바와 같이 어떤 검사를 실시할지에 대한 두 가지 접근 방식은 장단점이 있다. 배터리형 검사를 실시할 경우 시간과 에너지 소요가 많은 단점이 있으나 병전 지적 능력이 우수한 환자의 재활 치료를 계획할 목적으로 평가를 실시한다면 환자의 인지 기능에서 잘 유지되고 있는 기능과 손상된 기능 모두를 평가할 수 있기 때문에 유용할 것이다. 그러나 뇌기능의 손상 정도를 살펴보고자 한다면 그 심각성 정도가 높을수록 간편형 검사를 통해서도 확인될 수 있기 때문에 시간이 오래 걸리고 환자와 평가자 모두 에너지의 소모가 많은 배터리형 검사를 반드시 실시할 필요는 없을 것이다. 따라서 평가자는 의뢰 목적과 환자의 상태, 면담과 행동 관찰을 통해 얻은 정보를 통합하여 환자에게 필요한 최상의 검사를 선정하고 실시해야 할 것이다. 그러나 의뢰 목적, 면담과 행동 관찰만으로는 실시할 검사를 선정하기 어려운 경우도 있는데, 이러한 경우에는 의뢰 목적과 수집된 정보를 반영할 수 있는 검사 위주로 선정하여 실시하고, 검사가 진행되면서 환자에 대한 가설을 구체화하는 과정에 추가적으로 필요한 검사를 보강할 수도 있다.

한편, 임상 실제에서 예외적으로 보호자의 동석하에 평가를 실시하는 경우가 간혹 있기는 하지만, 대부분 보호자는 밖에서 대기하게 하고 평가를 실시한다. 이는 보호자가 환자의 수행 과정에 영향을 미칠 수 있기 때문이다. 예를 들어, 보호자가 답을 가르쳐 주거나 유도하는 반응을 할 수도 있다. 따라서 보호자가 동석을 원할 경우에는 검사 상황에 대해 명확하게 설명하고 설득하는 과정이 필요하다.

신경심리평가에서는 환자의 실제적인 인지 기능을 정확하게 평가하는 것이 중요한 과제이기 때문에 환자로 하여금 자신이 보유하고 있는 최상의 능력을 발휘할 수 있도록 해야 한다. 따라서 환자의 상태를 잘 살피면서 검사 진행 과정을 조절할 필요가 있다. 또한 과제 수행에 연속적으로 실패할 경우 환자가 낙담하면서 더욱 위축되어 이후의 과제 수행에도영향을 미칠 수 있기 때문에 평가자의 격려와 지지가 필요하다.

4) 해석

마지막으로 해석은 실시한 검사 결과와 면담 및 행동 관찰을 통해 수집한 정보를 분석하고 통합하여 의뢰 사유에 맞추어 설명하는 과정이다. 심리평가에서 결과에 대한 해석 시 개인의 반응과 규준집단의 반응을 비교하듯이, 신경심리평가에서도 환자의 수행 수준을 규준 자료와 비교하여 해석한다. 환자의 검사 점수가 규준 자료와 어느 정도의 편차를 보이는지 파악함으로써 환자의 기능 손상 정도를 평가할 수 있다. 보통 평균보다 1표준편차 이하에 위치하고 있다면 유의한 기능상의 저하를 의미하며, 2표준편차 이하일 경우에는 뇌기능의 손상 가능성을 시사하는 것으로 해석할 수 있다. 또한 일부 주의력 검사의 경우에는 뇌기능 손상이라 판단할 수 있는 절단점이 제공되어 있기도 하다.

한편, 신경심리평가에서는 개인 간 비교뿐만 아니라 개인 내 비교, 즉 환자의 현재 기능 상태와 병전 기능 상태의 비교에 많은 비중을 둔다. 즉, 검사의 반복 측정을 통해 얻은 점수나 현재 검사에서 얻은 점수를 토대로 병전 기능을 추정하여 비교함으로써 환자의 인지 기능 변화를 파악할 수 있다.

마지막으로, 해석 시 유념해야 할 사항은 개별 검사 점수가 낮다고 하여 반드시 뇌기능 손상을 확언할 수는 없다는 것이다. 심리평가와 마찬가지로 신경심리평가 역시 환자의 인지 기능에 대한 가설을 세우고 이를 검증해 나아가는 과정이다. 따라서 이러한 가설을 검증할 때에는 항상 신중하게 접근할 필요가 있으며, 현재 실시한 검사 결과뿐만 아니라 이를 뒷받침할 수 있는 다른 종류의 검사 결과(예: 유사한 기능을 측정하는 다른 검사 및 뇌영상 검사 결과 등)나 환자의 일상적 기능 수준, 임상적 양상 등을 충분하게 검토하여 결론을 내리는 것이 중요하다.

4. 평가 영역과 주요 검사

신경심리평가를 제대로 사용하기 위해서는 인지 영역과 그 영역을 평가하는 검사에 대한 이해가 필요하다. 신경심리평가에서는 전통적으로 다섯 가지 영역(주의력, 언어 능력, 기억력, 시공간 능력, 실행 능력)을 평가한다. 여기서는 이러한 전통적인 다섯 가지 영역에 대한 평가와 함께 치매 평가, 그리고 성격, 정서 및 행동 평가를 살펴본다.

1) 주의력

주의력은 정신 활동의 최적화를 유지시키는 것으로서 여과, 선택, 집중, 전환, 추적과 관련된 복잡하고 다양한 기능에 관여한다(Baddley, 2003; Ponsford, 2000). 인간은 이용 가능한 무수한 정보 속에서 살아가기 때문에 이러한 잠재적인 정보를 여과하여 가장 의미 있고 적절한 정보에 주의를 집중해야 하며, 의미 없는 정보는 무시해야 한다. 이와 더불어 주의의 전환도 필요한데, 만약 어떤 대상에 집중하다가 다른 대상으로 주의 전환이 이루어지지 않는다면 일상생활 기능에 있어서 곤란을 초래할 것이다. 또한 주의는 균형을 이루어야 하는데, 예를 들어 지나치게 어느 하나에 집중되어 있는 경우에는 보속증이 나타날 수 있으며 이 같은 경우 새로운 과제로 주의를 전환하는 데 있어서 많은 어려움을 겪게 된다. 반면에 너무 빠른 전환은 주의 산만으로 나타날 수 있다.

주의력은 중추신경계 문제에 상당히 민감하며, 특히 주의력의 손상은 대뇌손상과 깊은 관련이 있는 것으로 알려져 있다. 주의력의 결핍을 측정하는 가장 기본적인 방법은 과제에 대한 시간 반응을 측정하는 것이지만, 주의력을 측정하는 과제가 보다 복잡해지면서 신경심리학적 손상이나 역기능의 영향을 보다 민감하게 측정할 수 있는 검사도구들이 개발되었다.

주의력을 측정하는 대표적인 검사는 다음과 같다.

(1) WAIS-Ⅳ와 WISC-Ⅳ의 작업 기억 지표 소검사

산수, 숫자 바로 따라 하기, 거꾸로 따라 하기, 순서대로 따라 하기, 순서화 등이 있다.

(2) 선로 잇기 검사(Trail Making Test)

주의집중 및 전환 능력을 측정하는 검사로서 A 유형은 가능한 한 빠른 시간 내에 숫자를 순서대로 연결하는 것이고, B 유형은 숫자와 알파벳을 번갈아 가면서 순서대로 연결하는 것이다. 과제 수행에 소요된 시간과 오류를 기록한다.

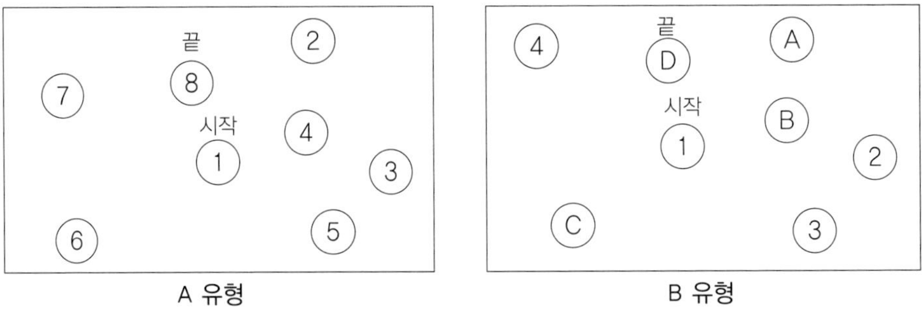

그림 9-2 선로 잇기 검사

출처: Lezak, Howieson, & Loring(2004).

(3) 스트룹 검사(Stroop Test)

색상 자극과 단어 자극을 동시에 적용하여 표적 자극(색상 자극)에 대한 선택적 주의력을 측정하는 검사다. 여러 다양한 형태로 시행되고 있는데, 단일 차원으로 이루어진 단순 시행에서는 수검자의 주의집중력이 요구되며, 두 가지 차원의 자극이 복합적으로 이루어진 간섭 시행에서는 한 가지 차원(단어 자극)을 무시하고 다른 차원(색상 자극)에 주의를 기울이는 선택적 주의력이 필요하다.

2) 언어 능력

언어적 기능에는 언어 표현, 언어 이해, 따라 말하기, 명명하기, 읽기, 쓰기가 포함된다.

언어 기능은 뇌손상 중에서도 특히 좌반구 손상과 깊은 관련이 있는 것으로 알려져 있으며, 검사를 통해 언어 능력과 관련되어 있는 학습 기술을 종종 측정하기도 한다. 가장 일반적인 언어장애는 실어증과 언어 산출의 문제이며, 이 같은 장애는 빈약한 언어 표현, 언어 유창성의 부족, 단어 연상의 곤란, 단어나 문장의 반복 곤란, 문법과 착어증(paraphasia), 청각적 이해 능력의 부족, 읽기와 쓰기의 곤란을 포함한 매우 다양한 문제를 야기한다.

주로 다음의 검사를 통해 언어 기능을 평가한다.

(1) Boston 진단용 실어증 검사(Boston Diagnostic Aphasia Examination)

다양한 유형의 실어증의 진단 및 실어증 환자의 언어적 능력을 평가하기 위해 개발된 배터리형 언어 검사로서 대화 상황에서 말하기, 청각적 이해력, 구어 표현력, 읽기, 쓰기의 5개 영역의 27개 하위 검사로 구성되어 있다.

(2) Boston 이름 대기 검사(Boston Naming Test)

그림으로 그려진 사물을 평가자가 제시하면 사물의 이름을 명명하는 검사로서 일상생활에서 친숙한 고빈도 자극 20개, 중간 빈도 자극 20개, 접하기 힘든 저빈도 자극 20개의 총 60개 자극으로 구성되어 있다.

(3) 웨스턴 실어증 검사(Western Aphasia Battery)

실어증 유형의 진단, 치료 및 연구 목적으로 개발된 배터리형 검사로서 언어 영역(자발적 표현, 청각적 이해, 따라 하기, 명명하기)과 동작 영역(읽기, 쓰기, 실행증, 구성)의 2개 영역 8개 소검사로 구성되어 있다.

(4) 언어 유창성 검사(Verbal Fluency Test)

제시된 조건에 해당하는 단어를 제한 시간 동안 가능한 한 많이 말하도록 하는 검사로서 언어 유창성, 인지적 유연성 등을 평가한다. 특정 범주(예: 동물 범주)에 해당하는 단어를 말하도록 하는 범주 유창성 검사와 특정 음운(예: 한글의 자음)으로 시작하는 단어를 말하도록 하는 통제 단어 연상 검사(Controlled Oral Word Association)가 있다.

3) 기억력

기억과 학습은 복합적인 유형과 절차로 이루어져 있다. 이 과정에는 감각 기억, 단기기억, 시연, 장기기억, 기억의 공고화, 회상, 재인, 망각이 포함된다. 또한 장기기억은 정보와 대상, 사건에 관한 학습에 관여하는 선언적 기억과 자동적이고 습관적인 반응과 관련된 절차 기억 혹은 암묵적 기억으로 나뉘는데, 이 두 가지 기억은 약간 다른 해부학적 구조를 가지고 있다. 또한 언어 기억 대 공간 기억, 자동적 기억 대 의도적

기억으로 구분하기도 하며, 선언적 기억을 다시 의미 기억과 일화 기억으로 구분하기도 한다.

일반적으로 기억을 평가할 때는 수검자가 새로운 정보를 얼마나 습득하고 보유할 수 있는지, 얼마나 빠르게 망각하는지, 수검자의 학습이 간섭 정보에 의해 얼마나 방해받는지, 손상이 특정 영역에서 일어났는지 혹은 확산되어 일어났는지, 손상이 시간 경과 후에도 안정적인지 변화의 기복이 있는지를 살펴보는 것이 필요하다(Walsh, 1994).

기억력을 평가하는 대표적인 검사는 다음과 같다.

(1) Wechsler 기억 검사(Wechsler Memory Scale-Ⅳ)

배터리형의 기억 검사로서 1945년에 개발된 이후 현재 WMS-IV(Wechsler, 2008)로 개정되었다. 간이 인지 상태(Biref Cognitvie Status), 논리 기억(Logical Memory), 단어 연합(Verbal Paired Associates), 디자인(Designs), 시각적 재생(Visual Reproduction), 공간 합산(Spatial Addiction), 기억 폭(Symbol Span) 등의 7개 소검사로 구성되어 있다.

WMS-IV는 WAIS-IV와 공통 규준을 적용할 수 있기 때문에 지능지수(IQ)와 기억지수(MQ)를 쉽게 비교할 수 있다. 우리나라에서는 K-WMS-IV(최진영, 김지혜, 박광배, 황순택, 홍상황, 2012)로 표준화되어 출간되었다.

(2) 기억 평가 검사(Memory Assessment Scales)

기억 평가 검사(Williams, 1991)는 배터리 형태의 기억 검사로서, 단기기억, 언어 기억, 시각기억, 기억 지수(IQ)가 산출된다. 단어 목록 습득(List Learning), 문장 회상(Prose Memory), 단어 목록 회상(List recall), 언어 기억 범위(Verbal Span), 시각 기억 범위(Visual Span), 시각 재인(Visual Recognition), 시각 재생(Visual Reproduction), 얼굴-이름 회상(Name-Faces), 단어 목록 지연 회상(Delayed List Recall), 문장 지연 회상(Delayed Prose Memory), 시각 지연 재인(Delayed Visual Recognition), 얼굴-이름 지연 회상(Delayed Name-Faces Recall) 등의 12개 소검사로 구성된다. 우리나라에서는 K-MAS(이현수 외, 2001)가 표준화를 통해 출판되어 있다.

(3) Rey-Kim 기억검사

Rey-Kim 기억검사(김홍근, 1999)는 Rey 청각 언어 학습 검사(AVLT)와 Rey 복합 도형 검사(CFT)를 우리나라에서 번안하여 표준화한 검사다. K-AVLT와 K-CFT 검사 점수를 통해 기억 지수(MQ)가 산출되며, K-AVLT 학습 기울기와 기억 유지도 및 인출 효율성, K-CFT의 그리기/기억 일치도, 언어기억/시각기억 일치도, 지능/기억 일치도의 점수와 함께 백분율을 산출할 수 있다.

(4) 숫자 외우기(Digit Span)

청각적 단기기억 측정을 위해 가장 많이 사용되며, 바로 따라 하기, 거꾸로 따라기, 순서대로 따라 하기 과제를 포함한다.

(5) Corsi 토막 두드리기 검사(Corsi Block Tapping Test)

시공간 자극에 대한 단기기억을 평가한다.

(6) Rey 청각 언어 학습 검사(Rey Auditory Verbal Learning Test), California 언어 학습 검사(California Verbal Learning Test)

단어 목록과 같은 정보를 반복적으로 불러주고 학습시킨 후 일정한 시간 경과 후에 즉각적 회상, 지연 회상, 재인 단계를 통해 평가한다.

(7) Bender-Gestalt 검사(Bender Gestalt Test), Rey 복합 도형 검사(Rey-Osterrieth Complex Figure Test)

시각적 도형을 보고 모사한 후 자극을 제거한 상태에서 바로 회상하여 그리도록 하는 즉각적 회상 단계, 일정한 시간 경과 후 다시 회상하여 그리도록 하는 지연 회상 단계를 통해 평가한다.

4) 시공간 능력

대상에 대한 적절한 구성 능력은 효율적인 시공간 능력과 시각운동 협응 능력에 따른 온전한 시지각을 수반한다. 즉, 지각, 공간 그리고 운동 영역 중 한 곳에서 문제가 발생하게 되면 시각적 구성의 어려움이 뒤따르게 된다. Benton(1979)은 시공간 기능의 장애를 시지각 장애(복잡한 자극의 변별, 시각 재인, 색상 재인, 전경-배경 구분, 시각적 통합의 손상), 시공간 장애(공간에서의 지점 탐색, 지형에 대한 지남력의 손상, 시야의 무시, 방향과 거리 인식의 곤란), 시각운동 장애(안구 운동, 조립, 글씨 쓰기나 그림 그리기의 손상)의 세 영역으로 설명하고 있다.

시공간 기능을 측정하는 대표적인 검사는 다음과 같다.

(1) Bender-Gestalt 검사

오랫동안 시지각 구성 능력을 측정하는 검사로 광범위하게 사용되어 왔으며, 도형 A부터 도형 8까지의 총 9개 도형으로 구성되어 있다.

모사 단계에서는 도형 A부터 순서대로 제시된 도형을 보고 그리며, 모사 단계가 종료되면 모사 단계에서 그린 도형을 순서와 상관없이 기억나는 대로 회상하도록 하는 즉시 회상을 실시한다. 즉각 노출 반응 단계(T-C-R)를 실시할 수도 있는데, 이는 도형을 5초간 제시하고 나서 제거한 후 수검자가 기억하여 그리도록 하는 것이다. T-C-R 시행은 뇌손상 가능성이 있는 환자를 평가하는 데 있어서 더욱 유용한 것으로 알려져 있다.

수검자가 모사한 도형을 통해 도형의 회전, 중복 곤란, 폐쇄 곤란, 퇴영, 단순화, 곡선 곤란, 보속성, 각도 곤란 등을 채점할 수 있는 체계가 개발되어 있다.

(2) Rey 복합 도형 검사

복잡한 형태로 구성되어 있는 도형의 모사 수준을 통해 시각적 구성 능력을 평가하며, 즉시 회상과 지연 회상을 통해 시각적 정보에 대한 기억력을 평가한다. 이때 모사된 도형의 형태를 통해 뇌의 어느 쪽 반구가 손상되었는지 파악할 수 있는데, 모사된 도형의 좌측 부분이 적절하게 모사되지 못하고 붕괴되어 있거나 소실되어 있다면 우반구 손상 가능성이 시사되며, 도형의 우측 부분이 제대로 모사되어 있지 못하다면 좌반구가 손상되어 있는 환자일 가능성이 높다.

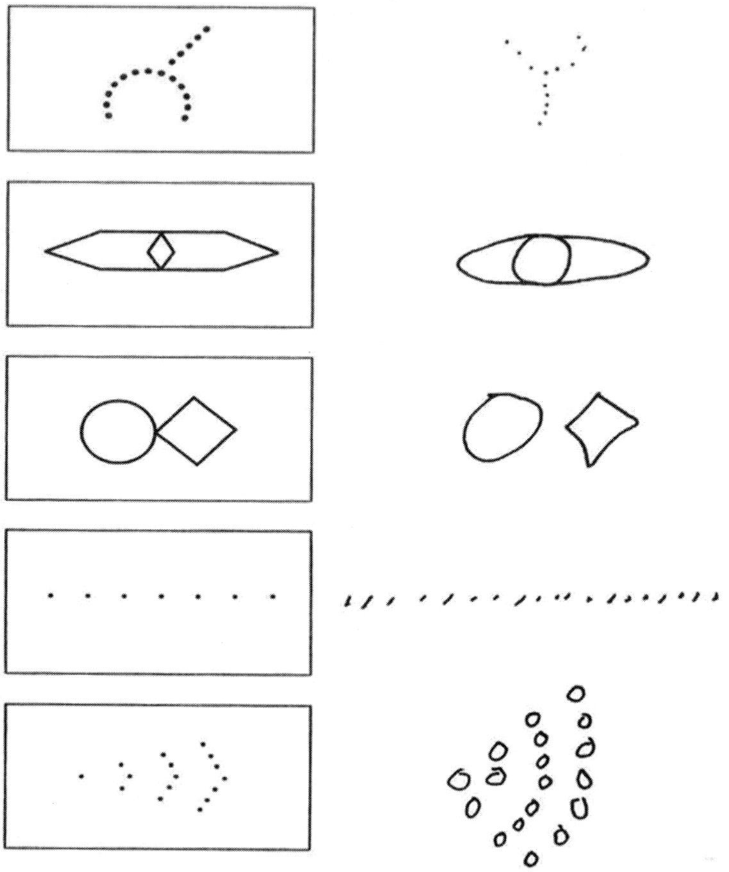

그림 9-3 BGT의 오류 반응 예시

출처: Cohen, Swerdlik, & Sturman(2013).

(3) 토막 짜기

Wechsler 지능검사에 포함되어 있는 소검사로서, 하얀색 두 면과 빨간색 두 면으로 된 토막을 제시된 시각적 자극과 토막의 윗면이 동일한 모양이 될 수 있도록 조작하는 검사다. 초반부에는 9개의 토막 중 4개만을 가지고 조작하다가 후반부 문항에서 9개 모두를 사용하여 조작한다. 시각적 조직화 능력, 시공간 구성 능력, 시지각 협응 능력을 평가한다.

(4) 자유 그림 검사

사람, 나무, 집, 자전거, 시계, 십자가 등을 그리도록 하는 검사로서 구조화가 덜 되어 있는 검사이지만 묘사된 그림의 수준을 통해 시공간 구성 능력을 평가한다.

5) 실행 능력

실행 기능은 자신의 행동을 효율적으로 조절하고 관리하는 능력과 관련되어 있다. 여기에는 의지, 계획, 목표 행동 그리고 이러한 행동의 효과적인 수행 능력이 포함된다(Lezak, Howieson, & Loring, 2004; Sbordone, 2000). 또한 목표 행동과 계획 수립 능력뿐만 아니라 적절한 상황 판단과 결과의 추론 및 예측 능력, 의사결정 및 문제해결 능력, 추상적 사고 능력 등 고차적인 인지적 능력이 포함된다.

실행 기능은 주로 전두엽의 전전두(prefrontal) 영역과 밀접한 관련이 있는 것으로 알려져 있는데, 이 영역은 주요 감각과 운동 체계를 연결하는 곳으로서 고차적인 수준에서 행동 요소들을 통합한다. 전전두 영역이 손상될 경우 주의 전환과 통제가 적절하게 이루어지지 못하면서 외부 자극에 둔감해지고 쉽게 주의가 분산되는 양상을 보인다. 또한 적절한 충동 통제가 이루어지지 못하면서 새로운 학습이 잘 이루어지지 못하고 기억장애가 빈번하게 나타나기도 한다. 실행 기능 이외의 다른 인지적 기능이 적절하게 유지되고 있다면, 구조화되거나 익숙한 상황에서는 어느 정도의 적응적인 수행을 보일 수 있겠으나 때때로 감정 조절이나 충동 통제의 곤란을 드러낼 수 있으며, 자신의 행동이 타인에게 미칠 수 있는 영향에 대해 인식하지 못하고 사회적 상황을 적절하게 판단하지 못하면서 분위기나 맥락에 부적절한 행동을 하게 된다. 또한 사고나 행동의 전환이 쉽지 않아 지나치게 경직된 양상을 보일 수 있으며, 익숙하지 않은 새로운 상황에서 적절하게 대처하는 데 많은 어려움을 드러낸다.

실행 기능을 평가하는 대표적인 검사는 다음과 같다.

(1) Wisconsin 카드 분류 검사(Wisconsin Card Sorting Test)

실행 기능 평가에 있어서 가장 광범위하게 활용되는 검사로서 제시된 카드 자극과 유사한 특성을 가진 보기의 카드를 분류해 내는 과제를 제시한다. 검사를 통해 범주화 능력, 인지적 유연성, 주의집중 및 주의 지속 능력, 보속적 반응 등을 평가한다.

(2) Kims 전두엽 관리기능 신경심리검사(김홍근, 2001)

실행 기능을 평가하기 위해 구성된 배터리형 검사로서 인지적 유연성, 창의성, 계획력, 추상적 사고 능력, 통찰력, 자발성, 억제력, 정동 상태, 성격 및 사회적 행동의 수준을 평가한다.

하위 검사 중 관리 지능 검사(Executive Intelligence Test)는 스트룹 검사, 단어 유창성, 도안 유창성, 기억 인출 효율성 검사를 포함하며, 관리 복합 도형 검사(Executive Complex Figture Test)는 CFT를 그리는 과정에서 측정된 통찰성, 계획성, 반복 억제에 대한 점수를 산출한다. 또한 하위 검사 중 관리 행동 척도(Executive Behavior Scale)는 정동 상태, 성격 및 행동 문제 등을 측정하는 문항으로 구성되어 있다.

이 밖에도 앞서 살펴본 언어 유창성 검사, 선로 잇기 검사, 스트룹 검사, Rey 복합 도형 검사 등이 실행 기능을 평가한다.

6) 치매 평가

치매는 대표적인 인지장애의 하나로서 최근 기대 수명이 상승하고 노인 인구가 증가함에 따라 치매 평가를 위해 신경심리평가에 의뢰되는 경우가 급증하고 있다. 여기에서는 우리나라에서 널리 사용되고 있는 치매 평가 도구들을 간략하게 살펴본다.

(1) 서울신경심리검사(Seoul Neuropsychological Screening Battery: SNSB)

SNSB(강연욱, 나덕렬, 2003)는 치매 평가를 목적으로 개발된 종합적인 신경심리검사 배터리로서, 구성하는 다양한 검사를 통해 주의집중 능력, 언어 및 관련 기능, 시공간 능력, 기억, 전두엽 실행 기능 등의 다섯 가지 인지 영역을 평가한다.

또 다섯 가지 영역 이외에 간이 정신 상태 평가(Korean-Mini Mental State Examination)를 포함하며, 정서 상태와 신체적 상태가 인지 기능에 어떤 영향을 미치고 있는지에 대한 정보를 얻기 위한 노인 우울 검사(Geriatric Depression Scale), Barthel 일상생활 활동 척도(Barthel Activities of Daily Living), 수검자와 보호자의 보고를 종합하여 치매 심각도를 평정하는 치매 평정 척도(Clinical Dementia Rating Scale)가 함께 구성되어 있다.

(2) 한국판 치매 평가 검사(Korean Dementia Rating Scale)

K-DRS(최진영, 1998)는 원판 DRS(Mattis, 1988)를 우리나라에서 표준화한 치매 평가 도구로서 치매 환자의 진단과 경과에 대한 평가를 목적으로 하고 있으며, 2011년에 K-DRS-2(최진영, 2011)가 개정 출간되었다. 여기서는 총 36개의 과제를 통해 주의력, 관리기능, 구성 능력, 개념화, 기억 등의 다섯 가지 인지 영역을 평가한다.

(3) CERAD-K(The Korean Version of CERAD)

CERAD-K(우종인 외, 2003)는 원판 CERAD(Consortium to Establish a Registry for Alzhemer's Disease Battery)를 우리나라에서 표준화한 치매 평가 도구로서 MMSE, 언어 유창성, 단축형 Boston 이름 대기 검사, 단어 목록 기억 · 회상 · 재인 검사, 구성 행동 및 상 검사, 선로 잇기 검사 A/B형으로 구성되어 있다.

7) 성격, 정서 및 행동 평가

신경심리평가에서는 인지 영역에 대한 평가와 더불어 수검자의 성격과 정서 상태 역시 평가되어야 할 중요 영역이다. 이는 검사 결과에서 나타난 환자의 저조한 수행이 실제 뇌기능을 비롯한 중추신경계의 손상에 의한 것인지 아니면 정서장애에 의한 것인지 판단하기 위해 필요하다. 예를 들어, 노인의 경우 실제 치매에 의해 낮은 수행을 보인 것인지 아니면 우울장애와 관련하여 나타나는 가성 치매 양상인지 감별해야 하는 경우가 종종 발생한다. 또한 뇌손상 환자의 정서적 문제가 증상을 더욱 악화시키거나 복잡한 양상으로 만들 수 있기 때문에, 그리고 뇌기능 손상 환자의 전반적인 적응이나 재활 및 치료적 결과의 예측에도 활용할 수 있기 때문에 정서 상태에 대한 평가는 필요하다.

신경심리평가에서 성격, 정서 및 행동 평가 시 사용되는 대표적인 검사는 다면적 인성 검사(Minnesota Multiphasic Inventory-2)와 우울 평가 척도가 있으며, 우울 평가 척도에는 Beck 우울 척도(Beck Depression Inventory), CES-D(Center for Epidemioligic Studies Depression Scale), 노인 우울 척도(Geriatric Depression Scale), Hamilton 우울 평정 척도(Hamilton Depression Rating Scale) 등이 있다.

이러한 척도는 자기보고식 척도이거나 평가자가 평정하는 척도다. 이 밖에 환자의 성격과 정서적 특성을 평가하기 위해서는 환자뿐만 아니라 보호자나 주변 지인들과의 면담을 통해 환자가 자신의 문제에 어떤 태도와 인식 수준을 가지고 있는지 확인하는 것이 필요하며, 병전 성격에 대한 파악도 필요하다.

참고문헌

강연욱, 나덕렬(2003). 서울 신경심리검사(SNSB). 서울: 휴브알엔씨.

김홍근(1999). Rey-Kims 기억검사: 해설서. 대구: 도서출판 신경심리.

김홍근(2001). Kims 전두엽-관리기능 신경심리검사: 해설서. 대구: 도서출판 신경심리.

우종인, 김기웅, 김성윤, 우성일, 윤종철, 이강욱, 이군희, 이동영, 이정희 주진형, 한설희(2003). 치매 진단 평가를 위한 한국판 CERAD 평가집(CERAD-K). 서울: 서울대학교 출판부.

이현수, 박병관, 안창일, 김미리혜, 정인과(2001). 한국판 기억평가검사: 전문가용 실시 및 채점 요강. 서울: 한국가이던스.

정인과, 곽동일, 조숙행, 이현수(1997). 한국형 노인우울검사(Korean Form of Geriatric Depression Scale) 표준화 연구. 노인정신의학, 1(1), 61-72.

조맹제, 배재남, 서국희, 함봉진, 김장규, 이동우, 강민희(1999). DSM-III-R 주요우울증에 대한 한국어판 Geriatric Depression Scale(GDS)의 진단적 타당성 연구. 신경정신의학, 38(1), 48-62.

최진영(1998). 한국판 치매평가검사(K-DRS). 서울: 학지사.

최진영(2011). 한국판 치매평가검사(K-DRS-2): 전문가 요강. 서울: 학지사.

최진영, 김지혜, 박광배, 황순택, 홍상황(2012). K-WMS-IV: 기술 및 해석 요강. 대구: 한국심리주식회사.

Baddley, A. D. (2003). Working memory: Looking back and looking forward. *Nature Reviews Neuroscience*, *4*, 829-839.

Benton, A. L. (1979). Visuoperceptive, visuospatial, and visuoconstructive disorders, In K. M. Heilman & E. Valenstein (Eds.), *Clinicla neuropsychology* (pp. 186-232). New York: Oxford University Press.

Carlson, N. R. (2004). *Physiology of Behavior* (8th ed.). Boston, MA: Allyn & Bacon.

Cohen, R. J., Swerdlik, M. E., & Sturman, E. D. (2013). *Psychological testing and assessment: An introduction to tests and Measurement* (8th ed.). New York: The McGraw-Hill.

Goodglass, H., & Kaplan, E. F. (2000a). *The Boston Diagnostic Aphasia Examination(BDAE-3)* (3rd ed.). Philadelphia, PA: Lioppincott.

Goodglass, H., & Kaplan, E. F. (2000b). *The Boston Naming Test* (2nd ed.). Philadelphia, PA: Lioppincott.

Groth-Marnet, G. (2009). *Handbook of psychological Assessment* (5th ed.). Hoboken, NJ: John Wiley & Sons.

Howieson, D. B., & Lezak, M. D. (1992). The neuropsychological evaluation. In S. C. Yudofsky & R. E. Hales (Eds.), *American Psychiatric Press textbook of neuropsychiatry* (2nd ed.). Washington DC: American Psychiatry Press.

Hutt, M. L. (1985). *The Hutt adaptation of the Bender Gestalt Test*. New York: Grne & Stratton.

Kertestz, A. (1982). *Western Aphasia Battery*. San Antonio, TX: Psychological Corporation.

Lezak, M .D (1995). *Neuropsychological assessment* (3rd ed.). New York: Oxford University Press.

Lezak, M. D., Howieson, D. B., Loring, D. W. (2004). *Neuropsychological assessment* (4th ed.). New York: Oxford University Press.

Mattis, S. (1988). *Dementia Rating Scale(DRS)*. Odessa, FL: Psychological Assessment Resources.

Ponsford, J. L. (2000). Attention. In G. Groth-Marnet (Ed.), *Neuropsychological assessment in clinical practice: A guide to test interpretation and integration* (pp. 355-400). Hoboken, NJ: John Wiley & Sons.

Sbordone, R. J. (2000). The executive functions of the brain, In G, Groth-Marnet (Ed.), *Neuropsychological assessment in clinical practice: A guide to test interpretation and integration* (pp, 437-456). Hoboken, NJ: John Wiley & Sons.

Walsh, K. (1994). Neuropsychological assessment of patient with memory disorders. In S. Toyz, D. Byrne, & A. Gilandas (Eds.), *Neuropsychology in clinical practice* (pp. 107-127). New York: Academic Press

Williams, J. K. (1991). *Memory Assessment Scales*. Odessa, FL: Psychological Assessment Resources.

10장

아동 · 청소년 심리평가

아동과 청소년을 대상으로 한 심리평가 역시 성인에 대한 심리평가와 유사한 과정을 통해 이루어진다. 그러나 성인과 달리 아동과 청소년은 현재 발달이 진행 중인 상태이기 때문에 발달적 특성에 대한 충분한 이해가 필요하다. 검사자는 발달심리학이나 발달정신병리에 대한 지식을 갖고 있어야 하며, 이를 토대로 아동 · 청소년의 지적 능력을 비롯한 다양한 특성을 심리평가 결과에 통합하여 설명할 수 있어야 한다.

의뢰 과정을 보면 이들은 주로 보호자에 의해 의뢰되는 경우가 대부분이다. 어떤 아동의 경우 사전에 보호자와 심리평가를 받는 것에 대해 논의하거나 설명을 듣고 내원하지만 그렇지 않은 경우도 많기 때문에 심리평가는 아동 · 청소년에게 상당히 낯선 상황이며 두려움을 느끼게 할 수 있다. 때로는 시험을 보는 것처럼 여기면서 긴장할 수도 있다. 따라서 편안한 검사 환경의 조성뿐만 아니라 평가자와의 라포 형성이 무엇보다 중요하다. 본격적으로 실시하기 전에 심리평가가 무엇이고, 왜 실시하는지 아동 · 청소년의 언어적 이해 수준에 맞추어 설명해야 하며, 이에 대한 아동 · 청소년의 궁금증이나 견해에 대해서도 함께 논의할 필요가 있다. 한편, 발달적 특성뿐만 아니라 수검자가 속해 있는 또래 문화에 대한 이해가 라포 형성에 도움이 될 수 있다. 특히 일상생활에서 부적응이나 일탈 행동을 보이는 청소년 수검자의 경우 심리평가에 대한 자발적인 동기가 부족하고 부정적인 태도를 드러내는 경우가 종종 있는데, 이들이 사용하는 언어나 문화적 특성에 대해 잘 알고 있다면 검사자를 좀 더 친숙하게 느낄 수 있으며, 심리평가에 대한 깊은 관여를 이끌어 낼 수 있을 것이다.

한편, 아동심리평가에는 가족을 비롯하여 수검자가 상호작용하는 주변 인물들과의 관계가 많은 영향을 미친다. 특히 아동에 대한 정보를 얻기 위해 부모 면담이 이루어지며, 때로는 교사에게 정보를 얻기도 한다. 아동에 대한 보다 깊이 있는 이해를 위해서는 밀접하게 연결되어 있는 주변 인물들의 긴밀한 협조가 필요하며, 평가에서 이들과의 신뢰적인 관계를 형성하는 것도 필요하다. 특히 부모는 심리평가를 통해 얻고자 하는 바나 기대를 갖고 의뢰하기 때문에 이러한 부분을 반영하여 결과에 대한 해석 상담이 충실하게 이루어져야 한다.

이 장에서는 아동 · 청소년 심리평가에서 고려해야 할 사항과 평가를 위한 면담에 대해 살펴보고, 주요 심리검사를 소개한다.

1. 아동 · 청소년 심리평가 시 고려사항

아동 · 청소년의 심리평가에는 발달적 특성을 고려하여 검사의 선택이나 실시, 해석 시 유의해야 할 몇 가지 사항이 있다.

첫째, 배터리 형태로 구성된 심리검사는 인지 기능, 정서적 · 사회적 발달, 정서장애나 행동장애 등을 종합적으로 평가할 수 있다는 장점이 있다. 그러나 아동 · 청소년의 발달 수준에 따라 배터리 형태로 구성된 검사 중 일부는 실시하기 어렵거나 검사 결과로 얻은 자료의 타당성이 떨어질 수 있다. 특히 매우 어리거나 주의집중의 어려움으로 인해 오랜 시간 검사를 수행할 수 없는 경우에는 아동을 이해하는 데 있어서 꼭 필요한 검사 위주로 선별하여 실시하는 것이 바람직하다.

둘째, 일반적으로 표준화된 실시 절차에 따라 검사를 시행하지만, 일부의 경우에는 연령이나 아동 · 청소년이 보이는 특성(예: 긴장, 수줍음, 불안 등)을 고려하여 융통성 있게 시행하는 것이 필요하다.

셋째, 검사 결과에 대한 해석 시 연령과 지능을 비롯한 발달 수준이 함께 고려되어야 한다. 검사에 나타난 아동 · 청소년의 반응이 정상적인 반응인지 혹은 병리적인 반응인지는 이와 같은 요인에 비추어 판단해야 한다. 예를 들어 Rorschach 검사에서 작화적인 반응은 병리적인 반응으로 평가되지만, 나이가 어린 아동에게는 자주 일어나는 반응이기 때문에 이 같은 판단은 매우 위험하다. Seigel(1989)은 검사 해석 시 특히 주의를 기울여야 할 네 가지 영역을 다음과 같이 제시하였다.

- 발달력: 현재 나타나고 있는 문제에 영향을 미쳤을 수 있는 심리적 · 소아정신과적 · 의학적 · 신경학적 · 사회적 · 적응적 문제
- 면담: 부모나 보호자 면담 결과(현 상태에 대한 정보, 증상, 가정 및 학교에서의 행동 특성 및 부적응적 행동)
- 행동 관찰 및 기타 검사: 행동 관찰을 통해 얻은 정보, 신경학적 검사를 비롯한 기타 검사 결과
- 아동 · 청소년 발달에 대한 지식: 정상 발달과 이상 발달에 대한 풍부한 지식, 평가 준거

2. 평가를 위한 면담

평가에서 면담은 아동 · 청소년의 특성, 현재 겪고 있는 문제를 비롯하여 최근의 일상생활에서 드러나는 아동 · 청소년의 반응 등에 관한 중요 정보를 제공한다. 면담은 아동 · 청소년과의 신뢰적인 관계 형성을 위한 수단이 될 수도 있으며, 면담에서 얻은 자료는 검사 결과에 대한 해석적 의미의 타당성을 뒷받침하기도 한다. 또한 변화가 필요한 문제행동이나 증상을 확인하고 이를 위한 치료적 계획을 수립하는 데도 많은 기여를 한다.

평가 면담에서 도움이 될 만한 몇 가지 사항을 정리하면 다음과 같다.

- 언어적 · 비언어적 단서에 민감하게 대처한다.
- 아동 · 청소년의 개인적 특성과 문제의 성격에 따라 면접 방식을 선택한다.

- 면담에서 얻은 정보는 진단적 목적을 우선으로 하기보다 아동 · 청소년에 대한 종합적인 이해를 위한 자료로 활용한다.
- 면담의 내용을 사전에 정리해 본다.
- 필요할 경우 사전에 면담 내용의 기록에 대한 양해를 구한다.

아동 · 청소년 심리평가에서는 당사자인 아동 · 청소년과의 면담뿐만 아니라 일반적으로 부모나 교사를 비롯하여 아동 · 청소년과 밀접한 관련을 맺고 있는 주변 인물들과의 면담 과정이 이루어진다. 평가 면담은 비구조화된 면담, 반구조화 혹은 구조화된 면담(예: K-SADS-Pl, DISC-IV), 행동평정척도나 체크리스트(예: CBCL, Conners 평정 척도)를 통해 이루어지는데 아동 · 청소년 심리평가에서는 행동평정척도와 체크리스트를 많이 활용한다.

3. 주요 심리검사

1) 한국판 아동용 Wechsler 지능검사: K-WISC-Ⅳ

아동용 Wechsler 지능검사는 아동의 지능 및 전반적인 인지 기능 평가를 위해 가장 많이 사용되는 검사로서, 여러 차례 개정을 거듭하여 현재는 우리나라에서 한국판 아동용 Wechsler 지능검사(K-WISC-Ⅳ; 곽금주, 오상우, 김청택, 2011)가 사용되고 있다. K-WISC-Ⅳ에서의 주요 변화와 특징은 다음과 같다.

- 언어성 IQ와 동작성 IQ 폐지
- 전체 IQ 및 4개의 지표 점수(언어이해, 지각추론, 작업기억, 처리속도) 산출
- 과정 점수(process scores) 산출
- 15개의 소검사 구성(핵심 소검사 10개, 보충 소검사 5개)
  - 상식, 산수, 빠진 곳 찾기는 보충 소검사로 수정
  - 숫자, 동형 찾기는 핵심 소검사로 수정

-단어 추리, 행렬추론, 순서화, 선택 소검사가 새롭게 추가
-미로, 차례 맞추기, 모양 맞추기 제외
-검사 실시 및 채점 기준의 발달적 적합성 증가

(1) K-WISC-IV의 구성

K-WISC-IV는 언어이해, 지각추론, 작업기억, 처리속도의 네 가지 지표로 구성되어 있으며, 핵심 소검사 10개와 5개 보충 소검사로 이루어져 있다. 또한 네 가지 지표 중 언어이해와 지각추론 점수를 합산하여 일반 능력 지표(GAI) 점수를 산출하며, 작업기억 지표와 처리속도 지표를 합산하여 인지 효율성 지표(CPI) 점수를 산출한다. [그림 10-1]은 K-WISC-IV의 네 가지 지표와 해당 소검사를, 〈표 10-1〉은 K-WISC-IV의 소검사 구성을 보여 주고 있다.

*보충 소검사

그림 10-1 K-WISC-IV의 지표 및 소검사

〈표 10-1〉 K-WISC-Ⅳ의 소검사 구성

소검사	약어	설명
토막 짜기 (Block Design)	BD	정해진 제한 시간 내에, 흰색과 빨간색으로 이루어진 토막을 사용하여 제시된 모형의 그림과 똑같은 모양을 만든다.
공통성 (Similarities)	SI	공통적인 사물이나 개념을 나타내는 2개의 단어가 제시되면 그 둘이 어떠한 유사점이 있는지를 기술한다.
숫자 (Digit Span)	DS	숫자 바로 따라 하기는 검사자가 불러 준 숫자와 같은 순서로 따라 한다. 거꾸로 따라 하기는 검사자가 불러준 숫자와 반대 방향으로 따라 한다.
공통 그림 찾기 (Picture Concepts)	PCn	제시된 두 줄 또는 세 줄의 그림에서 공통 특성으로 묶일 수 있는 그림을 각 줄에서 하나씩 고른다.
기호 쓰기 (Coding)	CD	간단한 기하학적 모양이나 숫자에 대응하는 기호를 그린다. 정해진 제한 시간 내에 기호표를 이용하여 해당하는 모양이나 빈칸에 각각의 기호를 그린다.
어휘 (Vocabulary)	VC	그림 문항의 경우 시각적으로 제시되는 물체의 이름을 말해야 한다. 언어적 문항의 경우 인쇄된 글자와 동시에 구두로 제시되는 단어의 뜻을 말한다.
순서화 (Letter-Number Sequencing)	LN	검사자가 연속되는 숫자와 글자를 읽어 주면, 숫자가 커지는 순서와 한글의 가나다 순서대로 암기한다.
행렬추론 (Matrix Reasoning)	MR	일부가 빠져 있는 행렬을 보고 5개의 반응 선택지에서 제시된 행렬의 빠진 부분을 찾아낸다.
이해 (Comprehension)	CO	일반적인 원리와 사회적 상황에 대한 이해에 근거해서 질문에 답한다.
동형 찾기 (Symbol Search)	SS	정해진 제한 시간 내에, 반응 부분을 살펴보고 표적 모양과 동일한 것을 찾아낸다.
빠진 곳 찾기 (Picture Completion)	PCm	정해진 제한 시간 내에, 중요한 부분이 빠져 있는 그림을 보고 빠진 부분을 찾아낸다.
선택 (Cancellation)	CA	무선적으로 배열된 그림과 일렬로 배열된 그림을 살펴보고 정해진 제한 시간 내에 표적 그림에 표시한다.
상식 (Information)	IN	폭넓은 영역의 일반 지식에 관한 질문에 대답한다.
산수 (Arithmetic)	AR	정해진 제한 시간 내에, 일련의 산수 문제를 암산으로 풀어낸다.
단어 추리 (Word Reasoning)	WR	일련의 문장에서 공통된 개념을 찾아내어 단어로 말한다.

(2) K-WISC-Ⅳ의 해석 절차

Flanagan과 Kaufman(2009)이 제시한 해석의 8단계에 준하여 K-WISC-Ⅳ의 해석 절차가 이루어진다. K-WISC-Ⅳ의 해석 절차를 정리하면 다음과 같다.

① 1단계: 전체 IQ 및 지표 점수 확인

- 전체 IQ, 언어이해, 지각추론, 작업기억, 처리속도 지표 점수와 백분위, 신뢰구간 확인
- 소검사의 연령 환산 점수와 백분위 점수 기술

② 2단계: 전체 IQ가 전반적인 지적 능력을 잘 반영하는지 확인

- 지표 점수 중 가장 높은 점수와 가장 낮은 점수의 차이가 1.5표준편차(23점)일 경우 전체 IQ는 아동의 전반적인 지적 능력을 반영하지 못하므로 GAI를 확인해야 한다.
- 언어이해 지표와 지각추론 지표 간의 차이가 1.5표준편차(23점)보다 작을 경우 GAI가 아동의 전반적인 지적 능력에 대한 측정치로 사용된다.
- 언어이해 지표와 지각추론 지표 간의 차이가 1.5표준편차(23점)보다 클 경우 GAI도 해석 불가능하다.

③ 3단계: 지표 점수가 단일 능력 측정치로서 해석 가능한지 확인

- 각 지표의 핵심 소검사 중 가장 높은 소검사의 환산 점수와 낮은 소검사의 환산 점수 차이가 유의할 경우(5점 이상) 지표 점수는 단일 능력에 대한 측정치로 해석할 수 없다.

④ 4단계: 지표 점수의 규준에 따른 강점과 약점 확인

- 지표 점수가 단일 능력에 대한 측정치로 해석 가능할 때 적용
- 지표 점수가 115점 이상일 때 인지적 강점
- 지표 점수가 85점 이하일 때 인지적 약점
- 지표 점수가 85~115점일 때 일반적인 범위

⑤ 5단계: 지표 점수에 대한 개인의 강점과 약점 확인

- 네 가지 지표 점수의 평균을 산출하여 평균값과 각 지표 점수 간의 차이 확인
- 해당 지표 점수가 산출된 평균값보다 높을 경우 상대적 강점
- 해당 지표 점수가 산출된 평균값보다 낮을 경우 상대적 약점
- 기저율 준거 10% 미만일 경우 강점과 약점은 비일반적인 차이로 평가된다.
- 115점 이상이면서 비일반적인 강점이라면 핵심 강점
- 85점 이하이면서 비일반적인 약점이라면 핵심 약점

⑥ 6단계: 지표 점수의 분산 분석

- 핵심 강점을 포함한 인지적 강점 해석 후 핵심 약점을 비롯한 인지적 약점 해석
- 강점과 약점에 해당하지 않는 지표 해석

⑦ 7단계: 임상적 비교(선택적)

- 지표 점수가 단일 능력의 측정치로 해석 불가능할 때 다른 요인 구조를 통한 군집분석을 고려할 수 있다. 보충 소검사를 실시할 경우 적용 가능하다.
- 해당 군집에 속한 소검사 중 가장 높은 소검사 환산 점수와 낮은 환산 점수 간 차이가 5점 미만일 때 단일 능력으로 간주하여 군집분석 가능
- 해당 군집에 속하는 소검사 척도 점수 합산 후 표준 점수로 변환하여 임상 군집 산출
- 비교할 군집 간 점수 차이 계산 후 기저율(10% 미만)에 근거하여 비정상적인 차이인지 결정

⑧ 8단계: GAI와 CPI 차이 확인

- 언어이해 지표와 지각추론 지표 점수 간 차이가 23점 이상일 경우 GAI는 단일 능력 측정치로 해석 불가능
- 작업기억 지표와 처리속도 지표 점수 간 차이가 23점 이상일 경우 CPI는 단일 능력 측정치로 해석 불가능
- GAI와 CPI 모두 단일 능력 측정치로 해석 가능할 때 표준 점수를 산출한 후 차이

비교

- GAI와 CPI 차이가 21점 이상인 경우 비일반적인 차이로 평가하고 이에 대해 설명한다.

2) 한국판 Kaufman 아동용 지능검사: K-ABC

Kaufman 아동용 지능검사(Kaufman Assessment Battery for Children: K-ABC)는 2세 6개월에서 12세 5개월 아동의 지능과 습득도를 평가하기 위해 만들어졌다. 이 척도는 지능과 관련된 많은 연구에서 전통적인 검사의 한계가 드러나면서 개발되었다. 특히 정보처리 이론이 발달하면서 인지처리 과정에 대한 관심이 높아졌고, 지능의 개념을 정보처리적인 측면에서 이해하려는 시도가 이어졌다. 우리나라에서는 문수백과 변창진(1997)에 의해 표준화된 한국판 K-ABC가 사용되고 있다.

K-ABC의 특징을 간략히 정리하면 다음과 같다.

- 인지처리 과정 이론을 근거로 개발된 처리과정 중심의 검사다.
  - 지능을 인지처리 과정으로 규정하고 과제의 해결을 순차적 처리와 동시적 처리로 분리한 후 측정하여 수검자의 정보처리 패턴을 파악한다.
- 지적 능력과 학습 수준을 구별하여 측정한다.
  - 지적 능력과 후천적으로 습득한 지식을 구별하여 측정한다.
- 하위 검사를 연령별로 실시할 수 있다.
  - 총 16개 하위 검사 중 연령에 따라 7개에서 13개까지 시행한다.
- 좌뇌와 우뇌의 기능을 고르게 측정한다.
- 실시와 채점을 최대한 객관화하였다.
- 지역이나 사회계층의 영향으로부터 독립적으로 아동의 지적 능력을 평가하고자 하였다.
- 언어장애가 있는 아동을 위하여 비언어성 척도를 표준화하였다.

(1) K-ABC의 구성

K-ABC는 문제해결 과정을 측정하는 인지처리 과정 척도와, 후천적으로 획득한 사실적 지식 수준을 측정하는 습득도 척도로 구분된다. 인치처리 과정은 다시 순차처리 척도와 동시처리 척도로 나뉜다. 소검사 구성을 보면 순차처리 척도에는 3개, 동시처리 척도에는 7개 소검사가 포함되어 있고, 습득도 척도에는 6개 척도가 포함되며, 총 16개의 소검사로 이루어져 있다.

〈표 10-2〉에 K-ABC의 소검사 구성에 대해 정리하였다.

〈표 10-2〉 K-ABC의 소검사 구성

인지처리 척도	
소검사	내용
마법의 창 (2세 6개월~ 4세 11개월)	• 5초 동안 좁은 틈을 통해 지나간 그림이 무엇인지 말하도록 함 • 동시적 처리 능력, 시각적 세부 자극에 대한 주의력, 본질과 비본질을 구별하는 능력, 초기 언어발달, 장기기억, 부분과 부분의 관계 파악, 시각적 단기기억, 공간 능력, 언어적 표현 능력 측정
얼굴기억 (2세 6개월~ 4세 11개월)	• 사람의 얼굴을 5초간 제시한 후 그 얼굴이 포함된 단체 사진을 보여 주며 조금 전 보았던 사람의 얼굴을 기억해 내도록 함 • 동시적 처리 능력, 시각적 세부적 자극에 대한 주의력, 본질과 비본질 구별, 유동성 지능, 시각적 단기기억, 운동 기능과 무관한 시각적 조직화 능력 측정
손동작 (전체 연령)	• 검사자가 보여 주는 일련의 손동작을 보고 순서대로 재연하도록 함 • 순차적 처리 능력, 유동성 지능, 지각적 조직화, 모델의 재생력, 시각적 단기기억, 공간 능력, 시각운동 협응 능력 측정
그림 통합 (전체 연령)	• 모호한 잉크 반점의 그림을 보고 무엇인지 말하도록 함 • 동시적 처리 능력, 시각적 세부 사항에 대한 주의력, 장기기억, 부분과 전체 간 관계 파악, 지각적 조직화, 공간 능력 측정
수 회생 (전체 연령)	• 일련의 숫자를 불러 주면 순서대로 말하도록 함 • 순차적 처리 능력, 유동성 지능, 수를 다루는 능력, 청각적 단기기억 측정
삼각형 (4세~)	• 노란색과 파란색이 앞뒤로 붙은 삼각형 조각들로 검사 틀에 제시된 도형과 똑같은 모형을 만들어 내도록 함 • 동시적 처리 능력, 분석력, 유동성 지능, 부분과 전체 간의 관계 파악, 지각적 조직화, 추리력, 공간 능력, 시각운동 협응 능력, 추상적 자극에 대한 시각화 측정
단어 배열 (4세~)	• 한 음절 단어들을 불러 준 후 그 단어가 그려진 그림을 제시하고 불러 준 순서대로 그림을 지적하게 함. 후반부에는 단어를 불러 주고 시연을 방지하는 간섭자극을 제시한 후 그림을 지적하게 함 • 순차적 처리 능력, 초기 언어발달, 청각적 단기기억, 유의미한 자극에 대한 시지각 측정

시각 유추 (5세~)	• 보기와 관계 있는 것을 고르거나 보기의 관계와 동일한 관계의 쌍을 맺을 수 있는 조각을 선택하도록 함 • 동시적 처리 능력, 분석 능력, 세부적 사항 구별, 본질과 비본질 구별, 유동성 지능, 지각적 조직화, 공간 능력, 추리 능력, 추상적 자극에 대한 시지각 측정
위치 기억 (5세~)	• 여러 그림이 분산되어 있는 그림을 5초간 보고 난 후 방금 본 그림의 위치를 기억해 지적하게 함 • 동시적 처리 능력, 유동성 지능, 지각적 조직화, 시각적 단기기억, 공간 능력, 운동 기능과 무관한 시각적 조직화 측정
사진 순서 (6세~)	• 일련의 사건이나 상황이 묘사된 섞인 그림 카드를 순서에 맞게 배열하도록 함 • 동시적 처리 능력, 분석력, 시각적 세부 사항에 대한 주의력, 본질과 비본질의 구별, 부분과 전체 간의 관계 파악, 지각적 조직화, 공간 능력 측정
습득도 척도	
소검사	**내용**
표현 어휘 (2세 6개월~ 4세 11개월)	• 여러 사물과 동물의 그림을 보여 주고 이름을 이야기하도록 함 • 결정적 지능, 초기 언어 발달, 지식의 축적, 장기기억, 언어적 개념 형성, 언어 표현, 단어 지식 측정
인물과 장소 (전체 연령)	• 위인이나 유명한 장소 등을 묘사한 그림 및 사진을 제시하고 이름을 이야기하도록 함 • 결정적 지능, 획득된 사실적 정보, 장기기억, 언어적 표현 측정
산수 (3세~)	• 간단한 연산과 수 읽기 • 결정적 지능, 장기기억, 수리 능력, 추리력, 청각적 언어 이해, 추상적 자극에 대한 시각적 심상화 측정
수수께끼 (3세~)	• 어떤 사물이나 사람, 장소에 대한 언어적 단서를 통해 이름을 유추하도록 함 • 결정적 지능, 본질과 비본질 구별, 초기 언어 발달, 지식의 축적, 장기기억, 부분과 전체의 관계 파악, 추리 능력, 언어 이해, 언어적 개념 형성, 언어적 표현, 단어 지식 측정
문자 해독 (5세~)	• 제시된 음절이나 낱말 단위의 글자를 해독하도록 함 • 결정적 지능, 교과 학습의 기초 기능, 초기 언어 발달, 장기기억, 읽기 능력, 언어 표현력 측정
문장 이해 (7세~)	• 일련의 동작을 지시하는 문장을 속으로 읽고 난 후 동작으로 표현하도록 함 • 교과 학습의 기초 기능, 결정적 지능, 장기기억, 읽기 능력, 언어 개념 형성 측정

(2) K-ABC의 해석 절차

K-ABC의 해석 절차를 정리하면 다음과 같다.

① 척도의 환산 점수를 산출

- 인지처리 과정 척도, 순차처리 척도, 동시처리 척도, 습득도 척도의 환산 점수를 구하고 신뢰 구간과 백분위 점수를 확인하여 기술한다.

② 인지처리 과정 척도와 습득도 척도의 비교

- 인지처리 과정 척도와 습득도 척도 점수를 통해 지적 능력과 습득된 지식을 비교할 수 있다.
- 인지처리 과정 척도가 습득도 척도에 비해 유의하게 높을 경우에는 정보처리와 새로운 문제해결 능력이 습득된 지식에 비해 더 우세하다는 것을 시사한다. 이 경우 교육적 · 문화적 환경이 빈약하였거나, 학업에 대한 열의 및 관심 부족, 학습장애 가능성을 고려해 볼 여지가 있다.

③ 동시처리 척도와 순차처리 척도의 비교

- 두 척도 간 점수 차이 비교를 통해 어느 한 척도가 유의하게 높게 나타난다면 문제해결을 위한 처리 과정에서 해당 처리 방식이 우세하게 사용되고 있음을 시사한다.
- 아동의 주요한 정보처리 패턴을 파악하여 교수–학습 시 참고할 수 있다.

④ 소검사 간 비교

- 인지처리 과정 척도의 소검사와 습득도 척도의 소검사별로 환산 점수를 구하여 강점과 약점을 평가한다.
- 인지처리 과정 척도에 해당하는 소검사의 평균값을 구하고 소검사 환산 점수와 평균값의 차이를 통해 강점과 약점을 평가한다.
- 습득도 척도에 해당하는 소검사의 평균값을 구하고 소검사 환산 점수와 평균값을 비교하여 강점과 약점을 평가한다.
- 개인 내 차이나 선호도가 강점과 약점에 반영되었을 수 있기 때문에 이를 절대적인 것으로 단정 짓지는 말아야 한다.

3) 아동용 주제통각검사: CAT

아동용 주제통각검사(Children's Apperception Test: CAT)는 아동을 대상으로 실시할 수 있도록 만들어진 주제통각검사로서 실시 절차와 해석은 주제통각검사(Thematic Apperception Test: TAT)에 기초하여 이루어진다. TAT는 제시된 자극 카드에 사람이 등장하는 반면, CAT에는 아동이 보다 친숙하게 느낄 수 있도록 동물이 등장한다. CAT는 아동과 관계 맺고 있는 주요 인물이나 충동에 대한 반응을 이해하는 데 유용한 검사로서 대인관계, 사회적 상호작용, 대상에 대한 동일시 양식 등을 반영한다. 이와 함께 공포나 공격성, 애정 욕구, 애착의 대상, 반응 기제에 대한 단서를 제공하기도 한다.

(1) CAT의 실시 방법

모든 검사와 마찬가지로 편안하고 라포가 형성된 가운데 실시하는 것이 좋다. 검사에 시간제한은 없지만 한 도판에서 너무 많은 시간이 소요되지 않도록 고르게 시간 배분을 하는 것이 필요하다. 도판을 제시할 때 "이것은 이야기하는 검사예요. 지금부터 선생님이 가지고 있는 그림을 ○○에게 보여 주려고 해요. 그러면 그림을 보고 각 그림마다 지금 무슨 일이 일어나고 있는지 말해 주는 거예요. 그리고 이 그림 이전에 무슨 일이 있었는지 앞으로 어떻게 될지도 말해 보세요. ○○가 하고 싶은 어떤 이야기이든지 다 만들 수 있어요. 자, 첫 번째 그림이에요. 이야기를 한번 만들어 보세요."라고 지시한다.

검사 시행 중 아동이 어떤 질문을 할 수도 있는데 이때는 비지시적으로 대답해야 한다. 첫 번째 이야기가 끝나면 격려의 말을 해 주는 것이 이후 수행을 이끌어 가는 데 도움이 될 수도 있다. 그러나 아동이 이야기를 지나치게 길게 하거나 산만한 모습을 보이는 경우를 제외하고는 검사 도중 검사자는 되도록 말을 하지 않는 것이 좋다. 아동이 단순하거나 지극히 서술적인 수준에서 이야기를 한다면, 이런 경우에는 이전에 어떤 일이 일어났는지, 앞으로 어떤 결과가 일어날지에 대한 이야기도 해 줄 것을 상기시킨다.

(2) CAT 도판의 설명과 해석적 의미

CAT는 9개 도판과 9개의 보충 도판으로 구성되어 있으며, 여기서는 보충 도판을 제외한 9개 도판에 대한 설명과 해석적 의미를 간략하게 살펴보고자 한다.

[도판 1] 세 마리의 병아리가 음식이 있는 큰 탁자에 둘러 앉아 있는 가운데 한편에 닭이 떨어진 채로 있다.

먹는 것과 부모에게 충분한 먹이를 공급받고 있는지와 관련되어 있으며, 누가 더 많이 먹는가, 누가 더 착한가와 같이 형제간의 경쟁에 대한 주제가 나타나기도 한다. 이 도판을 통해 구강기의 만족이나 욕구 좌절, 섭식 문제 등을 파악할 수 있다.

[도판 2] 곰 두 마리가 서로 줄을 당기고 있는 가운데 한쪽에서는 아기 곰이 함께 줄을 당기고 있다.

이 도판은 아동이 부모 중 어느 쪽을 동일시하는지를 보여 주기도 하며, 아동의 공격성 수준과 공격성에 대한 공포를 파악하게 해 준다. 자립심이 강한 아동의 경우 줄다리기를 싸움으로 지각하기도 한다. 줄 자체가 관심의 대상이 될 수도 있는데 끊어진 줄은 처벌에 대한 공포와 관련이 있을 수 있으며, 거세 공포로 대변되는 자위의 상징으로 볼 수도 있다.

[도판 3] 담뱃대와 지팡이를 가진 사자가 의자에 앉아 있고 오른쪽 작은 구멍 속에 쥐가 있다.

이 도판에서 사자는 아버지상을 상징하는 것으로 보인다. 지팡이는 공격의 도구이거나 반대로 무기력한 존재를 의미할 수 있다. 아버지나 권위적 인물에 대한 아동의 감정 혹은 태도는 사자를 어떤 존재로 인식하는지와 관련이 있는 것으로 보인다. 따라서 사자가 위험한 존재인지 인자한지에 대한 정보를 알아보는 것이 필요하다. 많은 아동이 쥐를 자신과 동일시하는데, 이 경우 잔꾀나 어떤 상황을 통해 사자보다 우월한 존재로 뒤바뀌게 될 수 있다. 어떤 경우에는 사자와 자신을 동일시하기도 하는데, 이는 순종과 자율성 간의 갈등을 보여 주기도 한다.

[도판 4] 어두운 방에 한쪽에는 이불이 깔려 있고 어린 토끼가 혼자 앉아 있다.

이 도판에는 어둠에 대한 공포와 혼자 남겨지는 것, 부모에게 버려지는 것, 다른 방에서 무슨 일이 벌어질지에 대한 궁금함 등이 반영된다. 한쪽의 다른 이불에서 부모의 동침을 상상할 수도 있으며, 이는 오이디푸스 콤플렉스의 상징일 수 있다.

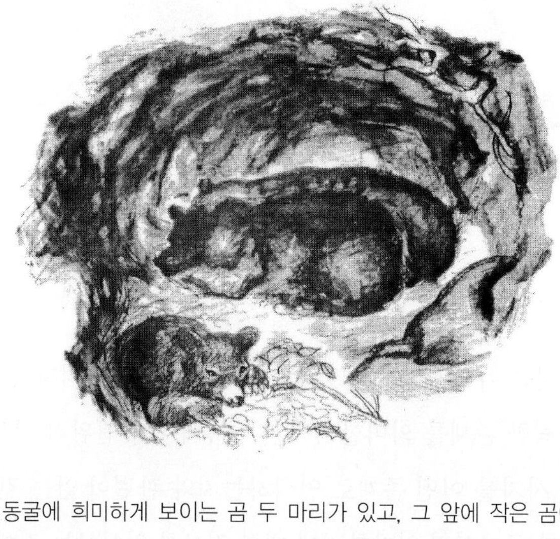

[도판 5] 어두운 동굴에 희미하게 보이는 곰 두 마리가 있고, 그 앞에 작은 곰이 웅크리고 있다.

이 도판은 부모의 동침 장면에 대한 반응이 나타날 수 있기 때문에 도판 4에서 확인하지 못한 반응이 반영될 수 있다. 삼자 관계에서 일어날 수 있는 질투나 잠자리에서의 자위 행위 문제가 이 도판에서 드러날 수도 있다.

[도판 6] 이빨과 발톱을 가진 호랑이가 원숭이에게 덤벼들고 있다.

외부의 위협이나 공격성에 대한 두려움에 반응하는 아동의 방식을 보여 준다. 일부 아동의 경우 그 두려움의 정도가 너무 커서 도판을 보는 것조차도 거부하는 경우가 있으며, 어떤 경우에는 전혀 무섭지 않은 내용으로 바꿔서 이야기하기도 한다. 동물의 꼬리에 유독 관심을 보일 경우에는 거세에 대한 공포가 반영되었을 수 있다.

[도판 7] 두 마리의 어른 원숭이가 소파에 앉아 차를 마시고,
다른 한 마리의 원숭이는 그 옆에 앉아 아기 원숭이와 이야기한다.

이 도판은 가족 관계 속에서 아동이 자신의 역할을 어떻게 지각하고 있는지를 보여 준다. 앞에서 이야기하는 어른 원숭이는 부모 중 한 명에 대한 아동의 지각을 보여 줄 수 있는데, 아기 원숭이에게 친절하게 무언가를 말하는 것인지, 혼을 내거나 훈육하고 있는 것인지를 통해 아버지와 어머니 중 누가 자상하고 누가 지배적인지 파악할 수 있다. 차를 마시는 것에 관심을 가질 경우 구강기 주제와 관련이 있을 수 있다.

[도판 8] 강아지가 개의 무릎에 엎혀 있다.

이 도판은 잘못 및 이에 대한 처벌과 관련이 있으며, 아동의 도덕적 개념을 보여 준다. 대소변 훈련이나 자위 행위에 대한 이야기가 자주 등장하는 편이며, 뚜렷한 퇴행 현상을 보여 주기도 한다.

[도판 9] 과일가게 앞에 하마가 있고, 다람쥐 두 마리가 과일을 손에 들고 달아난다.

이 도판은 도벽이나 처벌에 대한 아동의 생각을 보여 주는데, 특히 사회적 상황에서의 도덕적 개념을 살펴볼 수 있다. 하마에 대해 사과를 주는 인자한 존재로 이야기했을 경우 이는 권위자에 대한 아동의 긍정적인 태도를 보여 주는 것일 수 있다.

(3) CAT의 해석 절차

CAT의 분석 및 해석 절차를 간략하게 정리하면 다음과 같다.

① CAT 반응에 대한 해석에 앞서 먼저 아동의 인적 사항과 각 도판에 대한 반응을 기록해야 한다.

② 기록용지는 임상적 기록 및 분석 용지와 연구용 기록 및 분석 용지로 나뉘는데, 아동에 관한 진단적 정보를 얻고자 할 경우에는 임상적 기록 및 분석 용지를 주로 사용하며, 어떤 집단에 대한 규준적 자료를 만들고자 할 경우에는 연구용 기록 및 분석 용지를 사용한다.

③ 인적 사항을 기록할 때에는 개인의 신상 정보에 대한 질문이 자칫 기분을 상하게 만들 수 있다. 또한 아동이 지나치게 긴장하고 있다고 판단할 경우에는 인적사항을 검사가 끝난 후 기록하는 것이 좋다.

④ 임상용 기록 및 분석 용지 기록은 용지에 적혀 있는 항목에 맞게 이루어진다. 우선 각 도판에서 아동이 이야기한 내용을 기록지의 진술 항목에 기록한다. 반응 기록의 편이와 정확한 내용의 기록을 돕기 위해 녹음을 할 수도 있는데, 어떤 아동은 녹음하는 것에 대해 불편해할 수 있다. 따라서 사전에 미리 녹음에 대한 동의를 구하는 것이 필요하다.

⑤ 주제는 CAT 반응 분석의 출발점이다. 대개 주제가 복잡하게 얽혀 있는 경우가 많은데, 모든 주제를 기록하여 관련성을 살펴보고 분석지가 모자라면 뒷면의 비고사항에 적는다. 주제가 공통적인 경향이 있을 때에는 기술적 수준, 해석적 수준, 진단적 수준으로 나누어 기록하기도 한다.

⑥ 주인공의 동일시는 어떤 대상에 자기를 동일시하는지와 관련된다. 대체로 여러 이야기의 내용 중 자주 주인공으로 등장하는 인물이나 대상이 아동이 동일시하

는 상으로 볼 수 있다. 때로는 주인공을 찾기 어려운 경우도 있는데, 이러한 경우에는 이야기의 중심이 되는 인물, 아동이 처음부터 이야기를 시작하는 인물, 이야기 속에서 주의의 초점이 되는 인물, 중요한 행동을 주도하는 인물, 다른 인물이 모두 그 대상을 향해 말하거나 그 대상을 중심으로 상황이 전개되는 인물이 주인공일 가능성이 높다.

⑦ 아동의 욕구는 이야기 속 주인공의 행동에 반영되는 경우가 많다. 주인공의 행동적 욕구, 도입된 대상과 그에 내포된 욕구, 빠진 대상과 그에 내포된 욕구, 세부에 대한 지각과 그에 내포된 욕구로 세분화하여 기록한다.

⑧ 등장하는 인물들을 자기 주위의 어떤 인물과 동일시하고 그들을 어떻게 지각하는지 살펴봄으로써 아동의 주변인에 대한 심리적 역동을 이해할 수 있다.

⑨ 아동이 어떤 갈등을 가지고 있는지 그 갈등의 특성과 강도를 파악하고, 그러한 갈등으로 일어나는 불안에 대해 아동이 어떻게 방어하는지 평가한다.

⑩ 아동의 주된 불안이 무엇인지 살펴본다. 이러한 불안은 정상적인 발달 과정에서 나타나는 것일 수도 있고, 어떤 경우는 정신병리적 수준일 수도 있다.

⑪ 주인공의 욕구, 갈등, 불안에 대한 방어기제를 검토한다. 이를 통해 더 많은 정보를 얻을 수 있을 뿐만 아니라 아동의 성격 구조를 깊이 있게 탐색하는 데도 도움이 된다.

⑫ 주인공의 실수나 일탈 행동 등에 대한 처벌이 주인공의 과오에 적절하게 주어진 것인지 살펴봄으로써 아동의 도덕적 개념과 초자아의 적절성을 파악할 수 있다.

⑬ 내적 충동이나 현실적 요구, 초자아의 명령에 어떻게 반응하고 조절하는지 살펴본다. 이는 아동의 자아강도를 보여 주며, 외부 자극에 얼마나 민감하고 어떤 자

극에 더 취약한지 알 수 있다.

⑭ 반응을 분석한 내용을 요약 · 종합하여 기록하고, 검사자의 주관적 관점에서 의심되는 점을 기록한다.

도판 1		
1. 진술	① 자발적 진술	
	② 질문 후의 진술	
2. 주제		① 기술적 수준 ② 해석적 수준 ③ 진단적 수준
3. 주인공의 동일시		
4. 주인공의 주 욕구	① 주인공의 행동적 욕구 ② 도입된 대상과 내포된 욕구 ③ 간과된 대상과 간과된 욕구 ④ 세부 강조와 내포된 욕구	
5. 주변 인물에 대한 지각	① 부모에 대한 지각 ② 또래에 대한 지각 ③ 어린 대상에 대한 지각 ④ 큰 대상에 대한 지각	
6. 주요한 갈등		
7. 불안의 성질		
8. 주된 방어기제		
9. 초자아의 적절성		
10. 자아의 강도		
11. 임상적 특징		

그림 10-2 임상용 기록 및 분석 용지

4) 동작성 가족화 검사: KFD 검사

동작성 가족화(Kinetic Family Drawing: KFD) 검사는 가족 구성원과 가족 구도에 대한 아동의 주관적 · 심리적 상이 그림을 통해 반영되는 검사다. Hulse(1951)가 처음으로 가족화를 도입하였는데, 가족화를 그리고 난 후 그림 속 인물에 대해 자유롭게 이야기하도록 하였다. 이 과정에서 아동이 겪고 있는 심리적 어려움이나 부모-자녀 관계, 형제 관계 등을 파악할 수 있었으며, 가족 관계에 대한 아동의 지각에 대해서도 살펴볼 수 있게 되었다. 이 검사는 1960년대에 대중적으로 각광받기 시작하였으며, 이후 가족치료에 적용되면서 더욱 활발하게 사용되었다. 그러나 이전에는 그저 가족에 대해 그려 보라는 지시만 했기 때문에 대부분의 아동이 가족 간의 역동이나 상호작용이 없는 경직된 그림을 그리는 경향이 있었다. 이러한 문제점을 보완하기 위해 Burns와 Kaufman(1970, 1972)은 가족 구성원들이 무언가를 하는 그림을 그리도록 지시하는 동작성 가족화(Kinetic Family Drawing: KFD) 검사를 개발하였다. 이는 기존의 가족화 검사보다 아동의 가족 내 역동을 더욱 쉽고 자세하게 살펴볼 수 있는 장점이 있다.

(1) KFD의 실시 방법

KFD의 실시 방법은 비교적 간단하다. 우선 아동이 그림을 그리기 적합한 책상 위에 그림을 그리기 위한 백지(A4 용지)와 연필, 지우개를 준비해 놓는다. 용지는 가로로 제시하며 "○○를 포함해서 가족들이 무언가 하고 있는 그림을 그려 보세요."라고 지시한다. 그림을 그리기 힘들어하는 아동의 경우, "그림 솜씨를 보려고 하는 것이 아니니 그릴 수 있는 만큼 그려 보세요."라고 격려한다.

(2) KFD의 해석 절차

① 인물의 활동

KFD에 나타난 인물의 활동은 가족 간 상호작용의 특징이나 가족 내에서의 역할, 가족 간의 정서를 반영한다. 가족 간에 협력적으로 상호작용하는지 경쟁적인지 혹은 회피적인지를 보여 준다. 또한 가족 내에서의 아동의 역할은 부모에 대한 상이나 남성성 및 여성성의 발달에 영향을 미친다.

② 구획화

구획화는 직선이나 곡선을 사용하여 의도적으로 분리시켜 묘사한 경우를 말한다. 때로는 선으로 그리지 않고 종이를 접어서 구획을 표시하기도 한다. 이는 가족 간의 정서적 교류가 빈약하거나 가족 내의 응집력이 약한 것을 시사할 수 있다. 아동은 이러한 가족 관계 속에서 외로움이나 분노 감정을 경험하고 있을 가능성이 있으며, 일반적으로 가족으로부터 자신을 분리하고 자신의 감정을 철수시키려는 욕구를 보여 준다.

③ 포위

가족 구성원 중 어떤 인물을 선으로 둘러싸이도록 그린 경우다. 이는 자신에게 위협이 되는 대상을 분리시키거나 가족 내에서 제외시키고 싶은 욕구를 반영하기도 한다. 포위된 대상과는 정서적으로 단절되어 있을 가능성이 높다.

④ 가장자리

용지의 가장자리에 치우쳐 묘사한 경우에는 상당히 방어적이고 가족 내 문제를 회피하려 하거나 가족 구성원과 관계 맺기를 싫어할 가능성이 있다.

⑤ 인물 아래 선 긋기

아래에 선이 그려진 인물은 아동이 그 인물에게 느끼는 불안감을 보여 준다.

⑥ 기저선 긋기

기저선을 하나나 그 이상 용지의 하단을 따라 묘사한 경우다. 이는 가정 내에서 아동이 안정감을 느끼지 못하거나 정서적으로 지지받지 못하고 있음을 보여 준다.

⑦ 윗선 긋기

용지의 상단에 1개 이상 선을 그린 경우로, 아동이 가족 내에서 안정감을 느끼지 못하면서 불안, 걱정, 위기감을 경험하고 있음을 보여 준다.

⑧ 인물의 위치

인물의 배치에 따라 임상적 의미가 달라지는데, 용지 상단에 묘사된 인물은 가족 내에서 리더의 역할을 하는 인물일 가능성이 높으며, 하단에 그려진 인물은 우울하고 생기가 없는 인물일 가능성이 있다. 중앙에 그려진 인물은 실제 가족의 중심 인물인 경우가 많다. 우측의 인물은 외향적이고 활동적이며, 좌측의 인물은 내향적이고 침체되어 있는 인물일 가능성이 있다.

⑨ 인물의 크기

실제 인물의 신체 크기를 반영한 것일 수도 있고, 아동이 존경하는 사람이나 권위자에 대한 묘사일 수도 있다. 반면, 작게 묘사된 인물은 가족 내에서 영향력이 작고 무시당하는 위치에 있는 사람일 수 있다.

⑩ 인물 간의 거리

아동이 지각하고 있는 가족 구성원에 대한 정서적 친밀감과 심리적 거리를 보여 준다. 아동과 가까이 있는 인물일수록 서로 친밀한 관계임을 보여 주며, 멀리에 묘사된 인물은 반대로 심리적 거리감이 있거나 소원한 관계일 수 있다.

⑪ 인물의 생략

특정 인물을 생략하고 그렸거나 그렸다 지운 경우에는 해당 인물과 갈등 관계에 있거나 양가 감정을 느끼고 있음을 보여 준다.

그림 10-3 KFD 예시

5) 한국판 아동 인성검사: K-PIC

한국판 아동 인성검사(Korea Personality Inventory for Children: K-PIC)는 원판인 PIC를 김승태 등(1997)이 국내에서 표준화하여 출판한 검사다. 이는 임상 장면에서 아동의 정신과적 문제를 선별 · 진단하거나 임상 장면에서 심리적인 도움이 필요한 아동을 조기에 발견하여 그에 맞는 도움을 제공하기 위해 개발되었다. 이 검사는 보호자가 응답하여 평가하는데, 지난 6개월간 아동과 함께 생활한 보호자가 아동의 발달, 정서, 행동, 대인관계, 현실 접촉 등과 관련된 문항에 반응한 자료를 토대로 하여 아동의 다차원적인 측면을 살펴볼 수 있다.

검사 문항은 255문항으로 4개의 타당도 척도와 자아탄력성 척도, 11개의 임상 척도로 구성되어 있다.

타당도 척도 중 무응답(?) 척도는 수검자가 응답하지 않았거나 '그렇다'와 '아니다'에 모두 반응한 경우에 표시한다. 검사-재검사(T-R) 척도는 수검자가 각 문항에 대해 얼마나 일관성 있게 반응하였는지 알아보기 위해 개발되었다. L 척도는 아동에게서 흔히 나타날 수 있는, 문제행동을 부인하고 사회적으로 바람직한 방향으로 응답하려는 방어적인 태도를 측정하기 위해 개발되었다. F 척도는 의도적이거나 비의도적으로 증상을 과장하려는 반응 혹은 무선 반응과 같이 일탈된 반응을 탐지하기 위해 개발되었다.

한편, 자아 탄력성 척도는 심리적 문제에 대한 아동의 대처 능력이나 잠재적인 적응 능력을 평가할 목적으로 개발되었으며, 자신감, 원만한 대인관계, 인내력, 집중력, 포용력 등과 같은 요인을 측정하는 25개의 문항으로 이루어져 있다. 이는 정신병리의 발생을 완충시키는 하나의 지표이며, 정신병리나 심리적 부적응이 발생하였을 때 치료적 예후를 가늠하게 하는 지표이기도 하다.

임상 척도는 총 11개의 하위 척도로 구성되어 있는데, 〈표 10-3〉은 11개의 임상 척도에 대한 간략한 설명을 제시하고 있다.

〈표 10-3〉 K-PIC의 임상 척도

척도	내용
언어발달 척도 (VDL)	• 언어적 능력의 발달지체나 기능상의 손상 정도를 측정함 • T점수 70점 이상일 경우 제한적인 지적 잠재력, 전반적이거나 특정한 영역에서의 지적 손상 가능성을 시사함
운동발달 척도 (PDL)	• 정신운동 기능이나 동작성 능력의 발달지체, 기능상의 손상 정도를 측정함 • T점수 70점 이상일 경우 동작성 능력의 발달지체 가능성을 시사하며, 개별 기능 검사나 신경심리학적 평가가 필요함
불안 척도 (ANX)	• 자연현상, 동물, 대인관계나 사회적 관계에서의 두려움, 불안, 긴장 정도를 측정함 • 점수가 상승할수록 타인에 대한 두려움, 회피, 등교 거부, 수면 문제 가능성을 시사함
우울 척도 (DEP)	• 우울한 기분, 자신감 저하, 활동성 저하, 가정불화, 흥미 감소, 사회적 철수 등 우울 정도를 측정함 • 점수가 상승할수록 우울 증상, 소외감이 높을 가능성을 시사함
신체화 척도 (SOM)	• 전반적인 건강 정도와 다양한 신체증상을 측정함 • 상승된 점수는 건강 관련 호소를 통해 주변의 관심을 얻으려는 시도를 보일 가능성을 시사함
비행 척도 (DLQ)	• 비행 성향 측정 및 품행 장애를 가려내기 위해 개발됨 • 상승된 점수는 적대적이고 충동적이며 무분별한 행동 경향성을 시사함
과잉행동 척도 (HPR)	• ADHD의 특징을 보이는 아동을 가려내기 위한 목적으로 개발됨 • 점수의 상승은 주의 산만, 충동 조절의 어려움을 시사함
가족관계 척도 (FAM)	• 아동의 부적응이나 정신병리에 영향을 미치는 가족 구도 혹은 역동을 측정함 • 높은 점수는 화목하지 못하고 아동의 정서적 욕구를 충족시켜 주지 못하는 가족을 보여 주며, 부모의 불화나 가정 내에서의 갈등 상황이 아동에게 압력을 주는 주요 스트레스원임을 시사함
사회관계 척도 (SOC)	• 또래 관계나 성인과의 관계를 비롯한 사회적 관계에서의 적응 정도를 측정함 • 높은 점수는 대인관계의 어려움, 또래로부터 비난을 받거나 거부당하고 있을 가능성을 시사함
정신증 척도 (PSY)	• 정신병적 증상을 가려내기 위해 개발됨 • 높은 점수는 정서적 불안정성, 사회적 기술 부족, 사회적 철수나 고립, 기이하거나 특이한 행동 가능성을 시사함
자폐증 척도 (AUT)	• 자폐적 성향의 정도를 측정함 • 높은 점수는 관심사가 매우 제한적이고 의사소통의 어려움이 있으며, 사회적 기술 부족, 사회적 철수 및 고립, 발달 지연의 내력을 시사함

6) 청소년용 다면적 인성검사: MMPI-A

청소년용 다면적 인성검사(MMPI-A)는 청소년에게 적용하기 위해 개발된 MMPI다. MMPI는 원래 성인용으로 개발되었으며, MMPI-A가 개발되기 전까지 청소년에게도 광범위하게 사용되었다. 그러나 문항의 내용상 청소년이 반응하기 적절하지 않은 문항이 많았고, 무엇보다 MMPI에는 청소년의 가족 및 학교 문제, 또래 관계 문제 등과 관련된 문항이 거의 포함되지 않았다. 또한 청소년의 경우 성인에 비해 증상의 호소가 더 많기 때문에 F 척도가 상승하는 결과를 낳았으며, 이와 같은 이유로 인해 청소년에게 적용할 수 있는 MMPI의 개발에 대한 요구가 커지게 되었다. 이에 1992년에 MMPI-A가 개발되었으며, 우리나라에서는 김중술 등(2005)이 표준화한 한국판 MMPI-A가 사용되고 있다.

MMPI-A는 14~18세의 청소년을 대상으로 실시하며, 총 478문항으로 구성되어 있다. 척도 구성을 살펴보면 타당도 척도 6개, 임상 척도 10개로 구성되어 있으며, 그 밖에 15개의 내용 척도와 6개 보충 척도 및 성격병리 5요인 척도로 이루어져 있다.

〈표 10-4〉는 타당도 척도에 대한 설명을, 〈표 10-5〉는 10개의 임상 척도에 대한 설명을 제시하고 있다.

〈표 10-4〉 MMPI-A의 타당도 척도

척도	내용
무응답(?) 척도	응답하지 않았거나 '그렇다'와 '아니다'에 모두 반응한 문항 수
무선반응 비일관성 (VRIN) 척도	비일관적인 반응 가능성 탐지
고정반응 비일관성 (TRIN) 척도	문항 내용과 상관없는 무분별한 '그렇다' 혹은 '아니다'로 반응 탐지
비전형(F) 척도	비전형적인 반응 경향성 탐지
부인(L) 척도	실제보다 자신을 더 좋게 보이려는 의도적이고 세련되지 못한 방어 탐지
K 척도	자신을 매우 좋게 보이려는 방어 경향성 측정

〈표 10-5〉 MMPI-A의 임상 척도

척도	내용
척도 1 건강염려증(HS)	건강 및 신체적 기능에 관한 과도한 집착 측정
척도 2 우울증(D)	무망감, 의욕 및 사기 저하, 삶에 대한 불만족 측정
척도 3 히스테리(Hy)	신체적 관심, 문제의 부인, 사회적 인정 욕구 측정
척도 4 반사회성(Pd)	학교 적응 및 행동 문제(예: 알코올 및 약물 남용, 절도, 거짓말, 분노 폭발 등)
척도 5 남성성-여성성(Mf)	남성적 흥미 및 여성적 흥미 정도 측정. 남성의 경우 높은 점수는 여성적 흥미나 관심을 반영하고, 여성의 경우 높은 점수는 남성적 흥미나 관심을 반영함
척도 6 편집증(Pa)	관계 사고, 불신과 의심, 피해의식, 완고함 측정
척도 7 강박증(Pt)	불안, 우울을 비롯한 다양한 정서적 고통 측정. 신체적 호소, 불행감, 주의집중 곤란, 강박적 사고, 열등감이 반영됨
척도 8 정신분열증(Sc)	기이한 사고, 기태적 감각 경험, 사회적 고립, 주의집중 곤란, 충동 통제 문제가 반영됨
척도 9 경조증(Ma)	웅대성, 사고의 비약, 자기중심성, 고양된 기분 상태, 과잉행동 측정
척도 10 내향성(Si)	사회적 내향성 및 외향성 측정

MMPI-A의 내용 척도는 총 15개로 구성되어 있으며, 〈표 10-6〉은 이에 대한 간략한 설명을 제시하고 있다.

〈표 10-6〉 MMPI-A의 내용 척도

척도	내용
불안(A-anx) 척도	긴장, 걱정, 수면 문제, 주의집중의 곤란, 과제 지속의 어려움 측정
강박성(A-obs) 척도	사소한 일에 대한 지나친 걱정, 반추적 사고, 의사결정의 어려움 측정
우울(A-dep) 척도	우울 증상 측정
건강염려(A-hea) 척도	신체적 증상 호소에 대한 측정
기태적 정신상태(A-biz) 척도	기태적인 감각 경험과 정신병적 증상 측정
분노(A-ang) 척도	분노 조절 문제 측정
냉소적 태도(A-cyn) 척도	염세적 태도나 타인에 대한 의심 측정
소외(A-aln) 척도	타인과의 정서적 거리감 측정
품행 문제(A-con) 척도	절도, 거짓말, 기물 파손, 욕설, 무례함, 반항적 태도 등 행동 문제 측정

낮은 자존감(A-lse) 척도	자신에 대한 부정적 견해, 자신감 저하, 확신의 부족 측정
낮은 포부(A-las) 척도	저조한 학업 수행, 학교 활동 회피
사회적 불편감(A-sod) 척도	사회적 불편감, 사회적 위축감 측정
가정 문제(A-fam) 척도	부모와의 갈등 및 부모의 부부 갈등 측정
학교 문제(A-sch) 척도	학업 및 학교에서의 적응 문제 측정
부정적 치료지표(A-trt) 척도	의사나 정신건강 전문가에 대한 부정적 태도 측정

보충 척도에는 MMPI-2의 3개 척도와 청소년을 위해 새롭게 개발된 3개의 척도가 포함되어 있다. 또한 성격병리 5요인 척도에는 5개의 척도가 포함된다. 〈표 10-7〉은 보충 척도와 성격병리 5요인 척도에 대한 설명을 제시하고 있다.

〈표 10-7〉 보충 척도와 성격병리 5요인 척도

보충 척도	
척도	내용
불안(A)척도	심리적 고통 불안, 불편감 등의 정서적 혼란감 측정
억압(R)척도	관습적 · 보편적이고 불쾌한 상황의 회피 측정
MacAdrew 알코올중독 척도 개정 (MAC-R) 척도	물질남용 관련 문제, 자기과시적 행동 및 모험적 행동 측정
알코올/약물문제 인정(ACK) 척도	알코올이나 약물남용에 대한 인정 정도 측정
알코올/약물문제 가능성(PRO) 척도	알코올이나 약물남용에 대한 가능성 정도 측정
미성숙(IMM) 척도	대인관계 불편감, 자기에 대한 통찰과 인식 결여, 적대적 · 반사회적 태도, 자기중심성, 판단력 및 충동 통제 능력의 미성숙 측정
성격병리 5요인 척도	
척도	내용
공격성(AGGR) 척도	권력 욕구, 지배 욕구, 과격한 행동 측정
정신증(PSYC) 척도	기이한 감각 및 지각 경험, 현실 검증 능력 저하, 기이한 신념과 태도 측정
통제결여(DISC) 척도	위험 추구와 충동적 행동, 관습에 얽매이지 않는 성향 측정
부정적 정서성/신경증(NEGE) 척도	불안, 걱정, 죄책감 등의 불쾌한 정서 측정
내향성/낮은 긍정적 정서(INTR) 척도	사회적 활동 회피, 목표 추구나 책임을 완수할 에너지 부족, 유쾌한 정서 경험에 있어서의 어려움 측정

참고문헌

강문희, 박경, 정옥환(2011). 아동심리검사 (개정판). 경기: 교문사.

곽금주(2002). 아동 심리평가와 검사. 서울: 학지사.

곽금주, 오상우, 김청택(2011). K-WISC-IV 전문가 지침서. 서울: 학지사.

김도연, 옥정, 김현미(2015). K-WISC-IV의 이해와 실제. 서울: 학지사.

김승태, 김지혜, 송동호, 이효경, 주영희, 홍창희, 황순택(1997). 한국아동인성검사. 서울:한국가이던스.

김중술, 한경희, 임지영, 민병배, 이정흠, 문경주(2005). MMPI-A 매뉴얼. 서울: (주)마음사랑.

임지영, 한경희, 민병배, 이정흠, 문경주, 김중술(2006). 한국판 MMPI-A의 개발 연구. 한국심리학회지: 임상, 25(2), 565-586.

김태련, 서봉연, 이은화, 홍숙기(1993). 아동용 회화 통각 검사. 서울: 한국가이던스.

문수백, 변창진(1997). K-ABC 실시 · 채점요강. 서울: 학지사.

신민섭, 김수경, 김용희, 김진영, 박혜근, 이혜란, 전선영, 한수정(2002). 그림을 통한 아동의 진단과 이해 – HTP와 KFD를 중심으로. 서울: 학지사.

조수철, 신민섭, 김붕년, 김재원(2010). 아동 · 청소년 임상면담. 서울: 학지사.

Butcher, J. M., Williams, C. L., Graham, J. R., Archer R. P., Tellegen, A., Ben-Porath, Y. S., & Keammer, B. (1992). *Minnesota Multiphatic Personality Inventory-A(MMPI-A): Manual for administration, scoring, and interpretation*. Minneapolis, MN: University of Minnesota Press.

Flanagan, D. P., & Kaufman, A. S. (2009). *Essentials of WISC-IV Assessment* (2nd ed.). Hoboken, NJ: John Wiley & Sons.

Kaufman, A. S., & Kaufman, N. L. (1984). Factor analysis of the Kaufman Assessment Battery for children. *Journal of Educational Psychology*, *76*, 623-637.

Burns, R. C., & Kaufman, S. H. (1970). *Kinetic Family Drawings(K-F-D): An introduction to understanding children through kinetic drawing*. New York: Brunner & Mazel.

Burns, R. C., & Kaufman, S. H. (1972). *Actions styles, and symbols in Kinetic Family Drawing(K-F-D): An interpretation manual*. New York: Brunner & Mazel.

Wechsler, D. (2003). *Manual for the Wechsler Intelligence Scale for Children(WISC-IV)* (4th ed.). San Antonio, TX: The Psychological Corporation.

11장

심리평가 보고서

심리평가 보고서는 평가의 마지막 결실이다. 보고서는 평가 자료들을 하나의 실용적인 전체로 통합하고, 이를 토대로 수검자의 문제를 해결하고 결정을 내리고자 하는 임상가의 노력을 대변한다. 더불어 이를 통해 수검자의 문제를 해결하고 그들이 결정을 내릴 수 있도록 돕는다. 최고의 검사라고 할지라도 그로부터 얻은 자료가 적절하고 명확하며 의뢰 정보와 수검자의 필요에 맞는 방식으로 해석되지 않는다면 의미가 없다. 임상가는 이 필요를 충족시키기 위해 검사 결과만을 제공하는 것이 아니라, 문제 해결을 돕고 의사결정을 내릴 수 있으며 의뢰 질문에 답할 수 있는 유용한 결론을 도출하는 방식으로 수검자의 자료와 소통해야 한다.

평가를 기술하는 방식에는 여러 가지가 있다. 보고서를 제시하는 방식은 기본적으로 보고서가 작성된 목적에 따라 달라지며, 임상가의 개인 유형 및 지향에 따라 다른 모습을 보인다. 이 장에서 제안하는 형식은 단지 일반적이고 전통적인 지침을 따르는 개요의 한 가지일 뿐이다. 이는 의뢰 질문, 행동 관찰, 관련된 개인사, 해석, 제언과 같은 필수적인 영역들을 정교화하는 방법을 포함한다. 이 형식은 특히 문제 지향적이고 변화를 위한 구체적인 평가에 적합하다. 보고서를 조직하기 위해 선택할 수 있는 대안으로는 편지 형식을 사용하는 것, 요약과 제언만을 제공하는 것, 구체적인 어려움에 초점을 맞추어 쓰는 것, 각 검사의 결과를 요약하는 것, 수검자에게 직접 쓰는 것, 특정 성격이론에 근거한 글을 내담자에게 제공하는 것이다. 이러한 다양한 양식은 제시된 양식과는 다르지만, 그럼에도 일반적으로 이 장에서 언급된 필수적인 내용은 포함한다.

심리평가 보고서는 의뢰인이 개괄적으로 서술한 특정한 문제에 초점을 맞춘다. 이것은 과도하게 이론이나 검사 결과에 따르는 관습적 보고서가 아니며 수검자만의 독특한 측면을 드러내고 구체적이고도 정확한 묘사를 제공할 수 있게 한다. 게다가 치료에 대한 제언은 명확하면서도 실제적이다. 심리평가 보고서의 접근 방식은 보고서의 목적이 '무엇'을 알리는 데 있기보다 보고서의 목적에 있어서 '왜' 다른 유형의 정보들이 중요한지를 설명해 준다.

심리평가 보고서의 제작은 몇 가지 기본 원리를 이해하고 적용하는 것을 포함한다.

첫째, 보고서는 검사 자료의 이질적인 부분들을 나열하는 것이 아니라 통합적이어야 한다. 다르게 말하면, 임상가는 한 사람을 묘사하고 설명해야지 검사 자료만 보고하는 식이 돼서는 안 된다.

둘째, 심리평가 보고서의 제언은 수검자의 독특한 환경에서 수검자가 구체적으로 무엇을 할 수 있는지와 직접적인 관련이 있어야 한다. 제언들은 직업적인 선택, 심리치료, 기관의 프로그램, 추가적인 평가 여부와 같은 영역에 적용할 수 있어야 한다. 그러나 특정 의뢰 사유의 경우, 특히 수검자가 심리치료를 위해 직접 심리검사를 의뢰한 사례라면 스스로 자기통찰 수준을 높일 수 있도록 돕는 것이 보고서의 중요한 목표라 하겠다. 이 경우, 범위가 좁거나 문제 초점적인 접근보다는 다양한 주제를 포함한 수검자에 대한 광범위한 기술이 더 적절할 것이다. 더불어 수검자가 어떤 지점에서 다른 사람들과 구분되는지에 초점을 두어야만 한다. 이런 구분이 의미하는 바는 수검자에 대해서 무엇이 평균 수준인지 언급하는 대신에 그의 독특하고 두드러지는 점을 강조하는 것이다.

심리평가 보고서는 진단과 병인을 덜 강조하는 경향이 있다. 그보다는 구체적인 행동과 관련이 있는 개인의 현재 상태를 기술하는 데 초점을 둔다. 물론 의료 현장과 같은 상황에서는 임상가가 행동상의 기술에 덧붙여 여전히 진단 정보를 제공할 필요가 있다. 심리평가 보고서를 쓸 때의 또 다른 고려사항은 읽는 사람의 관점을 인식한 상태에서 작성해야 한다는 것이다. 읽는 사람의 관점을 인식한다는 것은 전문 지식에 대한 그들의 수준, 학문적 혹은 직업적 출신, 그들이 직면하고 있는 결정들, 평가 결과를 보고 그들이 내릴 수 있는 해석을 고려한다는 것이다.

마지막 주안점은 수검자가 겪고 있는 문제의 유형과 분야에 대한 지식을 임상가가 알고 있으면 보고서의 질과 유용성이 강화된다는 것이다. 이러한 지식은 해석의 깊이를 증진시키고, 관련된 영역을 모두 다룰 수 있도록 하며, 문제 영역에 대한 전반적인 안내도를 제공한다. 또한 문제 영역에 대한 배경 지식은 개입의 효과성을 높일 수 있고, 개입의 범위와 관련된 정보를 제시해 준다. 예를 들어, 우울에 관한 지식은 우울의 원인에 대한 임상가의 인식, 우울이 표현되는 다양한 방법, 여러 개입 방법, 자살 가능성을 위해서 추가적인 평가가 언제 수행되어야 하는지를 알려 준다.

1. 심리평가 보고서의 일반 사항

1) 심리평가 보고서의 길이

일반적인 심리평가 보고서의 길이는 3~4페이지 정도에서 길게는 6~7페이지에 달하기도 한다(Groth-Marnat & Horvath, 2006). 그러나 의뢰처의 기대치나 맥락, 보고서의 목적에 따라 길이는 상당히 다양할 수 있다. 의료 상황에서 두 장 분량의 보고서도 많이 사용된다. 이것은 의사들이 사용하는 보고서 형식과 유사하다. 대조적으로 법적 사항에 대해서는 좀 더 많은 분량의 보고서를 쓰곤 하는데, 이는 광범위한 의뢰 질문 또는 자세한 의뢰 사유에 대한 구체적이고 자세한 내용을 검사 보고서 안에 담아야 하고 증빙해야 하기 때문이다. 임상가는 수검자를 평가하는 과정에서 현재의 주요 문제나 정신병리에 관해 평가할 뿐 아니라 향후의 예후 등에 관해서도 자료에 근거하여 언급하고, 요약과 제언을 마지막으로 첨부하는 것이 보편적이다. 미국의 경우 심리평가 보고서와 관련하여 가장 빈번히 제기되는 불만은 길이가 너무 길다는 지적인데(Brenner, 2003), 중요한 것은 보고서 길이보다는 의뢰한 전문가가 평가를 통해 알고자 하는 사항들을 자세히 다루는 일일 것이다.

2) 심리평가 보고서 양식

보고서의 양식 혹은 형식은 주로 심리학자가 일하는 수련기관이나 슈퍼바이저의 영향을 받게 된다. 심리학자는 일반적 · 임상적 · 과학적 · 직업적(Ownby, 1997; Tallent, 1992, 1993)인 네 가지 일반적인 보고서 작성 접근법 중 선택할 수 있다. 개별 양식은 저마다 독특한 강점을 갖고 있으며 몇 가지 책임을 수반한다. 일반적 보고서의 경우, 일상 언어를 주로 사용하며 풍부한 해석적 견지를 강조하기도 하여 보고서를 읽는 이들이 어렵지 않게 평가 내용을 서술하고 풍부한 설명을 제공한다는 점이 특징이다. 이 경우 때로는 개인의 특징에 대해 과장할 가능성이 높고 정확치 않거나 모호하다는 단점이 있다.

임상적 접근은 한 사람의 병리적인 측면에 초점을 맞추는 것이다. 이것은 수검자의 부적응과 관련이 있는 역동, 방어기제, 비정상적 특징, 스트레스에 대한 전형적인 반응을 기술한다. 임상적 접근의 강점은 변화가 필요한 영역에 대한 정보를 제공하고 치료 과정에서 발생 가능한 어려움을 잠재적 치료자에게 알려 준다는 점이다. 그러나 이런 보고서는 한쪽 측면에 주의를 기울이다가 개인에 대한 중요한 강점들을 누락시킬 수 있다. 결과는 한 사람보다 한 '환자'에 대한 기술이 주를 이룬다. 이러한 편향은 임상심리학에서 빈번히 일어나는 문제로서 수검자에 대해 비현실적이고 왜곡된 시각을 갖게 한다. 임상적 보고서들은 대부분 개인의 문제 영역에 대해 기술해야 하지만, 그럼에도 그 문제 영역은 수검자의 장점 및 자원과 관련 있는 맥락에서 적절히 강조되어야 할 것이다.

과학적 접근은 보통 개인의 특이하고 드문 성격구조가 타인과 구분되는 점에 관해 자세히 언급하고 이에 대한 관점을 기술하는 방식이다. 따라서 수검자의 인지, 지각, 동기적 영역들을 관련지어 보기보다는 각각 따로 기술하게 된다. 하지만 이러한 기술이 객관적이고 사실적이라 할지라도, 개인의 특성이 각 부분으로 분석되었을 뿐 이를 어떻게 통합하여 이해할 것인가에 대한 설명은 부족하다는 비판도 있다. 이러한 점에서 어떤 이들은 과학적 평가의 접근이 전체로서의 개인을 이해하는 데 있어 제한적이라 보아 과학적 평가를 강조하지 않는다. 순수하게 검사 자료에만 의거한 평가는 심리평가를 임상가의 전문가적 상담이 아닌 단순 실험 결과와 같이 바라보는 시선을 강화한다는 점에서, 잠재적으로 임상가의 전문성에 위해를 가할 수 있다. 게다가 사실에 기반을 둔 자료에만 초점을 맞추는 것은 수검자와 의뢰자가 당면한 실제적인 의사결정과 동떨어져 있을 수 있다. 과학적 접근은 규준과의 비교를 강조하고, 학술적인 경향을 띠고, 수검자의 병리의 특성에 대해서는 다른 입장에 비해 덜 언급한다. 과학적 접근은 개념, 이론 그리고 정보에 대한 언급 방식에 있어서 검사 결과를 객관적이고 사실에 입각한 시선으로 기술하는 것이다. 그렇기 때문에 이 보고서에는 검사 자료, 규준과의 비교, 확률 증명 그리고 결정을 내리기 위한 기준점에 대한 언급이 많을 가능성이 높다.

실제 상황에서, 일반적 · 임상적 · 과학적 보고서의 각각의 예를 찾기가 쉽지 않은 이유는 심리학자 대부분은 세 가지 접근을 모두 사용하면서 주로 한 가지 접근을 강조하기 때문이다. 효과적인 보고서 작성의 중요한 요소는 각 보고서 양식의 한계점과 강점을 잘 파악하여 이를 활용할 줄 아는 유연성을 유지하는 것이다. 너무 한 가지 특정 양식만을 따라 쓰는 경우는 전문적인 보고서로서 비판받을 여지가 많다.

Ownby(1997)는 보고서 작성에 있어 가장 중요한 양식은 전문적 양식(professional style)이라 하였고, 이 보고서 양식은 정확한 의미를 담아 표현하는 것과 간명하고 짧은 단어들로 기술하는 방식이 특징이다. 문법적 면에서는 다양한 문장 구조를 사용하도록 하며, 읽는 사람이 흥미를 유지할 정도의 길이여야 한다. 문단은 짧아야 하고, 한 개념에 집중하여 기술하고 유사한 보고서 내용은 반드시 가까이에 배치하여 이해하기 용이하도록 하여야 한다. Hollis와 Donna(1979)는 보고서 작성자들이 짧은 단어, 짧은 문장, 짧은 문단을 사용해야 한다고 권고한 반면, 『The Publication Manual of the American Psychological Association(5th ed.)』(2001)에서 문장과 문단의 길이를 다양하게 할 것을 제안하였다.

종합하자면, 심리평가 결과 보고서는 정확성, 명료성, 통합성, 가독성을 함께 갖고 있는 보고서여야 한다.

3) 검사 해석의 제시

보고서는 구체적인 의뢰 질문에 기반하여 정보를 조직해야 한다. 보고서가 될 결과는 매우 초점이 맞춰져 있어야 하고, 잘 통합되어야 하며, 어떤 관련 없는 자료도 피해야 한다. 예를 들어, 만약 의뢰 내용이 X라는 사람의 뇌 외상 여부를 묻는다면, 검사 자료에 의거한 결과 해석은 이 가설이 지지되는지 아닌지를 답하는 것에 초점을 두어야 한다.

해석은 대처 양식, 기억, 성격, 대인관계와 같은 구체적인 영역을 중심으로 조직되어야 한다. 이러한 접근은 포괄적이며, 수검자의 강점과 약점을 잘 나타내고, 읽는 사람으로 하여금 한 사람에 대한 전체적인 인상을 잘 형성할 수 있도록 돕는다. 의뢰 질문에 대한 답을 제공해야 하지만, 관련된 특정 영역들을 중심으로 답한다. 보고서를 읽는 사람은 검사 점수보다 실제적 기능 영역과 관련되어 작성된 통합적 보고서를 더 잘 이해하며 선호하는 경향을 보인다. 그러나 보고서에 너무 많은 정보를 제공할 경우 읽는 사람에게 과부하를 일으킬 수 있다.

몇몇 보고서는 결과를 검사별로 한 번씩 제시한다(WAIS-IV, Bender, MMPI-2 등). 이 접근은 자료의 요소를 명료화하고 읽는 사람으로 하여금 임상가가 제시한 추론을 보다 명확하게 이해할 수 있도록 돕는다. 더불어 이는 임상가가 비교적 쉽게 결과를 조직할 수 있도록 허용한다. 그러나 검사를 각각 강조하는 것은 읽는 사람을 산만하게 할 수 있으며, 수검자를 한 개인에서 단순한 검사 수치들로 축소시킬 수 있다. 보고서를 읽는 사람은 자신의 이론적이고 학제적인 배경 지식과 관계없이, 이러한 양식의 보고서 글을 잘 이해하지 못한다(Mendoza, 2001; Tallent, 1992, 1993). 또한 검사별로 결과를 제시하는 방식은 자료 통합의 실패를 반영하는 것일 수 있다. 검사마다 다른 점수로 인해 결과가 모순될 때가 많기 때문에 검사별 결과 제시 형식은 특별히 문제가 될 수 있다. 흔히 해석 매뉴얼이나 컴퓨터 해석에 작성되어 있는 모든 가능한 해석 중 절반만이 특정 수검자에게 실질적으로 적용된다. 이 중 어떤 것이 개인에게 적용되는지, 그렇지 않은지를 판단하는 것은 임상가의 결정에 달려 있다. 종종 이러한 접근 방식을 사용하는 보고서 작성자는 "비슷한 검사 프로파일을 공유하는 다른 사람들은 다음의 자질을 가지고 있다."와 같은 문구를 사용함으로써 해석 시 발생할 수 있는 미연의 실수를 방지한다. 그러나 의뢰자는 불특정 타인이 아니라 구체적 맥락에 살고 있는 이 수검자에 관심이 있다. 검사별 해석 방식은 임상가가 관련 있는 역동들을 개념화하지 못했으며 검사에 관련된 영역들에 대해 이해가 부족함을 시사한다(Mendoza, 2001;

Wolber & Carne, 1993). 이는 임상가를 의뢰 질문들에 답하기 위해 정보의 복합적인 요소들을 사용하고, 인간이 직면하고 있는 문제를 해결할 수 있도록 돕는 존재에서 단순히 검사 결과를 실시 · 관리하는 기술인으로 만든다. 기존 문헌들은 검사 결과별로 기술하는 양식을 만장일치로 반대하며, 통합적 · 심리평가적 · 문제해결적 양식을 강력하게 권고하고 있다.

(1) 주제

임상가들이 그들의 보고서에서 논하고자 하는 언급을 결정할 수 있는 영역과 주제 범위는 매우 넓고 다양하다. 이 주제들은 개념적 틀이 되는데, 보고서 작성자들에게 그들이 전달하려고 하는 정보의 방향성과 형식을 제공한다. 가장 일반적인 세 가지 주제는 인지적 기능, 정서적 특징, 대인관계와 관련이 있다. 많은 심리평가 보고서가 이 세 가지 영역에 의거하여 적절히 조직되어 있다. 추가적인 주제로는 개인적 강점, 직업적 적성, 자살 가능성, 방어기제, 갈등 영역, 스트레스 상황에서의 행동, 충동성, 성적 취향이 있다. 보통 적절한 심리평가 보고서는 이 주제 중 몇 가지를 기술함으로써 작성될 수 있다. 예를 들어, 매우 초점 중심적인 보고서는 눈에 띄는 기능 영역들 한두 가지를 정교화하는 반면, 보다 일반적인 평가는 7~8가지의 관련 주제를 언급하곤 한다. 〈표 11-1〉은 평가에 포함하기로 고려된 대표적인 주제 목록이다. 이 목록은 결코 완벽하지 않으나, 보고서 작성자에게 선택 가능한 넓은 주제 범위를 일반적인 지침으로 제공한다는 것에 의의가 있다.

심리평가의 일반적인 목적은 의뢰 질문에 답하고 수검자의 욕구를 충족시키는 정보를 제공하는 것이다. 이러한 맥락에서 임상가는 과다 정보 제공과 과소 정보 제공 간에, 너무 냉담한 것과 너무 극적인 것 간에 균형을 잡아야 한다. 일반적으로 개별 역할로서, 정보는 오직 수검자의 이해를 증진시키고 의뢰 질문에 답을 제공할 때에만 보고서에 포함되어야 한다. 예를 들어, 수검자의 외모에 대한 기술은 수검자의 불안과 저항 수준과 같은 영역에 지향점을 두어야 한다. 수검자는 과제에의 접근을 망설이는 것으로 묘사될 수 있고, "왜 내가 이 모든 검사를 해야만 하죠?"와 같은 말로 기술될 수도 있다. 만약 그 사람이 기이한 옷을 입었고, 머리가 헝클어져 있거나 보라색으로 염색되어 있다면, 이 정보는 꽤 중요한 것으로 고려되어야 한다.

〈표 11-1〉 사례 발표를 개념화하기 위한 일반적인 주제 예시

성취, 교육	추동, 역동	행동의 개인적 결과
정동	정서 조절	취업 가능성
공격성	정서적 기능	문제 복잡성
반사회적 경향	고착	정신병리
불안	융통성	재활 욕구
적성	좌절	재활 가능성
태도, 사고방식	기능적 손상	저항
혐오	목표	정조
인식, 의식	적대감	성
행동상의 문제	정체성	성 정체성
생물학적 위험성 인자	지적 통제	성 역할
인지적 기능	지적 수준	의미 있는 타인
인지적 기술	흥미, 관심	상황적 요인
인지적 양식	대인 관계	행동의 사회적 결과
역량, 능력	대인 기술	사회적 역할
갈등, 충돌	비합리적 인지	사회 구조
의식 수준(내용)	생활양식	사회적 지지
대처 양식	기분	특별 자산
방어 기제	욕구	강점
결손	견해, 시야	주관적 감정 상태
발달적 요인	환경에 대한 지각	자기 지각
진단적 고려사항		

보고서에 무엇을 포함시킬지를 결정하기 위한 기본적 지침은 의뢰 상황의 욕구, 읽는 사람의 배경 지식, 검사의 목적, 상대적인 정보의 유용성, 정보가 개인의 독특한 성격적 특성을 기술하는지 여부와 관련이 있다. 이렇게 일반적인 지침을 고려한 뒤, 다음 단계는 검사로부터 파생된 정보에 초점을 맞추고 이를 조직하는 것이다. 예를 들어, 만약 보고서의 목적이 성격적 측면을 전반적으로 검토하는 데 있다면 임상가는 어떤 정보가 이것을 제공할 수 있는지 결정하기 위해 개별 검사를 살펴봐야 할 것이다.

추가적인 일반 규칙은 정보의 초점을 수검자의 독특한 심리적 기능 방식에 맞추는

것이다. 보고서를 읽는 사람은 수검자가 평균과 얼마나 비슷한지에 주의를 두기보다, 수검자가 어떻게 다른 사람과 구별되는지를 고려하게 된다. 심리평가 보고서에 있어 일반적으로 행해지는 오류는 다수의 사람들에게 적용 가능하며, 지나치게 모호한 일반화된 진술문을 포함하는 것이다. 이 모호하며 일반화된 진술문들은 이러한 근거가 뚜렷하지 않음에도 불구하고 한 개인에게 적용됨으로써 무조건 받아들여지기도 하는데, 예를 든다면 다음과 같은 보편적이고 정형화된 성격 진술문들이 여기에 속한다.

- 수검자는 자기비판적인 경향이 있다.
- 수검자는 장점을 아직 다 발휘하지 못하고 있으며, 숨은 잠재력을 많이 지니고 있다.
- 가끔 적절한 결정을 내렸음에도 지나치게 의심에 빠지곤 한다.

이런 진술문들은 개인의 핵심적인 특성을 강조하기 위함이라면 지양되어야 마땅하다.

검사 자료와 결론, 제언에 대한 윤곽이 잡히면, 그다음 단계로 이것들을 제시할 방법을 결정해야 한다. 명확한 의사소통과 관련하여 결과의 강조 정도, 보고서의 유형, 전문 용어의 적절한 사용, 언급될 원자료의 규모를 결정해야 한다.

(2) 강조, 주안점

결론에의 적절한 강조에는 주의 깊은 고려가 필요하며, 수검자의 상대적인 행동 강도와 관련된 기술은 특히 주의를 요한다. 일반적인 요약은 "수검자의 우울 수준이 입원 환자의 특징을 나타내고 있다."와 같이 제공될 수 있으며, 또는 수검자의 장애에 특정 양상의 상대적 강도가 구체적으로 언급될 수도 있다. 우울과 관련된 예시를 계속 들자면, 임상가는 수검자의 인지적 자기비판, 둔화된 행동의 정도, 사회적 지지의 범위, 사회적 기술의 수준, 자살 가능성에 대해 논할 수 있다. 수검자의 병리와 약점에 대해 언급하고 적절한 강조점을 둠과 동시에 심리적 강점도 이야기할 필요가 있다. 더불어, 보고서는 어떤 면에서든 평가의 목적과 관련이 없는 영역을 언급해선 안 된다. 적절한 영역을 강조하기 위해서 의뢰자와 임상가는 평가의 목적을 명료화하고, 이에

서로 동의해야 한다. 이 과정이 선행된 이후에야 깊이 있게 정교화할 영역, 짧게 언급할 영역 혹은 삭제할 영역을 임상가가 결정할 수 있다.

임상가는 결론을 제시할 때 결론에 대한 확실성의 정도를 함께 제공해야 한다. 이것이 객관적인 사실에 근거한 구체적인 결론인지, 혹은 단순히 임상가의 추측을 제시한 것인지를 명시해야 한다. 예를 들어, "John의 지능은 평균 하 범위에 속해 있다."라는 진술문은 객관적인 사실이다. 그러나 이러한 경우에도, 임상가는 가능한 점수의 범위 추정치를 제공하기 위해 측정의 표준오차를 제공할 수 있다. 만약 뒷받침하는 정보가 적거나 임상가의 추측을 제시하는 경우라면, "이것은 ~같다." "~한 경향을 띤다." "아마도 ~일 것이다."와 같은 구문을 사용해야만 한다. 이것은 임상가가 한 개인의 행동을 추측하는 시도를 할 때 특히 중요한데, 예견된 행동은 아직 관찰되지 않았기 때문이다. 임상가의 추측이 검사 결과를 그대로 제시한 것이 아니라 검사 자료를 바탕으로 하여 만들어진 함의라는 것을 명시하는 것이 좋다. 이 과정에서 수검자가 수행한 것과 수검자가 할 수 있다고 예상되는 것 간의 분명한 구분이 필요하다. 만약 보고서에 추측을 기술했다면, 그 문장의 신뢰도가 낮은 수준에서 중간 수준이라는 것을 분명히 명시해야 한다. 보고서에 쓰이는 추측은 모두 의뢰 질문과 관련이 있어야만 한다.

임상가가 부정확한 해석을 하여 부적절한 영역을 강조했을 때, 이러한 잘못된 해석은 읽는 사람에게 그대로 전수된다. 임상가의 개인적 편견이 자료를 선택적으로 지각하게 할 때 종종 부정확한 결론을 도출하게 된다. 임상가의 초점의 폭이 너무 좁을 때 잠재적으로 관련 있는 자료를 간과할 수 있다. 개인적 편견은 제한된 이론적 배경, 수검자에 관한 주관적이고 부정확한 감정, 병리를 과하게 강조하는 것과 같은 요소들의 결과일 수 있다. 또한 의뢰자를 만족시키려는 시도, 또는 불충분한 자료에 기반한 해석으로 인해 부정확한 결론을 도출하게 될 수 있다. 보고서가 일반적으로 과잉 추측에 근거하고 있거나 추측을 추측으로서 명시하지 않고 마치 확신처럼 기술한 경우 읽는 사람이 결론을 오해석할 여지가 있다. 과도하게 단언적인 추측은 읽는 사람이 오직 부정확한 결론을 발전시키도록 이끌 뿐만 아니라 보고서를 과하게 위압적이고 독단적으로 만들 수 있으며, 이는 읽는 사람의 심기를 불편하게 하며 회의적으로 만들 수 있다.

수검자의 행동에 대해 부정확하고 오해의 소지를 두어 강조하는 애매모호한 문장 역시 잘못된 해석을 이끌 수 있다. "수검자는 사회적 기술이 부족하다."와 같은 진술문은 엄밀히 따지면 부정확하다. 왜냐하면 불충분하다 할지라도 수검자는 반드시 몇 가지 사회적 기술을 보유하고 있을 것이기 때문이다. 보다 정확한 묘사는 수검자의 사회적 기술을 "빈약하게 발달한" 또는 "평균 이하의"와 같은 진술로 표현하는 것이다. 이와 마찬가지로 "수검자는 사회적으로 부적절한 행동을 한다."와 같은 진술문은 수많은 주관적 해석을 양산할 수 있다. 이것은 보다 행동 지향적인 기술을 포함하여, "빈번하게 방해한다." 또는 "관련 없는 주제를 종종 쫓아간다."와 같은 구문으로 바꿀 수 있다.

결과를 강조하기 위한 하나의 기술로 가장 적절한 부분을 볼드체와 이탤릭체로 표기하는 것이 있다. 예를 들어, 식별된 주요 증상들, 가장 중요한 발견들, 핵심 제언 사항들은 모두 볼드체로 표기할 수 있다. 이는 보고서를 읽는 사람으로 하여금 가장 핵심적인 특징들을 보다 쉽게 흡수하도록 돕는다. 더불어 보고서를 읽는 사람은 주어진 핵심 요소들 사이를 빠르게 이동할 수 있다. 그러나 이 기술은 적절히 사용하지 않으면 안 되는데, 그 이유는 지나친 볼드체 인쇄에 읽는 사람이 쉽게 지쳐 버릴 수 있기 때문이다. 전체 문단 혹은 문장을 볼드체로 표기하는 대신에, 오직 핵심 구문만을 강조하는 방식이 적절하다.

강조의 영역, 규모 및 방법은 보고서의 결론을 마무리하는 데 있어 매우 중요하다. 그러나 보고서의 결론에 대한 책임은 임상가에게 달려 있다. 이 책임은 절대 검사 결과에 이전될 수 없으며, 이전되어서도 안 된다. 이에 대해 추가로 살펴보면, 한 개인에 대한 결정은 검사들로 내려져서는 안 되는데, 검사 결과로만 내리는 결정은 특정한 맥락에서는 타당성에 의문이 제기될 수도 있기 때문이다. 다시 말하면, 인간과 관련된 결론 및 결정은 항상 책임감 있는 사람의 손에 맡겨져야 한다. 따라서 검사 결과를 강조하는 양식은 반드시 이를 반영해야 한다. "검사 결과가 나타내는 바는"과 같은 구문은 임상가가 검사 결과에 해당하는 수검자의 진술에 대한 책임을 검사에 이전하고 그 뒤에 숨으려 하는 인상을 줄 수 있다. 검사 결과는 책임의 소재가 아닐 뿐더러, 이는 읽는 사람으로 하여금 임상가가 자신감이 부족하다고 느끼게 만든다. 만약 임상가가 특정 영역에 있어서 확신이 부족하다고 느낀다면, 이 불확실성을 명료하게 하거나 보고서에서 이 결과를 제거해야 한다.

(3) 원자료 사용

인상과 해석 부문을 기술할 때, 보고서 작성자는 일반적으로 원자료만 너무 고수하는 것을 지양해야 한다. 그러나 특정 목적을 위해 원자료를 포함하거나 검사 자체를 기술하는 것은 유용할 수 있다. 검사에 대해 설명하는 것은 수련받지 않은 사람들이 단순히 최종적인 추론들뿐만 아니라 수검자가 한 구체적인 행동들을 알 수 있게 해 준다. 보고서를 받는 이들은 행동에 대한 언급들이 포함되는 것을 꽤 호의적으로 평가한다(Finn et al., 2001). 예를 들어, 보고서는 "A는 이전에 5분 동안 작업한 아홉 가지 기하학적 도형 중 다섯 가지를 정확하게 재현하고 회상하였다. 이 결과에서 알 수 있듯이, 그는 시각적 단기기억 정보를 회상하는 수준이 평균을 유지하고 있다."와 같은 기술을 포함할 수 있다. 이 문장은 "A는 Bender 기억 검사에서 평균 수준의 회상을 유지하고 있음이 측정되었다."보다 행동에 관해 더 언급하고 있다. 또 다른 예시로는, 주제통각검사(TAT)의 이야기 부문을 포함하는 기술이 있다(예: "그래서 그는 곧 바이올린을 집어 들었고, 이에 대해 생각조차 하지 않은 채로, 바이올린을 불 속에 던지고 달아나버렸다."). 이런 기술, 그리고 이것과 유사한 전략들은 읽는 사람에게 대상의 능력과 성격에 대한 친근하고도 정밀하며, 보다 깊이 있는 참조사항들을 제공한다. 그러나 실제 검사 항목들은 검사의 보안 제약과 저작권을 위하여 보고서에 포함시켜서는 안 될 것이다.

원자료와 행동적 기술을 제공하는 목적은 주제에 대한 이해를 돕고 이를 더 풍부하게 하기 위함이지, 임상가의 논리적 흐름을 따라가거나 도출된 함의를 뒷받침하기 위함이 아님을 강조하는 것이 중요하다. 추론을 발전시키는 과정에서 임상가는 넓은 범위에서 다양한 자료를 끌어와야 한다. 임상적 결론을 도출하기 위해 사용한 모든 형태, 배열, 관계를 전부 논할 수는 없다. 이는 과도하게 세부적이고 복잡하며 불완전한 결과를 낳을 것이다. "MMPI의 4번과 9번 척도의 상승된 패턴을 고려하여"와 같은 진술문은 불필요하며, 보고서의 전반적인 유용성에 거의 기여하는 바가 없다. 법적인 목적과 같은 용도로 사용되는 특정 유형의 보고서는 몇 가지 원자료를 포함하는 것이 보다 유용할 수 있다. 이는 임상가의 생각을 지나치게 반복하기 위함이 아니라 자료에 기반한 추론이 근거가 있음을 입증하고, 결과를 논하기 위해 요점을 제공하고, 어떤 평가 절차가 어떻게 진행되었는지 제시하기 위한 것이다.

(4) 전문 용어 사용

심리평가 보고서에서 전문적·비전문적 언어 사용의 결정에 있어 몇 가지 논쟁이 있어 왔다. 전문 용어는 경제적이고 정확하며, 글쓴이에 대한 신뢰를 증가시키고, 일상적인 언어로는 전달이 불가능한 개념들을 의사소통에 사용할 수 있게 한다. 그러나 전문 용어를 사용함으로써 맞닥뜨릴 가능성이 있는 어려움이 상당 부문 존재한다. 가장 빈번한 문제는 보고서를 읽는 사람의 교양 수준과 배경 지식이 다양하다는 것이다. 보고서를 읽는 사람은 교사, 관리자, 판사, 변호사, 정신과 의사, 비정신과 의사, 사회복지사 등이다. 수검자가 자기 자신의 보고서를 열람하고 읽는 경우도 증가하고 있다(Harvey, 1997, 2006). 따라서 대부분은 아닐지라도 보고서 수요자의 대부분은 기술적인 전문 용어를 정확히 해석하기 위한 필수 배경 지식을 보유하고 있지 않다. 심지어 서로 다른 이론적 신념을 가진 심리학자들은 몇 가지 용어를 흔히 잘못 해석하기 쉽다. 예를 들어, Freud, Jung 그리고 Erikson은 '자아(ego)'를 저마다 다르게 사용하였다. 또한 '불안(anxiety)'이라는 용어도 사용에 있어 몇 가지 구별된 범주를 갖고 있다. 전문 용어가 정확하다는 데에는 의심할 바가 없으나, 이 정확성은 오직 특정 맥락에서만 유용할 수 있으며, 읽는 사람이 적절한 배경 지식을 갖고 있을 때 의미가 있다. 일반적으로 보고서는 기술된 자료들이 기본적인 언어로, 명확하게 제시될 때 보다 효과적이라는 평가를 받는다. 심지어 전문 용어를 이해할 수 있는 적절한 배경 지식을 보유한 사람들 사이에서도, 상당수가 간단한 제안을 훨씬 더 선호한다. 전문 용어는 또한 현상에 이름을 붙임으로써 실제적인 사례보다는 공상에 지나지 않는 이해를 만들고, 명목론의 위험에 빠질 수 있다. '미숙한'과 같은 단어들은 너무 전반적이어서 많은 특징을 포함하고 있으며, 개인이 부적응적인 행동을 보일 때 구체적으로 어떤 모습을 보이는지 명확하게 표현하지 못하며 매우 애매모호하다. 더불어 전문 용어들은 자주 부적절하게 사용되곤 한다. 가령, 대인관계에서 민감하고 주의 깊고 성실하며 세부 사항을 다루는 데 효율적인 사람을 묘사하는 데 강박적이라는 단어가 사용될 수도 있다. 또 이 사람에게 편집적이라는 꼬리표를 붙일 수도 있다. 단순히 조심스럽고 대인관계에 있어 과민하고 주의 깊은 한 개인이 편집적이며 강박적이라고 언급되는 것은 어떤 사람이 매우 세심하고 양심적이며, 성실하고, 세부 사항을 효과적으로 다룰 줄 안다고 기술되는 것으로 대체될 수 있다.

Klopfer(1960)는 개인을 기술하는 전문 용어 대신에 이를 풀어서 일반적인 언어를 사용하도록 권장하였다. 가장 중요한 이유는 임상가가 쓴 보고서를 읽는 이들이 전문가일 수도, 비전문가일 수도 있으므로 여러 독자와 소통하고 그들에게 영향을 미치기 위해서다. 일반 언어는 개인의 독특성을 보다 구체적이고 세부적으로 기술할 수 있는 반면, 전문 용어는 너무 광범위하게 언급하는 경향을 띤다. '가학피학성 변태 성욕'과 '적대적인'과 같은 용어는 개인이 공격적이고 자살 위험성이 있는지 여부에 관한 핵심 정보를 제공하지 못한다. 또한 일반 언어를 사용하는 것은 일반적으로 임상가가 자신이 다루는 정보에 대해 보다 깊이 있는 이해를 하였으며, 정확하고 구체적인 태도로 이해한 바를 가지고 의사소통할 수 있는 능력이 있음을 나타낸다. Klopfer는 글을 읽고 쓸 줄 아는 최소 평균 지능을 가진 개인이라면 누구나 심리평가 보고서에 제시된 기술들을 이해할 수 있어야 한다고 강조하였다. 반대로 심리학자들은 평균의 수검자들과 비교하였을 때, 보다 기술적이고 복잡한 수준의 글쓰기를 하는 것으로 보고되었다(Harvey, 1997, 2006). 다음 예시들 중 먼저 제시된 ①~④는 전문적인 기술적 개념이 어떻게 기본적인 일반 언어로 변환되는지를 제시하고 있다(Klopfer, 1960).

① "아버지 같은 존재를 향한 적대감"은 다음과 같이 의역될 수 있다. "수검자는 권위적인 지위에 있는 사람들에게 큰 두려움과 의심을 갖고 있다. 그는 이들을 향해 자동적으로 공격적인 태도를 보이며, 즉각 보복이 따를 것이라고 확신한다. 그는 이들을 전부 비슷하다고 여김으로써 이들이 자신의 실제 성격을 그에게 입증해 보일 수 있는 기회를 제공하지 않는다."

② "수검자는 광범위하게 투사한다."는 다음과 같이 의역될 수 있다. "수검자는 다른 사람들의 감정에 대한 고려 없이, 그들의 생각과 감정이 그 자신으로부터 비롯되었다고 여기는 경향을 갖고 있다."

③ "수검자가 사용하는 방어기제는"은 "수검자가 불안을 줄이기 위해 특징적으로 적용하는 성격적 방법은"으로 의역될 수 있다.

④ "공감"은 "수검자는 타인의 심정을 깊이 헤아리고 이를 측은히 여길 줄 아는데, 이는 다른 사람의 입장을 헤아리는 것이 그녀에게 상대적으로 쉬운 일이기 때문이다."라고 의역될 수 있다.

⑤ "수검자는 적대적이며 저항적이다."라는 문구는 행동적 기술을 포함하여 다음과 같이 바꿀 수 있다. "수검자는 자신이 놓인 방에 입장하자마자, '아빠가 이곳에 와야 한다고 했고, 그게 내가 여기에 있는 유일한 이유예요.'" 또는 "검사가 시작된 후에 그녀는 '이것은 멍청한 질문이에요.' 와 같은 몇 가지 지적을 하였다."

앞선 예시들과 관련된 일반적인 원리는 높은 수준의 추상적인 용어들을 유용하고 명확한 행동적 기술을 제공하는 기본적인 언어로 옮기는 것이다. 수준 높은 추상적 용어를 일반 언어로 번역하는 것은 유용하면서도 구체적인 행동적 기술을 가능하게 한다.

Ownby(1990, 1997)는 검사 시 관찰된 바와 구체적인 행동의 결론 및 총괄을 함께 제시하기를 권유하였다. 제언은 관련 있는 행동들, 총괄들과 직접 연결되어 있어야 하며, 이는 보고서의 같은 지점 혹은 제언 영역에 기술되어야 한다. 예를 들어, 수검자가 "우울하다"라고 기술하는 대신에, "수검자는 가끔 눈물을 보이고 자기비판적인 행동을 보이는 바, 그가 우울하다고 제안할 수 있겠다."라고 진술할 수 있어야 한다. 총괄과 연결된 명확하고 구체적인 기술들을 연결하는 것은 보고서를 신뢰할 수 있는 설득적인 것으로 지각되도록 만드는 경향이 있다(Ownby, 1990, 1997). 만약 다음의 절차를 잘 따른다면, 기술에 있어 오해석이 줄어들고, 덜 애매모호해질 것이며, 수검자의 독특한 성격적 특성을 더욱 잘 전달할 것이다. 추상적 기술 용어들은 때때로 심리평가 보고서의 중요한 구성요소가 되곤 하나, 이들은 오직 명확히 적절한 경우에만 간간히 사용되어야 한다. 기술적 정보를 포함하는지 제외하는지에 대한 핵심적인 측면은 보고서를 읽을 사람의 배경 지식을 주의 깊게 고려하여 결정되어야 한다. 몇몇 임상가는 수검자를 포함한 보고서의 관련 수용자들에게 공동 작업하기를 제안하는데, 이는 최종 보고서가 해석적이기보다 서술적이 되게 하며, 보고서를 읽는 사람은 심리학자의 '높은' 지혜를 소극적으로 수용하는 입장에 놓이지 않게 된다(Fisher, 1985; Sandy, 1986).

얼마나 많은 정보를 보고서에 포함해야 하는지 합의된 세부 규칙은 존재하지 않는다. 일반적 지침은 얼마나 많은 정보를 그것을 읽는 사람이 현실적으로 소화할 수 있을지, 그 기대되는 양을 고려하는 것이다. 만약 너무 많은 세부 사항이 주어지면, 정보는 모호하고 부실하게 정의되어 유용성과 영향력이 부족해질 것이다. 임상가가 광범위한 검사 자료에서 선택해야 하는 상황에 놓일 때, 그들은 모든 자료를 포함하려고 시도해서는 안 된다. "수검자의 강점은 추상적 추론 능력, 일반적 지식의 축적, 단기기억력, 주의의 폭, 수리적 계산 능력이다."와 같은 진술은 그것을 읽는 사람에게 너무 많은 세부 사항을 전달한다는 점에서 과부하적이다. 임상가는 대신에 각각의 다양한 요점들을 적절히 언급 하며, 보고서의 목적에 가장 적합한 영역에 초점을 맞추어야 한다.

(5) 피드백

심리평가를 처음 시작하던 시기에, 임상가들은 심리평가 결과를 수검자로부터 조심스럽게 은폐하였다. 여기에는 검사 결과가 수검자가 적절히 이해하기에는 지나치게 복잡하며 불가사의하다는 근본적 신념이 있었다. 이와 대조적으로, 요즘 임상가들은 수검자에게 평가 결과에 대한 명확하고 직접적이며, 정확한 피드백을 포함한 평가 결과를 제공한다.

수검자에게 피드백을 제공하는 방향으로의 변화는 여러 요소에 의해 동기화되었다.

첫째, 다양한 유형의 정보에 대한 권리를 포함하는 소비자 권리의 신장이 법률에 의해 지지되어 왔다.

둘째, 수검자가 몇 시간 동안 평가의 대상이 된 후 검사 결과를 고려한 피드백을 받지 못한다면, 이는 권리를 침해받은 것으로 인식될 수 있다. 어떤 수검자라도 개인적인 정보를 담은 보고서가 회람되거나, 자신의 미래를 결정하는 힘을 지닌 사람이 이를 사용했다는 것을 알게 되었을 때, 쉽게 불쾌한 기분을 느낄 것이다. 이러한 관행은 당연하게도 대중으로부터 검사 결과에 대한 의혹과 회의를 양산시켰다.

셋째, 임상가는 의뢰인이 수검자에게 피드백을 제공해 줄 것이라고 완전히 가정할 수 없다. 의뢰인이 수검자에게 피드백을 제공하더라도, 이 정보들이 적절한 방식으로 전달될 수 있을 것이라는 보장도 없다. 따라서 피드백 제공의 책임은 전적으로 임상가에게 달려 있다. 최근에는 수검자에게 검사 피드백을 제공함으로써 심리치료적 효과가 확연히 증진된다는 증거가 늘어나고 있다.

피드백을 제공하는 임상가가 수검자에게 실질적으로 보고서의 모든 부분을 읽게 해 줄 것인지, 혹은 부분만을 허락할 것인지의 범위는 상황에 따라 다양하다. 수검자가 실질적으로 보고서를 다 읽게 하는 것의 이유는 이 방법을 통해 수검자가 평가의 결과를 직접적인 방식으로 경험할 수 있기 때문이다. 이를 판단하기 위한 합리적인 방법으로는 수검자가 직접 평가의 수행을 경험하게 하는 것이다. 이는 또한 임상가가 불분명한 부분을 설명할 수 있도록 한다. 그러나 수검자는 보고서의 다양한 영역을 잘못 해석할 수 있다. 특히 IQ 점수와 진단적 제언을 잘못 해석할 위험이 높다. 그래서 대부분의 임상가는 보고서의 특정 영역들을 정교화하며 다른 말로 바꿔 기술한다. 이 방법은 수검자가 가장 중요한 자료를 즉시 이해하고, 지나치게 많은 내용에 과부화되지 않도록 돕는다.

효과적인 피드백 제공의 몇 가지 지침은 다음과 같다.

첫째, 합리적 평가를 위해서 평가의 이유를 처음부터 잘 명시해야 하며, 평가의 이유를 잘못 이해한 경우 바로잡아야 한다. 발생할 수 있는 한 가지 오해로, 수검자들은 평가의 목적이 자신이 미쳤는지 아닌지를 측정하기 위함이라고 생각하여 잘못된 두려움을 가지는 경우가 종종 있다.

둘째, 임상가는 또한 수검자에게 전달될 가장 필수적인 정보를 선택해야 한다. 이런 활동은 넓은 범위에서 임상적 판단과 관련이 있다. 중요한 고려 사항으로는 수검자의 자아 강도, 생활 상황, 안정성, 다양한 정보 자료의 수용성 정도를 포함한다. 전형적으로 서너 가지의 일반적인, 잘 발달된 영역들을 택하는 것이 좋다. 정보를 제공할 때는 한 개인의 전반적인 삶의 맥락에서 주의 깊게 통합해야 한다. 구체적인 행동의 예시를 제공하거나, 수검자의 행동적 측면을 반영하거나, 수검자의 개인사에서 관련 있는 측면들을 언급하거나, 수검자 스스로의 자기 묘사 해석을 확장 혹은 바꿔 기술함으로써 정보를 통합할 수 있다.

셋째, 수검자가 정보의 정확성과 관련성을 평가하게 하는 것도 유용한 방법이다. 수검자에게 보고서에 기술된 행동의 특징이나 패턴의 예를 들어보도록 요청할 수도 있다. 수검자의 협력은 수검자가 피드백을 얼마나 잘 이해했는지에 대한 정보를 임상가가 판단할 수 있도록 도와준다. 피드백의 기저에는 정보를 명확하고 알기 쉽게 전달하려는 시도가 깔려 있어야 한다.

넷째, 심리학적 특수 용어 대신 일반 용어를 사용해야 한다. 또한 수검자의 지적·교육적·어휘적 수준과 심리학적 교양 수준을 고려하는 것이 중요하다. 피드백은 단순히 평가 자료의 중립적인 전달일 뿐만 아니라 임상가의 개입이다. 정보는 수검자에게 새로운 관점과 선택 사항들을 제공하며, 수검자 스스로의 문제해결에 도움을 줄 수 있어야 한다.

특별히 수검자를 위해 고안된 맞춤형 보고서를 준비할 수도 있다. 이 방법의 장점은 임상가가 분명하고 복잡하지 않은 방식으로 작성하도록 할 수 있다는 것이다. 이러한 보고서는 병리적 측면보다 적응적 측면을 강조할 수 있다. 더불어 명료한 제언이 강조되는 경향을 띤다. 최적의 의사소통 양식은 수검자를 위해 격식에 얽매이지 않는 편지를 쓰는 것이다(예: "저는 우리가 심리평가에서 발견한 것들을 가지고 의사소통하기 위해 지금 편지를 쓰고 있습니다."). 근래에는 다수의 컴퓨터화된 보고서가 수검자에게 직접 피드백을 제공하고 있다. 또한 Lewak, Marks 그리고 Nelson(1990) 및 Finn(2007)과 같은 해석을 포함한 추가적인 정보 자료들이 수검자에게 직접 제공되는 추세인 듯하다. 이런 자료들은 수검자와의 역동적인 소통을 대신해서는 안 되며, 이 과정을 강화하기 위한 부속물로 사용되어야 한다.

2. 심리평가 보고서의 형식

모든 보고서는 오래된 정보를 통합해야 하며, 동시에 개인의 독특하고 새로운 측면을 제안해야 한다. 오래된 정보는 개인을 식별하는 정보(이름, 생년월일 등)와 의뢰 사유, 관련된 개인사를 포함한다. 새로운 정보는 평가 결과와 인상적인 점, 요약과 결론, 제언을 포함한다. 보고서의 상부에, 임상가는 반드시 "기밀 심리평가"라고 기재함으로써 이것이 비밀이라는 것을 나타내야 한다. 제안 지침은 다음과 같다.

이름:
나이(생년월일):
성:
보고서 제출 날짜:
평가자의 이름:
Ⅰ. 의뢰 사유

Ⅱ. 평가 절차
Ⅲ. 행동 관찰
Ⅳ. 배경 정보
Ⅴ. 검사 결과
Ⅵ. 검사 해석 및 인상
Ⅶ. 요약 및 제언

이 개요는 가장 자주 접하는 형태를 제시한 것이며, 여기에는 다양한 변형이 존재한다. 몇몇 임상가는 수검자의 혼인 여부, 자원 상태, 직업적 상황, 우세 손(신경심리평가 보고서의 경우)을 다른 인구통계학적 정보를 따라 보고서의 상부에 포함시키길 선호한다. 또 어떤 임상가는 검사 결과 부문을 제외하고 진단, 사례개념화, 요약 부문을 추가적으로 포함하길 원한다. 때때로 의뢰자에게 직접 편지 형식으로 보고서를 쓰는 것이 적절할 때도 있다. 각 임상가는 자신의 고객과 의뢰처의 요구에 가장 효과적으로 맞는 형식과 양식을 만들 필요가 있다. 또한 평가의 맥락이 달라짐에 따라 다른 양식과 초점을 두는 영역을 적용하는 것이 필요하다.

1) 의뢰 사유

의뢰 질문 영역에는 수검자에 대한 간략한 기술과 평가를 수행하게 된 일반적인 이유를 진술한다. 특히 이 영역은 문제의 본질을 짧게 기술하는 것을 포함한다. 이 영역은 보고서를 읽는 사람이 후에 나오는 내용과 기술된 문제들의 종류에 초점을 맞출 수 있게 함으로써 보고서의 초기 목표를 알려 준다. 이 영역은 수검자에 대한 핵심 정보를 포함한 짧고 방향 제시적인 문장으로 시작해야 한다(예: "Smith는 35세의 유럽계 미국인이며, 기혼의 고등학교 교사이고, 불안과 우울을 호소하고 있다."). 분명하고 간단명료하게 수검자를 소개한다. 이 영역의 목적을 달성하기 위해서 임상가는 의뢰 질문들을 적절히 명료화할 수 있어야 한다. 검사의 목적은 정확하고 문제 지향적인 방식으로 기술되어야 한다. 따라서 "수검자의 심리평가가 의뢰되었다." 혹은 "수업 연구의 요구 사항으로서"와 같은 구문들은 부적절한데, 이는 정확성과 명료성이 떨어지기 때문이다.

평가의 구체적인 목표와 의뢰인이 직면한 결정들을 포함하는 것이 도움이 된다.

가능성 있는 의뢰 사유를 포함하는 예시들은 다음과 같다.

- 지적 평가: 평균수준, 지적장애(지체), 영재
- 감별 진단, 상대적으로 두드러진 심리적 곤란(예: 우울에 따른 기억 문제) vs. 기질적 손상(예: 알츠하이머 병 초기 단계에 따른 기억 문제)
- 뇌손상의 범위와 성격의 평가
- 직업적 조언을 위한 제언을 제공하고 이와 관련된 요소를 평가
- 심리치료를 위해, 적절한 평가, 마주칠 가능성이 있는 어려움, 최고로 적절한 접근 방식을 구하기 위한 평가
- 대인관계에서 경험하는 어려움에 대한 개인적 통찰을 제공하기 위한 평가
- 구직에 있어서 수검자에게 도움을 주기 위한 평가

이러한 이유들은 실제적인 상황에서, 그리고 의뢰인이 직면한 결정에 관련된 일반적인 의뢰 질문들을 보여 준다(Armengol, 2001). 가장 중요한 것은 평가 의뢰자가 보고서를 통해서 정말 얻고자하는 것이 무엇인지를 아는 것이다. 이를 위해서는 의뢰 질문의 이면에 존재하는 필요를 읽어 내야 하며, 의뢰 질문을 겉으로 드러난 문제보다 넓은 맥락에 두어야 하고, 속에 숨어 있을 가능성이 있는 안건을 분명히 설명해야 한다. 어떤 경우에는 검사의 장점과 약점에 대해서 의뢰인에게 교육하는 것이 필요할 수도 있으며, 심지어 개인이 심리평가를 받지 않는 것을 제언할 수도 있다. 효과적인 의뢰 질문은 수검자와 의뢰인, 의뢰 요소들의 현재 문제를 정확하게 기술해야 한다.

의뢰 질문이 명료화되고 윤곽이 분명해지면, 이들은 보고서의 다른 부분에서 내내 언급될 수 있다. 보고서를 마무리하면서 의뢰 질문들에 대한 답을 요약하고 간단명료하게 반복 언급하는 것은 매우 도움이 된다. 보고서의 의뢰 질문 영역에 의뢰된 질문들의 목록을 각각 나열하고, 이에 대한 간단한 답을 요약 및 제언 영역에 하나씩 기술하는 것은 유용한 전략이다. 질문의 개수와 그에 대한 응답 수가 동일하다면 더할 나위 없이 적절하다. 이러한 절차는 질문에 대한 명확한 답을 제공하며 보고서에 마무리와 균형을 더해 준다.

2) 평가 절차

평가 절차를 다루는 보고서 영역은 수행한 검사와 다른 평가 절차를 간단하게 나열하며, 실제 검사 결과는 포함하지 않는다. 보통 전체 검사 이름을 약어와 함께 제시한다. 이후 보고서 영역에서는 약어를 사용할 수 있으며, 약어에 익숙하지 않은 사람을 위해 보고서 앞부분에 전체 이름을 참조로 제공한다. 법적 평가 상황이나 그 외의 상황에서 검사 시행의 정확한 세부 사항이 필수적인 정보일 때, 수행된 각각 검사의 결과를 포함하고, 개별 검사를 완료하는 데 있어 얼마만큼의 시간이 소요되었는지를 기술하는 것은 중요하다. 보다 일반적인 평가에서는 이 정도의 상세함이 요구되지는 않는다. 임상 면담이나 정신상태 평가를 실시했는지, 만약 실시했다면 면담이 얼마나 구조화되어 있었고 소요된 시간은 어느 정도였는지를 포함하는 것이 또한 중요할 수 있다. 평가 절차는 수검자의 면담이나 검사 결과에 한정될 필요는 없다. 이는 진료 보고, 간호 일지, 병무 기록, 전과 기록, 이전의 심리평가 및 정신의학적 보고서, 학적 기록과 같은 관련 자료에 대한 검토 비평을 포함한다. 추가 자료는 배우자, 자녀, 부모, 친구, 고용주, 의사, 변호사, 사회복지사, 교사와 같은 개인의 면담으로부터 나올 수 있다. 만약 이 자료들 중 특정 자료를 사용하였다면, 기록한 날짜와 그것을 누가 작성하였는지를 명시하여야 한다.

3) 행동 관찰

수검자의 행동 기술은 수검자의 문제에 대한 통찰을 제공하고, 결과와 관련된 해석에 의문을 던지며, 이를 수정하고 재검증하기 위한 중대한 정보를 제시한다. 이 관찰은 수검자의 외모, 일반적인 행동상의 관찰, 임상가와 수검자 간의 의사소통과 관련이 있다. 기술은 일반적으로 구체적인 행동과 관련이 있어야 하며 임상가의 해석이나 추론이 제시되어서는 안 된다. 예를 들어, 수검자가 "우울하다."고 추론을 제시하는 것 대신에, "그녀는 느리게 말했으며, '나는 정답을 맞출 만큼 충분히 똑똑하지 않아요.'와 같은 자기비판적인 언급을 빈번하게 했다."와 같이 구체적인 행동 특징을 기술하는 것이 적절하다.

적절한 행동적 관찰은 면담 과정에서 이루어지며, 수검자의 물리적 외모, 검사와 임상가를 향한 행동, 협조의 정도를 포함한다. 수검자의 물리적 외모에 대한 기술은 표정, 의복, 체형, 버릇, 움직임에 있어서, 어느 것이든 흔치 않은 특징에 초점을 맞춘다. 모순적인 측면이 엿보인다면 그것은 무엇이든 언급하는 것이 특히 중요한데, 14세 소년이 마치 19세처럼 행동한다든가, 지저분하고 헝클어진 외모를 가진 사람이 뛰어난 어휘 실력과 높은 수준의 언어 유창성을 나타내는 경우가 그 예다. 수검자가 검사 재료와 임상가를 향해 표출하는 행동은 매우 중요한 정보를 제공하곤 한다. 이것은 개인의 정동 수준과 표출되는 불안, 우울의 존재, 적대감의 정도를 반영하는 행동을 포함할 수 있다. 수검자는 적극적인 참여자일 수 있으며, 또는 일반적으로 수동적이고 순종적인 역할을 할 수도 있다. 이 경우, 수검자는 자기 자신의 수행에 대해 지나치게 걱정을 하거나 반대로 전적으로 무관심할 수 있다. 문제 해결에 대한 수검자의 태도는 보통 언급할 만한 결정적 영역으로, 이것은 주의 깊고 체계적인 것에서부터 충동적이고 무질서한 것까지 넓은 범위를 포함한다. 수검자가 검사 재료에 대해서 말로 표현한 것 중 일반적이지 않은 것은 무엇이든 중요한 언급으로 보아 주의를 기울여야 한다. 수검자가 표현한 협조 수준은 검사 결과의 타당성을 측정하는 데 있어 중요한 요소로 작용한다. 지적 능력을 평가함에 있어서 협조 수준은 특히 중요한데, 이는 수검자가 노력을 기울이고 주의를 집중하며 기민한 것이 검사에 필수조건이기 때문이다. 검사 전에 어떤 사건이 있었는지를 기록하는 것 또한 중요한데, 이는 상황적 위기, 전날 저녁 수면 여부, 약물복용 여부와 같은 것을 의미한다. 만약 상황적 요인이 검사의 타당성에 의문을 지우거나 이를 바꿀 수 있다고 판단될 시, 임상가는 다음과 같은 진술을 통해 이를 명시해야 한다. "검사 결과는 신중하게 살펴져야 하며, 그 이유는…." 또는 "검사 점수에 드러난 부적응 수준은 검사 시행을 둘러싼 조건 때문에 일반적인 수검자의 기능 수준보다 과장되게 나타날 수 있다." 등으로 명시할 수 있다. 수검자와의 관계에서 검사의 타당성을 고려하는 가장 중요한 방법은 검사와 관련된 수검자의 행동이나, 검사 전 수검자의 생활 상황을 주의 깊게 살피는 것이다.

행동 관찰은 보통 간결하며 구체적이고 적절해야 한다. 만약 서술에 있어 한 개인에 대한 통찰과 수검자의 독특성을 입증하는 것이 아니라면 보고서에 포함하지 않아야 한다. 만약 행동이 정상이고 평균적이라면, 이에 대해 간단히 언급하는 것으로 충분하다. 예를 들어, 개인이 가지고 있는 평균 수준의 협조, 기민함, 불안의 평균 수준을 간단하게 언급하고 넘어간다. 수검자의 행동이 독특한 인상을 제공한다면, 이것은 주의 깊게 고려되어야 한다. 이 영역은 보통 한 단락을 초과하지 않아야 한다. 그러나 몇몇 사례에서는 정보가 적절하다고 간주될 경우, 2~3단락이 요구되기도 한다. 전체 보고서와의 관계 속에서 이 영역의 중요성은 상당히 다양할 수 있다. 종종 행동 관찰은 거의 검사 결과와 마찬가지로 중요할 수 있으며, 어떤 경우에는 소수의 심각하지 않은 부실한 관찰로 기술이 구성될 수 있다.

행동적 평가 절차를 선호하는 임상가는 관련 있는 선행사건의 보다 깊이 있는 기술을 통해 행동 관찰 영역을 강조하고 싶을 것이다. 문제행동을 둘러싼 결과 사건들을 포함하여 문제행동의 결과로 주변에 사건이 발생한 경우, 이것의 발병 시기, 기간, 빈도, 강도와의 관계 안에서 평가할 수 있을 것이다. 행동 평가의 구체적인 전략은 서사적 기술, 등간 기록, 사고 기록, 순위 기록, 자기보고식 목록이다.

몇몇 임상가는 행동 관찰 영역에 정신상태 평가에서 얻은 정보를 요약하고자 한다. 이 경우, 행동을 구체적으로 기술하기보다는 이 행동들에 대한 추론을 기술할 필요가 있다. 예를 들어, 임상가는 행동 관찰에 기반하여 수검자의 시간과 장소에 대한 지남력을 추론할 수 있을 것이다. 추가적인 범주로는 수검자가 언어로 표현하는 것, 정신운동의 활동성, 정동, 생각의 과정과 내용, 통찰과 판단을 들 수 있다.

구체적인 행동적 기술에 가까운 또 다른 예외 상황으로는, 행동 관찰 영역 하단부에 평가 절차의 타당성을 나타내는 진술을 포함하는 것이 적절하며 관례적이다. 예를 들어 다음과 같이 진술될 수 있다. "수검자의 상세하고 일관된 반응과 높은 수준의 동기는 MMPI-2 검사 결과의 타당성을 지지하며, 평가는 이 사람의 현재 기능 수준을 적절히 나타냈다고 볼 수 있다."

4) 배경 정보

수검자의 배경 지식에 대한 논평은 개인이 직면하고 있는 문제나 검사 결과에 대한 해석과 관련이 있는 발달력을 포함해야 한다. 발달력을 제시할 때에는 의뢰 질문에 따라 문제와 검사 결과를 적절한 맥락에 배치해야 한다. 이러한 목표를 달성하기 위해 임상가는 연대순으로 광대한 범위의 세부 사항과 관련된 긴 서술을 피하고 최대한 간결하게 표현해야 한다. 몇몇 임상가는 배경 지식 영역을 하나의 간결한 문단으로 유지해야 한다고 주장하며, 특히 간결함을 강조하는 의료적 상황에서 더욱 그러하다. 어떤 영역을 포함시키고 제외할지 선택하기 위해서 임상가는 이러한 영역을 보고서의 전체 목적과의 관련성 안에서 지속적으로 평가해야 한다. 정확한 규칙을 명시하는 것은 개인마다 다르기 때문에 어려운 점이 있다. 게다가 임상가마다 개인적이고 이론적인 지향점이 다르므로, 각자 중요하다고 느끼는 정보의 유형이 상이할 것이다. 어떤 임상가는 대인관계를 우선적으로 기술하는 반면, 또 다른 임상가는 정신내적 변인들의 가변성, 출생 순위, 초기 아동기에 발생한 사건, 임상가의 현재 상황과 환경에 대한 세부 사항에 초점을 둔다. 중요한 것은 면담자가 융통성 있는 지향점을 유지함으로써 수검자의 삶에서 가장 핵심적인 요소들을 지각하는 것이다. 일반적으로 이 영역의 말미에는 인생에서 일어난 중요한 사건, 가족 역동, 직업 이력, 개인적인 흥미, 일상적인 활동, 과거와 현재의 대인관계와 같은 영역을 따라 문제의 주요한 과거력을 기술해야 한다.

수검자의 배경 지식을 기술할 때는 이 정보들을 어디서 얻었는지 출처를 명시하는 것이 중요하다(예: "수검자의 보고에 따르면…."). 이는 수검자의 자기보고가 진실성이 있는지를 따지거나, 개인사가 여기저기에서 복합적으로 얻어진 경우 특히 중요하다.

보통 개인사는 수검자의 일반적인 배경 지식을 간단히 요약하면서 시작된다. 그 다음에는 가족 배경, 개인사, 의료 기록, 문제의 과거력, 현재의 생활 상황과 같은 영역에 대한 묘사들이 나올 수 있다.

임상가가 수검자의 가족 배경에 대해 어느 정도의 범위로 언급하고 추적할 것인지는 매우 가변적이다. 이러한 정보의 초기 목적은 원인이 되는 요소나 어떤 변인이 관련 행동을 유지하도록 돕는지, 가족이 어느 정도로 체계적인 개입의 초점이 되거나 사회적인 지지로서 사용될 수 있는지를 결정하도록 돕는 것이다. 최소한 수검자의 부모에 대한 기술은 확실해야 하는데, 이는 그들이 별거 중인지 분가하였는지 아니면 이혼하였는지, 살아있는지 아니면 사망하였는지, 그들의 사회경제적 수준과 직업 및 문화적 배경 지식, 건강 상태와 같은 정보를 포함해야 한다. 종종 부모나 가까운 친척의 의학적 · 정서적 배경 지식을 정보에 포함하는 것도 중요한데, 특정 장애는 가족력이 있기 때문이다. 가족 구성원을 향한 수검자의 특징적인 감정, 그들의 관계에 대한 각자의 지각을 포함한 가정 내 일반적인 분위기를 기술하는 것은 도움이 된다. 또한 가족의 거주 환경이 도시인지 시골인지에 대한 내용을 기술하는 것도 포함된다. 만약 수검자의 부모가 한 명 혹은 두 명 다 그가 어렸을 때 사망하였더라도 수검자가 부모에 대해 가지고 있는 추측을 논해 볼 수 있으며, 수검자의 성장 과정에서 핵심적인 사람은 누구였는지 기술할 수 있다.

수검자의 개인사는 유아기, 아동기, 청소년기, 성인기의 정보를 포함한다. 각 단계는 문제를 살피고 구체화할 수 있는 고유 영역들이다.

유아기의 정보는 보통 모호한 재수집의 형태로 제시되며 부모나 친척으로부터 파생된 간접 정보다. 따라서 이것은 매우 과장되고 거짓된 정보일 수 있다. 만약 가능하다면, 의료적 기록의 평가나 부모로부터 직접 질문하여 얻은 추가적인 정보를 가지고 세부 사항을 확인하는 것이 도움이 될 것이다. 부모와의 접촉 정도, 가정 분위기, 발달상의 획기적인 사건들은 전부 언급할 만한 중요한 영역들이다. 보통 수검자의 초기 의료 기록을 포함하는 것은 중요하며, 이는 물리적 · 심리적 어려움과 매우 가깝게 연결되어 있을 수 있다.

아동기의 가장 중요한 발달 과업으로는 학교 상황에 적응하고 또래 친구들과 관계를 맺는 것이다. 수검자의 초기 친구 관계 양상은 어떠했는지, 수검자는 얼마나 많은 시간을 타인과 함께 보내 왔는지, 싸움이나 반항 같은 행동이 겉으로 드러난 적 있는지, 수검자는 주로 혼자 지내는지 아니면 친구가 많은지, 수검자는 클럽에 가입하거나 집단 활동, 취미, 그 외 외부활동에 흥미를 갖고 있는지, 학업적인 영역에서는 평균 성적, 가장 뛰어나거나 혹은 부진한 과목, 수검자가 학년을 월반했는지 혹은 유급했는지에 대한 정보를 기술하는 것이 적절하다. 부모와의 관계는 어떠했는지, 부모가 수검자의 활동을 제한했는지 아니면 자유를 허용했는지와 같은 자료도 포함한다.

청소년기의 수검자는 고등학교에 진학하여 학업적 · 심리적 · 사회적 적응에 추가적으로 직면한다. 특히 중요한 것은 초기 이성 관계와 사춘기에 대한 수검자의 반응이다. 그들이 성 역할 정체성, 알코올과 물질 남용, 권위 있는 인물에 대항함으로써 어려움을 경험한 적이 있는지를 기술한다.

성인기는 직업적 적응과 결혼 및 가족 관계를 수립하였는지와 관련된 정보가 가장 핵심적이다. 초기 성인기에, 결혼에 대한 열망과 포부를 수검자가 가진 적이 있는지,

그들의 직업적 목표는 무엇인지, 그들이 부모로부터 성공적으로 독립했는지, 성인기가 점차 진행되면서 그들의 가까운 대인관계, 직장, 성적 취향의 표현에 있어서 눈에 띄는 변화가 발생하였는지, 그들은 자신의 여가 시간을 어떤 활동으로 채워 왔는지 등을 기술한다. 수검자가 나이를 먹으면서는 자신의 감퇴하는 능력과 한계에 적응하는 데 있어 도전에 직면하게 되며, 자기 삶에 대한 의미 있는 시선을 발전시킨다.

개인사는 특정 원인이 되는 요인을 설명하고 문제가 적절한 맥락에 위치하도록 돕지만, 일반적으로 문제 자체에 대한 설명에 주의를 기울이는 것이 매우 중요하다. 증상의 성격과 초기 발병 시기는 특히 중요하다. 수검자가 이러한 증상들을 처음 알아차린 때로부터 빈도, 강도, 표현에 있어서의 변화 유무를 면밀히 살펴야 한다. 만약 공식 진단이 내려질 계획이라면, 진단을 뒷받침하는 증상 유형들을 분명하게 기술하는 것이 특히 중요하다. 또한 이전에 시도한 치료가 있다면 어느 것이든 언급하고, 이에 따른 결과 또한 중요하게 다뤄야 한다. 몇몇 보고서에서는 문제의 과거력이 개인사의 가장 중요하고도 긴 부문을 차지하기도 한다.

가족사 및 개인사는 보통 수검자가 지닌 문제의 소인적 원인과 관련된 정보를 드러내는 반면에, 문제력은 강화 및 촉발 인자의 정교화를 제공한다. 전체적인 그림을 완성하기 위해, 임상가는 최근 들어 문제를 강화시키는 요인에 대해 조사한다. 이를 위해 수검자의 생활 상황과 관련된 정보가 요구된다. 수검자에게 닥친 변화 등을 포함한 생활 스트레스는 아마도 중요한 영역이 될 것이다. 더불어 수검자의 가족이나 직장 관계로부터 제공되는 정보와 그 정보의 성격이 무엇인지 살펴볼 수 있을 것이다. 마지막으로, 수검자가 직면하고 있는 결정들과 대안들을 이해하는 것이 중요하다.

종종 평가는 구조적 손상의 성격과 존재 가능성의 측정을 포함할 필요가 있다. 다수의 사례에서 과거력이 검사 결과보다 훨씬 중요할 수 있다. 보통 심리학자가 의료 전문가에게 제공할 수 있는 가장 가치 있는 정보는 자세한 개인사다. 따라서 과거력에 대한 기술은 철저해야 하며, 성격 평가로 쉽게 드러나지 않는 여러 영역을 나타내야만 한다. 만약 어떤 수검자가 뇌 외상을 경험한 적이 있다고 보고한다면, 그가 무의식 상태에 있었던 시간의 길이를 명시하는 것이 중요하며(만약 그런 적이 있다면), 그가 실제로 머리를 세게 얻어맞은 기억이 있는지, 외상 전 마지막 기억과 외상 후의 첫 기억이 무엇인지 기억하는지를 분명히 물어봐야 한다. 모든 신경심리평가에서 중대한 영역은 수검자의 병전 기능 수준을 규명하는 것이다. 이를 위해서 임상가는 수검자의 고등학교나 대학교에서의 평균 평점 정보를 확보하고, 이전 IQ 결과와 같은 관련 자료를 요청하며, 과거의 취미 및 개인적 흥미나 취업에 있어서 가장 높았던 수준을 밝힌다. 수검자의 이전 기능 수준을 규명하기 위해 부모 또는 고용주와 같은 외부 자원을 활용할 수도 있다. 뇌손상을 결정짓는 가능성 있는 근거로, 독물이나 뇌졸중, 고열과 같은 여타 다른 뇌 외상 삽화에의 노출 가능성을 제외해서는 안 된다. 최근 기능 영역에서 기억 문제, 단어 찾기의 곤란, 몸의 한쪽 측면의 힘 빠짐, 걸음걸이의 변화, 의식 상실, 일반적이지 않은 감각에 대해 언급해야 한다. 컴퓨터 단층 촬영(CT) 및 자기 공명영상(MRI), 뇌파 검사(EEGs), 신경물리학적 검사 결과와 같은 이전 평가 자료 또한 입수해야 할 중요한 자료다. 하지만 이러한 의학적 자료들이 병변의 크기와 위치를 알려줄지언정 이 손상의 결과로 개인이 어떻게 기능하는지 기술하는 것은 여전히 심리학자의 몫이다. 또한 근래 혹은 과거의 약 복용과 관련한 정보, 특히 최근에 변경된 처방에 대한 정보는 심리적 기능에 영향을 미칠 수 있기 때문에 획득해야 한다. 임상가로부터 나온 면담 정보와 신경심리평가 결과는 CT 사진 및 신경학적 검사와 같은 의학적 기록과 함께 통합되어야 한다.

여기에서 기술한 과거력 형식은 단지 일반적인 지침에 불과하다. 다시 말하자면, 과거력 관련 정보의 양은 개인마다 다르고 실로 어마어마하기도 하다. 때로는 이전에 언급한 많은 정보를 무시하고 다른 영역에 초점을 맞추는 것이 적절한 경우도 있다. 요약하자면, 과거력 영역은 관련 있는 정보를 전부 포함하면서도 지나치게 포괄적이지 않아야 한다.

5) 검사 결과

대부분의 보고서에서 검사 점수를 나열하는 것은 불필요하다. 몇몇 임상가는 실제로 검사 점수를 절대 제공하지 않는데, 이는 지나치게 검사 및 자료 지향적인 보고서라는 인상을 심어 주고 해석에 있어 오해의 소지를 낳을 수 있기 때문이다. 그러나 어떤 시점, 특히 법적 보고서나 검사에 대해 잘 알고 있는 전문가가 보고서를 읽을 경우 검사 점수를 포함하는 것이 추천된다. 한 가지 선택 사항은 부록에 검사 점수를 포함하는 것이다. 이 방법은 보고서의 서술 영역으로부터 정신을 산란하게 할 가능성이 있는 기술적인 세부 사항들을 제거한다는 이점이 있다.

만약 실제 검사 점수가 포함된다면, 원점수가 아닌 표준 점수의 방식으로 제시되어야 한다. 대부분의 의뢰인이 표준 점수의 다른 형태인 백분위 점수를 가장 선호한다(Finn et al., 2001). 여러 검사가 저마다 다른 유형의 표준 점수를 사용하기에, 각 검사 점수의 표준 점수와 백분위 점수를 함께 기재하는 것을 추천한다. 임상가는 또한 '아주 높은' '높은'과 같은 관련 점수의 상대적 크기나, 점수가 임상적으로 의미 있는 한계점을 초과했을 때 이를 명시하는 것이 좋다.

지능검사 점수는 전통적으로 가장 먼저 언급되는데, Wechsler 지능검사는 언어성, 동작성, 전체 측정 IQ로 대변되는 IQ 점수들과 조합 점수, 소검사 환산 점수를 포함해야만 한다. 소검사에서 발견되는 눈에 띄는 강점은 'S'로 표기하고, 중요한 상대적 약점은 'W'로 기술해야 한다. WMS-III 또는 BGT와 같은 여타 인지적 검사 결과가 보통 이러한 목록 다음에 나올 수 있다. BGT 결과는 다음과 같은 서술로 간단히 요약될 수 있다. "기질적 손상은 보고되고 있지 않으나, 도형 상의 지나친 단순화, 충동성을 보이고 있다." MMPI-2와 MMPI-A는 검사 결과를 프로파일 표에 나타내는 것이 일반적이다. MMPI-2, MMPI-A, CPI와 같은 객관적 성격검사는 원점수가 아닌 보통 T점수로 통용되는 표준화된 점수를 기입해야 한다. 객관적 성격검사와 지능검사 점수를 기술하는 것은 꽤 간단한데 비해, 투사적 검사 점수를 적절히 서술하는 것은 보다 어렵다고 간주된다. Rorschach 검사 구조 요약 기록지는 포함하지만 투사적 그림검사와 TAT는 대개 생략한다. 임상가가 투사적 그림검사를 요약하는 것을 원한다면 주요 특징을 중심으로 간단하게 기술하면 충분하다. 마찬가지로 TAT 역시 내담자의 강한 욕구와 압박감에 대해 간단히 언급하고, 이야기에서 가장 빈번히 나오는 주제를 요약한다.

6) 검사 해석 및 인상

이 부분은 보고서의 주요 부분이라고 할 수 있다. 평가를 통해 나타난 특징 및 문제점이 통합된 가설의 형태로 서술되어야 한다. 검사 해석 및 언급점들을 어떤 방식으로써 나갈지는 임상가의 개인적인 태도, 검사의 목적, 수검자, 수행된 검사 유형에 따라 다양할 수 있다. 어떤 형식은 검사 하나하나를 언급하기보다는 통합된 주제, 예컨대 인지적 영역, 정서 및 대인관계 영역에서 자료를 해석하는 것을 권장하는데, 이는 좀 더 응집된 정보를 제시할 수 있게 한다. Klofer(1960)는 왼쪽 세로에는 주제의 영역을, 가로 상단에는 기본적인 평가 결과를 쓸 것을 권했다. 이는 임상가가 주제와 평가 방법이 교차하는 알맞은 칸에서 중요한 발견을 쓸 수 있게 만들어 준다. 보고서의 '인상 및 해석'을 쓸 때 임상가는 특정 주제 안에서 모든 시사점을 다시 살펴보고 요약한다. 평가 방법 목록은 임상가가 시행한 검사에 따른다. 내담자에게 주의집중을 요구하는 지능검사를 제일 먼저 실시하고 투사검사는 뒤에 실시하는 것이 일반적 평가 절차다. 그렇지만 평가 주제는 임상가가 초점을 맞추고 싶어 하는 영역에 따라 선택되고 이에 따라 배열된다.

'인상과 해석'에서 기술되는 모든 추론은 검사 자료, 행동 관찰, 관련 역사, 부가적 자료의 통합을 통해 이루어진다. '결론과 언급'은 내담자의 외현적 행동, 자아개념, 가족 배경, 지적 수준, 정서적 어려움, 의학적 질병, 학교 문제, 대인관계 갈등과 같은 영역과 관련되어 있다. 내담자의 지적 능력은 인격 변인의 다양성을 살펴보는 데 기초가 되기 때문에 처음에 언급한다. IQ 점수는 개인의 일반적 지능 평가를 포함해야 하지만 좀 더 구체적인 능력에 대한 언급 또한 중요하다. 이러한 언급은 기억, 문제해결, 추상적 개념화, 주의집중, 정보원과 같은 영역의 분석을 포함한다. 만약 검사 이론에 익숙한 사람이 읽을 보고서라면 IQ의 규준이나 유의도를 설명하지 않고 IQ만을 제시하는 것으로 충분하다. 대부분의 보고서에는 IQ뿐만 아니라 백분위와 일반적인 지능의 수준, 예컨대 보통 수준 등을 포함하는 것이 좋다. 이는 보고서를 읽는 사람이 설명되지 않은 IQ를 잘못 이해하거나 잘못 해석할 우려를 차단할 수 있다. 지능에 대한 일반적인 평가가 끝나면 다음에는 수검자의 지적인 강점과 약점에 대한 언급이 이어져야 한다. 이것은 언어성 지능과 동작성 지능의 차이가 유의미한 수준인지 아닌지를 설명하거나 소검사 분산 특징에 관해 언급하는 것을 포함한다. 또한 실제 수행 능력과 수검자의 잠재적인 지능 수준을 비교하는 것에도 유용할 수 있다. 만약 두 지능 사이에 큰 차이가 있다면 이러한 차이의 이유가 무엇인지를 언급해야 한다. 예를 들면, 내담자가 불안, 낮은 동기, 정서적 문제, 인지 과정의 어려움 때문에 성취가 낮아질 수 있다.

지적인 능력의 언급이 비교적 명확하고 간단한 데 비해, 다음 부분은 좀 더 까다롭고 기술하는 방식도 다양하다. 이는 전형적으로 내담자의 정서적 특징, 대인관계 양식과 태도, 개인 간 · 개인 내 기능 수준을 포함한다(Beutler, 1955; Wolber & Carne, 1993). 신경심리학적 평가에는 기억, 언어적 기능, 정신운동성 기능, 감각 · 지각 기능, 성격 등과 같은 영역의 인상과 해석이 포함된다. 언급해야 할 주제의 목록을 미리 정하지 않는 이유 중 하나는 주제가 주로 의뢰 질문에 기초해야 하기 때문이다. 즉, 임상가는 보고서의 맥락, 의뢰자와 수검자의 요구에 따라 주제를 조직해야 한다. 만약 의뢰 질문이 구체적인 문제에 명확하게 초점이 맞추어져 있다면 두세 가지로 구체화할 필요가 있다.

일반적으로 중요한 주제는 내담자의 병리, 의존성, 적대감, 성적 관심, 대인관계, 진단, 행동 예측 등이다. 수검자의 병리 수준은 개인이 경험하는 문제의 심각성과 관련되어 있다. 이는 입원 여부, 장기간의 어려움이나 현재 생활의 스트레스에 대한 반응에 의거해 달리 볼 수 있다. 수검자의 행동이 적응적인지 혹은 부적응적인지, 자기파괴적인지는 망상, 환청, 산만한 연상, 생각의 막힘, 보속성, 비논리성이 있는가와 함께 고려해서 표현되어야 한다. 더불어 수검자의 현실검증력과 통찰 정도의 적절성을 평가하는 것도 중요하다. 수검자가 효과적으로 계획을 세우고 자신이 다른 사람에게 미치는 영향을 이해하며 자신의 행동의 적절성을 판단하는 것과 효과적인 치료의 가능성을 평가하기 위해 수검자의 통찰 수준을 평가하는 것은 특히 중요하다. 이는 개인이 심리학적으로 사고할 수 있는 능력(psychological mindedness), 자신의 기분 변화에 대한 인식, 다른 사람의 행동에 대한 이해 등과 같은 통찰을 언급하는 것을 포함한다.

대개 임상가의 가장 큰 관심은 의존성, 적대감, 성적 관심에 대한 어려움에 집중되어 있다. 수검자의 의존성은 이들의 요구 강도, 타인과의 관계에서 주로 하는 역할, 현재나 과거의 중요한 대인관계에서 알 수 있다. 수검자가 어떤 방식으로 의존하게 되었는가를 평가하기 위해서는 의존성과 관련된 방어기제, 사고, 행동, 감정, 신체화 반응 등을 검토해야 한다. 적대감의 강도 또한 중요하다. 적대감의 표현이 간접적인가? 혹은 언어적인 비난이나 실제로 폭발적인 행동을 보이는 직접적인 방식인가? 만약 적대감의 표현이 직접적이지 않았다면 이는 애정 상실에 대한 두려움, 보복, 죄의식과 같은 요인 때문일 것이다. 내담자가 분노를 느낄 때 이러한 감정에 대한 방어는 무엇인가? 예를 들어, 이런 경우 다른 사람을 과도하게 배려하는 상반된 행동을 하는 사람이 있는가 하면, 분노를 내부로 향하게 해서 신체적인 증상을 만들어 공격적인 충동에 대해 자기처벌을 하는 사람도 있다. 이러한 방식은 타인에 대한 의심을 증가시켜 자신의 적대감을 부정하고 이를 다른 사람의 탓으로 돌릴 수 있다. 수검자의 성적 관심에 대한 해석은 성적 충동의 표현과 이에 따른 불안의 정도 및 성적 충동의 강도를 포함한다. 내담자가 자신의 성적 관심을 불결하다고 믿거나, 어떤 상황에서 불안을 경험했거나, 공격성과 연관시키고 있는지를 살펴보아야 한다. 성적 충동에 대한 방어는 적대감과 유사하게 다루어야 하는데, 극도의 종교주의와 금욕주의에 대한 반발 행동을 보이는 경우와 마찬가지다. 반면, 수검자가 성적 충동에 따라 순간적으로 행동하는 것은 어느 정도는 성적 접촉을 통하여 자기확인을 하려는 욕구에서 나온 것일 수도 있다. 임상가는 비정상적 성적 행동과 관련된 역동을 언급해야 한다.

대인관계에서 내담자의 성격 패턴과 역할에 대해 언급하는 것은 아주 유용하다. 즉, 관계의 양상에서 복종적/지배적, 사랑/미움, 나아가 소속되고자 하는지, 타인을 지배하고자 하는지, 애정을 찾고 있는지에 대해 언급할 수 있다. 의사소통하는 양식이 대체로 조심스러운지 혹은 자기노출을 잘하고 고통스러운 감정이나 공포까지도 이야기할 수 있는지, 구체적인 상황을 다룰 수 있는지, 아니면 그렇지 못한지, 주장적이고 맞서는 편인지, 수동적이고 회피적인지를 살펴보아야 한다. 마지막으로, 대인관계와 갈등을 해결하기 위해 상식적인 방식으로 접근하는지를 알아보는 것이 중요하다.

직업에 대한 목표나 적성에 대한 언급도 포함해야 할 때가 있다. 이는 교육적인 보고서, 특히 장애인을 위한 특별한 교육적인 요구가 있는 보고서에서 중요하다 (Luckasson et al., 1992). 이 책에서 소개하는 검사는 개인의 강점이나 약점을 평가하는 데 도움을 주지만, 경우에 따라 임상가는 다른 평가 도구를 포함시킬 필요가 있을 수도 있다.

내담자의 어려움이 계속될 것인지 혹은 지금 어려움이 없으나 다시 재발할 것인지에 대해서도 검토해야 한다. 만약 내담자의 장래 전망이 좋지 않다면 이러한 결론에 대한 타당한 이유를 열거해야 한다. 만약 임상가가 치료 예후가 좋지 않다고 예상했다면, "통찰이 부족하고 방어 수준이 높다."와 같은 사실에 기인한다는 설명을 해 주어야 한다. 마찬가지로 바람직한 예후에 대해서도 심리학적인 의식, 변화의 동기, 사회적 지지와 같은 내담자가 가진 자원을 포함해야 한다. 치료 동안 부딪칠 수 있는 어려움이 있다면 이러한 어려움의 특성과 강도에 대해서도 언급해야 한다. 자살 가능성, 공격적인 행동, 아동학대, 범죄 행위에 대한 예상은 관련 보고서에 반드시 포함해야 한다. 때로 검사만으로는 이러한 행동을 예상하기 어려울 수도 있다. 예를 들어, 자살 가능성을 예상할 수 있는 가장 좋은 단서는 내담자의 과거력, 현재 환경, 지지해 줄 사람이 있는지, 자살사고의 정도다(Stelmachers, 1995). 내담자의 행동에 대한 많은 예측은 때로는 오류를 범하기 쉬운데, 특히 장기적인 예측을 할 때 그렇다. 그러므로 임상가가 내담자의 미래에 대한 예측을 할 때는 타당한 확신의 범위를 넘어서는 안 된다.

7) 요약 및 제언

요약 하위 영역의 목표는 중요한 발견들과 보고서의 결론을 간단명료하게 재진술하는 것이다. 이를 위해서 임상가는 가장 중요한 주제들만을 선택해야 하고, 불필요한 세부 사항이 읽는 사람을 압도하지 않도록 주의해야 한다. 앞서 강조했듯이, 요약 영역에 있어 유용한 전략은 개별 의뢰 질문에 따른 응답들을 간략히 기호 및 순번을 매겨서 제공하는 것이다.

보고서의 궁극적인 실제 목적은 제언에 기재되며, 이 영역은 문제를 해결하기 위해 어떤 단계를 밟아야 하는지 제언한다. 이러한 제언은 명확하고 실제적이며 성취 가능해야 하고, 보고서의 목적과 직접 관련이 있어야 한다. 최고의 보고서는 의뢰인, 의뢰기관과 수검자가 그들이 직면하고 있는 문제를 해결할 수 있도록 돕는다. 이러한 보고서 작성 목표를 달성하기 위해 임상가는 수검자의 문제, 치료 개선을 위한 최고의 대안, 지역사회에서 획득 가능한 자원을 명확하게 이해해야 한다. 보고서 작성 기술을 향상시키기 위한 한 가지 실제적인 방법은 자신의 보고서가 사용되는 쓰임에 가능한 한 익숙해지는 것이다. 성공적인 보고서는 반드시 의뢰 질문에 답할 수 있어야 하며, 결정을 내릴 때 가치를 갖고 있어야 한다. 이 요인들이 주의 깊게 고려된 뒤, 이후 제언이 전개될 수 있다.

이어질 12장은 최적의 개입 절차를 선택하는 것에 초점을 맞춘, 심리치료를 위한 정교화된 지침을 제공하며, 이는 치료적 관계를 강화하고 사례관리와 관련된 결정들을 고려함으로써 진행된다. 보통 사례는 이보다 더 넓고 다양한 제언을 필요로 하며, 특히 범죄 수사, 병원, 학교, 재활 상황에서 그러하다. 이 제언들은 가능한 치료의 선택 사항들, 직업적 결정, 추가적인 평가, 수검자 환경의 수정, 자가 도움 자원의 사용, 여러 종류의 고려사항을 포함할 수 있다.

자가 도움 자원은 특히 잘 개발되었고 유용하며 비용 효율적인 선택 사항이다. 문제 유형과 개인의 성격에 따라서는 많은 자가 도움 프로그램이 공식적인 정신건강 치료에 비견할 정도로 효과적임을 연구 결과들이 지지하고 있다(Norcross, 2006). Norcross 등(2003)은 『Authoritative Guide to Self Help Resources in Mental Health』에서 매우 다양한 자원과 그것의 질을 평가하고, 서적, 자서전, 영상, 인터넷/온라인 전자 자료, 국가 지원 집단에 따라 이것들을 조직하였다(Marks, Cavanagh, & Gega, 2007). 또한 컴퓨터의 보조를 받는 매우 다양한 심리치료 프로그램도 존재한다. 자가 도움 자원들은 공식적인 정신건강 치료와 함께 혹은 독립형 개입으로서 사용될 수 있다.

한 가지 분명한 발견은, 제언이 일반적이기보다 매우 구체적으로 명시될 때 보고서의 유용성이 높게 평가된다는 것이다. 따라서 "수검자는 심리치료를 시작해야 한다."와 같은 문구보다, "개인 치료는 다음 영역에 초점을 맞춰야 한다. 증진된 자기주장성, 불안을 경감시키기 위한 이완 기법들, 수검자가 관계 속에서 만들어 내는 자기파괴적인 패턴에 대한 인식의 증진"처럼 요구에 맞춘 진술이 보다 유용하다. 비슷하게, '특수교육'을 위한 제언은, 이를 확장함으로써 "하루에 두 시간의 특수교육, 순차적 청각 정보처리의 훈련과 언어적으로 관련 있는 정보의 즉시 회상 증진에 역점을 둠"으로 발전시킬 수 있다. 그러나 몇몇 맥락에서는 구체적인 제언을 제공할 때 주의를 기울이지 않으면 안 되는데, 어떤 정신건강 전문가는 치료적 제언을 발전시키는 것이 전체 치료팀에 의해서라고 보기보다는 이를 자신의 주요 책임으로 받아들일 수 있기 때문이다. 보고서를 제출한 뒤, 그 보고서를 읽는 사람에게 보고서가 잊혀지지 않도록 하기 위해서 지속적으로 연락을 유지해야 한다. 최고의 보고서일지라도 제언이 현실에서 실제적으로 수행되어 도움을 주지 못한다면 쓸모가 없다(Geffken et al., 2006).

참고문헌

American Psychological Associaton. (1994). *Diagnostic and statistical manual of mental disorders* (4th ed.). Washington, DC: Author.

American Psychological Association. (2001). *Publican manual of the American Psychological Association* (5th ed.). Washington, DC: Author.

Armengol, C. G. (2001). The referral process. In C. G. Armengol, E. Kaplan, & E. J. Moes (Eds.), *The consumer-oriented neuropsychological report* (pp. 47-60). Lutz, FL: Psychological Assessment Resources.

Barlow, D. H. (Ed.). (2001). *Clinical Handbook of psychological disorders* (3rd ed.). New York: Guilford Press.

Beutler, L. E. (1995). Integrating and communicating findings. In L. E. Beutler & M. R. Berren (Eds.), *Integrative assessment of adult personality* (pp. 25-64). New York: Guilford Press.

Beutler, L. E., & Clarkin, J. F. (1990). *Systematic treatment selection: Toward targeted therapeutic interventions*. New York: Brunner/Mazel.

Brandt, H. M., & Giebink, J. W. (1968). Concreteness and congruence in psychologists' reports to teachers. *Psychology in the Schools*, *5*(1), 87-89.

Brenner, E. (2003). Consumer-focused psychological assessment. *Professional Psychology: Research and Practice*, *34*(3), 240.

Dies, R. R. (1972). Personal gullibility or pseudodiagnosis: A further test of the fallacy of personal validation. *Journal of Clinical Psychology, 28*, 47-50.

Finn, S. E. (2007). *In our clients' shoes: Theory and techniques of therapeutic assessment*. Mahwah, NJ: Lawrence Erlbaum Associates.

Fischer, C. T. (1985). *Individualizing psychological assessment*. Monterey, CA: Brooks/Cole.

Finn, S. E., Moes, E. J., & Kaplan, E. (2001). The consumer's point of view. In C. G. Armengol, E. Kaplan, & C. J. Moes (Eds.), *The consumer-oriented neuropsychological report* (pp. 13-46). Lutz, FL: Psychological Assessmet Resourses.

Groth-Marnat, G. (2000a). *Neuropsychological assessment in clinical practice: A guide to test interpretation and integration*. Hoboken, NJ: John Wiley & Sons.

Groth-Marnat, G., & Horvath, L. S. (2006). The psychological report: A review of current controversies. *Journal of Clinical Psychology*, *62*(1), 73-81.

Groth-Marnat, G., & Schumaker, J. (1989). Computer-based psychological testing: Issues and guidelines. *American Journal of Orthopsychiatry*, *59*, 257-263.

Harvey, V. S. (1997). Improving readability of psychological reports. *Professional Psychology: Research and Practice*, *28*, 271-274.

Harvey, V. S. (2006). Variables affecting the clarity of reports. *Journal of Clinical Psychology*, *62*, 5-18.

Hollis, J. W., & Donna, P. A. (1979). *Psychological report writing: Theory and practice*. Muncie, IN: Accelerated Development.

Geffken, G. R., Keeley, M. L., Kellison, I., Storch, E. A., & Rodrigue, J. R. (2006). Parental adherence to child psychologists' recommendations from psychological testing. *Professional Psychology: Research and Practice*, *37*(5), 499.

Klopfer, W. G. (1960). *The psychological report*. New York: Grune & Stratton.

Levenson, M. R. (1988). Emotionality and mental health: Longitudinal findings from the normative aging study. *Journal of Abnormal Psychology*, *97*, 94-96.

Lewak, R. W., Marks, P. A., & Nelson, G. E. (1990). *Therapist Guide to the MMPI & MMPI-2: Providing Feedback and Treatment*. Muncie, IN: Accelerated Development.

Lezak, M. D., Howieson, D, B., & Loring, D. W. (2004). *Neuropsychological assessment* (4th ed.). New York: Oxford University Press.

Luckasson, R., Coulter, D. L., Polloway, E. A., Reiss, S., Schalock, R. L., Snell, M. E., et al., (1992). *Mental retardation: Definition, classification, and systems of support*. Washington, DC: Ameriacan Association on Mental Retardation.

Marks, I. M., Cavanagh, K., & Gega, L. (2007). *Hands-on help: Computer-aided psychotherapy, vol. 49*. New York: Psychology Press.

Mendoza, J. (2001). Reporting the results of the neuropsychological evalutation. In. C. G. Armengol, E. Kaplan, & E. J. Moes (Eds.), *The consumer-oriented neuropsychological report* (pp. 95-122). Lutz, FL: Psychological Assessment Resources.

Norcross, J. C. (2006). Integrating self-help into psychotherapy: 16 practical suggestions. *Professional Psychology: Research & Practice*, *37*, 683-693.

Norcross, J. C., Santrock, J. W., Campbell, L. F., Smith, T. P., Sommer, R., & Zuckerman, E. L. (2003). *Authoritative guide to self-help resources in mental health*. New York: Guilford Press.

O'Donohue, W. T., & Fisher, J. E. (2006). Introduction: Clinician's handbook of evidence-based practice guidelines: The role of practice guidelines in systematic quality improvement. In *Practitioner's guide to evidence-based psychotherapy* (pp. 1-23). Springer US.

Ownby, R. L. (1987). *Psychological reports: A guide to report writing in professional psychology*. Brandon, VT: Clinical Psychology Publishing.

Ownby, R. L. (1990). A study of the expository process model in mental health settings. *Journal of Clinical Psychology*, *46*, 366-371.

Ownby, R. L. (1997). *Psychological reports: A guide to report writing in professional psychology* (3rd ed.). Brandon, VT: Clinical Psychology.

Prince, J. P., & Heisser, L. J. (2000). *Essentials of career interest assessment*. Hoboken, NJ: John Wiley & Sons.

Sadock, B. J., & Sadock, V. A. (2005). *Kaplan & Sadock's pocket handbook of clinical psychiatry* (4th ed.). Philadelphia, PA: Lippincott.

Sandy, L. R. (1986). The descriptive-collaborative approach to psychological report writing. *Psychology in the Scholls*, *23*, 395-400.

Sattler, J. M. (2008). *Assessment of children. Cognitive functions* (5th ed.). San Diego, CA: Author.

Sattler, J. M., & Hoge, R. D. (2006). *Assessment of children: Behavioral, social and clinical foundations* (5th ed.). San Diego, CA: Jerome M. Sattler.

Snyder, P. J., Nussbaum, P. D., & Robins, D. L. (2006). *Clinical neuropsychology: A pocket handbook for assessment* (2nd ed.). Washington, DC: American Psychological Association.

Stelmachers, Z. T. (1995). Assessing suicidal clients. *Clinical personality assessment: Practical approaches*, 367-379.

Sunberg, N. D. (1955). The acceptability of "fake" versus "bona fide" personality test interpretations. *Journal of Abnormal and Social Psychology*, *50*, 145-147.

Tallent, N. (1992). *The practice of psychological assessment*. Englewood Cliffs, NJ: Prentice-Hall.

Tallent, N. (1993). *Psychological report writing* (4th ed.) Englewood Cliffs, NJ: Prentice-Hall.

Walker, C. E., & Roberts, M. C. (2001). *Handbook of clinical child psychology* (3rd ed.). Hoboken, NJ: John Wiley & Sons.

Wolber, G. J. & Carne, W. F. (1993). *Writing psychological reports: A guide for clinicians*.

Sarasota, FL: Professional Resourses Press.

World Health Organization. (1990). *The ICD-10 Classification of behavioural disorders: Clinical description and diagnostic guidelines*. Geneva, Switzerland: Author.

12장

심리평가와 치료 계획

1. 심리평가와 치료 계획의 이해

심리평가가 궁극적으로 목표하는 바는 수검자를 위한 최적의 결정을 내리는 데 적절한 정보와 제언을 제공하여 문제의 해결을 돕는 것이다. 이 과정에는 문제의 세부 사항, 의뢰처, 수검자 개인의 성격, 환경적 상황 등과 같은 매우 다양한 정보를 통합하는 작업이 필요하다. 따라서 임상가는 치료 세팅(외래/입원), 강도(빈도와 기간), 목표, 방식(개인, 집단, 가족) 그리고 구체적인 전략 및 기술에 관해 제언할 목적으로 정보를 다루어야 한다. 하지만 고려해야 할 변인의 수가 많기 때문에 평가는 벅찬 일이 될 수 있다. 그러므로 이 장의 초점은 치료 계획을 위해 체계적으로 평가 결과를 조직하기 위한 다루기 쉬운 틀을 제공하는 데에 있다. 연구에 따르면, 이 틀을 사용하면 개입의 결과를 최적화할 수 있다.

다음의 형식은 결과를 조직하고 치료 계획을 세우기 위한 것으로, 몇 가지 원칙과 가치를 따른다. 먼저, 가능하다면 증거에 기반한 정보를 제공해야 한다. 현재 사용 가능한 비교적 넓은 범위의 연구들로부터 비롯된 정보들을 사용해 증거 기반 정보를 제공하는 것이 가능하다. 사실 최신의 연구들이 말하는 과정을 무시하는 치료는 내담자에게 가장 효과적인 치료를 제공하지 못할 위험이 있다. 동시에 가장 좋은 계획을 만들기 위해서는 임상적 경험 및 결정과 연구, 평가 결과 그리고 내담자의 독특성 간의 상호작용이 필요하다. 더 나아가, 이 장에서는 이 틀이 순차적일 뿐만 아니라 체계적이어야 한다는 원칙을 전제로 한다. 보통 임상가가 마주치게 되는 일련의 결정들은 개입의 범위와 같은 영역에서 시작하여 치료의 구체적인 기술이나 재발 방지의 방법과 같은 이슈들로 순차적 형식을 따른다. 마지막으로, 고려되는 변수의 수는 가장 적절하고 쉽게 다룰 수 있으며 연구를 통해 가장 지지되는 것들을 중심으로 줄여야 한다.

효과적인 제언을 만드는 것은 단순한 검사 해석을 넘어서는 많은 지식과 기술 영역을 요구한다. 중요한 영역 중 하나는 일반적 사례관리다. 효과적인 사례관리를 위해서 임상가는 일반적 사례의 이슈들을 검토하고, 가장 핵심적인 특징들에 주목하며 이에 따라 제언을 구상해야 한다. 제언에는 예상되는 치료 기한에 대한 대체적 관점을 제시해야 하는데, 이는 수검자의 문제가 얼마나 심각한 상태인지, 수검자가 자신이나 타인에게 상해를 입힐 위험이 있는지 여부와 직접적으로 관련이 있다. 임상가는 도움을 받을 수 있는 전문 기관에 대한 정보를 알고 있어야 하며, 이러한 고려사항들을 검토한 후에 가장 적합한 곳(혹은 여러 곳), 예를 들어 특정 입원 세팅이나 외래 병원, 정신보건센터, 자살방지센터, 알코올중독자 자조 집단 등을 추천할 수 있어야 한다. 다양한 자조 자원 역시 치료 효과를 높이는 데 도움이 될 수 있다. 치료의 빈도와 기간에 관련된 결정도 필요하다. 임상가는 내담자의 환경을 어떻게 가장 적절하게 만들 것인지에 대해서도 평가하고 제언할 수 있어야 한다. 예를 들어, 내담자의 사회적 지지 수준을 평가하는 것은 개인이 가능한 지지를 사용하도록 격려하거나 부분적으로 적합한 지지를 향상시키도록 할 수 있다는 점에서 도움이 될 수 있다. 환경 역시 사회적 교류를 증가시거나 재발 가능성을 줄이도록 변화될 수 있다.

임상가는 의도적으로 내담자의 구체적인 특징이나 환경에 맞추어 그들의 답변을 조정할 수 있어야 하고, 그렇게 해야 한다. 많은 치료사가 전형적으로 그들의 모든 내담자에게 동일하거나, 적어도 비슷한 개입을 제공한다. 이런 개입은 보통 치료사가 더 친숙한 특정 치료학파를 기반으로 한다. 가령, 치료 장면에 오는 모든 내담자에게 인지행동치료를 시행하는 것이다. 그러나 연구에 따르면, 인지행동치료는 외현적인 대처 방식을 가지고 있는 내담자에게는 효과적인 반면, 내현적인 대처 방식을 가진 내담자에게는 지지적이고 자기-지도적(self-directive) 방법이 더 효과가 있다(Beutler & Harwood, 2000). 임상가가 통상적으로 빈번하게 하는 다른 가정은 모든 효과적인 치료에 공감이 필수적인 요소라는 것이다. 그러나 다른 연구들은 심리치료사가 공감적이고 열심히 있으며 수용적일 때 낮은 동기를 가진 의심이 많은 환자는 저조한 수행을 보인다고 말한다. 치료사들은 다양한 내담자에 맞는 상대적인 유연성과 넓은 범위의 기술들을 가지고 있을 필요가 있다. 내담자에게 좁은 범주의 가능한 개입들을 제공하는 것은 치료 효과를 낮출 수 있고, 더 나아가 가장 좋은 개입을 제공하지 못할 수 있기 때문에 윤리적 문제도 시사한다. 하지만 임상적인 통념이 때때로 틀릴 수 있기 때문에 제언과 개입은 가능한 한 연구를 통해 인도되어야 한다.

이 치료 계획을 위한 간략한 개괄은 치료 관계의 질이 결과에 미치는 큰 영향이나 임상적 경험의 중요성을 최소화하고자 하는 것이 아니다. 치료적 관계의 전반적인 질은 특정 치료 기법만큼이나 결과의 변화에 기여한다. 그러나 잘 정의된 기법들은 대부분 일반적인 치료의 질에 비해 구체화하고 통제하기 쉽다. 또한 내담자의 필요와 기대에 맞는 기법들은 작업 관계의 질을 향상시킬 가능성이 높다. 따라서 치료의 기법과 관계를 분리시키는 것은 불가능한 것은 아니지만 쉬운 일은 아니다. 예를 들어, 환자와 치료자 혹은 내담자와 치료자 간의 관계의 질은 치료사가 꽤 방어적인 내담자에게 매우 지시적인 기법들을 시도할 때 나빠질 가능성이 높다. 더 나아가, 임상적 경험은 다양한 범위의 내담자의 정보를 가장 좋은 조언들로 통합해 내는 것에 항상 결정적인 역할을 한다. 이 과정이 연구를 통해 일반적으로 지도되어야 하지만, 어떤 특별한 사례의 세부 사항은 연구 결과만으로 제시된 일반적인 사항과 다르거나, 심지어 반대인 경우도 있다. 따라서 연구 결과들과 임상적 정보는 이상적으로 원활한 교류 가운데 있어야 하며, 이를 통해 서로의 강점을 최적화하고 각자의 약점을 최소화해야 한다.

다음의 내용은 Groth-Marnat(2009)가 제시한 심리평가와 치료 계획을 참고하였다.

2. 치료 계획 수립의 역사와 방법

치료 계획을 개선하려는 연구자와 임상가들의 주된 관심사 중 하나는 치료적인 개입이 어떻게 그리고 왜 효과를 보이는지 혹은 효과를 보이지 않는지를 이해하는 것이다. 치료 개입 과정에서 시행하게 되는 평가의 일반적인 목적은 적절한 (밀접한 관련성을 보이는) 수검자의 특징이나 증상 행동을 최적의 개입과 연결시키는 것이다. Paul(1967)은 이러한 의도를 다음의 질문을 통해 야심차게 밝혔다. "어떤 문제를 지닌, 누구에 의해 수행되는 치료가, 어떠한 상황에서 실시될 때 특정 문제를 지닌 개인에게 가장 효과적일 것인가?"

정신건강(정신보건)의 오랜 전통은 수검자의 세부 사항에 개입의 방법을 맞춤 제작하는 것의 중요성을 충분히 강조한다. 예를 들면, Vedas는 수검자 각각의 필요에 따라 적절한 비유로 말하는 것의 차별적인 효과에 대해 이야기한다. 유사하게, 수피교에는 참여자들에게 특정한 효과를 낼 수 있도록 만들어진 훌륭한 전통 이야기가 있다(Groth-Marnat, 1992). 이미 1919년에, Freud는 환자를 다른 종류의 정신치료에 연결시키는 것에 관심을 가지고 있었다. 고전 정신분석은 심리적 통찰을 지닌 내담자들에게 추천되었다. 이에 비해, 심리학적 이해 부족으로 '분석할 수 없다.'고 간주되는 내담자는 통찰력과 심도 있는 자기탐구보다는 단도직입적인 개입에 초점을 둔 심리치료에 의뢰되었다.

1950년대와 1960년대에 걸쳐서 극도로 다양한 종류의 치료 방법이 발달했다. 각각의 치료는 병인을 설명하는 각기 다른 이론적인 모델과 매우 다양한 기법을 제공했다. 일련의 기법이 특정 종류의 문제를 해결하는 데 성공적인 결과를 낼 수도 있다는 기대감이 이러한 발달들을 부분적으로 자극했다. 이러한 기법의 예로는 공포증 해소를 위한 체계적 둔감화나 과거 대인관계 갈등을 해결하는 도구로서의 전이 해석을 들 수 있다. 지적장애의학 문헌에서는 특정 장애(예: 천식)를 어떠한 구체적인 종류의 갈등의 결과로 본다. 유사하게, 이러한 구체적인 갈등을 해결하는 것이 그와 관련된 증상들을 제거하길 바랐다. 이러한 광범위한 다양성과 구체성은 400개가 넘는 수많은 종류의 심리치료의 발달을 가져왔으며, 오직 이 중 몇 개만이 임상적 조사의 대상이 되었다.

1950년대와 1960년대의 심리학적 평가는 그 당시 존재한 특정 치료학파와 유사하게 진행되었다. 많은 평가의 절차는 의학적인 문맥에서도 사용되었으며, 정신분석학적 시각을 반영하는 투사적 기법에 의지했다. 이때 목표는 내담자의 증상들과 함께 그런 증상들의 원인이라고 생각되는 갈등들에 대한 역동적 해석을 나열하는 것이었다.

치료 계획의 구체성은 구체화된 내적 역동의 묘사에 비해 덜 강조되었다. 이러한 갈등들을 묘사함으로써 치료사들이 어떻게 치료를 진행해야 할지 더 잘 알 것이라고 가정했다. 1960년대와 1970년대에 걸쳐서는 경쟁 구도에 있던 행동주의학파와 인본주의학파가 내담자의 목표행동과 그 행동을 야기한 선행 사건을 구체화하는 것이나, 내담자의 현재 경험에 주의를 두는 것을 기반으로 각각의 평가 방식을 발달시켰다. 둘 중 어느 경우든, 전통 심리측정 방식의 가치는 경시되었을 뿐만 아니라, 비판을 받거나 심지어 폐기되기도 했다.

당연하게도, 서로 다른 치료 방법 사이에는 무엇이 더 효과적인지를 놓고 상당한 경쟁이 있었다. 1952년 Eysenck의 심리치료(특히 정신분석)가 플라시보보다도 효과적이지 않다는 의견은 상당한 논쟁을 촉발했다. 이에 비해, 그는 행동치료가 단순 플라시보 효과를 넘은 긍정적인 효과를 보인다고 결론지었다. 이를 뒤따른 많은 연구는 특정 학파의 지지자들이 그들이 몇 년에 걸쳐 수련을 받은 치료의 우월성을 증명하고자 하는 일종의 시합이 되어 버렸다. 치료 결과에 관한 연구 요약 중 여러 번 인용되며 고전으로 뽑히는 것은 Smith, Glass 그리고 Miller(1980)의 메타분석인데, 이는 평가되고 있는 모든 치료 방법이 효과적이라고 결론 내린다. 그들은 또한 좁은 초점을 가진 치료 방식이 더 광범위한 초점을 가진 치료 방식보다 큰 효과를 보인다는 것을 발견했다. 예를 들어, 전형적으로 행동이라는 좁은 영역에 집중하는 (공포증의 감소, 행동 변화 등) 체계적 둔감화와 이완기법 같은 기법은, 개인의 성장이라는 좀 더 일반적인 목표를 가진 내담자 중심의 치료 방법보다 더 효과적임이 밝혀졌다. 하지만 다양한 치료 방법 사이의 차이는 크지 않았고, 이것은 분야의 많은 논평가로 하여금 Lubrosky, Singer 그리고 Lubrosky(1975)가 먼저 "모두가 이겼고, 모두가 상을 받아야 한다."(주로 '도도새' 평결이라고 불린다.)라고 앞서 말한 평결에 동의하게 했다. '도도새' 평결은 좀 더 방법론적으로 적절히 설계된 최근의 연구들에 의해 뒷받침된다. 이 연구들은 같은 문제를 목표로 했을 때 다른 치료 방법들의 결과는 미미한 차이를 보이거나, 혹은 아예 차이가 없다는 것을 검증했다. 예를 들어, 최근의 양질의 연구(메타분석을 포함하는)는 우울증 치료를 목적으로 임의로 배정된 메뉴얼화된 인지행동적 개입과 정신역동적·대상관계적 개입이 치료 결과의 효과에 있어서 유사한 효과를 보인다는 것을 발견했다.

이러한 연구들은 앞서 언급한 결과들과 함께 치료 설계에 중요한 함의를 갖는다. 모든 체계에 공통되는 치료의 보편적인 특징을 살펴보는 것은 가능한 하나의 대응 범주다. 이 대응은 그러한 보편적 요소들이 치료법들의 결과물에 있어서 보편적으로 동일한 부분을 설명해 줄 것이라는 점을 전제로 한다. 가장 초기의 형식적 개념화는 Rogers(1992)에 의한 1957년 '치료적 변화의 필요충분조건'에 대한 설명이었다. 이 조건들은 진솔성, 무조건적 긍정적 수용 그리고 정확한 공감을 포함하였다. 이와 어떤 면에서는 비슷한 보편적인 공식이 Frank(1973)가 발표한 것으로, 그는 성공적인 치료는 내담자에게 희망과 혼란 극복, 그리고 자애로운 설득에 수반하는 교정적인 감정적 경험의 창조를 제공하는 것을 포함해야 한다고 주장했다. 이 보편적인 초점은 좀 더 지시적이고 기법에 기반한 접근들과 대비된다. 특히 보편적인 설명은 단순한 기법을 넘어선 치료적인 관계의 질에 상당한 강조를 둔다. 평가와 치료 설계에 있어서 함의는 평가의 기법적인 측면(형식적인 검사들)이 관계의 질과 비교했을 때 중요성을 덜 가진다는 것이다. 형식적인 검사는 심지어 긍정적인 치료 관계를 발전시키는 것을 방해하는 것으로 지각될 수도 있다. 더 나아가, 치료 제언의 구체성 또한 덜 강조된다. 그러나 기본적인 사례 관리 이슈들(제한성, 형식, 치료의 강도)과 결과를 최대화시킬 수 있는 관계 양상을 향상시키는 것(즉, 신뢰할 만하고 믿을 만하게 보여 내담자의 기대를 만족시키는 것)은 계속 유지된다.

두 번째 일반적인 전략은 차별적 치료법(differential therapeutics)이라고 총괄하여 부를 수 있다. 이 접근은 문제의 양상에 관련된 추가적인 정보들과 특정 진단에 기반하여 개입 기법들을 체계화하는 것에 초점을 둔다. 차별적 치료법에서 평가의 일반적인 기능은 가능한 한 주의 깊게 장애의 세부 사항들을 진단하고 평가하는 것이다. 결과를 최적화하는 데 가장 효과적이라고 간주되는 기법들은 특정 증상이나 증상군에 맞춰져 있다. 이 모델은 가장 적합한 치료를 적용하기 전에 정확한 진단이 선행되어야 한다는 점에서 의학 분야에서 사용하는 절차와 매우 유사한 절차를 따르고 있다.

이 접근은 다양한 성공 사례를 보여 주었다. 아마 가장 눈에 띄는 성공은 불안 관련 증상군을 위한 특정 목표 개입의 개발일 것이다. 특히 Barlow, Craske, Cerny 그리고 Klosko(1989)는 공황장애를 대상으로 하는 특정 목표 치료를 개발했으며, 이 프로그램을 거친 사람들 중 80~100%가 효과를 얻었다. 게다가 이는 약물치료보다 명백히 우월한 효과를 제공하는 것으로 밝혀졌다. 이 치료에는 근육 완화, 인지적 재구성 그리고 호흡 훈련과 노출기법이 포함된다. 사회공포증과 사회불안을 위한 개입 역시 다른 형태의 치료와 차별적인 효과를 보였다. 이러한 프로그램들은 인지적 재구성, 공포 상황 시뮬레이션, 그리고 내담자가 자신을 실질적인 불안 관련 상황에 점진적으로 노출하는 과제를 포함한다. 강박장애를 위한 차별적인 효과적 개입은 강박적 행동의 발생을 막는 전략들과 함께 불안 관련 상황에 대한 점진적인 노출기법을 핵심으로 한다.

대부분의 불안장애가 장애의 하위 유형(진단)을 직접적으로 목표로 하는 개입을 사용할 때 이점이 있음을 나타냈지만, 우울의 치료에 있어서 특정한 개입은 이보다 덜 성공적이었다. 자율신경계 이상의 정도, 조증 삽화의 존재(양극성) 그리고 자살 위험의 존재는 약물의 종류와 치료의 제한성에 대한 함의를 갖는다. 연구들이 아직 우울증에 대해 가장 좋은 심리사회적 개입이 무엇인지 명확하게 밝혀내지는 못했지만, 몇몇은 인지행동적 접근의 차별적 효과성에 대해서 논했다. 연구자들은 또한 조현병, 수면장애, 성 불편증, 범불안장애 그리고 성격장애에 대한 특정 심리사회적 개입들의 차별적 효과성을 설명하는 데 어려움을 겪는다.

세 번째 일반적 대응 방법은 치료 결과의 차이가 불충분하게 탐색된 내담자 특성들(client characteristics)의 결과라고 여기는 것이다(Beutler & Harwood, 2000). 내담자 특성의 상대적인 공헌도를 평가하는 것은 어떤 유형의 내담자는 어떤 종류의 치료가 주어졌을 때 꽤 잘 해 나가는 반면, 다른 이들은 동일한 치료를 제공해도 결과가 좋지 않다는 발견에 근거한다. 만약 결과가 좋지 않은 내담자를 확인하여 대안적 접근을 제공한다면 유의미한 치료적 성과를 얻을 수 있었을지도 모른다. 그러나 다양한 집단을 대상으로 한 연구는 이러한 잠재적으로 상대적인 내담자의 차이에 대해 밝히지 못했다.

이 전략은 또한 치료에 대한 반응 차이를 예측하기 위해 사용될 수 있는 매우 다양한 내담자 특성을 면밀하게 조사해 왔다. 200개가 넘는 이러한 특성들이 제시되었고, 그 중 100개는 임상적인 조사를 거쳤다(Beutler & Harwood, 2000). 결과적으로 지난 20년 동안 체계적인 치료 설계를 위해 가장 임상적으로 타당화된 특성들의 서술과 사용이 증가해 왔다. 내담자 특성과 치료 연결이 치료 동맹의 질과 합쳐질 때 치료결과를 90%까지 예측할 수 있었다(대조적으로, 선행하는 내담자의 특성 없이 치료 기법을 제공하는 것은 결과 변수의 오직 10%만을 설명하는 것으로 밝혀졌다).

선행하는 내담자의 특성을 통해 적합한 관점을 찾아낼 수 있고, 더 나아가서 이러한 관점들은 가장 적합한 치료 계획을 세우기 위해서 사용해야 한다. 이러한 접근은 평가의 기법적이고 임상적인 양상과 함께 치료 제언의 구체성 또한 강조한다. 이는 공통 요소의 중요성(돌봄, 공감, 존경 등)을 무시하는 것이 아니다. 반대로 체계적인 치료의 선택은 잠재적으로 이러한 공통 요소들에 추가적인 효과를 더할 수 있다. 이는 또한 단순히 환자를 하나의 치료 모델에 배치하는 것을 넘어서 결과를 증진시킬 수 있다.

내담자 개인의 특성과 현상학적 장에 관심을 가지는 평가 및 개입 방식으로 최근 '치료적 평가'라는 개념이 소개되었다. 치료적 평가란 전통적인 '정보 수집'의 심리평가와 구분되는 새로운 평가자의 태도를 말한다. 치료적 평가는 전통적 평가에 대비되는 개념이다. 전통적 평가에서는 진단, 치료, 계획, 치료, 평가와 이해 증진을 목표로 내담자에게 심리검사를 실시하는 모형과 표준화 자료를 강조한다. 반면, 치료적 평가에서는 내담자의 이해를 위한 정보 수집뿐만 아니라 평가 경험이 위기를 경험하고 있는 개인에게 긍정적인 변화로 이어지는 것 역시 기대한다. 전통적 평가가 비협력적 평가라면 치료적 평가는 협력적 평가, 즉 검사 결과를 가지고 내담자와 소통하며 평가 과정의 여러 단계에 내담자가 참여하는 평가다. 협력적 평가는 현상주의 심리학에 기반한 평가 방식으로 검사 점수 그 자체의 해석이 아니라 내담자의 현상학적 장에서 점수의 의미를 파악하는 것에 초점을 둔다. 협력적 평가는 평가 이유의 구조화, 검사 반응과 행동 관찰, 의미 있는 반응과 행동 발견, 유용한 권고 제안, 요약 자료 문서화 등의 요소를 포함한다. 이는 검사 결과가 객관적 진실이라고 주장하는 인식에서 벗어나 임상가와 평가자 간의 힘의 불균형을 줄이는 것을 지향한다.

치료적 평가를 실시하는 임상가는 내담자에게 검사 결과의 타당도를 주장하기보다 내담자가 조절하고 수용하고 거부할 수 있는 이론을 제공해야 한다. 이는 곧 치료적 평가에서는 검사 중심의 모형보다 내담자 중심의 평가 모형을 지향한다는 것을 의미한다. 내담자 중심의 평가 모형에서 임상가는 내담자의 질문을 수집하고, 목표 탐색에 참여하고, 내담자의 딜레마에 공감하며 행동의 맥락적 측면을 이해해야 한다. 치료적 평가 동안 이루어지는 대화를 통해 임상가는 내담자의 행동과 검사 점수를 분석하는 데 필요한 정보를 얻을 수 있고, 내담자에게 평가 내용을 공동 편집할 기회를 제공할 수 있다. 치료적 평가가 실시되는 동안 내담자는 임상가에 의해 압도되지 않으며 대화의 협력자로서 대화에 참여하고 편안한 분위기에서 자신의 이야기를 할 수 있다. 치료적 평가에서 임상가는 내담자에게 치료적 개입에서 관찰하고, 탐색하고, 이야기한 일상의 문제에 초점을 두게 한다. 이러한 과정 가운데 심리평가 결과가 내담자의 일상생활에서 어떤 방식으로 나타나는지 살펴볼 수 있다. 목표로 삼은 내담자의 문제 경험을 어떻게 도와줄 것인지 상상하고, 이를 내담자의 눈으로 볼 수 있도록 검사를 활용하고, 내담자가 일상생활에서 겪는 정서를 불러일으키도록 평가 자료를 사용한다. 때로 치료적 평가를 내담자와 함께 하는 것만으로도 내담자를 치료할 수 있으며, 치료적 평가는 이후 치료 개입 설계에도 좋은 도구가 될 수 있다(Finn, 2014).

앞서 언급한 3개의 일반적인 전략에 더하여서 내담자의 특성과 치료적 개입의 처방적인 연결을 위한 지침을 제공하려는 다양한 시도가 나타났다. 이상적으로, DSM은 일반적인 의학에서 독립된 특정 병리에 적용되는 것과 유사한 방식으로 치료 계획을 세우는 데 유용해야 하지만 일반적으로는 그렇지 못했다. 몇몇의 진단적 카테고리가 신체적 개입(즉, 우울장애를 가진 사람에게 항우울제 처방)에 있어서 다른 방식을 정하는 데 함의를 가지고 있지만, 진단적 카테고리들은 일반적으로 심리사회적 개입을 설계하는 데 있어서 특별히 도움이 되지는 않았다(Houts, 2002). 개입의 적합한 영역들을 더 명확하게 찾아내기 위해서 Lazarus(2006)는 환자의 행동, 정서, 감각 경험, 이미지, 인지, 대인관계 그리고 약물에 대한 필요를 분석하기를 권했다(BASIC-ID). Prochaska와 DiClemente(1992)는 임상가들에게 그들의 개입을 사전 고려, 고찰, 준비, 조치 그리고 유지 단계로 재단하기를 권했다.

행동의학적 맥락에서, Wickramasekera(1995)는 내담자가 불편 사항들을 신체화할 가능성을 확인하고 평가하기 위해 고위험 모델을 개발했다. 고위험 모델은 매우 높거나 매우 낮은 피최면성, 신경증(교감 신경 반응 수준) 그리고 파국적 인지로 구성된 선행 요소들에 대한 평가에 기반하여 예측을 한다. 촉발 요인들은 주요한 삶의 변화나 경미한 어려움들에 연관되고, 내담자 요인은 완충 장치로 기능할 수 있는 사회적 지지 수준과 대처 기술을 포함한다. 치료는 이러한 내담자 차원에서 점수의 패턴을 중심으로 설계될 수 있다.

또 다른 전략은 치료사와 내담자의 최적의 연결을 만드는 데 관련된 요소를 결정하는 것이다. 어떤 점에서는, 특별히 연령, 성별 그리고 인종과 같은 영역에서 내담자와 치료사의 공통점이 이로운 것으로 밝혀졌다. 공통성은 또한 대인관계에 관련된 치료 목표, 우정 그리고 사회적 재인에 부여된 가치를 증진시킬 가능성이 높다(Talley, Strupp, & Morey, 1990). 반대로, 치료사와 내담자 사이의 차이점은 높은 수준의 자율성에 가치를 두는 치료사가 애착과 의존에 대한 높은 요구를 가지고 있는 내담자와 함께 작업했을 때 더 좋은 결과를 예측했다. 애착과 의존에 높은 지향점을 가지고 있는 치료사는 자기충족적이며 자율적인 내담자와 더 좋은 결과를 냈다(Jacobson, Follette, & Pagel, 1986).

치료 계획에서 증거기반 방법을 사용하는 것의 적합성과 긴급성은 미래에 상당히 증가할 가능성이 높다. 이는 갈수록 더 비용-효과성을 증명할 수 있는 평가 과정과 개입을 요구하는 관리 의료로 향하고 있는 최근의 움직임 때문이다(Yates & Taub, 2003). 결과적으로, 평가가 내담자의 문제를 신속하게 파악할 수 있고, 최적화된 치료 제언을 만들고 실질적인 개입의 효과를 보이도록 증명하기를 요구하는 압력은 더 커지고 있다. '거래의 도구(tools of the trade)'는 비용 대비 효과적으로 증명될 수 있는 방식으로 서비스를 제공할 수 있어야 한다. 현재, 평가의 비용-효과성에 대한 데이터는 아직 정립되어 있지 않지만 가까운 미래에는 이를 이용할 수 있을 가능성이 높다(Yates & Taub, 2003). 앞으로의 연구는 언제 평가가 효과적이며, 언제 그렇지 않은지를 명확히 할 수 있어야 할 것이고, 특히 평가 결과가 치료 계획을 세우기 위해서 신속하고 효과적으로 사용되어 비용을 절감하는 데 이용됨으로써 부적절하고 혹은 비효과적이고 불필요하게 긴 치료를 피할 수 있음을 증명하여야 할 것이다.

3. 치료 선택을 위한 체계적 접근

임상가는 내담자를 만났을 때 적절한 정보를 얻어야 한다. 그리고 이 정보를 바탕으로 연쇄적인 결정들과 제언들이 만들어져야 한다. Beutler 등(Beutler et al., 2006)은 이러한 다른 결정들의 유형에 관련하여 여섯 가지 내담자 변인과 치료적 고려사항을 제시하였다(〈표 12-1〉 참조). 이 여섯 가지 중 첫 번째는 기능적 손상에 관련이 있고, 일반적인 사례 관리에 명확한 함의를 가진다. 쟁점들에는 치료의 적합한 제한성(외래/입원), 약물치료를 고려해야 하는지 여부, 치료의 강도(기간과 빈도) 그리고 즉각적인 목표가 무엇이 되어야 하는지에 관한 것이 포함된다. 나머지 다섯 가지의 차원은 전반적인 사례 관리보다는 개입의 좀 더 구체적인 기법들과 관련이 있다. 사회적 지지 수준은 내담자의 사회적 관계망이 의지할 수 있는 수준인지 아니면 좀 더 증진되어야 할 필요가 있는지를 결정하는 데 사용될 수 있다. 내담자의 문제의 상대적인 복잡성(그리고 만성 정도)은 치료의 초점을 구체적이고 개별적인, 환경과 관련된 증상에 두어야 할지 아니면 좀 더 내적이고 만성적인 갈등의 영역에 두어야 할지를 고려하는 데 중요하다. 더 나아가, 대처 전략은 개입이 외적인 행동을 바꾸는 것이 되어야 할지 혹은 좀 더 내적인 통찰 지향적 수준의 변화가 되어야 할지를 결정하는 데 도움이 될 것이고, 저항(reactance)의 수준은 개입이 얼마나 직접적이 되어야 할지에 있어서 함의를 가질 것이다. 이에 더하여 Prochaska와 DiClemente(1992)가 제안한 마지막 일곱 번째 영역은 내담자가 속해 있는 문제해결 과정(변화의 과정)에 기반하여 개입을 고려하는 것이다.

〈표 12-1〉 치료 계획의 체계적인 단계

변인	치료적 고려사항
1. 기능적 손상	제한성(입원/왜래) 강도(기간과 빈도) 의학적 대 심리사회적 개입 예후 목적 달성의 긴급성
2. 사회적 지지	인지행동적 대 관계적 증진 치료의 기간 심리사회적 개입 대 약물 가능한 집단 개입
3. 문제의 복잡성/만성 정도	좁은 증상에 초점 대 미해결 갈등 주제의 해결
4. 대처 전략	행동적 증상 지향 대 내적 통찰 지향 개입
5. 저항	지지적 · 간접적 · 역설적 개입 대 구조적 · 직접적 개입
6. 주관적 고통	증가된/감소된 각성
7. 문제해결 과정	이해, 탐색 그리고 인식 대 외적 행동 혹은 대인관계의 변화

각각의 차원은 잠정적으로 형식적인 검사들과 면접 자료, 행동 관찰 그리고 관련된 과거력과 함께 조합되어 평가될 수 있다. 적합한 내담자의 특성을 평가하는 것은 관련된 각각의 영역에 집중한 상대적으로 짧은 면담으로부터 많은 심리검사를 포함한 넓은 범위의 심리검사 배터리까지 고려해 볼 수 있다. 평가척도 또한 다양한 평가를 요약하는 것을 돕기 위해 개발되어 있다(STS Clinician's Rating Form; Fisher, Beutler, & Willams, 1999). 임상가는 평가 과정과 치료적 개입 지도를 조직화하기 위해 다음의 영역들을 사용할 수 있다.

1) 기능적 손상

어떤 평가에서든 가장 먼저 할 일은 문제의 심각도를 평가하는 것이다. 환자의 문제가 일상적인 사회적 · 직업적 · 대인관계적 요구를 효과적으로 다룰 수 있는 능력을 방해하는 범위를 평가하는 것이 주된 목적이다. 기능적 손상 정도는 내담자의 대처 능력, 자아 강도, 통찰 수준 그리고 증상의 만성 정도와 직접적인 관련을 가질 것이다. 그러나 많은 경우 주관적 고통은 심각한 문제의 존재 여부와 관련되지 않는다. 예로는 타인에게 고통을 만들지만 특별히 고통을 느끼지 않는 반사회성 성격장애와 사회의 변두리에서 기능하지만 자신은 이러한 경계적인 상태와 기능장애 수준을 특별히 걱정하지 않는 조현성 성격장애가 있을 것이다. 기능적 손상이 객관적인 손상 지표에 반영되었는지가 주된 평가 기준이다. 대조적으로, 주관적 고통은 꼭 개인이 객관적인 지표에 기반하여 손상되었음을 의미하지는 않는다.

기능적인 손상을 평가하기 위한 수많은 구조적이거나 비구조적인 평가 과정이 있는데, Beutler와 그의 동료들(Beutler & Harwood, 2000; Beutler & Groth-Marnat, 2003)이 제안한 평가 영역들은 다음과 같다.

- 면담 중 내담자의 기능 능력을 방해하는 문제
- 평가 과제 중 낮은 집중력
- 사소한 일들에 주의 산만
- 기능에 있어서 전반적인 무능력

- 임상가와의 상호작용에 어려움
- 내담자의 일상생활 수행에 있어 다양한 손상된 영역

정신상태평가(Mental State Examination: MSE)는 기능적 손상에 관련된 유용한 정보를 얻을 수 있는 구조화된 도구다.

기능 손상에 대한 유용한 심리평가적 지표 중 하나는 전반적으로 상승된 MMPI−2/MMPI−A 척도다. 만약 프로파일 오른쪽의 지표들(편집, 조현, 경조)이 상승되어 있다면 기능 손상의 가능성은 특별히 더 높다. 높은 Beck 우울증 척도 II(Beck Depression Inventory−II: BDI−II) 점수(30점이나 그 이상) 역시 높은 수준의 무능력을 시사한다. 만약 환자가 우울한 상태라면 자살 수준이 항상 평가되어야 한다. 임상가에게 자살 위험을 알려 주는 구체적인 지표들은 MMPI−2/MMPI−A의 관련된 결정적 문항들이나 BDI−II의 2번, 9번 문항이다. MCMI−III 척도의 전반적인 상승은 역시 기능적 손상의 수준이 높음을 시사하고, 특별히 심각한 성격병리나 심각한 증상을 나타내는 척도에서의 상승이 일어났다면 더욱 그렇다.

(1) 심한 기능 손상 수준

심한 수준의 기능 손상은 다음 다섯 가지 영역에서 함의를 가진다. 즉, 치료의 제한성, 치료의 강도(기간과 빈도), 의학적 · 신체적 대 심리사회적 개입 사용, 예후 그리고 초기 목표 달성의 긴급성이다.

첫째, 치료의 제한성의 경우 심각한 문제가 있다면, 특히 내담자가 자살 위기에 있거나 일상 활동에서 기능할 수 없다면 즉각적인 입원 치료를 필요로 할 수도 있다. 입원 치료가 필요한 진단적 예시로는 양극성 기분장애, 정신증적 상태, 자살 의도를 가진 주요 우울, 해독이 필요한 급성 물질남용 등으로 인한 몇 가지 심리적 · 신체적 상태가 있다. 입원 상황에서의 초기 치료는 후에 상태가 안정화되면 부분적 입원으로 전환될 수 있다. 입원 환자들을 위한 초기 치료는 집중적일 필요가 있다. 외래 개입은 경미하거나 중증도의 심각성을 가진 문제를 가지고 있고 좀 더 많은 자원을 가지고 있는 대부분의 환자에게 적합할 것이다.

둘째, 치료의 강도(기간과 빈도)는 기능적 손상에 일차적으로 기반하여 사람마다 달라진다. 다음에 해당되는 내담자 또는 환자들에게는 좀 더 장기적 치료가 필요하다. 예를 들어, 심각한 장애를 진단받은 사람(경계성 성격장애 등), 병전 기능이 나쁜 내담자, 장애의 발병과 유지에 있어서 외적 스트레스가 크게 작용하지 않은 것으로 보이는 내담자, 변화에 많은 시간이 걸릴 것이라고 예상되는 내담자, 치료자의 기법이 탐색적이고 통찰 지향적일 때, 사회적 지지가 낮을 때 등이다.

반면, 다음의 지표에 해당되는 경우는 단기간의 개입을 예상할 수 있다.

- 급성 장애(예: 적응장애, 급성 반응 정신증).
- 외적 스트레스가 주된 원인으로 보임
- 좋은 병전 기능 수준
- 변화가 빨리 일어날 것으로 기대되는 내담자
- 증상 중심의 치료, 위기 개입
- 구조화된, 직접적인, 능동적인 개입
- 어린아이, 청소년 혹은 청년인 사람
- 높은 사회적 지지 수준

몇몇의 경우, 삶의 위기가 찾아오는 연결 지점에서의 연속적이지 않은 단기 치료가 적절할 수도 있다. 때로는 치료받지 않도록 제안할 수도 있다. 예컨대, 특별히 개인이 부정적인 반응, 무반응(예: 반사회성 성격장애), 자발적인 회복(예: 일반적인 애도) 또는 치료 없이도 빨리 회복될 것이라고 예측될 때를 말한다. 심리치료의 예후가 좋지 않을 것을 예측하는 추가적인 특성으로는 내담자가 변화의 과정에서 정서적 고통을 호소하는 경우, 치료사를 신뢰하지 못하는 경우 그리고 내담자의 통제 욕구가 있다.

셋째, 조현병이나 양극성 장애 혹은 심각한 불안 상태와 같은 경우는 내담자가 심리사회적 혹은 환경적 개입에 잘 참여하도록 하기 위해 의학적인 개입(약물치료, 전기충격요법)을 필요로 할 수도 있다. 이러한 개입을 위한 지표는 낮은 지남력과 단기기억력, 심각한 혼란, 명백하게 적절하지 않은 정서 혹은 낮은 지능을 포함한다. 이전의 임상적 연구를 통한 증거들은, 심각하고 선천적인 우울은 약물치료에 잘 반응하고, 상황적으로 유발된 경도나 중등도의 우울은 심리사회적 개입에 더 잘 반응한다고 제시했다. 이와 대조적으로 최근 우세한 증거들은, 심각하고 선천적인 우울과 경도에서 중등도의 우울까지 모두 어떤 문제가 되는 부작용 없이 심리치료를 통해 적어도 약물과 동일하게 효과적으로 치료될 수 있다고 주장한다. 항우울제를 사용하면 좋다는 명백한 지표는 높은 신체적인 증상(예: 피로, 불면증, 식욕 감퇴)이다. 비슷한 결정 과정은 불안, 정신증 그리고 양극성 장애에도 적용될 수 있다.

넷째, 예후를 판단하기 위해 고려할 사항들은 특정한 진단, 만성 정도, 의뢰인의 주관적 고민 그리고 의뢰인의 재원(고용 상태, 능력, 사회적 지원)에 관한 방대한 양의 정보를 고려하고 통합하는 것이다. 예후에 관한 연구는 다소 모순적인 경향이 있다. 한편으론, 심각한 문제를 가진 개인은 그 문제가 이미 너무 광범위한 수준까지 진행되었기 때문에 그것을 극복하는 데 어려움을 겪는다고 볼 수 있다. 하지만 또 한편으론, 기능적인 손상은 그 개인이 자발적으로 혹은 자연스럽게 개선된 기능적 수준으로 돌아올 수 있도록 계속해서 변동이 있는 상태의 극심한 수준을 시사하는 것일 수 있다. 게다가 이는 그 개인이 개선될 수 있는 잠재력이 매우 크다는 것이기 때문에 그 변화의 잠재적 강도 또한 더욱 클 가능성이 높다. 하나의 지침이 있는데, 이는 신체질환의 존재와 관련된 정신의학적 증상들(두통, 과민성 대장 증후군)의 심한 정도는 좋지 않은 예후를 제시할 가능성이 높다는 것이다. 질병이 만성적일수록 치료하기 어렵다는 것은 첫 번째 규칙이다. 예후에 있어서 마지막 원칙은, 낮은 수준의 사회적 지지를 가진 내담자는 높은 수준의 사회적 지지를 가진 내담자보다 치료하기 힘들다는 것이다.

다섯째, 극심한 문제들은 치료의 긴급성이 훨씬 크다는 것과, 그것이 내담자에게 가장 큰 고통을 야기하는 증상의 영역을 초점에 두고 행해져야 한다는 것을 나타낸다. 덜 심각한 문제들은 변화의 긴급성이 그리 높지 않고, 그 변화의 목표들이 시간이 지날수록 절충되거나 변할 수 있음을 의미한다.

(2) 경한 수준의 기능적 손상

이전에 언급된 치료의 고려사항들과는 반대로, 경한 수준의 기능적 손상은 치료가 제한되지 않은 환경(외래환자)과 낮은 빈도 그리고 짧은 기간이 특징적이다. 사회심리적인 개입들이 주로 고려해야 할 치료 방식일 것이고, 구체적이고 증상에 집중하는 치료의 목적을 정의하고 이에 도달하도록 개입하되 긴급하게 접근하지 않아도 될 수 있다.

2) 사회적 지지

환경적 지지의 정도 및 수준은 강력하게 화합된 가정과 안정적 형태의 고용상태의 존재를 가리킨다. 이러한 지지의 외부적 수단들은 종종 다른 스트레스 요인들의 영향력을 바꿀 수 있다. 높은 사회적 지지는 또한 치료에 우호적인 반응뿐만 아니라 치료를 통해 얻은 개선들을 유지할 수 있는 능력과 연관이 있어 왔다. 높은 사회적 지지를 가진 사람에 대한 치료 효과는 높을 뿐만 아니라 그들은 또한 이러한 치료 효과를 짧은 시간 안에 얻는다. 대조적으로, 낮은 사회적 지지 수준의 내담자의 경우 치료로부터 이익을 얻기 위해 더 오랜 시간이 걸린다.

사회적 지지가 단순히 개인이 만날 수 있는 사람의 수를 의미한다고 생각하면 안 되며, 내담자가 이 지지에 대해서 느끼는 질에 대해 평가해야 한다는 점이 강조되어야 한다. 여러 사람과 살아가는 것과 정말로 그 사람들과 비밀을 털어놓고 이야기 할 수 있다고 느끼는 것은 다른 문제다.

사회적 지지를 평가할 수 있는 좀 더 형식적인 전략들이 존재한다. 사회적 지지에 관한 추가적인 정보는 MMPI-2의 0번 척도(사회적 내향성)의 상대적 상승이 될 것이다. 높은 점수는 큰 친구망을 가지는 것을 어렵다고 생각하는 억제되고 부끄러움이 많은 사람일 것임을 시사한다. 이에 더하여 6번(편집)과 8번(조현) 척도의 상승은 사회적 지지의 수와 질 모두가 낮을 수 있음을 시사한다. 1번(건강염려)과 3번(히스테리) 척도의 높은 점수는 사회적 지지의 수는 높을 수 있지만 이러한 지지의 질이 낮을 수 있음을 시사한다. MCMI-III 척도의 상승은 또한 사회적 지지에 관련된 유용한 정보들을 제공할 수 있다. 조현, 회피, 조현형, 편집 그리고 사고장애에서의 높은 점수는 각각 사회적 지지의 수와 질이 낮음을 시사할 수 있다. 다른 우울, 연극성, 자기애성, 수동-공격성, 자기방어적 그리고 경계성을 포함한 다른 척도에서의 상승 역시 중간에서 높은 정도의 사회적 지지를 가지고 있을 수 있지만, 이러한 지지와 꽤 갈등을 겪고 있을 가능성이 있다. 예를 들어, 의존적인 사람들은 사회적 지지를 가지고 있을 수 있지만, 이러한 지지들이 자신의 자율성과 개인적인 능력을 희생시키면서 얻은 것일 수 있다. 또한 이러한 사회적 지지가 영구하지 않을 수도 있다는 불안에 관련된 공포를 경험할 가능성이 높다. 그러나 개인이 집단적인 문화에서 왔는지와 같은 문화적 요소 역시 고려될 필요가 있다. 자기애적 사람은 비슷하게 많은 사회적 지지를 필요로 하지만, 이러한 지지를 얻기 위해서 타인을 조종해야 할 수 있으며, 만약 타인으로부터 기대하는 찬탄에 어떠한 위협이라도 존재한다면 과도한 적대감을 보일 수 있다.

(1) 높은 사회적 지지

높은 사회적 지지는 짧은 기간의 치료가 예측된다. 이 경우 장기 치료까지 이어지지 않을 수도 있다. 치료적 성과는 상대적으로 빠르게 일어나고 유지될 가능성이 높다. 관계의 질을 증진시키는 치료사들이 특별히 효과적일 가능성이 높은데, 짐작컨대 내담자가 이미 가지고 있는 기술을 증진시키기 때문일 것이다. 대조적으로, 인지행동적 치료사는 상대적으로 덜 효과적일 가능성이 있다.

(2) 낮은 사회적 지지

낮은 사회적 지지는 인지행동적 접근이 관계를 향상시키는 치료보다 더 효과적임을 시사한다. 그러나 긴 기간의 치료와 약물치료의 가능성 역시 시사된다. 지지적인 집단 치료도 추가적으로 대인관계적인 치료를 좀 더 활성화시키기 위해 효과적일 수 있다.

3) 문제의 복잡성/만성 정도

어떤 내담자는 단순 공포증 같이 특정 영역에 한정적이며 외부 환경에 의해 발생되거나 유지되는 문제를 가지고 있다. 반대로, 또 다른 내담자는 다양하고 복잡한 특성의 문제를 가지고 있다. 이러한 문제들은 전반적이고 지속적이며 다양한 맥락에서 일어날 가능성이 높다. 또한 한두 개의 특정 행동에 초점을 맞추는 대신, 다양한 주제를 포함한다. 과거의 관계를 살펴보는 것은 전형적으로 친밀한 관계나 권위적 위치에 있는 인물과의 관계에서 일어난 주제들을 드러내 준다. 예로는 권위자와의 관계에서의 수동-공격성, 친밀한 관계에서의 의존성과 자립성의 대립, 혹은 더 적합한 사람을 만날 수 있음에도 너무 맞지 않는 파트너를 선택하여 지속적으로 관계 안에서 문제를 만드는 것 등이 있다. 이런 주제들은 내적인, 해결되지 않은 갈등으로 인한 반응이라고 볼 수 있다. 그러한 관계에 들어가려는 외적인 목표는 어떤 의미로는 갈등을 해결하고 특정한 만족의 수준을 달성하려는 것이지만, 결과는 대부분 더 큰 고통으로 이어진다. 이러한 종류의 문제들에 있어서는 개입의 수준이 좁고 증상 중심의 문제와는 사뭇 다를 필요가 있다.

문제의 복잡성은 기능적 손상과 여러 방식으로 구별될 수 있다. 기능적 손상이 기능장애 수준을 의미하는 반면, 문제의 복잡성은 개인의 삶에서 높은 수준의 손상으로 이어지거나 그렇지 않을 수 있는 잠재적인 주제와 관련된 패턴을 의미한다. 예를 들어, 어떤 사람은 기능적으로는 높은 수준(경한 기능적 손상)이지만 관계에 있어서 만성적 불만족으로 곤란을 겪고 있을 수 있다. 이러한 불만족은 분노를 다루는 데의 어려움과 관련된 복잡한 주제나 의존성에 관련된 주제들로부터 비롯된 결과일 수 있다. 이러한 주제들은 한두 개의 주된 관계에뿐만 아니라 만나게 되는 대부분의 사람과의 관계에 넓게 퍼져 있을 수 있다. 심각한 문제들이 꽤 직접적으로 환경에 의해 발생하고 강화될 수 있는 반면(예: 습관, 스트레스에 대한 반응), 복잡한 문제들은 내적인, 보이지 않는 사건들에 강하게 관련되어 있을 가능성이 높다. 게다가 복잡한 문제들은 넓은 영역에 걸쳐 퍼져 있는 성격 패턴을 포함할 가능성이 높다.

문제의 복잡성은 치료 계획에 관련된 다른 대부분의 요인보다 더 측정하기가 어려운데, 이론에 따라 많이 달라지기 때문이다. 정신역동적 접근을 취하는 임상가는 내담자의 어려움과 관련해 상징적이고 잠재적이며 복잡한 주제들을 중심으로 하여 틀을 세울 것이고, 행동적 관점의 임상가는 문제를 좀 더 좁고 구체적이며 환경에 관련된 언어로 묘사할 것이다. 이 딜레마에 대한 명확한 해결책은 없지만, 문제의 복잡성을 나타내기 위해서 세 가지 주된 특징이 사용될 수 있다. 첫 번째는 몇몇의 문제 영역이나 진단들(공병)의 존재이고, 두 번째는 전반적이고 계속되는 패턴과 문제행동의 주제들의 존재다. 세 번째 특징은 성격장애 혹은 적어도 성격장애를 시사하는 성격 양식의 존재다. Beutler와 Harwood(2000)는 배경 정보와 행동적 관찰에 근거하여 문제의 복잡성의 지표들을 요약하였다.

- 주제들이 관련이 없는 상황들에 걸쳐 나타남에 따라 행동이 반복된다.
- 행동은 밑에 깔려 있는 대인관계적 · 역동적 갈등을 해소하기 위한 의식화된 노

력이다.

- 상호작용이 현재의 관계보다 과거와 연관이 있어 보인다.
- 반복적인 행동의 결과로 만족보다는 고통이 발생한다.
- 문제는 밑에 있는 해결되지 않은 갈등들의 상징적인 표현이다.

대조적으로, 복잡하지 않은 문제는 다음과 같이 특징지어진다.

- 상황 특정적
- 일시적
- 부적합한 지식이나 기술에 근거함
- 촉발 사건들과 직접적인 관련이 있음
- 만성적인 습관들에서 비롯됨

문제의 복잡성을 평가하는 것이 더 어려운 또 다른 이유는 명확하고 잘 정의된 도구가 없기 때문이다. 그러나 존재하는 검사들로부터 몇 가지 추론을 할 수 있다. 추가적인 정보는 TAT의 이야기에 등장하는 주제나 Rorschach의 응답에서 내담자의 조직화를 통해 얻을 수 있다. 이러한 도구들은 내담자가 자신의 감정, 스트레스에 대한 반응, 갈등 해결, 대인관계 그리고 불안에 대한 방어에 어떻게 대처하는지 분명히 묘사하는 데 꽤나 유용할 수 있다. 마지막으로, MMPI-2/MMPI-A는 내담자의 증상 패턴뿐만 아니라 증상 간의 역동적인 상호작용, 대처 전략, 대인관계에서 보일 가능성이 있는 패턴들, 그리고 전체적인 성격 구조를 명료화하는 것을 도울 수 있다. 만약 1척도와 2척도가 모두 65점 이상이고 1척도가 2척도보다 명확하게 높다면(5~10점 혹은 그 이상) 만성적인 문제가 예측된다. 문제의 만성 정도는 7척도와 8척도가 모두 65점 이상이고 8척도가 명백하게 7척도보다 높을 때 또한 시사된다.

복잡하지 않은 문제들은 특정 증상, 이러한 증상들을 일으킨 선행 사건, 그리고 그것을 유지하는 결과들에 초점을 둠으로써 효과적으로 치료될 수 있다. 문제에 따른 구체적인 기법들은 다음과 같다. 예를 들면, 행동 계약, 사회기술 훈련, 점진적 노출, 목표행동의 강화, 긴급 상황 관리, 역기능적 신념에의 도전, 대안적인 인지 연습, 새로운 자기진술 연습, 자기감찰(self-monitoring), 역설적 전략, 역조건 형성 등이다.

4) 대처 전략

내담자의 대처 전략이 외현화와 내면화 연속선상에서 달라진다는 것이 이론, 연구 그리고 임상적 관찰에서 나타났다. 외현화하는 사람은 자신의 문제를 충동적인 행동, 표면적인 비난, 나쁜 운이나 운명에 어려움의 원인을 돌리는 것, 그리고 그들의 문제를 적극적으로 피하는 방법을 통해 대처한다. 그들은 심리학적으로 생각하지 않기 때문에 결과적으로 통찰에 잘 반응하지 않는다. 대조적으로, 내면화하는 사람은 자신의 어려움을 극복하기 위해 충분한 기술과 능력을 자신이 가지고 있지 않다는 지각에 근거하여 좀 더 스스로를 비난한다. 따라서 이들은 외현화하는 사람보다 더 주관적 고통을 겪는다. 이러한 고통을 극복하기 위해서 그들은 자신의 문제점을 좀 더 깊이 이해하고자 시도할 경향성이 높다.

개인력과 행동 관찰에 따라 외현화를 보여 주는 임상적 지표에는 투사, 타인 비난, 낮은 좌절 인내력, 사회화되지 않은 분노, 타인 조종, 이차적인 이익을 위한 신체화 등이 있다. 반면, 내면화하는 이들은 다음과 같은 성향을 가질 확률이 높다. 예컨대, 내향성, 주지화, 과도하게 통제된 감정, 부인, 억압, 반동 형성, 문제 축소, 사회적 철수 등이다.

MMPI-2/MMPI-A에서의 대처 전략 평가는 4, 6, 9척도의 T점수 합을 구하고, 이것을 2, 7, 0척도의 T점수 합과 비교함으로써 실시할 수 있다. 만약 외현화 합계(4+ 6+ 9)가 내면화 합계(2+ 7+ 0)보다 높다면 내담자는 외현화하는 사람이라고 간주할 수 있다. 반대로, 만약 내면화 합계(2+ 7+ 0)가 외현화 합계(4 + 6+ 9)보다 크다면 내담자는 갈등과 스트레스를 내면화할 가능성이 높다. 이러한 기준은 MMPI-2/MNPI-A에서 적어도 몇 개의 상승이 있는 이들을 위해 고안된 것임을 주의해야 한다. 우울한 이들은 전체 점수가 125점 이상이어서 외현적 대처 기술의 진단을 만족시킬 때 4와 6척도의 T점수의 합을 계산하는 것만으로도 좀 더 예민한 판단을 할 수 있을 것이다.

몇 가지 추가적인 척도도 대처 방식에 관련된 유용한 정보를 제공할 수 있다. CPI

사회화 척도에서의 낮은 점수는 외현화 대처 양식을 시사하고, 높은 점수는 개인이 좀 더 순응적이고 응답이 빠름을 시사한다. MCMI 척도에서 연극성, 반사회성, 공격성 및 학대성 그리고 편집성은 개념적으로 외현화 양식을 시사하고, 대조적으로 회피성, 우울, 의존성 그리고 충동성은 내면화 양식과 일맥상통한다.

(1) 외현화

외현적 대처 기술들을 사용하는 사람은 행동, 증상 중심 개입, 혹은 기술을 훈련하기 위한 구체적 기법들에서 좋은 치료적 결과를 얻는다. 대조적으로, 그들은 인식을 증진하려고 시도하고 통찰을 만들려는 기법들에서는 상대적으로 결과가 좋지 않다 (Castonguay & Beutler, 2006). 외현화하는 사람에게 효과적일 가능성이 높은 기법들은 다음과 같다. 예컨대, 사회기술 증진, 주장 훈련, 집단 치료, 분노 조절, 점진적 노출, 강화, 행동 감소, 역기능적 신념에의 도전, 대안적 사고 연습, 자극 통제, 사고 금지법, 역조건 형성, 이완 등이다.

(2) 내현화

높은 내현화 경향성을 보이는 사람은 통찰을 강조하고 정서적 알아차림을 증진시키는 기법들을 통해서 더 큰 효과를 얻는다(Castonguay & Beutler, 2006). 구체적인 기법은 카타르시스 분출, 치료사의 직접적 상상기법, 꿈 해석, 직접적 지도, 독서 요법, 전이 반응 해석, 저항 해석, 명상, 두 의자 기법 등이다.

5) 저항

내담자는 치료를 받아들이고 치료에 반응할 수도 있으며, 반대로 저항적이고 반항적인 모습일 수도 있다는 점에서 다양하다. 이 저항은 대체로 타인이 자신의 통제감에 힘을 가하거나 침입을 시도함에 따라 개인이 인지하게 되는 것에 대한 방어다. 가장 저항적인 사람은 아마도 통제 욕구, 적대감, 충동성 그리고 직접적인 회피와 같은 특성을 가지고 있을 것이다. 그들은 또한 피드백을 받아들이는 것에 어려움을 가지며, 공감이 부족할 수 있다. 이러한 특성적인 관점에 더하여 저항은 또한 그때의 상태일 수도 있다. 내담자가 자신의 자유가 위협받고 있다고 느끼는 순간 일반적으로 방어적이고 저항적인 상태가 일어날 수 있다. 저항적인 경향을 보이는 사람은 좀 더 지속적으로 개인적인 통제감의 부족을 경험했을 가능성이 높다. 결과적으로 그들은 요구받거나 요청받은 것과 반대로 행동함으로써 통제감을 보상받으려고 할 수 있다. 만약 자유를 위협받은 영역이 개인에게 중요하고, 요청을 하는 사람이 철저한 지도, 직면, 직접적이거나 구조적인 기법을 사용하는 등 권위적인 면모를 보인다면 이러한 저항이 일어날 가능성은 더욱 높다. 이러한 구조화되고 직접적인 접근은 내담자의 장애를 실질적으로 키울 가능성이 있다. 매우 저항적인 내담자가 좀 더 순응적이고 요구에 부응하는 내담자보다 좋지 않은 예후를 보인다는 것은 쉽게 이해할 수 있다.

심한 저항을 나타내는 내담자 변인은 자율성 유지에 대한 극심한 욕구, 외부의 영향에 대한 대립, 지배성, 불안하며 반항적인 양상, 대인관계 갈등의 과거 경험, 이전 치료에 있어서의 낮은 성과, 치료사의 조언 및 해석에 대한 거부, 과제 완성 실패 등이다. 반대로 조언을 구하고 그것을 수용하며, 과제에 동의하고 이를 잘 따라오고 권위에 순종하며, 자신이 통제할 수 없는 일에 대한 관용을 보이고, 경험에 대한 개방성을 가지고 있을 경우 낮은 저항이 시사된다.

(1) 약한 저항

반응을 상대적으로 잘 하고 순응적인 내담자들은 더 직접적이고 구조적인 방법을 택했을 때 효과가 클 확률이 높다(Castonguay & Beutler, 2006). 예를 들어, 행동 계약, 위기 관리, 점진적 노출, 자극 통제, 인지적 재구성, 내담자의 대안적 자기진술 확립, 직접적인 상상, 조언, 사고 금지법, 치료사의 해석 등이다.

(2) 강한 저항

강한 저항을 보이는 내담자의 경우 간접적이고 지지적이며 자기-지향적인 개입의 결과가 보다 효과적일 수 있다. 예를 들어, 자기감찰, 치료자의 반영, 지지와 인정, 전이의 지지적 해석 등이다.

6) 주관적 고통

주관적 고통은 개인이 주관적으로 자신의 어려움을 경험하는 정도와 관련이 있고 일차적으로 높은 불안, 혼란 혹은 우울에 의해 나타난다. 중간 정도의 주관적 고통은 내담자에게 변화를 일으키도록 동기를 부여할 수 있기 때문에 유용하다. 적절한 주관적 고통은 향상된 기억, 빠른 수행 그리고 더 높은 지적 효율성 등을 포함하는 인지적 증진으로 이어질 수 있다. 그러나 만약 내담자의 고통이 너무 높은 수준이 될 경우 파괴적이며 기능할 수 있는 능력의 악화가 발생할 수 있다. 이런 상황에서 개인은 적절하게 정보를 처리하고 집중하는 데 어려움을 겪게 되며, 이는 문제해결과 치료에서 요구되는 행동적 실험을 방해한다. 주관적 고통 수준이 너무 낮은 내담자는 능동적으로 행동을 변화시키려는 작업에 참여하는 데 어려움을 겪을 것이다. 따라서 임상가는 적절한 고통의 수준을 유지하도록 해야 한다.

기능적 손상과 주관적 고통 사이에 어떤 접점이 있기는 하지만 차이점도 많다. 앞서 언급하였듯이, 기능적 손상의 수준은 낮은 기능을 나타내는 객관적인 지표와 관련이 있는 반면, 주관적 고통은 좀 더 내적이고 주관적인 현상이다. 더 나아가, 주관적 고통은 환경적인 사건들에 의해 통제되고 변화될 수 있다. 내담자의 주관적 고통 수준은 회기별로 혹은 심지어 각 회기 안에서 관찰되어야 한다. 기능적 손상이나 주관적 고통에 관련된 결정의 범위 혹은 유형에 있어서는 더 많은 차이점이 존재한다. 기능적 손상에 관련된 이슈들은 치료 장면(입원/외래), 예후, 치료 강도(기간과 빈도) 그리고 개입의 전반적인 목표 등에 관련하여 넓은 범주에 걸친 결정을 요구한다. 주관적 고통의 좀 더 좁은 치료적 함의는 각성 수준을 증가시킬지 감소시킬지에 대한 지침을 제공하는 것이다.

행동 관찰과 관련된 과거력을 포함한 면담 자료를 자주 검토하는 것은 내담자의 고통 수준을 모니터링하는 가장 좋은 방법 중 하나다. 높은 고통 수준을 나타내는 구체적인 지표는 운동 항진, 높은 정서적 각성, 낮은 집중력, 일정하지 않은 어조, 자율신경계 증상, 과호흡, 과각성, 흥분된 정동, 강렬한 감정 등이다. 대조적으로, 줄어든 운동 활동, 치료에 감정적 투자가 적음, 낮은 에너지 수준, 둔마되고 제한된 정서, 느린 말투, 증상의 부재 등은 주관적 고통이 낮음을 보여 준다.

주관적 고통에 특별히 민감한 MMPI-2/MMPI-A 척도들은 F(우울) 그리고 7번 척도다. 전체적으로 이 두 척도는 자주 수검자의 고통의 수준을 보여 주는 척도로 사용된다(F 척도, 2와 7, 27/72 코드 타입에 대한 설명 참조). 그러나 변화하고자 하는 동기는 거부, 저항 그리고 방어에 관련된 척도들(L, K 척도 그리고 3번 척도)이 높을 때 약화될 수 있다. 예후에 대한 부정적인 지표는 정신병리를 나타낼 수 있는 다른 척도들의 상승과 함께 낮은 7번 척도가 나타나는 것이다. 이 결과는 내담자가 자신의 어려움에 관해서 비현실적으로 이완되어 있거나 문제의 불가피함으로 인해 포기하였음을 시사한다. 주관적 고통을 재는 추가적인 척도는 Symptom Checklist 90-R, Brief Symptom Inventory(BSI) 그리고 State-Trait Anxiety Inventory 등이다. 높은 고통 수준은 BSI의 Global Severity Index가 63점 이상이거나 State Anxiety Score가 가장 높은 사분위에 있을 때 시사된다.

(1) 높은 주관적 고통

만약 주관적 고통이 꽤 높다면 즉각적인 목표는 불안 수준을 낮추는 것이다. 그렇게 하는 것은 고통이 대처 능력에 심각한 장애를 일으킬 정도로 높을 때 특히 긴급하다. 매우 다양한 심리사회적 기법이 가능하고, 이 기법들은 지지적이거나 구조화되었거나 이완을 증진하기 위해 만들어진 것이어야 한다. 만약 내담자의 각성이 주로 신체적인 증상들로 표현된다면 이러한 수준을 목표로 하는 믿을 만한 치료 기법들은 점진적 근육 이완, 생리적 이완을 돕는 최면, 의도된 상상기법(guided imagery), 바이오피드백, 에어로빅 운동, 점진적 노출 등이다.

보다 사회적 혹은 인지적 영역에 관련된 각성은 명상, 정서적 지지, 카타르시스 분출, 역기능적 인지에 대해 지지적인 도전, 시간 관리, 사고 금지법 등의 기법을 통해 가장 효과적으로 경감될 수 있다. 약물치료 또한 유용할 수 있으나 새로운 대처 기술을 배우는 것을 동반하여 약물치료를 최대한 빠른 시일 내에 중단할 수 있도록 하는 것이 좋다. 새로 얻은 대처 기술은 약물이 중단된 이후에 재발 가능성을 낮춰 줄 가능성이 높다.

(2) 낮은 주관적 고통

경한 주관적 고통을 겪는 내담자는 비자발적인 의뢰로 왔을 가능성이 높다. 경험적인 전략은 내담자를 자신의 어려움의 영향과 결과에 마주하게 하며, 그들이 행동적 변화에 더 개방적이 될 수 있는 수준으로 주관적 고통을 증가시키는 것이다. 가능한 기법으로는 두 의자 기법, 증상 과장, 경험적 역할 시연, 직면, 외적 시연, 증상의 재발 예측, 정서적 반응 평가, 직접적 상상기법, 전이 해석, 저항 해석 등이다.

7) 문제해결 과정

내담자는 변화의 과정 가운데에서 일련의 단계를 겪는다. 따라서 평가에 의뢰된 내담자는 모두 다른 변화의 단계에 있을 것이다. 어떤 내담자는 변화의 가능성에 대해서 단순히 고려하고는 있지만 아직 그것을 어떻게 성취할 것인지에 대한 구체적인 사항과 관련해서는 노력하지 않을 수 있다. 이러한 경우는 저항적이고 낮은 주관적 고통을 경험하고 있는 비자발적인 내담자에게 특별히 많을 것이다. 반대로는 이미 몇몇의 명확한 변화의 단계를 거쳤으며 재발을 방지하기 위한 도움을 찾고 있는 내담자도 있을 것이다. 그러나 변화의 단계를 고려하는 것은 장애나 의학적 혹은 많은 법정 평가(예: 개인적 부상)와는 관련이 없을 수 있는데, 변화를 만드는 것이 의뢰 사유에 포함되어 있지 않을 수 있기 때문이다. 이러한 경우에는 현재 기능 수준의 평가나 감별 진단이 보고서의 초점이 된다.

변화의 단계는 꽤 다양할 수 있다. 어떤 사람은 다른 단계들을 매우 빠르게 지날 수 있고, 좀 더 양가적이거나 간접적인 이들은 변화의 가능성에 대해 몇 년 동안 고민할 수도 있다. 성공적인 치료의 과정 가운데에서는 내담자가 어떤 시점에 이르면 모든 다른 단계를 겪게 될 것이라고 기대된다. 결과적으로 임상가는 계속해서 단계들이 변화될 수 있다는 것을 인식하고 있어야 하며, 이에 따라 개입을 조정해야 한다. 더 나아가, 내담자는 여러 문제 영역을 가지고 있을 수 있는데, 문제가 복잡한 경우 특히 더 그렇다. 이 경우 각 영역은 변화 과정에서 다른 단계에 있을 수 있다. 이 다양성은 어떤 영역을 주로 다루고 있는지에 따라서 유연한 접근이 필요하다.

Prochaska와 DiClemente(2005)는 변화 과정의 다섯 단계를 묘사했다. 즉, 생각 전,

생각, 준비, 행동 그리고 유지 단계다. 각 단계는 다음 단계로 넘어가기 전에 반드시 성취되어야 하는 각각 다른 과제 목록을 가지고 있다. 앞의 세 단계는 어떤 실제적인 변화나 구체적인 변화에 대한 실제적인 시도가 일어나기 전의 과정들이다. 생각 전 단계에서 사람들은 행동이나 태도를 변화하려는 의도가 적은 상태다. 그들은 변화의 필요성을 모호하게 인식하고 있을 수도 있지만, 대부분 가능한 변화의 중요성을 인식하지 못한다. 반대로 그들이 관계를 맺고 있는 타인은 변화가 필요하다는 것을 명백하게 알고 있을 것이다. 결과적으로 이러한 내담자는 비자발적으로 의뢰되거나 법적 체계에서 처벌을 받을 수도 있는 상황, 배우자가 그들을 떠날 것이라고 위협할 때, 부모가 그들과 인연을 끊겠다고 위협할 때 혹은 고용주가 해고하겠다고 할 때 치료를 찾는다. 이러한 상황에서 변화는 지속적인 외적 압력이 있거나 내담자가 변화의 필요성을 내재화했을 때에만 일어날 수 있다. 개인이 변화에 대해서 좀 더 심각하게 고려하기 시작할 때 그들은 생각 단계에 들어섰다고 할 수 있다. 이 시점에서 그들은 자신이 문제를 가지고 있다는 것을 인식하며 이 문제에의 대처가 어떻게 하면 가장 잘 성취될 수 있을지 고민한다. 그러나 그들은 아직 변화 과정에 자기 자신을 온전히 헌신하지는 않는다. 준비 단계에서는 변화에 좀 더 전념하게 되는데, 이는 그들이 곧 행동을 취하려고 하는 의도를 가지고 있음을 통해 알 수 있다. 이 의도와 함께 새로운 행동의 작은 시도들도 동반될 수 있다. 그러나 그들이 의도하는 변화가 어떻게 가장 잘 성취될 수 있는지 확실히 알지 못하기 때문에 그들은 모든 연관된 선택지를 고려하고 변화를 시작하기에 가장 적합한 전략을 선택하는 데 도움을 필요로 할 수도 있다.

마지막 두 단계는 실질적으로 변화를 시작하고 그것을 반드시 유지하도록 하는 것이다. 행동 단계는 내담자가 실제로 그들의 환경, 태도 혹은 행동을 변화시키는 지점이다. 이 단계는 대부분 많은 시간과 에너지를 요하며, 결과적으로 개인은 매우 헌신적이 되어야 한다. 이 지점에서 타인은 가장 명확하게 변화를 목격할 수 있다. 그렇지만 앞의 준비하고 생각하는 단계들 역시 과소평가해서는 안 되는데, 이 단계들은 모든 변화에 있어서 관련된 성공을 결정하는 매우 중요한 요소이기 때문이다. 유지 단계에서 개인은 변화를 공고히 하고 재발을 예방하기 위한 작업을 한다.

다음 제시된 면담 질문들은 변화의 단계를 파악하는 데 도움을 준다. "당신은 가까운 미래에 변화하고자 합니까?" "당신이 현재 겪고 있는 변화들이 있나요?" "당신은 변화들을 만들었습니까?" "현재 재발을 예방하기 위해 노력하고 있나요?" 이러한 질문들은 또한 접수 면접 형식에 포함될 수 있다.

연구들은 각각 다른 변화의 단계에 따라 개입을 조정하는 것의 임상적 유용성과 예측타당도를 일반적으로 지지하고 있다. 이러한 연구들은 주로 중독 행동, 체중 조절, 섭식장애 그리고 운동 프로그램을 시작하는 것에 초점을 두고 있다. 더 많은 연구가 좀 더 넓은 범위의 문제 영역에서의 적용 가능성을 결정하기 위해 시행될 필요가 있다. 연구가 실시된 영역에서는 일반적으로 변화의 단계에 따라 개입을 조정하는 것이 치료 결과를 최적화할 수 있다는 증거가 나타났다.

(1) 생각 전 단계

이 단계는 항상 그런 것은 아니지만 자주 비자발적인 의뢰와 함께 나타난다. 결과적으로 저항 수준은 높을 수 있고 주관적 고통 수준은 낮을 수 있으며, 개입은 이에 따라서 조정되어야 한다(예: 각성 수준 증가, 간접적이고 지지적인 기술을 사용하고 역설적 개입을 한다). 내담자가 치료에 대해서 양가적으로 느낄 수 있기 때문에 라포를 형성하는 데 시간을 투자하고, 그들의 삶에서 다루거나 다루지 않을 영역을 논의하는 것이 중요하다.

(2) 생각 단계와 준비 단계

생각 전 단계에서와 마찬가지로 관계를 증진시키는 것이 특히 중요하다. 이해와 인식을 제공하는 것 또한 중요하다. 이는 내담자의 대인관계적 혹은 행동적 패턴, 변화에 저항하는 이유, 그리고 변화를 만들기 위한 다른 전략들을 탐색하는 것을 포함해야 한다. 내담자의 강점, 자원, 약점에 대한 질문지 역시 유용하게 사용될 수 있다.

생각 전, 생각, 준비 단계는 통찰, 탐색, 가치 명료화, 새로운 경험 그리고 개인적 목표의 명료화를 강조하는 인본주의 혹은 정신분석적 접근과 가장 잘 맞을 수 있다.

(3) 행동 단계

구체적이고 현실적인 매우 다양한 기법이 사용될 수 있다. 이러한 전략들을 선택하는 것은 부분적으로 기능적 손상, 문제의 복잡성, 주관적 고통 그리고 저항과 같은 영역들에 달려 있다. 실질적 행동, 대인관계 패턴, 자기진술 혹은 세상을 경험하는 방식 등에 있어서 변화를 만드는 구체적인 전략들이 적용될 수 있다. 인지행동적 기법들이 이 시점에서 가장 효과적일 수 있으며, 특히 자극 통제, 점진적 노출, 인지적 재구성, 역할 시연, 사회기술 훈련 혹은 역조건 형성이 효과적일 것이다.

(4) 유지 단계

이 시점에서 치료사는 내담자에게 조언하고 격려하는 코치나 자문과 같이 될 수 있다. 중요한 고려점은 재발이 어떤 방식으로 일어날 가능성이 가장 높은지 파악하고 이러한 상황이 일어나는 것을 예방하거나 적어도 그 상황의 장기적 영향을 최소화하기 위한 대처 기술을 개발하는 것이다. 구체적인 기법은 자극 통제, 사회적 계약, 사회적 지지 증진, 분노 조절 혹은 재발이 예측될 때 예방적 대책을 취하도록 하는 행동적 계약 등이다.

지금까지 살펴본 일곱 가지 영역은 논리적으로 일관되고 감당할 수 있도록 구성되었다. 이 모델을 사용하는 것은 특별히 새로운 임상가를 위한 훈련 과정 중이나 좀 더 경험이 있는 임상가들의 기술 증진을 위해 중요하다. 훈련을 받으면서 다양한 요소가 점진적으로 더 내재화될 것이며, 아마 형식적인 평가는 덜 필요하게 될 것이다. 단기간의 개입이 유일한 선택지라면 좀 더 간단하고 임상적인 영역 평가도 필요할 것이다.

연구들이 임상적 관계에 대해 더 명확한 정의들을 제공하고 있는 만큼 추가적인 영역들이 포함될 가능성도 있으며, 다른 치료법들과 치료자-내담자 연결에 있어 통합되어야 할 부분들도 있다.

참고문헌

Barlow, D. H. (2004). *Anxiety and its disorders: The nature and treatment of anxiety and panic* (2nd ed.). New York: Guilford press.

Barlow, D. H., Craske, M. G., Cerny, J. A., & Klosko, J. S. (1989). Behavioral treatment of panic disorder. *Behavior Therapy*, *20*(2), 261-282.

Beutler, L. E., & Groth-Marnat, G. (2003). *Integrative assessment of adult personality* (2nd ed.). New York: Guilford Press.

Beutler, L. E., & Harwood, T. M. (2000). *Prescriptive psychotherapy: A practical guide to systematic treatment selection*. New York: Oxford University Press.

Beutler, L. E., Moleiro, C., Malik, M., Mark Harwood, T., Romanelli, R., Gallagher-Thompson, D., & Thompson, L. (2003). *A comparison of the Dodo, EST, and ATI factors among comorbid stimulant-dependent, depressed patients. Clinical Psychology & Psychotherapy*, *10*(2), 69-85.

Berzins, J. I. (1977). Therapist-patient matching. In A. S. Gurman & A. M. Razin (Eds.), *Effective psychotherapy: A handbook of research* (pp. 222-251). New York: Pergamon Press.

Castonguay, L. G., & Beutler, L. E. (2006). *Principles of therapeutic change that work*. New York: Oxford University Press.

Choca, J. P., Shanley, L. A., & Van Denburg, E. (1992). *Interpretative guide to the Millon Clinical Multiaxial Inventory*. Washington, DC: American Psychological Association.

Cooney, N. L., Kadden, R. M., & Litt, M. D. (1990). A comparison of methods for assessing sociopathy in male and female alcoholics. *Journal of Studies on Alcohol*, *51*(1), 42-48.

Cooney, N. L., Kadden, R. M., Litt, M. D., & Getter, H. (1991). Matching alcoholics to coping skills or interactional therapies: Two-year follow-up results. *Journal of Consulting and Clinical Psychology*, *59*(4), 598.

Derogatis, L. R. (1992). *BSI: Administration, scoring, and procedures manual-II*. Towson, MD: Clinical Psychometric Research.

DeBord, J. B. (1989). Review of the Recent Literature. *Journal of Counseling and Development*, *67*, 394-398.

Dowd, E. T., Milne, C. R., & Wise, S. L. (1991). The Therapeutic Reactance Scale: A measure of psychological reactance. *Journal of Counseling and Development*, *69*(6), 541-545.

Elkin, I., Shea, M. T., Watkins, J. T., Imber, S. D., Sotsky, S. M., Collins, J. F., Elkin, I., Shea, M. T., Watkins, J. T., Imber, S. D., Sotsky, S. M., Collins, J. F., Glass, D. R., Pilkonis, P. A., Leber, W. R., Docherty, J. P., Fiester, S. J., & Parloff, M. B. (1989). National Institute of Mental Health treatment of depression collaborative research program: General effectiveness of treatments. *Archives of general psychiatry*, *46*(11), 971-982.

Finn, S. E. (2014). 내담자의 눈으로: 심리평가로 심리치료하기[*In our clients' shoes: theory and techniques of therapeutic assessment*]. 최성진 역. 서울: 박영사. (원저는 2007년에 출판).

Fisher, D., Beutler, L. E., & Williams, O. B. (1999). Making assessment relevant to treatment planning: The STS clinician rating form. *Journal of Clinical Psychology*, *55*(7), 825-842.

Frank, J. D. (1973). *Persuasion and healing: A comparative study of psychotherapy* (Rev. ed.). Baltimore, MA: Johns Hopkins University Press.

Groth-Marnat, G. (1992). Past cultural traditions of therapeutic metaphor. *Psychology: An International Journal of Human Behavior*, *29*, 1-8.

Groth-Marnat, G. (2009). *Handbook of Psychological Assessment* (5th ed.). Somerset, NJ: John Wiley & Sons.

Houts, A. C. (2002). Discovery, invention, and the expansion of the modern Diagnostic and Statistical Manuals of Mental Disorders. In L. E. Beutler & M. L. Malik (eds.). *Rethinking the DSM: A Psychological Perspective*. Washington, DC: American Psychological Association

Jacobson, N. S., Follette, W. C., & Pagel, M. (1986). Predicting who will benefit from behavioral marital therapy. *Journal of Consulting and Clinical Psychology*, *54*(4), 518.

Lazarus, A. A. (2005). Multimodal therapy. *Handbook of psychotherapy integration*, *2*, 105-120.

Luborsky, L., Singer, B., & Luborsky, L. (1975). Comparative studies of psychotherapies: is it true that everyone has won and all must have prizes? *Archives of general psychiatry*, *32*(8), 995-1008.

McConnaughy, E. A., Prochaska, J. O., & Velicer, W. F. (1983). Stages of change in psychotherapy: Measurement and sample profiles. *Psychotherapy: Theory, Research & Practice*, *vol. 20*(3), 368-375.

McLean, P., & Taylor, S. (1992). Severity of unipolar depression and choice of treatment. *Behaviour research and therapy*, *30*(5), 443-451.

Millon, T., & Bloom, C. (Eds.). (2008). *The Millon inventories: a practitioner's guide to personalized clinical assessment*. New York: Guilford Press.

Paul, G. L. (1969). Behavior modification research: Design and tactics. In C. M. Franks (Eds.), *Behavior therapy: Appraisal and status* (pp. 29-62). New York. McGraw-Hill.

Petrocelli, J. V. (2002). Processes and stages of change: Counseling with the transtheoretical model of change. *Journal of Counseling and Development*, *80*(1), 22.

Rogers, C. R. (1992). The necessary and sufficient conditions of therapeutic personality change. *Journal of Consulting and Clinical Psychology*, *60*(6), 827.

Sarason, I. G., Levine, H. M., Basham, R. B., & Sarason, B. R. (1983). Assessing social support: the social support questionnaire. *Journal of Personality and Social Psychology*, *44*(1), 127.

Smith, M. L., Glass, G. V., & Miller, T. I. (1980). *The benefits of psychotherapy*. Baltimore, MA: Johns Hopkins University Press.

Spielberger, C. D. (1983). *Manual for the State-Trait Anxiety Inventory STAI: form Y(self-evaluation questionnaire)*. Palo Alto, CA: Consulting Psychologists Press.

Talley, P. F., Strupp, H. H., & Morey, L. C. (1990). Matchmaking in psychotherapy: Patient-therapist dimensions and their impact on outcome. *Journal of Consulting and Clinical Psychology*, *58*(2), 182.

Wickramasekera, I. (1986). A model of people at high risk to develop chronic stress-related somatic symptoms: Some predictions. *Professional Psychology: Research and Practice*, *17*(5), 437.

Yates, B. T., & Taub, J. (2003). Assessing the costs, benefits, cost-effectiveness, and cost-benefit of psychological assessment: we should, we can, and here's how. *Psychological assessment*, *15*(4), 478.

부록 Rorschach 검사 카드 및 반응 영역

※ 각 카드별로 반응 영역, 평범 반응, z값 및 반응별 형태질을 표시하였다.

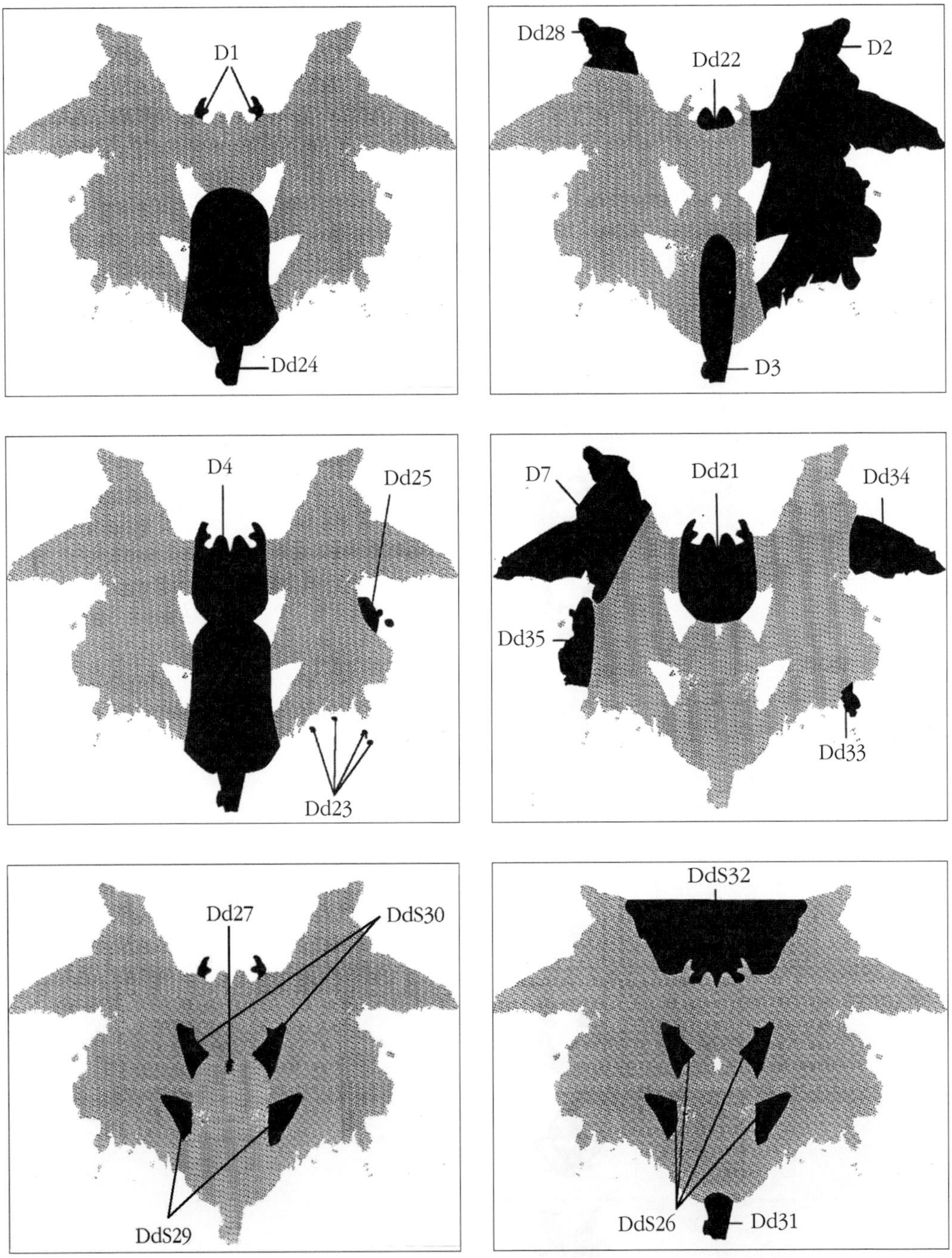

[그림 1] 카드 I의 D와 Dd 영역

CARD I

평범 반응: 반점 전체를 박쥐 또는 나비로 반응

Z값: W = 1.0　인접 부분 = 4.0　비인접 부분 = 6.0　공간 반응 = 3.5

W

주의: 단일 대상과 관련된 대부분의 W 반응이 분리되어 지각된 경우 -로 채점한다. 인위적인 형태가 아니라 전체 반점에 일치한 경우 u로 채점되는 소수 반응들이 있다. 여러 대상을 포함하는 W 반응은 대개 o로 채점한다

o 가면(주의: 여러 동물들, 할로윈, 파티, 주술에서 사용되는 가면, 괴물의 가면)
- 가슴, 흉곽
u 가재
u 각다귀, 모기
- 개미
- 개미핥기
- 개코원숭이
- 거미
- 계란
- 고기
- 고양이
u 누에고치(날개를 가진 곤충이 나오는)
- 곤충(날개 없는)
- 곤충(불특정, 날개 없는)
- 골격(불특정)
o 골반(뼈)
- 곰
u 구름(들)
- 그물
- 기구(氣球)
u ∨ 기차(D4가 버팀대로 가로지르는)
- 깃발
o 까마귀
- 깔개
(현관문 앞의 mat), 양탄자
- 꼬마요정
u 꽃병
- 꿈
- 나무, 목재(wood)
- 나무(tree)
- 눈송이
o 나방
o 나비
- 날개다랑어
u 노 젓는 사람(보트)
- 뇌
- 뇌(위에서 본 모습)
u 뇌(단면도)
u ∨ 눈 쌓인 꼭대기 (cap, snow)
- 늑골, 갈비뼈
u 다람쥐(나는)
- 다리(인공의)
u 다리(자연의)
- 대바구니
- 도로지도
u 돌(조각된)
o 독수리
o 두개골(인간 또는 동물)
u ∨ 둥근 지붕(dome)
- 동물(주의: 곰, 고양이, 개, 사자 등과 같이 날개나 지느러미가 없는 동물)
- 둥지
u 드라큘라
- 드레스
- 램프
u 로봇
u ∨ 로켓선
o 마녀(두 명 또는 세 명)
- 마차(2륜 경마차)
u 말벌
u 망토(cloak)
u ∨ 머리(모양을 갖춘)
o ∨ 머리장식
- 멜론
u 모기
o ∨ 모자(여자용)
머리(얼굴을 보라)
- 목
- 목뼈
u 무늬, 도안
o 무용수(D4를 의상 또는 망토)
- 문
u 문장 또는 장식을 한 옷(coat of arms)
- 물탱크
- 미제 자동차 플리머스의 문장
o 바다 동물(D2나 Dd34를 지느러미로 반응)
- 바닷가재
u ∨ 바위
- 바이올린

- 버클(혁대)
o 박쥐
- 배
- 배(바닥이 평평한 보트, keel)
o 배지
- 밸브
u 벌
o 벌레(날개 달린)
o 벌레(산산조각 난)
- 벌집(곤충)
- 범선, 요트
u 벼룩
- 보트(지붕이 없는 작은 배)
u ∨ 빌딩
u 뼈(해골)
u ∨ 산
u 산호
o 새
u ∨ 새(선사시대의)
o ∨ 샘
o ∨ 샹들리에
- 서표(書標), 북마크 (bookmark)
u 석탄(조각)
- 선인장
- 선풍기
u 섬
u ∨ 성(城)
- 세탁기
o 소녀(들)(춤을 추거나 원형을 이룬)
- 소 떼
- 소리굽쇠
u 솜털(조각)
- 송곳, 드릴
u 숯, 재
- 숲
- 시계
- 식물
- 신체
- 신체(분리된)
- 씨앗
u 아메바
u 악마(망토를 걸친, 날개 달린)
u 안개
- 양치류 식물
u 어깨망토(cape)
u ∨ 언덕
얼굴(주의: 대부분의 얼굴 반응은 o 또는 u이고, Dd34는 귀, DdS29와 DdS30은 눈과 입, 반응 내용은 (Hd), Ad 또는 (Ad)이지만 반점의 윤곽과는 일치하지 않음. 아래에 있는 것들이 그 예임)
u 얼굴, 개
- 얼굴, 개미
o 얼굴, 고양이
u 얼굴, 곤충(불특정)
- 얼굴, 곤충(구체적)
u 얼굴, 곰
u 얼굴, 괴물(작은 악마, 외계인)
o 얼굴, 늑대
u 얼굴, 뿔 달린 동물
o 얼굴, 동물(불특정)
u 얼굴, 로봇
u 얼굴, 마녀
- 얼굴, 말
u 얼굴, 벌레
- 얼굴, 새
o 얼굴, 여우
- 얼굴, 염소
- 얼굴, 인간
u 얼굴, 젖소
- 얼굴, 해골(인간)
o 얼굴, 호랑이
- 얼음
o 여자(날개 달린, 망토를 걸친)
- 오스트레일리아(지도)
o 오페라가수(둘 또는 세 명)
- 올빼미
o ∨ 왕관
- 요리(Pau)
- 요트
u 용(대개는 날개 달린)
- 우거진 잎
- 우리(cage)
u ∨ 우주선
- 웃음
- 원주판
u ∨ 원형 천막
- 음식
- 인간
o 인간(날개 달린, 망토를 걸친)
u 인간(두 사람이 마주보는)
- 인간(두 사람이 등을 돌린)
o 인간(들)(세 명)
- 인쇄기
o 잎
- 자동차
u ∨ 작은 집, 오두막
- 작은 새우
u 잔(손잡이가 있는)
u 잠자리
- 잡초
o 장신구
u ∨ 전망대

- 젖가슴
- 젖소
o 조각상(둘 또는 셋)
- 종(鐘)
u ∨ 중국 집(가옥)
- 지도(구체적)
u 지도(불특정)
u 진흙
u ∨ 집
- 책
u ∨ 천막
o 천사
o 천사(D4를 다른 대상으로 보고 두 명의 천사라고 반응)
u ∨ 천측창(天測窓; 비행기 상부의 천체 관측용 유리창)
- 첨탑
- 총알
u 추상화
o 춤추는 두 사람
- 케이크
- 코
- 코트, 외투
- 탱크(군용)
- 턱받이
- 턱수염
u 털(조각)
o 토템(날개 달린)
- 톱질용 굄목(sawhorse)
- 파도
u 파리
- 폐
- 폭발
u ∨ 풀무(바람을 불어넣는 자루)
u 풍경(주의: 바위, 암석이 많은 지대나 산허리와 같은 광활한 풍경)
- 풍향계
- 피크(기타)
u 항아리, 단지
- 해시계
- 해파리
- 헬리콥터
o ∨ 헬멧
- ∨ 호박
u 화석
- 회오리바람(tornado)
o 휘장(emblem)
o x-ray(가슴)
o x-ray(골반)
o x-ray(불특정)

D1

o 갈고리발톱(동물)
- 갑각류(게)
u 괴물(들)
u 귀신(들)
- 깃발(들)
- 꼬마요정
u 꼭두각시(들)(puppets)
- 나무
u 나비
- 남근(penis)
o 더듬이(feeler)
u 독수리 머리(들)
- 로켓
u 머리(들)(곤충)
u 머리(들)(괴물)
- 머리(들)(동물)
o 머리(들)(새)
- 벌레(들)
o 벙어리장갑
o 집게
- 뼈(들)
- 뿌리(들)
o 뿔
u 뿔(사슴)
- 새(들)
o 손(들)
u 악마
u 엄지손가락
u 오리 머리(들)
- 원숭이
- 이빨
o 인간 또는 인간과 비슷한 모습
- 작은 새우
u 조각품(추상적)
- 총
- 파도(들)
- 포크

D2

개(동물을 보라)
- 고양이
o 곡예사
u 괴물 모습의 조각
u 구름
- 나무
u 〈 나무(들)과 우거진 잎
o 날개(들)
- 늑대
- 동물(고양이, 소, 일부 개처럼 짧은 귀를 가진 동물)
o 동물(당나귀, 코끼리, 일부 개처럼 긴 귀를 가진 동물)
o 동물(만화의)
u 동물(불특정)
- 돼지

- 딱정벌레
u 딱따구리(옆모습)
o 머리(새)
o 무용수
- 물고기
- 박쥐
u 벌레(Dd34를 날개로 반응)
- 벌레(날개 없는)
o 새(Dd34를 날개로 반응)
- 설치류 동물
o 악마
- 암소
o 얼굴(Dd34를 코로 보고 동물, 새, 만화, 괴물로 반응)
- 얼굴(Dd34를 귀로 보고 동물, 새, 만화, 괴물 얼굴로 반응)
- 얼굴(인간)
u 연기(煙氣)
- 용
o 인간
o 인간 같은 모습
u 잎
- 장화
- 지도(구체적)
u 지도(불특정)
o 천사
u < 토끼
o 페가수스(날개 돋친 천마)
o 풍경
- 하늘

D3

- 곤충
o 꽃병
- 나무
o 다리(들)
u 로봇
o 미라 상자(mummy case)
u 바이올린
- 뱀
o ∨ 볼링핀
- 양초
- 얼굴
u 우주선
o 인간(하반신)
- 장신구
o 조각상
- 질(해부)
u 척추
- 촛대
o 토템 기둥(단청한 토템 기둥)

D4

- 개구리
- 개미
u 개코원숭이
- 거미
o 고릴라
- 고양이
o 곤충(D1을 더듬이를 가진 곤충)
o 괴물
u 귀뚜라미
u ∨ 나무
- 동물(불특정)
- 등뼈
o 딱정벌레
- 램프
u ∨ 로켓선
u ∨ 로켓
- 말벌
- 문
- 물고기
- 벌
o 벌레(D1을 더듬이로 반응)
u 비올라
- 뼈구조
- 새
- 섬
- 식물
- 악어
- 얼굴
o 여자
u 인간
o 인간(두 명)
o 조각상
- 지네
o 첼로
- 총알
- 코
- 클리토리스, 음핵
- 파리

D7

- 곤충(날개 없는)
u 곤충(날개 달린)
u 구름
u 귀(동물)
o 까마귀
u 날개(비행기 또는 새)
o 날개(들)
o 독수리
- 동물(날개 없는)
o 동물(날개 달린)
- 두개골
- 모자
u 바위

- 뼈
- 뿔
o 새(조각상)
o 새
o 스핑크스
- 식물
u 얼굴, 동물(Dd34를 코로 반응)
u 얼굴, 만화(Dd34를 코로 반응)
- 얼굴, 인간
u 오리
u 언덕
- 지도(구체적)
o 풍경
u 풍향계
u 항아리, 단지(Dd34를 손잡이로 반응)

Dd21

u 게
o 곤충(D1을 더듬이로 반응)
o 둥지
- 바다 동물
u 방패
- 심장
- 우거진 잎
- 조각상
u 풍경
- 해부
- 해파리

Dd22

u 가슴
- 공
- 귀신
- 나무(들)
u 눈(眼)(벌레 또는 개구리)
- 머리(들)(동물)
u 머리(들)(인간)
o 산(들)
o 언덕(들)
- 엉덩이
u 입술
u 큰 자갈
u 혹(낙타)
- 혹(들)

Dd23

u 곤충(들)
- 비행기(들)
- 상징(들)
u 새(들)
o 섬(들)
- 음표(음악)
- 점(들)
- 파리(들)

Dd24

- 벌레
u 괴물
u 손전등, 랜턴
u 램프
- 머리
u 스커트
- 식물
u 옷
- 인간(전체)
u 인간(하반신)
o 종(鐘)
o 첼로
u 헬멧
u 휘장
- X-ray

Dd25

- 나무(들)
- 동물
- 동물 엉덩이
u 얼굴, 인간
u 얼굴, 인간-추상적

DdS26

o 가면의 일부
o 구름(들)
o 귀신(들)
- 나무(들)
u 눈(雪)
o 눈(眼)(들)
o 창문(들)

Dd27

- 궤양(ulcer)
- 꼭대기
- 머리
u 방패
o 버클, 혁대
u 보트(가운데 선이 있는)
- 승강기(가운데 선이 있는)
- 심장
- 얼굴
- 우주선

Dd28

- 구두
- 기둥
u 나무
u 모자

- 머리(동물)
o 머리(새)
- 머리(인간)
u 머리(모자를 쓴 인간과 비슷한)
- 새(전체)
u 화살촉

DdS29

o 구멍(들)
o 귀신(들)
u 날개(들)
o 눈(眼)(들)-추상적
- 눈(眼)(들)
u 눈(雪)
u 비행접시(들)
u 산(들)
u 우주선(들)
u 텐트(들)
u 트라이앵글
u 피라미드(들)

DdS30

o 귀신
- 나무
o 눈(眼)(들)
u 눈(雪)
u 인간(옷을 입은)
- 폐(들)

Dd31

- 가시 있는 식물
- 두개골
- 망치
u ∨ 머리(토끼)
- 머리(불특정)
u 발
- 뿌리
u ∨ 산꼭대기
u 이빨
- 코
u ∨ 화산

Dds32

- 가면
u 깊은 협곡
- 꽃병
u 만(灣)
- 새

Dd33

- 공
u 꼬리
o ∨ 나무
- 램프
- 머리(동물)
u ∨ 머리(인간)
u ∨ 버섯
- 뼈
- 종(鐘)
u ∨ 푸들의 꼬리

Dd34

- 곤충
u 〈 관목
u 〈 귀신
u 〈 나무(전나무)
o 〈 나무(불특정)
- 머리
u 〈 물개
u 바위
o 〈 산
o 언덕
- 얼굴
u 우산(접힌)
o 지느러미
u 칼날
u 코(풍자된)
u 〈 탑
u 화살촉

Dd35

u 〈 개
- 얼굴(동물)
- 얼굴(새)
u 얼굴(인간)

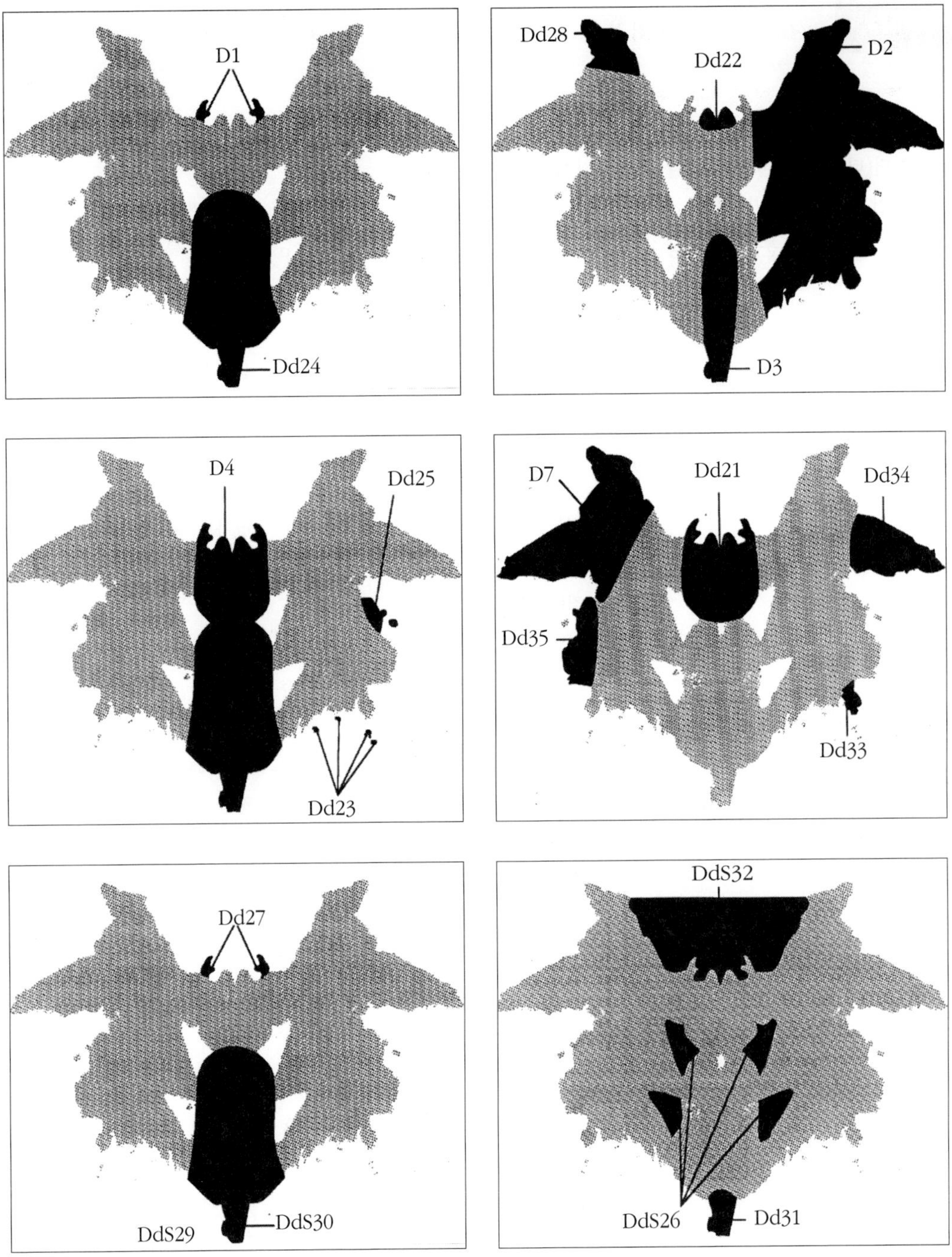

[그림 1] 카드 I의 D와 Dd 영역

CARD II

평범 반응: D1을 곰, 개, 코끼리, 양, 동물의 전체 또는 머리로 반응

Z값: W = 4.5 인접 부분 = 3.0 비인접 부분 = 5.5 공간 반응 = 4.5

W

u 가면(다양한 동물, 만화, 할로윈, 파티 등의 가면)
u 개(Ds를 피나 분리된 대상으로 지각)
- 고기
u 고릴라
- 곤충(날개 없는)
o 곰(들)
u 괴물
- 꽃
u ∨ 나방
o ∨ 나비
u 동굴
u 동물(불특정)
- 디스크(해부)
u 램프(장식품)
o 만화 인물(들)(인간 또는 동물)
- 목구멍
- 몸
u 무늬, 도안(추상적)
o 무용가(들)
- 박쥐
- 배지
u ∨ 벌레(날개 달린)
- 벌레(산산조각 난)
u 병아리(들)
o 불과 연기
- 새
u 새(두 마리)
- 식물
- 심장
o 악마
- 얼굴(인간 또는 동물)
u 연
u 오리(들)
- 우주선
- 위(胃)
o 인간 또는 인간 같은 모습
- 입
- 장(腸, intestines)
o 장신구, 장식품
- 지도
- 직장(rectum)
- 질(해부)
- 콩팥
- 파리
u 펭귄(두 마리)
- 폐
o ∨ 폭발
u ∨ 불사조(phoenix)
- 해부(구체적)
- ∨ 화환(크리스마스)
- X-ray

D1

u ∨ 개
o 개
u ∨ 고릴라
o 〈 고양이
u 곤충
o 곰
o ∨ 괴물
u 구름
- 나무
- 날개
u 동물(박제한)
u 동물(불특정)
- 돼지
- 모자
- 물고기
u 〈 물소
- 바다거북
u 바위
- 병아리(머리 없는)
u 개코원숭이
o ∨ 산(들)
- 새
o 새끼 양
- 심장
u 연기(煙氣)
- 왕관
o ∨ 인간
- 인간
- 잎
o 젖소
- 지도
o 코끼리
u ∨ 코트
o 〈 토끼
- 하마
o 〈 햄스터
u 호랑이

D2

o 가면(동물, 새, 만화, 인간

과 비슷한 가면)
u 고기
u ∨ 권총의 가죽 케이스 (holster)
o 꼭두각시(손)
o 나비(옆모습)
- 남근
u ∨ 남아메리카(지도)
- 다리
u 달팽이
- 동물(불특정)
- 랜턴, 손전등
u 립스틱 자국
- 머리(동물)
u 머리(새)
- 머리(인간)
o 모자
u ∨ 목이 짧은 양말
o 물개
u 발자국
- 벌레(날개 없는)
u 벌레(날개 달린)
u ∨ 벌새
- 병어리장갑
u 병아리
- 부츠
o 불
o 새
u 〉새
- 세포(피)
- 손
u 손
- 양초
u 엄지손가락
u 용암
- 이빨
u ∨ 이탈리아(지도)
- 장화
o 조각품(만화)
- 쥐
- 지문(指紋)
u 천사
- 콩팥
u 토끼
o 피
- 혀
o 횃불
u 월경
- 얼굴(인간)
- 자궁(womb)
o 질(해부)
- 콩팥
o ∨ 태양
- 파리
o 페인트
- 폐
o 피
- 항문

D3

- 가면
- 가재
- 개미
o 게
u 고기
u 나방
o 나비
u 달팽이
- 딱정벌레
u ∨ 머리(동물, 뿔 달린)
- 머리(동물, 뿔 없는)
- 머리(새)
- 머리(인간)
- 물고기
o 벌레(날개 달린)
o 불
u 산호
u 선풍기
u 식물
- 심장
- 얼굴(동물)
u 얼굴(악마 또는 괴물)
u 우주선

D4

u 기념물(monument)
u 깎는 기구, 가위(들) (clippers)
- 꼬리
- 꽃병
- 나무(불특정)
u 남근
u 로봇
o 로켓
o 미사일
- 머리
u 모자
u 무기
- 문
- 뱀
- 병
u 볼펜
- 산
u 성(城)
- 야구방망이
u 양초
- 얼굴
- 예수가 십자가에 못박힌 그림

(crucifixion)
o 우주선
o 절(temple)
- 종(鐘)
u 집게
o 총알
- 칼
o 캡슐(우주선)
- 코
o 탑
u 피라미드
u 헬멧
o 화살
o 화살촉

DS5

- 가면
o 교회
o 구멍
u 그릇
o 꼭대기
o 꽃병
- 나비
u 눈송이
o 동굴
u 드릴, 송곳
o 램프
o 로켓
o 미사일
u 바구니
- 박쥐
- 보트
u 분수(噴水)
o 비행기
o 빛
- 새
o 샹들리에
u 섬
o 성(城; D4를 포함한 반응)
u 연
- 옷
u 왕관
u 우물
o 우주선
- 위(胃)
u 유리잔
- 입
o 장신구
u 절(temple)
o 터널
u 헬멧
o 호수

D6

u 곤충(날개 달린)
o ∨ 골반
- 곤충(날개 없는)
u 구름(들)
u 나방
u 나비
o 동물(두 마리, D1이 준거 o에 일치하는 반응)
u 동물(두 마리, 구체적)
- 등뼈
- 박쥐
u 산
- 새
u 섬
- 양탄자, 깔개
u 우주선(대개 DS5와 관련)
- 위(胃)
- 인간(두 명)
o ∨ 인간(두 명)
- 지도(구체적)
u 지도(불특정)
u 척추(한 마디, DS5를 포함한 반응)
- 폐
u 풍경(종종 DS5를 호수로 반응)
u 하수관(DS5를 포함)
- 해부
o ∨ X-ray(골반)
- X-ray(골반을 제외한 구체적)

Dd21

- 개구리
- 귀
- 둥지
o 머리(동물)
- 머리(물고기)
- 머리(새)
- 머리(인간)
- 물개
o 산
- 새
- 주둥이, 부리
- X-ray

Dd22

o ∨ 관목, 덤불
- 나무
- 머리(동물)
u ∨ 머리(인간)
u ∨ 바위
- 병아리
u ∨ 토끼

Dd23

- \- 개구리
- u 관목, 덤불
- \- 나무
- \- 머리
- u ∨ 바위
- u ∨ 산

Dd24

- u 귀신
- u 남근
- u 로켓
- u 볼링핀
- u 양초
- \- 얼굴
- \- 이빨
- \- 인간
- u 인간 같은 모습
- o 질(해부)
- u 총알
- u 토템
- u ∨ 폭포
- u 항문

Dd25

- u 고드름
- \- 꼬리
- u 나뭇가지
- u 대못
- u 더듬이
- u 바늘
- o 뿔들
- o 뿔(사슴)
- o 안테나, 촉각
- \- 어금니
- u 창, 작살

Dd26

- u 벌레
- o 불
- u 쐐기벌레
- u 일몰
- o 피
- \- 해마

Dd27

- u 갈고리발톱
- \- 꼬리
- u 다리
- \- 벽
- \- 손톱

Dd28

- u 나무(착색된)
- u 니스, 광택제
- \- 머리
- \- 바다거북
- u 핏자국, 혈흔
- \- X-ray

DdS29

- u 도자기
- u 동굴
- u 둥근 지붕
- u ∨ 받침 달린 술잔
- u 컵
- u 터널

DdS30

- \- 눈(眼)(들)
- \- 대합조개
- \- 머리
- u 작은 만(灣, inlet)

Dd31

- \- 갈고리발톱
- u ∨ 귀(동물)
- \- 나무(들)
- u 돌조각품
- \- 머리(동물)
- u 머리(인간)
- u 머리(인간 모습)
- u 〈 산(들)
- u 얼굴(들)
- u 주둥이, 부리

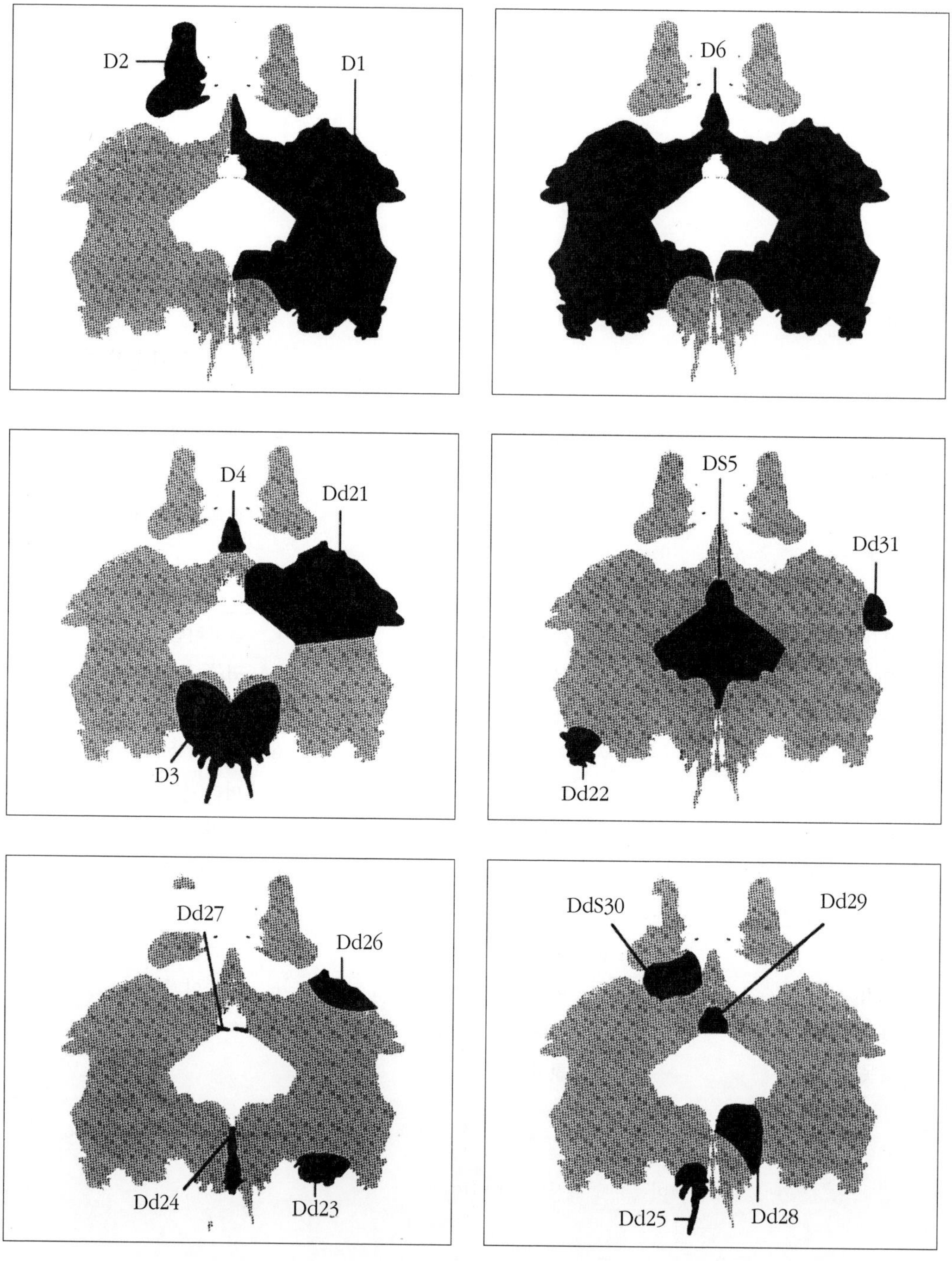

[그림 2] 카드 II의 D와 Dd 영역

CARD III 평범 반응: D1 또는 D9를 인간 또는 추상적인 모습으로 반응
Z값: W = 5.5 인접 부분 = 3.0 비인접 부분 = 4.0 공간 반응 = 4.5

W

- \- 개구리
- u 개구리(해부된)
- \- 개미
- \- 거미
- \- 게
- \- 고릴라
- \- 고양이
- \- 곤충
- \- 골격
- u ∨ 괴물
- u 그릇(손잡이가 달린)
- u 그림(추상적)
- \- 꽃
- u ∨ 꽃병(손잡이가 달린)
- \- 나비
- \- 날개
- \- 늑골, 갈비뼈
- \- 동물
- o 동물(D1이 서커스에서처럼 다른 대상을 붙들고 있는 것으로 지각된다. 이 경우 대상 자체가 o로 채점될 수 있어야 한다)
- u 배지
- \- 벌레
- o 새(D1이 새로 지각되고, 새 장에 있는 분리된 대상이 함께 지각된다. 다른 사물들이 분리되어 지각될 경우 모두 o로 채점될 수 있어야 한다)
- \- 얼굴
- \- 올가미(noose)
- \- 인간
- \- 지도(구체적)
- u 지도(불특정)
- u ∨ 풍경
- \- 해파리
- u 휘장
- \- X-ray

D1

- \- 개
- u 개구리(해부된)
- o 개(두 마리, D7을 분리된 대상으로 지각)
- \- 개미
- \- 거미
- \- 곤충
- o 골반뼈 구조
- u 꽃병
- \- 나무(들)
- u ∨ 동굴 입구
- \- 동물
- u 동물(두 마리, 불특정)
- \- 두개골
- \- 벌레
- o 뼈대
- u ∨ 산(눈이 덮힌)
- \- 새
- o 새(두 마리)
- u ∨ 아치
- o 양(두 마리, 어린 양)
- o 원숭이(들)(D7을 분리된 대상으로 지각)
- \- 인간
- o 인간(두 명, D7을 분리된 대상으로 지각)
- \- 인간(두 명, D7이나 Dd31을 인간 모습의 일부분으로 포함하여 지각)
- u ∨ 인간(D5가 팔)
- o 인형(두 개)
- u ∨ 작은 악마
- \- 터널
- o ∨ 풍경
- o X-ray(골반)
- u X-ray(불특정)

D2

- u 갈고리
- \- 개
- o 고기(매달린)
- \- 곤봉
- \- 곤충
- u 기타
- o ∨ 꼭두각시
- u ∨ 꽃
- \- 꽃병
- u ∨ 나무
- u 낚싯바늘
- \- 뇌
- \- 누에고치
- o 세포
- \- 달팽이

- 닻
u 덩굴(포도나무의)
- 동맥
- 딸기, 베리(berries)
u 랜턴, 손전등
u 로봇
- 막대기
- 머리(동물)
- 머리(새)
u 머리(인간과 비슷한)
- 머리(인간)
o 모자(왕관 또는 옷의)
- 물고기
- 뱀
- 벌레
o 병아리(매달린)
o 불
- 빗방울
- 뼈
u 산호
o 새
u ∨ 식물
- 심장
u 아메바
o 악마
o ∨ 앵무새
- 오리
- 용
o 원숭이
u 위(胃)
u 음표(음악의)
o 인간 같은 모습(악마, 난쟁이, 꼬마요정, 공상과학이나 만화, 신화에 나오는 도깨비 같은 모습)
o 장식(불특정)
- 장(腸), 내장
u 조각상(동물)
o 조각상(인간)
u 조각상(추상적)
o 태아(embryo)
o 탯줄(태반과 함께)
- 토끼
- 파리
o ∨ 플라밍고
o 피
- 폐

D3

- 가면
- 게
u 고무총
- 곤충(날개 없는)
u 곤충(날개 달린)
o 골반뼈 구조
- 나무
o 나비
u 날개
- 내장, 장(腸)
- 뇌
- 거들
o 리본
u 말벌
u 모기
- 박쥐
o 불
u 뿔(사슴)
- 새
u 선글라스
u 섬
- 심장
- 씨앗
u 아령
- 안경
u 안대(eye shades)
u 연
- 오렌지
- 인간(들)
- 입
o 장식(불특정)
- 젖가슴(들)
- 차골(새 가슴 앞에 있는 Y자형 뼈 모양)
u 척추(단면도)
- 코
- 콧구멍
u 콩팥
- 파리
u 풀무(bellows)
o 피
- 해골
u 행글라이더
o 폐
- 헬멧
u 화석
o 활(현악기)
u 휘장(추상적)
- 흉골, 가슴뼈

D5

u 갈고리발톱
u 곤봉
- 나무
u 다리(동물)
o 다리(인간)
u 다리(곤충, 보통 거미)
- 덩굴(포도나무의)
u 로켓

u 막대기
- 뱀
- 벌레
- 뼈
- 뿔
o 상어
- 새
u 섬
- 손
u 어뢰
u 우주선
- 지도
u 창, 작살
- 총
u 총알
u 팔
- 펜
u 폭탄
u 화살

D7

o 게
o 골반
u 그림자(들)
o ∨ 나무(들)(DdS24 호수)
- 나비
o 난로, 벽난로
- 늑골, 갈비뼈
- 동물
o 둥지
u 드럼
- 머리
u 머리(괴물)
u 문
o 바구니
o 바위(들)
u ∨ 버섯
- 버클, 혁대
o 뼈(들)
- 심장
- 안경
- 얼굴
u 연기(煙氣)
- 오리(들)
- 위(胃)
- 콩팥
u 탁자
- 폐
u 호박(할로윈)
o X-ray(골반)
- X-ray(골반을 제외한 구체적)
u X-ray(불특정)

D8

- 가슴
- 강
u 게
u 괴물
u ∨ 꽃병
u 돌
u ∨ 바구니
o 뼈(들)
u ∨ 술잔
u 얼굴(외계인, 괴물)
- 용
- 호박
u 호수(산 위에 있는)
u ∨ 횃불
- X-ray

D9

o 개
- 개미
- 거미
- 곤충
u 괴물
u 구름
o 꼭두각시
- 나무
u 동물(불특정)
- 벌레
u 병아리
- 뿌리
u ∨ 산
u 조각상
o 새
o 새끼양
u 악마, 귀신
u 앵무새
o 양
u 오리
o 원숭이
u 귀신
o 인간
o 인형
- 잎(나무 전체의)
- 킹콩
- 토끼
- 해부
- X-ray

Dd21

- 개
u ∨ 나무
- 머리(동물)
o 머리(물고기)
o 머리(새)
- 머리(인간)

u 반도
o ∨ 산
u 새
u 언덕
- 폭탄
u 풍경

Dd22

u 구름
- 동물
- 뼈
o 새
- 설치류 동물
u 인간(상반신)
u 조각상
u ∨ 풍경

DdS23

u 구름
u 귀신
- 머리
u 물
u 새

DdS24

u 그릇
u 꽃병
u 눈(雪)
u ∨ 램프
- 머리
u ∨ 버섯
u ∨ 조각상
u 호수

Dd25

u 꼬리
u 끈
u 막대기
- 머리
u 밧줄
u 벌레
u 뿌리
u 식도
- 얼굴
- 연장, 도구
- 창
u 탯줄
u 튜브, 관

Dd26

u 그루터기
o 남근
- 다리
- 머리
u 오리너구리
u 지느러미

Dd27

- 두개골
o 머리(동물)
u 머리(물고기)
o 머리(새)
- 머리(인간)
- 빌딩
o 젖가슴
u 코

Dd28

u 그물
u 댐
- 머리
u 문(들)(자동문)
- 얼굴
- 이빨
u 코르셋

Dd29

- 곤충
u 나비
u 만화 인물
- 머리
u ‹ 발렌타인(기독교 순교자)
- 비행기
u 새
- 심장
- 인간
u 젖가슴
- 콩팥
- 태아(fetus)
- 텐트
- 화살
u 화살촉

Dd30

u 고드름
- 곤봉
- 머리
- 미사일
- 발
- 손
u 통나무
u 팔

Dd31

o 골격
o 공
- 구두
u 구름

u 권투장갑
- 귀가리개(방한용)
o ∨ 나무(들)
- 눈(眼)
o 돌
u 동물
o ∨ 두개골
- 램프
- 머리(동물)
o ∨ 머리(인간)
o ∨ 머리(골격)
- 모자
o 바구니
- 산
- 선풍기
- 얼굴
u 연기(煙氣)
- 자궁
u 조롱박
o 주전자
- 폐
- 해부

Dd32

u 가면
- 공
u 굴(식용)
- 계란
- 눈(眼)
u 대합조개
- 동물
- 머리(동물)
o 머리(새)
o 머리(인간)
- 물고기
u 바위

Dd33

u 갈고리발톱
o 구두
- 머리(동물)
u 머리(새)
- 머리(인간)
u 발
o 발굽
u 손
u 손가락
- 창
- 펜촉
- 포크

Dd34

- 곤충
- 골격
- 동물
- 물고기
o ∨ 산
o 새
o 인간(상반신)
o ∨ 풍경
- X-ray

Dd35

- 개구리
- 게
o 골반
u 그릇
u 꽃병
- 나무(들)
o 새(두 마리)
u 섬(들)
o ∨ 풍경
o X-ray(골반)
- X-ray(골반을 제외한 구체적)
u X-ray(불특정)

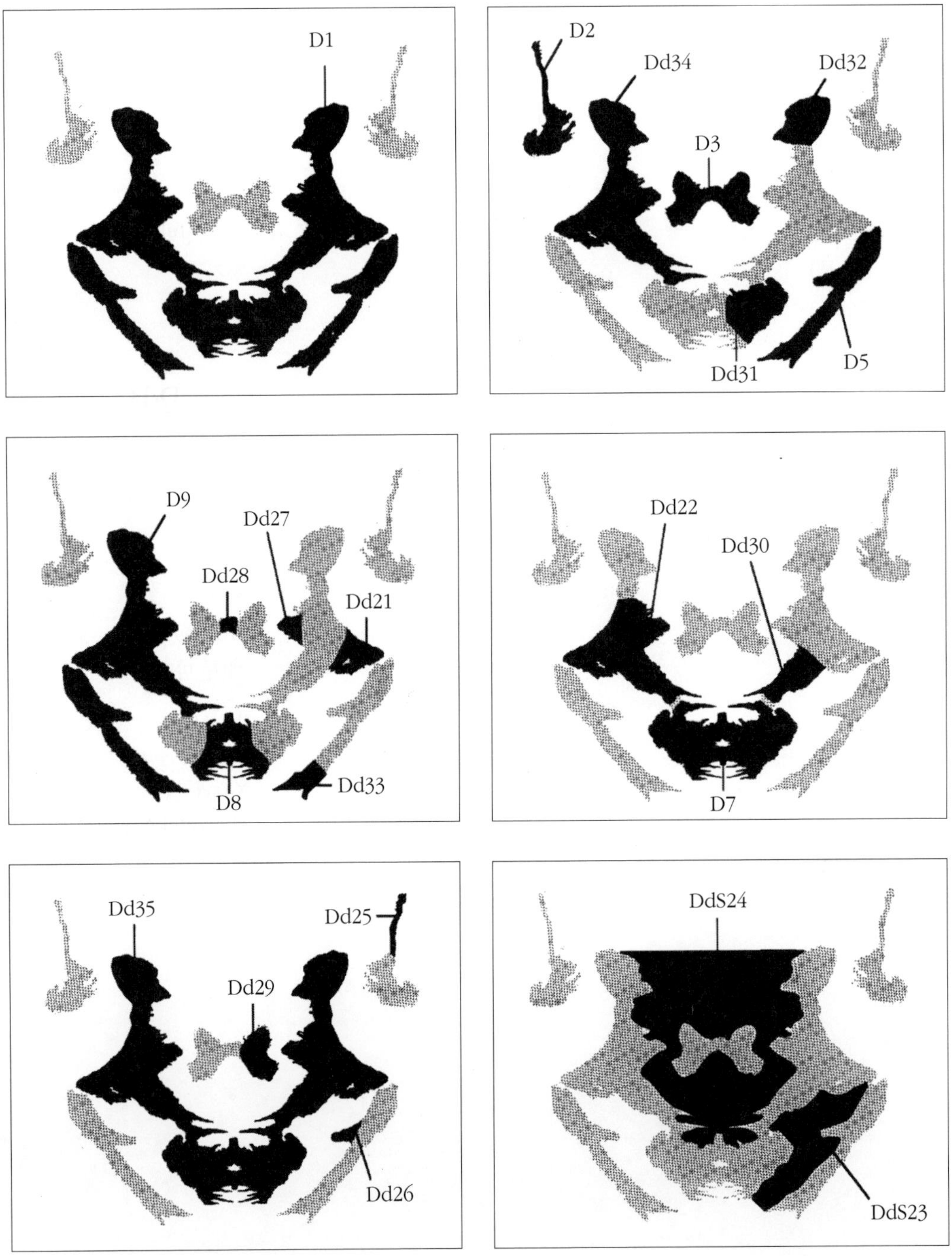

[그림 3] 카드 III의 D와 Dd 영역

CARD IV

평범 반응: W나 D7을 인간 또는 인간과 비슷한 모습으로 지각한 반응
Z값: W = 2.0　인접 부분 = 4.0　비인접 부분 = 3.5　공간 반응 = 5.0

W

u 가면(공상과학)
u 개(흔히 정면을 보고 앉은)
u 개구리
\- 게
o 고릴라
\- 곤충
u 공룡(앞에서 본 모습)
u 구름(들)
o 깔개, 양탄자
u 꽃
o 나무
u ∨ 나방
o 나비
\- 뇌
\- 눈송이
u 다람쥐
\- 달팽이
o ∨ 닻
\- 동굴
o 동물
\- 두개골(동물)
u 무늬, 도안(추상적)
u 로봇
\- 로켓
u 머리(동물)
\- 머리(새)
\- 머리(인간)
u 머리(파충류)
o 바다 동물
u 바위
u 버섯
u ∨ 벌레(날개 달린)
\- 벌레(납작해진)
o 부츠(극지방에서 신는)
u 분수
\- 빌딩
\- 뼈에 붙어 있는 살점
\- 뿌리
u 산
\- 산호
u ∨ 새
o 생가죽(hide)
u 숲(위에서 본 모습)
u 스펀지
u 시체(동물)
u 아이스크림 콘
\- 양초
\- 얼굴
u 연
u 연기(煙氣)
u 오징어
o 인간(들)(W를 인간으로 지각하거나 D1을 자전거, 의자, 나무 그루터기와 같은 이차적 대상으로 지각한다. D7을 인간 모습으로 볼 수 있어야 하고 카드는 ∧위치로 본다)
u 인간(두 명, 중간에 물체에 기대고 있는)
o 인간 같은 모습
o 잎
\- 젤로(과일 향의 디저트용 젤리)
\- 지도(구체적)
u 지도(불특정)
o 지도(지형학적, 불특정)
\- 진흙
u 총
\- 코끼리
o 코트, 외투(극지방에서 입는)
\- 태아(embryo)
o 털가죽(양, 염소)
u 폭발
u ∨ 폭포(D1을 주변 풍경으로 지각)
o 풍경
u ∨ 항아리, 단지
u 해초
\- 해파리
u 허수아비
\- 폐(들)
\- 헬멧
u 협곡(강이 있는 지역)
\- 황소
\- 회오리바람
o 휘장
o X-ray(골반)
\- X-ray(골반을 제외한 구체적)
u X-ray(불특정)

D1

\- 가재
\- 게
o 곤충

o 관목
o 나무줄기
u ∨ 난로(나무가 연료인)
- 남근
u 달팽이
- 동물
- 램프
u ∨ 머리(거북이)
- ∨ 머리(거북이를 제외한 파충류)
o ∨ 머리(곤충)
u ∨ 머리(괴물)
u ∨ 머리(새)
u 머리(용)
- ∨ 머리(인간)
- 물고기
- 뱀
u 벌레
- 벌레
o 변기
o ∨ 선인장
- 악어
u ∨ 양초
u ∨ 왕관
- 인간
- 조개
u 척수
o 척추
o 척추골
- X-ray

D2

o ∨ 개
o 〈 곰
o 구두
u 구름
u 날개
o 〈 돼지
- 머리(곤충)
u ∨ 머리(낙타)
o 〈 머리(납작하고 평평한 코를 가진 곰, 개, 돼지, 물개 등의 동물)
u 〈 머리(동물, 불특정)
- 머리(새)
o 〈 머리(인간)
- 머리(파충류)
o 〈 물개
u 바위
u 반도
o 발
- 배
- 뼈
- 암소
u 언덕
u 조각상
- 지도(아프리카나 남아메리카를 제외한 구체적인 지역)
u 지도(불특정)
u 〈 파도
u 풍경
- X-ray

D3

- 곤충(날개 없는)
u 곤충(날개 달린)
o 꽃
u 나무(꼭대기)
u 나비
u 뇌
u 대합조개
o 머리(고양이, 원숭이, 올빼미 같이 평평한 얼굴의)
u 머리(괴물 또는 공상과학에 나오는)
- 머리(구체적 동물이지만 얼굴이 평평하지 않은)
- 머리(인간)
- 머리(파충류)
o 바다조개
u 버섯
- 부리(새), 주둥이
u 산
u 선풍기
u 양배추
- 얼굴
u 왕관
- 항문

D4

o 가지(나무)
- 귀
u 꼬리
- 꽃(시든)
u ∨ 낚시
- 남근
- 다리
o 다이빙 선수(뒤로 뛰어오르는)
o 덩굴(걸려 있는)
o 도마뱀
- 동물
u 모자
u 몸통(코끼리)
- 물고기
u 반도
o 뱀
u 뿔(동물)
o 새(긴 목을 가진)

o 손잡이
u 팔(불구인)
\- 화살

D5

\- 가재
o 강
\- 곤충
o 기둥
\- 나무
u 드릴, 송곳
u 로켓
o 막대기
\- 물고기
u 벌레
u ∨ 분수
o 뼈(해골)
o 수로
\- 조각상
o 척추골
u 토템
o 협곡
u X-ray(불특정)
o X-ray(척추)
u X-ray(척추를 제외한 구체적)

D6

u 날개
o 다리
o 〈 동물(언덕 또는 바위 D2에 있는)
o 발
u 배의 키
o 부츠
u 신발
\- 얼굴
u 연기(煙氣)
u 이탈리아
o 〈 인간(의자나 언덕 D2에 앉은)
u 지도(불특정)
o 지도(이탈리아)
\- 지도(이탈리아를 제외한 구체적인 지역)
\- 바다 동물

D7

o 가면
u 개구리
o 거인
\- 게
o 고릴라
o 괴물
u 다람쥐
u ∨ 닻
o 동물
\- 머리
o ∨ 박쥐
u ∨ 배지
\- 벌레
u 산
u 새
o 생가죽(동물)
u 섬
\- 얼굴
o 인간
u 조각상

Dd21

\- 머리(동물)
o 머리(인간)
\- 사과
\- 사마귀
o 얼굴(인간, 옆모습)
u 오두막
u 왕관
u 절
\- 주먹
u 천막
u 풍경

Dd22

\- 관목
\- 눈(眼)
\- 달
\- 머리
\- 얼굴

Dd23

\- 머리(동물)
o 머리(새)
\- 머리(인간)
u 머리(파충류)
u 주둥이, 부리

DdS24

u 구름(들)
u 귀신(들)
u 눈(雪)
\- 머리(들)

Dd25

\- 얼굴
\- 인간 같은 모습
\- 인간(들)
u 풍경(공중에서 본)

Dd26

u ∨ 귀신(들)

- 나무(들)
u 다리(들)
- 머리(동물)
u 머리(새)
- 머리(인간)
u 벌레
u 손가락
- 이빨(들)
u ∨ 인간 같은 모습(들)
- 인간
- 음핵, 클리토리스

Dd27

- 꼬리
u 다리
- 발
u 언덕

Dd28

- 갈고리발톱(들)
- 다리(들)
- 발(들)
- 뿌리(들)
u 뿔(들)
u 쐐기털(곤충)
o 안테나, 촉각

DdS29

u 괴물(들)
u 구름(들)
u 귀신(들)
u 호수(들)

Dd30

u 꽃
o ∨ 로켓
u 부리, 주둥이
u 손톱
- 심장
u 압정
- 얼굴
u 이빨
- 인간
u 티이(골프공을 올려놓는 곳, tee)
u 폭포
- 혀

Dd31

u 귀신
- 나무
u ∨ 도장, 인장(seal)
- 동물
u ∨ 마녀
- 머리(동물)
- 머리(새)
- 머리(인간)
u ∨ 머리(인간 같은)
- 바위
- 뿌리
- 새
- 인간
u ∨ 조각상

Dd32

u ∨ 머리(평평하고 납작한 코를 가진 동물)
u ∨ 머리(인간)
u 〈 머리, 동물
u 바위
u 발가락
- 주먹

Dd33

o 강
u 막대기
o 뼈(해골)
u 송곳, 드릴
o 수로
o 척추
o 크레용
o 협곡

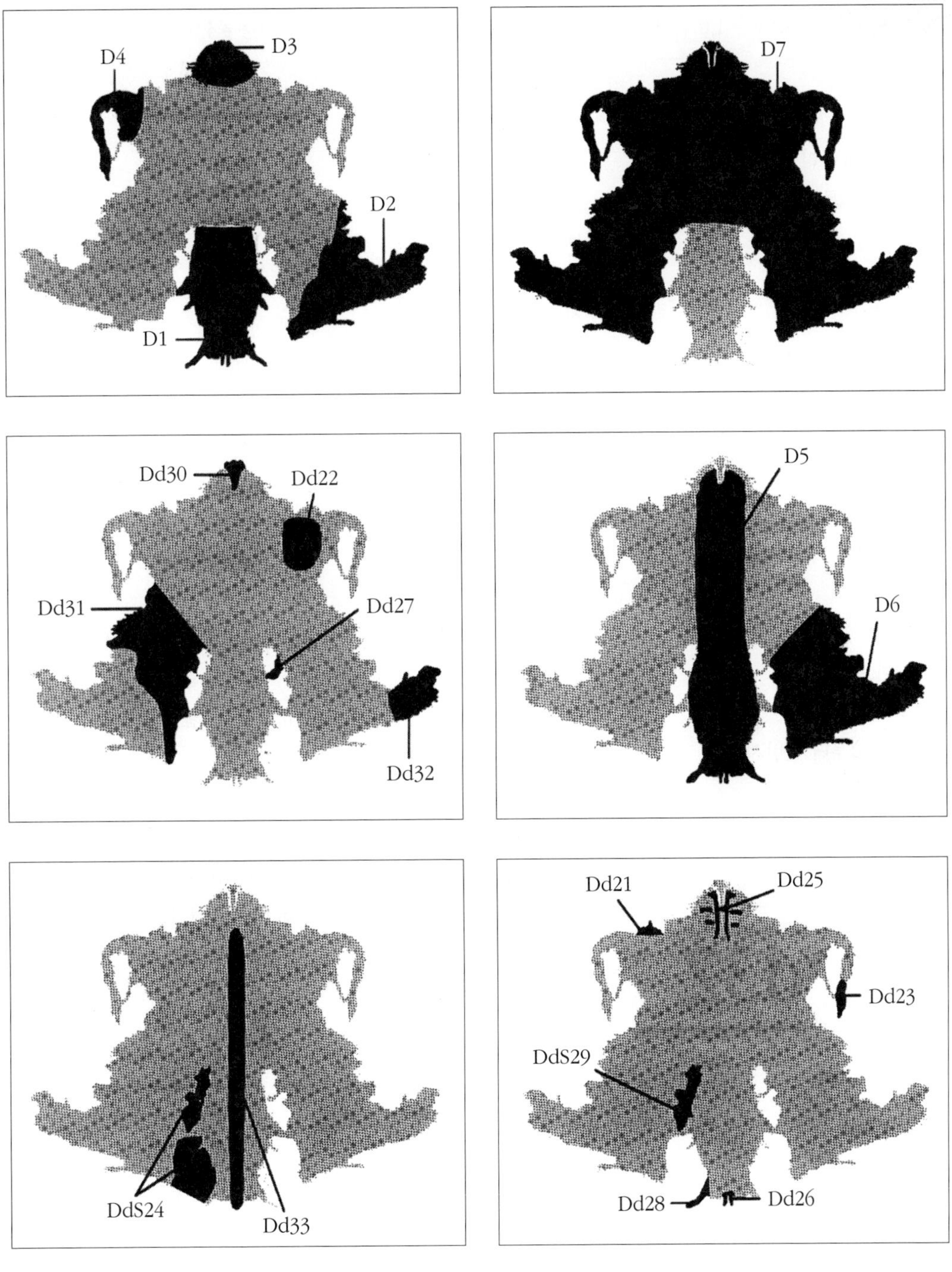

[그림 4] 카드 IV의 D와 Dd 영역

CARD V

평범 반응: W를 박쥐 또는 나비로 지각한 반응

Z값: W = 1.0 인접 부분 = 2.5 비인접 부분 = 5.0 공간 반응 = 4.0

W

- \- 가발(대머리에 쓰는)
- \- 각다귀, 모기
- \- 거미
- u 거위
- \- 고양이
- u ∨ 곡예사(물구나무 서 있는)
- o 곤충(날개 달린)
- \- 곤충(날개 없는)
- u 골반
- o ∨ 골반
- u 구름(들)
- \- 기계
- \- 깃발
- \- 꼬마요정
- u 꽃
- \- 나무 그루터기(반사된)
- u 나뭇잎
- o 나방
- o 나비
- u 독수리
- u 돌
- \- 동물(들)
- o 동물(머리를 부딪치고 있는)
- \- 두개골
- o 드라큘라
- \- 머리
- u 모기
- \- 목뼈
- o 무용수(옷을 입은)
- \- 미생물
- \- 바나나
- o 박쥐
- \- 배
- o 뱀파이어
- \- 배지
- u 비행기
- u 산
- \- 산호
- o 새(D6이 주둥이, 부리)
- u 새(D9가 주둥이, 부리)
- u 석탄(조각)
- u 악마
- \- 양치류 식물
- u 언덕(나무가 있는)
- \- 얼음
- u 연
- u 요정
- \- 우산
- u 우주선
- \- 인간
- o 인간(서로 등을 맞댄)
- o 인간(옷을 입은)
- o 인간(행글라이딩)
- u 인간 같은 모습(팔과 날개를 가진)
- u 잎(나무 전체의)
- u 장식품
- \- 정향나무
- u ∨ 중국 냄비(요리용)
- \- 지도
- u 책꽂이
- u 천(조각)
- \- 천막
- u 천사
- \- 캥거루
- u 콧수염
- \- 코트
- \- 콩팥
- u 타조
- u 파리
- \- 펌프
- \- 폐(들)
- \- 폭발
- o 풍경
- \- 프로펠러
- \- 해부
- \- X-ray(골반을 제외한 구체적)
- o X-ray(골반)
- u X-ray(불특정)

D1

- u 근육
- o 다리(동물)
- o 다리(인간)
- u 두개골(동물)
- \- 렌치(wrench), 스패너
- u 막대기
- \- 머리(동물)
- u 머리(만화 동물)
- \- 머리(인간)
- o 머리(파충류)
- \- 물고기
- u 발(동물)
- \- 발(인간)
- \- 뱀장어

o 뼈
u 뿌리
- 원통
- 창, 작살
- 코
u 큰 가지(나무의)
u 통나무
u 팔
- 화살

D4

- 개미핥기
- 게
- 곤충
o 관목(들)
u 구름
- 나무
- 나뭇잎
u 날개
- 다리
u 다리(D1을 옷을 입은 것으로 지각)
u 다리(요리한 닭 또는 칠면조의)
u 담요
o 동물(D7을 머리로 지각)
- 머리(동물)
- 머리(새)
u 머리(악어)
o 머리(인간의 옆모습)
o 바위
u < 백로
o 사람(기대고 서 있는)
u 선풍기
u 식물
- 악어
u 어깨심(미식축구의)
o ∨ 연기(煙氣)
- 유목(流木)
u 잡초
u 지도
- 진흙
u 침낭
- 캥거루
u 풍경
- 피부(skin)
- 해파리

D6

u 가위(들)
u ∨ 꼬마요정(들)
- 꽃병
u 더듬이
u 머리(동물)
o 머리(동물, 뿔이나 긴 귀를 가진)
- 머리(인간)
o 머리(인간, 옷이나 가면을 쓴)
u < 머리(파충류)
- 머리(파충류)
u 모자(미키마우스)
u 배지
- 새
u 손가락(두 개, 승리 표시)
o 얼굴(동물, 긴 귀를 가진)
- 얼굴(불특정)

D7

u 곤충(안테나, 촉각이 달린)
u 괴물
- 나무
o 동물(뿔이나 긴 귀를 가진)
- 동물(뿔이 없거나 긴 귀를 가진)
- 두개골
- 딱정벌레
o 마귀
- 물고기
u 발레리나(옷을 입은)
- 뼈
o 악마
u 외계인
- 인간(두 명)
u 인간(신화의)
o 인간(옷을 입은)
u 인간(두 명, 팔을 든)
o 토끼

D9

o ∨ 거위(들)
- 곤충(들)
u 꼬리(들)
u 다리(들)(동물)
o 다리(들)(새)
- 다리(들)(인간)
- 머리
u < 머리(악어)
u 머리(두 개, 새)
- 발(들)(동물)
o 발(들)(새)
- 발(들)(인간)
o 백조(들)
u ∨ 종(鐘)(들)
- 질(해부)
o 쪽집게, 핀셋
o 차골
u 청소기(진공)
- 청진기

u 펜치, 집게
o ∨ 플라밍고

D10

- 곤충
u 나무(유목, 통나무, 막대기들)
u 다리(동물)
- 다리(새)
u 다리(인간)
- 머리(동물)
u 머리(만화)
u 머리(새)
o 머리(파충류)
u 반도
- 산호
u 족집게
- 코

Dd22

o 검(sword)
- 곤충
o 꼬리
- 다리(동물)
u 다리(새)
- 다리(인간)
- 머리(동물)
u 머리(새)
- 머리(인간)
- 손가락
o 창
o 파충류
o 화살

Dd23

- 머리(동물)
- 머리(인간)

u 풍경
u 해안선

Dd24

u 괴물
u 귀신
u 나무
u 새
- 인간
- 젖가슴
u 젖꼭지
u 천막

Dd25

- 나무
- 남근
u 대포
- 모자
u 바위
- 엄지손가락

Dd26

u 가지(나무의)
- 나무
- 머리
u ∨ 새(날고 있는)
- 파충류

DdS27

u 귀신
u ∨ 꽃병
u 대못
u 원뿔
u 작은 만
u 탑

DdS28

u 꽃병
u ∨ 산
u ∨ 언덕
u 작은 만
u ∨ 종(鐘)
u 컵
- 헬멧

DdS29

u 강
- 뱀
u 작은 만

Dd30

o 가면
- 공
- 두개골
u 머리(동물)
u 머리(새)
- 머리(인간)
u 얼굴(고양이)
- 얼굴(고양이 또는 토끼를 제외한)
u 얼굴(새)
- 얼굴(인간)
u 얼굴(토끼)

Dd31

o 귀(동물)
u 꼬마요정
- 나무
u 남근
- 머리
- 발
- 벌레

o 뼈
u 손가락
- 인간

Dd32

u 곤봉
- 나무
u 더듬이
o 머리(새)
o ∨ 백조
- 뱀
o 부리, 주둥이
u 뼈
- 뿌리
o ∨ 새(목이 긴)
- 성냥
- 손가락

Dd33

- 젖가슴
u 관목(들)
- 머리(동물)
u 머리(인간 같은)
- 머리(인간)
o 산
o 언덕

Dd34

u 가위
u 꼬마요정(들)
- 나무(들)
u 다리(들)
o 더듬이
u 머리(들)(곤충)
- 머리(들)(동물)
- 머리(들)(새)
- 머리(들)(인간)
u 머리(들)(파충류)
o 뿔(들)
u 인간 같은 모습(들)
- 인간(들)
u 〈 입(동물 또는 새)
u 집게, 펜치

Dd35

u 가면(옆모습)
- 머리(동물)
- 머리(새)
o 머리(인간, 옆모습)
u 바위(들)
o 산
u 인간(앉아 있거나 누워 있는)
- 젖가슴
- 코
o 풍경

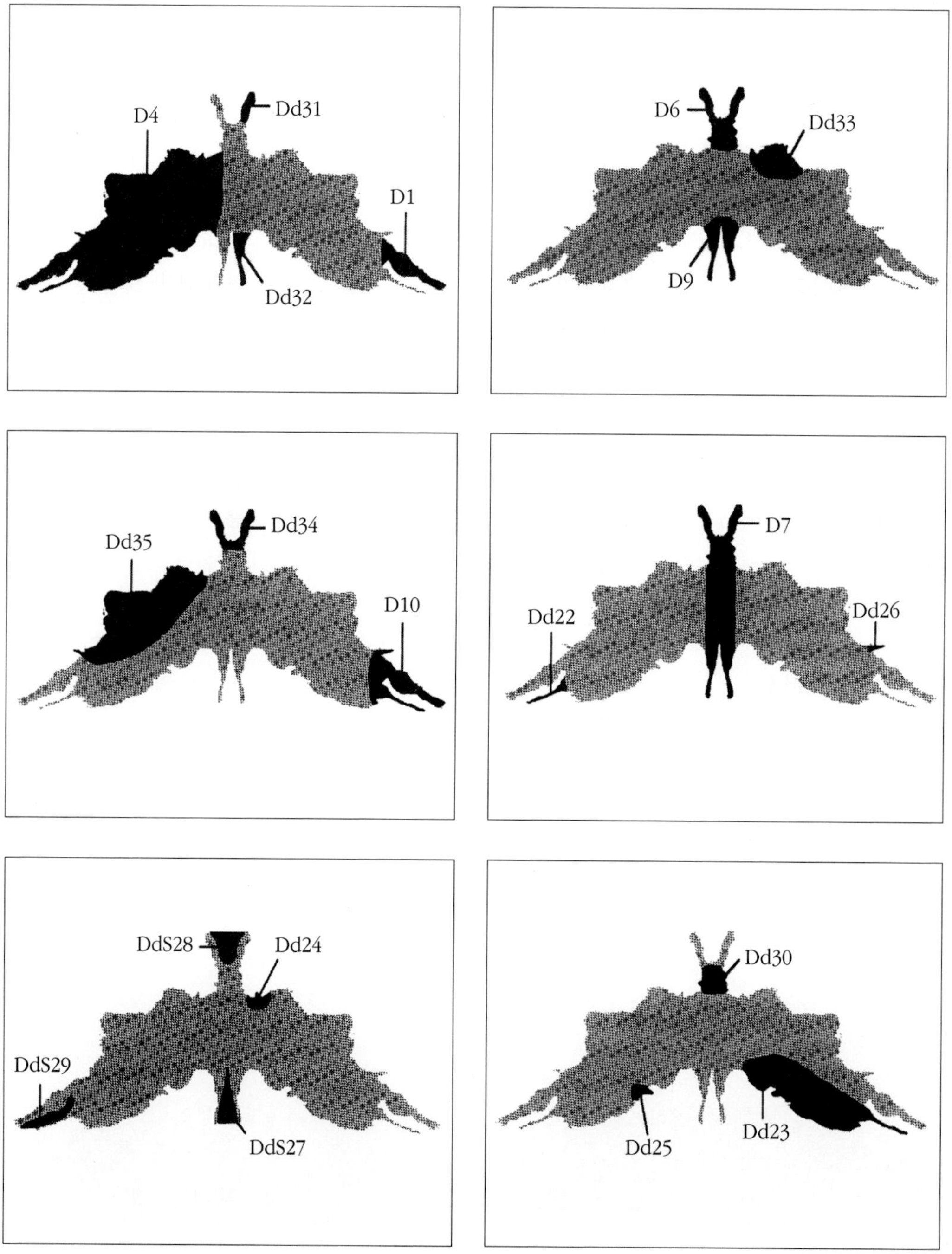

[그림 5] 카드 V의 D와 Dd 영역

CARD VI

평범 반응: W 또는 D1을 동물의 피부, 가죽, 모피 또는 양탄자로 지각한 반응
Z값: W = 2.5 인접 부분 = 2.5 비인접 부분 = 6.0 공간 반응 = 6.5

W

u 가면(공상과학의)
\- 가슴
u ∨ 가오리
o 가죽, 털가죽
u 가죽(조각)
\- 각다귀, 모기
\- 개구리
u ∨ 거리 표지판
\- 거미
\- 곤충(날개 없는)
u 곤충(날개 달린)
\- 골격
\- 곰
o 곰가죽
u 공예품(인디안의)
u 괴물(동물)
u ∨ 깃발
\- 까마귀
o 깔개, 양탄자
u ∨ 꽃
o ∨ 나무
u 나뭇잎
\- 나방
\- 나비
u ∨ 놀이기구(아래에 용수철이 달린 막대기의 발판에 올라 타고 뛰는 놀이기구)
\- 뇌
\- 뇌간
u 누에고치(D3을 애벌레나 나비로)
u 다람쥐(나는)
\- 달팽이
\- 닻
\- 도마뱀(나는)
\- 동물(날개 달린)
u 동물(바다, D3을 머리나 꼬리를 가진 가오리로)
\- 동물(코끼리, 기린, 개미핥기 같이 고양이과나 송곳니가 없는)
o 동물(평평하거나 피부가 있는 인공적인 형태)
o 동물의 가죽 또는 피부
u ∨ 드릴, 송곳
\- 딱정벌레
u 뗏목
\- 램프
u 로켓 발사대(D3는 로켓, D1은 연기 또는 발사대)
\- 머리카락
\- 모기
\- 몸
\- 물고기(바다의)
\- 방망이
u ∨ 방패
u 배의 키
o 〈 배(D3과 함께 반사된)
\- 배지
\- 벌
u 벌레(날개 달린)
\- 벌레(날개 없는)
\- 벼룩
o ∨ 부채
u 분수(추상적)
u 비행기
o 〈 빙산(반사된)
\- 산
\- 상징
u 새
u 새(선사 시대의)
\- 생식기(남자의)
u 섬
u ∨ 소형착암기(휴대용)(Jackhammer)
o 수로(다른 풍경 속에서 D5를 수로로)
u 숲(공중에서 본)
u ∨ 스펀지
u ∨ 식물
\- 아메바
\- 양엉겅퀴(artichoke)
\- 얼굴
\- 오리
\- 왕관
u 용(나는)
\- 잠자리
u 장신구
u ∨ 조각상
\- 지도(구체적)
u 지도(불특정)
\- 진흙
u ∨ 청소도구(손잡이가 달린)
u 첼로
o 초(D1이 밑받침인)

u 탱크(대포를 위에서 본 모양)
o 토템(D3은 토템, D1은 언덕이나 배경으로)
- 파리
- 프라이팬
u 폭발
o 〈 풍경(반사된)
o 피부(동물)
- 항아리, 단지
u ∨ 허수아비
- 폐
- 화산
u 광산의 통로(단면도)
- X-ray(구체적)
u X-ray(불특정)

D1

- 가슴
o 가죽
o 가죽(동물)
- 간(해부)
u 갈라진 틈(바위 중간 부분)
- 거북이 껍질(turtle shell)
u ∨ 괴물(들)
u 구름(들)
u 그릇(손잡이가 달린)
o 깔개, 양탄자
- 꽃
u 나뭇잎(공중에서 본)
- 나비
- 뇌
o 담요
u ∨ 동물(들)(등을 맞댄)
- 두개골
- 머리
- 머리(들)(동물)
u 머리(들)(인간, 옆모습, 등을 맞댄)
o 무성한 잎(들)
u 문
u 방패
o 배(반사된)
u 배지
u ∨ 벌꿀통
- 벌레
- 별
- 불가사리
o ∨ 빙산(반사된)
o 〈 산맥(반사된)
- 살점
u 석탄(조각)
u 섬
o 수로(D5, 다른 경치가 동반된)
u 숲(공중에서 본)
- 신체
u 아메바
- 양엉겅퀴
- 얼굴
u 얼굴(괴물)
u 얼음
- 요리(생선 또는 육류)
u ∨ 원숭이(들)(서로 등을 맞댄)
- 인간
u 인간(들)(등을 맞댄)
u 장식
- 조개껍질
- 지도(구체적)
u 지도(불특정)
u 책꽂이(양쪽 끝을 받친)
- 컵
o 코트
u 턱받이
- 폐(들)
o 풍경
u 해면동물
- 해부
u 휘장
- X-ray(구체적)
u X-ray(불특정)

D2

o 거인
u 검(sword)
o 계단의 난간 축(banister spin dle)
u 곤봉
- 곤충
- 동물
u 드릴의 날(bit), 송곳
o 램프 기둥
o 램프(가로등)
o 로켓
- 물고기
o 미사일
- 바늘
u 뱀장어
- 벌레
u 뼈
u 손톱
- 쐐기벌레
o 악어(Alligator)
o 양초
u 온도계
o 인간
o 인간 같은 모습
o 조각상(인간 같은)

- 척추골
o 촛대
u 칼
u 파충류
- X-ray(구체적)
u X-ray(불특정)

D3

u 가로등(대개는 D5를 포함한)
o 거위(나는)
o 곤충(날개 달린)
u 곤충(날개 없는)
u 꽃
u 나무
- 나뭇잎
u 나비
- 남근
u 동물(날개 달린)
- 동물(날개 없는)
- 두개골
o 램프
u 로켓
o 로켓(불 또는 연기가 나는)
- 머리(곤충)
u 머리(동물, 수염 달린)
- 머리(새)
- 머리(인간)
- 머리(파충류)
u 물체(Dd22를 불꽃으로)
u 바람개비
- 밸브
o 벌레(날개 달린)
u 벌레(날개 없는)
u 비행기
o 새
o 성냥(불이 붙은)
o 십자가(추상적 또는 현대적)
u 예수가 십자가에 못박힘
- 얼굴
- 인간
o 인간(옷을 입은)
o 인간(추상적)
o 인간 같은 모습
o 장식품
u 파리
- 해부
o 허수아비
u 호박벌
o 휘장

D4

o 가면
- 고치
- 곤충
o 〈 구름
u 구름
o 〈 노(배의)
u ∨ 동물
o 〈 동물(Dd24를 동물로, 나머지는 다른 사물로)
o 〈 돛단배
- 머리(동물)
- 머리(새)
o 머리(인간, 옆모습)
o 바위
o 〈 배
- 빌딩
o 빙산
o 〈 산(들)
u ∨ 인간
u ∨ 인간 같은 모습
o 〈 잠수함
o 조각상
- 지도(구체적)
u 지도(불특정)
u 〈 탱크(군대의)

D5

o 강
- 곤충
u 관, 튜브
u 기둥
o 길
- 나무
- 동물
o 등뼈
u 램프 기둥(흔히 Dd22를 불빛으로)
u 뱀
- 뱀장어
u 벌레
o 수로
o 식도
- 쐐기벌레
- 양치류 식물
u 온도계
o 운하
- 인간
o 창, 작살
u 창살
o 척수
- 칼
o 협곡
- X-ray(구체적, 척추 제외)
u X-ray(불특정)

D6

u 곤봉

u 곤충
o 기둥
u 길
o 남근
- 동물
- 두개골
o 로켓
- 머리(동물)
- 머리(인간)
u 머리(파충류, 흔히 거북이)
- 목
u 무기(불특정)
- 물고기
o 미사일
u 미이라의 관
- 밸브
u 뱀장어
u 원통
- 인간
u 조각
o 총알
o 파충류
u 팔(Dd23을 주먹으로)

D8

u 가로등 기둥(lamp post)
u 곤충(날개 달린)
o 꽃(꽃병 속의)
u 나무
- 나비
- 동물
o 등대
u 머리(동물, 수염 달린)
- 머리(새)
- 머리(인간)
- 벌레(날개 없는)
u 벌레(날개 달린, 어떤 물체 위를 기어다니는)
u 비행기
u 사람(옷을 입은)
u 새
o 샘
o 식물
o 십자가(언덕 위의)
u 잠자리
o 조각상(인간 같은)
u 조각상(새)
- 지도
- 척수
o 토템 기둥
o 허수아비
- X-ray

D12

o 강
o 광산의 수로(shaft)
u 길
- 남근
u 로켓
- 바늘
o 수로
u 연필
o 운하
- 인간
u 지퍼
- 직장(해부)
u 질(해부)
u 창, 작살
o 협곡
- 화살

Dd21

o ∨ 갈고리발톱
- 머리(동물)
o ∨ 머리(새)
- 머리(인간)
u ∨ 뿔
- 손
o ∨ 쪽집게

Dd22

- 가죽
u 가지(들)
u 거위(떼)
u 광선(태양)
- 꽃
- 무기(들, arms)
o 물(튀기고 있는)
u 불꽃
o 수염
o 양치류 식물(들)
- 얼음

Dd23

- 눈(眼)(들)
- 머리(두 개)
u 머리(곤충)
u 머리(괴물)
- 머리(동물)
u 머리(새)
- 머리(인간)
u 머리(파충류)
- 벌레
u 손(들)(악수하는)
- 코

Dd24

o〈 굴뚝
u 나무, 목재
- 다리
u∨ 동물(앉아 있는)
u∨ 머리(동물, 상반신)
- 머리(새)
- 머리(인간)
o 반도
- 발(동물)
- 부츠
u∨ 성(城)
o 절벽

Dd25

- 남근
- 머리
u 발(동물)
u 발(사람)
u 벙어리장갑
- 산
u 선인장
u 신발
u 인간
u 인형
u 조각물(carving)
u 조각상

Dd26

u 막대기(들)
u 수염(들)
u 안테나, 촉각
- 파충류(들)

Dd27

- 고환(들)
- 눈(眼)(들)
u∨ 달걀
- 머리(들)
- 엉덩이(들)
- 인간(들)
- 쪽집게
- 질(해부)
u∨ 폭포
- 해부

Dd28

u∨ 갈고리발톱
- 나무(들)
- 로켓(들)
- 머리(들)
u 뿔(들)
u∨ 파충류(들)

Dd29

- 머리
- 인간의 옆모습
u 해안선

DdS30

- 꽃병
u 작은 만
- 컵

Dd31

- 머리
u 빙산
u 뿌리개, 흔들어 뿌리는 병(소금, 후추)
u 새
- 인간
- 코

Dd32

- 계란(들)
u 굴(열린)
u 나비
- 뇌
- 눈(眼)(들)
u 대합조개(열린)
u 보트
u 조개껍질(열린)
- 콩팥(들)
- 편도선
- 폐(들)

Dd33

- 거미
- 게
- 곤충
o∨ 둥지
u 부젓가락(들)
u 작은 만
u 질(해부)
u 풍경
u 핀셋, 쪽집게
u∨ 협곡(대개 폭포를 포함)

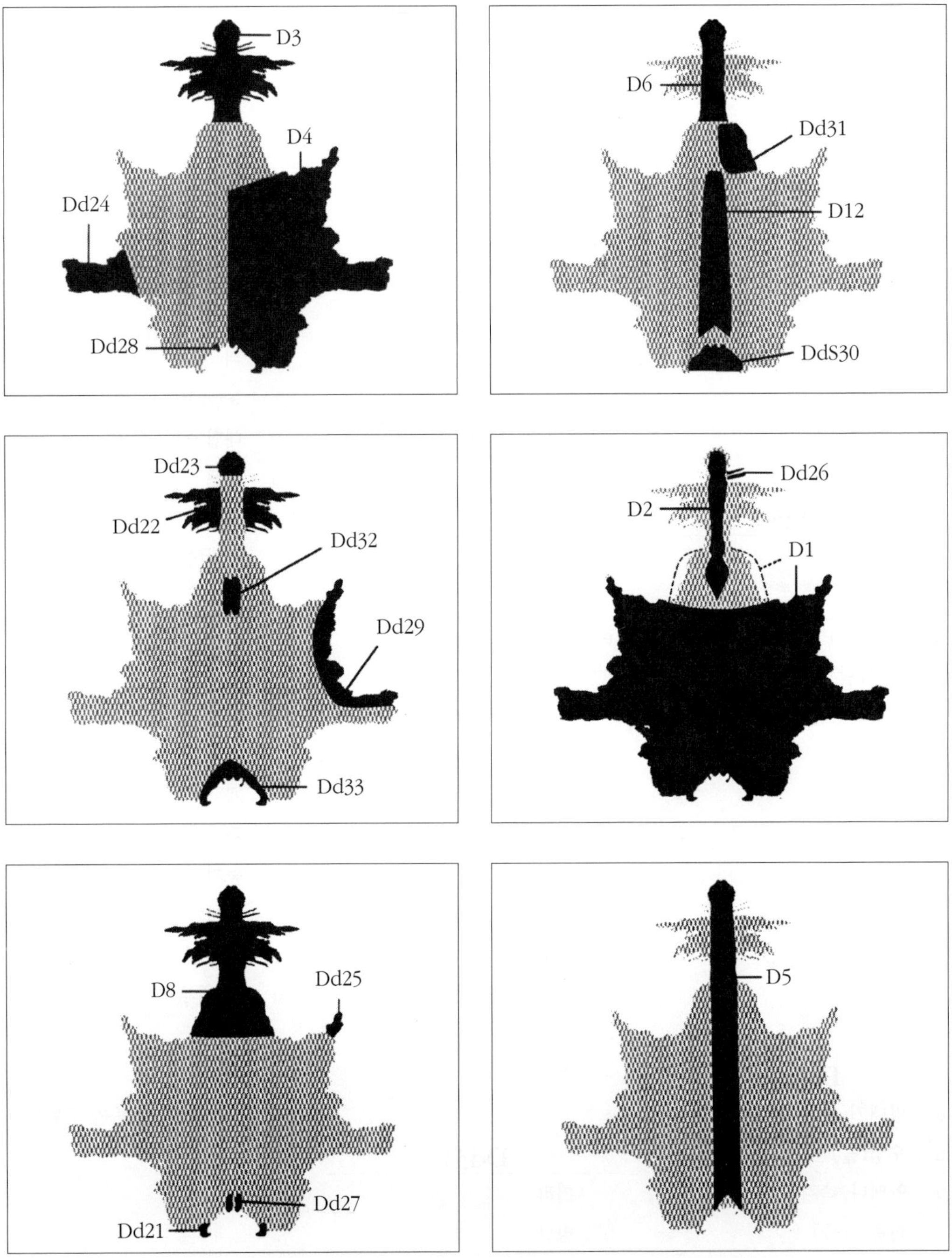

[그림 6] 카드 VI의 D와 Dd 영역

CARD VII 평범 반응: D9, 흔히 D1, D2, Dd22을 인간의 머리 또는 얼굴로 지각한 반응
Z값: W = 2.5 인접 부분 = 1.0 비인접 부분 = 3.0 공간 반응 = 4.0

W

u ∨ 가발(hairpiece)
u 개구리 다리(음식)
- 개구리(들)
- 개(들)
- 거인
u ∨ 격자(trellis)
- 곤충
- 관목(들)
o 구름(들)
u 그네
u 꽃병
- 나뭇잎
u 나뭇잎(찢어진)
- 나방
- 나비
u 눈사람
- 다리(들)(동물 또는 인간)
- 닻
- 동물(두 마리, 반점의 1/2을 실제 동물로)
주의: 만일 D2에서 보고한 동물이 고양이, 만화 동물, 원숭이, 토끼일 경우 반점의 모양이 적절하게 사용되었다면 u, 그렇지 않다면 -로 채점한다. 개와 같이 평평한 얼굴을 한 동물은 u에 포함되고 여우, 코끼리, 말, 사자와 같은 동물은 -로 채점한다.
- 두개골
u ∨ 램프(장식용)
- 목
- 목뼈
u 목걸이
o ∨ 무용수(두 명)
u ∨ 문틀
- 바다 동물
u 바위
- 배(밑바닥이 평평한)
- 벌레
u 변기
u 부메랑
u 뼈(불특정)
u 뿔(사슴)
- 새
o 섬(들)
o 소녀(들)
- 식물
- 신체(분리된)
- 신체(하반신)
- 아메바
o 아이(들)(D4를 방석 또는 시소와 같은 분리된 사물로 지각)
u ∨ 아치(건축)
- 얼굴
u 연기(煙氣)
u 왕관
o 요정(들)(D4를 램프로 지각)
u 우주선
o 음식(빵가루를 묻히거나 튀긴)
u 음식(조각, 보통 생선 또는 닭고기를 자른 것)
o ∨ 의자(DS7을 사용)
- 인간
o 인간 같은 모습(흔히 천사, 눈사람 또는 정령으로 보고 이때 D4를 분리된 대상으로 지각)
o ∨ 인간(두 명)
u 인형(들)
o 인형(들)(D2를 인형, D4를 분리된 사물로 지각)
- 입
u ∨ 자석
- 조개
o 조각상(D2를 조각상, D4를 받침대로 지각)
u 조각물
u 조각 작품
- 지도(구체적)
u 지도(불특정)
- 질(해부)
u 집게발(게)
u 추상화
- 코트
- 쿠키(부서진)
- 크래커(부서진)
- 턱수염
- 탁자
u 풍경(흔히 공중에서 본 것이지만 간혹 S를 사용하여 절벽 사이의 골짜기로 지각)
o 항구(DS7을 포함)

- 해부
u 흔들 목마
u "U"자형
- X-ray(구체적)
u X-ray(불특정)

D1

u 가면
- 고양이
- 곤충
o 구름(들)
u 국자
u 귀걸이(들)
- 나무
- 닭
u 닭다리(요리된)
- 독수리
- 동물
u 〈 동물(D5를 긴 목 또는 부리로 보고 만화 동물로 지각)
u ∨ 동물(Dd24를 코로 보고 작고 긴 꼬리를 가진 동물로 지각)
- 말
o 머리(고양이, 만화 동물, 원숭이, 토끼와 같은 동물) 주의: 보고된 동물의 머리가 고양이, 만화 동물, 원숭이, 토끼가 아닌 경우 반점의 모양이 적절하게 사용되었다면 u로 채점하고 그렇지 않다면 -로 채점한다.
o 머리(인간 같은)
- 물고기
- 바다 동물
u ∨ 배의 키
- 산
- 새
u 선인장
u 잎(나무 전체의)
o 절벽
o 조각상
u 주먹(위로 향한 손가락이 포함된)
- 지도(구체적)
u 지도(불특정)
o 토끼(D8을 코로 지각)
u 풍경
- 해부
- X-ray

D2

o 〈 개
- 개구리
- 고기
o 구름(들)
- 나무(들)
o 난쟁이
o 눈사람
- 닭
u 닭날개(빵가루를 묻히거나 튀긴)
- 당나귀
u 덤불(들)
- ∨ 동물
o 동물(D5를 귀, Dd21을 꼬리로 포함하여 고양이, 개, 원숭이 등과 같은 작은 동물로)
u ∨ 동물(만화)
o 동물(만화)
- 동물(큰)
- 말
u 산(들)
- 새
o 섬(들)
u 언덕
- 여우
- 용
u 음식(빵가루를 묻히거나 튀긴)
o 인간(아이, 인디언, 여성 또는 불분명한 대상이 인간 전체 또는 머리와 상반신으로)
- 젖소
o 조각상
- 지도(구체적)
o 천사
- 칼
o 토끼
u 풍경
- 호랑이
- X-ray

D3

o 가면
- 가발(대머리에 쓰는)
- 개
u 고기 써는 큰 칼(cleaver)
- 곤충
- 관목
u 구름
- 나무
- 동물
- 둥지
u 머리
o 머리(동물, Dd21을 귀 또는 뿔로)

u ∨ 머리(동물, Dd21을 코 또는 몸통으로)
o 머리(동물, 만화 또는 장난감)
u 머리(인간 같은)
- 머리(인간)
- 머리(파충류)
- 모자
u 물고기(Dd21을 꼬리로 지각)
u 바위
u 새우(빵가루를 묻히거나 튀긴)
u 섬
- 손
- 양말
- 지도
- 컵
- 턱수염
u 풍경
- 햄
- X-ray

D4

u ∨ 가발(wig)
- 가슴
u 고원(공중에서 본)
u 곤충(날개 달린)
- 곤충(날개 없는)
o 골반
- 관목(들)
o 구름(들)
- 그릇
o 나비
u 나비넥타이
u 날개
- 늑골, 갈비뼈
- 다리(인공의)
u 다리(자연의)
- 동물(들)
- 머리
u 문
- 바다 동물
o 바위(들)
o ∨ 박쥐
u 방석(들)
- 벌레(날개 없는)
u 벌레(날개 달린)
- 부츠
- 산(들)
o 새
u 연
u 요람
- 인간
- 조개
u 종이(찢어진)
- 지도(구체적)
u 지도(불특정)
- 질(해부)
u 책(펼쳐진)
u 책꽂이(양쪽 끝을 받친)
- 텐트
- 파리
- 폐(들)
u 풍경
- 해부
o X-ray(골반)
- X-ray(구체적, 골반 제외)
u X-ray(불특정)

D5

u 검
u ∨ 고드름
- 곤충
u 귀(토끼처럼 긴)
u 기병대(sabre)
o 깃털
u 꼬리(미국너구리처럼 긴)
- 나무
u 날개
- 남근
u 다리
- 동물
- 드릴, 송곳
- 머리(동물 또는 인간)
u 머리(바깥쪽에 코가 달린 토끼)
- 벌레
u 〈 보트
u 빗(장식용)
u 뼈
u 뿔
- 새
u 석순(石筍)
- 소시지
- 소총(rifle)
u 손가락
u 식물
u 쐐기벌레
u 엄지손가락
- 연기(煙氣)
- 인간
- 총
u 〈 카누
o 칼날
u 토템
u 톱
- 통나무
u 피크(기타의)
- 화살

u 화살촉

D6

u 갈라진 틈
o 강
- 곤충
u 괴물(동물)
- 나무
- 남근
u 댐
o 돌쩌귀(문)
- 동물
- 드릴, 송곳
u 로켓(Dd28을 발사대나 연기로)
u 막대기
- 머리
- 물고기
u 미사일(Dd28을 발사대 또는 연기로 지각)
- 벌레
- 뼈
o 수로
o 식도
- 쐐기벌레
o 운하
o 인간
o 인간 같은 모습
u 인형
o 질(해부)
- 척추
u 클리토리스, 음핵
- 탑
u 항문
o 협곡

DS7

- 구름
o 그릇
u 꽃병
- 나무
u ∨ 둥근 지붕 모양의 절
o ∨ 램프
- 머리
u ∨ 머리(사진 음화에 나온)
u ∨ 모자(역사적인)
o ∨ 버섯
- 얼굴
u 입구
o ∨ 조각상
- 종(鐘)
u 주전자
u ∨ 탑
o 항구
- 해부

D8

o 계곡(들)
u ∨ 고드름
u 달팽이
u 둥지
- 머리
u 석순(石筍)
o 숲
- 용
u 인간(들)(절벽 또는 언덕에 있는)
o 풍경
u 바다 동물

D9

- 곤충
u 구름
u ∨ 머리(동물)
o 머리(고양이, 개, 원숭이와 같이 작은 동물)
- 머리(동물, 큰)
- 머리(새)
o 머리(인간 같은)
o 머리(인간)
- 바다 동물
o 조각상(반신상)
u 절벽
u 풍경

DS10

u 구멍
o 그릇
- 남근
- 머리
o ∨ 모자(역사적인)
u 문 손잡이
u ∨ 버섯(모자)
- 얼굴
u 입구
o 전등의 갓
u 텐트
o 항구
o 헬멧
u 호수

Dd21

- 개미
u 꼬리
- 남근
- 머리
u 몸통(코끼리)
u 반도

u 발(동물)
u 뿔
- 새
- 소총
u 손
o 손가락
u 쐐기벌레
- 얼굴
u 엄지손가락
u 팔

Dd22

u 강아지
- 동물
u 동물(만화 또는 장난감의)
- 뼈(들)
o 인간
u ∨ 인간
o 인간 같은 모습
u ∨ 인형
u 조각상

Dd23

u 구름
- 동물
- 머리(곰이나 개를 제외한 동물)
o 머리(동물, 곰 또는 개)
- 머리(인간)
u 모자(모피)
u 벽돌
- 신발
u 언덕

Dd24

- 구름
u 동굴
- 머리
u 먼지

Dd25

u 갈매기
u 산(들)
u 새
- 질(해부)
u 폭포
u 풍경

Dd26

o 강
o 식도
u 인간
u 인간 같은 모습
o 조각상
o 질(해부)
o 협곡

Dd27

- 동물
- 이빨
- 인간
- 자물쇠
- 질(해부)
- 창문
u 항문

Dd28

u ∨ 낙하산(D6이나 Dd26을 인간으로)
- 동물
u 물
- 새
- 식물
u 얼굴(괴물)
u 얼굴(동물)
- 얼굴(인간)
- 엉덩이(들)
u 인간(두 명)
u 조각상(들)
u ∨ 파도(들)
o ∨ 폭포

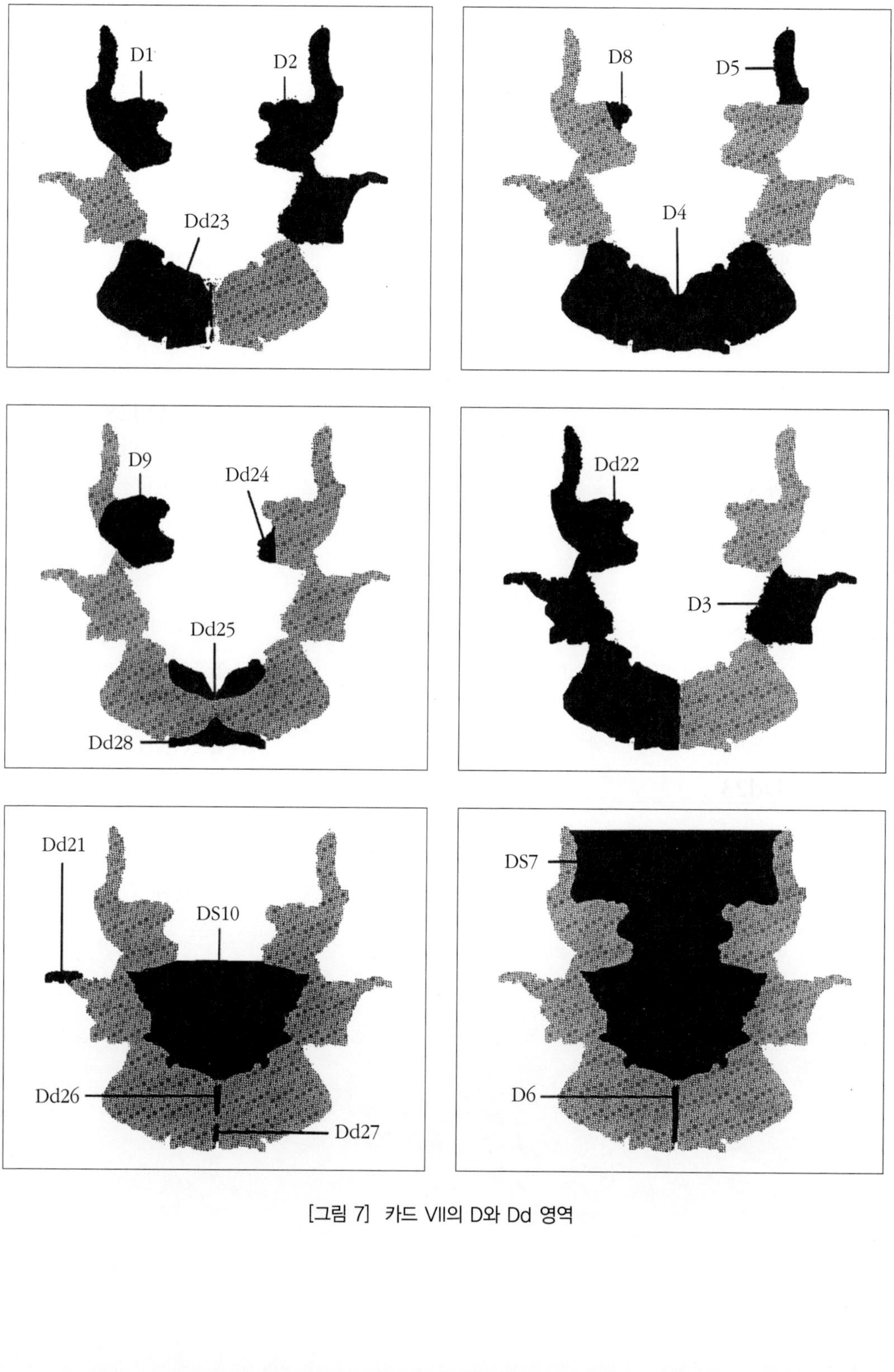

[그림 7] 카드 VII의 D와 Dd 영역

CARD VIII

평범 반응: D1을 전체 동물 형상으로 지각한 반응

Z값: W = 1.0 인접 부분 = 4.0 비인접 부분 = 6.0 공간 반응 = 3.5

W

u 가면
- 개구리
- 거미
- 게
- 고기
- 곤충
u 괴물
- 구름(들)
o 그릇(장식용)
- 기계
u 기념물
o 꽃
o 꽃무늬 도안
u 꽃병
- 나무
u 나무(추상적 혹은 만화)
- 나방
- 나비
o 도안(추상적)
- 동물
o 동물(들)(D1이 동물로, 나머지 부분은 반점의 윤곽과 일치하는 대상으로)
- 두개골
u 램프(장식용)
u 로봇
u 로켓
- 머리(곤충)
u 머리(괴물)
- 머리(동물)
- 머리(새)
- 머리(인간)
o 문장 또는 장식을 한 옷
- 물고기
u 바다조개
- 바다 동물
- 바닷가재
u 바위(색깔 있는)
- 박쥐
u 보석류
o 보트(돛을 단, 앞에서 본)
- 비행기
u 빛(전자관에서 형성된 색채를 띤)
- 뼈(들)(골격의)
- 새
u 새장(새)
o 샘
o 샹들리에
u 서커스 천막
u 섬(들)
o 식물(꽃병 속에 있는)
- 얼굴
u 얼굴(광대)
u 얼굴(괴물)
u 연
u 예술(추상적)
u 왕관
u 우주선(보통 화염을 뿜는)
- 위(胃)
o 의학적 해부도(상징적)
- 인간
u 잎
u 잎(나무 전체의)
o 장신구
u 정원, 뜰
u 조각상
- 지도(구체적)
u 지도(불특정)
- 케이크
- 콩팥(들)
u 크리스마스 트리
u 탑
o 포스터(추상적)
- 폭발
o 풍경(대개 공중에서 본)
u 풍뎅이
- 피라미드
u 호롱불(동양)
- X-ray

D1

- 개구리
- 거북이
- 곤충
- 꽃
u 꽃잎(꽃)
- 나무
- 낙타
u 도마뱀
- 돌고래
u 동물(고대동물)
o 동물(네 발 달린, 윤곽에 적절한 동물. 이러한 반응에는 고대동물을 포함하여 다

양한 동물이 포함된다. 가장 흔히 보고되는 것은 오소리, 곰, 고양이, 개, 두더쥐, 사자, 쥐 그리고 늑대가 있음. 윤곽이나 반점에 적절하지 않은 네 발 달린 동물은 -로 채점되는데, 코끼리, 기린, 말, 캥거루 등)

- 물고기
- 새
- 새우
u 악마
- 앵무새
- 인간
- 전갈
u 카멜레온
- 파충류(카멜레온, 이구아나 또는 도마뱀을 제외한 다른 동물)
- 폐
- 폐(들)
u 피
- 해부
- 해부(구체적)
o 해부(불특정)
- 해파리
o 회전목마
o 휘장
- X-ray

D2

u∨ 가면
- 가슴
- 게
- 고기(meat)
- 곤충
u 그릇(장식용)
- 뇌
- 동물
- 두개골
- 디스크(척추의)
- 머리(곤충)
- 머리(동물, 짧은 귀나 뿔 없는)
- 머리(새)
- 머리(인간)
- 모자
u 바위(들)
- 박쥐
u 벌레
u 불
u 산(들)
u 산호
- 살점
u 슬라이드(생물학적)
u 양탄자, 깔개
- 엉덩이(들)
u 연
- 왕관
o 용암
- 위(胃)
u∨ 재킷
u 지도(불특정)
- 질(해부)
- 척추(단면도)
u 케이크
u∨ 코트
u 폭발
u 풍경
u 피
u 항아리
- 해부

D3/DS3

o 가면
- 거미집
o 골격(일부)
- 그물
u∨ 나무(전나무)
u 눈(雪)
o 늑골, 갈비뼈
- 동굴
u〈 동물(반사된)
o 두개골(동물)
- 두개골(인간)
- 머리
- 문
- 얼굴
u 얼음
u∨ 우주선
u∨ 텐트

D4(주의: D4+D5=D8)

u 가면(공상과학의)
- 가재
o 개구리
u 거미
u 게
u 곤충
o 괴물
- 구름
u 그루터기(나무)
u 나무
- 나비
- 다리(인공의)
u 도마뱀(앞에서 본)
- 동물
u 동물(고대동물)
- 두개골

u 로켓
u 머리(공상과학)
- 머리(동물 또는 인간)
- 모자
- 물고기
u 바위
- 박쥐
u 비행기(분출구, 앞에서 본)
u 빙산
o 뿌리
u ∨ 뿔(사슴)
o 산
u 성(城)(산성)
- 얼굴
u 얼굴(공상과학)
u 얼음
- 왕관
u 용
o 우주선
- 인간(들)
- 전갈
u 절
u 절벽(들)
- 집

D5(주의: D4+D5=D8)

- 골반
u 관목(들)
u 구름(들)
- 꽃
o 나비
- 늑골, 갈비뼈
- 동물
u 돛(들)
- 두개골
- 머리(들)
o 물
u 바위(들)
- 뼈
u 새
o 새(선사시대의)
- 얼굴
o 얼음
o 옷
- 잎(들)
u 절벽(들)
o 풍경(공중에서 본)
- 하늘
o 호수
- X-ray

D6

u 가면
- 게
u 곤충
o 꽃
o 나무
- 뇌
o 덤불
- 머리
u 바다조개들
- 바닷가재
- 뼈(들)
o 산
- 새
u 샹들리에
u 섬(들)
o 식물(plant)
u 식물(vegetation)
- 얼굴
u 연
u 예술(추상적)
u 우주선
- 인간
u 장식품
u 조각상
- 집
u 크리스마스 트리
u 탑
o 풍경(흔히 공중에서 본)
- 해부(구체적)
o 해부(불특정)
u 헬멧(공상과학의)
u 호롱불(동양)

D7

- 가슴
u 나비
- 동물
o 바위(들)
u 뿔(양의)
- 산
- 새
- 손
o 아이스크림
- 얼굴
- 엉덩이(들)
u ∨ 조끼
u 풍경
o 피(흔히 말라붙은)
u 협곡

D8(주의: D4+D5=D8)

u 가면
- 게
- 꽃
u 꽃장식
u 나무

- 나비
u 로켓
- 머리
u 빙하
u 새
u ∨ 샹들리에
o 식물
- 얼굴
u 오두막(집)
o 우주선
- 조개
u 텐트
u 탑
u 풍경
해부
u 헬멧(공상과학)

Dd21

o 강
- 동물
u 로켓(분리되는)
u 막대기(들)
u ∨ 미사일 발사대
o 뼈(골격의)
o 수로
- 식도
- 인간
- 창
o 척수
u 칼(칼집과 함께)
u 폭포

Dd22

u 가지
- 동물
u 발(동물)
u 갈고리발톱
u 뿌리
u 뿔(동물)
u 손
u 장갑
o 팔(인간)

Dd23

u 꽃병
- 머리
- 얼굴
- 인간(들)
u 질(해부)
u 초(제단에 있는)
u 폭포
u 플라스크(화학실험용)
u 항문
u 협곡

Dd24

o 나무(들)
u ∨ 다리(들)(인간)
u 더듬이(들)
u 부리(새), 주둥이
u 뿌리(들)
u 뿔(들)
- 새(들)
u 손가락(들)
u 안테나, 촉각
- 이빨
- 인간(들)
u 쪽집게(들)
u 화살

Dd25

- 남근
- 동물
- 물고기
- 새
u 섬
u 악어
u 우주선
u 조각상

Dd26

u 〈 개
u 〈 머리(동물)
- 머리(새)
- 머리(인간)
u 바위
u 뿔(들)
u 〈 조각상
u ∨ 절벽

Dd27

u 로켓
u 미사일
- 바늘
- 벌레
u 뼈
u 송곳, 드릴의 끝부분
u 악어
u 창
u 칼
u 펜
u 피하주사기

DdS28

u 구름(들)
u 눈(雪)
u 물

DdS29

u 〈 고래
u ∨ 병(우유)
u ∨ 볼링 핀
u ∨ 소금뿌리개
- 유령
- 이빨
- 조각상
u ∨ 트라이앵글(악기)

Dd30

u 강
- 검
u 뱀
u 식도
o 지팡이
u ∨ 지팡이
o 척수
u 폭포

Dd31

- 게
- 곤충
u 괴물(동물 모양)
- 날개
- 동물
u 뿌리(들)
- 파충류

DdS32

o 갈매기
u 나비
o 눈(雪)
u 물
o 새
u 알바트로스형 비행기 (albatross)

Dd33

u 꽃(들)
u 나비
u 머리(동물)
- 머리(새)
- 머리(인간)
u 바위(들)
u 아이스크림
- 얼굴
- 폐(들)
- 해부

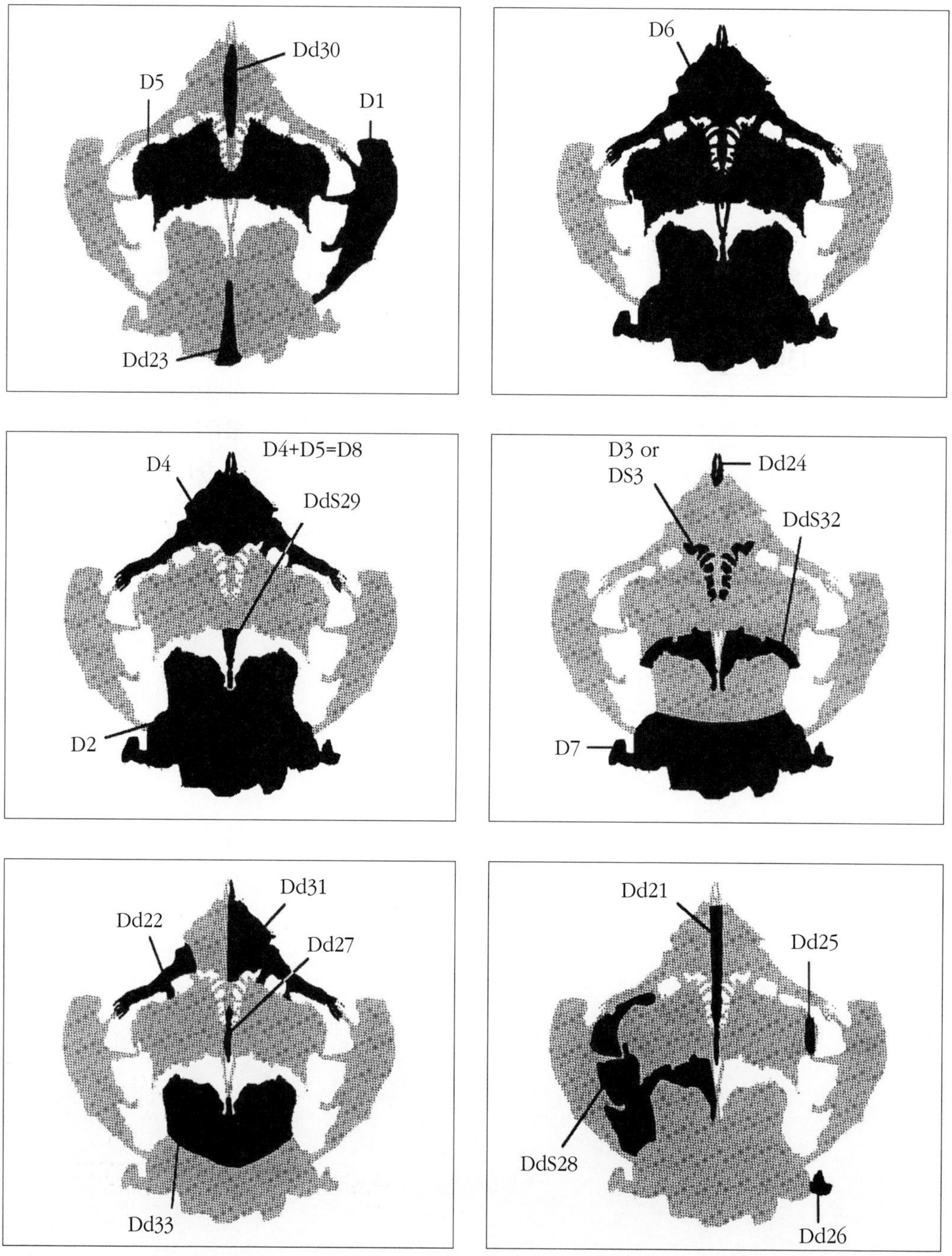

[그림 8] 카드 VIII의 D와 Dd 영역

CARD IX

평범 반응: D3을 인간 또는 인간 같은 모습으로 지각한 반응

Z값: W = 1.0　인접 부분 = 4.0　비인접 부분 = 6.0　공간 반응 = 3.5

W

o　가면
-　개미
-　게
-　고치
-　곤충
u　괴물
-　구름(들)
o　그릇(장식품)
-　기계
o　꽃(D6을 꽃병으로 지각)
u ∨ 나무
-　나비
u　다리(숲 위의 꼭대기 부분)
u　닻
-　두개골
u　램프(석유)
u ∨ 마네킹(옷 가게의)
u ∨ 마법사
-　머리(곤충)
u　머리(괴물)
-　머리(동물)
-　머리(인간)
o　머리장식(의식용)
u　모자
-　목구멍
o　물감(paint)
-　바다 동물
u　배지
o　분수
o　산불
o　산호
-　새
o ∨ 새(D3을 나무 밑에 있는 것으로)
u　샐러드(그릇에 담긴)
u　선인장
o　설명도(해부도)
u　섬
o　식물(간혹 D6을 꽃병으로 지각)
-　씨앗
o　야채(들)(D5를 양배추, D1을 양상추, D6를 토마토로 지각)
-　양탄자, 깔개
u ∨ 어깨망토(연극용)
-　얼굴
u　왕좌(throne)
u ∨ 우주선
u ∨ 의상(여자의)
u　의자(D6을 받침대로 지각, 팔걸이가 있는)
-　인간
u ∨ 인형
-　잎(나무 전체의)
u　장식
u　장식물
o　정원
-　지도(구체적)
u　지도(불특정)
-　질(해부)
u　케이크(D3를 양초로 지각)
-　파리
-　폐(들)
o　폭발
o　폭포(D5를 폭포로, 나머지 부분은 무성한 잎이나 풍경으로)
o　풍경
o　풍경(반사된)
-　해부
u　화석
u　휘장
-　X-ray

D1(주의: D1+D1=D11)

u 〈 개
-　개구리
o 〈 거인
u 〈 고릴라
-　고양이
-　곤충
o 〈 곰
o　관목
u 〈 괴물
u　구름
-　나무
-　동물
u 〈 동물(불특정)
u ∨ 돼지
-　머리(곤충)
u　머리(동물, D5의 중앙선을 주둥이로 지각)
o ∨ 머리(동물, D5는 중앙선, Dd24는 주둥이로 지각)

o 머리(동물, Dd24는 주둥이, Dds29는 눈으로 지각)
- 머리(새)
- 모자
u 바위
- 버섯
- 벌레
- 뼈
- 사람
o < 사람(Dd24를 머리로 지각)
- 사자
u 산호
- 새
u 숲(흔히 공중에서 본)
u 식물
- 심장
- 아일랜드
u 양치류 식물
u 연기(煙氣)
u < 원숭이
- 의자
u < 조각상
- 지도
- 코끼리
u < 토끼
o 풀
o 풍경
u 해면동물
- 해부
u 해초
- 폐
u 호수
- X-ray

D2

o 가면
- 게
- 곤충
- 구름(들)
o 그릇
u 그림(추상적)
o 꽃
- 나비
o 닻
- 머리(곤충)
- 머리(동물)
- 머리(인간)
u 머리(인간 같은)
o 머리장식(의식용)
- 바다 동물
- 벌레
u 분수
o 분화구(D8을 분화구로, 나머지는 무성한 잎이나 풍경으로 지각)
o 불(D3를 불로, 나머지는 연기로)
u 산호
- 새
o 식물
- 얼굴
o 얼굴(광대)
u 얼굴(괴물)
- 옷
u 용
u 의자(팔걸이)
- 인간
o 잎(나무 전체의)
- 지도
u 질(해부)

D3

- 개
u 게
- 곤충
o 광대
u 구름
o 귀신
o 꽃
- 나무
u 날개
- 다리
u 당근
o 동물(동물, 뿔 달린)
- 동물(동물, 뿔 없는)
- 두개골
o ∨ 땅신령(gnome)
o 마녀
- 머리
o 머리
- 머리(곤충)
o 머리(인간 같은)
- 물고기
- 바다 동물
- 벌레
o 불
- 뼈
u ∨ 뿌리(들)
o < 사슴
o ∨ 새
u 새
- 새우
- 설치류
u 식물
o 악마
o ∨ 앵무새
o 언덕

- 얼굴
u ∨ 올빼미
u 용
o 용암
o 인간
o 인간 같은 모습
o 장난감(권투용)
o 절벽
u 조각상
- 파리
- 폐
u 폭발
u ∨ 폭포(D5를 폭포로, 나머지는 무성한 잎이나 풍경으로)
o 풍경
u 피
u 해마
u 헬멧
o 협곡(D8을 협곡으로, 나머지는 무성한 잎이나 풍경으로)
u 햇불

D4

u 가면
u 거북이
- 고기
- 고치
o 공
u 꽃
o 나무딸기
- 눈
u 딸기
u 머리(동물)
- 물고기
u 바다조개
u 바위
- 벌레
o 사과
o 사탕(솜사탕)
u 아이스크림
u 장미
- 정자
u 피
- 항아리

D5

u 강
- 곤충
u 길
o 꼬챙이
- 나무
- 남근
- 동물
- 머리
- 반도
u 불꽃
o 뼈
u 석순(石筍)
o 성냥
u 악어
o 양초
- 인간
u 지팡이
o 척수
u 칼
u 파충류
o 폭포(D8을 배경으로)
o 풍경
- 해부
u 화살

D6

- 고기
- 곤충
o 구름(버섯구름 포함)
u 꽃(들)
u 나무딸기
u ∨ 나비
- 날개
- 동물(들)
u ∨ 머리(곤충)
- 머리(동물)
u 머리(만화)
o ‹ 머리(인간, 반사된)
u 바위(들)
u ∨ 버섯
u 불
o 사과(네 개)
o 사탕(솜사탕)
u 산딸기
- 새
o 셔벗
- 섬
o 아기(두 명)
- 얼굴
u ∨ 얼굴(곤충)
u ∨ 얼굴(공상과학)
- 엉덩이
u 연기(煙氣)
- 인간
o ‹ 인간(앉아 있는, 반사된)
- 질(해부)
o 태아(embryo)
o 피
- 피부
- 항아리
- 해부

D8/DS8

u ∨ 가면
\- 가슴
u 거품
o ∨ 귀신
o 꽃병
\- 나무
o 동굴
\- 동물
\- 두개골
u ∨ 램프
\- 머리(동물)
\- 머리(인간)
o 모래시계
o 물
u 믹서
u 바이올린
o 백열전구
o 병
u ∨ 얼굴(괴물)
\- 얼굴(동물)
u 얼굴(용)
\- 얼굴(인간)
u 열쇠 구멍
u ∨ 옷
\- 인간
u ∨ 인간 같은 모습
\- 자궁
u ∨ 컵
u 하늘
\- 해부
o 협곡
u 회오리바람

D9

o ∨ 구름(버섯구름)
o ∨ 꽃
u ∨ 나무
\- 동물
\- 드릴, 송곳
u ∨ 램프
u ∨ 망치(마개뽑이, ball peed)
\- 머리(곤충)
\- 머리(인간)
u ∨ 머리(코끼리)
\- 머리(코끼리를 제외한 동물)
o 분수
o ∨ 우산
\- 인간

D11

\- 곤충
u 곤충(날개 달린)
o 골반
u 관목(들)
\- 귀덮개
o 나비
\- 머리
u 몽둥이
u 새
u 식물
\- 이어폰
\- 인간
o 잎(나무 전체의)

D12

\- 괴물
\- 나무
\- 동물
o 불(숲)
u < 용
o < 인간(D1을 인간, D3을 언덕이나 모래와 같은 다른 대상으로)
u 잎(들)
o < 풍경

Dd21

\- 갈퀴
u 고드름(들)
\- 나무(들)
u ∨ 로켓(들)(무리)
o 갈고리발톱
u ∨ 뿔(들)
u 석순(石筍)
o 손가락(들)
\- 인간(들)
u ∨ 주먹(들)
\- 창(들)

Dd22/DdS22

o 가면
u 그릇
\- 눈(眼)(들)
u 동굴
\- 두개골
\- 머리
\- 문(들)
\- 병
\- 양초
\- 얼굴(곤충)
o 얼굴(괴물)
\- 얼굴(동물)
\- 얼굴(사람)
\- 컵
u 코(동물)
\- 해파리
o 호박(할로윈)

u 호수(들)

DdS23

o 구멍(들)
u 눈(眼)(들)
u 동굴(들)
- 베개
u 섬(들)
- 조개(들)
u 콧구멍(들)(동물)
u 호수(들)

Dd24

u 머리(동물)
u ‹ 머리(인간)
u 절벽

Dd25

u 가지(들)
- 나무(들)
u 더듬이(들)
u 갈고리발톱(들)
u 뿌리(들)
- 손가락(들)
u 잡초(들)
u 촉수(들)(tentacles)

Dd26

u 갈고리발톱
- 동물
- 발
u ‹ 사람
o 손가락
u 열쇠
- 인간
u ‹ 조각상
u 총(공상과학)
- 코
u 트럼펫
u ‹ 허수아비
u 호스(노즐)

Dd27

u ‹ 꼭대기
- 동물
- 머리
- 얼굴
- 인간
u ‹ 텐트

Dd28

u 곤충(껍질이 단단한)
u 계란
- 상처의 딱지
- 머리
- 위(胃)
u 젖가슴
u 조개
- 피

DdS29

o 귀신
u 눈(眼)
- 벌레
- 얼굴
- 인간
u 인간 같은 모습
o 종(鐘)
u 호수

Dd30

- 남근
- 내장, 장(腸)
u 쐐기벌레
- 파충류
u 촛대

Dd31

- 나무(들)
u ∨ 뚜껑(항아리)
u 잎(나무 전체의)
u ‹ 얼굴(동물)
u ‹ 얼굴(인간)
u 젖가슴

DdS32

u ∨ 그릇
u 달(위의 절반)
u 둥근 지붕
u 조개
u 태양(위의 절반)
u 태양의 흑점
u 텐트
- 헬멧

Dd33

- 나무
u 도마뱀
o ‹ 머리(사슴)
u ‹ 머리(사슴을 제외한 다른 동물)
- 머리(인간)
u ‹ 머리(파충류)
- 산(들)
o ‹ 악어의 일종(alligator)
o ‹ 악어
u 잎(나무 전체의)
u 통나무

Dd34

- u 가시(들)
- u 가지(들)
- u 갈고리발톱(들)
- u 뿔(사슴)
- \- 골격의
- \- 나무(들)
- u 다리(자연의)
- u 대포(공상과학의)
- u 덩굴(포도나무의)
- o 도개교(흔히 열리는)
- \- 동물
- u 불빛
- u 뿌리(들)
- u 뿔(들)
- \- 손(들)
- \- 인간(들)
- u 호스

Dd35

- \- 가면
- u 구형잠수기(bathysphere)
- u 난로(철로 된)
- \- 동물
- \- 머리
- u 바위(들)
- \- 새
- u 용광로(furnace)
- u 엉덩이(들)
- u 질 부위(해부)
- u 항아리
- \- 폐(들)

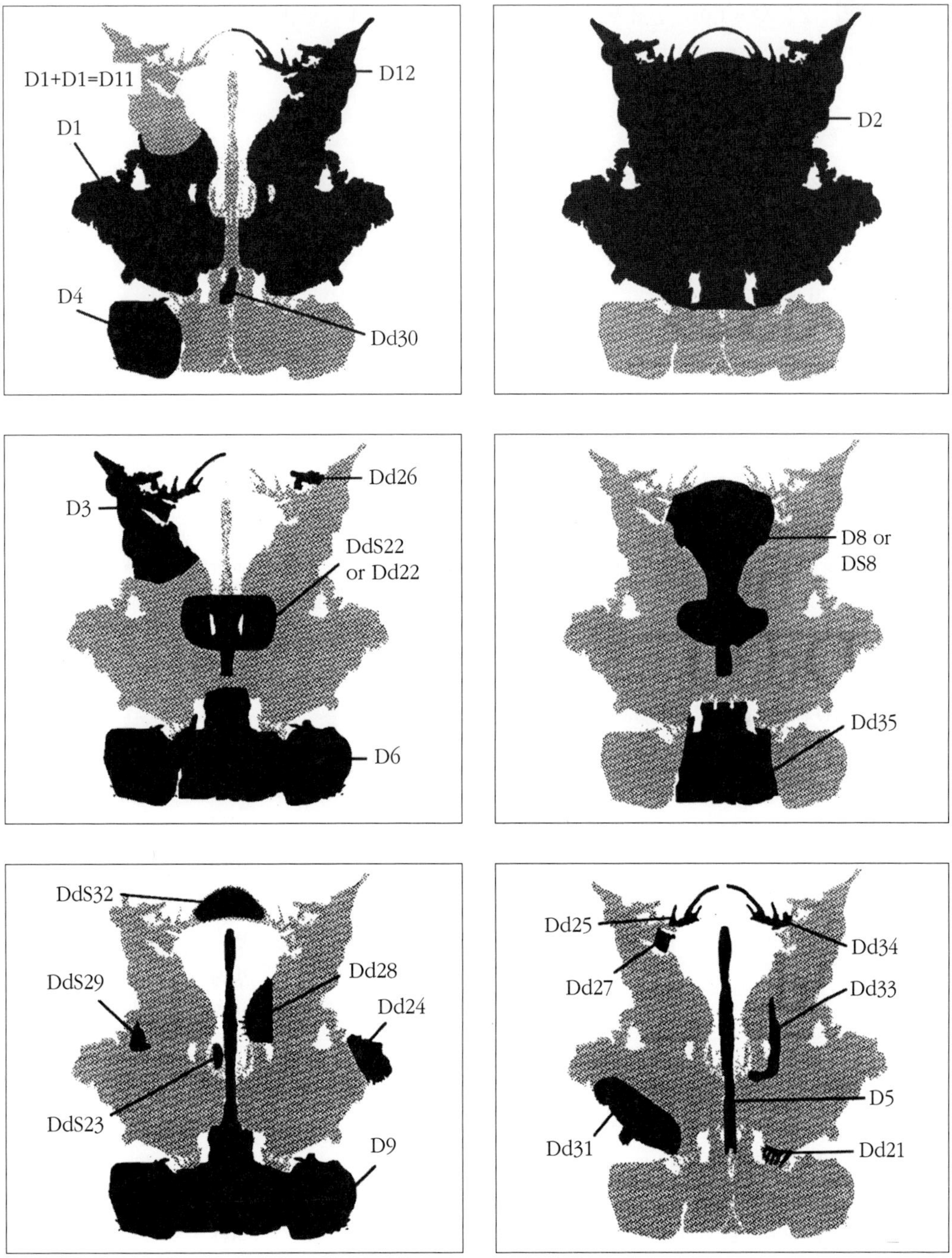

[그림 9] 카드 IX의 D와 Dd 영역

CARD X

평범 반응: D1을 거미 또는 게라고 지각한 반응

Z값: W = 1.0 인접 부분 = 4.0 비인접 부분 = 6.0 공간 반응 = 3.5

W

- \- 가면
- o 곤충(불특정)
- u 공상과학 장면(외계인, 생물체, 괴물 또는 별들의 전쟁과 같은 우주전쟁을 포함한)
- \- 구름
- u 그림(손가락)
- o 그림(현대적)
- o ∨ 꽃
- o 동물(불특정 바다 동물)
- \- 머리장식
- u 모빌(추상적)
- \- 바다 동물
- o 바다 속 풍경
- u 박테리아
- \- 벌레(찢긴)
- \- 뼈
- \- 새
- u 새장
- u 샹들리에
- u 섬
- o ∨ 수족관
- u 식물
- \- 얼굴
- o 예술(추상화)
- \- 인간
- u 전망대
- o 정원(일부는 꽃 또는 관목으로 반응하고 D11과 D6은 조각 또는 조각 작품으로 지각)
- \- 지도(구체적)
- u 지도(불특정)
- \- 크리스마스 트리
- \- 탑
- o 포스터(추상적)
- u ∨ 폭발
- \- 해부
- o 화원
- \- 지도
- \- 집
- u 풍경
- u 해초
- \- 해파리

D1

- \- 가면
- o 거미
- \- 거미집
- o 게
- u 곤충
- u 괴물
- u 귀걸이
- u 눈송이
- \- 동물
- \- 머리
- \- 모자
- o 문어
- o 물(방울)
- \- 물고기
- \- 바다조개
- u 바닷가재
- \- 바퀴벌레
- u 벌레
- u 섬
- u 세포(생물학)
- \- 순록
- o 아메바
- \- 얼굴
- u 용
- \- 잎
- u 잡초
- o 전갈

D2

- o 개
- u 개구리
- o 거미
- \- 거미집
- o 계란(깨지거나 프라이한)
- u 고양이
- u 곤충
- \- 괴물
- u 그림(흩뿌린 그림)
- o 꽃
- \- 닭
- u 동물(불특정)
- \- 머리
- o 물(떨어진)
- \- 바다 동물
- \- 벌
- u 벌레
- u 별
- u 뿌리(들)
- o 사자
- u ∨ 새
- \- 순록
- u 식물
- \- 얼굴
- u 오리
- \- 원숭이
- u 잎

u 잡초
o 전갈
- 정자
- 집
u 해초

D3

- 가위
- 게
u ∨ 고무총
- 고환
u 귀마개
u 기계(의료용)
- 꽃(들)
u 꽃봉오리
- 낙하산병
- 난소
- 노 젓는 사람(보트)
- 눈(眼)
u 더듬이(곤충)
- 머리
- 벌레
u 불빛(전기의)
- 비행기
- 새
u 우주선(공상과학)
- 음표(음악)
u 이어폰
- 인간
u 집게
o 차골
- 청진기
u 초인종
- 폐
u 헤드폰
u ∨ 알파벳 'V'(승리 표시)

D4

- 곤충
u 꼬리(새)
- 나무
- 날개
u 달팽이
- 동물
u 동물(고대동물)
- 머리(공작이나 백조는 제외)
u ∨ 머리(공작)
- 머리(동물)
- 머리(사람)
- 물고기
o 뱀
o 뱀장어
- 벌레
u 식물
o 쐐기벌레
u 연기(煙氣)
- 오이
u ∨ 용
- 팔
o ∨ 해마
- 해부

D5

- 곤충
o 가면
u 머리(더듬이가 달린 곤충)
o 머리(귀가 긴 동물)
- 머리(동물, 귀가 길지 않은)
- 머리(사람)
- 벌레
u 빨래집게
u ∨ 예수의 십자가 상
- 얼굴
u ∨ 이빨
o ∨ 인간
o ∨ 천사

D6

o ∨ 고릴라(들)
- 곤충(들)
u 골격
o ∨ 괴물
- 구름(들)
u ∨ 꽃(들)
- 난소(들)
o 다리(자연적)
- 동물
- 박쥐(들)
u 새(들)
- 손(들)
- 손(들)(사람)
- 안경
- 얼굴
u 오리
o ∨ 귀신(들)
o ∨ 인간(들)
u ∨ 인형
- 젖가슴(들)
- 코
u 파이프(들)(흡연)
- 해부
- 폐
- 턱

D7

o 게
o 가재
u 가지
u 갈고리발톱
- 개
- 개구리
o 개미
u 거미

u 도롱뇽(salamander)
o 동물(뛰는)
o 새둥지
o 메뚜기
- 물고기
- 바다 동물
o 뿌리(들)
- 사람
o 사슴
- 새
u 압정
- 얼굴
- 콩팥

D8

u 개구리
o 개미
- 거미
u 게
- 고양이
o 곤충
- 골격
o 괴물(동물)
o 괴물(인간 같은)
- 닭
- 도마뱀
u 동물(만화의 또는 고대동물)
- 동물(불특정)
o 딱정벌레
u 땅신령
- 마녀
u 가면
o 머리(곤충)
- 물고기
- 바다 동물
u 물소
u 벌
o 벌레
u 뿌리
- 새우
u 앵무새
- 얼굴
- 염소
o 용
- 원숭이
- 인간
u 황소

D9

u 곤충
u 구름
o 꼬마요정
u 달팽이
- 돌고래
- 쥐돌고래
- 동물
u 동물 같은 존재
- 머리
- 머리카락
o 미생물
o 미이라
u 뱀장어
- 벌레
o 벌레
u 베이컨
o 불
u 산맥(흔히 공중에서 본)
o 산호
u 섬
u 스펀지
o 인간 같은 모습
o 인어
u 장(腸)
- 지도
u 지도(지형도)
o 피

D10

- 곤충
u ∨ 골반
o 관목(들)
- 갈매기
- 꽃
u 나비
o ∨ 낙하산병
- 동물
- 머리
o ∨ 문 두드리는 쇠 (door knocker)
u 벌레(들)
u 분수
u ∨ 새
u 쐐기벌레
o 아치(arch)
o ∨ 인간(D5를 사람으로, 나머지 부분은 깃발, 연기, 장식, 날개 등)
o 차골
u ∨ 천사
- 해부

D11

u 가면
u 겨우살이(mistletoe)
o 곤충(D8, D14를 다른 대상으로)
u ∨ 꽃
u ∨ 나무
- 동물
o 로켓(연기나 발사대를 포함)
o 미사일(연기나 발사대를 포함)
u 비행기
u 빌딩(굴뚝 또는 탑이 있는)
- 빗자루

o 뿌리(들)
- 신경계
o 양초(받침대가 있는)
- 얼굴
u 얼굴(괴물)
o 에펠탑
o 우주선
- 인간
- 장(腸)
u 조각상
- 지네
- 폐
- X-ray(구체적)
u X-ray(불분명한)

D12

u 고래
o 곤충
- 물고기
o 물소
o 벌레
u 메뚜기
- 새
- 식물
o 암소
u 양
u 염소
o 유니콘
o 잎
u 콩

D13

o 감자칩
- 개미
u 고래
u 굴
u 깔개(현관문 앞)
- 꽃
- 나무
o 〈 동물(누워 있거나 뛰어가는 곰, 들소, 고양이, 개, 사자, 토끼 등과 같은 동물)
- 머리
u 물고기
- 바다조개
u 버섯
u 벌레
- 사람
- 새
u 스펀지
- 얼굴
u 잎
u 해면동물

D14

u 검
u 경찰봉(baton)
o 굴뚝
o 기둥
u 남근
u 동맥
- 동물
o 로켓
u 막대기
u 망원경
- 머리
o 미사일
o 뼈
u 뿌리
- 사람
- 손가락
u 손잡이
o 양초
- 얼굴
u 연필(뾰족하지 않은)
u 엽총
u 자(cruler)
u 조각상
o 척수
- 칼
u 타이어 펌퍼
u 통나무
u 플루트(악기)

D15

- 곤충
- 구름
o 꽃
u 나비
u 날개
- 동물
- 머리
- 물개
u 물고기
o 새
o 싹(꽃)
- 연기(煙氣)
u 잎
o 장미
- 해마
- 해파리

Dd21

- 곤충
o ∨ 꽃(종종 D6을 포함)
o ∨ 나비(앞에서 본)
- 동물
u ∨ 배(바닥이 평평한 보트)
- 부메랑
u ∨ 새(나는)
u 암초
- 인간
u ∨ 장식품
u 쪽집게

u 풍경
u ∨ 협곡

DdS22

u 도안(추상적)
- 가면
- 머리
u 바다 속 풍경
u 섬
- 얼굴
- 지도(구체적)
u 지도(불특정)
- 해부

Dd25

- 머리(동물)
o 머리(인간 같은)
o 머리(인간)
u 해안선

Dd26

- 젖가슴
- 얼굴(동물)
u 얼굴(인간, 옆모습)
u 얼굴(인간, 옆모습)

Dd27

u 곤충
- 나무(들)
- 얼굴
- 해초

Dd28

u 강아지
u 곤충
- 꼭두각시
u 뿌리(들)

DdS29

u 노(카누용, D11을 손잡이로 지각)
u 랜턴, 손전등(D11을 손잡이로 지각)
o 부채(D11을 손잡이로 지각)
o 부처
o 아이(들)(손을 위로 들고 있는)
- 얼굴
o 인간(앉아 있거나 웅크리고 있는)

DdS30

- 골격
u 물

Dd31

u ∨ 머리(동물)
u ∨ 머리(애벌레)
- 머리(인간)
u ∨ 머리(인간 같은)

Dd32

- 동물
u 머리(동물)
- 머리(사람)

Dd33

u 공
u 과자
- 눈(眼)
o 도토리
- 머리
u 오렌지
u 태양
o 호두

Dd34

- 두개골
- 머리
u 바가지
u 병
u 이빨
- 총알

Dd35

u 나무(들)(절벽에 있는)
- 동물
u 인간(들)(절벽에 있는)
- 파충류

찾아보기

인 명

내 용

저자 소개

박 경(Park Kyung)
고려대학교 대학원 문학 박사(임상심리학 전공)
전 서울여자대학교 학생상담센터장
현 서울여자대학교 특수치료전문대학원 교수

〈자격증〉 임상심리전문가(한국임상심리학회)
상담심리사 1급(한국상담심리학회)
건강심리전문가(한국건강심리학회)
정신보건임상심리사 1급

김혜은(Kim Hye-eun)
서울여자대학교 특수치료전문대학원 심리치료학 박사(여성 및 성 심리치료 전공)
전 서울을지병원 정신건강의학과 임상심리전문가
현 서울여자대학교 및 순천향대학교 강사

〈자격증〉 임상심리전문가(한국임상심리학회)
정신보건임상심리사 1급

심리평가의 이해와 활용
Psychological Assessment and Application

2017년 2월 28일 1판 1쇄 발행
2023년 4월 20일 1판 5쇄 발행

지은이 • 박경 · 김혜은
펴낸이 • 김 진 환
펴낸곳 • (주) 학지사
04031 서울특별시 마포구 양화로 15길 20 마인드월드빌딩 5층
대표전화 • 02) 330-5114 팩스 • 02) 324-2345
등록번호 • 제313-2006-000265호
홈페이지 • http://www.hakjisa.co.kr
페이스북 • https://www.facebook.com/hakjisabook

ISBN 978-89-997-1174-9 93180

정가 **20,000**원

저자와의 협약으로 인지는 생략합니다.
파본은 구입처에서 교환하여 드립니다.